本书是国家社会科学基金西部项目“欧盟航空碳关税法律研究”
（批准号：12XFX036；结项证书号：20183389）的最终成果。

国际法视野下航空碳排放交易制度研究

贺银花——著

On the Aviation Carbon Emission Trade System
from the Perspective of International Law

法律出版社 LAW PRESS · CHINA

书中常用简称对照表

来源	简称	全称	中文对照
欧盟	EU ETS	European Union Emissions Trade Scheme	欧盟温室气体排放交易体系
	2003/87/EC 指令	Directive 2003/87/EC of the European Parliament and of the Council of 13 Ocotober 2003 Establishing a Scheme for Greenhouse Gas Emission Allowance Trading wihin the Community and Amending Council of Directive 96/61/EC	《关于在欧共体内部建立温室气体排放配额交易机制的指令》
国际组织	ICAO	International Civil Aviation Organization	国际民航组织
	WTO	World Trade Organization	世界贸易组织
	IPCC	Intergovernmental Panel on Climate Change	政府间气候变化专门委员会
国际条约	UNFCCC	United Nations Convention on Climate Change	《联合国气候变化框架公约》
	GATT	General Agreement on Tariff and Trade	《关税与贸易总协定》
	GATS	General Agreement on Trade in Services	《服务贸易总协定》
	TBT	Agreement on Technical Barriers to Trade	《技术性贸易壁垒协议》
《京都议定书》	CDM	Clean Development Mechanism	清洁发展机制

序　言

自 1988 年开始，IPCC（政府间气候变化委员会）已发布五份评估报告，这些评估报告都指出，全球气候变暖的主要原因极有可能是人类活动，且每次评估报告称这种可能性都在增加，尤其是第五次评估报告甚至指出其可能性超过 95%。

为应对全球气候变化问题，以欧盟为代表的发达国家，在 2005 年的《京都议定书》生效后就开始了温室气体减排体制机制的探索与实践。其中，欧盟承诺 2020 年温室气体减排量至少降低 1990 年温室气体排放量的 20%。为履行《京都议定书》量化的具体承诺，2003 年 10 月 13 日，欧洲议会和欧盟理事会发布《关于在欧共体内部建立温室气体排放配额交易机制的指令》（以下简称 2003/87/EC 指令），正式启动欧盟碳排放交易体系（以下简称 EU ETS），要求欧盟各成员国对温室气体排放管制规定进行立法。2008 年 11 月 19 日，2008/101/EC 指令修改了 2003/87/EC 指令，正式将起降欧盟成员国任何机场的所有航班全程航班所排放的二氧化碳总量纳入 EU ETS。只要这些航班的碳排放量超过碳排放限额，就必须为其超过碳排放限额的部分购买排放配额，即实行航空碳排放交易制度。

然而，欧盟实行航空碳排放交易制度的这一举措遭到了许多国家和国际组织的强烈反对。迫于国际社会的压力，欧盟不得不通过第 421/2014 号条例，规定在 2016 年前，欧盟航空碳排放交易只适用于欧盟境内航线。欧盟航空碳排放交易制度的实践困境证明，各国不能仅仅依靠国内法对其进行规制，还应该在国际法视野下探讨航空碳排放交易制度，发挥国际民航组织在全球航空碳排放谈判中的领导作用，并尽快促成全球航空碳减排协议的出台，以协调不同国家之间的利益诉求。

本书由 7 章组成。第一章，概述航空碳排放交易制度，主要解决航空碳排放交易制度出台的背景、厘清了航空碳排放交易制度的相关概念以及国际法视野下研究航空碳排放交易制度的必要性三个方面内容。第二章，归纳概括了航空碳排放交易制度的国际法基础，主要探讨航空碳排放交易制度的国际法依据和理论基础。第三章,探讨了航空碳排放交易制度的若干重要问题,具体包括航空碳排放交易合同、航空碳排放交易制度的基础——总量控制与交易体系、航空碳排放交易制度的核心——碳排放权、世界贸易组织规则的适用性探讨以及清洁发展机制与航空碳排放交易制度之间关系。第四章,分析了欧盟航空碳排放交易制度及其面临的挑战。第五章,从国际法视角分析了航空碳排放交易制度的实施困境。结合航空碳排放交易制度的实践,本章从气候变化国际法适用的不确定性、国际航空气候谈判的利益格局以及气候变化国际法的实施效力对航空碳排放交易制度规则的局限性等方面阐述了航空碳排放交易制度的实施困境。第六章,本章从全球航空碳排放交易制度应遵循的若干基本原则、管理全球航空碳排放交易的适格主体、全球性"基于市场的措施"方案作为解决全球航空碳排放的一种切实可行方案和具体制度设计方面初步构建未来全球航空碳排放交易制度。第七章,我国相关相关法律实践及航空碳排放交易制度的构建。目前,我国碳排放交易法律实践已经在规范体系、交易模式、能力建设、配额分配、排放交易和履约机制六个方面取得了显著的成效,但仍存在现行碳排放交易一级市场法制不统一、碳排放交易二级市场的规制不足、碳排放交易立法位阶过低、碳排放交易调控和监管机制不健全以及碳泄露等问题,这需要我国应采取相应的策略予以应对。

本书是作者主持的国家社科基金西部项目"欧盟航空碳关税法律研究"(12XFX036)的研究成果。在本书的撰写过程中,尽管作者针对国内外有关航空碳排放交易制度的最新理论和实践开展了大量的研究工作,但由于其论功底不足,未能深入探讨国际法视野下航空碳排放交易制度相关的理论,从而提高本书的理论深度。此外,由于作者平时不太注意表达习惯,语言不够精炼,有些语句未能清晰地表达其应有的含义,虽对其反复修改,但难免有词不达意的地方,敬请各位专家学者和同仁批评指正!

华南师范大学法学院教授
刘　笋
2019 年 7 月于广州

摘　　要

政府间气候变化专门委员会第五次评估报告中指出，人类活动极有可能是20世纪以来全球气候变化的最主要原因，尤其是碳排放活动，其可能性在95%以上。尽管目前航空碳排放量占全球碳排放总量的比重不大，但随着全球航空业的迅速发展，航空碳排放量在全球碳排放总量中所占的比重将会越来越大。为应对全球气候变暖并履行《京都议定书》量化的减排承诺，2008年10月19日，欧洲议会和欧盟理事会通过2008/101/EC指令，决定自2012年1月1日起，正式将航空业纳入欧盟排放交易体系，对抵离欧盟境内机场的所有航班进行碳排放限额管理。

2008/101/EC指令规定，一旦抵离欧盟境内机场的所有航班超过核定限额，就必须在碳交易市场购买相应的碳排放配额，即实行航空碳排放交易制度，这遭到非欧盟国家的强烈反对和严重质疑。迫于国际社会的压力，欧盟不得不通过第421/2014号条例，规定在2016年前，欧盟航空碳排放交易只适用于欧盟境内航线。欧盟航空碳排放交易制度的实践困境证明，各国不能仅仅依靠国内法对其进行规制，还应该在国际法视野下探讨航空碳排放交易制度，发挥国际民航组织在全球航空碳排放谈判中的领导作用，并尽快促成全球航空碳减排协议的出台，以协调不同国家之间的利益诉求。

本书分析了国际法视野下研究航空碳排放交易制度的必要性，着重探讨了航空碳排放交易制度的国际法基础及若干重要问题，总结了欧盟航空碳排放交易制度的法律框架及其面临的挑战与借鉴，对航空碳排放交易制度实施困境进行国际法分析，初步为未来全球航空碳排放交易制度的构建提出了若干建议和设想，并基于我国碳排放交易法律实践所取得的成就与不足，提出了我国航空碳排放交易制度构建的建议。

自20世纪中期以来，气候变化加速全球变暖。为应对全球气候变暖，《联合国气候变化框架公约》《京都议定书》《巴黎协定》等应对气候变化相关的国际立法与排放交易机制等相继出现，航空碳排放交易制度开始逐步出台。航空碳排放交易制度的核心在于碳排放权。庇古的外部性理论、哈丁的

“公有地悲剧”理论以及科斯定理可以作为该制度的经济学理论基础,法律价值、环境权、法经济学和公共信托理论则构成了其法学理论基础。同时,由于航空碳排放具有全球性、负外部性、时空不平衡性以及全球航空碳减排方案存在迫切需要性,因此,非常有必要在国际法视野下深入探讨并研究航空碳排放交易制度。

鉴于欧盟对抵离欧盟成员国境内机场的所有航班实行航空碳排放交易制度,国际公约在全球和区域层面采取直接规制和间接规制相结合的方式对航空碳排放交易制度进行规制,虽然效果并不明显,但仍然具有很大的发展潜力。前者主要包括《芝加哥公约》、《联合国气候变化框架公约》、《京都议定书》、《巴黎协定》以及国际民航组织大会决议,后者最主要、最典型的是2003/87/EC 指令、2008/101/EC 指令以及《欧美开放天空协议》的相关规定,即对航空碳排放交易制度以最恰当的方式进行规制。同时,在航空碳排放交易制度法律规制的过程中,国际社会逐渐形成了国际气候合作原则、共同但有区别责任原则、非歧视原则和领空主权原则等。这些原则与国际公约共同构成航空碳排放交易制度的国际法基础。

除了国际法基础外,航空碳排放交易制度还涉及如下几个重要问题:航空碳排放交易合同是航空碳排放交易制度的法律依据,其不仅具有国际商事合同的典型特征,还必须遵守国际条约并承担国家责任义务;总量控制与交易体系属于以新生的经济刺激手段来控制二氧化碳等温室气体的排放,是基于市场的一种机制;根据《华盛顿公约》第 25 条以及具体投资条约中有关投资的定义,碳排放权可被视为投资;由于国际航空运输包括旅客运输和货物运输,兼具货物贸易和服务贸易的双重属性。因此,有必要探讨世界贸易组织规则对航空碳排放交易制度的适用性。同时,航空碳排放交易制度不仅对CDM 项目的借鉴甚至对我国 CDM 项目的借鉴具有非常重要的参考意义,而且对我国乃至全球范围内航空碳排放交易制度的构建提供丰富有用的经验。

从理论上说,航空碳排放交易制度的法律框架应该包括四个关键性的法律制度:碳减排目标与总量设定制度、碳排放配额分配制度、碳交易市场监督制度及履约与处罚制度。通过 EU ETS 的立法和实践,全球航空碳排放交易制度的构建可以借鉴这些经验并得到启示。从欧盟航空碳排放交易制度管理主体的适格性、内容的合法性、交易模式的合理性及争端解决机制的合理性来看,欧盟航空碳排放交易制度的设计是存在瑕疵的,不仅不符合国际法律规范的相关规定,而且不能经受实践的检验。

尽管国际法在航空碳排放治理方面发挥着积极作用，但是，航空碳排放交易制度在国际法治理上主要存在法律覆盖范围有限、法律效力有限、“共同但有区别责任”原则具体事实上的分歧以及突出的国家利益倾向性等局限性。基于这些局限性并结合航空碳排放交易制度的实践，在气候变化国际法适用的不确定性、国际航空气候谈判的利益格局以及气候变化国际法实施效力对航空碳排放交易制度规则的局限性等方面，航空碳排放交易制度的实施都存在困境。

本书初步为未来全球航空碳排放交易制度的构建提出了若干建议和设想，即从全球航空碳排放交易体系构建应遵循的若干国际法基本原则和规则、管理全球航空碳排放交易的适格主体、全球性“基于市场的措施”方案作为解决全球航空碳排放的一种切实可行方案与具体制度设计方面初步构建未来全球航空碳排放交易制度。全球航空碳排放交易制度不可能一朝一夕形成，必将是一个漫长的过程，任重而道远。

自 2007 年起，我国已取代美国，成为第一大温室气体排放国。目前，我国碳排放交易法律实践已经在规范体系、交易模式、能力建设、配额分配、排放交易和履约机制六个方面取得了显著的成效，但仍存在现行碳排放交易立法位阶过低、碳排放交易一级市场法制不统一、碳排放交易二级市场的规制不足、碳排放交易调控和监管机制不健全以及碳泄漏等问题，这需要我国采取相应的对策予以应对。

随着我国航空业客运量和货运量的不断增长，其航空碳排放量也随之增加。目前，我国尚未对航空业进行碳排放限额管理，我国在 2020 年前尚不需要承担强制性减排义务。为应对全球航空碳排放交易制度，我国应该尽快构建以民航主管部门为管理主体，以总量控制与交易模式为主、清洁发展机制为补充、自愿减排机制为过渡的交易模式，并以谈判、协商、国际仲裁、司法判决以及在国际民航组织框架内进行申诉为争端解决方式的航空碳排放交易制度。同时，在全球航空碳排放交易制度的构建中，我国应对该制度构建所遵循的若干基本原则表明立场，在促进我国航空碳减排的同时，促进我国航空业的发展。

本书运用多种方法，经过大量调查与研究，通过翔实资料与数据，从国际法视角分析了航空碳排放交易制度实施存在的困境，研究欧盟航空碳排放交易制度创设与运行实践的相关经验，对全球航空碳排放交易制度进行了构建研究，探索构建我国航空碳排放交易制度体系并提出切实可行的建议与措施。研究成果可提高我国在基于市场措施的全球性航空碳排放交易体系构建中的话语权,促进我国航空业发展。同时,研究成果有助于完善全球与我国航空碳排放交易制度体系的建设,促进我国航空碳排放制度与全球航空碳排放交易制度接轨,为航空碳排放交易制度的实施奠定坚实的理论基础,以及促进全球环境保护与人类社会可持续发展等方面具有重要理论与现实意义。

目录

绪　论

自20世纪中期以后,环境问题席卷全球,气候变化逐渐成为国际社会共同关注的问题。为履行《京都议定书》量化的减排承诺,欧盟决定自2012年1月1日起,所有起飞或降落欧盟成员国境内机场的航班,只要其碳排放量超过碳排放限额,这些航班就必须为超过碳排放限额的部分购买排放配额,即实行航空碳排放交易制度。

尽管国际社会强烈反对欧盟的这一举措,但迫于欧盟的压力,在国际民航组织(International Civil Aviation Organization,ICAO)第38届大会上,各成员国同意于2016年前达成全球航空碳减排方案,并计划于2020年付诸实施。2016年10月,在ICAO第39届大会上,气候变化谈判取得积极成果。《国际民航组织关于环境保护的持续政策和做法的综合声明——全球市场措施机制》与《国际民航组织关于环境保护的持续政策和做法的综合声明——气候变化》这两份重要文件获得通过,并形成了第一个全球性行业减排市场机制。[①] 目前,国际社会对航空碳排放交易制度进行规制最成功的是欧盟。借鉴欧盟航空碳排放交易制度实践的相关经验,在国际法视野下探讨航空碳排放交易制度可以为全球与我国航空碳排放交易制度的构建建言献策。

一、研究背景与选题意义

作为欧盟履行《京都议定书》承诺的一项举措,尽管航空碳排放交易制度遭到了国际社会的强烈反对,但该举措仍极大地推动了国际社会应对全球气候变暖的进程。因此,借鉴欧盟航空碳排放交易制度创设与运行实践的相关经验,在国际法视野下探讨航空碳排放交易制度,具有十分重要的理论与实践意义。

---

① See Resolution A39 – 3: Consolidated statement of continuing ICAO policies and practices related to environmental protection—Global Market-based Measure(MBM) Scheme, available at http://www.icao.int/Meetings/a39/Documents/Resolutions/a39_res_prov_en.pdf,2017年12月2日访问。

（一）研究背景

自 2012 年 1 月 1 日起，航空业被正式纳入欧盟碳排放交易体系（European Union Emission Trade Scheme，EU ETS），所有飞离或降落欧盟境内的全球 4000 多家航空公司都要为超过排放限额的二氧化碳排放量购买排放配额，即实行航空碳排放交易制度。[①] 欧盟将航空业纳入 EU ETS 将会极大地增加非欧盟航空公司的运营成本。因此，这一举措遭到全球许多国家的强烈反对和质疑。根据不完全统计，全球航空碳排放量大约是 7 亿吨，占全球碳排放总量的 2.4%。[②] 其中一半来自国际航空碳排放，并随着航空业的迅速发展以及对其他碳密集行业碳排放量的日益控制，航空碳排放量在全球碳排放总量中所占的比重将会越来越大。

为保护人类社会赖以生存的地球环境，真正实现低碳减排，在《京都议定书》中规定，与 1990 年相比，欧盟 2020 年温室气体排放量至少降低 20%。[③] 为履行《京都议定书》量化的具体承诺，2003 年 10 月 13 日，欧洲议会和欧盟理事会发布《关于在欧共体内部建立温室气体排放配额交易机制的指令》（Directive 2003/87/EC of the European Parliament and of the Council of 13 Ocotober 2003 Establishing a Scheme for Greenhouse Gas Emission Allowance Trading wihin the Community and Amending Council of Directive 96/61/EC，以下简称 2003/87/EC 指令），正式启动 EU ETS，要求欧盟各成员国将温室气体排放管制规定进行立法转化。2008 年 11 月 19 日，2008/101/EC 指令（以下或称为“欧盟航空交易指令”或“欧盟航空减排指令”或“航空指令”）修改了 2003/87/EC 指令，正式将起降欧盟成员国任何机场的所有航班在全程航班所排放的二氧化碳总量纳入 EU ETS。同时，欧盟宣布自 2012 年 1 月 1 日起 EU ETS 开始计算，并自 2013 年起开始征收欧盟航空碳排放税。[④]

然而，欧盟实行航空碳排放交易制度的这一举措遭到了许多国家和国际组织的强烈反对。2012 年 2 月 22 日，包括美国、俄罗斯、中国和印度在内的

---

① 参见李静云著：《欧盟强征航空碳税　虽遭抵制仍不放弃》，载《经济参考报》2011 年 12 月 13 日，第 5 版。

② 参见兰花：《欧盟航空减排贸易指令的国际法分析——兼评中欧航空减排争议》，载《北京理工大学学报》（社会科学版）2012 年第 3 期，第 117 页。

③ 参见王毅刚、葛兴安等著：《碳排放交易制度的中国道路——国际实践与中国应用》，经济管理出版社 2011 年版，第 104 页。

④ 参见吴杰：《中国禁止境内航空公司参与欧盟碳排放交易体系》，载南方周末，http://www.infzm.com/content/68616，2017 年 9 月 15 日访问。

23 个国家共同签署联合声明,联合抵制 EU ETS,并重申了《联合国气候变化框架公约》(United Nations Framework Convention on Climate Change,UNFCCC)和《新德里联合声明》的相关内容。要求欧盟及其成员国立即停止单边航空碳排放交易,并加强与 ICAO 合作,尽快基于共同但有区别责任原则探寻新的路径推进全球航空减排。此外,为保证各国能顺利抵制 EU ETS,联合声明还制定了包含 8 条内容的"一揽子""反制措施"。[①] 2012 年甚至更早,美国参议院和众议院纷纷通过议案,禁止美国航空公司加入 EU ETS。2012 年 2 月,中国民航主管部门发布禁止境内航空公司加入 EU ETS 的指令。迫于多重压力,2012 年 11 月 12 日,欧盟委员会宣布,在 2013 年秋季之前暂停对非欧盟国家航空公司实行航空碳排放交易制度,并希望 ICAO 第 38 届大会能够达成基于市场措施的全球航空碳减排协议。[②] 2013 年 5 月,虽然距离欧盟委员会宣称的"缓冲时限"尚有几个月,但欧盟宣布,由于中印航空公司未于 2013 年 4 月前上交相应的碳排放额度,因此中国航空公司需按照欧盟航空交易指令支付达 240 万欧元(约合 1886 万元人民币)的罚金。针对欧盟提出的这一要求,中国航空运输协会表态不会缴纳该罚金。[③]

欧盟暂停对非欧盟航空公司实行航空碳排放交易制度的前提,是在 2013 年秋季,即在 ICAO 第 38 届大会召开之前,国际社会构建全球统一的航空碳排放税体系。2013 年 6 月 3 日,在南非开普敦召开的年会上,国际航空运输协会(International Air Transportation Association,IATA)通过了碳中性增长方案(Carbon-Nutral-Growth),并决定于 2013 年 9 月提交 ICAO 第 38 届大会审核。该方案本质上是强制性碳排放补偿机制,是全球航空碳排放交易协商方案之一,即在全球推行单一基于市场的机制,决定于 2020 年后实施,并希望各国政府和 ICAO 基于该机制出台具体的措施和全球解决方案。但是,中印航企坚决反对这一方案。[④] 2013 年 10 月,在加拿大蒙特利尔召开的 ICAO 第

---

① 8 条反制措施包括:禁止本国航空公司参加欧盟的碳交易计划;停止就新航线和降落权与欧洲航空运营商举行会谈;要求欧洲航空公司提交相应的飞行数据;对欧洲航空公司征收额外费用;采取一系列的游说措施,与欧盟成员国如荷兰、法国、德国的航空运营商单独举行会谈等。参见赵川:《23 国联合宣言:8 条措施反制欧盟航空碳税》,载《21 世纪经济报道》2012 年 2 月 28 日,第 21 版。

② 参见梁嘉琳:《欧盟宣布暂停征收航空碳税》,载《经济参考报》2012 年 11 月 14 日,第 A03 版。

③ 参见胡仁芳:《欧盟对中国征碳税罚款难实现　专家称罚款理由太牵强》,载《证券日报》2013 年 5 月 21 日,第 C05 版。

④ 参见是冬冬:《国际航协通过碳中性增长方案,中印航企投反对票》,载《东方早报》2013 年 6 月 5 日,第 A32 版。

38届大会上，各成员国达成航空业应对气候变化的第17/2号决议，并否决了欧盟单方面对非欧盟航空公司征收航空碳排放税的提案。ICAO各成员国同意在2016年前出台全球航空碳减排方案，并于2020年实施。[①] 由于该决议并没有提出一个明确可执行的减排方案，只是为2016年通过国际航空业温室气体减排方案设计了一个路线图，并强调基于市场的减排措施必须遵循自愿和适当估计不同国家情况的基本原则。这对欧盟是一个沉重打击，2014年4月16日，欧洲议会与欧盟理事会通过并发布了航空减排新政，即第421/2014号条例，于2014年4月30日生效。该条例规定在2016年年底之前，欧盟航空碳排放交易只适用于欧盟境内航线。[②]

笔者拟从以下几个方面探讨国际法视野下航空碳排放交易制度：第一，探讨航空碳排放交易制度的国际法基础，主要包括国际法依据和国际法理论基础，前者包括全球性国际条约和区域性国际条约。全球性国际条约主要包括了《联合国气候变化框架公约》、《芝加哥公约》、《京都议定书》、《巴黎协定》以及ICAO大会决议，区域性国际条约包括《欧美开放天空协定》以及2003/87/EC和2008/101/EC号指令，全球性国际条约对航空碳排放交易制度进行间接规制，而区域性国际条约对其进行直接规制；后者主要包括一些基本原则，如国际气候合作原则、共同但有区别责任原则、非歧视原则和领空主权原则，这些原则构成国际法的理论基础，对航空碳排放交易制度的发展起着非常重要的作用。第二，探讨航空碳排放交易制度的若干重要问题，即航空碳排放交易制度的法律依据——航空碳排放交易合同、基础——总量控制与交易体系、核心——碳排放权、世界贸易组织的适用性以及与清洁发展机制之间的关系。第三，探讨欧盟航空碳排放交易制度及其面临的挑战，欧盟航空碳排放交易制度的法律框架应该包括四个关键性要素：碳减排目标与总量设定、碳排放配额分配、碳交易市场监管制度以及履约与强制措施，并且从管理主体的适格性、内容的合法性、交易模式的合理性以及争端解决机制的合理性四个方面对该制度面临的挑战进行分析。同时，提出了欧盟航空碳排放交易制度可以借鉴的经验。第四，探讨航空碳排放交易制度实施困境的国际法困境，尽管国际法在航空碳排放治理方面发挥着积极的作用，但该制

① 参见张琪：《ICAO达成全球航空碳排协议》，载《中国能源报》2013年10月14日，第7版。

② 参见刘勇：《理想与现实之间的选择：欧盟出台航空碳排放交易新政》，载《21世纪经济报道》2014年6月24日，第22版。

度国际法治理存在法律覆盖范围有限、法律效力有限、“共同但有区别责任”原则具体实施上的分歧和突出的国家利益倾向性等局限性，并结合航空碳排放交易制度的实践从气候变化国际法适用的不确定性、国际航空气候谈判的利益格局以及气候变化国际法的实施效力对航空碳排放交易制度规则的局限性等方面进行阐述。第五，从全球航空碳排放交易体系构建应该遵循的若干国际法基本原则和规则、管理航空碳排放交易的适格主体、全球性“基于市场的措施”方案作为解决全球航空碳排放的一种切实可行方案与具体制度设计方面初步对全球航空碳排放交易体系的构建提出了若干设想和建议。第六，探讨我国相关法律实践及航空碳排放交易制度的构建。目前，我国碳排放交易法律实践已经在规范体系、交易模式、能力建设、配额分配、排放交易和履约机制六个方面取得了显著的成效，但仍存在现行碳排放交易立法位阶过低、碳排放交易一级市场法制不统一、碳排放交易二级市场的规制不足、碳排放交易调控和监管机制不健全以及碳泄漏等问题，这需要我国应采取相应的策略予以应对。

在国际法视野下探讨航空碳排放交易制度，不仅可以为全球航空碳排放交易体系的构建建言献策，而且还有助于借鉴外国成功经验构建我国航空碳排放交易制度。因此，该研究可以为我国积极主动参与全球航空碳减排协议的谈判，提升我国在全球航空碳排放交易制度构建中的话语权，从而维护我国的领海和领空主权。

（二）选题意义

在国际法视野下探讨航空碳排放交易制度，不仅具有重要的理论意义，而且具有实际意义。

1. 理论意义

航空碳排放具有移动性、全球性和行业性。虽然《京都议定书》第 2 条第 2 款明确规定将航空碳排放多边规则的制定交由 ICAO 解决，但为应对全球气候变暖并提升其在新一轮的国际气候变化中的话语权，通过 2008/101/EC 指令，欧盟将航空业纳入 EU ETS，规定不管航空营运者的国籍如何，只要其航班起降于欧盟成员国境内的任何机场，就应该对其产生的二氧化碳排放量实行碳限额管理，即实行航空碳排放交易制度。该指令激化了欧盟与美国、中国和印度等主要大国之间的矛盾，并将该矛盾上升到不可预知的高度。

很多学者认为，航空碳排放交易制度不仅违反了国际环境法的核心规范，即共同但有区别责任原则以及国际航空制度的基础，即非歧视原则，而且也与国际层面相关的结构规范不兼容，尤其是国际航空法、国际环境法和国际贸易法的规定不相兼容。

在国际法视野下探讨航空碳排放交易制度，一方面，可以理解欧盟实施2008/101/EC指令，将航空业纳入碳排放交易体系的社会经济等背景，从而揭示欧盟实行航空碳排放交易制度的真实目的；另一方面，可以借鉴欧盟航空碳排放交易制度创设与运行实践的相关经验，结合国际条约和国际法基本原则的相关规定，积极参与全球航空碳减排协议的制定，并争取对我国航空业有利的条件，从而提升我国在基于市场措施的全球性航空碳排放交易制度构建中的话语权，并为我国航空碳排放交易制度的构建提出相关建议。

2. 实际意义

根据2008/101/EC指令的规定，自2012年1月1日起，欧盟将对所有起降欧盟成员国境内机场的航班征收碳排放税，并对超过排放限额而不购买排放配额的航空公司进行罚款，我国共有33家航空公司涉及其中。根据北京环境交易所的统计，至2020年，我国航空公司将因此支付高达176亿元人民币碳排放税，并且该税收最终将转嫁到消费者身上。[①] 2011年11月2日，在ICAO蒙特利尔总部举行的第194届理事会第二次会议通过决议，首次明确反对欧盟将国际航空纳入EU ETS并敦促欧盟及其成员国与国际社会合作处理国际航空碳排放问题。[②] 2011年12月，欧洲法院就"美国航空业协会诉欧盟航空交易指令案"（C－366/10案）作出裁决，初步裁定该指令符合国际法的规定。[③] 2012年2月21日至22日，在莫斯科会议上，ICAO的29个非欧盟成员国发表了第二项联合声明，威胁欧盟他们将在ICAO和世界贸易组织（World Trade Organization，WTO）框架下诉诸法律手段，并采取多种手段对欧

---

① 参见张璐晶：《欧盟即将强征排放交易税　我国多家航空公司将起诉》，载《新民晚报》2011年11月8日，http://news.xinmin.cn/rollnews/2011/11/08/12622919.html，2017年2月4日访问。

② 《欧盟征收航空碳税遭广泛反对》，载新华社，http://world.xinhua08.com/zt/eutax/，2017年2月4日访问。

③ C－366/10案的基本案情如下：2009年12月16日，美国航空公司联合美国的三家航空公司就2008/101/EC指令率先向英格兰和威尔士高等法院起诉，认为该指令违反了相关国际条约和国际习惯法规则，应该被宣布无效。由于英格兰和威尔士高等法院无权宣布欧盟机构法令无效，因此，2010年7月，这两个法院正式将该案提交欧洲法院要求其作出初裁。2011年12月21日，欧洲法院确定该指令适用于所有航空公司的法律效力。参见C－366/10，Air Transport Association of America，American Airlines，Inc，Continental Airlines，Inc，United Airlines，Inc v. The Secrectary of State for energy and Climate Change，6 Oct. 2011。转引自余丽：《欧洲法院关于欧盟航空碳排放交易指令合法性初裁》，载《北京理工大学学报》（社会科学版）2013年第1期，第107页。

盟进行报复。①

我国明确反对欧盟航空交易指令，甚至将这场争议上升到最高外交级别。其应对措施主要有以下两种：第一，诉诸法律手段由欧洲法院或国际法院宣布该指令不符合国际法的规定；第二，根据维护国家主权的需要，采取强硬的外交路线，敦促欧盟按照发展中国家需要的方式修改或实施该指令。随着航空业的迅速发展，航空碳排放量在全球碳排放总量中所占的比重将会越来越大，作为发展中国家，尽管我国通过双边或多边协定强烈反对欧盟航空交易指令，并且我国尚未对航空业进行碳排放限额管理，但由于 ICAO 第 38 届大会决议决定将全球航空碳减排方案提上日程。因此，我国应该积极推动航空碳减排，并主动参与全球航空碳减排协议的谈判，从而促进我国航空业发展以实现航空碳减排的目标。

在国际法视野下探讨航空碳排放交易制度，不仅有助于我们思考欧盟提出将航空业纳入碳排放交易体系所产生的国际影响，并采取相应的应对措施，以更好地保护我国的航空业。同时，还可以利用国际条约和国际法基本原则的规定，积极参与基于市场措施的全球性航空减排方案的制定，在促进全球航空业温室气体减排的同时，促进我国航空业的发展。此外，可以更好地构建我国航空碳排放交易制度并完善我国《大气污染防治法》和《民用航空法》，将航空温室气体减排的规定纳入其中，从而与以市场为基础的全球航空碳排放交易制度接轨。

二、国内外研究现状综述

纵观国内外对航空碳排放交易制度的大量研究可知，对欧盟航空碳排放交易制度的研究是国内外学者的研究重点，但多集中于欧盟征收航空碳排放税的合法性、共同但有区别责任原则在航空碳排放交易体系构建中所起的作用以及非欧盟国家应当采取的应对措施等方面进行研究。目前，在国际法视野下，借鉴欧盟航空碳排放交易制度的创设与运行实践经验探讨全球航空碳排放交易制度，并对其全球航空碳排放交易制度进行构建的学者较少，或未对其进行全面系统地研究。因此，本书在国际法视野下探讨航空碳排放交易制度，具有十分重要的意义。

---

① 参见《欧盟航空碳税惹众怒》，载光明数字报，http://epaper.gmw.cn/gmrb/html/2012-02/24/nw.D110000gmrb_20120224_1-08.htm?div=-1，2018 年 2 月 4 日访问。

（一）国外研究现状

2008/101/EC 指令将航空业纳入 EU ETS，对起降欧盟机场的所有航班进行碳排放限额管理，国外学者主要从以下几个方面探讨航空碳排放交易制度：

1. 欧盟征收航空碳排放税的合法性分析

从欧盟法院 C－366/10 案入手，很多学者从国际航空法、国际环境法和国际贸易法等角度对其进行研究。具体如下：

Sanja Bogojevic① 对欧盟法院 C－366/10 案进行评论，揭示欧盟法院确认欧盟航空交易指令的本质，即将欧盟在应对气候变化中的领导地位合法化，这对欧盟气候变化政策与全球气候变化治理机制的形成具有重要的意义。Brian F. Havel，John Q. Mulligan② 反思了欧洲法院对 C－366/10 案的判决，认为全球航空碳排放交易制度需要加强国际合作。Matthew D. Kasper③ 分析了美国航空运输协会就欧盟将航空业纳入欧盟排放交易体系所面临的挑战，并得出如下结论：由于欧盟不适当地域外适用了欧盟航空交易指令，这一举措违反了国际航空法。因此，欧盟航空交易指令很有可能被宣布非法。

Bernd Hansjürgens④ 探讨了欧盟航空碳排放交易指令的合法性，并为欧盟进一步实行航空碳排放交易制度奠定了基础。Daniel B. Reagan⑤ 探讨了欧盟航空交易指令带来的政治、技术和法律影响，指出欧盟不应将航空业纳入 EU ETS，而应该在 ICAO 框架下构建多边航空温室气体减排体系。Stephanie Switzer⑥ 探讨了应对欧盟将航空业纳入 ETS 的法律基础以及替代法律途径。

---

① See Sanja Bogojevic，"Legalising Environmental Leadership：A Comment on the CJEU's Ruling in C－366/10 on the Inclusion of Aviation in the EU Emissions Trading Scheme"，*Journal of Environmental Law*，Vol. 24，No. 2，2012，pp. 345－356.

② See Brian F. Havel，John Q. Mulligan，"The Triumph of Politics：Reflections on the Judgment of the Court of Justice of the European Union Validating the Inclusion of Non-EU Airlines in the Emission Trading Scheme"，*Air and Space Law*，Vol. 37，No. 1，2012，pp. 3－33.

③ See Matthew D. Kasper，"The Air Transport Association's Challenge to the European Union's Extension of Its Emission Trading Scheme to International Aviation：A Legal Analysis"，*Issues in Aviation Law and Policy*，Vol. 10，No. 1，2011，pp. 145－169.

④ See Bernd Hansjürgens，*Emission Trading for Climate Policy—US and European Perspective*，Cambridge University Press，2005.

⑤ See Daniel B. Reagan，"Putting International Aviation into the European Union Emissions Trading Scheme：Can European do it Flying solo?" *Boston College Environmental Affairs Law Review*，2008，pp. 349－384.

⑥ See Stephanie Switzer，"Aviation and Emissions Trading in the European Union：Pie in the Sky or Compatible with International Law?" *Ecology Law Currents*，Vol. 39，No. 1，2012，pp. 1－12.

Stephanie Koh[①] 认为,欧盟单方面提出 2008/101/EC 指令的行为完全不合理,并提出国际社会普遍认可的可以替代航空碳排放税的一种解决方案。

Grit Groeke、Dustin Klaudt、Eoin Lee、Tobias Track 和 Stefany Wayte[②] 探讨了将航空业纳入 EU ETS 是否构成边境税调整。然而,迄今为止尚未有 WTO 案例探讨航空交易指令的性质或二氧化碳排放的必要要件问题。Javier de Cendra[③] 也认为,EU ETS 与边境税调整结合在一起,并分析诉诸 WTO 解决机制解决欧盟航空交易争端的可能性。但迄今为止,专家组和上诉机构尚未解决因该指令而引起的争端。Rachel F. Rosenfeld[④] 认为,虽然欧盟航空交易指令经受住了欧盟法院的挑战,但美国颁布《2011 年欧盟排放交易体系禁令法》禁止美国航空公司遵守欧盟航空交易指令。虽然欧盟航空交易指令的出台让许多国家纷纷采取应对措施,但是在 ICAO 框架下,美国、欧盟和许多其他国家都认为,全球统一的航空碳排放规则的制定仍是国际社会的当务之急。Katelyn E. Ciolino[⑤] 认为,正是由于 ICAO 未能及时达成全球性基于市场的航空碳排放措施,欧盟才将航空业纳入 EU ETS,并探讨了欧盟征收碳排放税是否符合《关税与贸易总协定》(General Agreement on Triffs and Trade, GATT)和调整国际货物贸易的 WTO 规则,并分析了该行为在 GATT 第 20 条例外条款下不能证明是合理的,航空交易指令也不属于 GATT 第 20 条的保护范围。Lorand Bartels[⑥] 认为,欧盟对起降欧盟境内机场的欧盟和非欧盟航班征收航空碳排放税,必然对货物贸易和服务贸易产生影响。因此,有必要

① See Stephanie Koh, "The Case against Extending the EU Emissions Trading Scheme to International Aviation", *Singapore Law Review*, 2012, pp. 125 – 145.

② See Grit Groeke, Dustin Klaudt, Eoin Lee, Tobias Track, Stefany Wayte, "The Inclusion of Aviation into the European Union's Emission Trading Scheme: Motivations, Economic and Legal Implications, and the Turbulent Journey Ahead", *University College Dublin Law Review*, Vol. 13, 2013, pp. 1 – 38.

③ See Javier de Cendra, "Can Emission Trading Schemes be Coupled with Border Tax Adjustments? An Analysis vis-à-vis WTO Law", *Review of European Community & International Environmental Law*, Vol. 15, 2006, pp. 131 – 145.

④ See Rache F. Rosenfeld, "The European Union Aviation Directive and US. Resistance: A Deadlock on Aviation Emissions Control", *Georgetown International Environmental Law Review*, 2013, pp. 589 – 613.

⑤ See Katelyn E. Ciolino, "Up in the Air: the Conflict Surrounding the European Union's Aviation Directive and the Implication of a Judicial Resolution", *Brooklyn Journal of International Law*, 2013, pp. 1151 – 1190.

⑥ See Lorand Bartels, "The WTO Legality of the Application of the EU's Emission Trading System to Aviation", *European Journal of International Law*, 2012, pp. 429 – 467.

分析在 WTO 项下 GATT，以及《服务贸易总协定》(General Agreement on Trade in Service，GATS)项下该行为的合法性，并且探讨了 WTO 下边境碳调整的合法性。

根据 WTO 专家组和上诉机构对欧盟航空交易指令的相关解释，根据 2008/101/EC 指令及其修正案所采取的措施可视为影响货物贸易的措施，通过与产品无关的生产过程与生产方法(the non-product-related process and production, NPR-PPM)争议，Soledad R. Sanchez-Tabernero 探讨了 TBT (Agreement on Technical Barriers to Trade，《TBT 协议》)适用于欧盟航空碳排放交易体系的可能性。欧共体海豹案(EU-Seals)的裁定让国际社会考虑航空碳排放税是否可纳入《TBT 协议》附件 1.1"技术法规"的范畴。根据欧共体海豹案(EU-Seals)的最新裁定，欧共体石棉案和欧共体沙丁鱼案的三步测试法将得到适用。一旦证明欧盟航空碳排放交易制度不可适用，《GATT 协议》就将继续适用。一旦航空碳排放交易制度不能纳入《TBT 协议》附件 1.1 "技术法规"的范畴，那么就有必要对其是否符合《TBT 协议》第 2 条第 1 款和第 2 条第 2 款进行评估。[①]

乌尔里希(Ulrich Steppler)和安吉拉·克林姆勒(Angela Klingmuller)认为将航空业纳入 EU ETS 不合时宜，将对航空业带来消极影响，可能导致航空业的另一个危机(此前的危机包括"9·11 事件"、SARS、燃料价格等)。[②] 另外，他们还合作写了《欧盟排放交易体系和航空》[③]一书，该书全面分析了欧盟碳排放交易制度的形成和发展，以及与航空业之间的关系，并预计了欧盟征收航空碳排放税可能会引发的一系列问题。

2. 共同但有区别责任原则的作用

Tuula Honkonen[④] 探讨了共同但有区别责任原则在多边环境协议中的运作、现状及其展望，指出该原则具有在国际层面上将环境和发展结合在一起的潜力。因此，该原则对欧盟征收航空碳排放税具有无法估量的价值。

---

① See Soledad R. Sanchez-Tabernero, "For Whom the Bell Tolls: The EU ETS in Aviation under the TBT Agreement", *Journal of World Trade*, Vol. 49, No. 5, 2015, pp. 781 - 804.

② See Ulrich Steppler & Angela Klingmuller, "EU Emission Trading Scheme and Aviation: Quo Vadis?" *Air and Space Law*, Vol. 34, 2009, pp. 253 - 260.

③ See Ulrich Steppler & Angela Klingmuller, *The EU Emission Trading Scheme and Aviation*, Eleven International Publishing, 2010.

④ See Tuula Honkonen, *The Common but Differentiated Responsibility in Multilateral Environmental Agreement: Regulatory and Policy Aspects*, Wolters Kluwer international, 2009.

Lavanya Rajamani[①] 认为，欧盟将航空业纳入 EU ETS，试图采取市场化的手段进行温室气体减排以应对全球气候变化。他认为，共同但有区别责任与相应的能力原则并没有被欧盟足够重视，而基于该原则要求发达国家应对气候变化的原因和结果时应该处于领导地位。同时，欧盟航空交易指令应该根据该原则进行解释、适用并做必要的调整。

3. 应对欧盟航空碳排放税的措施

Surya Gablin Gunasekara[②] 认为，欧盟征收航空碳排放税并不是解决气候变化的方案，并且认为欧盟不应该将航空业纳入 EU ETS，并应该停止颠覆全球减排的努力。Michael L. Buenger[③] 探讨了"区域规则"所起的作用，并指出该规则未来将发挥更重要的作用。虽然许多全球问题需要采取多边主义的方式进行解决，但欧盟航空交易指令表明，有影响力的国家可以通过规制国家行为的方式调整全球行为，并企图将国内法全球化，即认为单边主义也是解决跨国问题方法非常有效的一种方法。

因此，航空碳排放交易制度在国外的研究基本上侧重于 2008/101/EC 指令与国际航空法、国际环境法和国际贸易法相关规范的不相兼容性，并试图从共同但有区别责任原则的角度，分析该航空指令的不合理性及各国应对欧盟航空碳排放交易制度的措施。然而，大多数学者很少从国际法考察的角度探讨航空碳排放交易制度的相关法律问题，并借鉴欧盟航空碳排放交易制度创设与运行实践的相关经验。所以，目前应该从遵守的基本原则和相关规则等方面初步构建全球航空碳排放交易制度，积极推动全球航空碳减排协议的出台。

（二）国内研究现状

自欧盟将航空业纳入碳排放交易体系，并对起降欧盟境内机场的非欧盟航班实行航空碳排放交易制度以来，我国学者纷纷对航空碳排放交易制度或航空碳排放交易税进行研究，主要表现如下：

我国学者对航空碳排放交易制度的研究，大多从温室气体的立法模式、交易方式以及对欧美国家碳减排经验的借鉴等方面进行研究。

---

① See Lavanya Rajamani, "EU Climate Change Unilateralism", *European Journal of International Law*, Vol. 23, No. 2, 2012, pp. 469 – 494.

② See Surya Gablin Gunasekara, "Environmental Overreach: The EU's Carbon Tax on International Aviation", *Washing ton and Lee Journal of Energy, Climate, and the Environment*, 2013, pp. 1 – 26.

③ See Michael L. Buenger, "The EU's ETS and Global Aviation: Why 'Local Rules' Still Matter and May Matter even more in the Future", *Denver Journal of International Law and Policy*, 2013, pp. 417 – 465.

目前,借鉴欧盟航空碳排放交易制度创设与运行实践的相关经验,专门构建全球航空碳排放交易制度并为我国提出应对措施的研究学者或机构并不多,且基本上来自各大媒体的网页新闻和航空公司的内部刊物及《中国民航大学学报》等。目前,尚未有专门研究航空碳排放交易制度或航空碳排放税的著作,且与航空碳排放交易制度相关的著作大多是有关气候变化和国际环境方面的。主要体现在:(1)经济管理的角度,如焦小平主编的《欧盟排放交易体系规则》,①王毅刚等著的《碳排放交易制度的中国道路:国际实践与中国应用》;②(2)国际环境法和气候变化方面,如赵爽著的《能源法律制度生态化研究》,③郭锋主编的《金融服务法评论》(第2卷),④韩缨著《气候变化国际法问题研究》,⑤李威著《气候与贸易的国际法进程研究》,⑥韩良的《国际温室气体排放权交易法律问题研究》⑦等。

专门研究航空碳排放税或航空碳排放交易制度的硕博士论文也较少,主要有:段一帆《欧盟航空碳排放交易机制的法律分析》⑧着重分析了欧盟2008/101/EC指令的颁布与欧盟征收航空碳排放税的行为不符合国际公约和国际习惯法的规定;赵枫《论欧盟航空碳管制的法律问题》⑨探讨了欧盟航空交易指令在国际习惯法、国际环境法和国际航空法项下的违法性;张志慧《欧盟航空碳排放交易指令的挑战及其对策》⑩着重分析了欧盟航空碳排放交易指令所面临的国际法和国内法挑战,并提出了相应的对策。然而,他们都只是从某个方面探讨了欧盟航空碳排放交易制度或航空交易指令的合法性及面临的挑战,并没有全面系统地在国际法视野下探讨航空碳排放税或航空碳排放交易制度相关的法律问题。

我国学者对航空碳排放税或航空碳排放交易制度的研究,比较深入和前沿

---

① 参见《欧盟排放交易体系规则》,焦小平主译,中国财政经济出版社2010年版。

② 参见王毅刚等著:《碳排放交易制度的中国道路——国际实践和中国应用》,经济管理出版社2011年版。

③ 参见赵爽著:《能源法律制度生态化研究》,法律出版社2010年版。

④ 参见郭锋主编:《金融服务法评论》,法律出版社2011年版。

⑤ 参见韩缨著:《气候变化国际法问题研究》,浙江大学出版社2012年版。

⑥ 参见李威著:《气候与贸易的国际法进程研究——以议题交叉与体系协调为视角》,法律出版社2013年版。

⑦ 参见韩良著:《国际温室气体排放权交易法律问题研究》,法制出版社2009年版。

⑧ 参见段一帆:《欧盟航空碳排放交易机制的法律分析》,湘潭大学2013年硕士学位论文。

⑨ 参见赵枫:《论欧盟航空碳管制的法律问题》,华东政法大学2012年硕士学位论文。

⑩ 参见张志慧:《欧盟航空碳排放交易指令的挑战及其对策》,大连海事大学2013年硕士学位论文。

的论文主要有胡晓红教授的《欧盟航空碳排放交易制度及其启示》,[①]该文通过考察两个交易排放指令,探讨了欧盟征收航空碳排放税的合法性,分析了欧盟航空碳排放交易制度的域外管辖权问题,从而探寻我国航空业应该采取的应对策略。虽然该文的视角新颖,但遗憾的是未能探究其背后深刻的渊源和起因。

梁咏博士在《欧盟碳减排的国际法规制——以航空业为例》[②]一文中,着重对欧盟碳减排规则进行了外部——与现行国际法的相容性及内部——规制主体的合理性解读,探讨了欧盟碳减排规则的合法性,并且对我国通过诉讼方式解决欧盟航空碳排放税的可行性进行了分析,还提出了建设性的方案。然而,该文并没有从全球航空业的角度研究发展态势,也没有考虑我国航空业发展的客观实际,难免留下缺憾。

在《欧盟航空减排交易体制探析:兼论国际航空减排路径》[③]一文中,覃华平着重分析了欧盟征收航空碳排放税,违背了共同但有区别责任原则,并客观分析了航空业碳减排的未来发展路径。但对该原则的分析不够全面,没能系统全面地诠释欧盟航空碳排放交易制度的国际合法性。中国政法大学兰花[④]认为,共同但有区别责任原则已经成为国际环境法中一项具有法律约束力的原则,并将在未来的国际气候变化谈判中日益成为首要原则。然而,欧盟对起降欧盟境内机场的所有航班征收航空碳排放税并没有准确适用该原则。

张丽英在《欧盟强征航空碳排放费的法律问题》[⑤]一文中探讨了欧盟航空交易指令的违法性及其对我国航空业的影响。张华在《论"欧盟航空减排指令"的域外管辖问题及中国的对策》[⑥]一文中,探讨了第三国航空器产生的域外效果受欧盟航空碳排放交易制度的影响。尽管欧盟法院试图依据属地管辖权和"后果主义"维护其域外管辖效果的合法性,但其法律推理很难具有说

---

① 参见胡晓红:《欧盟航空碳排放交易制度及其启示》,载《法商研究》2011 年第 5 期,第 145 ~ 151 页。

② 参见梁咏:《欧盟碳减排的国际法规制——以航空业为例》,载《法学》2011 年第 12 期,第 56 ~ 66 页;梁咏、叶波:《欧盟航空业碳减排规则的国际法分析》,载《欧洲研究》2012 年第 1 期,第 32 ~ 52 页。

③ 参见覃华平:《欧盟航空减排交易体系探析:兼论国际航空减排路径》,载《比较法研究》2011 年第 6 期,第 112 ~ 121 页。

④ See Hua Lan, "Comments on EU Aviation ETS Directive and EU—China Aviation Emission Dispute", *Revue juridique Thémis*, 2011, pp. 589 – 607.

⑤ 参见张丽英:《欧盟强征航空碳排放费的法律问题》,载《中国入市第二个十年:新起点与新挑战——WTO 法与中国论丛》(2013 年卷)2012 年版,第 296 ~ 308 页。

⑥ 参见张华:《论"欧盟航空减排指令"的域外管辖问题及中国的对策》,载《国际论坛》2012 年第 5 期,第1 ~ 6页。

服力，不能排除欧盟航空碳排放交易制度违反国际法的可能。刘萍在《国际航空碳排放全球机制的构建》①一文中提出，全球航空碳排放的全球机制的构建是一个长期的过程，尽管ICAO在该机制的构建中发挥领导作用，但国家仍是最基本和最重要的主体。朱瑜、刘勇在《欧盟碳排放交易新政、国际航空减排谈判与和中国对策研究》②一文中探讨了国际航空减排谈判面临的若干十分棘手的问题，认为很难期望ICAO达成一项具有法律约束力的航空减排条约，我国应该从国内和国际层面采取适当的对策。

综上所述，国内学者主要从气候变化和环境领域研究欧盟航空碳排放税或航空碳排放交易制度，并分析其是否符合国际航空法、国际环境法和国际贸易法相关国际条约与协议的规定。国内很多学者仅仅从某个方面探讨欧盟航空碳排放交易制度与国际法规定的不相符，并分析其面临的挑战。但在借鉴欧盟航空碳排放交易制度创设与运行实践的相关经验，对全球航空碳排放交易制度的构建提出建议的学者很少甚至没有。虽然2013年ICAO第38届大会确定各成员国于2016年通过全球碳减排方案，并于2020年付诸实施，但我国学者较少关注全球航空碳排放交易制度及我国航空碳排放交易制度。因此，在国际法视野下，探讨航空碳排放交易制度，对我国积极参与全球航空碳排放交易制度的构建，维护我国航空业的发展权具有十分重要的意义。

三、主要内容、研究思路和研究方法

（一）主要内容

本书除绪论外，包括七章，其主要研究内容有：

第一章，概述了航空碳排放交易制度。首先，探讨航空碳排放交易制度出台的背景，即气候变化导致全球变暖、应对气候变化国际立法以及具体制度的出现。其次，厘清了航空碳排放交易制度的相关概念，包括碳排放权、碳排放交易与航空碳排放交易制度，并探讨了航空碳排放交易制度的经济学和法学理论基础，为航空碳排放交易制度寻找理论基础。最后，探讨了国际法视野下研究航空碳排放交易制度的必要性。由于航空碳排放具有全球性、负外部性、时空不平衡性以及全球航空碳减排方案的迫切需求性，这决定了其

---

① 参见刘萍：《国际航空碳排放全球机制的构建》，载《法律科学》（西北政法大学学报）2013年第4期，第148～155页。

② 参见朱瑜、刘勇：《欧盟碳排放交易新政、国际航空减排谈判与中国对策研究》，载《国际论坛》2014年第6期，第7～13页。

在国际法视野下探讨的必要性,并用相关数据进行说明。

第二章,归纳概括了航空碳排放交易制度的国际法基础。首先,探讨航空碳排放交易制度的国际法依据,包括全球性国际条约和区域性国际条约,前者主要对航空碳排放交易制度进行间接规制,主要涉及 UNFCCC、《京都议定书》、《芝加哥公约》(又被称为《国际民用航空公约》)和《巴黎协定》,区域性国际条约对航空碳排放交易制度进行直接规制,主要涉及 2003/87/EC 指令和 2008/101/EC 指令以及《欧美开放天空协议》;其次,探讨了航空碳排放交易制度的理论基础,即国际气候合作原则、"共同但有区别责任"原则、非歧视原则和领空主权原则等。在这些原则中,国际气候合作原则是应对气候变化的基本原则;共同但有区别责任原则是国际环境法的一项基本原则,在国际气候协议中处于核心地位;非歧视原则是国际航空制度的基础;领空主权原则满足国际习惯法的两大构成要件,被视为国际习惯法。

第三章,探讨了航空碳排放交易制度的若干重要问题。首先,分析了航空碳排放交易制度的法律依据——航空碳排放交易合同。航空碳排放交易合同具有国际性、标的特殊性、交付特殊性、法律适用特殊性以及涉外性,该合同不仅具有国际商事合同的典型特征,而且必须遵守国际条约并承担国家责任义务。其次,探讨了航空碳排放交易制度的基础——总量控制与交易体系。总量控制与交易体系是航空碳排放交易制度的基础,并且该体系属于以新生的经济刺激手段来控制温室气体等二氧化碳的排放,是基于市场的一种机制。再次,分析了航空碳排放交易制度的核心——碳排放权。根据《华盛顿公约》第 25 条以及具体投资条约中有关投资的定义,碳排放权可被视为投资。但是,投资者因碳排放权的问题将会对东道国提起仲裁,这在很大程度上将会阻碍各国构建碳排放交易制度。因此,不应当对碳排放权提供较高标准的保护,而最重要的方式是在投资协议中根据 GATT 第 20 条及其序言的规定环境例外条款,从而实现环境保护与投资者利益之间的最佳平衡。复次,对世界贸易组织规则的适用性探讨。由于国际航空运输包括旅客运输和货物运输,兼具货物贸易和服务贸易的双重属性。因此,有必要探讨 WTO 法律体系对航空碳排放交易体系的适用。其中,与航空碳排放交易制度相关的主要有 GATT/WTO 规则、GATS 协议以及《TBT 协议》。最后,探讨清洁发展机制与航空碳排放交易制度之间的关系。与 CDM 相比,航空碳排放交易模式在实施效果上更为成功,航空碳排放交易制度对 CDM 项目的借鉴甚至对我国 CDM 项目的借鉴就具有非常重要的参考意义。

第四章,分析了欧盟航空碳排放交易制度及其面临的挑战与借鉴。从理论上说,航空碳排放交易制度的法律框架应该包括四个关键性的法律制度:碳减排目标与总量设定制度、碳排放配额分配制度、碳交易市场监督制度及履约与处罚制度。通过 EU ETS 关于这四个制度的立法和实践,全球航空碳排放交易制度构建可以借鉴 EU ETS 关于这些制度的经验并得到启示。从欧盟航空碳排放交易制度管理主体的适格性、内容的合法性、交易模式的合理性及争端解决机制的合理性等方面来看,欧盟航空碳排放交易制度的设计是存在瑕疵的,不仅不符合国际法律规范的相关规定,而且也不能经受实践的检验。

第五章,从国际法视角分析了航空碳排放交易制度实施困境的国际法分析。尽管国际法在航空碳排放治理方面发挥着积极作用,但航空碳排放交易制度国际法治理仍主要存在法律覆盖范围有限、法律效力有限、"共同但有区别责任"原则具体事实上的分歧以及突出的国家利益倾向性等局限性。依据这些局限性,本部分结合航空碳排放交易制度的实践,从国际航空气候谈判的利益格局、气候变化国际法适用的不确定性以及气候变化国际法的实施效力对航空碳排放交易制度规则的局限性等方面进行阐述。

第六章,本章从未来全球航空碳排放交易制度应遵循的若干基本原则、管理全球航空碳排放交易的适格主体和全球性"基于市场的措施"方案为解决全球航空碳排放的一种切实可行方案,以及具体制度设计等方面,初步构建未来全球航空碳排放交易制度。全球航空碳排放交易制度并不能一朝一夕形成,必将是一个漫长的过程,任重而道远。

第七章,我国相关法律实践及航空碳排放交易制度的构建。目前,我国碳排放交易法律实践已经在规范体系、交易模式、能力建设、配额分配、排放交易和履约机制六个方面取得了显著的成效,但仍存在现行碳排放交易一级市场法制不统一、碳排放交易二级市场的规制不足、碳排放交易立法位阶过低、碳排放交易调控和监管机制不健全以及碳泄漏等问题,这需要我国采取相应的策略予以应对。随着我国航空业客运量和货运量的不断增长,其航空碳排放量也随之增加。目前,我国尚未对航空业实行碳排放限额管理。并根据国际公约的相关规定,我国在 2020 年前尚不需要承担强制性减排义务。但为应对全球航空碳排放交易制度,我国应该尽快构建以民航主管部门为管理主体,以总量控制与贸易模式为主,清洁发展机制为有效补充、自愿减排机制为过渡的交易模式,并以谈判、协商、国际仲裁与在 ICAO 框架内进行申诉为争端解决方式的航空碳排放交易体系。同时,在全球航空碳排放交易体系构建中，我国应该表明在全球航空碳排放交易体系构建中坚持的基本立场，在促进我国航空碳减排的同时，促进我国航空业的发展。

（二）研究思路

为应对全球气候变化并履行《京都议定书》量化的具体承诺，欧盟将航空业纳入 EU ETS，对所有飞离或降落欧盟成员国境内机场的全球 4000 多家航空公司征收航空碳排放税。尽管欧盟实行航空碳排放交易制度的举措遭到许多非欧盟国家与国际组织的强烈反对，但迫于该举措的压力，ICAO 第 38 届大会已经通过决议，各成员国同意于 2016 年前形成全球航空碳减排框架方案，并于 2020 年付诸实施。

笔者拟从以下几个方面探讨国际法视野下航空碳排放交易制度：其一，归纳概括了航空碳排放交易制度国际法基础。包括国际法依据和国际法理论基础，前者包括全球性国际条约和区域性国际条约，从全球性和区域性国际条约为航空碳排放交易制度寻找国际法律依据；后者主要是在国际航空碳排放交易制度法律规制的过程中形成的国际气候合作原则、“共同但有区别责任”原则、非歧视原则和领空主权原则。其二，对航空碳排放交易制度的几个重要问题进行分析。主要有航空碳排放交易制度的法律依据——航空碳排放交易，航空碳排放交易合同制度的基础——总量控制与交易体系，航空碳排放交易制度的核心——碳排放权，世界贸易组织规则的适用性探讨，以及航空碳排放交易制度与清洁发展机制之间的关系。其三，分析了欧盟航空碳排放交易制度及其面临的挑战，从理论上分析航空碳排放交易制度的法律框架。通过 EU ETS 关于这四个制度的立法和实践，全球航空碳排放交易制度构建可以借鉴 EU ETS 关于这些制度的经验并得到启示。同时，对欧盟航空碳排放交易制度所面临的挑战进行分析。其四，对航空碳排放交易制度实施的国际法困境进行分析，探讨国际法对航空碳排放交易制度进行法律规制所面临的局限性，并结合该制度的相关实践与实行，从国际航空气候谈判的利益格局、气候变化国际法适用的不确定性，以及气候变化国际法的实施效力对航空碳排放交易制度规则的局限性等方面进行阐述。其五，从全球航空碳排放交易制度构建应该遵循的若干国际法基本原则和国际条约、管理全球航空碳排放交易的适格主体、全球性“基于市场的措施”方案作为解决全球航空碳排放的一种切实可行方案与具体制度等方面展开研究，初步对全球航空碳排放交易制度的构建提出了若干翔实的设想和建议。其六，我国相关法律实践及航空碳排放交易制度的构建。其具体思路如图 1 所示。

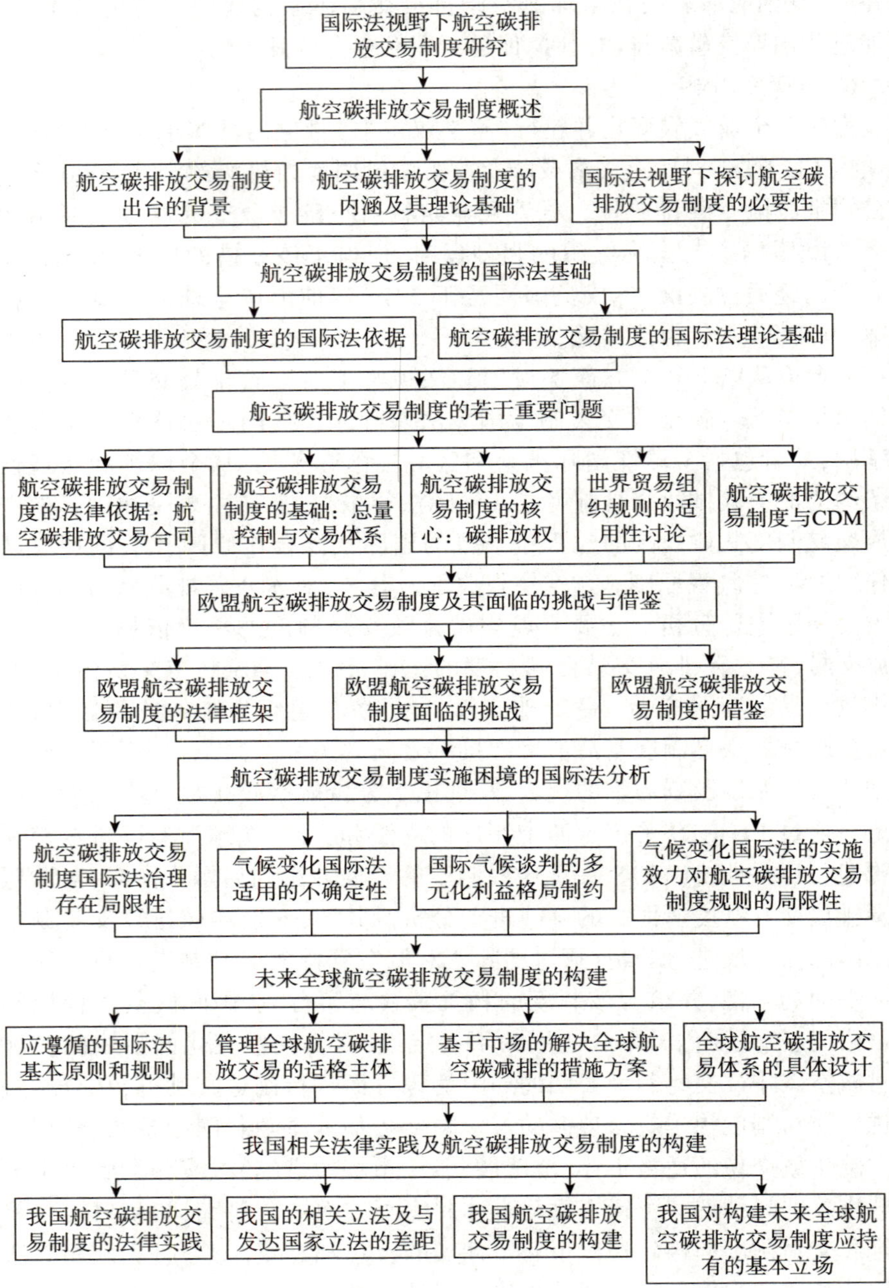
国际法视野下航空碳排放交易制度研究
航空碳排放交易制度概述
航空碳排放交易制度出台的背景
航空碳排放交易制度的内涵及其理论基础
国际法视野下探讨航空碳排放交易制度的必要性
航空碳排放交易制度的国际法基础
航空碳排放交易制度的国际法依据
航空碳排放交易制度的国际法理论基础
航空碳排放交易制度的若干重要问题
航空碳排放交易制度的法律依据：航空碳排放交易合同
航空碳排放交易制度的基础：总量控制与交易体系
航空碳排放交易制度的核心：碳排放权
世界贸易组织规则的适用性讨论
航空碳排放交易制度与CDM
欧盟航空碳排放交易制度及其面临的挑战与借鉴
欧盟航空碳排放交易制度的法律框架
欧盟航空碳排放交易制度面临的挑战
欧盟航空碳排放交易制度的借鉴
航空碳排放交易制度实施困境的国际法分析
航空碳排放交易制度国际法治理存在局限性
气候变化国际法适用的不确定性
国际气候谈判的多元化利益格局制约
气候变化国际法的实施效力对航空碳排放交易制度规则的局限性
未来全球航空碳排放交易制度的构建
应遵循的国际法基本原则和规则
管理全球航空碳排放交易的适格主体
基于市场的解决全球航空减排的措施方案
全球航空碳排放交易体系的具体设计
我国相关法律实践及航空碳排放交易制度的构建
我国航空碳排放交易制度的法律实践
我国的相关立法及与发达国家立法的差距
我国航空碳排放交易制度的构建
我国对构建未来全球航空碳排放交易制度应持有的基本立场

图 1　研究思路

（三）研究方法

本书主要采用文本分析法、比较分析法、历史分析法、案例分析法对航空碳排放交易制度进行多维度思考。文本分析法主要对国际法基本原则、国际公约和国际法律制度进行分析，找出问题并分析其产生的原因。

比较分析法主要用于比较各国有关航空碳排放交易制度的法律规范、国际条约与国际法基本原则，以及国际法律制度中有关航空碳排放交易制度的规定，其目的是为我国应对航空碳排放交易制度的构建与完善提出建议。当前，对于航空碳排放交易制度的构建，无论是欧盟或全球的，都不是一朝一夕形成的，都需要一定的历史跨度。因此，需要我们对其进行梳理，以更好地理解这些国际法规则。此外，在国际法视野下探讨航空碳排放交易制度，需要借助相关的经典案例进行解析，从而达到事半功倍的效果。

四、“国际法”的概念诠释

根据国内外学术界的考证，“国际法”一词来源于西文，在第一次鸦片战争前后（1840～1842年）传入中国。[①] 尽管现代国际法最初调整的是欧洲独立国家之间的关系，通常称为欧洲国际法。但随着1500年前后欧洲人的“地理大发现”，地球上各地区民族主权国家之间的来往关系逐渐经常化，现代国际法逐渐具有全球性的本质特点。[②] 关于国际法的概念，学术界对其有不同的理解，主要有以下几种：

（一）传统国际法概念

国内外很多学者都认为，国际法是调整国家之间关系的法律，[③]只有国际公法才是国际法。[④] 国际法是指在国际交往中形成的，用来调整国际关系的，具有法律约束力的各种原则、规则和制度的总称。[⑤] 学术界对国际法的这种理解虽然经典，得到许多学者的赞同，但笔者认为，由于国际社会出现了许多调整国际经济关系、国际民事关系和国际民事诉讼关系以及直接规定法人和

---

① 参见周鲠生著：《国际法》，商务印书馆1976年版，第2页；王铁崖主编：《国际法》，法律出版社1981年版，第16～17页。

② 参见张乃根著：《国际法原理》（第2版），复旦大学出版社2012年版，第35页。

③ 参见王铁崖主编：《国际法》，法律出版社1995年版，第1页；史久镛：《论国际经济法的概念与范围》，载中国国际法学会主编：《中国国际法年刊》，中国对外翻译出版公司1983年版，第361页。

④ 参见周鲠生著：《国际法》，商务印书馆1976年版，第3页。

⑤ 参见梁西主编：《国际法》，武汉大学出版社2000年版，第1页。

自然权利义务等的法律法规。[①] 因此,这种理解不仅在内涵上和外延上都无法容纳已有巨大发展的国际法律本身,而且并不完全符合现代国际法的信念,也与现代国际法律现实相违背。[②]

(二)宏观国际法概念

上述传统国际法的概念虽然经典,但随着国际社会的不断发展,该概念已经远远不能容纳已有巨大发展的国际法律本身,“跨国法”和“宏观国际法”的概念随之产生。学界通常认为,宏观国际法涵盖跨越国界的一切社会关系的具有法律约束力的行为规范的总和。该概念不仅包括公法而且包括私法,既可以是实体法又可以是程序法,甚至调整国际关系的某国立法,只要能在国际社会产生域外效力,都可以在某种条件下转化为国际法。[③]

(三)真正本来意义上的国际法

有学者认为,尽管传统国际法的概念根深蒂固,但该概念不全面、不严密和不准确,而宏观国际法的适用范围又过于宽泛。因此,有必要根据国际法的创制[④]主体和效力范围进行界定,即由国际主体制定的,在国家之间的相互作用下或合作下产生的。[⑤]

为了更好地探讨国际法对航空碳排放税的规制及影响,本书采纳宏观国际法的概念,即国际法是调整一切国际关系(不限于国家之间的政治关系)的,反映国家意志协调的具有法律约束力的原则、规则和制度的总称。[⑥] 即国际法既包括传统意义上的国际法,又包括国际环境法、国际经济法和国际私法等法律规范。

---

① 参见黄进:《宏观国际法学论》,载《法学评论》1984 年第 2 期,第 38 ~ 39 页。

② 参见徐锦堂:《论国际法的本来含义及国际经济法在其中的地位——从漆多俊教授学术思想出发界定国际经济法的科学内涵》,载漆多俊主编:《经济法论丛》(第 12 卷),中国方正出版社 2006 年版,第 147 ~ 148 页。

③ 参见黄进:《宏观国际法论》,载《法学评论》1984 年第 2 期,第 41 页。

④ 创制包括三种方式:制定、认可和解释。参见张文显主编:《法理学》,高等教育出版社、北京大学出版社 1999 年版,第 48 页。

⑤ 参见[德]沃尔夫刚·格拉夫·魏智通主编:《国际法》,吴越、毛晓飞译,法律出版社 2002 年版,第 111 页。

⑥ 参见黄进:《宏观国际法学论》,载《法学评论》1984 年第 2 期,第 39 ~ 40 页。

第一章　航空碳排放交易制度概述

《欧洲联盟条约》和《欧洲联盟运行条约》是欧盟立法的基础法律。在实体和程序方面，欧盟的这两个条约为航空业纳入欧盟减排交易机制提供了纲领性规定。具体规定如下：第一，在实体方面，《欧洲联盟条约》第 2 条第 5 款提出，欧盟应该致力于全球可持续发展。《欧洲联盟运行条约》第 191 条第 1 款规定，欧盟环境政策应该致力于保持、保护和改善环境质量及在国际层面推动应对地区或全球环境问题的措施，尤其是应对气候变化问题。第 191 条第 2 款规定，在充分考虑联盟各地区情况多样性的前提下，欧盟应该采取对环境进行高水平保护的环境政策，且该政策以预防性原则为基础，以切实实现"污染者付费原则"。第二，在程序方面，《欧洲联盟运行条约》第 192 条第 1 款规定欧洲议会和理事会实现环境政策时所应遵守的立法程序，即通过普通立法程序并听取咨询经济和社会委员会及地区委员会的意见。

为履行《京都议定书》量化的减排义务，2003 年 10 月 25 日，欧盟委员会通过了 2003/87/EC 指令。作为欧盟机构立法的派生性法律，该指令为航空业纳入 EU ETS 提供了具体的法律依据。其中，第 30 条第 2(a) 款规定，欧盟委员会应编写该指令的应用报告，并考虑是否及如何修改附件一，从而包含其他行业（尤其是化工、铝金和运输行业），以及为附件二增加活动和其他温室气体排放的内容，借此进一步提升 EU ETS 的经济有效性。2008 年 11 月 19 日，经过欧洲议会和欧盟理事会批准，2008/101/EC 指令正式颁布。

第一节　航空碳排放交易制度出台的背景

2008/101/EC 指令规定，自 2012 年 1 月 1 日起，将航空业纳入 EU ETS，即对起降欧盟成员国境内机场的所有航班实行航空碳排放限额管理。一旦这些航班的碳排放量超过核定限额，就必须在碳交易市场购买相应的排放配额，即实施航空碳排放交易制度。迫于 2013 年 ICAO 第 38 届大会决议的国际压力，欧洲议会和欧盟理事会通过了有关航空减排新政的第 421/2014 号条例。该条例规定,在2016年前,欧盟航空碳排放交易只适用于欧盟境内航线。[①] 在ICAO第38届大会上,各成员国同意于2016年达成全球航空碳排放协议方案,并于2020年付诸实施。[②] 迫于欧洲议会和欧盟理事会第421/2014号条例的压力,2016年10月ICAO第39届大会就国际航空减排市场措施通过决议,这不仅标志着国际航空减排谈判取得重要的阶段性成果,而且是国际社会推动国际航空运输绿色发展方面所做的积极尝试。[③] 尽管ICAO第38届大会否决了欧盟单方面征税的提案,但作为迄今最成功的航空碳排放交易制度,欧盟航空碳排放交易制度对全球航空碳排放交易制度的构建都具有非常重要的意义。因此,首先必须探讨航空碳排放交易制度的出台背景。

一、气候变化导致全球变暖

世界气象组织(World Meteorological Organization,WMO)认为,所谓气候变化是指气候的平均状态或变量出现可统计到的显著变化,且持续一段较长的时期(通常达10年或更长)。气候变化可能因自然界的内部过程,或外部力量所致,又或是大气层的组成部分或土地使用方面经验持久的人为变化。[④] UNFCCC认为,气候变化是由人类活动直接或间接导致的,超出其在同期观察到自然气候变化的对地球大气层成分所造成的影响。政府间气候变化委员会(Intergovernmental Panel on Climate Change,IPCC)在其评估报告中,参考了UNFCCC的观点,其提及"气候变化"专指因人类活动原因造成的气候变化,而将因自然原因引起的气候变化称为"气候变率"。[⑤] 本书所指的气候变化含义,更倾向于UNFCCC的定义,即由人类活动所导致温室气体变化所带来的非正常转变,并不关注因自然原因所产生的气候自然变化。

地球大气中能够吸收红外线的微量气体,包括水蒸气和二氧化碳等,就是通常所说的温室气体。根据《京都议定书》的规定,温室气体包括六种。其

---

① 参见刘勇:《理想与现实之间的选择:欧盟出台航空碳排放交易新政》,载《21世纪经济报道》2014年6月24日,第22版。

② 参见张琪:《ICAO达成全球航空碳排协议》,载《中国能源报》2013年10月14日,第7版。

③ 参见《国际民航组织第39届大会就国际航空减排市场措施通过决议》,载《中国民航报》2016年10月12日,第1版。

④ 参见王毅刚、葛兴安、邵诗洋、李亚冬著:《碳排放交易制度的中国道路——国际实践与中国应用》,经济管理出版社2011年版,第1页。

⑤ 参见李威著:《气候与贸易的国际法进程研究——以议题交叉与体系协调为视角》,法律出版社2013年版,第4页。

中,二氧化碳在大气中所占比重最多,对全球变暖的贡献最大,约为55%。[①] 通常情况下,地球表面温度上升导致的全球气候变暖,以及酸雨和臭氧层破坏问题就是国际社会所指气候变化问题。其中,气候变化导致全球气候变暖最引人注目。[②]

早在1827年,法国数学家和物理学家傅里叶(Fourier)就提出,二氧化碳可能具有吸收太阳辐射热能的作用。1896年,瑞典物理学家斯文特·阿列纽斯(Svante Arrhenius)首次提出人类活动产生的二氧化碳会显著影响地球表面的气温,[③]并于1909年第一次将傅里叶的理论定义为"温室效应"。[④] 为应对全球气候变化问题,从1988年至今,政府间气候变化专门委员会(IPCC)已发布五份评估报告,这些评估报告对国际社会认识气候变化及其影响,对进行气候变化国际谈判起着非常重要的作用。其中,第五次评估报告中第一工作组报告《气候变化2013:自然物理基础》及决策摘要指出:"最近三个十年中,每个十年均比1850年之前的任何一个十年都暖。"由此可见,全球气候变暖是毋庸置疑的事实。[⑤] 国际社会主要从适应和减缓两个方面应对气候变化。适应气候变化是指在气候变化的背景下,人类要如何适应气候变化,从而将经济和社会损失降到最小。[⑥]

IPCC第五次评估报告指出,20世纪中期以来,全球气候变暖的主要原因极有可能是人类活动,且可能性超过95%。[⑦] 世界资源研究所(World Resource Institute,WRI)研究报告指出,温室气体是全球气候变暖的元凶。虽然有部分英美科学家认为地球气候并没有变暖,而是有可能进入一个"小冰期"。我国部分学者也认为,应该通过关注自然界本身的变化规律,才能从本

---

① 参见韩缨著:《气候变化国际法问题研究》,浙江大学出版社2012年版,第4页。

② 参见李伟芳:《航空业纳入欧盟碳排放交易体系之合法性分析》,载《政治与法律》2012年第10期,第99页。

③ 参见 Maxwell T Boykoff, *The politics of Climate Change: A Survey*, Routledge Press, 2010。转引自韩缨著:《气候变化国际法问题研究》,浙江大学出版社2012年版,第4页。

④ 参见王毅刚、葛兴安、邵诗洋、李亚冬著:《碳排放交易制度的中国道路——国际实践与中国应用》,经济管理出版社2011年版,第1页。

⑤ 参见《IPCC的第五次评估报告》,载腾讯网,http://weather.news.qq.com/a/20131028/011835.htm,2017年9月18日访问。

⑥ 参见段居琦、徐新武、高清竹:《IPCC第五次评估报告关于适应气候变化与可持续发展的新认知》,载《气候变化研究进展》2014年第3期,第197~200页。

⑦ 参见新华网,http://news.xinhuanet.com/yzyd/local/20130929/c_117561268.htm,2017年9月18日访问。

质上找到自然灾害产生的原因及预防的办法，但正如英国前首相托尼·布莱尔（Tony Blair）所强调的，人类活动总会对气候变化造成一定的影响，人类应该采取相关行动，否则，气候环境问题的情况会更糟糕。[①]

二、应对气候变化相关国际立法的出现

自1972年联合国人类环境会议真正关注气候变化以来，国际社会先后通过了一系列条约和公约。其中，比较有影响力的应对气候变化的国际立法主要有UNFCCC、《京都议定书》和《巴黎协定》。

（一）《联合国气候变化框架公约》（UNFCCC）

联合国人类环境会议在1972年召开，其标志着国际社会开始真正关注气候变化及其影响。1979年，第一次世界气候大会由世界气象组织及其合作伙伴在瑞士日内瓦召开。“世界气候大会——气候与人类”是这次会议的主题，这很大程度上推动人们提高应对气候变化的意识和科学认识水平。[②]1992年6月，联合国环境与发展大会正式签署UNFCCC，并于1994年3月开始生效，这标志着国际法开始调整气候变化这一领域。

应对气候变化的最终目标在UNFCCC第2条给予了明确，即“将大气中温室气体的浓度稳定在防止气候系统受到危险的人为干扰的水平上”。[③] 虽然上述目标并没有包含具体的量化目标，且内容笼统抽象，但为实现这些目标，UNFCCC第3条规定了一系列的原则来实现这些目标。例如，考虑发展中国家的具体需要和特殊国情原则与共同但有区别责任原则等。而共同但有区别责任原则是其最重要的，因为该原则充分体现了发达国家与发展中国家在气候变化国际立法谈判中的妥协与冲突。虽然作为一个框架公约，UNFCCC获得了世界上绝大多数国家的认可，但该公约不仅没有确定有约束力的减排目标和时间表，而且没有确立可操作的资金和技术履约要求，且其

---

① See Ernesto Zedillo ed., *Global Warming-Looking Beyond Kyoto*, *Center for the Study of Globalization*. Brookigs Institution Press, 2008, p. 21.

② 参见世界气象组织网，http://www.wmo.int/wcc3/documents/FAQWCC3_PUBLIC_flyer_ZH.pdf，2017年9月18日访问。

③ 《联合国气候变化框架公约》第2条规定：“本公约以及缔约方会议可能通过的任何相关法律文书的最终目标是：根据本公约的各项有关规定，将大气中温室气体的浓度稳定在防止气候系统受到危险的人为干扰的水平上。这一水平应当在足以使生态系统能够自然地适应气候变化、确保粮食生产免受威胁并使经济发展能够可持续地进行的时间范围内实现。”参见李静云著：《走向气候文明：后京都时代气候保护国际法律新秩序的构建》，中国环境科学出版社2010年版，第410页。

软法性质也一直受到各界的诟病。

（二）《京都议定书》

为使 UNFCCC 的承诺具体化，1997 年 12 月，在日本京都举行的 UNFCCC 第三次缔约方会议正式通过了《京都议定书》，并于 2005 年 2 月因俄罗斯的签署正式生效。作为一个国际环境法文件，不仅在目标设计而且在制度设计方面，《京都议定书》都具有非常重要的里程碑意义。① 目前，《京都议定书》有 192 个成员方（191 个国家和 1 个区域经济一体化组织）。②

《京都议定书》规定了附件 B 国家在 2008～2012 年，将发达国家温室气体排放量在 1990 年基础上平均削减 5.2%。其明确了议定书的减排对象为六种温室气体，并设立了包含清洁发展机制（CDM）、联合履行机制（JI）和排放贸易机制（ET）的京都灵活履约三机制。此外，还规定应该考虑其特殊的国家和区域发展优先目标、顺序和情况，以及共同但有区别责任，然后由各缔约方制订适合其减排目标的国家方案。虽然《京都议定书》第 2 条第 2 款授权各方通过专门致力于国际航空领域的 ICAO 谈判国际航空减排目标，但在国际法层面上，国际航空碳排放根本未被规制。③ 在 1944 年《芝加哥公约》中，尽管 ICAO 已经明确规定了国际航空制度的气候变化减缓目标，但是目前 ICAO 的前进步伐"极其缓慢"，已不能适应航空减排压力和温室气体排放快速增长的需要。

与 UNFCCC 相比，《京都议定书》最大的特点是具有法律约束力。该议定书认为，缔约国主权的行使可以通过多边协定进行约束，从而应对气候变化上可取得显著进步。④ 但令人遗憾的是，该议定书具有明显的局限性，不仅未能科学制定众多关键问题的政策和目标，而且缺乏科学性和客观性。由于该议定书明确要求强制减排的国家相对较少，比较容易产生"碳泄漏"和"碳转移"等问题。

（三）《巴黎协定》

2005 年年底，UNFCCC 第 11 次缔约方大会在加拿大蒙特利尔召开，此次

---

① 参见韩缨著：《气候变化国际法问题研究》，浙江大学出版社 2012 年版，第 22 页。

② 参见 UNFCCC 官网，http://unfccc.int/kyoto_protocol/status_of_ratification/items/2613.php，2017 年 9 月 19 日访问。

③ 参见高丽娜、董学敏：《欧盟航空碳排放交易体系在东京和芝加哥受阻：多方治理体系中的单方法律主导》，载《中国政法大学学报》2013 年第 3 期，第 43 页。

④ See Peter D Cameron, "History of Climate Change Law and Policy", in Paul Q Watchman, *Climate Change: A Guide to Carbon Law and Practice*, Global Business Publishing Ltd., 2008, pp. 30－31.

会议正式启动了2012年后《京都议定书》二期减排谈判，但谈判进程非常缓慢。2007年年底，UNFCCC第13次缔约方大会为应对气候变化谈判的关键议程确定了明确议程，通过了“巴厘路线图”。该路线图使国际气候谈判进入议定书二期减排谈判与公约长期合作行动谈判并行的“双轨制”。

然而，2009年和2010年召开的哥本哈根和坎昆会议未能对第二期承诺达成协议，2011年11月28日至12月9日在南非德班召开了UNFCCC第17次缔约方大会。此次会议就《京都议定书》第二承诺期达成一致，并正式启动“绿色气候基金”。2012年，在卡塔尔多哈举行的第18次缔约方大会上正式通过《京都议定书》第二承诺期修正案，并为发达国家设定了2013～2020年的温室气体量化减排指标。①

2013年在华沙召开的UNFCCC第19次大会为全球气候新协议将继续确定各方，如何分担应对气候变化责任的谈判奠定了基础。2014年在秘鲁利马召开的UNFCCC第20次大会对新协议的原则、方案设计和规则等进行实质性谈判，最终在法国巴黎举行的UNFCCC第21次大会上终于达成全球气候治理领域具有里程碑意义的《巴黎协定》。② 该协议于2016年10月5日达到生效条件，③并于2016年11月4日正式生效。

作为《京都议定书》之后全球气候治理领域的又一里程碑，《巴黎协定》是一份覆盖将近200个国家的全球减排协议。④ 该协定主要规定了全球减排目标、协议执行应遵循平等及“共同但有区别的责任”和各自能力原则、灵活确定了“自上而下”及覆盖更广的全球减排新框架、首次确定了5年为周期的评审机制、要求发达国家为发展中国家减缓和适应全球气候变化提供资金支持，以及要求世界各国尽快实现温室气体减排不再继续增加等内容。

尽管国际社会认为该协定不失为一份全面、均衡、有力度和有约束力的协议，普遍肯定其具有十分重要的积极意义，认为该协定的生效将随着全球气候治理的新阶段。但该协定的落实仍存在如下不确定因素：第一，由于该

---

① 参见《京都议定书》，载新华网，http://news.xinhuanet.com/ziliao/2002-09/03/content_548525.htm，2016年8月30日访问。

② 参见韩一元等：《〈巴黎协定〉评析》，载《国际研究参考》2016年第1期，第38页。

③ 《巴黎协定》的两大生效条件：至少55个UNFCCC的缔约方签署并批准加入，且其温室气体排放量至少占全球总量的55%以上。参见凤凰网，http://finance.ifeng.com/a/20160921/14894592_0.shtml，2017年5月19日访问。

④ 目前，《巴黎协定》的缔约国家为197个，已经签署批准的国家为171个。参见UNFCCC官网，http://unfccc.int/2860.php，2017年12月24日访问。

协定规定的新减排目标不具有强制约束力，面临严峻的政治考验与问题；第二，如何加大发达国家对最不发达国家等发展中国家的气候援助资金，将成为困扰全球气候治理的一个关键难题；第三，协定规定的减排目标需要进一步科学论证和技术支持，前景难料；第四，诸多机制的有效落实还需要进一步谈判。这些不确定因素都是落实《巴黎协定》所面临的挑战，需要国际社会在落实中予以完善并解决。

三、应对气候变化具体机制的出现

随着世界经济的不断发展，环境污染和生态破坏日趋严重。因此，国际社会应该高度重视环境和经济发展之间的关系。在众多的环境问题中，环境外部性问题具有典型性，而环境外部性也是一种典型的市场失灵。市场失灵是指市场因一定的因素而在配置资源时呈现低效率运行的一种非理想状态。[①] 因此，需要政府通过政策法规或其他管理手段对其进行调控和管制，并且采取什么样的调控方法或手段将直接影响到政府干预的有效性。在环境外部性问题产生的初期，国家通常采取统一的环境保护措施控制并降低因经济发展而带来的环境危机，如国际社会采取命令与控制机制（Command and Control）来限制二氧化碳的排放。[②] 然而，这些环境保护措施可能会导致实际运行中的高成本，甚至可能会发生一定的环境退化。尽管国际社会可以正确综合利用各种环境措施在边际上实现代价和效益的平衡，但一旦打破这种平衡，就会过度破坏环境和对其进行的保护。[③]

为实现 UNFCCC 和《京都议定书》"控制因人类活动而产生的温室气体（主要是二氧化碳）总量，以防止气候系统受到人为干扰损害"的最终目标。国际社会全部使用清洁能源并取代传统能源，完全不进行碳消耗并不现实。与政府采取的直接控制手段相比，以市场为基础，采取符合市场规律的工具，即经济刺激手段，更能解决因市场失灵而导致的环境外部性问题。该手段本质上是一种间接调控手段，即任何鼓励排放企业主动降低排放的激励手段，如可交易许可证制度和环境税等。通过这些手段，实现整个社会福利最大

---

① 参见张永来：《对环境外部性规制的若干思考》，载《兰州学刊》2005 年第 6 期，第 164 页。

② 参见吕晨光、周珂：《英国环境保护：命令控制与经济激励的综合运用》，载《法学杂志》2004 年第 6 期，第 41 页。

③ See World Bank, *World Development Report*, 1992, pp. 64－65.

化,找到环境保护和社会经济福利之间最理想的平衡点。[①] 这些理念也在一定程度上影响了国际立法,《京都议定书》规定了温室气体减排的清洁发展机制(CDM)、联合履行机制(JI)和排放交易机制(ET)三大灵活履约机制,即通过市场机制促进温室气体减排。[②]

EU ETS 就是经济刺激手段最重要并得到广泛运用的体系。该体系最初形成于欧盟委员会 1998 年发布的《气候变化:欧盟后京都战略》,并基于《京都议定书》的三大灵活履约机制最终得以构建。因此,EU ETS 具有行政可行性并能够遏制产生新的贸易壁垒。[③] 2001 年 10 月,欧盟委员会向欧洲议会以及欧盟理事会提交实施碳排放权交易指令的提案。[④] 2003 年 10 月 13 日,欧洲议会和欧盟理事会正式通过 2003/87/EC 指令,并于 2005 年 1 月 1 日起正式启动 EU ETS。2008 年 11 月 19 日,考虑到航空活动对温室气体排放的影响,欧盟理事会正式批准了 2008/101/EC 指令,并决定将航空业纳入 EU ETS。

2008/101/EC 指令规定,EU ETS 以总量控制与交易模式(Cap-and-Trade)为基础,以最低经济成本实现减排的方式构建欧盟航空碳排放交易制度。EU ETS 不仅是欧盟应对全球气候变化的开路先锋,而且是全世界最大的以区域为中心创设的温室气体排放交易体系,其覆盖了 12,000 个工业排放实体(如电力、钢铁和水泥等)。[⑤] 欧盟委员会不仅允许所有受管制的企业获得欧盟排放配额(European Union Allowances,EUAs),[⑥]而且允许受管制的企业获得由联合履行机制与清洁发展机制产生的核证减排单位(Certified Emission Reductions,CERs)来达到管制要求。[⑦] 由于欧盟排放配额具有可交

---

① See John Alder & David Wilkinson, *Environmental Law and Ethics*, Palgrave Macmillan, 1999, p. 211.

② 参见韩缨:《气候变化国际法问题研究》,浙江大学出版社 2012 年版,第 23 页。

③ See Communication from the Commission to the Council and the European Parliament, *Climate Chang-Towards an EU Post-Kyoto Strategy*, COM, 1998, p. 353.

④ See Commission (EC), *Proposal for a Directive of the European Parliament and of the Council Establishing a Scheme for Greenhouse Gas Emission Allowance Trading within the Community and Amending Council Directive* 96/61/*EC*, COM, 2001, p. 581.

⑤ 参见张志慧:《欧盟航空碳排放交易指令的挑战及其对策》,大连海事大学 2013 年硕士学位论文,第 9 页。

⑥ Directive 2003/87/EC 第四次修改要求从 2013 年即欧盟排放权交易体系第三交易阶段开始,统一由欧盟委员会决定一个全欧盟范围内的排放配额数量。

⑦ 2003/87/EC 指令第 30 条第 2(1)款,参见《欧盟排放交易体系规则》,焦小平主译,中国财政经济出版社 2010 年版,第 44 页。

易性，对参与 EU ETS 的每一个温室气体排放企业来说，欧盟排放配额或核证减排单位都是可以获得收益的金融资产。①

第二节　航空碳排放交易制度的内涵及其理论基础

作为欧盟履行《京都议定书》量化承诺的一项举措，将航空业纳入 EU ETS 极大地推动了全球航空碳减排的进程。作为国际社会对航空业采取的一种措施，航空碳排放交易制度是在人类共同应对全球气候变化的过程中产生的，其形成必然具有经济学和法学理论基础。

一、航空碳排放交易制度相关概念的厘清

（一）碳排放权的含义

碳排放的界定是航空碳排放交易制度的核心，国内许多文献甚至官方文献都将碳排放解读为碳排放权。

1. 碳排放权的含义

碳排放权即碳排放的一种权利，简言之，是指向大气排放一定数量的温室气体的权利，②是指政府或者环境管理部门设定一个二氧化碳排放总量控制目标后，将碳排放权以配额的方式发放给各碳排放企业。不同企业具有不同的生产技术和减排技术，其中超量完成减排目标的企业可将多余的配额出售以赚取利润。同样，超标排放二氧化碳的企业，则通过购买超量完成减排目标企业的多余配额以完成减排目标，逐渐形成了碳排放权交易市场。③

2. 碳排放权的界定

界定碳排放权的概念与性质是对碳排放权进行理论研究的关键性议题，但学术界对于这一议题尚无统一认识。上述有关碳排放权的适用从实践角度看并没有太大问题，但从法学理论角度看该定义尚存在不精确的地方。该定义将碳排放权定义为权利主体排放一定数量温室气体的行为自由，但任何法律权利都体现为权利主体的行为自由。因此，该定义不仅很难体现碳排放

---

① 参见李伟芳：《航空业纳入欧盟碳排放交易体系之合法性分析》，载《政治与法律》2012 年第 10 期，第 102 页。

② 参见《碳排放权交易管理暂行办法》第 47 条，2014 年 12 月 10 日中华人民共和国国家发展和改革委员会第 17 号发布。

③ 参见刘纪显、郑尚：《CDM 对我国新能源产业的影响》，载《华南师范大学学报》（社会科学版）2010 年第 5 期，第 130 页。

权的特质，而且不易将其与其他法律权利相区分。笔者认为，要从法学理论角度更精确地界定碳排放权，就必须明晰权利的构成要素，即权利客体、权利主体和权利内容，其中，权利客体是最根本的构成要素。①

(1)碳排放权的客体

关于权利客体的概念，学术界有不同的观点。例如，有些学者认为，权利客体是指受权利人作用、控制的那一部分外部世界，该外部世界是权利人达到自身目的的能力。② 还有学者认为，权利客体是指权利人根据权利可以支配的特定利益的本体。③ 而权利人所享有的权利与义务人所承担的义务所共同指向的对象，则是权利客体。④ 根据这一定义，所谓的对象，不仅包括有体的事物，而且包括无体的事物；不仅包括客观存在的事物，还包括依制度构建的事物。⑤ 正是由于权利客体的复杂性，学界对碳排放权的概念一直众说纷纭，莫衷一是。目前主要有以下几种主要观点：

①大气环境容量说。大气环境容量说得到较多学者的主张和认同。赞同该说的学者认为，碳排放权是排污权的子权利。而大多数学者认为，排污权的权利客体是环境容量。⑥ 因此，碳排放权的权利客体应为环境容量，具体体现为大气环境容量。⑦ 如果要大气环境容量成为碳排放权的权利客体，其必须具有自然资源属性，即该容量具有天然性、有用性和稀缺性。正因为大气环境容量具有上述属性，使大气环境容量具备了受法律调整成为权利客体的可能性。其次，大气环境容量必须具有确定性。“权利所指向的对象，也即权利人对之有权的客体，必须是十分确定的。”⑧大气环境容量的确定性体现在其总量的确定性和受权利主体支配的环境容量的确定性。此外，大气环境容量具有经济价值和可支配性、独立性和特定性，具备物化为碳排放权客体

---

① 学术界认为，在不同的客体上设定权利，法律就必须根据不同客体的不同状况合理设计权利内容和保护方法，从而使权利客体可以将一权利区别于其他权利。参见胡吕银：《股权客体研究及其意义》，载《法学论坛》2003 年第 4 期，第 68 页。

② 参见龙卫球著：《民法总论》，中国法制出版社 2001 年版，第 138 页。

③ 参见郑玉波著：《民法总则》，中国政法大学出版社 2003 年版，第 263 页。

④ 参见韩松编著：《民法总论》，法律出版社 2006 年版，第 191 页。

⑤ 参见林旭霞：《林业碳汇权利客体研究》，载《中国法学》2013 年第 2 期，第 74 页。

⑥ 参见蔡守秋、张建伟：《论排污权交易的法律问题》，载《河南大学学报》(社会科学版)2003 年第 5 期，第 99 页。

⑦ 参见张运书著：《碳金融监管法律制度研究》，法律出版社 2015 年版，第 44～46 页。

⑧ [德]卡尔·拉伦茨著：《德国民法通论》(上册)，王晓晔等译，法律出版社 2003 年版，第 280 页。

的条件。[①]

②大气资源说。环境容量具有科学上难以测算、法律上难以操作等局限性。迄今为止，不仅没有任何成文法采纳该学说，而且各国的排污权制度在实践中也没有借助这一概念。空气在法律上为自由财产，该财产是任何人无须支付任何代价可以利用的。诸多学者之所以选择大气环境容量作为排放权的客体，其原因在于传统观念认为，大气资源缺乏法学理论意义上"物"所必备的属性——排他性。事实上，大气资源具有物权客体所具有的特性：大气资源不仅具有有用性和稀缺性，而且具有可支配性和独立性，这些特性使大气资源有可能成为权利客体。

③配额和碳信用二元说。由于碳排放交易在实践中通常表现为总量控制与交易中的碳配额交易和基准与信用交易中的碳信用交易，基于这一点，有学者认为，碳排放权的客体是碳配额与碳信用。[②] 碳配额和碳信用是人类对温室气体排放进行自我限制的结果，是在制度设计上对温室气体进行必要的总量控制。同时，它具有稀缺性，是构成碳排放权产生的前提。同时，该学说认为，大气是人类共有的财产，并时刻处于流动中。因此，不能在大气上构建独占支配的权利。

④大气环境容量和碳减排量二元说。该说认为，由于在总量控制与交易中，碳排放权的客体是大气环境容量，而在基线与信用交易中，碳排放权的客体是碳减排量，即拥有碳排放权体现为占有与支配大气环境容量和碳减排量，而两者之间存在显著区别。因此，这两者都是碳排放权的客体。

笔者认为，"实践标准"和"理论标准"是界定碳排放权客体的两项要求，即解释碳排放权的客体应该与碳排放权制度的实际运行情况相符，并满足实践的需要以及尽量与既有的理论相容，避免与既有理论体系难以协调。根据这两个标准，上述关于碳排放权客体的说法，虽具有一定的合理性，但都难以让人信服。根据这两个标准，碳排放权的客体应为"容许碳排放量"，即在一定地域与时间范围内，其允许排放温室气体限量是经由法律规定，也是人为创造的具有使用价值和交换价值的稀缺制度资源。[③] 将碳排放权的客体定义为容许碳排放量，不仅符合《京都议定书》和欧盟 2003/87/EC 指令的实践，

---

① 参见王小龙著：《排污权交易研究：一个环境法学的视角》，法律出版社 2008 年版，第 55 ~ 57 页。

② 参见苏义渊：《中国碳交易法制建设之建议》，2013 年重庆大学首届环境资源法学国际研讨会报告。

③ 参见夏梓耀著：《碳排放权研究》，中国法制出版社 2016 年版，第 89 页。

而且可以融入既有的相关理论体系。总之,符合界定碳排放权客体的"实践标准"和"理论标准"。

(2)碳排放权的主体

所谓碳排放权的主体,是指具有支配碳排放权客体法律资格的人,也就是享有碳排放权所蕴含利益的人。通常认为,碳排放权的主体主要包括国家和法人,自然人、其他组织等在一定条件下也能成为碳排放权的主体。

①国家。容许碳排放量是国家通过国际法和国内法创制的产物。在国际层面,国家通过缔结国际条约的方式创制容许碳排放量。例如,《京都议定书》和 UNFCCC;在国内层面,国家通过国内立法规定国家享有容许碳排放量的所有权。

②法人。由于法人与排放温室气体直接相关,且通常以温室气体排放源之间的权利交易的方式实现温室气体减排,因此,法人成为碳排放权最重要的一类主体。尽管不同类型的法人在一定情形下都可以成为碳排放权的主体,但以从事生产经营活动的企业法人或社团法人最为常见和重要。

大多数情况下,在总量控制型碳排放权交易中,碳排放权主体通常是作为温室气体大型排放源的企业;在基线与信用型碳排放权交易中,碳排放权的主体包括纳入总量控制与交易的大型温室气体排放企业和特定温室气体减排项目的运营企业。

③其他主体。为了维持生命需要,自然人必须排放一定量的温室气体,这属于自然人的自然权利,不应受到法律的限制,因此,自然人没有必要购买碳排放量冲抵自身的碳排放量。但是,不排除某些自然人基于某种目的参与碳排放权交易。除自然人外,环境保护团体等其他组织也有可能参与碳排放权交易。笔者认为,在碳排放权交易市场建立初期,应该慎重地允许自然人等其他主体参与碳排放权交易;在碳排放权交易市场比较成熟时,应该充分放开自然人等其他主体的碳排放权主体资格。

(3)碳排放权的内容

由于碳排放权的客体——容许碳排放量具有物权法中"物"的基本属性,因此,碳排放权的内容具体体现在其积极权能和消极权能两个方面。其中,碳排放权的积极权能是碳排放权内容的主要方面,主要包括占有、使用、收益和处分权能;碳排放权的消极权能是指权利人享有排斥并去除他人对容许碳排放量的不法侵夺、干扰与妨害,并不得排除他人因公共利益而进行的合法干预。

（二）碳排放权交易

在20世纪70年代，排污权交易理论由约翰·戴尔斯在其著作《污染、财富和价值》中首次提出。在该理论中提出，随着经济发展与环境保护间的矛盾日益突出，如果不将企业等排污主体纳入环境保护活动中，而是采取传统的行政干预模式保护环境，那么将持续恶化环境，大肆浪费资源。[①] 因此，环境可承载力的排污总量必须由政府或环境主管部门制定出来，然后再以配额的形式分配给排污企业。当排污企业通过减少污染物排放，从而产生可剩余排污配额，并用于交易获得额外利润时，那么，该企业主动去减少排放污染物，从而形成一种交易机制。[②] 1979年12月，该理论被美国环境保护署（EPA）率先运用于大气污染控制项目。此后，该制度理论被逐渐扩展适用于澳大利亚、英国和德国等欧美国家。[③]

排污权交易制度的适用实践过程如下：首先，由环境管理或政府部门在分析区域内环境污染总体概况与环境质量预期目标，运用科学数理方法模型计算出区域污染物的最大允许排放量；其次，环境管理或政府部门将污染物排放总量分为若干份额，并以固定价格出售、无偿分配或拍卖分配等方式将污染物排放配额分配给污染企业；最后，根据自身需求，排污企业依据自身生产排放情况，决定是否买卖其获得的排污配额。碳排放权交易就是基于以上排污权交易的实用原理而创设的。

碳排放权交易是指由环境管理或政府部门，依据其辖区内的二氧化碳排放现状及要求的减排目标，制定逐年下降的碳排放总量控制目标，然后将这些目标通过一定的方式分为若干碳排放配额，分配给区域。最后允许碳排放配额可进行商品交易，从而在区域或国家内实现在《京都议定书》所承诺的减排目标。[④] 目前，基于配额的总量控制与交易型是碳排放权交易最主要的两种形式。一种是由政府或环境管理部门事先设定一个总量控制目标，然后分配排放配额，排放企业则可将减排后多余的配额进行销售；另一种是基于项目的基线减排与信用交易型，即由排放企业事先进行相关碳减排活动，在被核实证明其减排“信用”后，该企业才能在事后获得与其减排“信用”相应的经济效应。该交易机制的标的主要包括《京都议定书》项下清洁发展机制设

① 参见张佩颖：《“碳排放”将成国际重要战略资源》，载《中国企业报》2008年11月12日，第7版。
② 参见郭冬梅著：《中国碳排放权交易制度构建的法律问题研究》，群众出版社2015年版，第12页。
③ 参见郝海青著：《欧美碳排放权交易法律制度研究》，中国海洋大学出版社2011年版，第5页。
④ 参见郭冬梅著：《中国碳排放权交易制度构建的法律问题研究》，群众出版社2015年版，第13页。

立的联合履行机制设立的减排单位、核证减排量，以及自愿减排量等。

（三）航空碳排放权交易制度

航空碳排放权交易制度是指为了合理利用环境容量和应对气候变化，在特定的区域内，根据各区域内航空公司所需要的排放总量，由政府或环境管理部门确定一定时期内二氧化碳等温室气体的排放配额。对排放配额进行初始分配主要通过拍卖分配、固定价格出售或无偿分配等方式，同时还允许通过市场机制对这种排放配额进行交易，从而减少航空公司二氧化碳等温室气体排放量的一种法律规则的集合。

作为一种环境法律制度，航空碳排放交易制度是“由调整特定环境社会关系的一系列环境法律规范所组成的相对完整的规则系统，即环境管理的法律化”。①

由此可见，航空碳排放交易制度是一种通过提供经济刺激来减少航空公司二氧化碳等温室气体排放，通过市场机制来控制二氧化碳等温室气体的排放，由管制机关许可航空碳排放配额进行交易的制度。该制度不仅规定了航空碳排放交易主体的权利与义务，而且包括航空碳排放交易的碳排放交易市场的建设维护、监管者的职权范围、监测，以及违反碳排放交易所承担的法律责任等内容。

二、航空碳排放交易制度的理论基础

如上所述，航空碳排放交易制度是一种通过经济刺激和市场机制控制航空公司二氧化碳等温室气体排放的制度。由此可见，该制度必然有其存在的经济学基础。同时，该制度规定的是航空碳排放交易主体的权利义务以及违反航空碳排放的法律责任等内容，其规制的手段主要是法律，其必然有其存在的法学基础。综上所述，航空碳排放交易制度的理论基础主要包括经济学基础和法学基础。

（一）经济学基础

著名法经济学家波斯纳曾提出，财富最大化不仅是权利和救济理论的基础，而且是法律概念本身的基础。② 由此可见，经济合理性和可行性是制定的法律具有正义性的必要条件。

---

① 郝海青著：《欧美碳排放权交易法律制度研究》，中国海洋大学出版社 2011 年版，第 3 页。

② 参见［美］理查德·A. 波斯纳著：《正义/司法的经济学》，苏力译，中国政法大学出版社 2002 年版，第 12 页。

航空碳排放交易制度的经济学基础是庇古的外部性理论、哈丁的“公有地悲剧”理论以及科斯定理。

1. 庇古的外部性理论

福利经济学作为西方微观经济学的主要流派，是以主观价值论为基础，主要研究政策或经济活动对社会福利的影响，从而为经济政策的制定提供坚实的理论基础。这一理论主要研究判断经济活动符合社会效益的标准——生产资源配置与收入分配的最适度条件。① 该理论是在垄断资本主义阶段发展起来的，历经旧福利经济学、新福利经济学和现代福利经济学三个阶段，已成为经济学体系比较重要的组成部分。②

1920 年，被誉为“福利经济学之父”的英国经济学家庇古（Pigouvian），完成了后世被称为开山之作的《福利经济学》，该著作对福利经济学的主要发展之一就是将新古典经济法学派代表马歇尔在 1890 年发表的《经济学原理》首次提出的“外部经济”的理论应用于社会福利问题的研究，并对马歇尔提出的外部性理论进行了完善和发展。③ 庇古将外部经济理论与社会福利问题紧密联系在一起，认为如果私人部门的经济活动存在外部利益，那么就应该通过经济激励性政策促进其发展；如果私人部门的经济活动导致公共利益或其他经济主体利益受损，那么就应该征税以限制其发展，其所征收的税收被称为“庇古税”。④ 由此可见，庇古提出的该理论准确地揭示了市场经济活动中一些低效率资源配置的原因，也为解决环境负外部性问题提供了思路。

著名经济学家萨缪尔斯和诺德豪斯认为，生产或消费对其他团体给予了无需补偿收益或强征了不可补偿的成本的情形，即所谓的外部性。⑤ 外部性也被经济学家分为两类：其一，正外部性是指经济主体给社会带来了利益但自己没有获得利润，从社会的角度看，外部性是一种公共福利，是支撑市场经济的道德根基；其二，负外部性是指经济主体给社会带来了损害但没有支付

---

① 参见李懿：《福利经济学的基础理论和近年的演变》，载《经济研究》1987 年第 4 期，第 75 页。

② 参见许葳：《试论福利经济学的发展轨迹与演变》，载《国际经贸探索》2009 年第 12 期，第 28 页。

③ 参见廖振良编著：《碳排放权交易理论与实践》，同济大学出版社 2015 年版，第 9 页。

④ 参见许葳：《试论福利经济学的发展轨迹与演变》，载《国际经贸探索》2009 年第 12 期，第 29 页。

⑤ 参见［美］保罗·萨缪尔森、威廉·诺德豪斯著：《经济学》（第 16 版），萧琛等译，华夏出版社 1999 年版，第 263 页。

成本。[1]

环境资源的产权通常很难界定而被普遍滥用。庇古提出,在避免一部分人免费使用清洁空气,减少二氧化碳等温室气体排放活动的负外部性时,应该由政府或权威机关给负外部性确定一个合理的负价格,并根据该价格征税,该税收称为"庇古税"。该税收是一种根据排污者对环境所造成危害的程度而征收的税,其目的在于弥补私人和社会成本之间的差距,使两者能够尽量接近相等。该征税作为一种经济调控手段,在理论上尽管具有一定理想色彩,但还是缺乏确定最优排污量标准所需要的信息。而在实践中,"庇古税"的征收也还存在诸多的问题。同时,这种污染者付费原则,还是为我们解决航空碳排放交易问题提供了非常好的借鉴思路。例如,碳排放配额通过公开拍卖方式获得,而超出排放配额向大气过量排放二氧化碳等温室气体,就要接受到高额的罚款,这种行为就体现了污染者付费原则。

2. 科斯定理

1934 年,制度经济学奠基人康芒斯发表了著作《制度经济学》,该著作从实践、经验和历史的角度分析了以交易为基本单位的制度。康芒斯对航空碳排放交易制度有两个贡献:其一,他将交易分为三种基本类型:买卖的交易(平等人之间的交换关系)、管理的交易(上下级之间的命令和服从关系)和限额的交易(政府对个人的关系),[2]并且认为限额的交易结合了市场经济和计划经济的特点;其二,区分了财产和产权,[3]该区分被科斯、阿尔钦等新制度经济学者所继承并发展。

以科斯(Ronald Coase)为代表的现代产权理论是航空碳排放交易制度的制度经济学基础。科斯理论是扩展了的传统外部性理论,对外部侵害导致的"社会成本问题"进行探讨,运用制度分析法去研究稀缺性资源如何达到最佳配置,最后采用新古典微观经济学的主体性范畴和理论模型,分析"个人和企业实施一定行动权利的转让及其对生产和销售的影响"。[4]

1960 年,罗纳德·科斯(Ronald Coase)发表《社会成本问题》。在其文章中,他运用交易成本理论分析了法律制度对资源配置的影响,提出非常著名

---

① 参见胡炜著:《法哲学视角下的碳排放交易制度》,人民出版社 2013 年版,第 108 页。

② 参见[美]康芒斯著:《制度经济学》(上册),于树生译,商务印书馆 2009 年版,第 68 ~ 92 页。

③ 参见[美]康芒斯著:《制度经济学》(上册),于树生译,商务印书馆 2009 年版,第 9 页。

④ [美]罗纳德·哈里·科斯著:《企业、市场与法律》,盛洪、陈郁等译校,上海三联书店 1990 年版,第 75 页。

的科斯定理。主要理论是：当交易成本为零，只要交易自由，无论法律如何界定权利，资源都可以通过市场机制得到有效配置。即当没有交易成本时，法律权利不管怎么分配，都能产生有效率的结果，这就是著名的科斯第一定理。当然，现实中交易成本总是大于零，由此得到科斯第二定理。即在存在交易成本的情况下，不同法律权利界定必然带来不同效率的资源配置结果，能使交易成本达到最小化，这样的法律就是最适当的法律。①

气候环境容量资源具有其公共物品属性，从而导致其所有者与管理者分离，存在权责不明。所以，因没有很好构建气候环境容量资源的产权，市场无法有效配置该资源。换句话说，尽管气候环境资源具有价值，但由于法律上并未确定该资源的所有者，也没有所有者对该资源确定价格并从中获利，因此，不能有效行使所有者权利，以激励其保护资源；同时，由于并未有效限制非产权人的占有和使用，可能会出现无偿使用的情况，从而导致负外部性。②根据科斯定理的要求，如果气候环境容量的产权及其流转受到法律的明确与保障，在政府的适当干预下，从而发挥出法律对环境保护的重要作用，这样气候环境容量的所有权人和使用权人就可以自主购买碳排放权的排放配额，或放弃碳排放权而强化治理污染力度，从而实现自身利益的最大化原则和盈利性原则。

根据上述有关航空碳排放交易的制度经济学基础的分析，笔者可以得出如下结论：航空碳排放具有产权属性，是一种排放权。因此，航空碳排放交易制度的理论基础就离不开产权理论。一旦明晰碳排放配额所有人的产权，碳排放配额就具有了可转让性，非排放配额所有权人要获得更多的碳排放量，就必须通过无偿的免费分配和有偿的公开拍卖等方式获得碳排放配额，获得航空碳排放配额分配方式确立的基础。

3. “公有地悲剧”理论

所谓新制度经济学是指用经济学的方法研究制度的经济学。新制度经济学主要有以下四个理论，即契约与委托、产权经济学理论、交易费用理论和代理理论以及制度与制度变迁理论。1968 年，英国生物学家 G. 哈丁教授在《科学》杂志上以新制度经济学产权理论为基础发表了一篇题为《公地的悲剧》一文。该文以英国的“公地”制度为背景，通过一个公共牧场无偿放牧的

---

① See Ronald H. Coase, “The Problem of Social Cost”, *Law and Economics*, Vol. 3, 1960, pp. 1 – 44.

② 参见吴健著：《排放权交易——环境管理制度创新》，中国人民大学出版社 2005 年版，第 113 页。

例子描述了“公有地悲剧”,[①]认为公有环境资源的自由利用,会促使人们(主要是“经济人”)尽可能地将公有资源变成私有或某些团体的资源,最终损害甚至毁灭全体成员的长远利益。根据这一观点,有些学者甚至将经济活动的外部性称为“公有地悲剧”的现代版。

从更深层次看,“公有地悲剧”不仅体现在公有地的自由使用方面,而且适用于环境保护领域。在环境保护领域,尤其是大气环境领域,每增加一些排污量都会在某种程度上损害环境,但这些损害通常由生活在大气环境中的所有公众承担。由于,目前作为“经济人”的企业向公有的环境排放这些污染物是自由免费的,所以在个人理性逐利的前提下,这些企业将无节制地向大气环境排放污染物,从而导致其直接排入公共环境所承担的成本,低于生产污染物的治理成本,即作为“经济人”的企业通过增加排污量获得个人利益即内部经济性,然而将其扩大排污量的外部不经济性[②]留给其他公众。因此,在大气环境中的污染物越来越多,大气环境的污染和退化现象越来越严重,最终导致全体公众因严重的环境质量而污染生活和生产,不得不撤出或投入大量资金专门治理环境污染,从而形成“公有环境污染悲剧”。为避免这种悲剧,全体公众就必须分析出环境污染的根源,明细其产权,让受损的环境得到合理补偿。[③] 在研究气候环境问题时,这个论述在我们研究气候环境问题时,非常值得我们借鉴。[④]

气候环境资源属于公共物品的范畴,公共物品则具有非竞争性和排他性,气候环境资源本身也不能界定明确的产权。正因如此,企业或私人可能会任意向大气中排放温室气体,其损耗和破坏大气环境,造成的后果却必须由全体公众承担。这在某种程度上滋长了“经济人”不需付出代价,却可以无限制使用

---

① 公共牧场无偿放牧的例子,其具体内容如下:在一片封建主无偿提供给当地牧民放牧的公共牧场上,每增加一只羊会产生两种结果:一是获得增加一只羊的收入;二是加重草地的负担,并有可能使草地因过度放牧而荒芜。由于每一个牧民为了获得更大的收益都尽可能增加羊的放牧量,其他牧羊者看到有利可图也纷纷加入这一行列,使牧畜数量无节制地增加,牧场最终因过度放牧而成了不毛之地。参见陈新岗:《“公地悲剧”与“反公地悲剧”理论在中国的应用研究》,载《山东社会科学》2005 年第 3 期,第 34 ~ 38 页。

② 外部不经济性是指给其他经济单位带来消极影响,对他人施加了成本。参见王育红:《科学发展观视角下论我国排污权交易法律制度》,载《河北法学》2009 年第 11 期,第 154 页。

③ 参见厉以宁、章铮著:《环境经济学》,中国计划出版社 1995 年版,第 127 页。

④ 参见朱彤彤、顾然:《建立我国排污权交易法律制度的设想——从经济法理念与法经济学角度分析》,载《安徽警官职业学院学报》2009 年第 1 期,第 36 页。

气候环境资源，并最终导致气候环境资源的供不应求。因此，应该充分利用能够有效实现负外部效应内部化的碳排放交易制度。即通过国家或企业之间的碳排放权交易，将碳排放权主体超标排放二氧化碳等温室气体所引起的外部性内部化，从而使企业的生产成本与社会应负担的成本相一致。所以，碳排放权交易制度是实现外部不经济性内部化的非常有力的措施。①

综上所述，庇古的外部性理论、哈丁的"公有地悲剧"理论以及科斯定理都不仅从不同角度提供了航空碳排放交易制度的经济学理论依据，而且提供了国际社会解决经济发展的无限性与环境资源有限性矛盾的新思路。

（二）法学基础

航空碳排放交易制度涉及了许多法学理论，其中，比较典型的法学理论有：法律价值、环境权、公共信托理论与法经济学理论。这些为众多法学家所普遍接受的理论构成了航空碳排放交易制度的法学基础。

1. 法律价值

法学家博登海默曾说，任何被称为法律制度的制度必须关注某些基本法律价值；任何一种社会秩序，如果完全无视或忽视基本法律价值中的一种或多种价值，那么该秩序就不能被认定为真正的法律秩序。② 因此，法律价值是一项法律制度存在的前提和基础，而效率和公平则是法律的两个最基本价值。这两大价值不仅是人类经济活动所追求的目标，而且是经济学界争论的主题，但这两大价值之间的制度安排和内在关联却成了各经济学派无解的难题。③

在目前法律价值体系中，效率是资源配置的首要价值目标。④ 其位阶由于公平，而使该价值成为国家制定许多经济法律政策的依据和目标。然而，碳排放权交易制度是通过经济刺激手段尽可能减少碳排放量，从而使环境容量资源得到充分有效的利用。这也就是说，在社会主体之间，碳减排的总体目标可通过再次公平地分配环境利益与经济利益而实现。因而，碳排放权交易制度既

---

① 参见王育红：《科学发展观视角下论我国排污权交易法律制度》，载《河北法学》2009 年第 11 期，第 154 页。

② 参见[美]E. 博登海默著：《法理学：法律哲学与法律方法》，邓正来译，中国政法大学出版社 2004 年版，第 5 ~6 页。

③ 参见程恩富 2002 年 9 月 18 日在吉林大学的讲演：《公平与效率：如何兼得》，载人民网，http://www.people.com.cn/GB/guandian/29/173/20021015,842553.html，2017 年 7 月 30 日访问。

④ 参见王育红：《科学发展观视角下论我国排污权交易法律制度》，载《河北法学》2009 年第 11 期，第 155 页。

能体现效率优先原则,也能兼顾公平的价值目标。其具体表现如下:

第一,实施碳排放权交易有利于碳排放权主体利用市场机制再次合理分配碳排放权,内部化各排放企业在生产经营活动中产生的负外部效应,从而更好地实现社会公平。

第二,通过实施碳排放权交易,有利于促进企业技术革新和降低成本,以减少消费者的支出费用,以同等价格中获得更优质产品,最终可以减少他们受碳排放损害的程度。

第三,通过实施碳排放权交易,有利于新增碳排放企业通过竞价拍卖,公平获得碳排放权。

因此,碳排放权交易制度可以优化环境容量资源的配置,还能通过实现碳减排目标而应对气候变化。通过该交易制度,碳排放企业将不断研发运用更加先进的碳治理技术,从而给企业带来降低成本、增加实际上的收益,以及增加碳排放量的结余等。所以,碳排放权交易制度最终不仅体现了公平效应,而且实现了效率效益。①

2. 环境权

(1)环境权提出的背景

近几十年,人类对环境破坏严重,以及过度利用自然资源等,产生了许多全球性环境问题,突出表现在如下方面:土地沙漠化、酸雨、全球气候变暖、臭氧层破坏、有毒化学品的污染、生物多样性锐减以及污染物跨境转移、海洋生态危机、大规模的生态破坏等。这些问题严重威胁到全球生态平衡,也严重制约着人类自身的发展,并导致人类对环境资源的多元化需求与环境资源的有限性和稀缺性之间矛盾日益显著。因此,为了实现人类社会、资源与环境的可持续发展,环境权作为新的权利形式被提出并日益得到法律的确认。

诺贝尔奖获得者、著名的国际法学者雷诺·卡辛,在20世纪70年代就向海牙研究院提交关于应该扩展现有的人权原则的报告,即将环境权纳入人权的范畴。此外,美国学者萨克斯教授提出"环境公共委托论"与"环境公共财产论",将古代罗马法的公共信托原则扩大适用于整个环境保护领域。② 以萨克斯教授提出的"公共财产论"和"公共委托论"为基础,有学者提出了环境

---

① 参见杨泽伟:《碳排放权:一种新的发展权》,载《浙江大学学报》(人文社会科学版)2011年第3期,第41~47页。

② 参见金瑞林等著:《环境法学》,北京大学出版社1990年版,第194页。

权的观点。认为环境权应该是公民最基本的权利之一,每一个公民都有在良好环境下生活的权利,且该权利在法律上应得到保护。① 至1972年,《人类环境宣言》在瑞典斯德哥尔摩召开的联合国人类环境会议发表,环境权在国际上被正式承认,并且开始为世界所接受和认可。②

(2)环境权的概念

定义环境权这一概念对建立环境权理论至关重要。然而,国内外学者对环境权的定义众说纷纭,莫衷一是。自20世纪80年代以来,我国学者对环境权的研究越来越多。例如,蔡守秋教授认为,环境权是指环境法律关系主体对其赖以居住的适宜环境所享有的基本权利和承担的基本义务。③ 吕忠梅教授认为,"环境权"仅指"公民环境权",并没有包括"法人环境权"和"国家环境权",其也是一项概括性的权利。通过列举的方式可以使其具体化,其权利和义务是一致的。④

由于环境包含的内容十分广泛,具有多义性,正因如此,环境权的权利内容难以明确,精确度很小,理论上的严密程度缺乏,最终导致权利性逐渐稀薄化。⑤ 此外,国际法文献和各国环境法中明确定义了环境,我国《环境保护法》第2条也对环境进行了清晰定义,即影响人类生存和发展的各种天然的和经过人工改造的自然因素的总体,包括水、大气、土地、海洋、森林、草原、矿藏、野生生物、湿地、人文遗迹、自然遗迹、风景名胜区、自然保护区、乡村和城市等。该定义得到学术界一些学者的好评,认为该定义比较完善,并且符合法律意义上环境概念所要求的准确性、具体性和完整性。⑥

综上所述,所谓环境权,是指环境法律关系的主体对其赖以生存和发展的适宜居住的环境所享有的健康生活,合理利用环境资源与有效参与国家环境管理和决策的权利。

(3)环境权的适用

然而,在各国的司法实践中,很多国家将环境权视为一种环保理念,而不

---

① 参见程正康著:《环境法概要》,光明日报出版社1986年版,第43页;金瑞林等著:《环境法学》,北京大学出版社1998年版,第112页。

② 参见董云虎、刘武萍编著:《世界人权约法总览》,四川人民出版社1990年版,第1404页。

③ 参见蔡守秋:《论环境权》,载《金陵法律评论》2012年第1期,第84页。

④ 参见吕忠梅:《论公民环境权》,载《法学研究》1995年第6期,第62页。

⑤ 参见[日]大须贺明著:《生存权论》,林浩译,法律出版社2001年版,第202页。

⑥ 参见李耀芳著:《国际环境法缘起》,中山大学出版社2002年版,第3页。

是援引环境权来解决纠纷。即使有些国家(如美国),其相关立法机构已承认"环境权",但在司法实践中,以环境权名义起诉的相关案件也遭遇"阻碍"。①在日本,环境权在立法者眼中也仅仅是一种环保理念,法院对以环境侵权为诉由的案件表现得十分冷淡。② 在我国也基本如此,只有部分学者认同环境权,其并未上升到国家立法层面,更别提司法实践了。至 20 世纪 80 年代,可持续发展理论促使环境权逐渐成为人们关注的热点。1987 年,挪威前首相布拉特郎夫人在《我们共同的未来》的报告中多次提及环境权,使各国对环境权的认识得以不断提升,并在宪法中加入环境保护条款,据此制定环境保护基本法。③

在国际经济高速发展的今天,人们已经从对环境权的关注转移至国家对公民生存环境权的关注,以及转移至对碳排放量甚至航空碳排放量的关注。因为这些关注,人们逐渐意识到臭氧层可以保护人类免受紫外线等宇宙射线的伤害,而二氧化碳等温室气体会对臭氧层造成巨大的破坏力,因此,人们开始关注碳排放交易问题。目前,大量能源在个人消费和维护社会正常运行的公共消费过程中消耗,而以化石燃料为主的能源结构也未发生彻底变化。所以,二氧化碳等温室气体的排放权,对保障人类生存和发展基本人权具有非常重要的影响与作用。如果将环境权仅仅规定于宪法或部门法中,很可能导致环境法保护权利的缺失,特别是对碳排放权一样的新型环境权益的保护则更不适用。

因此,国际社会更应该加强碳排放权领域的法学研究,积极探讨并完善相关新问题的环境法律法规。同时,我国也应该以《环境保护法》为基本核心,逐渐构建起我国缔结和参与的相关国际条约相协调的、具有中国特色的环境法律法规体系。④

3. 法经济学理论

法经济学于 20 世纪 50 年代兴起于美国,这是一门经济学和法学交叉的边缘学科。该学科不仅代表着经济学研究方法的变革,而且代表着经济学和法学相互交叉渗透的前沿学科、边缘学科和综合学科的重大新成就。

(1)法经济学的发展阶段

然而,法经济学的萌芽可以追溯至卡利亚、边沁、亚当·斯密、卡尔·马

① 参见郭冬梅著:《中国碳排放权交易制度构建的法律问题研究》,群众出版社 2015 年版,第 33 页。
② 参见黄维娜:《论排污权交易制度及其法律构建》,广西师范大学 2008 年硕士学位论文,第 19 页。
③ 参见范婕:《论环境保护的第三种机制》,载《税收与企业》2003 年第 S1 期,第 54 页。
④ 参见黄维娜:《论排污权交易制度及其法律构建》,广西师范大学 2008 年硕士学位论文,第 19 页。

克思以及阿道夫·瓦格纳甚至更早。关于法经济学发展的历史，国外很多学者都做过认真的研究，如希斯·皮尔森（Heath Pearson）、尼古拉斯·麦考罗（Nichola Mercuro）和斯蒂芬·G.麦德姆（Steven G. Medema）和伊詹恩·麦卡伊（Ejan Mackaay）等。其中，伊詹恩·麦卡伊认为，法经济学运动经历了两次浪潮。

第一次浪潮兴起于欧洲，主要与德国历史学派有关，后传播至美国，其中作出重大贡献的是美国旧制度学派。[①] 此次浪潮处于自由竞争资本主义向垄断资本主义过渡时期，这段时期国家干预开始盛行。国家对经济的干预主要体现在许多具有明显公法性质的社会经济立法得到实施并被广泛适用于规制市场经济，即经济类法律对经济的影响已经从局部个别的转变为全面细致的。[②] 在这种背景下，德国历史学派和美国旧制度学派才有可能将法学和经济学紧密联系起来。

第二次浪潮兴起于20世纪60年代末70年代初美国出现的失业与通货膨胀并存的局面，凯恩斯主义导致财政和货币政策失灵，经济学界开始反思凯恩斯政策。1958年，芝加哥大学法学院《法经济学杂志》的创办是法经济学运动的里程碑。1960年，罗纳德·科斯教授发表了《社会成本问题》一文，该文的发表不仅标志着法经济学的问世，而且标志着法经济学正式成为一门独立的学科，以后的学者将科斯教授提出的理论称为“科斯定理”。法经济学自20世纪80年代以后逐渐进入成熟期并成为当时经济学界和法学界最大的流派。法经济学产生的影响不仅体现为各高校重视的学科，培养了一系列既懂经济又懂法律的复合型人才，而且该学科逐渐被欧美发到国家政府机构和公共团体所接受。例如，美国前总统里根曾于1981年任命温特、博克和波斯纳三位具有经济学专业背景的法学家为美国联邦上诉法院法官，还通过颁布总统令要求所有新制定的政府法规符合成本——收益分析的标准。

（2）法经济学的相关内容

法经济学融合了市场经济这只“看不见的手”和计划经济这只“看得见的手”理论的“第三只正义和效率融合的手”，契合了法律和经济学的相关理论，

---

① See Ejan Mackaay, *History of Law and Economics*, (ed.) Boundewijn Bouckaert and Gerrit De Geest, Edward, Cheltenham, UK · Northampton, MA, USA.

② 参见曲振涛：《论法经济学的发展、逻辑基础及其基本理论》，载《经济研究》2005年第9期，第114页。

为政府可以更好地宏观调控经济提供参考。[①]

法经济学的主要理论包括:马克思的决定理论、核心范畴——交易费用理论、供给和需求分析——法律市场理论和法交易的内容——产权理论。其中与航空碳排放交易制度有关的理论包括交易费用、法律市场理论和产权理论。

①交易费用理论。罗纳德·科斯不仅是法经济学创始初期最重要的代表人物,而且是法经济学的学科奠基人。科斯在《社会成本问题》一文中,提出了著名的"科斯定理"。该定理认为,在监督、签约谈判和执行过程中,私人之间的交易会产生交易费用;在同一交易过程中,不同法律框架涉及交易费用不同,过高交易费用对私人交易具有阻碍作用,从而影响有效配置资源。通过引入"交易费用"这一概念,科斯定理有机结合了法律制度安排和资源配置结果,奠定了运用经济学的理论和方法研究法律问题的基础。[②]

将法学与经济学的理论联系起来的"科斯定理",认为现实生活中法律对产权的界定不同,对社会资源配置效果也不同。因此,必须从社会资源最优配置的角度出发,通过比较交易费用,而确定法律上产权界定的最高标准。该结论推翻了传统的法律判决准则,并创立了法经济学这一学科。因而,用经济学的方法和理论,即主要运用公共选择理论、价格理论和其他有关实证和规范方法去考察、研究法律和法律制度的形成、结构、过程、效率和未来发展的学科,即法经济学。[③]

②法律市场理论。1973年,美国著名法经济学家波斯纳出版了《法律的经济学分析》一书,该书系统地提出了法律的市场、供给、需求和价格问题。在法律的制定和执行过程中,法律的供给和需求是存在的,即法制是需要成本的。由于法律与一般的物品不同,具有公共物品属性,因而法律的供给具有这几方面特征:法律的供给与需求者的效用满足近似一致性,法律供给具有不稳定性,以及法律供给还具有强制性与垄断性。而法律需求具有以下特点:法律需求的层次性、法律需求者的盈利目标及法律需求的不确定性。

著名法经济学家波斯纳(Richard Allen Posner)认为,经济合理性与可行性是法律正义性的基础。由于资源稀缺性严重,浪费资源是极不合理的,因

---

① 参见曲振涛:《论法经济学的发展、逻辑基础及其基本理论》,载《经济研究》2005年第9期,第116~117页。

② 参见朱延福:《科斯的交易费用理论与马克思的流通费用理论比较研究》,载《中南财经大学学报》1996年第3期,第3页。

③ 参见韩良著:《国际温室气体排放权交易法律问题研究》,中国法制出版社2009年版,第41页。

而效益最大化是制度安排的前提。如果市场主体都是理性人，那么在成本——效益分析基础上，就应该根据经济学理论来调整自己的市场行为。[①]所以，效率是法经济学的核心思想，这就要求一切司法、立法和整个法律制度都要有利于资源配置的效率并促进其最大化，这样才能最有效地利用资源，使社会财富得到最大限度的增加。

③产权理论。所谓产权，是指财产归谁所有的法律制度，属法律范畴，而所有制属经济范畴，指生产资料归谁所有的经济制度，两者虽具有密切联系但又截然不同。[②]

作为新制度经济学的代表人物，科斯认为，产权的界定与制度存密切关联，制度安排是"支持经济单位之间可能合作与竞争方式的一种安排，它可能是最通常使用且最接近制度一词的含义"。[③] 由此可见，制度构建了人们之间相互行为关系的约束机制，其中在制度安排中，最重要的是产权制度。

作为现代西方经济学界公认的产权理论创始人，科斯于1960年发表在《法律与经济学》杂志上《社会成本问题》一文中首次开创了产权经济研究的先河，他在对产权理论研究中，主要集中交易费用与产权定义等对产权制度形成的影响。科斯界定产权的范围大体上包括所有权、使用权、处分权和收益权等。同时，还指出，最好的产权制度指可以使交易费用最小的产权界定制度。此外，科斯还首次明确揭示了"交易费用"，而交易费用是选择产权制度模式的基本依据。

"科斯第二定理"明确指出了科斯产权理论的基本要义：只要产权关系是清晰的，在交易费用为零的情况下，通过谈判、协商等方式，交易双方可以对资源进行有效配置，而交易费用不为零的情况下，权利界定和分配不同，资源配置的效率也就不同。[④]

《京都议定书》被誉为法律经济学领域的一个标志性成果，大量法律经济学的方法和理论都在其中得到了应用。例如，建立温室气体排放交易的京都灵活履约三机制，从而使减排效益最大化，以及建立排放许可制度构建清晰

① 理性人是指使自我满足最大化的理性主体。

② 参见胡立法：《产权理论：马克思与科斯的比较中需要厘清的几个问题》，载《毛泽东邓小平理论研究》2009年第2期，第57～58页。

③ ［美］R. 科斯等著：《财产权利与制度变迁——产权学派与新制度学派译文集》，上海三联书店出版社1991年版，第271页。

④ 参见丁冰主编：《现代西方经济学说》，中国经济出版社1995年版，第299页。

的排放权体系等。

4. 公共信托理论

《查士丁尼法典》规定，从法律性质上看，海洋、流动的水体、海岸和空气都是人类共同拥有的。[①] 这是公共信托理念在罗马法中的最早表述，这也是学者研究公共信托理论起源中，频繁引用的最经典表述。[②] 在罗马法中，所有权观念和制度以个人主义为基础，但罗马法将国家仅作为公共权利的管理者或受托者行使所有权，而自然资源则归属于国家所有。这种公共信托思想，体现在罗马法对水流、海岸、空气和海洋等自然资源共同所有的本质思想。

随着罗马帝国的衰落，欧洲不少地方封建领主占有和控制可航行水域和潮间地，国王甚至无法行使这些区域的司法主权，而罗马法中有关公共所有权消失殆尽。在英国，尽管1215年签署的《大宪章》明确规定了内陆水域的所有权归国家所有，但海岸仍可以由私人享有所有权。为收回海岸的统治权力，表面证据理论（Prima Facie）由英国法学家T. 迪基斯提出，其又称之为公共权利理论。在理论中，除非国王明确授予个人享有海岸特定区域的所有权，那么在海潮线以下的海岸所有权均归属于国王。因为这种明确授权在当时几乎不可能存在，所以国王享有海潮线以下海岸的所有权。该理论于1632年首次在案件中被正式采纳，并最终于1670年霍尔大法官出版的著作De Jure Maris得以真正接受，[③]并逐渐成为公共信托理论的雏形。在英国普通法的实践中，与罗马法相比，这种理论主要适用范围仅限于捕鱼和可航行水域等领域。

随着英国在北美殖民地的建立，普通法和公共信托理念逐渐进入美国。然而，在美国的形成和发展过程中，公共信托理念通过许多普通法案例得以确立，如1821年的阿诺德诉芒迪（Arnold v. Mundy）案[④]是第一个关于公共

---

① The Institute of Justinian bk 2, pts. 1 – 6, p. 65. "By natural law, these things are common property of all: air, running water, the sea, and with the shores of the sea."

② 参见李冰强：《公共信托理论批判》，中国海洋大学2012年博士学位论文，第16页。

③ See Mattew Hale, De Jure Maris, quoted in Robert Hall, the Right of the Crown and the Privileges of the Subject in the Sea Shores of the Realm, Stevens & Haynes, p. 1875.

④ Robert Arnold v. Benajah Mundy, 6 N. J. L. 1, 1821. "阿诺德诉芒迪案"案情简介：原告罗伯特·阿诺德在位于新泽西州的拉里坦河的河床上养殖了牡蛎，被告芒迪是河岸附近居民，其在河流中捕鱼并采摘了阿诺德养殖的牡蛎，起诉的依据是他所持有的皇家授权，该授权可追溯至17世纪英格兰皇家特许状，查理二世将土地授予其弟弟约克公爵，后约克公爵将河床土地授予了阿诺德。而被告辩称原告的权利仅限于高潮线以外的区域；根据普通法，他像新泽西州的其他居民一样，有权从可航行水域收获牡蛎。该案争议的焦点在于阿诺德能否对养殖牡蛎的河床拥有权利。由于国王对潮间地的转让受制于公共信托理论，因此，法院最终判决认定阿诺德的权利无效。

信托的案件。自此以后,公共信托理论在美国全国境内得到承认和适用,最后成为美国法律理论体系的重要组成部分。萨克斯教授(Jeffrey Sachs)在1970年发表的《自然资源法中的公共信托理论:有效的司法干预》文章中,首次将公共信托理论应用于环保领域。他研究提出,水、空气等与人类活动密不可分,空气与水等的环境要素不是无主物,而是全体国民的共有财产并可委托政府进行管理。

上述理论为航空碳排放交易制度的构建,奠定了坚实的法学理论基础。其一,碳排放权也是与人类生活密切相关的环境要素,是全体国民的共有财产,这清晰地明确了全体国民(人类全体)是碳排放权所有者的法律地位;第二,政府具有管理碳排放权资源的受托权,国民与政府之间是委托人与受托人的关系,政府应该尽到善良管理人的义务;其三,碳排放权的使用过程,不得侵害他人的利益,即"在不侵害他人财产的前提下使用自己的财产"。由公共信托理论得到,政府必须管理好环境资源且服从于公共权利,而环境资源的使用者——排放企业也必须服从于公共权利,以保证环境资源在排放企业之间的排放权交易过程中不被损害。

第三节　国际法视野下探讨航空碳排放交易制度的必要性

美国航空运输协会(Air Transport Association of America, ATA)联合美国的三家航空公司——美利坚航空公司(American Airlines)、美国大陆航空公司(Continental Airlines)和美国联合航空公司(United Airlines),在2009年12月16日,就欧盟航空减排指令率先向英格兰和威尔士高等法院(High Court of Justice of England and Wales)起诉,认为2008/101/EC指令违反了国际条约和国际习惯法规则的相关规定,[①]应该被宣布无效。根据既定的判例法规范,英格兰和威尔士高等法院无权宣布欧盟机构法令

① 其中涉及的条约规则包括:《芝加哥公约》第1条、第11条、第12条、第15条和第24条;《京都议定书》第2条第2款;《欧美开放天空协定》第11条第2(c)条和第15条第3款。其中涉及的国际习惯法规则包括:国家对其领空享有完全的和排他的主权;国家不能对公海的任何部分主张主权;公海飞越自由;除非国际条约有例外规定,飞越公海的航空器受登记国的专属管辖。

无效。[1] 2010 年 7 月，欧洲法院收到英格兰和威尔士高等法院要求其就如下问题作出初步裁定：第一，可以用来审查欧盟航空交易指令合法性问题的国际条约和国际习惯法规则有哪些；第二，欧盟将航空业纳入 EU ETS，对在非欧盟成员国境内的航程征收航空碳排放税，这一行为是否违反相关国际条约和国际习惯法规则的规定。2011 年 12 月 21 日，欧洲法院对上述法律问题作出裁定并确定欧盟航空减排指令适用于所有航空公司的法律效力。[2] 由此可见，自其正式通过以来，航空碳排放交易制度就与国际法（国际条约和国际习惯规则）结合在一起。

ICAO 第 38 届大会首次达成基于市场措施的全球性航空减排框架协议，各成员国同意于 2016 年前确定具体的基于市场措施的全球航空减排方案，并于 2020 年付诸实施。尽管 2016 年 ICAO 第 39 届大会形成了第一个全球性行业减排市场机制，但全球航空碳减排协议的出台尚需时日。由此可见，由 ICAO 达成全球航空减排协议的方案已成为大势所趋，但如果国际社会要求世界各国政府和全球航空公司支付"天空买路钱"，即实行航空碳排放交易制度，就必然要求加强国际合作，在国际法视野下探讨航空碳排放交易制度，并借鉴欧盟航空碳排放交易制度创设与运行实践的相关经验，为全球航空碳减排方案的达成奠定基础。

国际法视野下探讨航空碳排放交易制度的必要性，主要起因于航空碳排放的如下属性：

一、航空碳排放的全球性

根据《华沙公约》（1929 年）与《蒙特利尔公约》（1999 年）规定可知，国际航空运输是指民用航空器的承运人运送人员、行李或货物而收取报酬，且始发地、经停地和目的地三者之中至少有一个不在同一国领土内的国际运输。[3]

---

① 为确保欧洲联盟法律在成员国内部得到统一适用，《欧洲联盟运行条约》第 267 条将欧洲联盟各机构、各组织和各部门所作文件的效力和解释的管辖权赋予欧洲联盟法院。See Case C－34/04 IATA and ELFAA［2006］ECR I－403，para. 27；Case 314/85 FotoFrost［1987］ECR 4199；Joined Case C143/88 and C92/89 Zuckerfabrik süderdithmarschen and Zuckerfabrik Soest［1991］ ECR 1415，para. 17；Case C6/99 Greenpeace France and Others［2000］ ECR 11651，para. 54；and Joined Case C188/10 and C189/10 Melki and Abdeli［2010］ ECR 15667，para. 54.

② See C－366/10，Air Transport Association of America，American Airlines，Inc，Continental Airlines，Inc，United Airlines，Inc v. The Secrectary of State for energy and Climate Change，6 Oct. 2011.

③ 参见杨万柳：《国际航空碳排放全球治理的多维进路》，吉林大学 2014 年博士学位论文，第 17～18 页。

根据国际航空运输协会(International Air Transport Association,IATA)的预测,与2006年相比,2016年国际航空旅客运输量由23.4亿人次增加至37.7亿人次,国际航空货邮运量将由4010万吨增加至5390万吨。[①] 此外,2017年,全球在航空运输总收入将达7430亿美元,全球航空公司净利润将达314亿美元。[②] 随着国际航空运输的不断发展,航空运输因此带来的环境污染也不断上升。根据ICAO 2010年发布的环境报告,航空活动产生的二氧化碳约占全球人为制造二氧化碳排放量的2%。[③] ICAO预测,到2050年,航空运输产生的二氧化碳将占到人类二氧化碳排放总量的4%～15%(最大可能是5%～6%)。[④]

根据IPCC《国家温室气体清单指南》(2006年)中的定义,起飞地与降落地不在同一国的航空器所排放的温室气体,就是国际航空碳排放,其包括了起飞和降落阶段的排放。[⑤] 国际航空碳排放与国际航空污染的概念是密切相关的。其与国际海洋污染[⑥]不同,目前国际航空污染还没有完全统一而完整的定义。有学者认为,国际航空污染包括三个重要方面:航空器噪声、温室气体排放和凝结尾流。[⑦] ICAO在其官方网站上也赞同这一观点。因此,国际航空碳排放仅是国际航空污染的一种,如果对国际航空碳排放进行规制,必然要与温室气体排放的一般国际法规则挂钩,受现有国际法框架体系的制约。

众所周知,海洋污染不仅范围广而且影响大,同时公海海洋污染问题很难得到有效解决。由于国际航空碳排放的排放源具有流动性,不仅发生在起

---

① 参见中商情报网,http://www.askci.com/news/chanye/20170331/10593794750.shtml,2017年8月23日访问。

② 参见同花顺金融服务网,http://field.10jqka.com.cn/20170606/c598789134.shtml,2017年8月23日访问。

③ 参见ICAO Environmental Report,2010,p.33,available at http://www.icao.int/icao/en/env2010/Pubs/EnvReport10.htm,2017年8月23日访问。

④ 参见[澳]杰弗里·托马斯等著:《航空发展的历程和真相》,陈迎春、刘洪译,上海交通大学出版社2010年版,第79页。

⑤ 参见史玉:《国际航空碳排放全球共同治理机制构建》,载《国际论坛》2012年第3期,第30页。

⑥ 《联合国海洋法公约》第1条第1款第4项规定:"海洋环境的污染,是指:人类直接或间接把物质或能量引入海洋环境,其中包括河口湾,以致造成或可能造成损害生物资源和海洋生物、危害人类健康、妨碍包括捕鱼和海洋的其他正当用途在内的各种海洋活动、损坏海水使用质量和减损环境优美等有害影响。"参见联合国官网,http://www.un.org/zh/law/sea/los/article1.shtml,2017年8月23日访问。

⑦ See Karan Singh, *Aviation and Environmental Pollution: International Attempts for Cleaner and Quieter Skies*, Lanbert Academic Publishing, 2010, pp.16－18.

降国，而且在航空器整个飞行过程中包括公海上空都会发生温室气体排放，而主权国家不能超越其管辖区域规制航空碳排放。因此，由单一主权国家规制公海上空的航空碳排放，并不合适。目前，除了欧盟外，其他国家尚未将国际航空碳排放纳入其排放总量之中，并且国际航空碳排放的估算方法也有待进一步研究。因此，将公海上空的航空碳排放纳入国家排放清单就非常困难，这需要国际社会共同努力才能解决国际航空碳排放问题。因此，国际航空碳排放具有全球性。

二、航空碳排放的负外部性

从经济学的角度看，20 世纪初，马歇尔（Mashall）和庇古（Pigouvian）最早提出外部性的概念，大多数经济学家都赞同萨缪尔斯（Paul A. Samuelson）与诺德豪斯（William D. Nordhaus）关于外部性的观点，[①]将外部性分为正外部性和负外部性。很多经济学家将外部成本内部化，对正外部性进行选择性补贴，对负外部性进行征税或交易。[②]

最早用现代经济学方法并从福利经济学的角度系统研究外部性问题的是英国经济学家庇古（Pigouvian）。[③] 他研究提出，市场中的微观主体可能会对第三方或社会造成环境污染，使私人成本低于社会成本，而不能达到帕累托最优状态。[④] 对私人活动征收庇古税（Pigouvian Taxes），可以使与私人生产或消费活动有关的私人成本符合社会成本。与国际社会倡导的“污染者付费原则”相吻合，庇古理论让征税或补贴成为政府管制环境问题的一种政策工具，受到很多国家政府的青睐。然而，该理论受到科斯（Ronald Coase）的质疑，他在 1960 年发表的《社会成本问题》一文中指出，商人获得某种物品（包括土地），并将其作为生产要素，而在于其实际所拥有的实施一定行为的权

---

① 萨缪尔斯和诺德豪斯认为，外部性是指那些生产或消费对其他团体强征了不可补偿的成本或给予了无需补偿的收益的情形。参见［美］保罗·萨缪尔斯、威廉·诺德豪斯著：《经济学》，萧琛等译，华夏出版社 1999 年版，第 263 页。

② 参见胡炜著：《法哲学视角下的碳排放交易制度》，人民出版社 2013 年版，第 108 页。

③ 参见沈满洪、何灵巧：《外部性的分类及外部性理论的演化》，载《浙江大学学报》（人文社会科学版）2002 年第 1 期，第 156 页。

④ 如果经济中没有任何一个人可以在不使他人境况变坏的同时使自己的情况变得更好，那么这种状态就达到了资源配置的最优化。从市场角度来看，一家生产企业，如果能够做到不损害对手的利益的情况下，又为自己争取到了利益，就算是帕累托最优。

利。[1] 施蒂格勒(George Joseph Stigler)甚至将《社会成本问题》的该产权理论命名为"科斯定理",也就是说,有效地解决外部性问题,主要是难过清晰界定产权并在市场上公平交易产权。"科斯定理"通过确定航空企业碳排放配额的合法权利,并允许自由买卖这种排放配额,从而减少航空碳排放量。[2] 当前,碳税和排放权交易是国际社会解决国际航空碳排放的最主要方式。

全球气候变化与国际航空碳排放具有密切的关系,从性质上与气候变化的性质相同,其不仅是一个环境和法律问题,而且是一个国际政治和发展问题。此外,国际航空碳排放的负外部性决定其不可能单独由某一个主权国家在其主权范围内进行解决,或由某一个区域性国际组织予以解决。因此,国际社会必须突破领土或主权的界限,寻求国际社会合作以合理解决该问题。

三、航空碳排放的时空不平衡性

在全球各国中,没有政治、经济和文化发展水平完全一致的国家,国家之间的差异与不平衡是显著的。与发展中国家相比,发达国家航空业发展更早,航空碳排放造成的后果要严重得多。由此可见,由于国际航空业发展不平衡,国际航空碳排放量在时空上也具有不平衡性。

首先,从时间维度上看,自 1903 年莱特兄弟制造第一架飞机"飞行者 1 号"在美国北卡罗莱纳州试飞成功开始,至第二次世界大战广泛应用航空器,欧美等西方国家在航空运输业中的发展速度远远超过发展中国家。同时,从《芝加哥公约》(1944 年)订立、成立的国际民航组织开始,航空业国家法规则被以欧美等为主的西方国家主导制定。然而,广大发展中国家不仅航空业发展落后,更是在航空器的组装、维修、航空器发动机的制造、航空技术研发,以及国际航空法等方面无法制定规则。因此,从时间的维度来看,发展中国家航空业的迅速发展只是最近几十年的事情,要求发展中国家为发达国家的历史排放量埋单,这必然会导致全球航空业成本收益分配的不公平。

其次,从空间维度上看,因航空登记区域的差异,国际航空碳排放也有所

---

① See Ronald Coase, "The Problem of Social Cost", *the Journal of Law and Economics*, Vol. 3, 1960, pp. 1 – 44.

② 参见陈洪波:《京都灵活机制与全球碳市场》,载王伟光、郑国光主编:《应对气候变化报告:通向哥本哈根》(2009),社会科学文献出版社 2009 年版,第 242 ~ 243 页。

不同。根据表 1－1 所示，自 2000 年至 2010 年，全球年均旅客运输量增长率为 4.5%，各洲年均旅客运输量呈稳定增加态势。其中，北美（1.8%）和拉丁美洲（3.4%）的年均旅客运输量增长率低于全球平均水平；非洲、欧洲、亚洲和太平洋的年均旅客运输量增长率仅略比全球平均水平高，中东的年均旅客运输量增长率较高，达 13.9%。自 2011 年至 2017 年，全球大部分地区的年均旅客运输量增长率均非常高，仅北美最低（3.56%），全球年均旅客运输量达 7.24%。其中，拉丁美洲、中东、亚洲和太平洋的年均旅客运输量增长率均较高，非洲年均旅客运输量增长率低于全球平均水平。与 2000 年至 2010 年相比，由于发展中国家航空旅客运输量的迅速增长，2011 年至 2017 年全球年均旅客运输量增长更迅速。其中，拉丁美洲地区的旅客年均增长率由 3.4% 增长至 8.23%，北美地区的年均增长率由 1.8% 增长至 3.56%。然而，非洲、亚太地区和中东地区的年均增长率出现了一定的下滑，如中东地区的年均增长率由 13.9% 下降到 11.19%，非洲地区的年均增长率从 6.4% 下降至 5.43%。总之，从空间维度上看，发展中国家（表 1－1 与图 1－1 中的非洲区域、亚太区域、中东区域和拉丁美洲区域）近十多年旅客运输量增长迅速，相应地这些国家的航空排放量也随之快速增长，要求发展中国家和发达国家承担同等的减排责任必然会导致不公平的全球航空业成本收益分配。

表 1－1　全球各洲航空旅客运输量及年均增长（国际与国内运输总量）（2000 年～2017 年）

航空所属区域	旅客公里运载量（十亿）		年均增长率（%）	旅客公里运载量（十亿）							年均增长率（%）
	2000 年	2010 年	2000～2010 年	2011 年	2012 年	2013 年	2014 年	2015 年	2016 年	2017 年	2011～2017 年
非洲	66.4	123.1	6.4	117.7	125.9	134.1	139.1	142.9	152.7	161.6	5.43
亚洲/太平洋	735.5	1292.7	5.8	1496.1	1633	1784.5	1926.8	2108.5	2341	2067.1	5.54
欧洲	804.1	1316.6	5.1	1384.7	1466.6	1555.8	1660.5	1765.1	1888.6	2042.7	6.69
中东	98.8	345.3	13.9	383.1	442.9	500.2	547.8	606.4	674.8	724.1	11.19
北美	1175.7	1411.7	1.8	1434.2	1452.7	1505.2	1550.5	1629.2	1698.8	1768.7	3.56
拉丁美洲	141.8	197.6	3.4	245.8	280.9	302.5	319.7	349.4	368.4	395.1	8.23
全球	3017.3	4687	4.5	5061.7	5401.8	5782.2	6114.5	6601.5	7124.4	7699.4	7.24

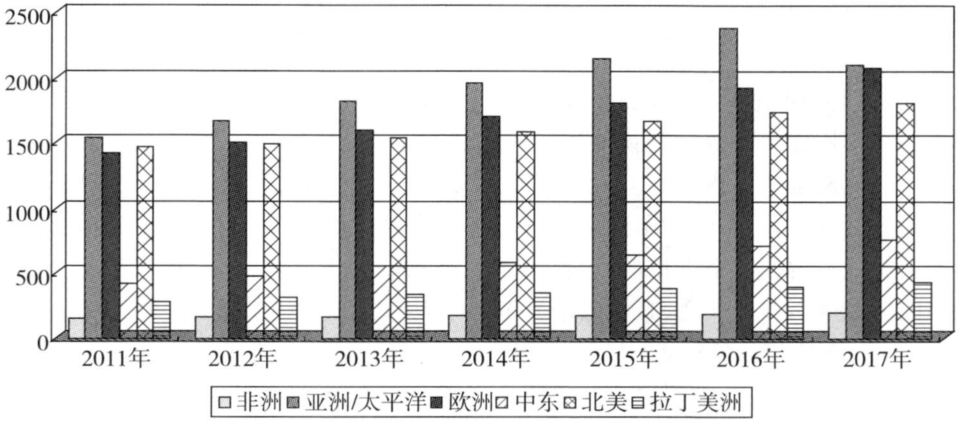

图1-1　全球各洲近年航空旅客运输量(十亿)

数据来源:国际民航组织(ICAO)官方网站。

四、全球航空碳减排方案的迫切需求性

航空碳排放具有移动性。如果航空碳排放的排放源和排放足迹处于一国领土范围内,即国内航空碳排放,那么其属于一国主权范围内的事宜,就以国内相关法律法规对其进行规制。对于这一点,国际社会并无争议。然而,当航空碳排放的排放源和排放足迹位于其他国家的领空或公海上空时,即属于国际航空碳排放时,由于涉及不同国家的利益和诉求,《京都议定书》仅在第2条第2款对航空碳排放进行原则性转致规定,尚无关于航空碳排放的具体法律规定。因此,航空碳排放被称为"三不管"排放。① 然而,伴随着全球航空运输业的不断发展,其所引起的环境污染呈上升趋势,航空碳排放在世界二氧化碳所占的比重将越来越大,国际社会也越来越关注航空碳排放的法律规制问题。国际社会对航空碳排放的规制通常有以下两种路径:

1. 单边路径

欧盟通常被认为是航空碳排放法律规制的急先锋。在众多降低航空碳排放

---

①　《京都议定书》第2条第2款规定:"附件一所列缔约方应分别通过国际民用航空组织和国际海事组织作出努力,谋求限制或减少航空和航海舱载燃料产生的《蒙特利尔议定书》未予管制的温室气体的排放。"参见刘萍:《单边抑或多边:航空碳排放法律规制路径分析》,载《暨南学报》(哲学社会科学版)2012年第3期,第33页。

的措施中,[①]欧盟选择了将航空碳排放纳入 EU ETS 的市场措施规制航空碳排放,而不是征收燃油税和环境税等措施。2008/101/EC 指令将航空业纳入 EU ETS,并于 2009 年 4 月 16 日通过 2009/339/EC 决议补充了航空碳排放的检测方法,更为细致地规定了航空碳排放物的种类和排放量的监督程序和汇报准则,从而系统构建了欧盟航空碳排放交易规则。[②]

欧盟航空交易指令更多关注曾被认为“三不管”的航空碳排放,尽管国际社会强烈反对该指令,引发了诸多争议并纷纷采取行动予以反对,但这却有助于国际社会最终解决航空碳排放问题。然而,该指令先天不足,存在管辖权、公平和共同但有区别责任问题,且因其绕开 ICAO 规制国际航空碳排放的做法而与《京都议定书》的规定相冲突。尽管在出台前,该指令先后经历了调查研究、公开征求意见、委托实施专项研究以及正式提出政策性文件等程序,但由于这些程序由欧盟主导,反映的是欧盟各成员国的国家利益和诉求,并未考虑非欧盟国家的利益和诉求。因此,从本质上看,其属于单边路径。欧盟借助单边路径控制温室气体排放的目的本无可厚非,但其强行将国际国内航空碳排放都纳入 EU ETS 的制度性内在缺陷,不仅遭到非欧盟国家的强烈反对,[③]而且受到欧盟航空协会(the Association of European Airlines, AEA)的指责。认为欧盟将航空业纳入 EU ETS 将会分裂欧洲空域,并使欧洲航空公司的竞争力处于劣势。[④] 由于欧盟航空交易指令受到非欧盟国家的强烈反对,不具有广泛的社会基础,这在一定程度上将会影响其实施效率和实际效果。因此,欧盟也很难实现以征收航空碳排放税为名,进一步树立和巩固其在国际社会碳政治中的话语权、碳经济中的主导权以及碳规则中的领导权。[⑤]

2. 多边路径

根据 1944 年《芝加哥公约》的规定,作为联合国的一个专门机构,国际民航

---

① 从理论上,航空碳排放交易制度的减排手段主要包括四种:改进发动机技术、提高机场以及航班的运营效率、使用清洁燃料与基于市场的措施。

② 参见孟庆芬、李琦:《欧盟航空碳排放政策的发展及其影响》,载《中国民用航空》2007 年第 2 期,第 68 页。

③ 参见郭兆晖等:《对欧盟民航业碳排放收费问题的透视》,载《内蒙古大学学报》(哲学社会科学版)2010 年第 3 期,第 13 页。

④ 参见 Geoffrey Thomas、EU snubs ICAO CO_2 agreement, will move forward with ETS, http://atwonline. com/channels/eco-aviation,2017 年 10 月 12 日访问。

⑤ 参见刘萍:《单边抑或多边:航空碳排放法律规制路径分析》,载《暨南学报》(哲学社会科学版)2012 年第 3 期,第 38 页。

组织(ICAO)于1947年正式成立,公约的191个成员国和全球航空组织携手合作,制定国际标准和建议措施(Standards and Recommended Practices,SARPs)。[①]目前,《芝加哥公约》19个附件中已经有10,000多条国际标准和建议措施,各成员国参考这些标准和措施制定其具有法律约束力的国家民用航空规章。[②] 作为国际民用航空的全球论坛,目前ICAO已逐渐形成了以《芝加哥公约》附件16"环境保护"国际标准和建议措施为"硬约束",以ICAO大会决议、ICAO理事会指导材料和ICAO高级别环境会议的宣言和建议等为"软约束"的全球航空碳排放交易法律框架,一定程度上实现了全球航空碳排放交易制度的统一。ICAO就航空碳排放所构建的法律框架,不仅符合UNFCCC和《京都议定书》的相关规定,而且因其反映了联合国及其成员国的集体意志而得到普遍支持。这种普遍性决定了ICAO对航空碳排放进行法律规制本质上是一种多边路径。

与单边路径不同,ICAO由191个成员国组成,其采取多边路径规制航空碳排放。尽管国际社会非常支持多边路径,但是由于协调不同国家、不同利益集团和不同价值取向的不同诉求的复杂性,如果ICAO不能解决全球航空碳排放法律框架的强制效力,以及进一步细化规则、模糊或易产生歧义的条款的统一解释与争端解决方式等问题,那么国际社会将极有可能逐渐抛弃该路径。然而,这并不能成为国际社会绕开多边路径寻求单边路径的理由。因此,ICAO应当进一步提高其工作效率和有效性,并寻求国际社会的共同努力,协调彼此之间的利益诉求,从而解决这些问题。

然而,全球航空碳排放交易制度的构建仍需要国际社会的共同努力。因此,仍需要国际社会在国际法视野下对其进行规制,协调发达国家和发展中国家之间的利益诉求,以尽快构建全球航空碳排放交易制度。

---

① ICAO的章程和惯例对国际标准和建议措施的定义进行了区分,即标准是指凡有关物理特征、结构、材料、性能、人员和程序的规范,其统一应用被认为对国际空中航空的安全与正常是必要的,各缔约国将按照公约予以遵守;不可能遵照执行的,则根据《芝加哥公约》第38条必须通知理事会;建议措施是指凡有关物理特征、结构、材料、性能、人员或程序的规范,其统一应用被认为对国际空中航行的安全、正常或效率是有利的,各缔约国将力求按照公约予以遵守。缔约国不能遵守的,请其通知理事会。See ICAO, Definition of "International Standards" and "Recommended Practices", Assembly Resolution A1 - 31, ICAO Doc. 4411 (A1 - p/45), 1947, available at http://www.icao.int/Meetings/AMC/ArchivedAssembly/en/A01/index.html,2017年12月28日访问。

② 参见国际民航组织官网,http://www.icao.int/about-icao/Pages/default.aspx,2017年10月12日访问。

本章小结

IPCC第五次评估报告指出,自20世纪中期以来,人类活动是全球气候变暖的主要原因,其可能性超过95%。为应对全球气候变化,自1972年联合国人类环境会议开始,国际社会开始真正关注气候变化及其影响。1992年,联合国环境与发展大会正式签署UNFCCC,标志着国际法开始调整气候变化这一领域。然而,UNFCCC未确定具有约束力的减排目标和时间表,其软法性质也一直受到国际社会的诟病。为使UNFCCC的承诺具体化,1997年《京都议定书》正式通过并于2005年正式生效。作为一个国际环境文件,该议定书提出,包括清洁发展机制、联合履行机制和排放交易机制的灵活履约三机制是基于市场机制促进温室气体减排的三大具体机制。

为履行《京都议定书》量化的承诺,欧盟通过了2008/101/EC指令,对航空碳排放量实行限额管理,即实行航空碳排放交易制度。航空碳排放交易制度的核心在于碳排放的界定,我国学者通常将其视为碳排放权。庇古的外部性理论、哈丁的"公有地悲剧"理论以及科斯定理是航空碳排放交易制度的经济学理论基础,法律价值、环境权、法经济学和公共信托理论则构成了航空碳排放交易制度的法学理论基础。

因航空碳排放具有如下三大属性:全球性、负外部性、时空不平衡性以及全球航空碳减排方案的迫切需要性,这些属性表明,有必要探讨在国际法视野下探讨航空碳排放交易制度。

第二章　航空碳排放交易制度的国际法基础

航空碳排放具有行业性、全球性和移动性的特征，国际社会解决航空碳排放问题通常采取两种途径：一种途径是将其作为一般环境问题，由UNFCCC根据现有的国际环境公约体系予以解决，如UNFCCC、《京都议定书》和《巴黎协定》等；另一种途径是将其作为特殊问题，由行业性专门机构ICAO在其框架内解决。然而，两个机构在处理温室气体排放中所起的作用不同：UNFCCC主要处理国内排放以及非航空业部门涉及的排放问题；而ICAO则专门处理国际航空碳排放问题，着重关注该行业的全球性。[①] 虽然这两种途径相互配合，都能解决航空碳排放问题，但两者却有各自独立的甚至截然不同的决策程序。[②] 虽然UNFCCC和《京都议定书》并没有将国际航空碳排放议题纳入其框架，但《京都议定书》第2条第2款对航空碳排放进行原则性转致规定，明确授权ICAO协调处理航空碳排放问题。

1944年在美国芝加哥签订并于1947年正式实施的《芝加哥公约》，尽管该公约构建了国际民用航空的基本法律框架，但几乎并未考虑航空碳排放乃至整个航空环境问题。然而，《芝加哥公约》第54条第12款授予ICAO制定并修订公约《附件》的权力，这些附件构成"国际标准和建议措施"。这些国际标准与建议措施具有准立法的功能，对各成员国具有法律约束力。1971年，ICAO通过《附件16》仅处理航空器噪声问题，但尚未涉及航空二氧化碳等温室气体排放这一核心问题。1998年，ICAO第32届大会决定每届大会通过一份《国际民航组织关于环境保护持续政策和做法的综合声明》，即A32－8决议。目前该综合声明的最新版本是2016年ICAO第39届大会通过的《国际民航组织关于环境保护持续政策和做法的综合声明——气候变化》以及《国

---

① See Steven Truxual, "The ICAO Assembly Resolutions on International Aviation and Climate Change: An Historic Agreement, a Breakthrough Deal, and the Cancun Effect", *Air and Space Law*, Vol. 36, No. 3, 2011, p. 219.

② 如UNFCCC遵循共同但有区别责任原则，而ICAO则依据《芝加哥公约》遵循非歧视原则。

际民航组织关于环境保护持续政策和做法的综合声明——全球市场措施机制》两份文件。[①] 其中,A37－19 决议是 ICAO 首次对航空与气候变化问题单独形成决议。

自 1971 年 ICAO 通过《附件 16》开始规制航空碳排放起,国际航空碳排放的法律规制已经四十多年。依托 ICAO,国际法对国际航空碳排放的规制经历了从无到有,从对航空器发动机排放导致的当地空气质量问题到关注航空温室气体排放而引起的全球气候变化,以及相关政策和应对措施的转变。在这期间,国际社会先后通过了许多全球性国际公约和区域性国际公约,这些公约构成航空碳排放交易制度的国际法依据。

除全球性国际公约和区域性国际公约外,在国际航空碳排放法律规制的过程中,国际社会逐渐形成了国际气候合作原则、共同但有区别责任原则、非歧视原则以及领空主权原则等原则,这些原则构成航空碳排放交易制度的理论基础。这些原则与上述国际公约共同构成航空碳排放交易制度的国际法基础。

第一节　航空碳排放交易制度的国际法依据

一、全球性国际公约

在全球性国际公约中,尚不存在对航空碳排放交易制度进行直接规制的公约。目前,对航空碳排放交易制度的规制,或是暗含在航空法公约中,以附件或相关条款的形式出现,或是包含在国际环境法和国际贸易法公约的一般性规定之中。与航空碳排放交易制度相关的全球性国际公约,典型的有《芝加哥公约》、UNFCCC、《京都议定书》、《巴黎协定》以及 ICAO 大会决议。

(一)《芝加哥公约》

调整国际民用航空的宪法性公约是《芝加哥公约》,它是 1944 年在芝加哥召开国际民用航空会议上签订,并于 1947 年 4 月 4 日生效。该公约是国际航空公法的主要来源,被称为国际民用航空领域的"宪法"。[②]《芝加哥公约》

---

① ICAO, Resolution A38－18: Consolidated statement of continuing ICAO policies and practices related to environmental protection —Climate change, available at http://www.icao.int/Meetings/a39/Pages/resolutions.aspx. 2017 年 11 月 26 日访问。

② Rachel F. Rosenfeld, "The European Union Aviation Directive and U.S. Resistance: A Dead lock on Aviation Emissions Control", *Georgetown International Environmental Law Review*, Vol. 25, 2013, p. 594. 参见赵维田著:《国际航空法》,社会科学文献出版社 2000 年版,第 47 页。

确立了在缔约国领土上空飞行的指南、航空器国籍、空中航行规则、航空器应该具备的条件与国际标准和建议措施。此外,《芝加哥公约》还明确规定,建立ICAO,并将其作为191个成员国进行国际合作的全球性论坛。[①] 该公约奠定了现代国际航空法的基础。该公约的目标是获得影响国际航空事物的统一监管制度。根据该公约采用的国际标准和程序,公约要求缔约国"在规则、标准、程序及与航空器、人员、航空公司和辅助服务有关的组织方面进行最大程度的合作,所有这些方面的统一将会促进和改善航空飞行"。

1.《芝加哥公约》对欧盟的适用争议

在"美国航空运输协会等诉欧盟航空减排指令"案中,美国航空运输协会联合三家美国航空公司都认为,虽然欧盟本身(包括其前身欧共体)并未批准或加入《芝加哥公约》,但根据"功能性继承"原则[②](doctrine of functional succession),欧盟应直接适用《芝加哥公约》。然而,欧洲法院却以欧盟不是《芝加哥公约》的成员方为由拒绝直接适用于欧盟。欧洲法院认为,《欧盟联盟运行条约》第100条第2款(原《欧洲共同体条约》第80条第2款)[③]规定欧盟在航空领域享受立法权。此外,在实践中,《芝加哥公约》项下的一些与航空活动有关的事项,如航空运输规则、[④]航空运营规则[⑤]和航空燃料征税[⑥]等已纳入

① 参见国际民航组织官网,http://www.icao.int/about-icao/Pages/default.aspx,2017年11月29日访问。

② 该理论源于1972年欧洲法院对国际水果公司案的判决。该案首次依据"功能继承原则"确立了GATT对欧共体的约束力,其理由如下:由于GATT存在于欧共体成立之前,根据《欧共体条约》有关关税和贸易政策的规定,既然成员国已将相关的权能授予欧共体,这就意味着GATT对欧共体产生法律约束力。因此,根据欧共体已经取得成员国在GATT领域行使的权能,GATT在欧共体具有约束力,但通常认为,该原则仅适用于欧共体享有专属权能的领域。See Joined Cases 21 to 24/72, International Fruit Company v. Produktschap voor Groenten en Fruit,[1972] ECR 1219, paras. 10 – 18.

③ 《欧洲联盟运行条约》第100条第2款规定,欧洲议会和理事会可根据普通立法程序,就海运和空运制定适当条款。它们应在咨询经济和社会委员会和地方委员会后采取行动。参见程卫东、李靖堃译:《欧洲联盟基础条约:经〈里斯本条约〉修订》,社会科学文献出版社2010年版,第86页。

④ 航空运输规则主要包括:欧洲议会和欧盟理事会于2002年7月15日颁布的1592/2002条例(EC)(内容主要包括制定民用航空领域的普遍规则和建立欧洲航空安全局等)与欧盟理事会于1991年12月16日颁布的关于统一民用航空领域技术要求和行政程序的3922/91条例(EEC),后被欧洲议会和欧盟理事会于2006年12月20日颁布的第1900/2006规则(EC)修订。See Case C382/08 Neukirchinger [2011] ECR 10000, para. 23.

⑤ 航空运营规则主要包括欧洲议会和欧盟理事会于2006年12月12日颁布的2006/93/EC指令。

⑥ 2003年10月27日,欧盟委员会通过2003/96/EC指令为能源产品和电力征税重新设立了税收框架,该指令第14条第1(b)款规定对用作航空运输燃料的产品免征税款。

欧盟的立法管辖范围,但欧盟各成员国对欧盟保留了授予通行权、设定机场费用以及设定禁飞区等方面的权能。[①] 因此,欧洲法院认为,《芝加哥公约》项下的相关权能并没有完全由欧盟继承,该公约在欧盟不能直接适用。

虽然欧洲法院因"权能转移"而否定《芝加哥公约》在欧盟的直接适用,但这并不意味着欧盟航空减排指令就能完全抛开《芝加哥公约》。其理由如下:

第一,根据欧洲法院于 1996 年"欧盟委员会诉德国案"[②]确立的"一致解释原则"(principle of consistent interpretation)[③]的要求,欧盟机构的立法应尽可能以与国际协定相符合的方式进行解释。此外,《欧洲联盟条约》第 4 条第 3 款还规定了忠诚合作原则。[④] 即使《芝加哥公约》不能在欧盟予以直接适用,也可以根据这两个原则得出如下结论:尽管欧盟不是《芝加哥公约》的成员国,但欧盟仍应该受《芝加哥公约》的约束实施航空碳排放交易制度。

第二,《芝加哥公约》的许多条款已成为国际习惯法的组成部分或被吸纳,如《欧美开放天空协议》,而国际习惯法和《欧美开放天空协议》都是欧盟必须遵守的国际法规则。同时,欧盟各成员国都是《芝加哥公约》的缔约国。因此,欧盟实施航空减排指令,应该遵守《芝加哥公约》,从而保持欧盟机构立法与该公约的一致性。

2.《芝加哥公约》中与航空碳排放交易制度有关的规定

《芝加哥公约》共 22 章 96 条,其中与航空碳排放交易制度有关的条款主要有:

(1)领空主权原则

根据《芝加哥公约》第 1 条的规定,每个主权国家都享有完全的和排他的

---

① 参见余丽:《欧洲法院关于欧盟航空碳排放交易指令合法性初探》,载《北京理工大学学报》(社会科学版)2013 年第 1 期,第 108 页。

② Case C-61/94 Commission v. Germany. [1996] ECR I-3989, para. 9. 转引自吕晓杰:《WTO 规则在欧盟法律体系中的新发展——统一解释原则的确定与适用》,载《现代法学》2008 年第 1 期,第 116 页。

③ See Federico Casolari, "Giving Indirect Effect to International Law within the EU Legal Order: The Doctrine of Consistent Interpretation, Enzo Cannizzaro.", *International Law as Law of the European Union*, Martinus Nijhoof Publishers, 2012, pp. 398-415.

④ 《欧洲联盟条约》第 4 条第 3 款规定:"基于忠实合作原则,欧盟与成员国在履行基于基础条约的任务过程中,应在完全相互尊重的基础上相互支持。"参见程卫东、李靖堃译:《欧洲联盟基础条约:经〈里斯本条约〉修订》,社会科学文献出版社 2010 年版,第 33 页。

领空主权。[①] 任何国家在公海上空不享有主权，该原则由领土主权原则衍生而来，最初出现在1919年《巴黎公约》第1条的规定。[②] 在国际法院对尼加拉瓜案中的判决中指出，《芝加哥公约》第1条规定的领空主权原则符合国际习惯的构成要素（物质要素或客观要素与心理要素或主观要素），属于国际习惯法。[③] 虽然该公约未明确规定，但缔约各国都默示承认，空气空间主权原则并未延伸至公海与无主地。[④] 根据英国航空法权威学者郑斌教授对空气空间主权的描述，所谓的空气空间主权是根据属地理由而划定的国家领土之上的空间，而不是根据属物理由划定的一定时间内充满该空间的空气。[⑤]

《芝加哥公约》第11条[⑥]规定缔约国对其领土内一切航空器的属地管辖权，第12条[⑦]规定了航空器在飞行或运转中应遵守的空中规则、缔约国在公海和无主地上空享有航空器的准属地管辖权，以及在外国领土上空对其航空器的属人管辖权，并且行使公海上空的立法权也赋予给《芝加哥公约》。[⑧]

所以，根据《芝加哥公约》的上述规定，欧盟只能享有欧盟成员国境内的所有航线与国际航线中飞越欧盟境内航线的属地管辖权，或者享有所有登记国籍为欧盟各成员国国籍的航空器运营人的属人管辖权。然而，根据2008/

---

① 《芝加哥公约》第1条规定："缔约各国承认每一国家对其领土之上的空气空间具有完全的和排他的主权。"参见赵维田著：《国际航空法》，社会科学文献出版社2000年版，第486页。

② 1919年签订的《巴黎公约》第1条规定，"每一个国家对其领土之上的空气空间具有完全的排他的主权"，由于受到海洋法领海制度的影响，规定了"无害通过"的概念，因此，该公约规定的领空主权受到"无害通过"的限制。参见赵维田著：《国际航空法》，社会科学文献出版社2000年版，第22页。

③ Military and Paramilitary Activities in and against Nicaragua (Nicaragua v. United States of America), Merits, Judgment. I. C. J. Reports 1986, p. 14, para. 212.

④ 参见赵维田著：《国际航空法》，社会科学文献出版社2000年版，第22页。

⑤ 参见[英]郑斌著：《国际航空运输法》，徐克继译，中国民航出版社1996年版，第94页。

⑥ 《芝加哥公约》第11条规定："在遵守本公约各规定的条件下，一缔约国关于从事国际航行的航空器进入或离开其领土或关于此种航空器在其领土内操作或航行的法律和规章，应不分国籍，适用于所有缔约国的航空器，此种航空器在进入或离开该国领土或在其领土内时，都应该遵守此项法律和规章。"参见赵维田著：《国际航空法》，社会科学文献出版社2000年版，第489页。

⑦ 《芝加哥公约》第12条规定："每一个缔约国应采取措施确保其在领土内飞行或运转的航空器及具有其国籍标志的航空器遵守当地有关飞行和运转的规则和规章。缔约各国承允使这方面的本国规章，在最大可能范围内，与根据本公约随时制定的规章相一致。在公海上空，有效的规则应为根据本公约制定的规则。缔约各国承允对违反使用规章的一切人员起诉。"参见赵维田著：《国际航空法》，社会科学文献出版社2000年版，第489～490页。

⑧ 参见宣增益：《航空减排路径之探讨——兼评欧盟航空减排交易指令》，载《中国政法大学学报》2011年第1期，第39页；See Dr. Jean Carroz, "International Legislation on Air Navigation Over the High Seas", *Journal of Air Law and Commerce*, Vol. 26, 1959, p. 158.

101/EC 指令的规定,所有抵离或飞越欧盟成员国境内的航班,都必须遵守该指令的规定,就航班全程所排放的二氧化碳支付"天空买路钱",即实行航空碳排放交易制度。这也就是说,该指令要求不仅适用于在欧盟成员国境内飞行的航空器,而且适用于在非欧盟成员国境内及公海和无主地上飞行的航空器。很明显,该指令的实施范围超越了欧盟各成员国的管辖权,不仅违反了《芝加哥公约》第 11 条和第 12 条有关管辖权的规定,在国际法上缺乏管辖的依据和来源,而且违反了非欧盟国家的航空碳排放立法管辖权。①

(2)机场费用和类似费用

《芝加哥公约》第 15 条对机场费用和类似费用进行了规定,②即在不高于从事同样飞行的本国同级航空器或从事同样国际航班飞行的本国航空器的情况下,允许机场设施及服务提供者自行评估收费标准收费以弥补其成本。但 ICAO 对第 15 条进行解释时却指出,所收取的费用应低于提供设施和服务所损耗的成本。③ 该条还规定,缔约国不能仅因通过、进入或离去其领土而对其他缔约国的任何航空器或航空器上所载人员或财物征收任何捐税、规费或其他费用。依据《芝加哥公约》的规定,缔约国不能仅基于其他缔约国的营运人在其领土经停、进入或离去而强行征收任何费用。

然而,2008/101/EC 指令却要求进出欧盟境内的所有非欧盟国家缴纳机场费用和类似费用,很明显不符合该公约第 15 条的规定。

(3)关税规定

根据《芝加哥公约》第 24 条有关"关税"的规定,④缔约国对国际航空运

---

① 参见刘萍:《单边抑或多边:航空碳排放法律规制路径分析》,载《暨南学报》(哲学社会科学版)2012 年第 3 期,第 34 页。

② 《芝加哥公约》第 15 条规定:"……一缔约国对任何其他缔约国的航空器使用此种机场及航行设施可以征收或准许征收的任何费用:一、对不从事定期国际航班飞行的航空器,应不高于从事同样飞行的本国同级航空器所缴纳的费用;二、对从事定期国际航班飞行的航空器,应不高于从事同样国际航班飞行的本国航空器所缴纳的费用……"参见赵维田著:《国际航空法》,社会科学文献出版社 2000 年版,第 490~491 页。

③ 参见 ICAO, ICAO's Policies on Charges for Airports and Air Navigation Services, p. 2, ICAO Doc. 9082/7, available at http://www.icao.int/icaonet/dcs/9082/9082_7ed_en.pdf. 2017 年 11 月 30 日访问。

④ 《芝加哥公约》第 24 条规定:"任何航空器飞抵、飞离或飞越其他缔约国领土时,在遵守该国海关规章的前提下,可以暂时免纳关税。此外,任何缔约国的航空器在到达其他缔约国领土时所载的燃料、润滑油、零备件、正常设备及机上供应品,在航空器离开其他缔约国领土时,如果仍然留置在航空器上,所载的燃料等物品应当免纳关税、检验费或类似的国家或地方税款和费用。"参见赵维田著:《国际航空法》,社会科学文献出版社 2000 年版,第 492 页。

输服务不能征收燃料税和/或能源税。ICAO 理事会建议各成员国应当以收费的形式征收航空运输的各种环境费用，并且该费用应当首先用于减轻航空器发动机对环境的影响。[①] 然而，2008/101/EC 指令却将其对航空器排放的二氧化碳等温室气体所征收的航空碳排放税都界定为"税"。很显然，这与该公约第 24 条的规定相悖。

3. 国际民航组织(ICAO)

(1) ICAO 概述

根据《芝加哥公约》第 43 条的要求，1947 年 ICAO 正式建立。[②] 在 ICAO 建立后的一个月，联合国和 ICAO 达成协议，ICAO 成为联合国专门负责国际民用航空所有方面的一个专门机构，[③]由大会、理事会、秘书处和各种专门委员会组成。作为政府间国际组织，ICAO 具有独立的国际法律人格，可以独立地享有权利并承担义务。目前，ICAO 共有 191 个成员国。[④]

《芝加哥公约》赋予 ICAO 最重要的一个功能就是制定与航空安全、稳定性、效率和航空器的适航性相关的国际标准与建议措施及程序，即 ICAO 具有准立法功能。[⑤] 根据《芝加哥公约》第 54 条的规定，应该以公约《附件》的形式制定国际标准与建议措施及程序，并不需要严格按照修订公约的程序，[⑥]即由 ICAO 理事会召集特别会议，经 2/3 理事国同意通过。由于制定附件的理事会成员，多数为在航空运输上居于主要地位或提供国际民航设施最有贡献的缔约国，《附件》所制定的标准难免受到这些重要性国家本身之标准

① 国际民航组织理事会关于环境税费的决议，ICAO Council Resolution on Environmental Charges and Taxes(adopted by the Council on 9 December 1996 at the 16th Meeting of its 149th Session)。

② 《芝加哥公约》第 43 条规定："根据本公约成立一个定名为'国际民用航空组织'的组织。该组织由大会、理事会和其他必要的各种机构组成。"参见赵维田著：《国际航空法》，社会科学文献出版社 2000 年版，第 498 页。

③ See ICAO, Agreement between the United Nations and the International Civil Aviation Organization, ICAO Doc. 7970, art. 1, May 10, 1948.

④ 参见国际民航组织官网，http://www.icao.int/about-icao/Pages/default.aspx，2017 年 11 月 28 日访问。

⑤ 由于国际标准与建议措施及程序的制定是以缔约国的同意为基础，并无绝对的约束力，所以该标准被定位为准立法而非立法程序。参见黄居正著：《国际航空法的理论与实践》，新学林出版股份有限公司 2006 年版，第 112～123 页。

⑥ 《芝加哥公约》第 54 条规定："理事会应……按照本公约第六章的规定，通过国际标准及建议措施；并为便利起见，将此种标准和措施称为本公约的附件，并将已采取的行动通知所有缔约国……"参见赵维田著：《国际航空法》，社会科学文献出版社 2000 年版，第 503 页。

的实质影响。因此,虽然《附件》所制定或修订的国际标准或建议措施与程序仅具有准立法的功能,允许成员国选择规避,但是,其在实践上的强制规范效果却十分显著。① 目前,已经有 10,000 多个国际标准与建议措施及程序,并通过《芝加哥公约》的 19 个《附件》予以体现。②

(2)ICAO 的环境保护战略

ICAO 具有准立法功能。因此,ICAO 应该统一国际民航规则,并将该功能由设定技术标准扩大到对国际环境进行立法。③ 虽然《芝加哥公约》并未涉及环境问题,但 ICAO 却一直持续地关注环境问题,并做了大量的工作。④ 早在 1971 年,ICAO 通过《附件 16》,处理与航空器噪声和航空器发动机排放有关的各种问题。⑤

根据《京都议定书》第 2 条第 2 款的规定,各成员国应当"通过 ICAO"谋求和限制航空燃料产生的《蒙特利尔议定书》未予管制的温室气体排放。⑥ 由此可见,ICAO 是处理国际航空减排问题适格的国际机构,并且 ICAO 也致力于构建国际航空减排机制。ICAO 第 35 届大会(2004 年)就航空减排达成协议,鼓励各成员国构建基于市场的碳排放权交易机制,并提供构建国际航空碳减排机制的两种模式。⑦ 2007 年,航空环境保护委员会提议采纳国际航空减排机制的第二种模式,即在 ICAO 监管下由各成员国采取排放交易措施实

---

① See Frederic L. Kirgis, "Specialized Law Making Process", Chistopher. C. Joyner., *The United Nations and International Law*, Cambridge University Press, 1997, pp. 71 – 72. 转引自黄居正著:《国际航空法的理论与实践》,新学林出版股份有限公司 2006 年版,第 122 页。

② 参见国际民航组织官网,http://www.icao.int/about-icao/Pages/default.aspx,2017 年 11 月 28 日访问。

③ 参见黄居正著:《国际航空法的理论与实践》,新学林出版股份有限公司 2006 年版,第 99 ~ 125 页。

④ See Heather L. Miller, "Civil Aircraft Emissions and International Treaty Law", *Journal of Air Law and Commerce*, Vol. 63, 1998, pp. 697 – 710.

⑤ 参见刘萍:《论航空碳排放的国际法律规制》,载《法学杂志》2011 年第 9 期,第 21 页。

⑥ 《京都议定书》第 2 条第 2 款规定:"附件一所列缔约方应分别透过国际民用航空组织和国际海事组织作出努力,谋求限制或减少航空和航海舱载燃料产生的《蒙特利尔议定书》未予管制的温室气体的排放。"

⑦ 两种模式是指:(1)ICAO 直接发展和构建的国际减排体系;(2)由 ICAO 监管,通过成员国中现行的排放交易措施实现国际航空减排目标。See ICAO Resolution A35 – 5: Consolidated Statement of Continuing ICAO Policies and Practices Related to Environmental Protection, 2004, available at http://www.icao.int/Meetings/AMC/MA/Assembly%2035th%20Session/a35_res_prov_en.pdf,2017 年 11 月 1 日访问。

现国际航空减排目标。[①] 然而,由于各成员不能就某些问题达成一致,ICAO的上述提案只能作为指导解决国际航空减排的意见,并不具有国际法约束力。2013 年 ICAO 第 38 届大会通过决议,各成员国同意于 2016 年前形成全球航空碳减排方案,并于 2020 年付诸实施。

很明显,ICAO 明确同意构建"以市场为基础的措施"作为国际航空碳减排的手段。虽然欧盟航空碳排放的实施基础是欧盟境内的航空碳排放交易机制,该机制属于"以市场为基础"的措施。但 ICAO 要求各成员国构建该种措施时,不允许成员国对其他国家单边征收航空碳排放税,而应该与其他成员国协商一致。2008/101/EC 指令违背了 ICAO 对欧盟的这一要求。2011 年,ICAO 就明确反对欧盟这一单边行为,2013 年 ICAO 第 38 届大会又重申了要求各成员国或国家集团必须进行建设性的多边磋商并达成协议后,才能对其他成员国实施基于市场的限制碳排放的措施。[②] 而欧盟并没有与非欧盟国家航空公司所在国家进行协商就擅自实行航空碳排放交易制度,不符合国家社会要求以国际合作的方式实现国际航空减排目标的趋势。因此,欧盟不得不作出重大妥协。2014 年 4 月 16 日,欧洲议会和欧盟理事会通过并发布第 421/2014 号条例。该条例规定,起降欧盟经济区境内航线的非欧盟国家航班,可以不参与欧盟航空碳排放交易。[③]

(二)《联合国气候变化框架公约》(UNFCCC)

国际社会开始关注气候变化及其影响问题的新历史起点,通常认为是 1972 年在斯德哥尔摩召开的联合国人类环境会议。[④] 自此以后,国际社会逐渐意识到气候变化问题的重要性和紧迫性,研究并制定应对气候变化政策的呼声越来越高。1985 年,《菲拉赫声明》首次提出应该制定一个应对和减缓

---

① See ICAO, Participants of ICAO Environmental Meeting Agree on Guidance for Aviation Emissions Trading, Feb. 16, 2007.

② 参见网易网,http://news.163.com/air/13/1122/14/9E9S4DJL00014P42_all.html,2016 年 9 月 4 日访问。

③ 参见刘勇:《理想与现实之间的选择:欧盟出台航空碳排放交易新政》,载《21 世纪经济报道》2014 年 6 月 24 日,第 22 版。

④ 参见李静云著:《走向气候文明:后京都时代气候保护国际法律新秩序的构建》,中国环境科学出版社 2010 年版,第 91 页。

气候变化的国际条约的倡议。① 在1988年6月,加拿大多伦多举行的"变化中的大气:对全球安全的影响"为主题的世界大会明确提出,全球应该采取共同行动应对气候变化,呼吁通过对发达国家征收石油燃料使用税的方式筹集资金,以成立世界大气基金。②

1988年,政府间气候变化专家小组(IPCC)成立,该机构专门就全球气候变化进行科学评价并为国际社会的共同行动提供决策依据。1990年,气候变化框架公约政府间谈判委员会成立,由其具体负责UNFCCC的谈判和制定工作。1992年5月9日,气候变化框架公约政府间谈判委员会正式通过了UNFCCC的最后文本。1994年3月21日该公约正式生效,这标志着正式将气候变化纳入国际法的调整范畴。③

1. 最高决策机构

缔约方会议(The Conference of the Parties,COP)是UNFCCC的最高决策机构。根据UNFCCC第7条第4款的规定,除缔约方会议另有决定外,缔约方会议每年召开一次。④ 2017年12月3日至14日,缔约方会议第23次大会在波兰的卡托维兹(Kotawice),该会议的任务之一是制定和采取一整套决定,确保全面实施《巴黎协定》。⑤

2. 最终目标

根据UNFCCC第2条的规定,公约最终目标是"将大气中温室气体的浓度稳定在防止气候系统受到危险的人为干扰的水平上"。⑥

---

① See United National Environment Program, *World Meteorol Organization, and International Council of Scientific Unions: Report of the International Conference on the Assessment of the Role of CO_2 and Other Greenhouse Gases in Climate Change and Associated Impacts*, WMO, 1986.

② See Matthew Paterson, *Global Warming and Global Politics*, Routledge, 1996, p. 35.

③ See Pamela S. Chasek, *Earth Negotiation-Malyzing Thirty Years of Environmental Diplamacy*, United National University Press, 2001, p. 128.

④ UNFCCC第7条第4款规定:"……除缔约方会议另有决定外,缔约方会议的常会应年年举行。"参见李静云著:《走向气候文明:后京都时代气候保护国际法律新秩序的构建》,中国环境科学出版社2010年版,第418页。

⑤ 参见UNFCCC官网,https://unfccc.int/katowice,2018年12月29日访问。

⑥ UNFCCC第2条的规定。参见李静云著:《走向气候文明:后京都时代气候保护国际法律新秩序的构建》,中国环境科学出版社2010年版,第410页。

3."共同执行"条款

UNFCCC 第 3 条①规定了该公约应遵守的原则,第一次采用"共同执行"条款,提出国际合作完成温室气体减排义务的方式,也就是《京都议定书》灵活履约三机制尤其是清洁发展机制的最初起源。

4."共同但有区别的责任与各自能力"原则

UNFCCC 第 3 条第 1 款②确定了"共同但有区别的责任和各自能力"原则,这是第一次在国际条约中明确使用该原则的措辞。③ 该原则包括"共同但有区别的责任"和"各自能力"两个方面内容。"共同但有区别的责任"是指世界各国都应该对全球气候变化负责,即共同责任;发达国家与发展中国家的责任又有所不同,即发达国家和发展中国家对全球气候变化负有不同的责任。"各自能力"又称为"各国能力",是指各缔约国的能力,即康尼·赫泽高(Connie Hedegaard)提出"与自身的实际能力相符"原则,④其基本含义是根据各国具体的能力与实际情况能力承担应对气候变化的责任。

虽然该原则被以后的国际法文件频繁地引用,并对国际法的发展产生了非常积极的作用。然而,在很大程度上,这些原则类似于一般性的倡导或建议,实质上是一种宣言性的规定,并没有"硬法"规范所具有的法律约束力。

5. UNFCCC 的积极作用及其缺陷

(1)积极作用

UNFCCC 提出了专门的人类社会应对气候变化挑战的国际法规则,不仅成为国际环境法发展的里程碑,⑤在全球气候变化合作领域处于基石地位,⑥

① UNFCCC 第 3 条的规定。参见李静云著:《走向气候文明:后京都时代气候保护国际法律新秩序的构建》,中国环境科学出版社 2010 年版,第 410 ~ 411 页。

② UNFCCC 第 3 条第 1 款规定:"各缔约方应在公平的基础上,并根据它们共同但有区别的责任和各自的能力,为人类当代和后代的利益保护气候系统。因此,发达国家缔约方应当率先应对气候变化及其不利影响。"参见李静云著:《走向气候文明:后京都时代气候保护国际法律新秩序的构建》,中国环境科学出版社 2010 年版,第 410 页。

③ 参见李静云著:《走向气候文明:后京都时代气候保护国际法律新秩序的构建》,中国环境科学出版社 2010 年版,第 101 页。

④ 哥本哈根气候大会主席康妮·赫泽高曾将"共同但有区别的责任和各自能力"原则表述为"共同但有区别的责任"和"与自身的实际能力相符"原则。参见邓璟:《应对气候变化的钱由谁来出?——专访哥本哈根气候大会主席康妮·赫泽高》,载《世界博览》2009 年第 23 期,第 30 页。

⑤ 参见李静云著:《走向气候文明:后京都时代气候保护国际法律新秩序的构建》,中国环境科学出版社 2010 年版,第 105 页。

⑥ 参见王毅刚等著:《中国碳排放权交易体系设计研究》,经济管理出版社 2011 年版,第 23 页。

而且首次将气候变化纳入国际法的调整范畴，在一定程度上为国际法的发展取得了突破。具体表现如下：

其一，人类社会应对气候变化问题的国际法律框架，首次由该公约以框架性国际条约的立法形式进行构建。为国际社会进一步进行环境合作奠定了基础。

其二，虽然 UNFCCC 名为公约，实为"软法"规范，但该公约还是通过框架性立法形式，适当地发挥了"软法"规范的硬法作用。同时，该公约并未要求缔约国承担具体义务。因此，该公约于 1992 年 6 月的里约环境与发展大会上一通过，就得到多数国家的普遍接受和认可，在该次大会上就有 153 个国家签署该公约，①这在某种程度上都已经达到了"软法"规范的硬法作用。

其三，该公约第一次以国际条约的形式确立了共同但有区别责任原则，并为该原则发展为国际习惯法规则提供了佐证并奠定了基础，是国际环境法发展的一次飞跃。

（2）消极作用

然而，UNFCCC 是"复杂的经济和环境利益妥协的产物"。② 从实质上说，作为发达国家与发展中国家利益的妥协，该公约不仅未要求发达国家承担明确的减排义务，而且因承诺条款过于模糊而未能保障发展中国家的资金技术援助。很多学者认为，尽管该公约不具有强制性法律约束力，但该公约将在人类生活方面产生比其他任何国际法律文件更大的影响。③

6. UNFCCC 对航空碳排放交易制度的规制

由于 UNFCCC 并未涉及各缔约方具体的国际义务，仅仅规定了国际社会应对气候变化最基本的原则，如共同但有区别责任原则。通常认为，UNFCCC 欠缺可具体实施的法律规则是先天的。④ 因此，欧盟对起降欧盟境内机场的所有航班排放的二氧化碳实行航空碳排放交易制度，并不能以 UNFCCC 的相关规定对其进行判定。然而，欧盟航空交易指令违反了 UNFCCC 规定的共同

---

① See Hahn. Robert W. & Robert N. Stavins, *What has the Kyoto Protocol Wrought? The Real Architecture of International Tradable Permit Markets*, The AEI Press, 1999, p. 21.

② Guri Bang, Camilla Bretteville Froyn, "The United States and International Climate Cooperation: International 'pull' versus domestic 'push'", *Energy Policy*, Feb 2007. Vol. 35. Iss. 2, p. 1282.

③ 参见[法]亚历山大·基斯著:《国际环境法》，张若思译，法律出版社 2000 年版，第 221 页。

④ See Beginner's Guide to the Convention, p. 6, available at http://www. unfccc. de/resource/beginner. html，2017 年 11 月 26 日访问。

但有区别责任原则。

(三)《京都议定书》

1.《京都议定书》中有关航空碳排放交易制度的相关规定

尽管 UNFCCC 是一个框架公约，规定了全球气候变化的最终目标、共同但有区别责任原则以及减排承诺等，但其并未为发达国家规定具体的减排承诺，不具有法律约束力。学者们提出，如果 UNFCCC 要产生实效，这个非常宽泛笼统的框架就必须被充实。[①] 自 1994 年 3 月生效以来，UNFCCC 缔约方会议每年就公约履行和气候变化的具体问题进行磋商，先后出台了一系列以《京都议定书》为核心的国际法文件。[②]《京都议定书》于 1997 年 12 月第三次缔约方会议在日本京都正式通过，标志着国际气候变化谈判进入建设性发展阶段，也是人类历史上第一次，对特定国家的特定污染物排放以国际法形式限时定量进行控制。与 UNFCCC 不同，该议定书具有法律约束力，这在国际条约中是史无前例的。[③] 截至目前，《京都议定书》共有 192 个缔约方(包括 191 个成员国和 1 个区域经济一体化组织)。[④] 该议定书由正文 28 条和 2 个附件组成，其中与航空碳排放交易制度相关的主要内容如下：

(1)管理航空碳排放的主体

由于航空碳排放的排放源具有移动性，尤其国际航空运输因涉及跨国流动而不能轻易区分航空温室气体排放的国别。在《京都议定书》的谈判过程中，尽管 UNFCCC 各缔约国探讨了怎样将国际航空部门的排放量纳入全球气候变化协议中，并在不同国家间怎样分配国际航空温室气体的排放量，但并未就这些问题达成协议。虽然《京都议定书》的缔约国必须报告其国内的国际航空碳排放量，但这些排放量并没有纳入《京都议定书》项下减排承诺的计算中。[⑤]

---

① 参见亚历山大·基斯著:《国际环境法》，张若思译，法律出版社 2000 年版，第 223 页。

② 这些国际法文件主要包括《柏林授权书》、《日内瓦宣言》、《京都议定书》、《波恩协定》、《马拉喀什协定》、《马拉喀什宣言》和《德里宣言》等。参见李静云著:《走向气候文明:后京都时代气候保护国际法律新秩序的构建》，中国环境科学出版社 2010 年版，第 116 页。

③ See Kilaparti Ramakrishna, *The UNFCCC-History and Evolution of the Climate Change Negotiations*, p. 55. See Luis Gomez-Echeverri, Climate Change and Development, p. 55, available at http://www.yale.edu/emvironment/publications/, 2016 年 9 月 4 日访问。

④ 参见 UNFCCC 官网，http://unfccc.int/kyoto_protocol/status_of_ratification/items/2613.php, 2016 年 9 月 4 日访问。

⑤ Kati Kulovesi, "Make Your Own Special Song, Ever if Nobody Else Sings Along: International Aviation Emissions and the European Union Emissions Trading Scheme", *Climate Law*, Vol. 2, No. 4, 2011, p. 535.

《京都议定书》并未对航空碳排放交易制度进行具体规定,仅仅在第2条第2款对其进行原则性的转致规定。根据该议定书第2条第2款的规定,国际航空业的排放政策和措施应该由ICAO确立和协调。[①] 为应对航空碳排放对气候所产生的影响,欧盟可以制定和规范欧盟各成员国境内的航空业排放政策和措施,但欧盟无权规制非欧盟成员国境内国际航班的排放。因此,欧盟绕开ICAO通过2008/101/EC指令并擅自对非欧盟境内的国际航班实行航空碳排放交易制度,很明显属于单边行动,不符合该条的规定,其原因如下:

其一,该条对缔约国的用词是“shall”,翻译成中文的含义是“应当(应该)”。[②] 按照《维也纳条约法公约》第31条有关条约解释的规定,[③]由于欧盟属于《京都议定书》附件一缔约方,因此,关于国际航空领域的减排事项,欧盟应该(有义务)与ICAO进行合作,而不能采取单边行动。

其二,与其他工业部门不同,航空碳排放尤其国际航空碳排放有可能位于多国境内、公海和公空,不能仅靠各缔约国对其进行规范和管制。此外,UNFCCC发布的技术资料——《京都议定书的渊源——各条款的制定历程》[④]和欧盟提交的《京都议定书草案》都指出,应该与ICAO合作解决国际航空碳减排问题。因此,各缔约国决定“通过ICAO”限制和减少航空碳排放,并督促ICAO提出有关航空碳减排的具体目标和行动方案,而并未将其纳入《京都议定书》有约束力的减排范畴。

其三,《京都议定书》第2条第1款规定,附件一所列缔约国有权根据本国情况制定政策和措施以实现其具体的限制和减少排放的承诺。第2条第2款将航空业和航海运输进行例外规定,即应当通过ICAO和国际海事组织规

---

① 《京都议定书》第2条第2款规定:“附件一所列缔约方应分别通过国际民用航空组织和国际海事组织作出努力,谋求限制或减少航空和航海舱载燃料产生的《蒙特利尔议定书》未予管制的温室气体的排放。”参见李静云著:《走向气候文明:后京都时代气候保护国际法律新秩序的构建》,中国环境科学出版社2010年版,第410页。

② 《京都议定书》第2条第2款的原文为:“The Parties included in Annex I shall pursue limitation or reduction of emissions of greenhouse gases not controlled by the Montreal Protocol from aviation and marine bunker fuels, working through the International Civil Aviation Organization and the International Maritime Organization, respectively.”

③ 《维也纳条约法公约》第31条第1款规定:“条约应依其用语按其上下文并参照条约之目的及宗旨所具有之通常含义,善意解释之。”参见外交部官网,http://www.fmprc.gov.cn/mfa_chn/ziliao_611306/tytj_611312/t83909.shtml,2017年2月11日访问。

④ See Joanna Depledge, *Tracing the Origins of the Kyoto Protocol: An Article-by-article Textual History*. FCCC/TP/2000/2, 25 November 2000, p. 27.

制航空业和航海运输温室气体的排放。由此可见，第2条第1款和第2款的规定属于一般和例外的关系，作为《京都议定书》的缔约方，欧盟就国际航空碳减排事项无权制定政策和措施，而欧盟却单方面颁布并实施了2008/101/EC指令，违反了《京都议定书》的宗旨及其第2条第2款的规定。

其四，虽然欧盟并不是《芝加哥公约》的成员方，但欧盟各成员国都是ICAO的成员国。既然ICAO提出了一系列限制和减少航空减排的政策和措施，如提高燃油效率、更新技术、改善经营管理、利用市场化措施减排等，依据善意合作原则，欧盟应该尊重并实施这些措施和建议，而不应该一味地按照欧盟的意志单边实施航空交易指令。

（2）减排目标

发达国家在第一承诺期（2008～2012年）的减排目标及具体的时间被明确规定，是《京都议定书》核心内容。

（3）明确规定了属于议定书的减排对象：二氧化碳、甲烷、氧化亚氮、氢氟碳化物、全氟化碳和六氟化硫，并且根据其全球变暖潜能计算这六种温室气体的二氧化碳当量并对其进行整体评估。

（4）运用市场化手段降低各缔约国的履约成本是该议定书具有突破性的一个内容，设立京都灵活履约三机制，即联合履行机制、[①]清洁发展机制[②]和排放交易机制。[③] 但该机制的实施方法和细节直到2001年《马拉喀什协定》才最终确定。[④]

---

① 《京都议定书》第6条规定："为履行第三条的承诺的目的，附件一所列任一缔约方可以向任何其他此类缔约方转让或从它们获得由任何经济部门旨在减少温室气体的各种源的人为排放或增强各种汇的人为清除项目所产生的减少排放单位……"参见李静云著：《走向气候文明：后京都时代气候保护国际法律新秩序的构建》，中国环境科学出版社2010年版，第435页。

② 《京都议定书》第12条规定："……清洁发展机制的目的是协助未列入附件一的缔约方实现可持续发展和有益于《公约》的最终目标，并协助附件一所列缔约方实现遵守第三条规定的其量化的限制和减少排放的承诺……"参见李静云著：《走向气候文明：后京都时代气候保护国际法律新秩序的构建》，中国环境科学出版社2010年版，第440页。

③ 《京都议定书》第17条规定："《公约》缔约方会议应就排放贸易，特别是其核查、报告和责任确定相关的原则、方式、规则和指南。为履行其依第三条规定的承诺的目的，附件B所列缔约方可以参与排放交易。任何此种贸易应是对为实现该条规定的量化的限制和减少排放的承诺之目的而采取的本国行动的补充。"参见李静云著：《走向气候文明：后京都时代气候保护国际法律新秩序的构建》，中国环境科学出版社2010年版，第444页。

④ 参见韩缨著：《气候变化国际法问题研究》，浙江大学出版社2012年版，第23页。

2.《京都议定书》中共同但有区别责任原则的体现

由 UNFCCC 确立的共同但有区别责任原则在《京都议定书》中进行了细化。在 2005 年 12 月,在第 11 次缔约方会议暨京都议定书第 1 次缔约方会议部长级会议上,中国代表团团长王金祥发言中指出,UNFCCC 所确立的各项基本原则,特别是"共同但有区别责任原则",是一切应对气候变化的基础,而《京都议定书》是体现这一基础的成功范例。①

(1)缔约方减排指标和减排义务

《京都议定书》为发达国家规定了具有法律约束力的温室气体减排指标以及具体的减排义务,而并未对发展中国家规定硬性的减排指标和具体的减排承诺,相反还给与发展中国家适当的排放空间和时间,这些都在根本上践行了共同但有区别责任原则的要求。

(2)减排目标

首先,《京都议定书》规定了 UNFCCC 附件一发达国家成员国的减排义务,并没有明确规定发展中国家具体的减排义务。其次,附件一国家的减排义务也并不相同。

众多学者认为,欧盟对起降欧盟成员国境内机场的所有航班排放二氧化碳等温室气体征收航空碳排放税,违反了 UNFCCC 和《京都议定书》中有关共同但有区别责任原则的规定,②其具体体现如下:

其一,UNFCCC 和《京都议定书》对不同类型的国家规定了不同的温室气体减排责任。然而,第 2008/101/EC 指令对所有起降欧盟境内机场航班排放的二氧化碳征收航空碳排放税,这意味着起降欧盟境内机场的航空公司及其所属的国家将承担欧盟在《京都议定书》承诺的减排责任。欧盟作为 UNFCCC 和《京都议定书》的缔约方,应该遵守这些国际条约有关共同但有区别责任原则的规定,很明显,第 2008/101/EC 指令并不符合该原则的规定。

其二,《国际法院规约》第 38 条第 1 项规定:"法院对于陈诉各项争端,应依国际法裁判之,裁判时应适用:……国际习惯,作为通例之证明而接受为法

---

① 参见 http://www.hebcdm.gov.cn/shownews.asp? id = 545,2014 年 11 月 8 日访问。

② 参见宣增益:《航空减排路径之探讨——兼评欧盟航空减排指令》,载《中国政法大学学报》2011 年第 1 期,第 40 页;覃华平:《欧盟航空减排交易机制(EU ETS)探析——兼论国际航空减排路径》,载《比较法研究》2011 年第 6 期,第 115 页;Joanne Scott & Lavanya Rajamani,"EU Climate Change Unilateralism", *European Journal of International Law*,2012,pp. 476 - 484.

律者……”由此可见，国际习惯可以援引作为国际法院裁决案件的依据。① 通常认为，国际习惯包括物质要素和心理要素。物质要素指国家实践，要求国家持续的、连贯的和一般性的实践。心理要素要求国家在实践时承认其所依据的规则是法律。② 虽然，国际社会对共同但有区别责任原则是否国际习惯法尚存在争议，③但该原则作为国际环境法的一个基本原则，通常被视为正在形成中的国际习惯法。④ 此外，UNFCCC 和《京都议定书》的上述规定都体现了共同但有区别责任原则，欧盟作为其成员方，应该遵守这些规定。因此，欧盟将起降欧盟境内机场的航班纳入 EU ETS，并对其排放的二氧化碳实行航空碳排放交易制度，违反了上述规定。

（四）《巴黎协定》

2005 年年底在加拿大蒙特利尔召开了 UNFCCC 第 11 次缔约方会议，该会议正式启动 2012 年后的议定书第二承诺期（2013～2020 年）减排谈判，然而，谈判进程非常缓慢。直到 2011 年 11 月 28 日至 12 月 9 日在南非德班召开的第 17 次缔约方会议才最终达成《京都议定书》第二承诺期修正案，并于 2012 年卡塔尔多哈举行的缔约方第 18 次会议正式通过。

《京都议定书》第二承诺期修正案的正式通过，国际社会开始考虑 2020 年后全球气候变化责任的分担问题。2013 年在华沙举行的缔约方第 19 次大会为全球气候变化新协议的谈判奠定了基础，2014 年秘鲁利马召开的第 20 次缔约方大会进行实质谈判，并于 2015 年巴黎召开的第 21 次缔约方大会达成以全面、均衡、有力度和有约束力的国际气候变化协定——《巴黎协定》为核心的一系列决定。⑤ 2016 年 10 月 5 日，联合国秘书长潘基文宣布，《巴黎协定》已经达到生效所需的两个门槛（至少 55 个 UNFCCC 缔约方且其温室

---

① 参见[英]伊恩·布朗利著：《国际公法原理》，曾令良、余敏友等译，法律出版社 2003 年版，第 4 页。

② 参见[英]伊恩·布朗利著：《国际公法原理》，曾令良、余敏友等译，法律出版社 2003 年版，第 6～8 页；[英]奥本海著：《奥本海国际法》，王铁崖等译，中国大百科全书出版社 1995 年版，第 16～18 页。

③ See Jutta Brunnee, Stephen J. Toope, *Legitimacy and Legality in International Law: An International Account*, Cambridge University Press, 2010, p. 152; Tuula Honkonen, *The Common but Differentiated Responsibility Principle in Multilateral Environmental Agreements: Regulatory and Policy Aspects*, Kluwer Law International, 2009, p. 297.

④ 参见杨兴著：《〈气候变化框架公约〉研究——国际法与比较法的视角》，中国法制出版社 2007 年版，第 114 页。

⑤ 参见曹明德：《中国参与国际气候治理的法律立场和策略——以气候争议为视角》，载《中国法学》2016 年第 1 期，第 29 页。

气体排放量占全球总排放量至少55%交存其批准、接受、核准或加入文书），并将于2016年11月4日正式生效。2017年11月8日，在德国波恩举行的第23届联合国气候变化大会上，叙利亚宣布将签署加入《巴黎协定》。[①] 自此，除美国外，几乎所有国家都签署加入《巴黎协定》。[②]

作为一份覆盖将近200个国家的全球减排协议，该协议是继《京都议定书》之后规范全球气候治理秩序的宪章，是国际气候治理的一个新起点，具有里程碑意义。[③] 该协定与航空碳排放交易制度相关的主要内容如下：

1.《巴黎协定》中有关航空碳排放交易制度的规定

（1）减排目标

《巴黎协定》序言和第17条规定，要求缔约方将全球平均温度升幅控制在前工业化时期的水平2℃以内，并努力控制在1.5℃之内。

（2）确定了全球减排新框架

通过“国家自主贡献”的行动模式，《巴黎协定》第12条至第21条确定了“自上而下”“覆盖更广”的全球减排新框架。

（3）首次确定了评审机制

《巴黎协定》第22条至第23条首次确定了5年为周期的评审机制，要求各缔约方在同一体系中“衡量、报告和核实”其减缓和资金状况。很多非政府组织将这些条款称为“阳光条款”。

（4）要求发达国家在减缓和适应气候变化等方面，通过资金支持等方式协助发展中国家。从而使得各方尽快实现温室气体减排不再继续增加，到21世纪下半叶真正实现人类活动排放与自然吸收之间的平衡。

2.《巴黎协定》中共同但有区别责任和各自能力原则的体现

《巴黎协定》在UNFCCC框架体系内坚持了共同但有区别责任和各自能力原则。该协定第11条第1款和第3款明确指出，发达国家应当加强对发展中国家的协助，并在减缓和适应气候变化方面提供资金支持。

---

① 参见《叙利亚宣布加入〈巴黎协定〉此前因国内冲突缺席》，载网易新闻网，http://news.163.com/17/1108/21/D2OIUEUQ00018AOQ.html? baike，2017年12月12日访问。

② 美国曾于2016年9月4日与中国共同交存《巴黎协定》批准书，签署加入该协定，但美国于2017年6月1日，突然宣布退出该协定。参见新浪网，http://finance.sina.com.cn/roll/2017-11-05/doc-ifynmnae1954074.shtml。尼加拉瓜宣布签署《巴黎气候协定》，只剩美国叙利亚拒绝加入，参见澎湃网，http://www.thepaper.cn/newsDetail_forward_1836879，2017年12月12日访问。

③ 参见韩一元、姚琨、付宇：《〈巴黎协定〉评析》，载《国际研究参考》2016年第1期，第38页。

《巴黎协定》坚持了共同但有区别的责任和各自能力原则，一定程度上缓解了国家社会对该原则是否会被“优惠待遇”原则或“差别待遇”原则所取代的担忧，[①]或者该原则是否会被重新解释以致只强调“共同责任”而忽视“区别责任”。

然而，由于发达国家坚持认为，到2020年后很多新兴发展中国家潜在温室气体排放量将逐渐增大，不能再简单地划分发达国家和发展中国家。因此，《巴黎协定》已经弱化了共同但有区别责任与各自原则。例如，该协定规定“国家自主贡献”问题时并未区分发达国家和发展中国家；规定“行动和资助透明度”时主张构建单一体系，将“有能力的”发展中国家纳入发达国家阵营；该协定的序言、第9条第4款和第13条第2款将“最不发达国家和小岛屿发展中国家”单列，试图将国家划分为发达国家、发展中国家及最不发达国家和小岛屿发展中国家。该协定仍遵守共同但有区别责任和各自能力原则，认为应当对发展中国家进行资助，但发达国家试图拉拢“有能力的”发展中国家所承担的区别责任。发达国家资助发展中国家（包括最不发达国家和小岛屿发展中国家），而“有能力的”发展中国家也应当资助最不发达国家和小岛屿发展中国家，即以“梯次”的方式改变现有加强能力建设的流向。[②]

如上所述，欧盟对起降欧盟成员国境内机场的所有航班所排放的二氧化碳等温室气体实行航空碳排放交易制度，不仅违反了《京都议定书》与UNFCCC中有关共同但有区别责任原则的规定，而且也违背了《巴黎协定》有关共同但有区别责任和各自能力原则。尽管《巴黎协定》弱化了该原则，但欧盟不区分发达国家、发展中国家以及最不发达国家和小岛屿发展中国家，只要这些国家的航班起降欧盟成员国境内机场，其排放温室气体都必须纳入航空碳排放交易制度管理。很明显，欧盟的这一规定违反了《巴黎协定》的相关规定。

（五）ICAO大会决议

全球层面还存在一些国际软法性安排和行动决策来应对国际航空碳排放交易问题。其中，ICAO大会决议（包括A32－8大会决议、A33－7大会决议、A35－5大会决议、A36－22大会决议、A37－18和A37－19大会决议、A38－18大会决议以及A39－2与A39－3大会决议）最为典型，还包括

---

① 参见龚微：《气候变化国际合作中的差别待遇初探》，载《法学评论》2010年第4期，第80～86页。

② 参见曾文革、冯帅：《巴黎协定能力建设条款：成就、不足与展望》，载《环境保护》2015年第24期，第40～41页。

ICAO 理事会指导材料和 ICAO 高级别环境会议的宣言和建议等。

与 UNFCCC 一样,作为联合国的一个专门机构,ICAO 是处理温室气体问题的一个机构。然而,两者的作用不同。自 1995 年 UNFCCC 召开第一次缔约方会议开始,ICAO 就作为 UNFCCC 秘书处和附属咨询机构的合作方参与国际航空碳排放问题的谈判。然而,由于 UNFCCC 在国际航空碳排放的谈判中一直胶着不前,在欧盟的推动下,ICAO 逐渐将国际航空碳排放问题纳入其议事日程,并且自 1998 年召开的第 32 届大会上就对该问题进行正式谈判。虽然得利于简单多数的议事规则,ICAO 的谈判进度远快于 UNFCCC,但我国气候谈判专家杨富强却认为,ICAO 谈判的基本原则与 UNFCCC 谈判的基本原则存在明显冲突。①

尽管《京都议定书》第 2 条第 2 款对国际航空碳排放问题进行原则性转致规定,要求各缔约方通过 ICAO 谋求限制航空运输中的温室气体排放量,即 ICAO 在处理国际航空碳排放问题时处于领导地位,但是,ICAO 规制和限制民用航空碳排放量的进程一直非常缓慢,未能提供有效的监管。直到 2004 年,ICAO 才提出了主要的环境目标,其中之一是"限制或减少全球气候产生的航空温室气体排放量的影响"。尽管如此,除了每三年召开一次大会之外,ICAO 还成立了航空环境保护委员会(CAEP)和国际航空与气候变化组等主要机构,分别开展有关制定航空碳排放交易指导原则、航空温室气体排放相关的研究和召开关于航空及可替代燃料的会议,从而系统地减少航空碳排放对环境的影响。此外,在 2007 年、2010 年、2013 年和 2016 年这四年,ICAO 分别发布了有关航空与气候变化的环境报告,从而更好地指导国际社会处理国际航空碳排放问题。由于 ICAO 大会决议的内容与航空碳排放的规制密切相关,笔者将通过探讨第 32 ~ 39 届 ICAO 大会决议②中有关航空碳排放的内容,以更好地探讨 ICAO 处理国际航空碳排放的进程。

1. 第 32 届大会决议

1998 年,在加拿大蒙特利尔召开了 ICAO 第 32 届大会。该届大会是

① 两者的差别在于:ICAO 谈判中确立的是"避免各缔约国之间的差别待遇"原则,而 UNFCCC 谈判中则确立的是"共同但有区别责任原则"。参见腾讯网,http://finance.qq.com/a/20101019/000411.htm,2017 年 11 月 27 日访问。

② 由于 2001 年 9 月 11 日,美国发生"9·11"恐怖袭击,2003 年 3 月 31 日至 2003 年 4 月 1 日临时在加拿大的蒙特利尔召开 ICAO 第 34 届大会,其主要处理的是航空安保问题,与国际航空碳排放交易制度无关,本书不对其进行阐述。

ICAO 在 20 世纪召开的最后一次大会,其通过的决议和制定的政策在很大程度上会影响到 21 世纪。因此,国际民航组织秘书处张志良认为,该届大会是一次跨世纪的大会,起着承前启后、继往开来的作用。①

该届大会的主要内容包括:批准建立一个全球的安全监督计划;通过一个关于全球卫星导航系统的权利和义务的宪章作为临时框架,并要求理事会和秘书处以此为目的制定国际条约,并提交第 33 届大会审议;将中文作为国际民航公约中文正式文本等。

首次提出了《国际民航组织关于环境保护的持续政策和做法的综合声明》,是第 32 届大会对环境保护作出的最大贡献,即 A32 – 8 决议。② 该决议指出,综合国际民航组织关于环境保护的政策和做法的大会决议是非常理想的,其目的在于便利其执行和实际适用,并要求理事会在以后每一届大会中都提交并修改该声明。

2. 第 33 届大会

《芝加哥公约》的序言规定"国际民用航空的未来发展对建立和保持世界各国之间和人民之间的友谊和了解大有帮助……"《芝加哥公约》第 44 条规定,ICAO 应该"发展国际航行的原则和技术并促进国际航空运输的规划和发展以……满足世界人民对安全、正常、有效和经济的航空运输的需要"。

通过采取综合措施,包括技术进步、适当的操作程序、航空运输的正确组织和机场规划、土地利用规划和管理及基于市场措施的适当使用,可以极大地减少民用航空活动的负面影响。

虽然其他国际组织更多地参与到影响航空运输的环境政策有关的活动中,但是作为专门处理国际民用航空事务的机构,ICAO 理所当然地成为各成员国就民用航空碳排放问题进行谈判的平台。ICAO 是联合国的一个专门处理航空碳排放问题的机构,ICAO 应当定期向 UNFCCC 报告国际航空碳排放的二氧化碳数据,仅仅依靠 ICAO 尚无法获得精确的国际航空碳排放的二氧化碳数据。在这种情况下,就需要 UNFCCC 下属的科学和技术咨询附属机构对该数据进行评估并报告。因此,为了更好地处理国际民用航空领域二氧化碳排放对环境造

---

① 参见张志良:《承前启后　继往开来——记国际民航组织第 32 届大会》,载《民航经济与技术》1998 年第 10 期,第 202 页。

② 参见 Resolution A32 – 8: Consolidated statement of continuing ICAO policies and practices related to environmental protection, available at http://www. icao. int/Meetings/AMC/MA/Assembly% 2032nd% 20Session/resolutions. pdf,2017 年 11 月 28 日访问。

成的损害,联合国下属的这两个机构就需要通力合作。事实上,为完成《芝加哥公约》赋予任务,在民用航空技术快速发展的影响下,ICAO 一直试图平衡民用航空对国际社会带来的利益与其在某些领域对环境造成的损害之间的关系。①

2001 年,在加拿大的蒙特利尔召开了 ICAO 第 33 届大会。在该届大会上,ICAO 第一次明确表示民用航空活动可能给环境带来的损害以及应当承担的责任,并要求各成员国尽最大努力促进民用航空安全有序发展与环境保护之间的和谐关系。② 此外,要求理事会继续谋求所有与环境有关的民用航空事务,并保持坚持主动制定这些事务的政策指导,而不能将这类主动行动留给其他组织。

第 33 届大会通过了 A33 -7 决议,即《国际民航组织关于环境保护的持续政策和做法的综合声明》。③ 该声明确定了理事会制定各成员国用来减少或限制航空器发动机排放的影响,特别是用来减轻航空对气候变化影响的基于市场措施的指导原则。

同时,该决议还要求为推进 UNFCCC 的进程提供最大可能的灵活性,并制定了一系列有关特定的但相互联系的附录,包括与环境质量有关的标准、建议措施和程序或指导材料的制定,基于航空器噪声管理“平衡做法”的政策和方案,超出附件 16 第 Ⅰ 卷规定的噪声等级的亚音速喷气航空器的逐步淘汰,民用航空对大气层的环境影响,与航空器发动机排放有关的以市场为基础的措施与土地利用规划和管理等,这些都是 A33 -7 决议的组成部分。

3. ICAO 第 35 届大会

从 2004 年 9 月 28 日至 10 月 8 日,加拿大蒙特利尔召开的 ICAO 第 35 届大会通过了 A35 -5 决议,即《国际民航组织关于环境保护的持续政策和做法的综合声明》。④ 该声明宣布 ICAO 意识到并将继续考虑可能与民用航空

---

① 参见 ICAO, Assembly Resolution A33 -7, Consolidated statement of continuing ICAO policies and practices related to environmental protection, Annex A. 2001, available at http://www. icao. int/Meetings/AMC/MA/Assembly%2033rd%20Session/plugin-resolutions_a33. pdf,2017 年 11 月 29 日访问。

② 参见覃华平:《欧盟航空减排交易体制(EU ETS)探析——兼论国际航空减排路径》,载《比较法研究》2011 年第 6 期,第 118 ~119 页。

③ 参见 Resolution A33 -7: Consolidated statement of continuing ICAO policies and practices related to environmental protection, available at http://www. icao. int/Meetings/AMC/MA/Assembly% 2033rd%20Session/plugin-resolutions_a33. pdf,2017 年 11 月 29 日访问。

④ 参见 Resolution A35 -5: Consolidated statement of continuing ICAO policies and practices related to environmental protection, available at http://www. icao. int/Meetings/AMC/MA/Assembly% 2035th%20Session/a35_res_prov_en. pdf,2017 年 12 月 1 日访问。

有关的不利的环境影响,以及本组织及其缔约国达到民用航空安全有序的发展和环境质量之间的最大兼容性的责任。

A35 -5 决议提出,各成员国应当设置基于市场的适当措施,处理本国航空公司的航空碳排放问题。尽管 2004 年 ICAO 航空环境保护委员会(CAEP)认为,不应该在 ICAO 框架下构建专门针对航空碳排放的交易体制,①但是 A35 -5 决议却要求各成员国研究与当地空气质量有关的排放收费的政策和效果,不能单方面采取不利于国际民用航空有序发展的环境措施,并敦促各成员国在 2007 年下届 ICAO 大会常委会再次对于排放有关的事项进行审议和讨论之前,应该避免采取单边行动执行与温室气体排放有关的收费。② 不仅接受了 ICAO 第 33 届大会有关规定,该决议还意识到 ICAO 的现行指导原则不能充分地在国际上实行温室气体排放收费。

此外,该决议还确定了开放性的国际民用航空排放权交易制度的指导原则,并提出采取以下两种方式构建排放权交易制度:(1)ICAO 支持那些感兴趣的缔约国和国际组织建立一种自愿交易制度;(2)ICAO 为各成员国提供指导原则,由各成员国根据其国情将国际航空碳排放纳入符合 UNFCCC 进程的各成员国排放权交易计划中。对这两种做法,理事会都应该为开放性排放权交易制度确定指导原则,这些原则为航空公司参与开放性排放权交易制度奠定结构和法律基础,包括关键要素,如遵守、报告和检测等。从此,ICAO 正式致力于解决国际航空碳排放的相关问题。

4. ICAO 第 36 届大会

ICAO 于 2007 年 9 月 18 日至 28 日,在加拿大的蒙特利尔召开了第 36 届大会,通过了 A36 -22 决议,即《国际民航组织关于环境保护的持续政策和做法的综合声明》。③

---

① 欧盟在 2008/101/EC 指令的序言中对其进行进一步讨论。

② 参见 ICAO Assembly Resolution A35 -5, Consolidated statement of continuing ICAO policies and practices related to environmental protection, Appendix I, para. 2(b)(4), available at http://www.icao.int/Meetings/AMC/MA/Assembly%2035th%20Session/a35_res_prov_en.pdf,2017 年 12 月 1 日访问。

③ 参见 Resolution A36 -22: Consolidated statement of continuing ICAO policies and practices related to environmental protection, available at http://www.icao.int/Meetings/AMC/MA/Assembly%2036th%20Session/A36_res_prov_en.pdf,2017 年 12 月 1 日访问。

在该届大会上，ICAO 委员会提议成立国际航空与气候变化小组(GIACC)，①由代表 ICAO 所有地区的政府高级官员组成，由发展中国家和发达国家平等参与，并由航空环境保护委员会(CAEP)提供技术支持，从而在协商一致的基础上拟定出一个积极进取的国际航空和气候变化行动方案，并反映所有缔约国的共同愿景和强烈意愿。

该决议认为，根据 ICAO 的准则，各缔约国有责任就解决航空温室气体排放的措施作出决定，这些措施应该符合《芝加哥公约》中规定的国际民用航空的非歧视和公平机会原则，以及 UNFCCC 和《京都议定书》中有关共同但有区别的责任原则的规定。

该决议还敦促各缔约国除以国家间的互惠协定为基础核准适用国际航空碳排放权交易外，其他缔约国应该根据不歧视原则构建任何一种公开的排放权交易制度。要求理事会通过航空环境保护委员会(CAEP)为缔约国就采用旨在减少或限制航空器发动机排放的环境影响的措施继续制定和及时更新指南，根据情况以符合该决议的方式，各缔约国将国际航空碳排放纳入符合 UNFCCC 进程的各缔约国排放交易方案中。

5. ICAO 第 37 届大会

ICAO 于 2010 年 9 月 28 日至 10 月 8 日，在加拿大的蒙特利尔召开了第 37 届大会。该届大会通过了 A37 – 18② 和 A37 – 19③ 决议，即《国际民航组织关于环境保护的持续政策和做法的综合声明——一般规定、噪声和当地空气指令》和《国际民航组织关于环境保护的持续政策和做法的综合声明——气候变化》。ICAO 第一次单独针对航空与气候变化问题形成了 A37 – 19 决

① 2009 年 10 月，ICAO 委员会召开了国际航空与气候变化高级别会议(High-Level Meeting on International Aviation and Climate Chang，HLM-ENV)，此次大会审议并签署了 GIACC 指定的行动方案，并批准了 ICAO 关于如下事项的声明和建议：提高燃料效率；进一步探索更有雄心的中长期目标，包括碳中性增长和减少排放；为航空器设定二氧化碳排放标准；制定国际航空领域基于市场的措施(MBMs)框架；精心设计援助发展中国家的措施；根据成员国提交的行动方案拟订有关政策和行动方案。这些声明和建议已提交于 2009 年 12 月在哥本哈根举行的 UNFCCC 第 15 次缔约方会议审议。同时，GIAAC 认为，这些目标需要各国共同完成，而不能对单个国家施加任何具体的义务。

② See Resolution A37 – 18：Consolidated statement of continuing ICAO policies and practices related to environmental protection—noise and local air quality, available at http://www.icao.int/Meetings/AMC/Assembly37/Documents/ProvisionalEdition/a37_res_prov_en.pdf，2017 年 12 月 1 日访问。

③ See Resolution A37 – 19：Consolidated statement of continuing ICAO policies and practices related to environmental protection—Climate change, available at http://www.icao.int/Meetings/AMC/Assembly37/Documents/ProvisionalEdition/a37_res_prov_en.pdf，2017 年 12 月 1 日访问。

议,并再次确认了其在处理国际航空碳排放与气候变化问题中的领导地位,通常被认为是航空与气候变化方面具有历史意义的文件。①

决议主要内容:(1)确定了量化的温室气体减排目标:在2020年之前,基于每收益延吨公里所使用的燃料体积计算,实现全球年平均燃料改进2%,至2050年以前,实现全球年平均燃油改进2%;(2)个别国家承担义务不作具体要求,不涉及国内航空,发展中国家和发达国家根据其不同的情况、各国的能力和航空碳排放进入大气的温室气体浓度的数量,从而决定其如何能自愿帮助达成全球理想的目标,即自2020年起将国际航空产生的全球净二氧化碳排放保持在相同水平;(3)要求理事会在各成员国支持下,制订一个基于市场措施(MBMs)的国际航空碳排放框架的时间表等,以深入开展工作。②

6. ICAO第38届大会

ICAO于2013年9月24日至10月4日,在加拿大蒙特利尔召开了第38届大会。该届大会通过了A38-17决议③和A38-18决议,④即《国际民航组织关于环境保护的持续政策和做法的综合声明——一般规定、噪声和当地空气质量》和《国际民航组织关于环境保护的持续政策和做法的综合声明——气候变化》。其中,在对A37-19决议进行修订的基础上,A38-18决议进一步确认了ICAO在处理航空和气候变化问题上的领导地位。

该决议制定用于国际航空的全球基于市场的措施计划,并要求该措施计划的提出必须考虑各成员国尤其是发展中国家的特殊情况及其具体情况,必要的时候可以给予微量豁免或允许发展中国家分阶段实施基于市场的措施等。

7. ICAO第39届大会

2016年9月27日至10月6日,ICAO在加拿大蒙特利尔召开了第39届

---

① See Steven Truxal, "The ICAO Assembly Resolution on International Aviation and Climate Change: An Historic Agreement, a Breakthrough Deal, and the Cancun Effect", *Air and Space Law*, Vol. 36, No. 3, 2011, pp. 226-230.

② See ICAO newsroom: ICAO Member States Agree to Historic Agreement on Aviation and Climate Change, October 8, 2010, available at http://www2.icao.int/en/Assembly37newsroom-public/Site20%assets/NewsReleases.aspx,2017年12月1日访问。

③ See Resolution A38-17: Consolidated statement of continuing ICAO policies and practices related to environmental protection—noise and local air quality, available at http://www.icao.int/Meetings/a38/Documents/Resolutions/a38_res_prov_en.pdf,2017年12月2日访问。

④ See Resolution A38-18: Consolidated statement of continuing ICAO policies and practices related to environmental protection—Climate change, available at http://www.icao.int/Meetings/a38/Documents/Resolutions/a38_res_prov_en.pdf,2017年12月2日访问。

大会。该届大会在气候变化谈判方面取得积极成果,通过了 A39 – 2 决议与 A39 – 3 号决议,[①]即《国际民航组织关于环境保护的持续政策和做法的综合声明——气候变化》与《国际民航组织关于环境保护的持续政策和做法的综合声明——全球市场措施机制》[②]这两份重要文件,从而第一个全球性行业减排市场机制形成。

大会上通过的市场机制决议将 2021 ~ 2035 年分为三个阶段,即试验期(2021 ~ 2023 年)、第一阶段(2024 ~ 2026 年)以及第二阶段(2027 ~ 2035 年),其目的在于通过碳抵销机制控制国际航空温室气体排放量的增长。其中,试验期适用于自愿参加国际航空碳抵消和减排计划的国家,第一阶段适用于自愿参加试验阶段的国家以及任何自愿参加这个阶段的国家,第二阶段适用于 2018 年在以收费吨公里数表示的国际航空活动中其单个份额占到总收费吨公里数 0. 5% 以上的国家,或者在从最高到最低收费吨公里数排列的国家名单中,其累计份额达到总收费吨公里数 90% 的国家。但最不发达国家、小岛屿发展中国家和内陆发展中国家不包括在内,除非这些国家自愿参加这个阶段。

我国民用航空局有关负责人表示,这两份文件是一份相对包容的文件,基本上照顾了各方的核心关切,成果来之不易。这不仅是国际航空减排谈判的重要阶段性成果,而且积极尝试推动了国际航空运输绿色发展等方面。其中,我国在推动包容、公平、合理、可行的全球国际航空减排框架的构建中作出了重要贡献。[③]

8. 结语

限制和减少航空碳排放量的全球基于市场的措施包括排放权交易、与排放有关的征税,如费用,税收和排放权抵消等。A35 – 5 决议还要求开放性航空碳排放交易机制的发展应该包括“例如报告、检测和遵守的关键要素,从而

---

① See Resolution A39 – 2: Consolidated statement of continuing ICAO policies and practices related to environmental protection—Climate change, available at http://www. icao. int/Meetings/a39/Documents/Resolutions/a39_res_prov_en. pdf,2017 年 12 月 2 日访问。

② See Resolution A39 – 3: Consolidated statement of continuing ICAO policies and practices related to environmental protection—Global Market-based Measure(MBM) Scheme,available at http://www. icao. int/Meetings/a39/Documents/Resolutions/a39_res_prov_en. pdf,2017 年 12 月 2 日访问。

③ 参见《国际民航组织第 39 届大会就国际航空减排市场措施通过决议》,载中央人民政府官网,http://www. gov. cn/xinwen/2016 – 10/07/content_5115589. htm,2017 年 12 月 2 日访问。

提供最大可能符合 UNFCCC 进程的要求”。[①] ICAO 发布的《排放权交易使用指导草案》包括基于市场措施的指导原则。[②]

欧盟遵循了隐含的发展理念,提倡将碳信用额和碳排放限制、削减及交易体系连接起来。由于基于市场的措施在航空碳排放交易中处于必要的地位,欧盟称 A37 - 18 和 A37 - 19 决议“突破性”的协议。由于这两个决议阻止了限制性的 A36 - 22 决议“相互一致”要件,[③]并标志着先前有关基于市场措施僵局的结束,因此,这两个决议的确值得被初步称为“突破”。为了响应 ICAO 有关 A37 - 18 号决议和 A37 - 19 号决议的公开声明,欧盟气候变化委员会委员康妮 · 赫泽戈尔德(Connie Hedegaard)认为,正如有效的欧盟立法所预见的那样,该协议为迅速将航空业纳入 EU ETS 奠定了良好的基础。[④]

根据 2003/87/EC 指令的规定,欧盟建立了 EU ETS,该体系是世界上第一个基于市场的机制(总量控制与交易机制),基于每一个欧盟成员国行业分配的比例,该机制的国内分配权利适用于欧盟。EU ETS 是一个开放性的交易体系,如果所谓的“碳信用额”是可交易权利或污染许可证,根据国家分配计划(National Allocation Plans, NAPs),不管哪个部门,该信用额都可以在市场上自由交易。每一个国家分配计划规定每一个航空器营运者一个排放配额,因此,鼓励每一个实体选择最划算的方式满足其各自的配额。分配给航空部门的配额将在应对航空温室气体排放的后两个阶段中抵消,正如 2008/101/EC 指令所阐述的,[⑤]该指令修订了 2003/87/EC 指令,将航空活动纳入

---

① ICAO, Environment Branch: Market-Based Measures, http://www. icao. int/env/Market Based Measures. htm,2017 年 12 月 2 日访问。

② See ICAO, Assembly Resolution A37 - 19, Consolidated Statement of continuing ICAO Policies and Practices Related to Environmental Protection—Climate Change, Doc. A37 - WP/402, P/66, 7 Oct. 2010, available at www. icao. int/icao/en/assembl/a37/wp/wp402_en. pdf,2017 年 12 月 2 日访问。

③ See UNFCCC, Decision 2/CP. 15, Copenhagen Accord, Appendix L. December 2009, available at http://unfccc. int/resource/docs/2009/cop15/eng/107. pdf,2017 年 12 月 2 日访问。

④ See The Commissioner's reference here is to Directive 2008/101/EC of the European Parliament and of the Council of 19 Nov. 2008 amending Directive 2003/87/EC so as to include aviation activities in the scheme for greenhouse gas emission allowance trading within the Community, OJL 8/3, 31 Jan. 2009.

⑤ See Directive 2008/101/EC of the European Parliament and of the Council Establishing a scheme for greenhouse gas emissions allowance trading within the Community and amending Council Directive 96/61/EC (c), OJL 275/32, Oct. 2003.

EU ETS。[①] 将航空纳入 EU ETS 的协议被欧洲议会有关气候变化的决议所采纳。[②] 该协议估计，到 2020 年，将减少欧盟境内 194,000,000 吨二氧化碳的排放量。

在保持传统管理方式的同时，从第一个环保行动计划开始，该计划“阐述了 1973 ~ 1976 年间的环境政策……并且紧紧地将环境列入欧洲政治日程”，[③]欧盟实现 2020 目标的战略通过增产措施予以实现。EU ETS 的三个交易阶段确认了《京都议定书》以项目为基础的排放体系到 EU ETS 以部门为基础排放体系的行动。EU ETS 的第一交易阶段（2005 ~ 2007 年）涵盖欧盟境内超过 12,000 个能源密集型工业排放实体，这些实体的碳排放量占欧盟碳排放量的一半以上。[④] EU ETS 第二交易阶段（2008 ~ 2012 年）建立在第一交易阶段的基础上，包括航空业和主要的制造工业，如发电厂、炼油厂和钢铁厂等。2012 年，航空器营运者可得到的配额数量将限制为 2004 年与 2006 年之间（“排放基准年”）航空业总排放量的 97%。EU ETS 的最后一个交易阶段，即第三交易阶段（2013 ~ 2020 年）将大幅度地扩宽新部门活动和排放气体的范围，包括某些其他活动二氧化碳和全氟化碳的排放，并且扩大了先前阶段包括的燃料定义的限制，将燃料燃烧纳入其中。在 EU ETS 的第三交易阶段，航空配额将进一步限制为排放参考点的 95%。

总之，欧盟委员会将 A37 - 19 号决议视为对 2008 年欧盟决议的认可，该决议将航空业自 2012 年纳入 EU ETS。[⑤] 有趣的是，ICAO 大会也指出，与 A37 - 18 和 A37 - 19 决议相比，理事会对《京都议定书》中清洁发展机制可

---

① See Directive 2009/29/EC of the European Parliament and of the Council of 23 Apr. 2009 amending Directive 2003/87/EC so as to improve and extend the greenhouse gas emission allowance trading scheme of the Community, OJL 140/63, 23 Apr. 2009.

② See European Parliament, Resolution on Climate Change, OJC 287 E/344, 29 Nov. 2007.

③ M. Lee, *EU Environmental Law: Challenges, Change and Decision-Making*, Hart Publishing, 2005, p. 1.

④ See EU, Questions and Answers on Emissions Trading and National Allocation Plans, MEMO/05/84, Brussels, 8 Mar. 2005, available at http://europa. eu. /rapid/pressReleaseAciton. do? reference = MEMO/05/84&format = HTML&aged = 1&language = EN&guilanguage = en, 2017 年 12 月 3 日访问。

⑤ See Euractive, EU sees Aviation Deal as Green Light for Emissions Trading, 18 Oct. 2010, available at www. euractive. com/en/climate-environment/eu-sees-aviation-deal-green-light-emissions-trading-news - 498688, 2017 年 12 月 3 日访问。

能适用于国际航空研究，[①]提出了如下两个问题：ICAO 是否是处理国际航空碳排放问题的最适当论坛；ICAO 是否是两种程序之间相互尊重的途径。同时，承认 UNFCCC 和 ICAO 途径的协同性，协调共同但有区别和非歧视原则，并获得一些共性。这可能为未来京都以项目为基础的基于市场的措施向 EU ETS 以相同部门为基础的全球基于市场的措施转变进一步提供了动力，或者至少发展两者之间的联系。

二、区域性国际公约

虽然《芝加哥公约》并没有提及“环境”一词，但该公约第 44 条对成立 ICAO 的宗旨和目的进行了规定，即 ICAO 要“满足世界人民对安全、正常、有效和经济的航空运输的需要”；《京都议定书》第 2 条第 2 款对航空碳排放做了转致规定，明确规定由 ICAO 负责处理国际航空碳排放问题。此外，航空碳排放具有移动性、全球性和行业性的特点，而 ICAO 作为联合国的专门机构，是国际航空领域最为重要的国际组织，迄今共有 191 个成员国，具有广泛的代表性。因此，国际社会认为，应该主要由 ICAO 对航空碳排放进行国际法律规制。[②]然而，由于无法协调各成员国之间的利益，ICAO 规制和调整国际航空碳排放的进程一直非常缓慢，直到 2010 年召开的第 37 届大会上才达成首个全球减排框架协议，就航空业的近期、中期和长期减排目标达成了共识，但该协议并未解决航空公司的碳税或碳排放限额交易等问题。[③] 2013 年，ICAO 召开的第 38 届大会通过的有关航空业应对气候变化的第 A38 – 17 号决议，也并没有如欧盟所愿提出一个明确可执行的减排方案，而只是为 2016 年 ICAO 第 39 届大会通过一个系统的国际航空业温室气体减排方案设计一个路线图。[④] 尽管 2016 年召开的 ICAO 第 39 届大会通过了 A39 – 2 号决议和 A39 – 3 号决议，形成了第一个全球性行业减排市场机制，这次会议不仅标志着国际航空减排谈判取得阶段性胜利，而且积极尝试推动了国际运输绿色发

---

① See ICAO, Assembly Resolution A37 – 19, Consolidated Statement of continuing ICAO Policies and Practices Related to Environmental Protection—Climate Change, para. 24(m).

② 参见刘萍：《论航空排放的国际法律规制》，载《法学杂志》2011 年第 9 期，第 21 页。

③ 参见王尔德：《航空业达成首个全球减排框架协议》，载《21 世纪经济报道》2010 年 10 月 19 日，第 21 版。

④ 参见刘勇：《理想和现实之间的选择：欧盟出台航空碳排放交易新政》，载《21 世纪经济报道》2014 年 6 月 24 日，第 22 版。

展等方面,但该次会议并未提出一个明确具体的减排计划或方案。①

尽管全球性国际公约并未直接规制航空碳排放交易制度,但是区域性国际公约却逐渐开始对航空碳排放交易制度进行直接规制。最典型的就是2008/101/EC 指令。2008 年 11 月 19 日,欧盟理事会正式批准了 2008/101/EC 指令,该指令决定将航空业纳入 EU ETS,并且规定:自 2012 年 1 月 1 日起,所有抵离欧盟成员国境内机场的所有航班都纳入 EU ETS。② 除此之外,区域性的国际法规则还包括《欧美开放天空协定》。由于 ICAO 未能尽快达成全球航空减排协议,为履行《京都议定书》的减排承诺,2003 年 10 月 13 日,欧盟委员会通过了 2003/87/EC 指令,决定自 2005 年 1 月 1 日起正式启用 EU ETS。鉴于全球性规制存在的困难,甚至可能会侵犯国家主权,尤其是涉及权衡经济等优先事项时,虽然 ICAO 第 38 届大会为全球航空碳减排协议的出台规定了一个路线图,但由于 ICAO 进行全球性规制尚存在诸多困难,就目前而言,世界各国与国际组织对航空碳排放交易制度进行区域性规制是最恰当的选择。

(一)2003/87/EC 指令和 2008/101/EC 指令

1. 2003/87/EC 指令

(1)UNFCCC 和《京都议定书》的相关规定

UNFCCC 第 4 条规定,“为了当代和后代人的福利,共同但有区别责任和各自能力保护气候系统……”“区别责任”的承认实际上意味着发达国家(通常指“附件一国家”)应该在应对气候变化及其产生的不利影响方面居于领导地位。③ 相应地,《京都议定书》要求附件一国家(包括欧盟)到 2020 年减少其温室气体排放量,而发展中国家却需要更长时间实现相同的目标。《京都议定书》强调三种市场化手段可以提高温室气体减排量:第一,联合

① See Resolution A39 - 2: Consolidated statement of continuing ICAO policies and practices related to environmental protection—Climate change; Resolution A39 - 3: Consolidated statement of continuing ICAO policies and practices related to environmental protection—Global Market-based Measure (MBM) Scheme, available at http://www.icao.int/Meetings/a39/Documents/Resolutions/a39_res_prov_en.pdf,2017 年 12 月 3 日访问。

② See Directive 2008/101/EC, AppendixI, art. 6.

③ UNFCCC 第 3 条第 1 款第 1 项规定:“各缔约方应当在公平的基础上,并根据它们共同但有区别的责任和各自的能力,为人类当代和后代的利益保护气候系统。因此,发达国家缔约方应当率先应对气候变化及其不利影响。”参见李静云著:《走向气候文明:后京都时代气候保护国际法律新秩序的构建》,中国环境科学出版社 2010 年版,第 410 页。

履行机制(JI);第二,清洁发展机制(CDM);第三,排放交易机制(ET)。[1]

在历史上,欧盟倾向于碳税并拒绝实行总量控制与贸易制度。然而,在1998年6月,欧盟的15个成员国正式通过了温室气体责任分享协议。根据该协议的规定,每一个成员国都承诺具体的减排目标,其构建的实际上是排放分配体系。这些目标的总量构成欧盟在《京都议定书》项下温室气体减排量的部分。《欧盟委员会温室气体排放权交易绿皮书》对这一点进行了确认。[2] 从某种意义上说,EU ETS的构建是一个分水岭。这标志着欧盟倾向碳税作为减排方式向基于市场措施方式或两种方式结合的转变,[3]这个转变使欧盟将利用其强大的市场影响力实现温室气体减排。

(2)2003/87/EC指令的相关规定

为敦促其成员国履行《京都议定书》规定的减排承诺,欧盟委员会于2003年10月13日正式通过了2003/87/EC指令,并于2005年正式启动EU ETS。欧盟启动该体系的目的在于以一种经济有效的方式促进温室气体减排。[4] EU ETS是第一个大规模的国际碳交易市场,涉及欧盟所列行业大约50%的温室气体排放量。[5] 与命令控制机制不同,在基于市场措施的框架下,EU ETS以总量控制贸易机制为基础;与实施具体强制性的排放控制方法和技术相比,该体系构建排放限额,通过欧盟排放配额的购买、销售和交易,排放者可以相对灵活地满足限额。正如最初所构建的那样,EU ETS是每一个成员国根据欧盟标准发展国家分配计划的一种分散机制。国家分配计划构建成员国旨在为那个阶段所分配的配额总量及怎样分配这些配额的体系。[6] 有关分配欧盟排放配额的数量和方法的关键决议就留给成员国,除了以下情况外:第一,国家分配计划必须基于客观透明的标准;第二,免费欧盟排放配额的数量将随时间而减少。2009年,欧盟将确定欧盟排放配额的权力集中。这个举动开始打击一些国家自由免费发放欧盟排放配额的倾向。这种倾向降

---

① See Kyoto Protocol, art. 17.

② See Commission Green Paper on Greenhouse Gas Emissions Trading within the European Union, p. 4, COM (2000) 87 final (Aug. 3, 2000), available at http://eur-lex. europa. eu/LexUriServ/site/en/com/2000/com2000_0087en01. pdf,2017年12月4日访问。

③ See Proposed Danish CO2 Tax Reductions Conditionally Approved, EU Focus 2009, pp. 34 - 35.

④ See Directive 2003/87/EC, art. 1.

⑤ See Jon Birger Skjaerseth & Jórgen Wettestad, Directive 2009/29/EC, "The New Climate Policies of the European Union", *International Legislation and Climate Diplomacy*, 2010, pp. 65 - 66.

⑥ See Directive 2003/87/EC, art. 9(1).

低了排放配额的价值，为一些行业带来了暴利，实际上并不能减少欧盟温室气体排放量。[①]

根据2003/87/EC指令的规定，欧盟各成员国应承诺，从2005年1月1日起，“不得排放任何源于设施运行附件一所列活动所产生的温室气体除非经营者持有许可证……”附件一所列活动包括：①能源；②金属矿石的焙烧或烧结；③矿产业，包括水泥、玻璃和陶瓷品；④其他活动包括纸浆和纸产品。[②]因此，只有产生温室气体的活动才能纳入指令的范围甚至欧盟的范围。在一个特定的时期，这些活动的经营者需要获得每一“单元”代表排放等于一吨二氧化碳的权利。该指令的第6条要求设施经营者“放弃等于每个日历年设施排放总量的配额”。[③]

经营者直接从欧盟成员国或从其他持有者中获得欧盟排放配额。EU ETS的一个关键特征是欧盟排放配额在欧盟境内必须是可转让的，并且在第三国它们将获得承认。[④] 此外，由于欧盟排放配额取决于分配一定比例的配额给那个设施，2004/101/EC指令对EU ETS进行了修订，该指令使经营者能够交换“核证减排量”（CERs）和“减排单位”（ERUs）。[⑤] 那么，通过构建最终能提供碳交易的渠道，这些条款导致了市场机制。通过“限制”欧盟排放配额的总量并为交易创建交易机制，EU ETS试图奖励低排放者并允许他们销售多余的欧盟排放配额，而惩罚高排放者并要求他们购买额外的欧盟排放配额。[⑥] 这么多的欧盟排放与“祖父原则”一起发放的事实可能会导致某些人质疑这种方式的效力，因为甚至是典型的高排放者仍可能通过销售多余的欧盟

---

① See David Harrison Jr. , Per Klevnas, Albert L. Nichols & Daniel Radov, “Using Emissions Trading to Combat Climate Change: Programs and Key Issues”, *Environmental Law Report*, Vol. 38, 2008, pp. 10367 - 10378.

② See Directive 2003/87/EC, Annex I.

③ Directive 2003/87/EC, art. 6(2)(e).

④ See Directive 2003/87/EC, art. 12.

⑤ See Directive 2004/101/EC of the European Parliament and of the Council of 27 October 2004 Amending Directive 2003/87/EC Establishing a Scheme for Greenhouse Gas Emission Allowance Trading Within the Community, in Respect of the Kyoto Protocol's Project Mechanisms, O. J. (L338), 2004, p. 18.

⑥ See Danielle Goodwin, Aviation, “Climate Change and the European Union's Emissions Trading Scheme”, *Journal of Planning & Environmental Law*, Vol. 6, 2008, pp. 742 - 743.

排放配额谋取暴利。[①] 但是,至少在理论上,EU ETS 激励工业实体和经营者利用市场力量(而不是明确的减排指令)减低共同体(甚至全球)的排放量。

欧盟创建并实施 EU ETS 并不是 UNFCCC 和《京都议定书》所规定的。《京都议定书》只是要求缔约方“根据本国情况执行和/或进一步制定政策和和措施”以实现“其量化的限制和减少排放的承诺……”也有必要指出,《京都议定书》要求航空和航海舱载燃料的减排量分别通过国际民航组织和国际海事组织(International Maritime Organization,IMO)进行。[②] 因此,EU ETS 是欧盟应对气候变化所作的单方面反应;该体系既不是《京都议定书》规定的法定义务,又没有得到 ICAO 和国际海事组织的批准。事实上,ICAO 反对将 EU ETS 扩展至全球航空业并要求欧盟撤销其单边行动。[③] 因此,将 EU ETS 扩展至大多数的全球航空业不能得到非欧盟国家的支持。

2. 2008/101/EC 指令

(1)2008/101/EC 指令出台的背景及意义

由于航空运输业对全球温室气体排放所产生的影响越来越大,2008 年 11 月 19 日,根据欧盟委员会的提案,欧洲议会和欧盟理事会通过了 2008/101/EC 指令。该指令正式将航空业纳入 EU ETS,并授予该体系更广泛的域外效力,并规定:自 2012 年 1 月 1 日起,抵离欧盟境内的非豁免航空器,必须持有或获得足够数量的欧盟排放配额或可转让的信用额才能进行碳排放。[④] 此外,航空器经营者必须准备一份监控计划并根据该计划监控并报告排放量。欧盟委员会已经分配不同的航空公司(包括欧盟和非欧盟航空公司)给“管理成员国”,让其根据航空交易指令的规定进行监督。例如,俄罗斯航空公司分配给德国,而卡塔尔航空公司分配给英国。这事实上意味着拥有巨大国际和区域航空运输枢纽的成员国将获得因拍卖配额而产生的收入,[⑤]由于成员国将面临重大的财政挑战,这个问题可能成为争议的焦点。

---

① See Kathryn M. Merritt - Thrasher, “Tracing the Steps of Norway’s Carbon Footprint: Lessons Learned From Norway and the European Union Concerning the Regulation of Carbon Emissions”, *Indiana International & Comparative Law Review*, Vol. 21, No. 2, 2011, pp. 338 - 340.

② See Kyoto Protocol, art. 2.

③ See International Civil Aviation Organization, Council—194th Session Summary Minutes of the Second Meeting on 2 Nov. 2011, p. 107, C-MIN 194/2, Nov. 18, 2011, available at http://ec.europa.eu/clima/policies/transport/aviation/docs/minutes_icao_en.pdf,2017 年 12 月 5 日访问。

④ See Aviation Directive, art. 11(a).

⑤ See Council Directive 2008/101, 2008 O.J. (L 8) 3.

与大多数的欧盟环境政策一样,EU ETS 不仅反映了强大的生态原理,如应对气候变化,而且反映了强大的经济原理,如减少能源消耗、激励创新、构建全球标准、促进良好的市场机制与保护国内产业。欧盟航空交易指令的双重目的没有什么不同,其所蕴含的生态原理很明显:欧盟"做出承诺……到2020 年,实现温室气体减排量比 1990 年至少减少 20% "。因此,"如果航空业的气候变化影响继续保持目前速度增长,那么将极大地削弱其他行业应对气候变化的减排量"。[①] 虽然经济原理比生态原理更含蓄,但却一样重要。如果欧盟航空交易指令只适用于欧盟航空业,与其他行业相比,它将置欧洲航空公司于竞争劣势,这将产生市场扭曲效应。根据 EU ETS 的规定,欧洲航空公司将很有可能承担更高的运营成本,这些成本将包括那些与管理合规相关,如排放量的检测和报告,与排放量合规的成本,如购买欧盟排放配额,且合规成本存在很多不同的估计。[②] 很显然,这并不是免费的。欧盟航空公司可能通过更高的票价将这些成本转嫁给消费者,那么消费者可能乘坐享有EU ETS 豁免的非欧盟长途航空公司的航空器。[③] 考虑到这些计划的成本,欧盟航空业的投资者可能得到更低的回报。

因此,由于碳定价的成本导致企业和消费者迁移到或者从较低碳定价国家获得服务,不能广泛适用于欧盟航空业将导致"碳泄漏"问题。[④] 不仅碳排放量没有减少,而且对欧盟消费者来说意味着更高的成本。[⑤] 欧盟航空交易指令适用于全球航空业,不仅为欧盟和非欧盟航空公司之间提供公平竞技场,而且从理论上解决了 EU ETS 所产生的经济挑战。考虑到两种制度之间不断增强的关系、共同体内部市场的规模与欧盟碳交易市场之间的关系,EU ETS 也促进了欧盟的环境和经济标准。

---

① Tate L. Hemingson,"Comment: Why Airlines Should Be Afraid: The Potential Impact of Cap and Trade and Other Carbon Emissions Reduction Proposals on the Airline Industry", *Journal of Air Law & Commerce*, Vol. 75. 2010, pp. 741 – 742.

② See Madhu Unnikrishnan, European Union, "ATA Offer Wildly Differing Views on ETS Costs", *Aviation Daily*, Oct. 31, 2011, p. 3.

③ See Joshua Meltzer,"Climate Change and Trade-The EU Aviation Directive and the WTO", *Journal of International Economic Law*, Vol. 15, No. 1, 2012, pp. 118 – 119.

④ See Joshua Meltzer,"Climate Change and Trade-The EU Aviation Directive and the WTO", *Journal of International Economic Law*, Vol. 15, No. 1, 2012, pp. 112 – 113.

⑤ See Steve Charnovitz, "Trade and Climate Change: Reviewing Carbon Charges and Free Allowances Under Environmental Law and Principle", *ILSA Journal of International & Comparative Law*, Vol. 16, 2010, pp. 398 – 399.

（2）2008/101/EC 指令的重要特征

2008/101/EC 指令有以下几个重要特征：

①适用范围。该指令最重要的并能引起国际社会最强烈反对的就是其适用范围。根据 1944 年《芝加哥公约》第 17 条规定，航空器具有其登记的国家的国籍。然而，《芝加哥公约》第 11 条的规定却要求从事国际航行的航空器应不分国籍地适用于所有缔约国的航空器。① 因此，与船籍国法律适用于船上一样，国家的法律适用于航空器上并没有明确的规则，并且发生在船舶登记国领土内的事件适用国家法律的程度，很大程度上留给国家自主决定。②

因此，欧盟航空交易指令没有限制其适用于欧盟航空业，还是欧盟内部之间的航行，或者两者都在欧盟的管辖范围内。更确切地说，欧盟航空交易指令将非豁免经营者所有航班的所有部门都纳入 EU ETS，而不管国籍原则还是领土原则，事实上迫使全球航空业的重要组成部分都纳入欧盟碳交易市场。除少数情况以外，不论航空公司的国籍或航空碳排放活动的领土位置如何，抵离欧盟的所有航班都必须为其碳排放量负责并提交足够数量的欧盟排放配额。因此，抵离欧盟航空器的碳排放量包括以下区域所产生的：第一，欧盟境内；第二，非欧盟国家境内；第三，国际空间；第四，第三国地面。③

②排除范围。根据欧盟航空交易指令的规定，如果欧盟委员会采取减少从欧盟共同体出发国家航班的气候变化影响的措施，那么欧盟委员会可以将第三国的航班排除出 EU ETS。当其与指令“相同措施”理解时，这种措施含糊的规定似乎授予委员会极大的权力评估第三国碳减排计划的充分性。虽然欧盟已表明该规定旨在谋求交易体系之间的最佳互动，从而避免双重规制，但按照委员会的观点，寻求豁免以前，第三国措施必须产生等于指令的环境影响。该条款激励了两种未说明的目标：第一，将欧盟排放交易体系提升为全球的理想标准；第二，随着欧盟进一步的技术和产业创新，促进环境规范和经济活动之间的联系。无论指令是否授权承认第三国措施，

① 《芝加哥公约》第 11 条规定：“……一缔约国关于从事国际航行的航空器进入或离开其领土或关于此种航空器在其领土内操作或航行的法律和规章，应不分国籍，适用于所有缔约国的航空器……”参见赵维田著：《国际航空法》，社会科学文献出版社 2000 年版，第 489 页。

② See Eileeen Denza, “International Aviation and the EU Carbon Trading Scheme: Comment on the Air Transport Association of America Case”, *European Law Review*, Vol. 37, No. 3, 2012, p. 325.

③ See Joshua Meltzer, Climate Change and Trade-The EU Aviation Directive and the WTO, *Journal of International Economic Law*, Vol. 15, No. 1, 2012, p. 114.

该条款都将激励与 EU ETS 相符的全球排放交易体系的发展,但这仍是一个悬而未决的问题。[①] 然而,缺乏评估第三国措施产生 EU ETS 环境问题的客观标准,考虑到全球经济的相互依赖型,很难看出怎样以一种透明、客观和非政治的方式评估等效。[②] 事实上,虽然寻求第三国许可证就等于竞争,但客观标准的缺乏仍可能削弱航空交易指令的效力。或者,既然 EU ETS 正在启用并运行,鉴于等效措施之间的极大不同,如果可能导致该体系完全瘫痪以获得全球温室气体减排协议,那么可能这样做。

③收益的适用范围。来源于 EU ETS 的资金旨在应对欧盟和第三国的气候变化。然而,航空交易指令也规定:"由成员国确定配额竞价拍卖所得收益的使用方式。"[③]该规定产生了两个重要问题:第一,虽然将竞价拍卖欧盟排放配额所得收益的重要部分用于减少温室气体排放、资助研究和发展及管理 EU ETS 的成本,这是一个政治协议。但是,由于这些收益直接支付给成员国,因此,这些收益可以用于其他目的。虽然航空交易指令强烈建议这些收益应该用于应对气候变化,但不能阻止成员国使用这些收益支付如国家罚金。[④] 第二,全球航空业的排放必须获得由成员国签发的欧盟排放配额,甚至发生在欧盟境外,通过规制欧盟境外的经济活动,EU ETS 获得收益条款有效地将全球航空业纳入欧盟碳交易市场。这是否构成境外所得税值得商榷。较少商榷的是,尽管航空交易指令构建了境外收益获得机制,但在很大程度上,该机制忽略了全球航空经济活动的国籍和属地。

(二)《欧美开放天空协定》

2007 年 3 月 22 日,欧盟各成员国交通部长批准了与美国达成的"开放天空"航空协定,并要求该协定的生效时间由 2007 年 10 月推迟到 2008 年 3 月。[⑤]

---

① See Hua Lan, "Comments on EU Aviation ETS Directive and EU-China Aviation Emission Dispute", *Revue juridique Thémis*, Vol. 45, 2011, pp. 600 – 601.

② See "Airbus Supports China's Opposition to EU Emissions Tax", *China Daily*, June 13, 2012, available at http://www.chinadaily.com.cn/business/2012-06/13/content_15497338.htm, 2017 年 12 月 5 日访问。

③ Aviation Directive, art. 3(d)4.

④ See Minister Says Suspend EU ETS for Two Years, Global Travel Industry News, Mar. 21, 2012, available at http://www.eturbonews.com/28426/minister-says-suspend-eu-ets-two-years, 2017 年 12 月 6 日访问。

⑤ 参见《欧盟批准欧美"开放天空"航空协定》,载搜狐网,http://travel.sohu.com/20080226/n255371827.shtml, 2017 年 12 月 6 日访问。

2008年3月30日,《欧美开放天空协定》正式生效。该协定开放了欧盟和美国双方的市场,欧盟成员国航空公司的飞机可以从欧盟境内的任何机场飞向美国境内的任何机场,反之亦然。由于北大西洋市场是世界上最大的洲际航空运输市场,因此,该协定的签署和正式生效标志着全球航空行业在自由化进程方面迈出了最重要的一步。[①] 该协定共26条,其中与航空碳排放交易制度有关的规定如下:

1.授予权利

《欧美开放天空协定》第3条第4款规定:"基于市场上的商业考虑,每个缔约方应该允许每个航空公司基于市场上的商业考虑自由决定国际航空运输中的航班班次和运力。根据这一权利的要求,除非由于海关、技术、营运和环境等原因(遵守《芝加哥公约》第15条的统一条件下),任何缔约方既不能单方面限制航班运力、航班班次或规律性、或其他缔约方运营的航空器种类,又不能要求其他缔约方航空公司提交航班时刻表、包机方案或经营计划。"

2008/101/EC指令规定,所有抵离欧盟成员境内机场的航班都纳入EU ETS,并按照EU ETS的相关配额标准为其全线飞行中超过免费配额的碳排放量付费,即征收航空碳排放税。因此,根据该指令的要求,美国境内航空公司只要抵离欧盟成员国境内机场,就必然要对其全线飞行中超过免费配额部分的碳排放量向欧盟交纳航空碳排放交易税,这必然会导致美国航空公司选择非欧盟成员国机场作为起飞和降落地。因此,该指令的适用会限制美国境内航空公司的运量和运力,这很明显违反了《欧美开放天空协定》第3条第4款的规定。此外,该指令所要求的排放配额不仅构成《芝加哥公约》第15条所禁止的费用,而且违反了《欧美开放天空协定》第3条第4款的规定。

2.关税和费用

《欧美开放天空协定》第11条第1款规定:"抵达一缔约方领土后,由其他缔约方航空公司的航空器在国际航空运输中运营,它们的常规设备、正常设备、燃料、润滑油、耗材技术设备、零部件(包括发动机)、航空器商店(包括但不限于例如食物、饮料和酒类、烟和在飞行期间出售给有限的乘客使用的

① 《欧美开放天空"风云变色"》,载 http://editor.caacnews.com.cn/mhb/html/2013-06/10/content_120023.htm,2017年12月6日访问。

其他产品),与旨在或仅仅与国际航空运输中航空器的操作或服务有关的其他商品,在互惠的基础上,这些物品应该免受所有的进口限制、免征财产税、资本税、关税和类似费用,这些关税和费用由以下情况施加或征收的:第一,由国家当局或欧共体施加或征收的;第二,考虑到这些设备和耗材仍在航空器上,不能以提供的服务成本为基础。"

《欧美开放天空协定》第11条第2(c)款规定:"航空器使用的燃料、润滑油和耗材技术设备由一缔约方领土引进或供应到其他缔约方航空公司从事国际航空运输的航空器,甚至当这些设备使用与该缔约国领土的部分航程时,在互惠的基础上,应该免征第11条第1款所提及的税收、征费、关税和其他税费。"

根据2008/101/EC指令的规定,美国航空器运营者从美国境内机场飞向欧盟境内成员国机场,为了提交覆盖航空碳排放足够的配额,就需要购买相关配额,如果不能按照规定提交足够的排放配额,除了要对美国航空器运营者进行罚款及补足不够的排放配额外,还有可能被欧盟成员国颁发"禁止飞行令"。在1999年瑞典Brathens(C-346/97)案中,瑞典政府征收的燃料碳排放税的征税对象、污染物质和燃料消耗之间存在直接紧密的关系。因此,可以认定其构成第11条规定的燃料税费。① 但是,根据该指令的规定,航空器经营者提交排放配额(基于燃料消耗计算配额数量)而产生的实际成本取决于初始分配给运营者的配额数量和购买的额外配额市场价格。因此,其所承担的金钱负担与航空器燃料数量之间并没有直接紧密的关系,其所提交的配额也不能构成第11条规定的燃料税费。很明显,这违反了《欧美开放天空协定》第11条第1款和第11条第2(c)条有关"缔约方对欧盟和美国之间提供国际航空运输服务的航空器燃料及相应的设备和耗材免征税收、征费、关税或其他税费"的义务性规定。

3.环境

《欧美开放天空协定》第15条第3款规定:"除已提交的分歧外,当确立环境措施时,应该遵循《芝加哥公约》附件中ICAO采取的航空环境标准。缔约方应该根据该协定项下第2条和第3条第4款的规定适用任何影响航空服务的环境措施。"即《欧美开放天空协定》第15条第3款有关环境措施的适用

---

① 参见余丽:《欧洲法院关于欧盟航空碳排放交易指令的合法性初裁》,载《北京理工大学学报》(社会科学版)2013年第1期,第111页。

应该遵守《欧美开放天空协定》第 2 条规定，即适用于航空行为的环境措施应为航空公司提供公平和平等竞争机会。此外，该规定还需遵守《欧美开放天空协定》第 3 条第 4 款有关尊重航空公司基于商业考虑自由选择航运运量和运力权利的规定。

首先，2008/101/EC 指令基于"起飞和降落地为欧盟境内机场"，要求航空器运营者提交全程航班的航空碳排放量，以保护环境为名，将该指令的管辖权扩展至非欧盟航空器内，且包括没有在欧盟境内产生实质影响或存在紧密联系的国际航段（如飞越第三国领空和公海上空的航段），违反了 ICAO 有关航空环境标准（尤其是 A36－22 协议①）的要求。②

其次，针对 2008/101/EC 指令是否限制运量和运力的问题，根据上文的阐述，由于该指令的适用，美国境内航空公司可能会选择非欧盟成员国境内机场作为起飞和降落地。因此，该指令以环境保护为名，实行航空碳排放交易制度，很可能会限制双方航空公司的运量和运力。

最后，虽然 2008/101/EC 指令适用于抵离欧盟境内机场的所有航班，即欧盟航班和非欧盟航班承担提交与其排放量相同的配额的义务，从形式上看，符合《欧美开放天空协定》第 2 条和第 15 条第 3 款有关"公平和平等竞争机会"的要求，但该指令以 2004～2006 年的碳排放量作为配额分配的基准，由于许多非欧盟国家的航空业尚处于新兴发展阶段，因此，该规定可能会导致这些国家获得较少的免费配额量。③ 从某种意义上说，该指令变相地造成了保护欧盟航空业的效果。因此，从该指令的实质上看，该指令违反了《欧美开放天空协定》第 2 条和第 15 条第 3 款有关"公平和平等竞争机会"的规定。

---

① A36－22 协议规定："除非基于双边协议，《芝加哥公约》缔约国不应对其他缔约国的航空器运营者执行排放权交易。"Resolution A36－22：Consolidated statement of continuing ICAO policies and practices related to environmental protection, available at http://www. icao. int/Meetings/AMC/MA/Assembly%2036th%20Session/A36_res_prov_en. pdf，2017 年 12 月 1 日访问。

② 然而，也有学者认为，该指令符合 A37－19 决议及其附件（b）和（f）条有关基于市场措施（MBMs）的规定，并认为该指令中"第三国有关降低航空业气候变化影响措施"的规定不仅有利于国际航空温室气体的减排，而且这些措施不具有重复性（重复计算国际航空二氧化碳排放量）。其中，2008/101/EC 指令中"第三国有关降低航空业气候变化影响措施"的规定，即第 25（a）条规定："当第三国采取措施降低本国起飞并在欧盟内降落航空器的气候变化影响时，欧盟委员会在咨询第三国和欧盟成员国在咨询第三国第 23（1）条所述的委员会后，应考虑选择方案从而优化共同体体系和该国减排措施之间的互动。如有必要，欧盟委员会应采取措施，将第三国起飞航空器从附件 1 所列航空活动中排除，或修改根据第四段协议所要求的附件 1 所列航空活动……"

③ 参见林鹏：《欧盟航空 ETS 争端日趋白热化》，载《中国民用航空》2011 年第 10 期，第 1～2 页。

第二节　航空碳排放交易制度的国际法理论基础

法律原则是指可以作为法律规则的基础或本源的综合性、稳定性原理和准则。① 作为法律制度的内在构成部分,法律原则体现了法律与社会价值观之间的紧密联系。② 航空碳排放交易制度的理论基础是该制度得以形成以及支撑其演进发展的一套理论和操作标准。在国际航空碳排放法律规制的过程中,国际社会逐渐形成了国际气候合作原则、共同但有区别责任原则、非歧视原则以及领空主权原则等,这些原则构成航空碳排放交易制度的理论基础。

一、国际气候合作原则

国际合作原则是国际环境法中一项被广泛承认的原则。在国际环境法领域,国际合作原则的依据包括《人类环境宣言》、《内罗毕宣言》与《里约宣言》。③

随着气候变暖威胁的日趋严重,人类正面临着由碳基能源时代向非碳基时代的转型。④ 尽管在国际气候合作中,发达国家与发展中国家在责任分摊上争议很大,这在很大程度上影响了国际社会加强国际气候合作,严重损害了人类社会的整体利益。而气候变化的全局性与整体性,要求国际社会必须在最广泛范围内进行长期的合作。早在 1992 年,国际合作原则就被确定为应对气候变化的基本原则。⑤ 随着经济和环境问题全球化继续得到不断强化,气候变化已经由单纯的环境问题演变为一个关乎全球发展的复杂议题。该议题不仅包括环境问题,也包括国际政治、世界经济和国际贸易等问题。正是由于这种严重性和紧迫性的存在,国际社会才逐渐认识到,只有国际合作方式才能解决全球气候变化问题。

(一)国际合作原则的含义

“为谋求共同利益,国际社会各成员在减缓和适应气候变化的事业中,本

---

① 参见张文显著:《二十世纪西方法哲学思潮研究》,法律出版社 1996 年版,第 591 页。

② 参见公丕祥主编:《法理学》(第 3 版),复旦大学出版社 2016 年版,第 223 页。

③ 参见戚道孟编著:《国际环境法概论》,中国环境科学出版社 1994 年版,第 60 页。

④ 参见徐长春:《国际气候合作原则及合作前景》,载《国际经济合作》2010 年第 10 期,第 35 页。

⑤ 参见赵俊:《我国应对气候变化立法的基本原则研究》,载《政治与法律》2015 年第 7 期,第 86 页。

着全球伙伴和协作精神采取共同行动",是气候变化领域的国际合作原则。[①]1945年《联合国宪章》第1条明确规定,不分种族、性别、语言或宗教,促成国际合作,以解决国际之间属于社会、经济、文化及人道主义性质的国际问题,增进并激励全体人类的人权及基本自由的尊重。该条规定是国际合作原则最早在国际法律文件中被确立为国际法基本原则。[②]

国际气候变化或国际环境关系更多地涉及人类的共同利益,因而更具有国际合作的基础,因此,国际气候变化领域的国际合作可以被称为国际合作关系运用于国际关系的典范。[③]当今世界面临的气候变化问题具有关联性、全球性和普遍性,这些特点影响人类生存和发展。应对和减缓气候变化关系到人类的共同利益,这是国际社会的共同责任。所以,减缓和应对气候变化的行动也应该是全球性的。世界各国必须提高共识,进行最广泛参与和合作,在保护气候环境问题上加强国际合作。

(二)国际气候合作是减缓和应对气候变化的必然选择

自20世纪中期以后,人类面临着严重的环境问题,气候变化关系着人类的生存,已逐渐成为国际社会共同关注的话题。目前,气候变化问题关系到人类社会发展模式与经济发展方向,是生态破坏与环境污染的问题,也是与地球生命支持能力相悖的问题。气候变化问题已经成为当代人类社会重新选择发展方向和发展模式的重大问题,也是人类应该向何处去的问题。[④]气候变化的全球性是减缓和应对气候变化进行广泛而公平国际合作的关键。[⑤]其具体表现如下:

第一,气候变化的不公平性与全球公共属性是进行国际气候合作的基础。

首先,气候变化属于全球公共问题。虽然不同国家间存在历史、文化、军事、经济和政治等很多方面差异,但气候变化属于全球公共问题,所以没有国家能避免气候变化带来的影响。由于大气资源具有公共属性,属于全人类的公共资源,因此,大气资源具有非排他性和非竞争性,任何个体不仅不能排除其他人享有,而且不存在非得通过竞争才能获得该资源。正是因为生活在大

---

① 参见许健著:《国际环境法学》,中国环境科学出版社2004年版,第104页。
② 参见陈淑芬著:《国际法视角下的清洁发展机制研究》,武汉大学出版社2011年版,第80页。
③ 参见李耀芳著:《国际环境法缘起》,中山大学出版社2002年版,第31页。
④ 参见王曦编著:《国际环境法》,法律出版社1998年版,第118页。
⑤ 参见刘佳:《论环境保护的国际合作原则》,中国海洋大学2006年硕士学位论文,第7页。

气中的每个个体都拥有相同的环境权益,“公地悲剧”和“搭便车”现象容易在气候治理中出现。①

其次,由于气候系统具有高度流动性,大气中温室气体的浓度是以所有国家在大气中的总排放水平为基准,而不是以某一个国家的排放量为基准。这必然会导致即使所有国家都愿意参与减排,但每个国家因经济发展必然会希望最大限度降低本国的排放量,这必然会降低单个国家的减排积极性。同时,由于气候变化产生的影响具有全球性,气候资源导致的污染后果需要国际社会所有国家共同面对,而真正排污的国家不可能对排污行为承担全部责任,这对在历史上排放量较少的发展中国家有失公平。另外,由于温室气体减排获得的收益具有非竞争性,因此,承担强制减排义务的国家在很大程度上并不能阻止尚未承担强制减排义务的国家因此“搭便车”。

第二,国际气候合作是主权国家在气候领域协调权益冲突的共同选择。

在气候治理领域,国家主权并不是绝对的,全球气候变化也对国家主权提出了挑战。在行使本国自然资源主权时,任何一个国家不得影响其他国家生态平衡及其自然资源的利用;而任何一个国家减缓和应对气候变化的行为要维护本国、其他国家甚至全球利益。由于气候变化产生的影响具有跨界性,这种属性从一开始就呈现出内政和外交的双重属性,与不同主权国家的政治和经济等利益交织在一起。因此,对气候变化产生的影响进行治理,并不仅在单个主权国家的能力范畴内。目前,以国家主权平等为核心的现代国际关系体系缺乏一个能够通过自上而下方式对减缓和应对气候变化作出制度安排的体制。因此,世界各国都面临着维护国家主权权益和有效应对气候变化的共同问题,即不仅需要协调一国的利益和人类共同利益之间的矛盾,还需要在国家主权和气候治理之间寻求一个平衡点。

综上所述,任何国家的气候变化问题都需要其他国家的支持和援助,没有任何一个国家可以解决全球气候变化问题。因此,必须依靠国际合作解决气候变化问题,把国际社会的共同利益放在首位并达成共识,同时将各国之间存在的利益差别和矛盾最小化,才能使气候治理的成本降到最低。

(三)航空碳排放交易制度是国际气候合作形式的新发展

为了进一步落实国际气候合作原则,《京都议定书》规定了附件 B 国家在

① See Peter S. Menell ed., “Environmental Law and Policy”, *New York Little Brown & Company Limited*, 1994, p. 55.

2008～2012 年将发达国家温室气体排放量在 1990 年基础上平均削减 5.2%，即为发达国家规定了具有法律约束力的温室气体减排指标以及具体的减排义务，但并未对发展中国家规定硬性的减排指标和具体的减排承诺。

为履行《京都议定书》量化的承诺，欧盟从 2012 年 1 月 1 日起，将航空业纳入碳排放交易体系，对所有抵离欧盟境内的航空公司都要为超过排放限额的二氧化碳排放量购买排放配额，即实行航空碳排放交易制度。尽管欧盟实行的这一制度遭到国际社会的强烈反对，但该制度仍极大地促使 ICAO 第 39 届大会气候变化谈判取得积极成果，形成了第一个全球性行业减排市场机制。该机制从 2021 年至 2035 年分三个阶段实施该抵消机制，旨在通过碳抵消机制控制国际航空温室气体排放增长，并根据行业平均增速分担抵消责任。2030 年以后，适当增加个体增速分担责任的比例，强调为发展中国家参与该机制提供援助，并就该机制实施情况和影响每三年开展一次审评。可见，航空碳排放交易制度总体上体现了发达国家和发展中国家共同但有区别的责任。

总之，减缓和应对气候变化不仅是发达国家，而且是发展中国家的责任。但要求发达国家和发展中国家承担相同的减排责任，对发展中国家并不公平。《京都议定书》量化的承诺以及 ICAO 决议提出的第一个全球性行业减排市场机制在很大程度上都体现了共同但有区别责任原则，这些都是国际气候合作的体现。因此，航空碳排放交易制度是国际气候合作形式的新发展。

二、共同但有区别责任原则

共同但有区别责任原则是国际环境法的一项基本原则，[①]在国际气候协议中处于核心地位。[②] 1972 年斯德哥尔摩《联合国人类环境宣言》第 12 条[③]

① 国际社会对共同但有区别责任原则在国际气候变化法律中的地位达成了广泛的共识，即使是强烈反对《京都议定书》的美国，也没有否定共同但有区别责任原则的地位，只是对该原则中的区别责任承担持有异议。See Paul G. Harris, "Common but Differentiated Responsibility: the Kyoto Protocol and United States Policy", *New York University Environmental Law Journal*, Vol. 7, 1999, p. 27.

② See Joanne Scott, "EU Climate Change UnilaterAlism", *European Journal of International Law*, 2012, p. 476.

③ 《联合国人类环境宣言》第 12 条明确要求对于资源的利用要考虑发展中国家的特殊要求和条件。参见百度文库，http://wenku.baidu.com/link?url=bFs5isU3yjn9m2PFBNIZAcYp85WmXEGgW_chKIOAOLK9CPYVOJxYAaNqjnmTAH1CSf7vRpt6tBAv5ZIDzxhqSyYtKVfeEoLpXjXRHNd229m，2017 年 2 月 15 日访问。

和第23条①虽然没有直接规定共同但有区别责任原则,但其内容和思想都包含和体现了这一原则,因此,有学者将该宣言作为共同但有区别责任原则正式萌芽的标志。② 进入20世纪80年代,许多国际环境法律文件都明确要求国际社会区分发达国家与发展中国家的责任或义务,该原则开始被付诸具体的法律实践。③ 1992年联合国环境和发展大会正式提出该原则属于环境和发展的原则。④ 共同但有区别责任原则被正式确定后,迅速成为创建国际气候机制的支柱性原则,甚至成为构建UNFCCC和《京都议定书》的基础。其中,《京都议定书》甚至还开创了该原则的实践模式,即要求区别对待发达国家和发展中国家的减排承诺。⑤

(一)共同但有区别责任原则的含义及适用

1. 共同但有区别责任原则的含义及其地位

(1)共同但有区别责任原则的含义

各国因地球生态系统的整体性和导致全球环境退化的各种不同因素而对全球环境承担的共同但又有区别的责任,即共同但有区别责任原则。⑥ 1992年《里约环境与发展宣言》(以下简称《里约宣言》)第7条正式规定了共同但有区别责任原则。⑦ UNFCCC将共同但有区别责任原则确立为应对气候

---

① 《联合国人类环境宣言》第23条规定:"对国际社会所同意采纳的这些基本原则或各国规定的标准和最低允许量应一视同仁……有些标准在发达国家是有效的,但由于发展中国家无力承担实施这些标准的社会负担而在这些国家是不可行的。"参见百度文库,http://wenku.baidu.com/link?url=bFs5isU3yjn9m2PFBNIZAcYp85WmXEGgWchKIOAOLK9CPYVOJxYAaNqjnmTAH1CSf7vRpt6tBAv5ZIDzxhqSyYtKVfeEoLpXjXRHNd229m,2017年2月15日访问。

② 有些学者指出:"共同但有区别责任原则的真正历史与国际环境法的扩展始于同一时期,即20世纪70年代。"See Tuula Honkonen, *The Common but Differentiated Responsibility Principle in Multilateral Environmental Agreement: Regulatory and Policy Aspects*, Kluwer Law International, 2009, p. 39.

③ 参见寇丽:《共同但有区别责任原则:演进、属性与功能》,载《法律科学》(西北政法大学学报)2013年第4期,第96页。

④ See Tuula Honkonen, *The Common but Differentiated Responsibility Principle in Multilateral Environmental Agreement: Regulatory and Policy Aspects*, Kluwer Law International, 2009, p. 70.

⑤ See Rowena Maguire, "Foundations of International Climate Law: Objectives, Principles and Methods", *IUS Gentium*, 2013, Vol. 21, p. 102.

⑥ 参见王曦:《国际环境法》,法律出版社1998年版,第112页。

⑦ 《里约环境与发展宣言》原则七规定:"各国应本着全球伙伴关系的精神进行合作,以维持、保护和恢复地球生态系统的健康和完整。鉴于造成全球环境退化的原因不同,各国负有程度不同的共同责任。发达国家承认,鉴于其社会对全球环境造成的压力和它们掌握的技术和资金,它们在国际寻求可持续发展的进程中承担着责任。"参见新华网,http://news.xinhuanet.com/ziliao/2002-08/21/content_533123.htm,2017年2月11日访问。

变化五大原则之首。① 尽管人们习惯将共同但有区别责任原则确定为应对气候变化责任原则，但是，从严格意义上说，将应对气候变化责任原则的表述理解为“共同但有区别的责任与各自能力”原则是一种准确而又不失精炼的表述。②

UNFCCC 第 3 条第 1 款③确定了“共同但有区别的责任和各自能力”原则，这是第一次在国际条约中明确使用“共同但有区别的责任和各自能力”原则的措辞，④其基本含义是指各国根据其能力的大小承担应对气候变化的责任。因此，也可将该原则表述为“共同但有区别的责任和各国能力的原则”。

(2)共同但有区别责任原则的地位

当前，对共同但有区别责任原则在国际法上的地位，有以下三种不同的观点：

①法国学者亚历山大·基斯(Susan Biniaz)认为，共同但有区别责任原则是国际环境法领域的软法。他认为，“污染者付费原则”是国际环境法的一般法律原则，而共同但有区别责任原则是不具有法律约束力的软法。⑤ 然而，由于世界各国并未将该原则视为法律，其与软法或硬法的界定无关，因此，这一观点受到许多学者的反对。⑥

②桑兹(Philippe Sands)⑦和哈里斯(Philippe Sands)⑧等学者认为，自

---

① UNFCCCC 确立的其他四个原则是“考虑发展中国家特殊情况和需要原则”、“风险预防原则”、“可持续发展原则”和“确保国际经济体系的开放性原则。”参见李静云著：《走向气候文明：后京都时代气候保护国际法律新秩序的构建》，中国环境科学出版社 2010 年版，第 410～411 页。

② 《巴厘岛行动计划》等文件均这样表述。参见百度文库，http://wenku.baidu.com/view/4b74e614866fb84ae45c8d01.html，2017 年 2 月 11 日访问。

③ UNFCCC 第 3 条第 1 款规定：“各缔约方应在公平的基础上，并根据它们共同但有区别的责任和各自的能力，为人类当代和后代的利益保护气候系统。因此，发达国家缔约方应当率先应对气候变化及其不利影响。”参见李静云著：《走向气候文明：后京都时代气候保护国际法律新秩序的构建》，中国环境科学出版社 2010 年版，第 410 页。

④ 参见李静云著：《走向气候文明：后京都时代气候保护国际法律新秩序的构建》，中国环境科学出版社 2010 年版，第 101 页。

⑤ See Alexandre Kiss and Dinah Shelton, *International Environmental Law* (3rd ed.), Transnational Publishers, 2004, pp. 56, 212–216.

⑥ See Susan Biniaz, “Common but Differentiated Responsibility: Remarks”, *American Society of International Law Proceedings*, 2002, Vol. 96, pp. 359–363.

⑦ See Philippe Sands, *Principles of International Environmental Law* (3rd. ed.), Cambridge University Press, 2012, pp. 233–236.

⑧ See Paul G. Harris, *International Norms of Responsibility and U. S. Climate Change Policy*. // Paul G. Harris ed., *Climate Change and American Foreign Policy*, St. Martin's Press, 2000, p. 237.

1992年《里约宣言》提出共同但有区别责任原则以来，该原则已在多边环境协定中体现出国际习惯法的特征，该原则已成为国际环境法的基本原则。我国绝大多数学者也持这一观点。但有学者对该观点提出质疑并认为，如果将该原则作为国际环境法的基本原则，那么将会因某些国家的差别待遇而导致许多严重的问题，且多边环境协定中规定，原则上只能在例外情况下才允许适用差别待遇。因此，构成差别待遇基石的共同但有区别责任原则最多只能成为一种"例外"而不是"基本原则"。[①]

③温弗雷德·兰格(Winfried Lang)认为，共同但有区别责任原则是处于不断演变中的国际环境法基本原则。他认为，虽然许多国际环境协定中都规定了该原则，但由于国际法仍奉行主权平等原则，该原则难免受到发达国家的抵制，并且发展中国家新的区别对待或积极歧视也需要时间消化。[②] 然而，这个观点也受到一些学者的反对。他们认为，由于没有一部核心法律文件来引领全球环境治理，该原则不能主观上将其界定为国际环境法的基本原则，而应该将其界定为一项全球环境治理原则。[③]

综上所述，可以将共同但有区别责任原则界定为一项道德原则，或一项已经具有法律意义的政治原则，即该原则不仅具有法律属性，而且还具有政治与伦理属性。[④]

2. 共同但有区别责任原则的适用

不可否认，共同但有区别责任原则的适用将存在极大的困难。考虑到共同但有区别责任原则的不同解释，目前尚不清楚该原则的要求及缔约方应该怎样适用该原则。[⑤] 但是，这些困难并不是不可克服的。在国际环境制度中，共同但有区别责任原则通过以下几种方式进行体现：

---

① See Timothy Swanson, "Negotiating Effective International Environmental Agreements: Is an Objective Approach to Differential Treatment Possible", *International Environmental Agreements: Politics, Law and Economics*, 2001, Vol. 1, p. 127.

② See Winfried Lang, "UN-Principles and International Environmental Law", *Max Planck Yearbook of United Nations Law*, Vol. 3, 1999, pp. 171 - 172.

③ 参见寇丽：《共同但有区别责任原则：演进、属性与功能》，载《法律科学》(西北政法大学学报) 2013年第4期，第98页。

④ See Tuula Honkonen, *The Common but Differentiated Responsibility Principle in Multilateral Environmental Agreement: Regulatory and Policy Aspects*, Kluwer Law International, 2009, p. 365.

⑤ See Rajamani, "The Reach and Limits of the Principle of Common but Differentiated Responsibilities and Respective Capabilities in the Climate Change Regime", *Handbook of Climate Change and India: Development, Politics and Governance*, 2011, p. 118.

第一，发达国家和发展中国家之间有关履行的区别规定，如延迟的弹性日程安排、采取后续基准年的许可、延迟的报告日程安排和不遵守的较温和方式；

第二，无偿援助条款，尤其是财政和技术援助；

第三，发达国家和发展中国家对公约包含的核心义务不同的规定，如减排目标和时间表。

在广大缔约方之间，尽管有关执行和援助的区别待遇能获得广泛支持，但是核心义务的区别待遇却一直引起争议。例如，美国对《京都议定书》的逐渐疏远并拒绝可以追溯到对发展中国家区别待遇的反对。近年来，缔约方已经达成一系列协议和决议，包括2009年非约束性的《哥本哈根协议》、2010年《坎昆协议》和2011年《德班平台》，这些协议和决议试图削弱发达国家和发展中国家之间的区别，使这两类国家更平行或对称。① 然而，这并不是否定或不赞成共同但有区别责任原则。在《京都议定书》中，共同但有区别责任原则的大多数形式仍然发挥作用，并将继续成为环境制度的核心。

（二）共同但有区别责任原则与欧盟航空交易指令的关系

1. 共同但有区别责任原则是否适用于欧盟航空交易指令

虽然《欧盟委员会关于航空交易指令影响评估》（以下简称《欧盟影响评估》）认为该指令完全符合共同但有区别责任原则，②但随后欧盟委员会却认为，该原则并不适用于航空交易指令。③ 欧盟委员会认为，该原则适用于国家及其采取的气候措施，而EU ETS却只适用于在欧盟境内企业，并不是国家。鉴于欧盟这一论断的有效性，笔者尝试探讨共同但有区别责任原则与欧盟航空交易指令的适用关系。

共同但有区别责任原则不适用于航空交易指令，主要基于如下事实：该航空交易指令是欧盟所采纳的。与措施产生的物质影响相反，这取决于采取措施者的身份。当发展中国家作出具体行业的减排承诺时，欧盟认为，共同

---

① See Rajamani, "The Durban Platform & the Future of the Climate Regime", *International and Comparative Law Quartly*, Vol. 61, 2012, p. 1.

② See Commission of the European Communities, *Impact Assessment of the Inclusion of Aviation Activities in the Scheme for Greenhouse Gas Emission Allowance Trading Within the Community*, SEC(2006) 1684, 2006, p. 52.

③ See A. Runge-Metzger, "Aviation and Emissions Trading, ICAO Council Briefing (29 Sept. 2011)", p. 40, available at http://ec.europa.eu/clima/policies/transport/aviation/docs/presentation_icao_en.pdf, 2017年12月10日访问。

但有区别责任原则将不再适用。当欧盟不能解释共同但有区别责任原则不能适用于单边欧盟措施的原因时，航空交易指令针对欧盟境内航空公司的事实表明了其思想和意图。

通常认为，由于欧盟航空交易指令不能符合共同但有区别责任原则的全部要求，所以该原则不能适用于该指令。虽然欧盟航空交易指令适用于欧盟航空公司，并要求其提交配额，但该指令也适用于国家。在某种程度上，欧盟航空交易指令对企业（航空公司）的适用取决于航空公司母国的行为。如果第三国采取满足欧盟单方面施加条件的气候减缓措施，那么飞离第三国的航班可能会被排除出 EU ETS。因此，欧盟航空交易指令是一种对欧盟境内航空公司及其母国提出要求的发达国家措施。如果欧盟考虑授予部分降落航班获得 EU ETS 的豁免或评估第三国措施的环境影响，那么共同但有区别责任原则当然应该予以适用。

当欧盟采取单边气候变化措施，甚至当这些措施适用于欧盟境内的非欧盟航空企业时，探讨共同但有区别责任原则的适用就成为必要。该原则已成为国际环境法的基本原则，因此，缔约方有考虑该原则的义务。当发展中国家签署或采取针对欧盟境内发展中国家的航空企业的措施时，并不表示该措施与共同但有区别责任原则不相关。只要这些措施与发展中国家措施有联系，且该措施是特定行业的，那么就应该适用共同但有区别责任原则。①

欧盟限制其航空公司适用共同但有区别责任原则，这一行为的企图由竞争力问题所驱动。这些问题对理解共同但有区别责任的京都模式持反对意见，该理解甚至将最富的“发展中国家”（及其航空公司）完全排除在外。我们承认这些问题的有效性。因此，在实施航空交易指令时，欧盟应该更细致入微地理解共同但有区别责任原则；理解发达国家和发展中国家集团之间的差别。在欧盟航空交易指令的范围内，如果尊重共同但有区别责任原则的方式是可能的，那么这些方式可以容纳竞争力问题。

2. 欧盟航空交易指令是否尊重共同但有区别责任原则

《欧盟影响评估》认为，欧盟航空交易指令完全符合共同但有区别责任原

---

① See Ad Hoc Working Group on Long-term Cooperative Action (AWG-LCA), "Views on the Elaboration of Market-Based Mechanisms, Submissions by Hungary and the European Commission on behalf of the EU and its Member States", *FCCC/AWGLCA/2011/MISC.* 2, 2011, pp. 48, 55.

则的要求,[①]但该结论遭到国际社会的强烈质疑,其具体理由如下:

(1)欧盟航空交易指令不仅适用于企业而且适用于国家

一方面,该指令单边地采取将航空业纳入排放交易体系;另一方面,这种单边扩张根据非欧盟国家飞离欧盟境内机场的航班而定,该非欧盟国家是否采取适当的措施减少航空碳排放对气候变化所产生的影响。因此,有必要审查欧盟航空交易指令是否为发展中国家企业或政府享有区别待遇留有余地。

①发展中国家航空公司的待遇。

无论航空公司的国籍如何,欧盟航空交易指令都予以平等对待。只要航空活动属于 EU ETS 的管辖范围,航空公司就承担相同的义务,即每排放一吨二氧化碳就必须提交一份配额。不管航空公司来自中国、欧盟还是埃塞俄比亚,欧盟航空交易指令都予以平等对待。

②发展中国家的待遇。

与明确规定发展中国家航空公司的待遇不同,欧盟航空交易指令对发展中国家的待遇的规定模糊。欧盟航空交易指令是否尊重共同但有区别责任原则,取决于怎样解释或适用豁免条件。只要飞离欧盟境内的非欧盟国家航班获得 EU ETS 的豁免,有争议的国家必须采取措施减少这些航班的气候变化影响。[②] 这个要件尤其模糊。

根据上述有关发展中国家及其航空公司待遇的规定,不仅在平等对待发展中国家的航空公司,而且对发展中国家的待遇,如豁免的条件等方面,其规定也比较模糊。因此,欧盟航空交易指令并未尊重共同但有区别责任原则。

(2)等效检验

欧盟委员会建议,非欧盟国家的豁免应该根据采取的措施规定条件,该措施至少应该等于航空交易指令制定的条件。当欧盟就提案达成政治协议时,欧盟理事会放弃了这种等效援引,并且其没有出现在 2008 年 4 月 18 日规定的共同立场中。但该指令的最后版本提及了等效援引:"如果第三国采取至少等于该指令产生的环境影响的措施减少降落欧盟境内航班的气候影响,在咨询该国后,欧盟委员会应该考虑可行的选择,从而在欧盟和该国采取的

① See Commission of the European Communities, *Impact Assessment of the Inclusion of Aviation Activities in the Scheme for Greenhouse Gas Emission Allowance Trading Within the Community*, SEC(2006) 1684, 2006, p. 52.

② See 2003/87/EC(the consolidated version), Art. 25.

措施之间提供最佳互动。"①

欧盟航空交易指令的序言不具有法律约束力,也不能作为违背相关立法主体的理由。② 然而,只要序言和指令的主体部分不存在矛盾,那么序言可以用于解释法律规则。③ 当评估豁免条件是否得到满足时,这意味着欧盟委员会将不会从法律上排除适用等效检验。为回答欧洲议会提出的问题,欧盟气候行动委员会认为,等效概念可以作为检验的基础。④

在努力和资源相称的基础上,或在收入的基础上而不管相关的能力,可以评价等效。然而,航空交易指令序言偏好以项目为基础的方式。从共同但有区别责任原则的角度看,虽然欧盟航空交易指令的最终评价取决于怎样解释并适用豁免标准,但等效的关键意味着平等待遇,而不是将区别待遇作为指导原则。

就欧盟航空交易指令对企业的适用而言,该指令不符合共同但有区别责任原则的要求。就该指令对国家的适用而言,该指令也不符合共同但有区别责任原则。有关欧盟航空交易指令与共同但有区别责任原则的兼容性,我们的结论不会因《欧盟影响评估》提出的论据而改变。

(3)欧盟航空交易指令与经济能力的关系

《欧盟影响评估》继续强调,由于发展中国家航空公司运营者占有 EU ETS 所涉路线上较高的市场份额,其承担遵守航空交易指令大部分的成本。例如,非洲航空公司的成本预计是每年 2,000,000 美元和 35,000,000 美元之间。⑤ 一项估计表明,2012 年所有航空公司的成本能达到 1,125,000,000,000 美元。⑥

---

① 2008/101/EC, Rec. 17.

② See Case C – 162/97, Criminal Proceedings Against Gunnar Nilsson, Per Olov Hagelgren and Solweig Arrborn[1998] ECR I – 07477, para. 54.

③ See Case 215/88, Casa Fleischhandel v. Bundesanstalt für Landwirtschaftliche Marktordung[1989] ECR 2789, para. 31.

④ See "Ms. Hedegaard's Answer to a Written Question (P – 005387/2011 posed by Holger Krahmer) on Aviation in the European Emissions Trading Scheme", Available at www. asd-europe. org/site/fileadmin/user_upload/news/EU_news_150711a. pdf,2017 年 12 月 12 日访问。

⑤ 这将取决于拍卖的配额数量和配额价格。远东可比较的数据(包括中国和日本)在 8,000,000 美元和 151,000,000 美元之间。

⑥ See Standard & Poor's, "Airline Carbon Costs Take off as EU Emissions Regulations Reach for the Skies" (18 Feb. 2011), p. 2, Available at www. environmental-finance. com/download. php? files/pdf/4d663c478efb8/Airline¨Carbon¨Costs¨takeÖff. pdf,2017 年 12 月 13 日访问。

不同的证据具有不同的重要性，但这些论据不足以支持欧盟航空交易指令符合共同但有区别责任原则的诉求。这是因为航空公司所承受的负担原则上取决于 EU ETS 所涉路线的排放量。共同但有区别责任原则应该考虑当前国家对排放量责任的规模，而不考虑历史责任和相关的经济能力。

这意味着 EU ETS 所涉排放量的市场份额与国内生产总值（Gross Domestic Product，GDP）决定的经济能力之间的关联是偶然的。[①] 例如，韩国与日本的 EU ETS 排放量相同，但韩国的国内生产总值只有日本的 18%。马来西亚所产生的所涉 EU ETS 排放量大约是瑞士的 88%，国内生产总值大约是瑞士的 45%。这种不同的类型不限于发达国家和发展中国家。韩国经济大约是印度经济规模的 20%，而所涉 EU ETS 排放量几乎达到其一半。泰国经济大约占中国经济的 5%，但其所涉 EU ETS 的排放量却达到其 1/3。任何联系都是可能的，但却无法纳入 EU ETS。

根据上述分析，欧盟航空交易指令分配 EU ETS 所涉路线的排放量，并不考虑发达国家与发展中国家的历史责任和相关经济能力，而是考虑当前国家对排放量责任的规模，这不符合共同但有区别责任原则的要求。

（4）气候变化责任的承担

《欧盟影响评估》的另一个论据，尽管没有探讨共同但有区别责任原则，但该论据与讨论有关。在评估建议的社会影响时，《欧盟影响评估》指出："在欧盟和全球范围内，由 EU ETS 所提高的票价将主要由较富裕的人群所承担，因气候变化所产生的影响更多由世界上较贫困人群所承担。"该评估指出，航空飞行仍然是富人的专属，较高票价对最贫困人群打击最严重的主张是不可信的。

虽然欧盟委员会并没有对这些方面进行阐述，但这个讨论使人联想到国内共同但有区别责任；在一个有争议的由绿色和平印度办公室提出的题为《躲在穷人背后》的报告中，[②]该报告赞同发达国家和发展中国家承担不同的责任，但也赞同富人和穷人承担区别责任。

---

① See A. Runge-Metzger, "Aviation and Emissions Trading", *ICAO Council Briefing* (29 Sept. 2011), p. 41, available at http://ec. europa. eu/clima/policies/transport/aviation/docs/presentation_icao_en. pdf, 2017 年 12 月 13 日访问。

② See Greenpeace India, "Hiding Behind the Poor: A Report by Greenpeace on Climate Injustice (2007)", available at www. greenpeace. org/india/Global/india/report/2007/11/hiding-behind-the-poor. pdf, 2017 年 12 月 13 日访问。

(5)气候变化责任的分配

欧盟认为,共同但有区别责任原则仅仅与国家之间气候责任的分配有关。欧盟并不试图探讨航空交易指令的社会影响与共同但有区别责任原则之间的联系,或对该原则进行单边重新绘制。

当气候减缓措施是由全球富人而不是穷人埋单时,这种措施才具有合理性,与之相关的任何主张就需要以明确的证据为基础,措施的影响需要被监控以评价其分配影响。从这方面看,《欧盟影响评估》远不能作为良好实践的基准。

根据英国与世界上不到5% ~10%的居民每年至少使用一次航空运输的事实,《欧盟影响评估》承认,关于航空运输用户的社会经济分配数据是非常有限的。显然,该结论没有审查发展中国家航空运输用户的社会经济分配。[①]

(6)对航空运输产生的影响

EU ETS 也很少考虑航空运输的发展影响。《欧盟影响评估》强调,航空运输由高价值货物构成,与较低收入阶层相比,较高收入阶层对这些货物的消费相对更高。尽管如此,《欧盟影响评估》不评价航空运输货物的价格敏感性,或航空交易指令的潜力以减少经由航空载运货物的发展福利,包括与发展中国家(尤其是非洲)园艺贸易有关的例子。[②] 其他研究认为,进口替代可以发生在与进口有关的不断增加的运输成本中。虽然不能从数量上预测航空交易指令对贸易的影响,但已表明,小岛屿发展中国家和内陆国家可能最容易受到其影响。[③] 尽管欧盟航空交易指令的成本将主要由富人承担,但全球穷人可能也一样遭受负面影响,不同的影响评估并没有反驳这个可能性。

(三)共同但有区别责任原则下欧盟航空交易指令的修改建议

为确保航空交易指令符合共同但有区别责任原则,笔者拟提出以下两项修改建议,且每一个建议都以不同的形式要求区别对待发展中国家航班。因此,有必要对发展中国家及其航班进行界定。

---

① See Commission of the European Communities, *Impact Assessment of the Inclusion of Aviation Activities in the Scheme for Greenhouse Gas Emission Allowance Trading Within the Community*, SEC(2006) 1684, 2006, pp. 35 - 36.

② See Commission Staff Working Document, "Annex to the Communication from the Commission Reducing the Climate Change Impact of Aviation", *Impact Assessment*, SEC(2005)1184, 2009, pp. 36 - 37.

③ See Jasper Faber and Brinke, "The Inclusion of Aviation in the EU Emissions Trading Scheme: An Economic and Environmental Assessment", *ICTSD Global Platform on Climate Change, Trade and Sustainable Energy*, Issue Paper No. 5, 2011, p. 14.

1. 发展中国家及其航班的界定

(1)发展中国家

UNFCCC 附件一包括发达国家和经济转型国家。作为区分发达国家和发展中国家的方式,附件一也引起了一些争议。附件一排除了一些世界上最富裕的国家。尽管存在这些异常,但一旦采取措施修改欧盟航空交易指令,应该将所有非附件一国家视为发展中国家。虽然这可能违反国际法的规定,但因提出的两项修改建议具有合理性,且这些建议本质上能应对各国发展水平的显著差异并弥补广大的发展中国家集团,因此,还是有必要对其进行探讨的。

(2)发展中国家航班

虽然国际航空碳排放并未就"系统边界"达成多边协议,但欧盟航空交易指令构建了一种系统边界。欧盟与由飞离欧盟境内航班所产生的国际航空碳排放之间,欧盟航空交易指令认为,两者之间具有明确的联系。相反,对欧盟与由飞离第三国境内航班所产生的国际航班排放之间,欧盟航空交易指令认为,两者之间仅仅具有临时的联系。对飞离第三国航班来说,纳入 EU ETS 取决于第三国,该国没有采取欧盟认可的措施减少这些航班的气候影响。根据这一点,构建航空交易指令的系统边界是以离开为基础的。航班飞离的国家为这个航程产生的排放量负责。只有当飞离国不能接受责任时,到达国才会介入。基于这一点,飞离发展中国家的所有航班应该视为发展中国家航班。因此,航班的离开地是决定性的,而不是航空公司的国籍。

2. 第一个建议——根据 EU ETS 授予豁免的条件进行区分

(1)根据责任和能力区分豁免条件

为确保欧盟航空交易指令符合共同但有区别责任原则,笔者提出的第一个建议是,欧盟应该根据申请 EU ETS 授予豁免的条件在国家之间进行区分。这种类型的区分可以通过由 ICAO 主持的关于减少航空业排放量的国际协议中进行体现。[①] 如逐渐实现减排量的不同时间表可以为飞离不同国家的航班付诸实施。

在缺少国际协议的情况下,为了从豁免中获益,第三国应该采取措施以减少航班的气候变化影响。我们建议不同国家应该作出不同的减排承诺;欧

① 2003/87/EC 第 25a 条第 2 款规定:"共同体及其成员国应持续寻找在全球范围内降低航空温室气体排放的协议。鉴于此协议,欧盟应考虑关于该指令应用于航空器运营者的修改是否必要。"参见《欧盟排放交易体系规则》,焦小平主译,中国财政经济出版社 2010 年版,第 40 页。

盟不仅应该在发展中国家与发达国家间,还应在不同发展中国家之间进行区别。美国、加拿大等发达国家应该根据其对欧盟产生的环境影响采取措施减少航班的气候变化影响至少是相等的。与之相比,发展中国家应该根据其各自的责任和能力采取措施减少航班的气候变化影响。

为获得豁免,欧盟应该规定评估各发展中国家的责任和能力的明确标准,并定义航空业减排措施要达到的水平。为减少与这种区别有关的行政负担,选择的标准必须能基于便利和可靠的数据进行适用。例如,国家的责任可以根据当前和历史排放量进行评估,而国家的能力可以根据人均 GDP 进行评估。

毋庸置疑的是,可适用客观标准的选择必将是一个主观和有争议的运动。不管是从工业革命还是 UNFCCC 确定的 1990 年,确定历史排放责任适当的截止日期的选择是一个主观政治运动。① 然而,如果选择一套与责任和能力有关的适当的代表标准,尤其从这些缔约方正在进行的谈判中建议的标准中可以得出,这些可能发现更多的接受。基于一套代表性客观标准构建方式的优势是最先进的发展中国家将承受气候减缓负担,该负担接近或等于欧盟所承担的,新加坡是 UNFCCC 项下的非附件一缔约方,但在 1980 年,其人均历史排放量高于欧盟,②其当前的排放量高于欧盟,并且其 GDP 显著超过欧盟。因此,新加坡采取减少航班气候变化影响的措施有望获得至少等于欧盟的环境效应。与之相比,1980 年中国人均历史排放量远低于欧盟,现在的人均排放量显著低于欧盟,并且中国有一个相对适当的人均 GDP。如果给这三个标准相同的权重,中国的减缓负担(按百分比计算)大约是欧盟的三分之一。

(2)该建议可能产生的歧视

由于该建议不会使欧盟航空公司享受比其他国家更优惠的待遇,因此,该建议将不会产生国民待遇歧视。③ 如何以同样的方式对待从德里飞往欧盟的所有航空公司。无论从缓和竞争力方面还是确保遵守国际法方面,这都是一个重要的考虑因素。

然而,该建议将产生最惠国待遇歧视,与欠发达的发展中国家承受的负

---

① See Müller, Höhne, and Ellermann, "Differentiating (Historic) Responsibilities for Climate Change", *Summary Report* (Oct. 2007), available at www. oxfordclimatepolicy. org/publications/documents/Differentiating Responsibility. pdf, 2017 年 12 月 15 日访问。

② 正如所指出的,欧盟对适用的标准不得不采取一些敏感性的选择。1980 年,新加坡的排放量高于欧盟,而 1960 年,新加坡的排放量却显著低于欧盟。

③ GATT 1947, Art. Ⅲ.

担相比,较发达的发展中国家将承受更严厉的负担。[①] 尽管这将产生 WTO 兼容性问题,但只要其遵守 WTO 上诉机构在印度诉欧共体关税优惠案(European Communities-Conditions for the Granting of Tariff Preferences to Developing Countries)中制定的关键性例外条款规定,[②]最惠国待遇歧视就很有可能是合理的。因此,对欧盟来说,规定区分不同发展中国家之间的客观标准,并确保这些标准一致适用很关键。对欧盟来说,确保区分不同发展中国家的体系以灵活的方式运行也是重要的。与此一致的是,欧盟有必要定期更新与评估共同但有区别责任原则的结果,并且在标准不能准确适用或适用的结果明显过时的情况下,允许第三国开始评估欧盟的共同但有区别责任原则。[③]

欧盟委员会认为,基于国籍歧视运营者的举措不符合《芝加哥公约》的规定。虽然《芝加哥公约》以非歧视原则为基础,但其条款具有足够的灵活性以适应共同但有区别责任原则。在 WTO 的争端解决实践中,非歧视原则可以不同方式进行解释,并且还有一个有力的论据表明,虽然《芝加哥公约》禁止国籍歧视,但是,该公约并不禁止对飞行不同航线的航空器运营者享有区别待遇。[④]

当涉及发达国家和发展中国家的区别待遇时,很明显 ICAO 采取的实际上是一种灵活的方式。[⑤]《ICAO 有关国际航空运输经济管理的政策和指导材料》包含规定支持发展中国家所采取优惠措施的附录。[⑥] 通过给予发展中国家更多的时间遵守相关的义务,并考虑发展中国家航空公司的特殊情况,如具有时间限制的经济困难豁免条款,《ICAO 航空器噪声管理》试图适应发展

---

① 最惠国待遇歧视涉及外国货物和不同国家产生的服务的不同待遇。See GATT, Art. I. I.

② "European Communities-Conditions for the Granting of Tariff Preferences to Developing Countries", *Report of the Appellate Body*, AB – 2004 – 1, WT/DS246/AB/R, 2004.

③ See "European Communities-Conditions for the Granting of Tariff Preferences to Developing Countries", *Report of the Appellate Body*, AB – 2004 – 1, WT/DS246/AB/R, 2004, paras. 182 – 189.

④ 《芝加哥公约》第 11 条规定:"在遵守本公约各规定的条件下,一缔约国关于从事国际航行的航空器进入或离开其领土或关于此种航空器在其领土内操作或航行的法律和规章,应不分国籍,适用于所有缔约国的航空器。"参见赵维田著:《国际航空法》,社会科学文献出版社 2000 年版,第 489 页。

⑤ Lyle, "Kyoto v. Chicago: ICAO Debates on How to Apply the Principle of Common but Differentiated Responsibilities to Aviation", available at www. greenaironline. com/news. php? viewStory = 450, 2017 年 12 月 15 日访问。

⑥ See Peter Forsyth, David W. Gilen, Otto G. Mayer, *Competition Versus Predation in Aviation Markets: A Survey of Experiece in North America, Europe and Australia*, Ashgate, 2005, p. 64.

中国家的这种特殊情况。[①] 令人惊奇的是,在一个联合准备的研究中,ICAO 和联合国世界旅游组织(United Nations World Tourism Organizaiton,UNWTO)就区别得出了一个普遍接受的结论,该结论与 WTO 上诉机构的结论并不相同。该结论认为,通过参考透明和客观的标准,特殊待遇必须经由定义明确的目的才能证明是合理的,并且不应使航空公司之间的歧视成为必要。[②] 基于这一点并与《芝加哥公约》的规定一致,区别应该偏好以航线为基础的而不是以国籍为基础的方式。[③]

第一个建议也将产生欧盟航空交易指令的合法性问题。然而,即使等效标准由欧盟在评估第三国豁免 EU ETS 的适格性时予以适用,笔者也认为,这个概念可以根据共同但有区别责任原则来理解。对发展中国家来说,等效应该理解为一个相对概念,并且发展中国家的减缓负担应该参考其相对的责任和能力进行计算。为产生与富裕国家采取的气候减缓措施相等的环境影响,贫困国家采取的气候减缓措施应该要求一个较少的绝对贡献。从相对主义的角度来看,如果等效概念被欧洲法院认为缺乏说服力,就需要修订欧盟航空交易指令的序言。

3. 第二个建议——发展中国家航班所获收益致力于全球基金

第二个建议更直截了当,并且争议较少。[④] 将发展中国家航班纳入 EU ETS 所获得的收益致力于全球气候基金,并且将这些收益应用于在发展中国家资助气候减缓和适应活动。[⑤] 采取广义的发展中国家及其航班概念,将更多的航空业 EU ETS 收益应用于在发展中国家资助气候减缓和适应活动。然

① ICAO,"Review of Aviation Emissions Related Activities within ICAO and Internationally: Parallels between Noise and CO_2 Environmental Goals",(GIACC/3 - IP/1 - 7/01/09), available at http://legacy.icao.int/icao/en/atb/meetings/GIACC/2009/Giacc_3/Docs/Giacc3_ip01_en.pdf,2014 年 12 月 15 日访问。

② "A study of an Essential Service and Tourism Development Route Scheme", available at http://legacy.icao.int/icao/en/atb/epm/ecp/EssentialServicesStudy_en.pdf,2017 年 12 月 15 日访问。

③ See Lyle,"Kyoto v. Chicago: ICAO Debates on How to Apply the Principle of Common but Differentiated Responsibilities to Aviation", available at www.greenaironline.com/news.php? viewStory = 450,2017 年 12 月 15 日访问。

④ See "CBI Calls for Carbon Credit Cash to be Ring Fenced", available at www.business-green.com/bg/news/1802048/cbi-calls-carbon-credit-cash-ring-fenced,2017 年 12 月 16 日访问。

⑤ See Dec. 3/CP.17,"Launching the Green Climate Fund", *UNFCCC/CP/*2011/9/*Add.* 1 (15 Mar. 2012).

而,并不因此认为,收益应该返还给特定航班飞离的发展中国家。[①] 与之相反,来源于所有发展中国家航班的所有收益应该致力于全球基金,并根据治理安排和资助标准分配给发展中国家。

欧盟航空交易指令规定,成员国自行决定怎样使用通过竞价拍卖所得的收益。与欧盟委员会更强有力的建议相比,该指令仅仅规定收益应该用于应对欧盟境内和发展中国家的气候变化。[②] 该建议体现在以下三个方面:第一,根据该建议,要求将收益进行质押。第二,该建议仅限于因航空业和发展中国家航班纳入 EU ETS 所产生的收益。这是因为共同但有区别责任原则和越来越认为必要的发展中国家零发生率驱动的。[③] 第三,该建议只注重于位于发展中国家减缓和适应活动的资助。有学者认为,由欧盟自行决定国家公共支出分配是不恰当的,并且欧盟这样做将违背辅助性原则。[④] 由于建议必须确保尊重已由欧盟和其成员国所认可的共同但有区别责任原则,因此,更严密的框架方案能缓解这种冲突。

虽然欧盟航空交易指令有可能涉及一半以上的国际航空碳排放量,但该指令以平等待遇原则为基础,并且欧盟认为,共同但有区别责任原则不适用该指令。这强调了因气候变化单边行动而产生的减缓负担分配的关键问题。[⑤] 在单边行动的背景下,共同但有区别责任原则应该保持相关性,并且可以对竞争力问题进行反应并符合国际法要求的方式确保对该原则的尊重。正如我们的建议所显示,当以相同的方式对待飞行相同路线的所有航空公司和乘客时,欧盟考虑共同但有区别责任原则是可能的。在这个背景下,拒绝支持该原则的相关性,欧盟将存在错过形成理解这个不断发展和争议原则的

---

① See Stochniol,"Optimal Rebate Key for an Equitable Maritime Emission Reduction Scheme(May 2011)",available at www. imers. org/docs/rebateKey. pdf,2017 年 12 月 16 日访问。

② 2003/87/EC 第 3d 条第 4 款规定:"各成员国自行决定通过竞价拍卖配额所产生收益的适用。但此收益应用于处理欧盟内和第三国的气候变化,尤其是应用于降低温室气体排放、应用于欧盟内和第三国适应气候变化影响(特别是发展中国家)……"参见《欧盟排放交易体系规则》,焦小平主译,中国财政经济出版社 2010 年版,第 10 页。

③ See "Report of the Secretary-General's High Level Advisory Group on Climate Change Financing",5 Nov. 2010,available at://www. un. org/wcm/content/site/climatechange/pages/financeadvisorygroup,2017 年 12 月 16 日访问。

④ See Ares,"EU ETS and Aviation" (13 Feb. 2012),available at www. parliament. uk/briefing-papers/SN05533. pdf,2017 年 12 月 16 日访问。

⑤ See Eckersley,"The Politics of Carbon Leakage and the Fairness of Border Measures",*Ethics and International Affairs*,Vol. 24,2010,p. 367.

含义和要求机会的危险。总之,为符合该原则的要求,欧盟可以根据笔者提出的上述两条建议公开解释并适用航空交易指令,并提出如何实现这一目的的具体建议。

三、非歧视原则

联合国由两个机构专门处理温室气体排放问题,即 ICAO 和 UNFCCC,虽然这两个机构都可以处理航空碳排放问题,但两者具有各自独立甚至截然不同的决策程序。其中,ICAO 遵循基于《芝加哥公约》构建的非歧视原则,而 UNFCCC 规定的是共同但有区别责任原则。非歧视原则又称为无差别待遇原则,不仅是贯穿 WTO 诸协定的指导原则,更被称为 WTO 的基石。[①] 该原则已成为国际人权法一项重要的基本原则,在国际环境法中也是一项正在形成的基本原则。[②] 同时,也是芝加哥公约体系[③]确定的国际航空法的一个重要原则。

欧盟航空交易指令规定,自 2012 年 1 月 1 日起,不管其起飞地或目的地如何,也不管其国籍如何,只要该航班的起飞地或降落地位于欧盟境内成员国机场,其航班全程所产生的二氧化碳等温室气体都必须支付“天空买路钱”,即实行航空碳排放交易制度。从表面上看,这似乎符合国际航空法和欧盟法规定的非歧视原则,但该规定激怒了非欧盟航空公司和政府。因为这不仅违背了 UNFCCC、《京都议定书》和《巴黎协定》确定的共同但有区别责任原则,受到发展中国家尤其是中国的质疑,而且欧盟对发生在公海和他国航空范围内的行为进行规制并实行航空碳排放交易制度,也明显违背了领土主权原则。[④]

(一)非歧视原则的含义及与航空碳排放交易制度相关的规定

1. 非歧视原则的含义

非歧视原则,又称为无差别待遇原则,是芝加哥公约体系确定的国际航

---

① 参见奚晓明:《关于 WTO 规则中的非歧视原则在争端解决中的具体运用》,载《法律适用》(国家法官学院学报)2001 年第 S1 期,第 23 页。

② 参见姚俊颖:《国际环境法中的非歧视原则——一项正在形成的基本原则》,载《法制博览》2013 年第 1 期,第 36 页。

③ 所谓芝加哥公约体系,是指以 1944 年《芝加哥公约》为主体,辅以其他相关法律文件而共同构成的国际航空公法的基本法律框架。

④ 参见高丽娜、董学敏:《欧盟航空碳排放交易体系在东京和芝加哥受阻:多方治理体系中的单方法律主导》,载《中国政法大学学报》2013 年第 3 期,第 44 页。

空法的重要原则之一,是指各缔约国根据主权权利对航空施加的条件或限制,应对本国和外国、本国和外国航空器、航空公司一视同仁,实行无差别对待,不得对其他缔约国实施歧视待遇。① 芝加哥公约体系确定的这个原则,旨在以加强各缔约国在国际航空领域的合作,阻止限制国际航空合作的因素,对促进国际航空运输的规划和发展具有十分重要的意义。

2. 与航空碳排放交易制度相关的规定

根据《芝加哥公约》序言的规定,国际航空运输应该以机会均等基础健康经济地经营。② 除了序言外,该公约中多处规定缔约国权利的条款基本上都有一个但书条款,③用以表达非歧视待遇的义务。其中,与航空碳排放交易制度有关的规定主要包括《芝加哥公约》第 11 条有关"空中规章的适用"④与第 15 条有关"机场费用和类似费用"的规定。⑤

这两条规定都体现了国际航空法中的非歧视原则,并且与航空碳排放交易制度相关。其中,在第二章第一节《芝加哥公约》"机场费用和类似费用"中,本书将对第 15 条的规定进行具体阐述,该部分将不再对其进行赘述。在阐述国家管辖权时,虽然上述内容涉及第 11 条的相关规定,但并未对其进行详细阐述,因此,下文将着重阐述该条规定与航空碳排放交易制度之间的关系。

(二)非歧视原则的体现——域外管辖权

根据《芝加哥公约》第 11 条的规定,各缔约国管辖范围内的所有航空器运营者都应该遵守该国的法律和规章。欧盟认为,不分国籍地将抵离欧盟境

---

① 参见赵维田著:《国际航空法》,社会科学文献出版社 2000 年版,第 71 ~ 72 页。

② 《芝加哥公约》序言规定:"……使国际航空运输业务得建立在机会均等的基础上,健康地和经济地经营。"

③ 但书,又称为但书条款、除外条款,是法律条文中的一种特定句式,是对前文所作规定的转折、例外、限制、补充或附加条件的文字。这也就是说,但书是指在规定了一般原则的同时,规定了例外情况的条款。参见卢秋帆:《国际贸易法律文本中但书条款浅议》,载《河南司法警官学院学报》2012 年第 3 期,第 84 页。

④ 《芝加哥公约》第 11 条规定:"在遵守本公约各规定的条件下,一缔约国关于从事国际航行的航空器进入或离开其领土或关于此种航空器在其领土内操作或航行的法律和规章,应不分国籍,适用于所有缔约国的航空器。"参见赵维田著:《国际航空法》,社会科学文献出版社 2000 年版,第 489 页。

⑤ 《芝加哥公约》第 15 条规定:"一缔约国对其本国航空器开放的公用机场,在遵守第六十八条规定的情况下,应按统一条件对所有其他缔约国的航空器开放。为航行安全和便利而提供公用的一切航空设施,包括无线电和气象服务,由缔约各国的航空器使用时,应适用同样的统一条件……"并规定对从事定期或不定期国际航班飞行的航空器,应不高于从事同样飞行的本国同级航空器所缴纳的费用。参见赵维田著:《国际航空法》,社会科学文献出版社 2000 年版,第 490 ~ 491 页。

内机场的所有航班纳入 EU ETS 遵守了该条规定,也体现了非歧视原则。然而,该公约第 11 条并没有规定,各缔约国管辖范围内的所有航空器运营者都应当遵守该国的法律和规章。欧盟曲解了该条的相关规定,以该条规定作为来自非欧盟成员国国家的航空器运营者施加义务的依据,不仅不符合《芝加哥公约》第 11 条规定的要求,而且不符合国际法中有关域外管辖权国际司法判例的要求。

1. 航空碳排放交易制度的域外管辖效果

自 2008 年 11 月 19 日欧盟理事会正式批准通过 2008/101/EC 指令,将航空业纳入 EU ETS 以来,国际社会认为,该指令将航空业纳入 EU ETS 的做法违反了国际法的规定,对非欧盟国家的航空器产生了域外管辖的效果,很有可能违反了领土主权原则和公海飞越自由原则这两条国际习惯法规则。

2009 年 12 月 16 日,美国航空业协会联合美国的三家航空公司,认为 2008/101/EC 指令将美国航空业纳入 EU ETS 的这一行为,违反了国际条约和国际习惯法的规定,向英格兰和威尔士高等法院提起诉讼。因这两个高等法院无权宣布该指令无效,提交欧洲法院审理。2011 年 12 月 11 日,欧洲法院裁定 2008/101/EC 指令符合国际法的规定(C－366/10 案)。其中,有关该指令对航空碳排放交易管辖权的如下问题值得关注:

第一,欧洲法院规避了对其航空碳排放交易实施不利的国际法规范,如欧洲法院以欧盟不是《芝加哥公约》的成员方为由拒绝援引该公约审查欧盟航空交易指令的合法性。此外,还认为,《京都议定书》规定,享受权利承担义务的是主权国家,也不能援引该议定书审查 2008/101/EC 指令。

第二,为证明欧盟对抵离欧盟成员国境内机场航空器航班全程所排放的碳排放量(包括公海和第三国上空排放量)实行航空碳排放交易制度的正当性,欧洲法院有意将航行和排放行为割裂开来,混淆了认定 EU ETS 调整范围的事实问题和法律问题。

第三,否定其征收的航空碳排放税具有税费的性质,认为只要抵离欧盟境内机场的所有航班只要其实际排放量不超过一定数量的排放额度,不仅不会增加航空公司的成本,还可以因剩余碳排放配额在欧盟市场上进行交易而盈利。因此,这符合《欧美开放天空协定》中的非歧视原则。然而,这一做法明显否认了航空碳排放税的税费性质,为欧盟征收航空碳排放税进行辩解。

2. 航空碳排放交易域外管辖权争议产生的原因

从“美国航空运输协会诉欧盟航空交易指令案”(C－366/10 案)的裁决

可以看出,欧盟对起降欧盟成员国境内机场的非欧盟国家航空器所排放的二氧化碳等温室气体实行航空碳排放交易制度,这个观点值得商榷,这种观点通常会引起航空器国籍国与过境国管辖权的争议,其具体表现如下:

(1)适用对象的规定形成管辖权争议的根源

EU ETS 的适用对象以与欧盟成员国境内机场具有物理联系作为征收航空碳排放税的标准,尽量扩张成员国国内法的域外效力。根据 2008/101/EC 指令第 3(b)条第(r)段的规定,受调整的航空碳排放适用于以下三类航空器:从欧盟境外飞入欧盟境内、从欧盟成员国境内机场飞出和欧盟成员国境内机场之间飞行。只要是符合上述三个条件的航空器都受 EU ETS 的管辖,包括国籍国、欧盟各成员国和第三国领空以及公海上空的航空碳排放。只是在 2003/87/EC 指令附件一《本指令所适用活动种类》中"航空"第 2 段(a)到(j)段规定了该活动的除外条款。由此可见,大部分的跨境航班尤其是国际航空公司所管辖的航线都受欧盟航空交易指令的管辖。①

(2)航空碳排放交易指标技术性规则是管辖权争议的直接诱因

欧盟航空碳排放税的征收范围很大程度上取决于技术性规则,包括排放额度分配和上缴要求及航空碳排放量的计算规则等,尤其是有关排放量的初始分配在经济理论和政治领域引起了极大的争议。② 主要表现在如下三个方面:第一,2008/101/EC 指令基于 2004 ~ 2006 年平均排放量规定了 2012 年与 2013 ~ 2020 年允许排放的标准、免费分配和拍卖的比例。第二,规定了经营者免费分配比例确定的方法。第三,规定了新进入者预留的指标和经营者要获得免费分配指标,应该提交的飞行数据要求。

(3)域外协调规则导致争议协调的难度增加

2008/101/EC 指令第 25(a)条规定了域外减排制度的协调规则,具体规则包括:第一,双方协商并考虑选择方案从而优化该指令和该国减排措施之间的互动;第二,欧盟委员会修改该指令非必要元素的措施让特定国家航空业豁免纳入 EU ETS,或者向欧盟委员会和欧盟理事会提出建议,要求与该国谈判签订协议;第三,达成全球性减排协定,并由欧盟委员会审查该指令存在

---

① "EU Directive 2008/101/EC of the European Parliament and of the Council of 19 November 2008", *Official Journal of the European Union*, Vol. 1, 2009, pp. 8 – 17.

② 参见米歇尔·波特、埃卡德·雷宾德:《作为法律和政策问题的气候变化:国际气候变化制度及其在欧洲的实施》,载王曦主编:《国际环境法与比较环境法评论》,上海交通大学出版社 2008 年版,第 132 页。

的价值，从而对其进行实质性的修改。

由于2008/101/EC指令将非欧盟国家航空器纳入EU ETS，这必然导致非欧盟国和公共空域制度之间形成如下管辖权争议：第一，欧盟境内成员国与国籍国之间的争议；第二，若在其他非欧盟国家领空内排放，非欧盟国家与第三国领土管辖的争议；第三，因公海上空排放管辖规则的缺失导致其排放争议问题的解决尚不明确。

航空碳排放是一个跨越国界的全球性问题，必然需要一个全球性的"政府"来界定、执行和监督航空温室气体排放权的"全球性公共服务"。[①] 然而国内减排措施之间总会存在国别差异，尤其是国际航空碳排放，更容易引起各国之间域外管辖权的争议，各国法律必然会抵触，这不仅体现在绿色贸易壁垒和国际双重征税中，而且将逐渐蔓延至在国际海运中。[②]

3. 国际法上域外管辖的方式

领土管辖权是国家享有领土主权的体现，是所有管辖权内最基本最重要的管辖权。通常情况下，一个国家制定的法律只能在一国领土范围内产生约束力。国家对发生在领土范围外的行为实施管辖权，从逻辑上要遵循以下两种方式：[③]

(1)"后果主义"

①"荷花号"案(S. S. Lotus)。

第一种方式就是由常设国际法院在"荷花号"案[④]中开创的"后果主义"。该案是土耳其与法国之间因公海上发生碰撞而产生的争端。1926年，法国邮轮"荷花号"与土耳其"博兹一库特号"在公海上发生碰撞，导致"博兹一库特号"沉没和8名土耳其船员死亡。碰撞发生后，第二天，法国邮轮"荷花号"抵达土耳其，土耳其以谋杀罪逮捕并起诉了法国上尉戴蒙。法国认为，碰撞发生在公海上，按照国际法应该由船籍国法国行使管辖权，土耳其逮捕船员的行为与国际法的原则相冲突。国际常设法院支持土耳其的主张认为，在没有

① 国务院发展研究中心课题组：《全球温室气体减排：理论框架和解决方案》，载《经济研究》2009年第3期，第4~13页。

② 参见肖峰、郑煜：《论欧盟航空碳排放交易规则下的管辖权冲突——从欧盟法院航空碳税案说起》，载《北京理工大学学报(社会科学版)》2013年第4期，第107~108页。

③ See Cedric Ryngaert, *Jurisdiction in International Law*, Oxford University, 2008, p. 21.

④ See S. S. Lotus(France v. Turkey), 1927 P. C. I. J. (Ser. A.) No. 10.

相反的禁止性规则的情况下，国家可以为领土外的人、财产和行为制定规则。[①] 应该指出的是，荷花案号的判决一直受到严重谴责；然而，该案开创的“后果主义”仍值得借鉴。[②]

②“后果主义”(effect doctrine)。

第二种方式是指美国有关反竞争的案件进一步发展了“后果主义”。1945 年，在“美国铝业公司案”(United States v. Aluminum Co. of America)中，美国第二巡回法院处理了《谢尔曼托拉斯法》是否域外适用于由外国公司签订的限制美国出口的协议。[③] 法院认为，所谓基本“后果”检验如下：“任何国家可以要求甚至不在其领土管辖范围内的人因发生在领土范围外的行为承担责任，该行为在领土范围内产生国家非难的后果……”[④]

“后果主义”检验得到了美国一系列反托拉斯案件的进一步确认。[⑤] 但是，在国外，该方式却从本质上遇到了相当大的阻力。因此，美国法院在“曼宁顿工厂”(Mannington Mills v. Congoleum Corp)案中修正了这种方式，引进了限制性的“合理行为规则”(rule of reason)，平衡了许多因素，这些因素包括其他国家的利益和涉及行为者和美国之间关系的全部本质。[⑥] 这种新方式在 1987 年《美国对外关系法第三次重述》中被法典化，并作出如下归纳：如果行为的后果重大，并且管辖权的实施是合理的，那么国家可以以在该国产生的后果为基础实施管辖权，但管辖权的行使必须受制于第 403 段所阐述的一系列因素，[⑦]即“合理行为原则”限制管辖权的行使，从而最大限度地减低与其他

---

① See S. S. Lotus(France v. Turkey),1927 P. C. I. J. (Ser. A.) No. 10. pp. 18 – 19.

② See Cedric Ryngaert, *Jurisdiction in International Law*, Oxford University Press, 2008, pp. 26 – 27.

③ See United States v. Aluminum Co. of America et al., *Circuit Court of Appeals*, Second Circuit, March 12, 1945, 148 F. 2d 416.

④ United States v. Aluminum Co. of America et al., *Circuit Court of Appeals*, Second Circuit, March 12, 1945, 148 F. 2d 416, p. 443.

⑤ See U. S. v. Timken Roller Bearing Co., 87 F. Supp. 284(1949), aff'd 341 U. S. 593(1951).

⑥ See 595 F. 2d 1287, 1297 (1979); also Timberlane Lumber Co. v. Bank of Am., 549 F. 2d 597 (1976).

⑦ 这些因素包括行为与规制国领土之间的联系，国籍、居住地和经济活动等连接点，规制行为的特征，合理预期的存在，国际政治、法律和经济体系规则的重要性，与传统国际体系相符规则的程度，其他国家有兴趣调整行为的程度和其他国家规则冲突的相似度。See Restatement (Third) of Foreign Relations Law of the United States §403.

国家发生冲突的可能性。①

(2)"经济实体主义"和"实施主义"

在欧盟竞争法领域,尽管"后果主义"在一定程度上也得到了体现,但欧洲法院却认为域外管辖效果的理论依据主要是"经济实体主义"和"实施主义"。在"染料案"(ICI v. Commission Dyestuffs)中,欧洲法院认为,基于国籍管辖原则,欧盟成员国境内子公司的垄断竞价所产生的责任应该由欧盟境外的 ICI 等三家染料制剂母公司承担。② 之所以作出上述判决,其理由如下:虽然子公司在法律上具有独立的法律人格,可以独立承担法律责任,但子公司的垄断定价行为难免会受到母公司的指示和控制,只要母公司以创设单一经济实体为目的在欧盟境内创设子公司,并且与欧盟境内子公司实际上是一个经济实体,属于一体化企业,非欧盟境内的母公司都要受到欧盟竞争法的管辖。

在"纸浆案"(Woodpulp)中,欧洲法院区分了垄断行为的形成和实施,并且认为,虽然所涉 41 家纸浆制造商都是非欧盟外国公司,并且这些纸浆制造商之间达成的价格协议和决定都在欧盟境外,但最终在欧盟市场执行价格协议,应该可以适用欧盟竞争法对其进行管辖,以垄断行为的实施地作为适用欧盟竞争法的决定性因素,也符合属地管辖原则。③

虽然欧洲法院以"经济实体主义"和"实施主义"作为欧盟竞争法行使域外管辖的主要依据,但在该案中,欧洲法院的法律总顾问达蒙(AG Darmon)也赞同欧盟委员会的主张,将"后果主义"扩大到欧盟竞争法的域外管辖。尽管国际法不禁止直接、重大和可预见的后果标准,④但通常认为,欧洲法院裁定欧盟竞争法域外效力的依据是"实施主义"而不是"后果主义"。⑤

---

① 参见[英]马尔科姆·N. 肖著:《国际法》,白桂梅等译,北京大学出版社 2011 年版,第 540 ~ 543 页。

② Case 48/69 ICI v. Commission (Dyestuffs) [1972] ECR 619, paras. 132 – 135.

③ See Joined Cases 89, 104, 114, 116, 117&125 to 129/85 A. Ahlström Oskeyhtiö and Others v. Commission (Woodpulp) [1988] ECR 5193, paras. 15 – 18.

④ See AG Darmon, Opinion in Joined Cases 89, 104, 114, 116, 17&125 to 129/85, delivered on 25 May 1988, para. 57, available at http://curia. europa. eu/juris/showpdf. jsf? text = &docid = 93695&pageIndex = 0&doclang = en&mode = req&dir = &occ = first&part = 1&cid = 132680, 2017 年 12 月 22 日访问。

⑤ See Joined Cases 89, 104, 114, 116, 117&125 to 129/85 A. Ahlström Oskeyhtiö and Others v. Commission (Woodpulp) [1988] ECR 5193, paras. 15 – 18.

4. 航空碳排放交易适用域外管辖权的依据及缺陷

在"美国航空运输协会诉欧盟航空交易指令"案中,一方面,根据"领土管辖"原则,欧盟法院认为,欧盟对抵离欧盟成员国境内机场的非欧盟国家的航空器具有管辖权;另一方面,根据"后果主义",欧洲法院主张将非欧盟航空器发生在欧盟境外的飞行活动纳入 EU ETS 具有合法性。通过欧洲法院对"美国航空运输协会案"的裁决,国际社会可以借鉴欧洲法院裁决的两个依据,并根据这两个依据探讨欧盟航空交易指令适用域外管辖的合理性。

(1)以"领土管辖"为依据

2008/101/EC 指令适用于所有抵离欧盟成员国境内机场的航班,即使该航班的出发地或目的地在欧盟成员国境外,但只要该航班的起飞地或降落地在欧盟境内。这也就是说,非欧盟航空器只要在欧盟成员国境内机场起飞或降落,该航班全程就必须遵守 2008/101/EC 指令的规定;但如果非欧盟航空器不在欧盟境内机场降落,仅仅飞越欧盟境内成员国的领空,那么就不需要遵守该指令的规定。

在"美国航空运输协会等诉欧盟航空交易指令"案中,欧洲法院认为,根据领土原则或主权原则的要求,只要非欧盟国家的航空器位于欧盟成员国境内机场,欧盟成员国就享有该航空器的管辖权。[①] 为了论证这个观点的合理性,欧洲法院援引了"普尔森"案(Anklagemyndigheden v. Peter Michael Poulsen and Diva Navigation Corp.)判决第 28 段的内容,即只要第三国船舶在欧盟成员国内水尤其在欧盟港口航行,该船舶就需要接受欧盟的无限管辖权,欧盟法律法规就可以予以适用。[②]

从表面上看,欧洲法院援引"普尔森"案判决的相关内容论证领土管辖的合理性是可行的,但欧洲法院却忽视了"普尔森"案的具体案情。在"普尔森"案中,欧盟通过的关于养护海洋渔业资源的技术性措施的第 3094/86 号条例,符合 1958 年《领海和毗连区公约》《公海公约》《公海捕鱼及养护生物资源公约》和 1982 年《联合国海洋法公约》的规定,尤其符合 1982 年《养护北大西洋鲑鱼公约》明确禁止在非成员国渔业管辖区域捕捞鲑鱼的规定。从这

---

① See Case C-366/10, Air Transport Association of America and Others (ATA and Others), paras. 124-125, available at http://www.curia.europa.eu/juris/document/document.jsf?text=&docid=117193&pageindex=0&doclang=EN&mode=doc&dir=first&part=1&cid=132274,2017 年 12 月 23 日访问。

② See Case C-286/90 Poulsen and Diva Navigation Corp. [1992] ECR 1-6019, para. 28.

个意义上说，第3094/86号条例是符合国际法规定的。[①] 该条例第1条规定其适用于在成员国境内享有主权或管辖权的海域捕捞鱼类种群的行为，并在第6条第1(b)款规定了第1条适用的例外，即在非成员国享有主权或管辖权的海域捕捞的鲑鱼和鲑鳟鱼，应该立即放归海洋，而不能被留置、转运、登陆、运输、储存、销售或展示。[②] 因此，欧洲法院有必要解释第3094/86号条例是否适用于第三国船舶在公海上捕捞鲑鱼的行为。最后，欧洲法院认为，基于领土管辖原则，第三国船舶因修理需要停泊在丹麦的港口，因此应该遵守欧盟法律法规中的技术性措施。[③]

然而，"美国航空运输协会诉欧盟航空交易指令"案与"普尔森"案不同。其原因在于：2008/101/EC指令在国际法上颇具争议，基于领土管辖原则解释一项有争议的指令，并将其适用于非欧盟航空器营运者，甚至将这些航空器在公海上空的飞行也纳入EU ETS，很显然并不能论证其合法性，也很难具有说服力。

(2)以"后果主义"为依据

《欧洲联盟运行条约》第191条第2款规定，欧盟环境政策的目的在于实现对环境的"高水平保护"。[④] 为了实现这一目标，欧盟要求在非欧盟国家航空器在其领土上进行航空运输就必须遵守欧盟规定的环境保护标准。在某些情况下，引起欧盟成员国空气、海洋或陆地领土污染的源头在非欧盟领土内，但其产生的后果却在欧盟境内，根据上述"后果主义"的观点，这并不影响欧盟法的充分适用。[⑤] 在"纸浆案"中，虽然欧盟法院的法律顾问达蒙(AG Darman)曾提及国际法不禁止直接、重大和可预见的后果标准，但欧洲法院裁定欧盟竞争法域外管辖权的依据是"实施主义"，而"后果主义"并未在欧盟

---

① See Case C-286/90 Poulsen and Diva Navigation Corp. [1992] ECR 1-6019, paras. 9-11.

② See The Council of the European Communities, Regulation (EEC) No. 3094/86 Laying Down Certain Technical Measures for the Conservation of Fishery Resources, CELEX-EUR *Official Journal* L288, 7 Ocotober 1986, pp. 1-20.

③ See Case C-286/90 Poulsen and Diva Navigation Corp. [1992] ECR 1-6019, paras. 21-28.

④ 《欧洲联盟运行条约》第191条第2款规定："欧盟环境政策的目的在于，在充分考虑欧盟各地区情况多样性的前提下实现对环境的高水平保护……"参见欧洲联盟官方出版局编：《欧洲联盟基础法》，苏明忠译，国际文化出版公司2009年版，第327页。

⑤ See Case C-366/10, Air Transport Association of America and Others (ATA and Others), paras. 124-125, available at http://www.curia.europa.eu/juris/document/document.jsf?text=&docid=117193&pageindex=0&doclang=EN&mode=doc&dir=first&part=1&cid=132274, 2017年12月23日访问。

竞争法领域内得到欧洲法院的支持。①

此外，在"艾瑞卡号案"（Erika）中，虽然"艾瑞卡号"邮轮沉没的地点在法国专属经济区内，但由于这些意外泄漏的碳氢化合物沿着法国的大西洋海岸漂移，在成员国陆地领土排放，基于属地管辖原则，欧盟法律可以予以适用。②虽然该案的裁决基于"后果主义"适用了欧盟环境法，但是，与该案不同的是，2008/101/EC 指令旨在减少航空温室气体的排放量，欧盟基于"后果主义"适用于非欧盟国家航空器，就必须证明该航空器在非欧盟境内的飞行在欧盟境内造成了严重的损害后果。然而，目前欧盟尚不能证明这一点。因此，该指令也不能基于"后果主义"获得合法性。

尽管欧洲法院作出裁定认为，EU ETS 适用于非欧盟国家航空器的全程航班符合国际法的规定，并没有违反国际法上领土主权原则和公海飞越自由原则，但通过上述分析，2008/101/EC 指令并不能以领土管辖原则和"后果主义"理论而获得合法性，欧盟通过该指令的做法是违反国际法的。

（三）国际社会应对航空碳排放交易域外管辖权的措施

将领土管辖原则和"后果主义"理论作为欧盟实施 2008/101/EC 指令的依据，从国际法的角度看，这并不能让人信服。虽然欧洲法院在 2011 年 12 月 11 日对 C－366/10 案的裁决中尽量使其自圆其说，但从客观上说，该指令并不符合国际条约和国际习惯法的规定。迫于 ICAO 第 38 届大会通过的有关航空业应对气候变化第 17/2 号决议的压力，2014 年 4 月 16 日，欧洲议会和欧盟理事会不得不通过并发布了第 421/2014 号条例，该条例决定在 2016 年年底前，航空碳排放税的征收仅限于欧洲经济区内部的航线。③ 然而，欧盟航空碳排放交易制度创设与运行实践的相关经验对全球碳减排方案的达成具有十分重要的借鉴意义，国际社会可以分别从单边、双边和多边层面采取如下措施应对航空碳排放交易制度域外管辖权问题：

1. 单边层面

首先，欧盟违背国际法的相关规定，不恰当地单边实施 2008/101/EC 指

---

① See Case 48/69 ICI v. Commission（Dyestuffs）[1972] ECR 619, paras. 132－135. Joined Cases 89, 104, 114, 116, 117&125 to 129/85 A. Ahlström Oskeyhtiö and Others v. Commission（Woodpulp）[1988] ECR 5193, paras. 15－18.

② See Case C－188/07 Commune de Mesquer [2008] ECR 1－4501, paras. 60－62.

③ 参见刘勇：《理想与现实之间的选择：欧盟出台航空碳排放交易新政》，载《21 世纪经济报道》2014 年 6 月 24 日，第 22 版。

令并将航空业纳入 EU ETS 的行为，国际社会可以采取必要和相称的反措施（countermeasures），如中止与欧盟之间签订的双边协定的履行、对欧盟成员国航空公司的航空器征收更高的燃料税或费用等。国际社会曾于 2012 年 2 月 22 日在莫斯科签署了《23 国联合宣言》，决定采取 8 条反制措施抵制欧盟航空碳排放交易，通过这些反制措施，迫使欧盟修改该指令中违反国际法的条款，为全球航空碳减排方案的出台提供立法经验借鉴。

其次，根据《欧洲联盟条约》第 5 条的规定，在行使权能时，欧盟需要遵守"比例原则"（principle of proportionality），①欧洲法院经常以该原则裁决欧盟及其成员国采取的措施是否有效。虽然在"美国航空运输协会等诉欧盟航空交易指令"案中，欧洲法院维护了该指令的有效性，但国际社会可以比例原则为依据在欧洲法院或欧盟成员国法院直接或间接提起新的司法审查诉讼，从而达到以国际法之外的理由迫使欧盟修改该指令的目的。事实上，欧盟将非欧盟国家航空器在非欧盟境内的飞行纳入 EU ETS 的做法违反了欧盟法规定的"比例原则"，故国际社会可以该原则提起新的司法诉讼。

2. 双边层面

2008/101/EC 指令第 25（a）条规定："当第三国采取措施减少航空业对气候变化产生的影响时，欧盟委员会应该考虑选择替代方案优化欧盟减排机制和第三国减排措施的互动。如果必要，欧盟委员会应采取必要措施，通过修正案，将第三国航空器排除在 EU ETS 之外。欧盟委员会也可以向欧洲议会和欧盟理事会提议修订指令，或者在条件允许的情况下，向欧盟理事会提议要求与此第三国谈判签订协议。"②根据这一规定的要求，其他国家可以通过与欧盟进行双边谈判，主动为本国航空业寻求有利的减排措施，从而避免受到 EU ETS 的规制。

虽然迫于国际社会的压力，2014 年 4 月 16 日，欧盟通过并发布了第 421/2014 号条例，已经暂停对非欧盟经济区境内国家的航空器征收碳排放税，但

---

① "比例原则"是欧盟法的一般法律原则，通常是指公共机构在出于公共利益和必要情况下可以对个人施加义务，如果因此而对个人产生的负担与措施所追求的目标之间明显不成比例的话，那么，可以宣告公共机构采取的措施无效。See Trevor Hartley, *The Foundation of European Community Law* (*Sixth Edition*), Oxford University Press, 2007, pp. 151 – 152.

② European Parliament and the Council, "Directive 2008/101/EC Amending Directive 2003/87/EC so as to Include Aviation Activities in the Scheme for Greenhouse Gas Emission Allowance Trading Within the Community", *Official Journal L8*, 19 November 2008, pp. 14 – 15.

根据ICAO第38届大会决议的要求，拟于2016年通过并于2020年实施全球航空碳减排协议。由此可见，对各国航空器排放的二氧化碳等温室气体征收航空碳排放税已经成为大势所趋。世界各国应该积极主动地参与全球航空碳减排协议的谈判以促使其尽快出台，这不仅能彰显其在后《京都议定书》时代促进温室气体减排的良好形象，而且在开展新的航空运输协定谈判时，积极争取对本国有利的措施，从而维护本国航空业。

3. 多边层面

《芝加哥公约》第84条规定，如果两个或两个以上缔约国对本公约及其附件的解释或适用发生争议，当协商不能解决时，任何与争议有关的缔约国均可申请交由欧盟理事会进行裁决。虽然目前欧盟并不是《芝加哥公约》的缔约方，但欧盟成员国都是《芝加哥公约》的成员方，根据上述论断，2008/101/EC指令的实施应该遵守《芝加哥公约》，从而保持欧盟机构立法和该公约的一致性。此外，考虑到该指令需要成员国转化后续实施措施，故其他国家可以将该指令的合法性问题提交ICAO进行裁决。

虽然WTO被誉为“国际宪政”，航空运输业属于GATS规定的服务贸易，但GATS《关于航空运输服务的附件》中却明确规定，以任何形式赋予的营运权，或与形成运营权有关的直接服务不能适用GATS及其争端解决程序。由此可见，目前GATS不适用于国际航空运输服务。[①] 因此，WTO争端解决机制不能解决因2008/101/EC指令实施的单边措施而产生的争端。

总之，在多边层面上，国际社会应对欧盟航空碳排放交易的最佳办法，只能寄希望于ICAO尽快通过全球性航空碳减排方案，就航空业温室气体减排制定统一的标准或规范。不管2011年9月30日通过的《新德里宣言》还是2012年2月22日签署的《莫斯科宣言》都强调，ICAO不仅是世界各国进行航空碳减排谈判的最佳场所，而且是制定全球性航空碳减排方案的权威机构。[②] 2013年9月ICAO第38届大会通过A38－18决议，决定在国际航空领域建立以“市场为基准”的全球性航空碳减排体系，并否决了欧盟2008/101/

① 参见赵维田著：《国际航空法》，社会科学文献出版社2000年版，第136～140页。

② “Joined Declaration of New Delhi on Inclusion of International Civil Aviation in European Union Emission Trading Scheme(EU ETS) and its Impact”,30 September 2011, *ICAO Working Paper*, C-WP/13790; also see “Joined Declaration of Moscow Meeting on Inclusion of International Civil Aviation in the EU ETS”,22 February 2012, available at http://www.ruaviation.com/docs/1/2012/2/22/50,2014年12月25日访问。

EC 指令单方面征税的要求。[①] 此外,各成员国还为 ICAO2016 年通过一个系统的国际航空业温室气体减排方案设计了一个路线图,同时该方案于 2020 年付诸实施。[②] 根据 ICAO 第 38 届大会的要求,国际社会应该加强国际合作,努力推动 ICAO 制定出合理的全球性航空减排方案,从而为欧盟采取多边措施征收航空碳排放交易制度提供可能。

四、领空主权原则

根据 2008/101/EC 号指令的规定,所有抵离欧盟境内机场的航班实行航空碳排放交易制度,而不仅是 2003/87/EC 号指令中仅对欧盟成员国内部实施碳管制。欧盟对航空公司进行管制的测算依据是从该航班起飞到降落的全部航程,只要在欧盟境内机场起飞或降落都必须受到管制。[③] 但许多航班的整个航程只有很小一部分是飞经欧盟上空,因而这种做法显然违反了领空主权原则。

(一)领空主权原则相关概念辨析

1. 领空的概念

随着科学技术的发展,人类不断扩展其在空间活动的领域,科学家通常将地球上的空气空间分为领空和公空两个部分。前者是指国家领土之上的空气空间,后者是指国家领土之外的陆地和水域上的空气空间。因此,领空是指处在一个国家主权支配之下,在国家领土内陆地和水域上的空气空间。与国家的领陆和领水相同,一个国家的领空都是国家行使主权的空间。[④]

2. 领空主权原则的历史沿革及内涵

(1)领空主权原则的历史沿革

作为第一个关于航空规则的国际公约,《巴黎空中航行管理公约》(1919 年)的第 1 条明确规定,每一个国家对其领土上空具有完全和排他的主权,这是第一次以公约的形式肯定了国家对于其领土上空具有完全和排他的主权。[⑤] 后来各国在航空立法实践中,普遍规定国家对其领土上空的主权。但该公约在海洋法领海制度影响下,采纳了"无害通过"概念,使该公约规定的领空主权受到"无害通过制度"的限制。《芝加哥公约》(1944 年)开始彻底摒

---

① 参见张琪:《ICAO 达成全球航空碳排协议》,载《中国能源报》2013 年 10 月 14 日,第 7 版。

② 参见刘勇:《理想与现实之间的选择:欧盟出台航空碳排放交易新政》,载《21 世纪经济报道》2014 年 6 月 24 日,第 22 版。

③ 参见王慧:《航空碳关税第一案的是与非》,载《环境经济》2012 年第 5 期,第 43 页。

④ 参见王铁崖主编:《国际法》,法律出版社 1995 年版,第 295 页。

⑤ 参见邵沙平主编:《国际法》(第 3 版),中国人民大学出版社 2015 年版,第 363 页。

弃“无害通过”的概念，彻底确立了完全和排他的领空主权原则。

(2)领空主权原则的内涵

国家对其领空所具有的主权权利的“完全性”和“排他性”，主要表现在如下方面：

①自保权。任何国家的领空在受到外来武装攻击时进行单独或集体自卫的权利，也就是国家保卫自己的生存和独立的权利，即自保权。[①] “各缔约国的国家航空器，未经特别协定或其他方式的许可并遵照其规定，不得在另一缔约国领土上空飞行或在此领土上降落。”[②]

②管辖权。国家通过立法、行政和司法等措施，对其领域内的人、物和事件以及境外特定的人、物和事件进行管辖的权力和权利，即管辖权。管辖权是国家的一项基本权利，是国家主权的重要体现。[③] 领空作为领土不可分割的组成部分，国家对领空行使的领空管辖权，属于属地最高权的性质。

③ 管理权。任何国家都有权自行决定制定必要的法律和规章，以维护空中航行的正常秩序，保障空中交通安全，保护公众的合法权益不受任何其他国家的干涉，即管理权。[④] 外国航空器在任何一国领土上空飞行或在该国领土内运转，都必须遵守该国关于航空器飞行和运转的现行法律和规章，如我国《领海及毗连区法》第 12 条的规定。

(二)领空主权原则是否构成国际习惯法

国际法院对尼加拉瓜案的判决中指出，《芝加哥公约》第 1 条规定的领空主权原则符合国际习惯的构成要素(物质要素或客观要素与心理要素或主观要素)，属于国际习惯法。[⑤] 笔者赞同这种观点，其主要理由如下：

国际法通常认为，国际习惯法产生于格劳秀斯国际法理论奠定之时，但有学者认为，国际习惯法的萌芽可以追溯到古希腊、古罗马时代。[⑥] 然而，关

---

① 参见邵沙平主编：《国际法》(第 3 版)，中国人民大学出版社 2015 年版，第 106 页。

② 王铁崖、田如萱编：《国际法资料选编》，法律出版社 1982 年版，第 497 页。

③ 参见邵沙平主编：《国际法》(第 3 版)，中国人民大学出版社 2015 年版，第 106～107 页。

④ 参见罗成：《从法理角度和政治角度看中美撞机事件》，载《国际关系学院学报》2001 年第 3 期，第 15 页。

⑤ Military and Paramilitary Activities in and against Nicaragua (Nicaragua v. United States of America), Merits, Judgment. I. C. J. Reports 1986, p. 14, para. 212.

⑥ 西方国际法权威奥本海认为：“国际法的根源可以追溯到远古。在古代各国对外关系上所遵循的规则和惯例中可以找到这种根源……这些规则和惯例被认为是在神的保护之下的；违反这些规则和惯例就会招致宗教的惩罚。”参见[英]奥本海著：《奥本海国际法》(第一卷·第一分册)，王铁崖等译，中国大百科全书出版社 1995 年版，第 118 页。

于国际习惯法的定义，直到国际法院成立后才形成一个至今普遍接受的定义。《国际法院规约》第38条第1款第2项规定："国际习惯，作为通例之证明而经接受为法律者。"即国际习惯法是指那些经由国家反复一直实践所确立的，大多数国家主观上认为其行为构成法律义务规范的集合体。① 通常认为，国际习惯法是国际法的两大主要渊源之一（另一个主要渊源是条约法）。为了让国家社会更好地查明国际习惯法，联合国国际法委员会成立了"国际习惯法形成委员会"，并于2000年通过了《适用于一般习惯国际法形成之原则的声明》[Statement of Principles Applicable to the Formation of General Customary (general) International Law，以下简称《声明》]。根据该声明的规定，国际习惯法的构成要件包括以下两个方面：

1. 客观要素——国家实践要件

这个构成要件又称为国际习惯法的物质因素。在定义国家实践——国际习惯法的客观要素时，有必要考虑视为国家实践的行为及其行为重要性之间的区别，即必须区分哪些类型的行为和哪些人的行为视为国家行为及实践的密度。

（1）国家实践行为的类型

国家实践行为不仅包括国家有形行为，而且包括国家口头行为。国家有形行为，如逮捕人民或扣押财产等；国家口头行为，如指外交声明（包括宣言）、政策声明、新闻稿和官方使用说明（如关于军事法的）、武装部队指令、政府对条约草案的评论、立法、国内法院和执行机关的裁决、在国际法院的诉辩、在国际组织中的陈述以及这些组织所采纳的决议等，与有形行为相比，事实上口头行为更普遍。但如果行为不是公开的，就不能构成国家实践。在特定情况下，国家的不作为也可以构成国家实践行为。

（2）国家实践行为的判断标准

国家实践行为的判断标准是指哪些行为构成国家实践，也就是说哪些行为可以代表"国家"。一般情况下，国家政府机关中的行政、立法和司法机关的行为应该属于国家实践行为。但是，私人、公司的行为或地方性行政机关的行为都不能视为国家实践行为，除非以国家的名义实施或事后得到国家的认可。此外，国家间政府机构（至少在某种程度上）本身是国际法人，能实施

---

① 参见杨凡：《国际实践中国际习惯法发展趋势研究》，湖南师范大学2012年硕士学位论文，第5页。

影响国际法形成的行为。因此,国家间政府组织的实践可以视为“国家实践”的一种形式。虽然国际法院和仲裁庭的权力是国家授予的,但将其裁决作为国家实践的一种形式并不恰当。

(3)国家实践行为的时间

虽然必须有足够的实践满足这些标准,且需要一定时间,但国际法并没有规定多长时间才算足够,并且目前国际法中存在大量的速成国际习惯法。从这个意义上说,国家实践行为的时间对国际习惯法的形成并不能产生实质性的影响。

领土主权原则符合国家实践行为的判断标准,即由国家政府机关中的行政、立法和司法机关所确立的,其行为属于国家实践行为。

2. 主观要件——法律确信

通常认为,法律确信是国际习惯具有法律特征的决定性因素,如果没有法律确信要件,特定的国际习惯很有可能演变成国际礼让或道德因素,而不是具有法律约束力的国际习惯法。① 根据《声明》的规定,满足上述所列条件的国家实践,如果世界各国根据情况不同而为法律义务,或选择为或不为法律权利,那么就足够证明国际习惯法规则的存在;而不必证明任何特定的国家或所有国家规则的形成具有这种法律确信。

各国享有领土主权原则最早出现在1919年《巴黎公约》第1条的规定,②并在尼加拉瓜案中,由国际法院确认《芝加哥公约》第1条,即领空主权原则的规定属于国际习惯法。③

综上所述,领土主权原则由国际法院对其进行确认,符合法律确信的主观要件。笔者认为,领空主权原则构成国际习惯。

(三)领空主权原则的具体适用

根据《芝加哥公约》第1条的规定,每个主权国家都享有完全的和排他的领空主权。④ 任何国家在公海上空不享有主权,该原则由领土主权原则衍生

---

① 参见江海平:《国际习惯法规范构成机制》,载《厦门大学法律评论》2006年第2期,第270页。

② See Convention Relating to the Regulation of Aerial Navigation (Which Was Signed in Paris on 13 October 1919 and Entered into Force in 1922, United Nations Treaty Collection, Series XI [1922]), p. 173.

③ See Military and Paramilitary Activities in and against Nicaragua (Nicaragua v. United States of America), Merits, Judgment. I. C. J. Reports 1986, pp. 14, 212.

④ 《芝加哥公约》第1条规定:“缔约各国承认每一国家对其领土之上的空气空间具有完全的和排他的主权。”参见赵维田著:《国际航空法》,社会科学文献出版社2000年版,第486页。

而来,最初出现在1919年《巴黎公约》第1条的规定。[①] 然而,领空主权原则受到遵循国际民用航空的普遍利益义务的约束,如缔约国享有飞越其他缔约国的权利。[②] 第一次世界大战之前,就一国领土之上的空气空间是否向所有国家开放曾进行过激烈的讨论。第一次世界大战后,国家领土之上的空气空间主权原则逐渐被各国国内法和国际条约广泛接受,并逐渐被各国视为国际习惯。此外,领空主权原则不仅包括各缔约国之间的关系,而且包括缔约国与非缔约国之间的关系。虽然该公约未明确规定,但缔约各国都默示承认,空气空间主权原则并未延伸至公海与无主地。[③] 此外,根据英国航空法权威学者郑斌教授对空气空间主权的描述,所谓的空气空间主权是根据属地理由而划定的国家领土之上的空间,而不是根据属物理由划定的一定时间内充满该空间的空气。[④]

《芝加哥公约》第11条[⑤]规定缔约国对其领土内一切航空器的属地管辖权,第12条[⑥]规定了航空器在飞行或运转中应遵守的空中规则、缔约国在公海和无主地上空享有航空器的准属地管辖权以及在外国领土上空对其航空器的属人管辖权,并赋予《芝加哥公约》行使公海上空的立法权。[⑦]

航空器国籍是指一个国家的航空器区别于其他国家的航空器在法律上

---

① 1919年签订的《巴黎公约》第1条规定,"每一个国家对其领土之上的空气空间具有完全的排他的主权",由于受到海洋法领海制度的影响,规定了"无害通过"的概念,因此,该公约规定的领空主权受到"无害通过"的限制。参见赵维田著:《国际航空法》,社会科学文献出版社2000年版,第22页。

② See Heather L. Miller, "Civil Aircraft Emissions and International Treaty Law", *Journal of Air Law and Commerce*, Vol. 63, 1998, p. 705.

③ 参见赵维田著:《国际航空法》,社会科学文献出版社2000年版,第22页。

④ 参见[英]郑斌著:《国际航空运输法》,徐克继译,中国民航出版社1996年版,第94页。

⑤ 《芝加哥公约》第11条规定:"在遵守本公约各规定的条件下,一缔约国关于从事国际航行的航空器进入或离开其领土或关于此种航空器在其领土内操作或航行的法律和规章,应不分国籍,适用于所有缔约国的航空器,此种航空器在进入或离开该国领土或在其领土内时,都应该遵守此项法律和规章。"参见赵维田著:《国际航空法》,社会科学文献出版社2000年版,第489页。

⑥ 《芝加哥公约》第12条规定:"每一个缔约国应采取措施确保其在领土内飞行或运转的航空器及具有其国籍标志的航空器遵守当地有关飞行和运转的规则和规章。缔约各国承允使这方面的本国规章,在最大可能范围内,与根据本公约随时制定的规章相一致。在公海上空,有效的规则应为根据本公约制定的规则。缔约各国承允对违反使用规章的一切人员起诉。"参见赵维田著:《国际航空法》,社会科学文献出版社2000年版,第489~490页。

⑦ 参见宣增益:《航空减排路径之探讨——兼评欧盟航空减排交易指令》,载《中国政法大学学报》2011年第1期,第39页;See Dr. Jean Carroz, "International Legislation on Air Navigation Over the High Seas", *Journal of Air Law and Commerce*, Vol. 26, 1959, p. 158.

的标志。[①]《芝加哥公约》首次对民用航空器的国籍进行规定，第 17 条明确规定航空器具有其登记国的国籍，第 18 条对国籍登记的条件进行了限制，即不得进行双重登记，即航空器的国籍是唯一的，但是可以将一国航空器的登记国转移至另一国。[②] 由此可见，缔约国只能对其领土内发生的一切行使管辖权，在境外就只能对登记国国籍为该缔约国的航空器行使管辖权。

因此，根据《芝加哥公约》的上述规定，欧盟只能享有欧盟成员国境内的所有航线与国际航线中飞越欧盟境内的航线的属地管辖权，或者享有所有登记国籍为欧盟各成员国国籍的航空器运营人的属人管辖权。然而，根据 2008/101/EC 指令的规定，所有抵离或飞越欧盟成员国境内的航班，都必须遵守该指令的规定，就航班全程所排放的二氧化碳支付“天空买路钱”，即实行航空碳排放交易制度。这也就是说，该指令要求不仅适用于在欧盟成员国境内飞行的航空器，而且适用于在非欧盟成员国境内及公海和无主地上飞行的航空器。很明显，该指令的实施范围超越了欧盟各成员国的管辖权，不仅违反了《芝加哥公约》第 11 条和第 12 条有关管辖权的规定，在国际法上缺乏管辖的依据和来源，而且违反了非欧盟国家的航空碳排放立法管辖权。[③]

本章小结

航空二氧化碳等温室气体排放量占全球人为制造二氧化碳等温室气体排放量的比例逐年增加，虽然欧盟于 2008 年 11 月 19 日通过了 2008/101/EC 指令，将抵离欧盟成员国境内机场的所有航班都纳入 EU ETS，但该指令却引起了世界各国尤其是各国民用航空公司的强烈反对。针对上述情况，国际公约在全球和区域层面通常采取直接规制和间接规制相结合的方式对航空碳排放交易制度进行规制，虽然效果并不明显，但具有很大的发展潜力。同时，在航空碳排放交易制度法律规制的过程中，国际社会逐渐形成了国际气候合作原则、共同但有区别责任原则、非歧视原则和领空主权原则等，这些

---

① 参见贺富永：《民用航空器国籍的法理透视》，载《江苏航空》2003 年第 2 期，第 39 页。

② 《芝加哥公约》第 17 条规定：“航空器具有其登记的国家的国籍。”第 18 条规定：“航空器在一个以上国家登记不得认为有效，但其登记可以由一国转移至另一国。”参见赵维田著：《国际航空法》，社会科学文献出版社 2000 年版，第 491 页。

③ 参见刘萍：《单边抑或多边：航空碳排放法律规制路径分析》，载《暨南学报（哲学社会科学版）》2012 年第 3 期，第 34 页。

原则与国际公约共同构成航空碳排放交易制度的国际法基础。

首先,对航空碳排放交易制度的国际法依据进行探讨,即与航空碳排放交易制度有关的全球性国际条约和区域性国际条约。前者主要包括《芝加哥公约》、UNFCCC、《京都议定书》、《巴黎协定》以及 ICAO 大会决议。同时,对这些国际条约中与航空碳排放交易制度相关的规定,并以欧盟航空交易指令的相关规定为例,分析了其违反这些条约的相关规定。后者主要最典型的是 2003/87/EC 指令和 2008/101/EC 指令以及《欧美开放天空协议》的相关规定,即对航空碳排放交易制度进行规制最恰当的方式。其中,2003/87/EC 指令和 2008/101/EC 指令明确提出,对起降欧盟成员国境内机场的所有航班实行航空碳排放交易制度。

其次,探讨了航空碳排放交易制度的国际法理论基础,即航空碳排放交易制度应该遵循的基本原则。该制度不仅应该遵守国际航空法的基本原则,而且应该遵守国际环境法的基本原则。其中,与航空碳排放交易制度密切相关的基本原则主要有国际气候合作原则、共同但有区别责任原则、非歧视原则和领土主权原则等。

在这些原则中,国际气候合作原则是应对气候变化的基本原则,而航空碳排放交易制度是国际气候合作形式的新发展;国际环境法的一项基本原则是共同但有区别责任原则,在国际气候协议中处于核心地位;非歧视原则是国际航空制度的基础,对航空碳排放交易制度的规制起着非常重要的作用;尽管 1919 年《巴黎空中航行管理公约》首次提出了领空主权原则,但直到《芝加哥公约》才彻底确立完全的和排他的领空主权原则,由于该原则满足国际习惯法的两大构成要件,即国家实践要件和法律确信要件。因此,该原则被视为国际习惯法。

由于全球航空碳减排协议是在 ICAO 框架下达成的,是各成员国国家利益博弈的结果,必然要求符合全球性国际公约和区域性国际公约的相关规定,并遵循国际社会逐渐形成的国际气候合作原则、共同但有区别责任原则、非歧视原则和领空主权原则,推动全球航空碳减排协议尽快出台。

第三章 航空碳排放交易制度的若干重要问题

自2005年《京都议定书》生效至今,全球碳排放交易市场出现迅猛增长。据联合国和世界银行统计,2009年全球碳排放交易金额超过1400亿美元,与2005年相比,增加了12倍。专家甚至预测,到2020年,全球碳排放交易规模将会接近3万亿美元,远远超过石油市场。[①] 目前,国际社会已经形成了一个以碳减排为商品的新兴国际碳排放交易市场,减排额已成为投资界的热门商品。[②] 由此可见,碳排放交易市场将成为世界第一大市场,而碳排放交易将成为世界最大宗商品。[③]

2012年1月1日,欧盟将航空业纳入其碳排放交易体系,实行航空碳排放交易制度。尽管这一做法遭到国际社会的强烈反对,但欧盟将航空碳排放指标量化,以及改革航空碳排放交易机制的决心值得非欧盟国家甚至国际社会任何国家学习。由于涉及国际贸易层面,航空碳排放交易的双方为营业地位于不同缔约国的买卖双方,双方签订的合同为航空碳排放交易合同,即航空碳排放交易制度的法律依据。除航空碳排放交易制度的法律依据以外,还涉及该制度的基础——总量控制与交易体系、该制度的核心——碳排放权,世界贸易组织规则的适用以及其与CDM项目之间的关系。基于上述航空碳排放交易制度的实践状况与存在的问题,对其涉及的重要问题展开深入的分析与研究。

---

① 参见《分析目前全球碳交易市场现状》,载中国碳排放交易网,http://www.tanpaifang.com/tanjiaoyi/2015/1026/48331.html,2017年12月12日访问。

② 参见《中国将成碳排放规模最大交易市场》,载搜狐网,http://www.sohu.com/a/134965582_719184,2017年12月12日访问。

③ 参见苏蕾、曹玉昆、陈锐:《国际碳排放交易体系现状及发展趋势分析》,载《生态经济》2012年第11期,第51页。

第一节　航空碳排放交易制度的法律依据：航空碳排放交易合同

如前所述，航空碳排放交易包括基于配额的总量控制与交易型、基于项目的基线减排与信用交易型这两种形式。从法律形成机制分类，包括京都机制下设定与非京都机制下设定的碳交易。前者主要包括排放交易、清洁发展机制和联合履行等三个机制；后者主要为自愿减排交易体系，又分为自愿总量控制与交易方式和柜台交易方式。以上每一种交易机制或方式，都存在其特定碳排放交易合同及其对应的法律问题。

一、航空碳排放交易合同的基本内涵

根据 UNFCCC 和《京都议定书》的规定，国际航空碳排放交易实际就是航空碳排放权交易，即航空碳排放交易合同的一方为了获得航空碳排放配额而支付另一方报酬的方式来获得碳排放配额。该交易的核心在于通过买入和卖出达到航空碳排放量的总体控制，从法律上赋予航空碳排放权以商品的性质。因此，需要交易双方通过签订和履行合同的方式实现航空碳排放交易的行为。事实上，几乎所有的航空碳排放交易都采取了书面的合同形式，航空碳排放交易合同是航空碳排放交易最基本的法律文件。①

（一）航空碳排放交易合同的概念及基本特征

1. 航空碳排放交易合同的概念

地处不同国家的买方按照京都机制设定的或自愿交易体系约定俗成的目的，而与为获得资金或技术的他国卖方签订的，以航空碳排放配额或信用为标的的买卖协议，即航空碳排放交易合同。根据不同交易体系以及多样化的交易类别、标的和主体，航空碳排放交易合同涉及范围广泛、类型繁多。总而言之，在航空碳排放交易法律领域内，由于航空碳排放交易合同确定了碳排放交易主体之间的权利义务，保证在各个不同国家之间可以顺利地流转碳排放配额或信用。因此，航空碳排放交易合同成为碳排放交易最基本的法律文件。

① 参见彭梅芳：《国际碳交易合同法律问题研究》，载《品牌研究》2015 年第 3 期，第 49 页。

2. 航空碳排放交易合同的基本特征

由于航空碳排放具有移动性，通常航空碳排放的排放源和排放足迹位于其他国家领空或公海上空。由于涉及不同国家的利益和诉求，航空碳排放交易合同与国际商品贸易合同类似，具有涉外性、国际性、法律适用的特殊性、标的特殊性及交付的特殊性等特征。尽管与国际商品贸易合同类似，但该合同所约定的是一类新型商品——航空碳排放权，在该商品成为碳排放交易合同内容时，也形成了航空碳排放交易合同的基本特征：

（1）国际性

尽管国际商品交易合同的"营业地"并不能作为航空碳排放交易合同的划分标准依据，但合同双方的跨越国度交易已成为该合同的常态。因此，航空碳排放交易合同的主体将会在不同国度的"营业地"之间进行交易。

（2）标的特殊性

与一般国际商品贸易合同不同，航空碳排放交易合同的标的自始至终没有实在物。因此，需要法律对其进行强制规定或当事人之间自愿约定。根据《京都议定书》的规定，航空碳排放交易实际上就是碳排放权交易，即京都机制下三种机制或自愿减排体系下不同国度之间碳排放权的转让，其标的包括信用与配额。

（3）交付的特殊性

由于航空碳排放交易合同的标的具有特殊性，为顺利完成航空碳排放交易体系，根据国际规则、各种区域及国内规则，相关国际碳排放交易交易所平台、柜台交易平台特别建立了各种登记册，在其间设立签发、持有、转让、获取、注销配额或信用的各种账户，并设置了国际交易日志（ITL）、欧盟共同体独立交易日志（CITL）和各国碳交易登记日志等，保证在不同账户之间流转配额或信用的电子系统。当然，这一系统的正常运行也有赖于正常的电子系统硬件设施。

（4）法律适用的特殊性

在航空碳排放交易合同中，京都机制下的碳排放交易（AAUs——分配数量单位的交易、ERUs——减排单位、CERs——核证减排量）适用的法律条款首先必须是《京都议定书》所设定的联合履行（JI）、清洁发展机制（CDM）和排放交易（ET）的规定及其执行理事（EB）所设定的相关交易规则；非京都机制下的碳排放交易，如欧盟航空碳排放交易，则适用 2003/87/EC 和 2008/101/EC 指令第 23 条及其他相关规定，自愿减排交易体系则适用各交易所制定的交易规则。[1]

(5)涉外性

通常航空碳排放交易的场所与主体位于不同国家,调整航空碳排放交易合同的法律渊源一般包括协定、国际条约、规则或区域性的规则,只在某些具体的环节中可能涉及国内法。因此,可以认定其具有明显的涉外性。

(二)航空碳排放交易合同的订立程序

航空碳排放交易合同作为一种特殊的新型合同,具有许多特殊性。但与一般服务交易合同、国际货物或商品类似,航空碳排放交易合同的订立也是通过交易磋商机制形成,即通过询盘、发盘、还盘和接受四个环节。此外,航空碳排放交易合同通常还存在直接交易的合同及基于碳项目形成的合同等。

目前,与其他国际贸易合同相比,航空碳排放交易合同的订立步骤并无本质区别,仅具有以下几方面的特殊性:

第一,航空碳排放交易合同协商与谈判的主体众多。

航空碳排放交易事关各国履行国际承诺和义务,无论交易形式如何,交易双方不仅要进行磋商和认同,在维护国家主权和国家利益的前提下,通过协商求同存异并签署协议,从技术等方面做到周全的安排,如航空碳排放交易购买意向书的设定。

除上述参与航空碳排放交易协商和谈判的主体、作为买家的各国和企业实体外,还有对碳排放权进行投资的各种碳基金和银团,如世界银行原型碳基金(PCF)与荷兰 ING 银行等买家。这些买家不仅进行航空碳排放交易,而且还表现出明显的积极性。

第二,航空碳排放交易合同大量采取招投标的方式。

在鉴定航空碳排放交易合同前,买卖双方通常采取招投标的方式确定碳排放权交易对象。例如,有些国家的部分项目业主采取招投标方式选择买家,签订 CERs 交易合同,而荷兰与比利时等国际买家也采取招投标的方式购买 ERUs 或 CERs。

第三,航空碳排放交易合同大多围绕国际碳排放交易平台设定的规则和标准合约进行,其订立的形式越来越简化。

各种交易的简化规则被国际碳排放交易所创设,包括各种配额和信用的

---

① 参见周亚成、周旋编著:《碳减排交易法律问题和风险防范》,中国环境科学出版社 2011 年版,第 86 页。

期权、期货和现货等标准合约，以迅速推进京都机制下的三种欧盟碳排放权交易机制、各类自愿减排碳排放交易机制和碳排放交易机制的形成。

二、航空碳排放交易合同的法律属性

总量控制与交易模式是国际气候变化条约下对气候环境损害税控的一种替代方式。与税控模式相比，具有更好的效率和公平性。但不管哪种模式都是各国和国际社会调控气候变化的政策措施，各国政府往往通过协议的方式来协调上述政策，[①]从而让各国政府在利益共享并协调一致的基础上实现上述政策目标。

因此，航空碳排放交易的微观市场碳排放交易机制的书面形式或规定，以及其合同的形成和其运行等，均离不开航空碳排放交易合同的相关规则和示范文本要求，也离不开国际社会有关碳排放交易的条约原则和机制规定要求。由此可见，航空碳排放交易合同不仅具有国际商事合同的典型特征，而且还必须遵守国际条约并承担国家责任义务。

(一)国际商事合同的平等交易性

1. 航空碳排放交易合同是典型的国际商事合同

通常认为，航空碳排放交易合同是典型的国际商事合同。其主要理由如下：

第一，从概念上看，尽管《国际商事合同通则》并未对其进行规范性解释，但根据该通则及其注释的精神，可以将国际商事合同定义为：跨越国度的商事主体之间以商业经营为目的而订立的有关相互之间在交易活动中的权利义务的协议。[②] 因为航空碳排放交易的标的“碳排放权”是一种碳资产和碳权利，使其成为可进行交易国际性的可流转商品，但该类合同的主体条款与国际商事合同并无本质上的区别。

第二，从交易形式上看，航空碳排放交易合同建立在国际交易平台的基础上，不仅具有交易、登记、结算和划拨等程序，而且还具有期货、期权和现货等交易模式。因此，该合同是一种典型国际市场交易商品形式。

2. 航空碳排放交易合同具有平等交易性

(1)航空碳排放交易合同主体法律地位平等

从当前航空碳排放交易的情况来看，航空碳排放交易主体主要有国际组

---

① 参见[美]埃里克·波斯纳、戴维·韦斯巴赫著：《气候变化的正义》，李智、张健译，社会科学文献出版社2011年版，第2~3页。

② 参见彭梅芳：《国际碳交易合同法律问题研究》，载《品牌研究》2015年第3期，第49页。

织、各国家、各民间自愿减排的团体或基金组织、各国家自愿参与减排的企业实体或个人和负有强制减排义务的企业实体等。根据参与减排体系的不同，这些交易主体可分为非京都机制下的参与主体、京都机制下的参与主体、美国等国自愿参与减排的主体和EU ETS的碳减排参与主体等。

在国际法上，各个国际组织和国家是国际公法上的概念，而个人、银团、基金组织和企业实体是国际私法上的概念。根据UNFCCC和《京都议定书》的规定，碳减排交易机制各交易主体的法律地位是平等的。因为碳排放权的信用交易或配额是流转的财产性商品，商品流转之间主体身份也有所差别，但其主体之间法律地位应当是平等的。

（2）航空碳排放交易合同双方权利义务平等

在航空碳排放交易的范本与模式中，均有碳排放权买卖双方的义务条款，而买卖双方的义务就是碳排放交易合同相对方的权利，并且具有对等性。

（3）航空碳排放交易合同追求的平等是在“共同但有区别责任原则”下的平等——社会价值

如前所述，共同但有区别责任原则是国际环境法的一项基本原则。该原则最早由UNFCCC第4条明确规定，而后《京都议定书》则将该原则发挥到极致。该议定书不仅构建了京都灵活履约三机制，而且还以强制法的形式明确规定了附件一发达国家应该承担的减排义务。尽管《巴黎协定》已经弱化了共同但有区别责任原则，认为应该将“有能力的”发展中国家拉入发达国家阵营，将“最不发达国家和小岛屿发展中国家”单列。但总体来说，该协定仍坚持共同但有区别责任原则，认为应该对发展中国家进行资助。

目前，多数学者均认为，发达国家应该为当前大部分的碳排放承担责任。① 不论发展中国家或发达国家对碳排放交易的排放配额分歧有多大，均要以“共同但有区别责任”原则为基础，对当前和以前的航空碳排放进行交易。所以，这种平等仅可能在一定程度上是发展中国家碳排放量总量扩大的平等，而并非是绝对的各国家都减少的平等。当然，随着航空碳排放交易的发展规模不断扩大，发达国家与发展中国家对“共同但有区别责任”原则的观念分歧也将逐渐扩大。总之，国际气候变化的政策措施的核心，在于如何支

① See Eileen Claussen and Lisa McNeilly, “Equility and Global Climate Change: The Complex Elements of Global Fairness”, *Pew Center on Global Climate Change*, Ocotober 29, 1998; Marina Cazorla and Michael Toman, “International Equlity and Change Policy: Resources for the Future”, *Climate Issue*, December 2000, p. 27.

付减排成本。[①] 航空碳排放交易正是在此理论上应运而生,航空碳排放交易合同也保障该机制的规范手段,即围绕着国际气候变化的动因及有效性而展开。

(二)航空碳排放交易合同内容精准性与模糊性

法律的精准性是指在制定各种法律法规时,调整人们行为的法以强制的规则力量明确指引和安排所规范的人类行为,即规则主体在行使相关行为时,保证其行为不偏离基本原则并具有实施的可操作性。[②] 在制定航空碳排放交易合同时,立法者通常考虑到国际市场碳排放交易行为的科学性和稳定性,精确地设定合同条款,让合同主体可以利用合同条款维护自己的权益。然而,法律滞后于国际社会实践中出现的某些具体情况,不可能及时准确地作出相应规定。或出现不具体和不明确的规定,从而导致航空碳排放交易合同法律处理存在不确定性,或因宏观环境的影响导致该合同本身设定的目标无法精准确定,这就是法律的模糊性。因此,航空碳排放交易合同内容兼具有精准性和模糊性两个特性。

1. 航空碳排放交易合同基本条款的科学设定与明确性

(1)航空碳排放交易合同的基本条款完整

我国《合同法》(1999 年)第 12 条明确规定了合同的内容条款,2004 年《国际商事合同通则》也规定,合同主体订立一项合同,该合同应产生效力并得到主体的有效履行,否则合同主体将承担违约责任或其他责任。然而,一般的航空碳排放交易合同并不适用我国《国际商事通则》与《合同法》,但其适用英国法。因此,不仅该合同的条款需具有全面性,而且应该建立更整体和系统的条款体系,即需要规定订立、先决条件、概念释义、项目概况、费用和保证等,为合同设定先前义务与合同运行后保障义务等。尽管一般航空碳排放交易合同的示范文本并不具有国际法上的强制约束力,但国际社会可以参考这些示范文本并根据实际需要制定航空碳排放交易合同。

(2)航空碳排放交易合同的"合理预期"目标明确

"合理预期"是 20 世纪美国最伟大的合同法学家科宾在其 1950 年出版的《科宾论合同》中提出的一个合同法原则。"合理预期"是指法律并非致力

① 参见[美]埃里克·波斯纳、戴维·韦斯巴赫著:《气候变化的正义》,李智、张健译,社会科学文献出版社 2011 年版,第 31 页。

② 参见黄小喜著:《国际碳交易法律问题研究》,知识产权出版社 2012 年版,第 129 页。

于实现所有由允诺所产生的预期,其所要实现的是合理预期,即大多数人能够允诺并可得到强制执行的预期。[①] 从国际气候变化调整的整体效果来看,航空碳排放交易的强制执行力,因《京都议定书》导致其外部运行受到多重因素制约而可靠性降低。[②] 然而,不论是京都机制下或是非京都机制下的碳排放交易,单个的航空碳排放交易合同都是平等碳排放权交易主体在友好协商的基础上签订并履行的国际合约。由此可见,航空碳排放交易合同不仅仅是碳排放交易主体的承诺,还可能是交易主体围绕国家在《京都议定书》承诺国际义务基础上而设定的承诺,其对象和目标是确定的。所以,航空碳排放交易合同的目标是为了减少碳减排成本。由各国政府或企业之间进行交易,其合同的质量、数量和标的等都是明确的,而且该交易主体背后的国家在《京都议定书》项下的承诺也是明确的,完全可以获得国际商事合同法上的强制执行力。

2. 航空碳排放交易合同外部运行条件的不确定性

(1) UNFCCC 基本原则遵循的不稳定

UNFCCC 确定了五个基本原则:其一,发展中国家特别情况原则;其二,"共同但有区别责任"原则;其三,开放合作原则;其四,可持续发展原则;其五,预防原则。然而,UNFCCC 仅仅是一个框架公约,具有"软法"性质,其具体执行完全依靠各缔约方自觉行动,并没有明确各缔约方的强制义务。尽管《京都议定书》为发达国家规定了具有法律约束力的温室气体减排指标,以及具体的减排义务,但并未对发展中国家规定硬性的减排指标和具体的减排承诺。这虽然从根本上践行了共同但有区别责任原则的要求,但导致很多发达国家(如美国、加拿大)选择退出《京都议定书》,[③]这就是明显的不愿履行"共同但有区别责任"原则的最好说明。此外,发达国家承诺的绿色发展基金资金迟迟不到位,这标志着"开放合作"原则的倒退等。综上所述,UNFCCC 规定的基本原则并未得到世界上所有国家的遵循,很显然在碳排放交易合同

---

① 参见秦韬:《英美合同法领域的合理预期原则研究》,载上海国际贸易律师网,http://www.shlawyer.org./Artical/Class02/Sclass02/Artical_947.htm,2017 年 12 月 14 日访问。

② 目前大多数附件一发达国家并未完成其在《京都议定书》中所承诺的义务。

③ 2011 年 12 月 12 日,加拿大继美国之后第二个宣布退出《京都议定书》,对国际社会共同努力减少温室气体排放的进程产生了严重打击。参见刘贺林:《加拿大退出京都议定书 继美国后第二个退出的国家》,载中原网,http://www.zynews.com/n/2011-12/14/content_1682363.htm,2017 年 12 月 14 日访问。

中，严格践行国际社会新理念，完全遵循上述五项基本原则是非常困难的。

（2）《京都议定书》第二承诺期的实施效果有待检验

在《京都议定书》中，仅明确具体规定了 2008 年至 2012 年第一承诺期发达国家的减排目标。2012 年 12 月 8 日，在卡塔尔的首都多哈举行的联合国气候大会上通过了《京都议定书》修正案，就《京都议定书》第二承诺期等核心议题达成了一揽子协议。其中，该修正案规定，要求发达国家在 2020 年前大幅减排并对应对气候变化增加出资，发达国家为发展中国家提供资金支持其应对气候变化，并在 2020 年前实现“绿色气候基金”每年入款 1000 亿美元的目标等。[①] 但是，该修正案的收获成果非常有限。因为俄罗斯、新西兰、日本和加拿大等国家均明确表示不参加《京都议定书》第二承诺期，这在很大程度上严重打击了国际社会共同努力减少温室气体排放的积极性。[②] 由此可见，在京都机制下规范航空碳排放交易的碳减排交易规则及其合同的效力，还需要在实践中进一步检验。

（3）无法全面把握基于项目碳排放交易的成功率

目前，京都机制下的碳项目交易模式主要有联合履行（JI）和清洁发展机制（CDM）模式。联合履行机制主要在发达国家之间进行，清洁发展机制主要在发达国家和发展中国家之间进行。这两种模式除了主体不同，还在程序上都具有显著复杂性的特征，它们都是围绕着具有资金和技术资源优势的发达国家对其他发达国家或发展中国家的支撑展开。同时，这些项目中碳交易不仅是碳排放交易合同签订与履行的问题，还涉及碳节能项目的成功和众多国际与国内监管。

因此，这些碳项目的立项和实施过程均较漫长。即使项目立项成功，获得国家监管部门审批及 UNFCCC 各行动小组的审核和批准等均较困难。所以，规定缔约方权利和义务的航空碳排放交易合同也很难产生实际效果。

（三）航空碳排放交易合同遵约及其国家责任

航空碳排放交易形成的主体按照双方的合同约定，自觉履行合同的过程就是航空碳排放交易合同的遵约。在这个过程中，碳排放交易主体的行为与

---

① 参见《多哈大会通过〈京都议定书〉修正案》，载北极星电力新闻网，http://news.bjx.com.cn/html/20121210/406955.shtml，2017 年 12 月 14 日访问。

② 参见《〈京都议定书〉第二承诺期明年实施》，载北极星电力新闻网，http://news.bjx.com.cn/html/20121210/406955.shtml，2017 年 12 月 14 日访问。

碳排放交易合同的规定一致时,即为合同的遵约;反之,则为合同的不遵约。[①]航空碳排放交易合同的遵约不仅涉及合同双方主体的权利义务等问题,而且涉及因国家对航空碳排放交易合同监管而产生的国家责任等问题。

1. 航空碳排放交易合同的遵约机制

(1)影响航空碳排放交易合同遵约的因素

航空碳排放交易合同遵约的影响因素主要有两类:其一,是航空碳排放交易合同本身的因素;其二,是航空碳排放交易合同的客观外部环境。前者包括合同签约主体的坚持和诚信度、主观意愿性、碳排放权益项目的成功和合同权利义务的履行程度等;后者包括碳排放交易所平台机制的完善性、碳排放交易结算系统的稳定性、航空碳排放交易公约的可延续性和国际气候变化政治的博弈等。

(2)航空碳排放交易合同遵约的因果关系

航空碳排放交易合同遵约机制的条件和原因由交易合同的自身因素及合同履行的客观外部环境共同构成,也就是各航空碳排放交易合同主体遵约的因果机制。影响航空碳排放交易合同的自身因素是内因,合同的外部客观因素为外因。所以,航空碳排放交易合同履约的决定因素在于碳排放交易合同双方主体的真实意思表示和履约能力。但是,外部客观环境,特别是国际气候变化政治博弈和航空碳排放交易公约的可延续性对航空碳排放交易起着非常重要的作用。从 2007 年"巴厘线路图"到 2017 年,德国波恩召开的缔约方第 23 次大会有关《巴黎协定》的具体实施的无数次博弈,国际社会共同完成的议题都围绕着确定减排目标,以及发达国家对发展中国家的资金和技术援助两项议题展开。因此,航空碳排放交易合同的遵约必须平衡与协调交易合同的自身因素,以及合同履行的外部客观环境。

2. 航空碳排放交易合同遵约的国家责任

从国际贸易分析,航空碳排放交易合同属于典型的国际商事合同。从这个角度看,航空碳排放交易合同所形成的责任应该是合同法上的违约责任。EU ETS 项下的减排主体、京都机制下强制减排主体和一些自愿减排主体是国际上购买航空碳排放权的主要主体。这些减排主体都有明确交易目的性,因而不会轻易违反合同约定。否则,其违约行为导致的不仅是不能履行碳排放交易合同的问题,还会导致因碳排放交易合同不遵约而产生国际法上碳排

① See Oran Young, *Compliance and Public Authority*, Johns Hopkins University Press, 1979, p. 172.

放权配额达标的国际法上的责任义务问题。

根据国际条约法的规定,在有效期内,当事国在履行一个合法缔结条约时,有善意注意的义务。如果条约当事国履行条约不能尽到善意注意义务,违反有约必守原则,那么该行为就构成了国际不法行为,该当事国就应该承担国际责任。[①] 例如,《京都议定书》附件一发达国家应该履行议定书第一期承诺的减排目标,该义务为发达国家应该承担的国际法义务,但如果这些国家不能在2012年第一期结束时完成该减排目标,那么这些国家将受到国际社会的谴责和其他处罚。

三、航空碳排放交易合同的违约及其救济

航空碳排放交易行为是具有商品买卖属性、无形的、涉外的和跨越国界的双向交易行为。这需要碳排放交易双方主动进行谈判、协商和交易,以及采取书面合同形式确定交易主体的权利和义务。各种形式碳排放交易合同的目的是为保障和约束交易双方,如果其中一方违反合同的约定,那么该方将承担对其不利的民事责任。

(一)航空碳排放交易合同的违约

1.航空碳排放交易合同违约的含义

根据合同法的解释,违约是指一方或双方合同当事人不履行合同义务或履行合同义务不符合合同约定的行为,即合同双方当事人违反合同义务的行为。[②] 因此,航空碳排放交易合同的违约是指碳排放交易当事人(主体)一方或双方不履行碳排放交易合同,或履行碳排放交易合同不符合合同约定的行为。其中,构成对整个合同根本违约的行为是不履行合同的行为,而履行合同不符合交易双方约定的内容则不仅可能构成交易主体对合同的根本违约,还可能构成交易主体对合同的非根本违约,应视具体情况具体分析。

2.航空碳排放交易合同违约的特殊性

如前所述,与一般合同相比,航空碳排放交易合同具有独特的属性。相应地,航空碳排放交易合同违约也具有其特殊性,其具体表现在:

第一,航空碳排放交易合同属于双务合同,双方当事人在合同中作出互惠和对等的允诺履行义务。与现实生活中绝大多数双务合同相同,航空碳排放交易合同也是买卖双方合同义务的组合及优化。

---

① 参见李浩培著:《条约法概论》,法律出版社2003年版,第272~273页。

② 参见黄小喜著:《国际碳交易法律问题研究》,知识产权出版社2012年版,第145页。

第二,与一般国际贸易合同相比,航空碳排放交易合同违约受到来自非合同因素的比例要大得多。一般来说,航空碳排放交易合同不仅是买卖双方交付 AAUs 和 CERs 等碳排放权指标的纯合同交易行为,而且还涉及顺利保障成功的合同项目与交付界面或平台。因此,除碳排放交易合同当事人自身的原由之外,导致合同违约的另一个重要因素是合同外的客观原因。

第三,航空碳排放交易合同违约的救济方式,不仅包括碳排放交易买卖双方共有的救济方式,还包括买方违约或卖方违约时单独的救济方式。

第四,航空碳排放交易合同违约不仅受到中间机构的影响甚多,还受到《京都议定书》及其三个机制的影响。航空碳排放交易合同大多是项目类的,其碳排放交易要经过众多环节并受到来自联合国监管机构的制约。例如,CDM 项目必须得到经营实体的审核和审查,执行理事会的批准。对于《京都议定书》附件一非缔约方国家,因其作为卖方,在碳排放交易中处于劣势地位,除涉及合同违约外,还会产生碳排放交易业主与中间机构的代理违约之诉。例如,2011 年底,就碳减排项目委托协议而引起的被委托方与联合国制定机构进行的审定核查协议纠纷案,在北京市朝阳区人民法院公开审理,该案被称为中国碳减排行业第一案。①

(二)航空碳排放交易合同违约救济

1. 航空碳排放交易合同违约救济

根据《合同法》及其相关解释的规定,任何一方合同当事人违约都会产生一系列的法律后果。例如,使非违约方当事人遭受经济损失以及信誉受损等。根据民商事责任追究原则,有损害就得有救济。所以,非违约方可以要求违约方继续履行合同、赔偿损失、终止合同以及综合运用这些权利。由于航空碳排放交易合同适用英国法,根据英美国家合同法律制度,一旦违约方

---

① “中国碳减排第一案”案情简介:2009 年,浙江能源集团华光潭水电有限公司与上海太比雅环保公司签订协议,前者委托后者进行碳减排交易。按照联合国对《京都议定书》CDM 项目的程序规定,太比雅公司必须提交材料给联合国指定的认证机构,由后者签发自愿减排额度,太比雅公司的委托业务才能顺利进行。于是太比雅公司选定挪威船级社在北京的公司——北京挪华威认证有限公司(以下简称“挪华威”)为认证机构。2009 年 3 月,项目正式启动。其间,华光潭水电公司和太比雅公司按照挪华威的要求,提供各种材料和证据文件。但挪华威却无限拖延了时间,以致华光潭项目错过了申请资源减排项目的时限。2011 年 9 月,太比雅公司一纸诉状将挪华威告上法庭。挪华威最初提出“管辖权异议”。2011 年 11 月 26 日,北京市朝阳区法院正式驳回了挪威船级社关于案件审查“管辖权异议”的申请,确定该案在中国境内审理。参见倪晓铭:《碳减排第一案暴露联合国碳交易机制不足》,载国际法学研究网,http://sil. cupl. edu. cn/info/1042/1670. htm,2017 年 12 月 15 日访问。

根本违约,非违约方要么确认合同继续存在以等待合同履行期到来,要么终止合同。[①] 但是,不管非违约方选择哪种方式,违约方都必须承担赔偿非违约方损失的次要义务。[②] 与许多国际商事合同违约情形类似,航空碳排放交易合同也基本上采取国际商事合同的违约救济方式。

2. 航空碳排放交易合同违约救济的具体措施

(1)违约方赔偿损失

英美国家合同法对合同违约救济更强调其补偿性。目前,国际社会并无单独就航空碳排放交易合同违约损害赔偿的法理或其他依据上的解释。由于航空碳排放交易合同是典型的国际商事合同,所以,通常借鉴国际商事合同的法理依据作为航空碳排放交易合同违约损害赔偿的法理依据。

由于国际商事合同是依照平衡非违约当事人所遭受的间接损失、直接损失、名誉损失和机会损失等损失项目,采用碳排放指标的"市场价格"为参考,以市场价格和价格合同的差为定损依据。笔者认为,航空碳排放交易合同违约救济的首选方式就是违约损害赔偿。

(2)继续履行合同

除了上述违约方赔偿损失这一具体措施外,航空碳排放交易合同当事人一方违约,而另一方未从该违约方处获得恰当或充分的救济时,该另一方可以通过实际履行令和禁止令等强制令的授权要求违约方继续履行合同,[③]从而保障其对碳减排量的需求。

(3)解除合同

解除合同是所有国际商事合同中最严厉、最极端的一种处罚方式。[④] 由于解除航空碳排放交易合同是对违约方最大的惩罚,解除合同并不意味着免除违约责任。因此,非违约方必须采取正当的措施和正当的程序才可以解除航空碳排放交易合同。

---

① See Fercometal SARL v. Med. Terranean shipping Co. SA [1989] A. C. 788. 转引自李先波著:《英美合同解除制度研究》,北京大学出版社 2008 年版,第 277 页。

② 参见李先波著:《英美合同解除制度研究》,北京大学出版社 2008 年版,第 277 页。

③ 参见李先波著:《英美合同解除制度研究》,北京大学出版社 2008 年版,第 378 页。

④ 参见黄小喜著:《国际碳交易法律问题研究》,知识产权出版社 2012 年版,第 156 页。

第二节 航空碳排放交易制度的基础：总量控制与交易体系

欧盟排放交易体系(EU ETS)是欧洲气候政策的核心部分，也是全世界第一个国际性的排放交易体系。根据2008/101/EC号指令的规定，EU ETS以总量控制与交易体系为基础，以最低经济成本实现减排的方式建立起欧盟温室气体排放交易体系。它不仅是欧盟应对全球气候变化的开路先锋，也是全世界最大的以区域为中心创设的温室气体排放交易制度，其覆盖了11,000个主要能源消费和排放行业的企业(如电力、钢铁和水泥)。[①]

一、总量控制与交易体系的内涵

总量控制与交易体系(又称“限额交易”体系)，是指在限制温室气体排放总量的基础上，通过买卖行政许可配额的方式进行排放。[②] 因此，该体系首先需要政府管理者设定本国或本地区温室气体的排放总量，并将此排放总量作为排放交易机制调控范围内所有企业在规定期间内最大的排放限值。排放总量通常表现为排放配额总量，每份配额代表排放一吨温室气体的权利。设定排放配额总量后，政府管理者可以选择以免费或拍卖的方式分配排放配额给各个企业。每个企业获得排放配额后，根据市场上配额的价格和本企业减排温室气体的边际成本选择减少或增加排放量，从而决定是将多余的排放配额出售还是从市场购买额外的排放配额。[③]

二、总量控制与交易体系存在的必要性

国际社会限制二氧化碳排放的主要传统手段是命令与控制机制(Command and Control)。该机制本质上是一种强制管理调整方法，即主要依靠行政命令手段，强制要求所有排放主体应当遵守特定的标准(命令)，政府

---

① 参见张志慧：《欧盟航空碳排放交易指令的挑战及其对策》，大连海事大学2013年硕士学位论文，第9页。

② 参见[美]埃里克·波斯纳、戴维·韦斯巴赫著：《气候变化的正义》，李智、张键译，社会科学文献出版社2011年版，第3页。

③ 参见付璐：《欧洲温室气体排放交易机制的立法研究》，武汉大学2010年博士学位论文，第16页。

部门对其予以严格监督和实施(控制)。[①] 但由于该机制的政策制定权由政府掌握,容易造成政府失灵,同时由于不同排放源的减排量不同,用"一刀切"的办法会增加减排成本,不能激励排放主体减排的积极性。[②]

正是由于该机制具有上述局限性,国际社会开始放弃这种机制,将目光转向新生的经济刺激手段(Economic Incentives)来控制二氧化碳排放。该手段本质上是一种间接调控手段,即任何鼓励排放企业主动降低排放的激励手段,如污染收费、征税、补助以及建立在产权法、污染者付费原则上的许可交易、可交易许可证制度和环境税等,并通过这些手段,使整个社会福利最大化,从而在环境保护和社会经济福利之间找到最理想的平衡点。[③] EU ETS 就是该手段最重要的并得到广泛运用的形式。根据 EU ETS 的规定,企业可以通过减排将其特定时间内的剩余配额出售或交易给那些超额排放的企业。因此,与命令与控制机制相比,EU ETS 具有如下优势:第一,能鼓励企业在其排放配额内减少排放以降低减排费用;第二,有利于促进技术革新以选择更绿色、更经济的能源;第三,有利于更广泛地适用于大型或小型企业。[④]

目前,世界上最大的总量控制与交易市场是欧盟温室气体排放交易市场。美国也建立了一个全国性的和一些区域性的控制酸雨的限额交易市场。我国计划在"十三五"期间建立国内二氧化碳总量控制与交易市场。[⑤] 因此,引入以市场机制为基础的总量控制与交易体系不仅有助于我们借鉴欧盟和世界上其他国家总量控制与交易体系的成功经验,而且对我国构建总量控制与交易体系具有十分重要的意义。

三、总量控制与交易体系的公平性分析

作为减少温室气体排放的一种体系,经济学家将 EU ETS 视为一种削减成本的措施,但该体系因公平性而受到学术界的争议。公平和效率是政策评价的两个方面,其中公平涉及对不同社区或个人产生的不公平影响,效率则

---

① 参见吕晨光、周珂:《英国环境保护:命令控制与经济激励的综合运用》,载《法学杂志》2004 年第 6 期,第 41 页。

② 参见周小光:《环境保护经济刺激手段的缺失与重构——以法律经济学为分析理路》,载《2007 年全国环境资源法学研讨会(年会)论文集》,第 1390 页。

③ See John Alder & David Wilkinson, *Environmental Law & Ethics*, 1999, Chapter, p. 211.

④ See Christina K. Harper, "Climate Change and Tax Policy", B*oston College International and Comparatie Law*, 2007. Vol. 30, pp. 422 – 423.

⑤ See Li Jing, "Carbon Trading in Pipeline", *China Daily*, 2010 – 7 – 22.

涉及是否能实现其主要目标。虽然公平和效率这两个目标可能会重叠,但是将两者分离有利于我们清晰分析政策。学术界对该体系效率(如排放税或常规污染管理)方面进行研究的文献很多,①囿于篇幅,笔者对其不进行论述。

利益相关群体(包括消费者保护团体、环保团体、环境正义提倡者、企业和政府机构)对总量控制与交易体系的设计有不同的利益和观点。虽然这些群体不能对该体系的设计达成一致意见,但在不损害环境目标的前提下,他们却可以合理地解决许多矛盾。本节将从以下三个方面论述其公平性:

(一)对行业的公平

碳排放配额分配机制是总量控制与交易体系的重要组成部分。目前排放配额的分配主要有两种:免费分配和拍卖。

如果总量控制与交易体系能免费给排放者提供排放配额,那么该体系就必须确定不同排放源排放配额的分配。另一种方式则是将排放配额拍卖给最高竞标者。在拍卖体系项下,对受监管的行业来说,排放配额分配必须考虑公平。具有高排放量的企业认为从政府或其他企业购买排放配额意味着不公平。他们甚至断言企业的股东会对完全符合法律规定但正受新政府政策(如"祖父条款")影响的公司进行投资,但是排放配额的经济影响不限于股东。电力行业不仅涉及公共设施股东的公平问题,也涉及消费者的公平问题,尤其是低收入消费者,因为他们不得不因更高的行业成本而支付更高的价格。另外,有些人则认为,空气属于公众所有,排放权是企业不得不补偿公众的特权。配额分配的公平请求权主要体现在:

1. 基于政治考虑或污染基线免费分配配额

(1)政治考虑

美国的酸雨计划是世界上第一个重要的总量控制与交易体系。② 美国前总统里根让酸雨计划成为一个非常有争议的、高度政治化的问题。在该计划中,排放配额分配主要考虑区域公平利益和其他政治考虑,并且进行免费分配。因此,配额分配是在分项的基础上进行的,而不是单独统一进行的,而且大量的条款潜在地为排放者提供了额外的配额。但是,这种分配体系并没有

---

① See Richard Toshiyuki Drury et al., "Pollution Trading and Environmental Injustice: Los Angeles' Failed Experiment in Air Quality Policy", *Duke Environmental Law and Policy Forum*, Vol. 9, 1999, pp. 231 – 289.

② 参见王舒扬:《二氧化碳的总量管制与排放交易在中国的前景分析》,载《长春金融高等专科学校学报》2011 年第 3 期,第 48 页。

明确解释政策。一位观察家认为:“除了排放交易支持者希望该体系取代这种特殊的利益交易外,很难想象这些特殊的奖金和豁免背后隐藏着什么。”①

当最新的政策影响行业之间排放配额分配时,这些政策背后隐藏的政治细节是复杂的。然而,配额分配投票记录的缺失导致很难梳理更多具体的政治联盟。虽然配额分配的政治化似乎并没有促进良好的公共政策,但是实现区域政治目标的可能性表明,分配过程是提倡减排的一种政治价值工具。缓和分配过程反监管利益的能力是总量控制与交易体系的一个本质特征。

(2)污染基线

虽然国家可以基于目前或过去的污染水平奖励配额的方式试图抵消排放交易体系所产生的负面影响,或以给较大排放者分配较高配额以限制其他排放者,但国家不应该这样做。经济学家认为,祖父原则可以保护化石燃料行业股票的价格和以化石燃料为支撑的企业。② 但是,由于公司需要从监管的较高消费者价格中受益,这只能以免费提供小部分配额的方式来完成。因此,给行业的公平最多提供了支持配额小规模免费分配的理由,但不能完全避免拍卖配额。

免费分配排放配额的倡导者赞成承认排放配额隐含的产权。同时,他们还认为,既然排放是生产过程中不可避免的副产品,企业就不应该因合法排放而被起诉。不管许可证是不是可销售的,企业都不应为排放许可证付费。因此,所谓的不公平并不是事实,即企业必须支付费用以降低排放量达到法律规定的水平。即使企业为许可证付费,也必须为剩余的法定排放量付费。这一论点为反对限额交易体系的拍卖配额与排放税提供了基础。

2. 通过拍卖分配配额

如果配额是免费分配的,一些企业将因能源价格的普遍上涨而获得高额利润。行业一般通过以下两种方式满足排放限额:第一,减少能源产量以获得相应的减排量,从而迫使购买者竞标价格;第二,使用新技术或转换到较低排放量的燃料以满足限额,这会增加产品的成本,且能源是可替代的商品,导致整个行业价格的上涨。因此,通过减少产量、新技术或能源转换,不管行业

---

① Lisa Heinzerling, "Selling Pollution, Forcing Democracy", *Stanford Environmental Law Journal*, 1995, Vol. 14, p. 310.

② See A. Lars Bovenberg & Lawrence H. Goulder, "Neutralizing the Adverse Industry Impacts of CO_2 Abatement Policies: What Does It Cost?" *Behavioral and Distributional Effects of Environmental Policy*, 2000, p. 45 .

是否满足限额,都会导致整个行业价格的上涨并增加现有设备的利润。

然而,上述分析只能适用于未受监管的市场竞争体系,而不能适用于受监管的公用事业。此外,基于污染基线构建的配额免费分配体系具有以下明显劣势:第一,对没有使用新技术的落后者投资时,基线的选择惩罚了投资早期减排量并具有较低分配配额和历史排放水平的排放者;第二,新排放源的历史排放水平较低且排放量较少,因此,得到的配额较少,从而不利于支持新排放源。如果新排放源是在交易体系生效后构建的,那么它们必须购买配额,这有可能惩罚那些低排放量企业。虽然该体系具有上述劣势,但是基于污染基线构建的配额免费分配体系仍具有相当大的政治吸引力。

但是,由于拍卖配额使政府获得经济利益,因此,拍卖能有效地阻止交易体系赋予排放者以排放权。同时,它允许政府使用拍卖收入抵消因剩余能源价格上涨而产生的递减效果,甚至可以补偿企业因二氧化碳减排而产生的财政负担。总之,拍卖配额可以更合理地避免上述劣势。

(二)对弱势社区的公平

发电厂和机动车辆是化石燃料燃烧产生各种污染物的主要来源。二氧化碳减排措施(如总量控制与交易体系)可以减少化石燃料的使用和污染混合物的副作用。然而,减排福利能否公平地在不同社区分配仍有争议。随着某些社区的空气污染首当其冲,这种争议因现存污染排放量自身分配的不公平而加强。

热点地区是污染物局部严重聚集的区域。由于排放交易没有阻止热点地区增加或影响当地最低污染标准,总量控制与交易体系并不适合处理具有直接影响公共健康的空气污染物的不公平分配问题。然而,由于不同排放源的排放交易对污染物的局部聚集没有影响,可以最小化分配公平的投诉,该方式是一种合适的调整强烈缺乏局部负面健康影响的持久性污染物的方式。但是,除总量控制与交易体系外,目标污染物可能与热点地区同时产生,并且形成的混合污染物符合法规要求,或从理论上符合这些要求,如二氧化碳。目标污染物较好地混合在大气中并且缺乏直接负面的局部影响,这些特征是其他混合污染物不具备的。当目标污染物所在的热点地区质疑限额交易体系是否调节污染物的适当方式时,混合污染物所在的热点地区就提出,混合污染物是否调整(或放弃)限额交易的合适方式,或除限额交易外,是否存在专门调整混合污染物以改善热点地区的替代方法。

“如果高控制成本的设备位于污染区域,并且该设备依赖配额的购买而不是逐渐减少的排放量，那么空气质量将得不到改善。"①即使总量控制与交易体系可以全面减少混合污染物，弱势社区也可能继续承担不成比例的污染负担，也可能无法获得因混合污染物减少而带来利益的公平份额。如果有关空气污染的规范不够严格，当地设备使用得越多，这些社区的污染就越持续高水平，甚至实际上更严重。

这些并不是微不足道的。虽然最好的解决方法可能是改善混合污染物的一般规则，并阻止热点地区的产生或减少对弱势社区的影响，但是在目前的监管政治背景下，这是行不通的。因此，相关国际应该设计总量控制与交易体系或相关规范来应对这些影响，或使用拍卖收入让受影响的社区受益。

1. 评价总量控制与交易体系分配影响的基线

实施总量控制与交易体系以前，评价总量控制与交易体系公平性的基线包括排放水平和替代性监管体系。如果事实上没有经历一个平行监管的过程就完成一整套规范，然后将整套规范与总量控制与交易体系进行比较，这是困难的。如果总量控制与交易体系降低了弱势社区的污染水平，但基于技术的规范弱势社区可以产生更多的减排量，这对基于技术的规范更有利。如果总量控制与交易体系还有其他的优势（如较低的总成本），那么总量控制与交易体系就不一定是不公平的。如果存在更划算的方式，那么国际社会就不应该采取更昂贵的方式帮助弱势社区以达到目标。

即使基于技术的规范对减少混合污染物更有效，但对弱势社区也不一定是比较满意的。由于基于技术的规范需要更高的支出和更严格地削减产量，低收入消费者将不成比例地承担更高的消费成本。如果总量控制与交易体系没有节约成本，那么弱势社区不一定能颁布任何有关减排的法律。不仅以任何形式减少二氧化碳排放量非常困难，而且提高排放配额价格或降低减排计划的政治可接受性只会使该进程更困难。

最后，使用总量控制与交易体系控制一种污染物，同时使用其他措施控制混合污染物，这样价格会比较便宜，而不是单独采取一种措施控制污染物。不同的控制措施（如环境保护局有关发电厂废气排放的新规定）能直接指向特定的混合污染物。与另一污染物的修改规定相比，这种方式能更有效地最

① Alice Kaswan, "Reconciling Justice and Efficiency: Integrating Environmental Justice into Domestic Cap-and-Trade Programs for Controlling Greenhouse Gases", *The Ethics of Global Climate Change*, 2011, p. 232.

大化混合污染物的减排量。即使污染物的排放量通常是相关联的，这种“一箭双雕”的技术也不可能是实现多种减排目标最划算的方式。

2. 公平性的构成要件

总量控制与交易体系的公平性对弱势社区是非常重要的。有些学者认为，公平性至少要求弱势社区不因交易体系而让他们接受更多的污染暴露。还有些学者则认为，应该给予弱势社区的利益最高优先权，社区应该选择使这些社区利益最大化的减排方法。折中者则以所有社区混合污染物成比例的减排量为基准，或要求那些不成比例受污染影响的社区以稍微多于成比例的减排量作为平权行动的一种形式。

如果不试图完全解决这些规范性问题，并缺乏非常强有力的补贴考虑，那么恶化不成比例影响社区的污染负担似乎是不可接受的。一个补贴考虑是可替代调整体系的显著更高成本，并将该成本转嫁给消费者和经济上不成比例地由同样的社区负担。另一个补贴考虑是研究任何其他方法的政治不可能性并应对日益紧迫的排放问题（如气候变化）。

在气候变化的背景下，以牺牲其他更弱势社区利益给予弱势社区最重要的优先权是尤其被误导的。从社会公平的角度看，这些社区大多还没有陷入气候变化的危险中，但却对最不发达国家公民产生最严重的影响。经济学家托马斯·谢林认为：“堤坝不能拯救孟加拉国因气候变化而引起的海平面上升：那里不仅有太多的海岸线，而且堤坝不能产生新鲜水区。因为河流不能上升至堤坝到达海洋。”因此，“成百万的孟加拉国人不得不迁徙或死亡”。[①] 考虑到形势的严峻性，不应该允许有关弱势社区混合污染物影响的争议危及气候政策的有效适用。

总之，对弱势社区的公平不应该成为使用总量控制与交易体系的障碍。如果排放交易体系导致弱势社区混合污染物不成比例的排放量，那么监管者应采取适当的行动处理这种情况并抵消那些影响。

（三）对低收入消费者的公平

气候变化是全球问题，向低碳经济转型的成本将会很高，并且进程也会非常漫长。不管采取总量控制与交易体系、碳税还是其他方式，碳定价都会增加能源成本。即使总量控制与交易体系免费分配配额，限额也会迫使行业

---

① Thomas C. Schelling, “Climate Change: The Certainties, the Uncertainties, and What They Imply About Action”, *The Economist's Voice*, Vol. 4, 2007, p. 1.

减少产量,引进新技术或转换燃烧更清洁燃料以减少总排放量,但这会增加能源价格。因此,总量控制与交易体系和碳税会产生类似的影响。此外,基于技术的规范体系将更高能源成本施加给公用事业并转嫁给消费者。

1. 对“低收入”消费群体的影响

总量控制与交易体系可能还会扩大对与公平分析直接相关的“低收入”消费团体的影响。如果总量控制与交易体系能以较低的成本获得与传统规范可比较的环境利益,那么将既对社会公平又对监管效率有影响。较低的体系成本意味着转嫁给消费者较少的支出。降低监管经济负担对低收入消费者有特定的意义。因此,如果该体系按照计划运行,与排放监管的其他形式一样,总量控制与交易体系不仅具有监管效率,而且还能获得公平利益。

2. 对直接能源成本的影响

与能源密集型产品和服务相关的间接能源成本不同,排放交易的公平含义对直接能源成本尤其重要。经济分析表明,对煤征收 90% 的碳税将以能源价格的形式转嫁给消费者,并阐明为何保持低合规成本对消费者(尤其是最不能承受价格上涨的低收入消费者)是非常重要的。能源价格上涨的影响是递减的:“由于穷人支出预算的大部分是基本需求(如热和电),能源价上涨对穷人的影响多于富人。”①这种递减效果能部分改善低收入家庭补贴能源效率。这些措施具有双重效应:它们既能减少能源使用和排放量以满足限额,又能提供节约成本以抵消因气候变化减缓努力而产生的更高能源成本。

3. 收入考虑的因素

确定谁最终对碳付出代价与负担以及财富怎样发生关系并不是一件简单的事情。由于一些低收入家庭可能由以后能享受较高工资的学生,或因储蓄而享受较好生活标准的退休人员组成,以目前的家庭收入作为标准是被误导的。即使法律系学生来自富裕家庭,他也可能收入很低,但他以后可能因成为律师事务所合伙人而收入很高。同样地,退休人员可能因储蓄而享受高水平生活,但也可能因当前投资而收入很低。与一生陷入贫困的人相比,这两种人不值得担心。因此,为了提高分析的准确性,国家应该考虑个人一辈子的收入,而不是任何给定时间的收入。

---

① Alice Kaswan, “Greening the Grid and Climate Justice”, *Environmental Law*, 2009, Vol. 39, pp. 1143 – 1155.

4. 配额价值的获得方式

不管我们采取何种方法评估对消费者的经济影响，排放交易的一个关键性社会公平问题都是：谁获得了排放配额的价值？或换句话说，谁获得了碳价格？

如果分配是免费的或配额是由政府拍卖的，那么配额价值由能源企业获得。不管发生何种情况，税收和政府支出都能重新分配利益。因此，除免费配额和拍卖配额之间的区别之外，碳定价可能还有很多影响工资和资本回报的间接效应。如果配额是免费的，那么能源企业和其股东将有由政府征收的高收入，或缴纳增值税的企业可能承担更大的支出。另外，如果政府从拍卖配额中获得收入，那么它要么花费那些资金要么减少其他税收。这个选择也将因利益、能源价格和实用性的接收而影响能源需求。此外，由于政府本身是直接（与间接）能源消费者，因此，纳税人必须吸收更高的政府能源成本。

区别拍卖和免费分配是有用的。拍卖排放配额的直接效果相当于碳税，并落在最沉重的低收入家庭，如能源支出的可退还税收抵免可实现税收中性原则。此外，低收入家庭一些成员的收入来源（如政府转移支出）可能不太受碳定价的影响，从而降低递减效果。一份最新的研究表明，如果政府收入以应税“股息”的形式退还给个人，那么以拍卖为基础的配额交易计划的分配影响就小。事实上，如果收入的使用是以降低工资税或扩大收入信贷的方式提高低收入个人的税收待遇，或资助能源福利计划（如食品救济券）以帮助弥补能源成本，那么影响甚至可能是递进的。另外，由于免费分配的第一受益人是有权销售额外配额的公司股东，并且股东很少是穷人，因此免费分配比拍卖更递减。因为公司仍必须减少排放量，购买额外配额或支付抵消，所以免费配额提高了能源价格，并且不能提供抵消这种额外负担的直接机制。

此外，美国国会提案还要求创建温室气体总量控制与交易体系和复杂的配额分配体系，合并免费配额、拍卖和其他各种收入的混合机制。最近的研究表明这些提案的整体效果是递进的。一个相对简单的替代方法是限额与股息方法，提供可退还税收抵免则是另一个处理公平问题的方法。

但是，很难预测排放交易体系的实际效果是什么。不管他们考虑多少变量、模式，都曾只希望贴近实际。非常复杂的经济模式甚至可能都不会考虑二氧化碳政策对技术创新和新行业发展的效果，或者气候变化可能对不同收入群体产生的差别效果。

5. 结语

尽管存在一些不确定的因素，但仍可以得出以下三个结论：第一，对碳定价很有可能产生递减效果。不管使用的是碳税还是限额交易体系，这都是真的。传统规则对行业施加甚至更高的成本，并转嫁给消费者，这也是真的。第二，我们分配交易体系中的配额会产生分配公平问题。以牺牲消费者的利益为代价将配额免费分配给企业，并使企业股东受益，其中低收入消费者对财政负担的感受最强烈。但是，拍卖收益能用来抵消对低收入消费者的影响，并能使该计划的影响递进而不是递减。第三，排放交易体系可能产生的递减效果是一个重要问题，这应该会影响配额分配体系、附加税和支出政策的选择，但它不应该脱离对碳定价的努力。

气候变化是一个亟待解决的问题，甚至会带来全球贫困的严重后果。由于总量控制与交易体系的设计可以解决短期的分配公平问题，因此，如果该体系能有效地降低温室气体的排放量，那么就不应该排除使用该体系来解决分配问题。

与命令控制机制相比，总量控制与交易体系是实现节能减排的有效方式。但是，作为降低成本的一种措施，碳限额交易体系却因公平性而受到争议。对总量控制与体系的公平性进行分析，有助于我国更好地吸收欧盟与美国的经验教训，扬长避短，构建适合我国国情的航空碳总量控制与交易体系，为应对全球气候变化作出与我国经济实力相称的贡献。

第三节　航空碳排放交易制度的核心：碳排放权

对于东道国来说，国际投资自由化对其生态环境的影响具有双重性。①外国投资带来的资金和技术不仅可以使东道国污染防治能力提高，还可造成东道国的环境破坏与资源消耗加速，从而使其面临严峻的环境压力。我国学者对国际投资法与环境保护的关系进行大量研究，并产生大量研究成果。甚至有学者提出，现有投资条约的人本化缺失导致环保人权价值不能得以保障，应该转变现有投资条约的立法导向，即投资法走向人本化，促进投资领域

① 参见蒋红莲：《国际投资与环境保护法律机制》，载《学术界》2008 年第 4 期，第 171 页。

人与人、人与自然、跨国企业与当地居民和社会群体和谐共存。①

气候变化法律制度作为国际环境法的一个分支,对国际投资法提出了新的挑战。为应对和减缓气候变化,一些国家提出实行碳排放交易制度。其中碳排放交易制度的核心是碳排放权。作为一种特殊的用益物权,碳排放权可以转让。外国投资者可以通过初始分配或排放权交易获得碳排放权,甚至有些外国投资者会将碳排放权投资于东道国的碳金融市场。当东道国的碳排放权交易制度发生重大变动,则东道国的利益将会受到影响。因此,碳排放权能否获得国际投资法的保护就成为国际投资法亟待解决的新问题。本部分首先拟探讨碳排放权是否能够构成国际投资法中的“投资”,然后分析国际投资法受碳排放权的影响,并依据研究结果提出建议。

一、碳排放权能否被视为国际投资法中的“投资”

(一)争端事项视为“投资”的意义

国际投资法由双边投资条约和区域投资协议构成,两者都置于习惯国际法的背景中。由于国际投资法解决的是国家与投资者之间的争端,私人投资者可以对东道国提起诉求,因此,投资制度是独一无二的。争端的解决典型地是通过临时仲裁的方式来解决,大多数是通过世界银行国际投资争端解决中心或联合国国际贸易法委员会予以解决。②

国际投资法的三个特征特别值得提及:第一,没有上诉机构或遵循先例,因此,仲裁庭只能参考先例而不受先例的约束;第二,仲裁庭可以根据其他仲裁规则及从其他仲裁庭作出的先例中得到启示[如解决投资争端国际中心仲裁庭可以利用联合国国际贸易法委员会(UNCITRAL)先前作出的裁决];第三,因为没有上诉机构,没有判决“控制”裁决。这就意味着可以从国际仲裁中抽象出概念作为国际投资法的主体来讨论。

双边投资条约是指两个国家之间保护投资的协议,该投资是一个国家的投资者对另一个国家投资者提出的。每一个双边投资协议都是独立的协议,但在有些国家,如美国,已经有模范协议作为样板。双边投资条约通常用于

① 参见刘笋:《国际法的人本化趋势与国际投资法的革新》,载《法学研究》2011 年第 4 期,第 198 ~ 201 页。

② See Bradford S. Gentry & Jennifer J. Ronk, "International Investment Agreements and Investments in Renewable Energy", *Barriers to Opportunities: Renewable Energy Issues in Law and Policy*, Vol. 11, (2006 - 2007), pp. 25 - 38.

发达国家和发展中国家之间建立投资规则。① 在发达国家之间，区域经济统一组织（如欧盟）和自由贸易协议（如北美自由贸易协议）经常提供投资术语。这些变化的结果是，有关双边投资协议的部分分析将在发达国家和发展中国家之间得到适用。

补充一些包含在具体条约中的投资条款，如《能源宪章条约》，世界贸易组织协议，如《与贸易有关的投资措施协议》（TRIMs）和《服务贸易总协定》（GATS）。

目前，尚未有广泛适用的多边投资协议存在。最近，经济合作与发展组织试图建立一个关于投资的多边协议的努力失败了，部分原因在于施加环境规则给投资者时，担心协议并没有充分尊重东道国的利益。②

为了使投资仲裁者对某一争端享有管辖权，争端事项应该定义为"投资"。笔者认为，只有将碳排放权视为他们"投资"范畴，一旦东道国违反征用、歧视和公平待遇标准，投资者的权益才能得到保护。

（二）《华盛顿公约》第 25 条规定

当投资诉求提交给仲裁庭，仲裁开始之前，仲裁庭需要调查该事项是否能够构成投资。"投资"定义的本质内容来源于投资者的母国与东道国之间签订的双边投资条约或区域投资协议。在多数争端解决体系下，如联合国国际贸易法委员会体系（UNCITRAL）提供了构成或不构成投资的唯一的标准。但是，在解决投资争端国际中心体系下，投资者必须满足《解决国家与他国国民之间投资争端国际公约》（Convention on the Settement of Investment Disputes, between States and Nations of ther States, ICSID，以下简称《华盛顿公约》）第 25 条规定的独立管辖权要件。在中心认定其符合"客观"投资定义之前，其必须阐释为满足"直接投资产生的法律争端"。

1. "投资"的客观要件

《华盛顿公约》没有对投资进行定义。但是，解决投资争端国际中心解释了该公约的第 25 条，认为必须只有满足"投资"的客观要件，仲裁庭才能行使

---

① See Jacob Werksman et al., "Will International Investment Rules Obstruct Climate Protection Policies? An Examination of the Clean Development Mechanism", *International Environmental Agreement: Politics, Law and Economics*, Vol. 3, 3008, pp. 59 – 66.

② See Bradford S. Gentry & Jennifer J. Ronk, "International Investment Agreements and Investments in Renewable Energy", *Barriers to Opportunities: Renewable Energy Issues in Law and Policy*, Vol. 11, (2006 – 2007), p. 34.

管辖权。同时,这些仲裁庭发展了客观定义的标准。ICSID 仲裁庭认为,国家可能会操控条约定义,以包括那些明显不归属于投资的事项。[①] ICSID 仲裁庭确认投资的五大客观要件:其一,持续时间,或至少一个长期关系的期待;其二,定期的利润或回报,当没有实际利润时包括利润的期待;其三,风险的假定,一部分是前两个要素的功能;其四,实质性投入;其五,对东道国发展的重要性。[②] 没有哪个要素或者一系列的要素能够令人信服地被证明是投资。

2. 碳排放权符合投资的客观要件

碳排放权特征要素的适用表明,ICSID 仲裁庭认为,碳排放权满足投资的五个客观要件,其具体表现如下:

(1)持续时间

该要件是最复杂的,其提出了如下两个问题:

第一,碳排放权的金融工具属性是否置其于组合投资领域而不是直接投资领域。由于碳排放权和金融工具都是无形资产,并且经常在股票和债券市场进行交易。因此,碳排放权与金融工具之间具有直接联系。碳排放权更像金融工具,而不是直接投资,很大一部分原因取决于该权利转让的场所。在现货市场交易的碳排放权被视为商品,而在期货市场交易的碳排放权则被视为金融工具。因此,交易地点不同,碳排放权极有可能被区别对待,其原因在于,与从更加投机的期货市场获得的碳排放权相比,从现货市场转让获得碳排放权可能得到更强劲的投资保护。然而,区分组合投资和直接投资的问题比不上历史区分那么具有决定性。[③] 事实上,仲裁庭都狭义地理解"短期资本"的含义,并将其排除出"投资"的定义。[④]

第二,EU ETS 的 5 年期是否将被分配的碳排放权视为合格投资的"持续"利益。[⑤] 但对持续多长时间并没有固定的门槛,但"持续"一词至少排除了一些事项,如股票的售卖就是几分钟的事情;因此,5 年的持续性极有可能

---

① See Joy Mining Mach. Ltd., ICSID Case No. ARB/03/11, p. 50, 44 I. L. M. p. 80.

② See Malaysian Historical Salvors Sdn, Bhd, ICSID Case No. ARB/05/10, p. 44.

③ See Giorgio Sacerdoti, Bilateral Treaties and Multilateral Instruments on Investment Protection, 269 Recueil des Cours 251, 307 (1997).

④ See Fedax N. V. v. Republic of Venezuela, ICSID Case No. ARB/96/3, Jurisdiction, pp. 42 - 43, (July 11, 1997), 37 I. L. M. pp. 1378 - 1387 (1998).

⑤ See Commission of the Council, the European Parliament, the European Economic and Social Committee & the Committee of the Regions, Limiting Global Climate Change to 2 Degrees Celsius: The Way Ahead for 2020 and Beyond, p. 6, COM (2007) 2 final (Jan. 10, 2007).

是足够的。另一个影响许可证“持续”属性的事项在于，交易体系是否包含借贷条款，该条款允许公司为未来年月超额权利借贷。EU ETS 缺乏具有银行特性的法律顾问以抗辩投资的特征。5 年的分配期限长于涉及金融条款的其他体系所建议的分配期限。但是，这会减弱银行属性的需要。① 最后，《华盛顿公约》的最初草案包含一个定义投资的条款，即“如果期限是确定的不少于五年，那么任何货币的出资或不确定期限的经济价值的其他资产都被视为投资。”②虽然《华盛顿公约》最终并没有涵盖这个条款，但该定义提供了一个关于足够期间的有用的切入点，并得出结论，EU ETS 具有足够的持续时间。

（2）定期的利润和回报

排放权的所有者当然期待获得利润和回报，其在市场上销售指标是为了金钱。

（3）风险承担

排放权的所有者必须接受该排放权在市场上价格下降以致丧失价值所带来的风险。

（4）实质性投入

由于投入的程度取决于投资者是否购买碳排放权或免费分配碳排放权，因此，投入是否是实质性的，这是一个更复杂的问题。一个可能性在于只有支付标的所有者才能被视为投资者。

（5）对东道国发展的重要性

对东道国发展的重要性，ICSID 仲裁庭会发现参与碳排放交易体系对东道国的可持续发展是至关重要的，这通常被视为决定其长期发展。

因为碳排放权和金融工具（指碳排放权在期货市场上交易被视为金融工具）一样，包含很多特征。事实上，ICSID 仲裁庭发现其他的金融工具能满足客观投资定义以支持其结论，即仲裁庭发现碳排放权满足其客观标准。ICSID 仲裁庭在 Fedax v. Venezuela 案例中明确讨论了上述列举的几个客观要件，以确定本票是否满足“投资”的客观要件。③ 比较碳排放权的证据时，仲裁庭评价每个要素所依赖的证据具有启发性。首先，根据第一个要件，仲裁

---

① See American Clean Energy and Security Act of 2009, H. R. 2454, 111th Cong. § § 721, 725.

② Georges R. Delaume, “ICSID and the Transnational Financial Community”, *ICSID Review-Foreign Investment Law Journal*, Vol. 1, 1986, pp. 237 – 242.

③ See Fedax N. V. v. Republic of Venezuela, ICSID Case No. ARB/96/3, Jurisdiction, pp. 25 – 43, (July 11, 1997), 37 I. L. M. pp. 1378 – 1387 (1998).

庭发现该本票的期限是相对长期的，因为它的期限超过一个财政年度。[①] 根据该推理，碳排放权5年的有效期似乎轻易满足持续性要素。其次，根据第四个要件，仲裁庭发现，本票超过600,000美元的资本[②]投资是实质性的；这个要素在碳排放权案例中根据投资者的不同而发生变化，主要取决于购买了多少碳排放权与该碳排放权是否免费分配给企业的。最后，根据第五个要件，仲裁庭发现这样一个事实，即根据《委内瑞拉公共信用法》，本票的签发足够显示国家经济发展的关系；[③]本票更宽体系的部分这一简单的显示也能在一系列碳排放权案例中得到证明。

总之，在这些"客观"标准下，ICSID仲裁庭发现碳排放权在客观上构成投资，这是毋庸置疑的。[④] 除了满足上述五个客观要件外，ICSID仲裁庭必须判断该事项是否也满足具体投资协议中"投资"的定义。

3. 投资协议中的"投资"定义

在提交仲裁前，所有面临投资诉求的仲裁庭必须确认该事项构成"投资"，该事项属于投资者的母国和东道国之间签订的双边投资条约或区域投资协议规定的。在仲裁体系如国际贸易法仲裁委员会（UNCITRAL）项下，仲裁庭都以"仲裁"调查开始和结束。对ICSID仲裁庭来说，随着上述讨论"客观"标准而来的是，该调查必要的第二步。虽然每个投资协议的内容不同，美国模式双边投资条约说明了公认的投资的类别。像多数协议一样，美国模式双边投资条约广义地定义"投资"，即"任何资产……有投资特征的"，并列举了投资的类别。这一部分探讨了可能对碳排放权进行分类的形式，即许可证、财产或类似于股票或债券。该分析得出这样的结论，即配额可以分为三种形式。此外，既然双边投资条约关于投资形式的目录是列举性的，而不是详尽的，这几种形式的分类支持了这样一个发现，即碳排放权"具有投资的特征"。[⑤] 因此，即使没有合适的分类，其也符合广义的投资定义。

---

① See Keren Halverson Cross, "Arbitration as a Means of Resolving Sovereign Debt Disputes", *American Review of International Arbitration*, Vol. 17, 2006, pp. 335 - 349.

② See Fedax—Award, ICSID Case No. ARB/96/3, p. 31, 37 I. L. M. p. 1396.

③ See Fedax—Jurisdiction, ICSID Case No. ARB/96/3, p. 42, 37 I. L. M. p. 1386.

④ See Michael Waibel, *Opening Pandora's Box: Sovereign Bonds in International Arbitration*, *American Journal fo International Law*, Vol. 101, 2007, pp. 711 - 721.

⑤ See "U. S. Model Bilateral Investment Treaty art. I (2004)", available at http://www.ustr.gov/sites/default/files/U.S.%20model%20BIT.pdf, 2017年12月28日访问。

（1）许可证、执照或类似权利

根据美国模式双边投资条约第I（g）条的规定，列举的投资分类大多数包含碳排放权，其属于"许可证、执照或类似权利……"但是，这个分类所纳入的碳排放权是复杂的。被归入（g）部分的许可证很典型地被视为"基于在东道国的许可行使某种活动的行政法权利"。但是，现今多数相关贸易体系实际上仍定义碳排放权不是公法框架项下授予的任何权利或资格。换句话说，工厂没有排放温室气体的权利。虽然评论员注意到，这些碳排放权在私法项下仍具有重要的法律地位，因为这些权利转让给其他工厂时，这些权利一直具有价值（意味着如果工厂没有排污权，占有者仍有权利在市场上交易以实现碳排放权的价值）。[①] 作为"投资"的子集，资格的缺乏可能会削弱定义碳排放权为"许可证或执照"。

的确，美国模式双边投资条约的警告解释确定许可证或执照本身是否被视为投资的一个因素，即持有者在主流法律项下拥有权利的性质和范围。如果根据国内法不能创设权利，那么许可证或执照可能不被视为投资。但只要在东道国国内法项下某些权利存在，这种警告对裁定碳排放权是投资就不是致命的。综上所述，即使没有授予公法"排污权"，作为市场价值的结果，碳排放权仍然存在。此外，并不是所有的双边投资条约都存在这种警告。的确，这种警告通常只出现在现行美国模式双边投资条约中。此外，如果东道国与其他国家签订的双边投资条约没有包括这种警告，那么与东道国签订双边投资条约的投资者，通过利用最惠国待遇的齿轮效应，可以获得更多的保护条款。

（2）有形或无形资产

美国模式双边投资条约的第I（h）条规定，那些"有形或无形的，可移动的或不可移动的"财产可被视为投资，这提供了碳排放权的另一种潜在分类。[②] 尽管不如将碳排放权界定为许可证或执照直接，尽管没有一个条款列举许可证或执照是投资的典型类型，但在《北美自由贸易协定》（NAFTA）项下，财产

① See M. J. Mace, "The Legal Nature of Emission Reductions and EU Allowances: Issues Addressed in an International Workshop", *Journal of European Envrionmental & Planning Law*, Vol. 2, 2005, p. 124.

② See Clean Air Act, 42 U. S. C. § 7651b(f) (2006); Waxman-Markey Bill, H. R. 2454 at § 721 (c) (GHG trading).

特征对界定碳排放权为投资是必要的。[①] 在核算背景下，碳排放权的确被视为无形资产。[②] Elias Quinn 评论员提出，碳排放权是否能视为"有形或无形资产"。将财产定义为"使用、享有和处置的权利"。该评论员认为，对碳排放权来说，所有这三种行为都发生在单个交易或转让碳排放权的行为中。[③]

另一个评论员列举了财产的六个"共同特征"，并发现这些特征都存在于 EU ETS 碳排放权中：其一，清晰的定义，每一排放权代表一公吨二氧化碳当量；其二，有明确的法律框架调整，EU ETS 就是一个框架；其三，清晰的所有权（国家登记系统可以查询碳排放权的所有权人；其四，所有权的不可撤销性，除非预定的情况得以适用，通常排放权在 5 年的期限内是不可撤销的；其五，自由转让性，ETS 指令允许在欧盟境内转让；其六，承认第三方权利，登记机关允许第三方控制碳排放权账户。[④] 因此，碳排放权构成无形资产。

（3）股票或债券

有学者认为，碳排放权具有股份的属性。[⑤] 包含碳排放权的第三种投资条款是美国模式双边投资条约关于股份、股票和参与公司其他形式实体的条款。这个分类通常被广义地解释为组合投资。[⑥] 因此，即使仲裁庭认为碳排放权是瞬息万变的，和资产相比，其可贸易性更类似于股票和债券，仲裁庭也仍然要根据这些协议像保护"投资"一样保护碳排放权。通常来说，这些组合投资是在投资协议的范围内的。一些仲裁庭的裁决使用简易的语言理解双边投资条约列举争议中的债券、借款、股票，以保护在这些条约项下的投资。

---

① See North American Free Trade Agreement, art. 1139, U. S. – Can. – Mex., Dec. 17, 1992, 32 I. L. M. 605 (1993).

② See "International Financial Reporting Interpretations Committee (IFRIC)", 3 Emission Rights (2004), Withdrawn June 2005, available at http://www.iasplus.com/interps/ifric003.htm#withdraw, 2017 年 12 月 28 日访问。

③ See Elias Leake Quinn, Comment, "The Solitary Attempt: International Trade Law and the Insulation of Domestic Greenhouse Gas Trading Schemes from Foreign Emissions Credit Markets", *University of Colorado Law Review*, Vol. 80, 2009, pp. 250 – 251.

④ See M. J. Mace, "The Legal Nature of Emission Reductions and EU Allowances: Issues Addressed in an International Workshop", *Journal of European Envrionmental & Planning Law*, Vol. 2, 2005, p. 125.

⑤ 参见朱家贤著：《环境金融法研究》，法律出版社 2009 年版，第 44 页。

⑥ See Thomas Pollan, Legal Framework for the Admission of FDI 2006, p. 32.

例如,金融工具的这些种类看到了阿根廷债务危机中最近的很多仲裁。[①] 虽然投资的条约定义甚至扩展到了这些组合投资,这意味着从期货市场购买的碳排放权(其更多是金融工具而不是商品)将很有可能得到投资保护。

二、将排放权视为投资的影响

在碳排放权被视为投资后,一些东道国关于碳排放权的价值或分配的行动能引起国际投资仲裁。最近引起了许多关于环境规范的投资挑战,[②]这些挑战有可能发生在碳交易体系项下。甚至仲裁庭怎样解决这些挑战的不确定性可能导致排放监管恐惧。

(一)征用

1. 征用的含义及其构成要件

粗略地说,征用是政府"取得"投资,投资的典型国有化。[③] 如果征用是以非歧视的方式或受影响的投资已经得到补偿,习惯国际法允许国家因公共目的而合法征用投资。大多数的双边投资条约没有对"征用"进行定义,因此,习惯国际法对其规定。[④] 然而,北美自由贸易协定(NAFTA)对征用进行定义,还定义"与征用相等的措施"。[⑤] 但是,仲裁庭发现,习惯国际法本质上包括了"等于……征用"的措施,因此,北美自由贸易协定(NAFTA)不能超越习惯国际法的保护。为了确定东道国的行为是否等于征用,仲裁庭的裁定必须考虑以下因素:第一,采取的措施对投资施加多少影响才能构成征用;第二,规则的公共目的是否应考虑在内。

仲裁庭必须公平和始终如一地裁定什么样的影响施加投资者"等于征用"。如果该措施的影响是"实质性的剥夺",他们考虑该规则"等于征用"。[⑥] Pope & Talbot 仲裁庭阐述了这样一个测试,即"等于征用"是指"该干涉是否

---

① See Fedax N. V. v. Republic of Venezuela, ICSID Case No. ARB/96/3, Jurisdiction, p. 29, (July 11, 1997), 37 I. L. M. 1998, pp. 1378 - 1384.

② See Ethyl Corp. v. Canada, Jurisdiction Award, 38 I. L. M. 708 (NAFTA Arb. Trib. 1998).

③ See Jacob Werksman et al., "Will International Investment Rules Obstruct Climate Protection Policies?: An Examination of the Clean Development Mechanism", *International Envrionmental Agreements: Politics, Law and Economics*, Vol. 3, 2003, pp. 59 - 66.

④ See Rudolf Dolzer & Margrete Stevens, Bilateral Investment Treaties 98 - 99 (1995).

⑤ See North American Free Trade Agreement, art. 1110(1), U. S. - Can. - Mex., Dec. 17, 1992, 32 I. L. M. 605 (1993).

⑥ See CMS Gas Transmission Co. v. Argentine Republic, ICSID Case No. ARB/01/8, Award, p. 262 (May 12, 2005), 44 I. L. M. 1205, 1234 (2005).

足够限制以支持这样一个结论，即财产是从所有者中“获得的”，并裁定投资者日复一日经营企业利润的纯粹减少并不构成征用。Metalclad 仲裁庭也探讨了间接征用，即将间接征收定义为剥夺了所有者“合理期待的经济利益”的行为。①

随着仲裁庭宣布一系列的规则，即从没有考虑规则的目的到衡量公共利益和投资者负担的比例测试，到充分尊重该措施，如果征用有公共目的并且东道国对投资者没有特别的义务（不考虑投资者的负担），②那么，公共目的问题的处理也更多变。③ Mathanex 决议接受了最后一种方式，即允许东道国更灵活地制定和修改环境法。这种方式反映了一种背景问题，即保护投资者以避免规则变化使公共法律不可撤销。当然，确定哪种警察权力规则是“可允许的”或“普遍接受的”仍普遍面临着歧义，因此，构成争议的语境是至关重要的。④

2. 碳排放权构成征用要件的考量

考虑到这些解释规则，有必要考虑构成碳排放权征用的行动种类。仲裁庭裁定碳排放权征用的最直接的语境是东道国作出使碳排放权贬值的规制性裁决。例如，东道国作出裁决，即通过附加碳排放权充斥市场以降低价格，认为碳排放权的价值以他们减排利益的扩大为基础。如果东道国选择放弃减排交易的同时也支持其他模式规范，这将是更极端的例子。

为了提高征用的水平，规制行为必须影响碳排放权几乎完全贬值的效果。纯粹减少价值是不够的，因此，仲裁庭将不可能裁定，上述描述的贬值事态构成征用。但是，完全放弃体系的中间阶段将导致碳排放权投资完全没有价值，并且将满足这个标准。

第一个要素——剥夺的水平——如果东道国放弃碳交易体系的中间阶段，那么仲裁庭将裁定构成征用；第二个要素——公共目的——仲裁庭仍然拒绝裁定征用。由于交易体系事实上是增加而不是降低碳排放量，Mathanex

① See Metalclad Corp. v. United Mexican States, ICSID Case No. ARB (AF)/97/1, p. 104. Award (Aug. 30, 2000), 40 I. L. M. 36, (2001).

② See Tecnicas Medioambientales Tecmed S. A. v. Mexico, ICSID Case No. ARB (AF)/00/2, pp. 122, 151, Award (May 29, 2003), 43 I. L. M. 133, 164, 173 (2004).

③ See Methanex Corp. v. United States, Final Award on Jurisdiction and Merits, 44 I. L. M. 1345, 1456 – 57 (2005).

④ See Saluka Invs. BV v. Czech Republic, Partial Award, I. I. C. 210, pp. 263 – 64 (UNCITRAL 2006), http://www.pca-cpa.org/showfile.asp? fil_id = 105, 2017 年 12 月 28 日访问。

解释模式项下——尊重有公共目的的国家规范——如果一旦放弃交易体系，仲裁庭将拒绝裁定构成征用。但是，如果东道国对投资者作出特别承诺，即将不会因许可证的期限而放弃体系，公共利益安全法将不会保护国家的诉求。

当提交征用诉求的投资者是由东道国直接分配碳排放权的碳排放设备的运营者时，可能发生更多复杂的情势。如果一个国家关闭或排放的其他工厂低于其基准线，那么欧盟最近一个案例支持德国国家分配计划，该计划提供调整分配碳排放权数量事后的灵活性。随着欧盟国家对自由分配做事后改变，征用可能具有复杂性。例如，假设德国基于其过去的基准性能，最初分配 100 单位碳排放权给在德国的阿根廷公司以运行设备。然后，公司大幅减少其排放额以致只需要用这些单位的百分之四十，并计划将其余的碳排放权拿到市场上销售。在这种情况下，德国政府废除这些碳排放权的修改能构成碳排放权的征用。在这种情况下，政府取得了企业实体放弃的碳排放权，因此，满足了征用关于剥夺的必要条件。至于东道国是否因公共目的足够免除其获得而不用赔偿，从而使其后果取决于仲裁庭采取的解释方式。在 Mathanex 决议项下，如果德国政府能够显示其是因为公共利益重新分配碳排放权，那么仲裁庭将漠视施加于投资者的负担，除非德国对投资者作出关于不能放弃碳排放权的特别承诺。在这一点上，除了避免不放弃碳排放权的特别承诺，德国事实上已经颁布了一个警告工厂的规则，即如果他们在排放基准线以下减少其排放量达百分之六十，他们的许可证将被废除。因此，适用 Mathanex 决议的仲裁庭可能不能裁定构成征用。但是，适用衡平或投资负担的仲裁庭可能裁定构成征用。

未来阶段分配担保的一些国家分配计划的纳入也能引导仲裁庭在 EU ETS 中裁定构成征用。甚至在新阶段的开始，这些担保能进一步限制成员国改变分配决议的能力。这些担保也能使上述提出的问题恶化，因为担保承诺配额享有未来 14 年的期限，相比 EU ETS 通常规定的 5 年阶段，这对投资者将导致更致命的依赖。因此，从征用的角度考察，碳排放权可以构成征用。

（二）非歧视：国民待遇和最惠国待遇

1. 国民待遇和最惠国待遇的含义

与投资者的相关待遇和其他处于相似境遇的投资者相比，国民待遇与最惠国待遇都是非歧视原则。国民待遇原则要求仲裁庭在相似情况下，投资者在东道国享有该国对其本国国民同等的待遇，以避免发生保护主义（如德国必须对待阿根廷的投资者和德国投资者同等的待遇）。然而，最惠国待遇则要求仲裁庭裁定，在相似情况下，东道国给予投资者的待遇不低于其给予任何第三国投资者的待遇（如德国必须给予阿根廷的投资者和给予智利的投资者相同的待遇）。

2.国民待遇和最惠国待遇的判断标准

为了构建这两个原则的非歧视性，索赔的投资者必须首先证明其或者其投资与宣称受到更好待遇的投资者或其投资处于“相似的情况”。如果相比较的两个投资者在市场上竞争，尽管一些仲裁庭采取更广义或狭义的方式，但通常“相似情况”的要件必须满足。乍看起来，既然碳排放权可以在市场上找到替代品，碳排放权的任何投资者和碳排放权的任何投资者处于“相似的情况”似乎是确定的。虽然这个逻辑适用于基本的遵约贸易中，但是两大难题因碳排放权而出现在复杂的金融市场中。第一，仲裁庭可能裁定，拥有碳排放权作为环境遵约要件的实体，因基础设备而与仅因投资目的而拥有碳排放权的实体处于不相类似的情况。第二，仲裁庭可能裁定，在现货市场（碳排放权的所有权立即移转）碳排放权的投资者与期货市场（只有选择以后某个日期才能转移所有权）碳排放权的投资者处于不相类似的情况。一些仲裁庭也将公共政策的考量作为“类似情况”的调查。例如，某仲裁庭裁定，从文化意义上看，没那么侵入的发展与起诉投资者的工程处于不相类似的情况。[①]如果采纳这种公共政策途径的仲裁庭确信，非歧视诉求的成功将削弱交易体系，那么仲裁庭将更易于采纳这些区别以避免非歧视裁决。

“相似情况”的调查是适用于国民待遇和最惠国待遇的初步调查。首先，笔者将更详细调查国民待遇。此外，国民待遇问题产生有几个语境，笔者将用德国东道国——阿根廷投资框架来探讨这些语境。

3.碳排放权满足非歧视构成要件的考量

如果德国贬低或取消先前分配给外国投资者的碳排放权，而不同样地干涉德国投资者拥有的碳排放权，那么这就公然侵犯了国民待遇原则。只要满足了“相似情况”要件，这种诉求将不容置疑地侵犯了国民待遇原则。在分配的第一个阶段，将涉及国民待遇的其他问题。例如，德国裁定基于国民线的“拍卖”对“免费分配”（免费提供碳排放权给自己的国民，但是外国公司则需要通过拍卖购买碳排放权）裁决将是另一种歧视的公然形式。但是，大多数

---

① See Parkerings-Compagniet AS v. Lithuania, Award, Case No. ARB/05/8, p. 335, 392 (2007), available at http://icsid.worldbank.org/ICSID/FrontServlet? 2017 年 12 月 28 日访问。

的国际投资协议在构建一国投资时，并没有保证平等对待；通常直到构建后权利才能得到激发。因此，仲裁庭必须视初步分配阶段为先决入口，并不给外国投资者提供保护。

最惠国待遇一样会产生上述讨论的问题，但该待遇适用于东道国给予第三国投资者的优惠不低于给予起诉国的投资者的优惠。最惠国待遇产生的一个有意义的附加问题是齿轮效应的可能性。如果一些双边投资条约包括投资者容易受征用和其他要件的支配的许可证，那么这个分类将会影响所有的双边投资条约。

为了阐述这种齿轮效应，假设德国分别与阿根廷和智利都签订了双边投资条约。如果德国与智利之间签订的双边投资条约包括关于投资定义的许可证，但是，德国与阿根廷之间签订的双边投资条约却排除了关于投资定义的许可证，通过援引最惠国待遇从德国与智利之间签订的双边投资条约中替换更优惠的投资条款，阿根廷投资者可能会得到投资许可证的保护。

这种情况发生在 MTD v. Chile 案中。[①] 在该案中，仲裁庭裁定，马来西亚与智利之间签订的双边投资条约规定的最惠国待遇条款，允许马来西亚投资者援引智利与丹麦之间签订的双边投资条约，以及智利与克罗地亚之间签订的双边投资条约规定的公平待遇条款，这些条款措辞的含义更广泛。这意味着，在签订双边投资条约时，仲裁庭允许使用最惠国待遇条款胜过国家的签约意图。[②] 仲裁庭明确表示，最惠国待遇的目的在于保证“通过移转另一个条约规定的保护条款使某一个条约中不被接受的保护得以拓宽”。[③]

（三）公平待遇

除最惠国待遇和国民待遇相关待遇标准外，投资协议也通过绝对的标准来保护投资，该标准需要“公平”和“同等”待遇的最低标准，而不允许“随意的”或“不合理的”待遇。

随意的、非常不公平的、歧视的或缺乏正当程序的行为违反了公平待遇

---

① See MTD Equity Sdn. Bhd. & MTD Chile S. A. v. Republic of Chile, ICSID Case No. ARB/01/7, Award, pp. 100 – 104, 197 – 206 (May 25, 2004), 44 I. L. M. 91 (2005).

② See Dana H. Freyer and David Herlihy, "Most-Favored-Nation Treatment and Dispute Settlement in Investment Arbitration: Just How 'Favored' is 'Most-Favored'?" *ICSID Review-Foreign Inverstment Law Journal*, Vol. 20, 2005, p. 58.

③ RosInvest Co. UK, Ltd. v. Russian Fed'n, Jurisdiction, Case No. V079/2005, I. I. C. 315, p. 131 (SCC 2007).

的保证。在监管环境中,东道国必须保持透明度,不能破坏投资者合理依赖的阐述。[①] 在 Tecmed v. Mexico 案中,仲裁庭特别谈及许可证,裁定投资者不能期待国家"随意援引任何……许可证……既依赖投资者计划和实施其商业活动,又依赖投资者承担其义务"。[②] 如果碳排放权本身就被视为投资,依赖投资价值的碳排放权将从定义上得到满足。Tecmed 是导致期待合法的最具深远意义的一种方式;后来的仲裁庭考虑到这些特别情况以协调这个标准。[③] 例如,在 Parkerings v. Lithuania 案中,立陶宛正处于从苏联独立的转型过程中。因此,"远离不可预测的,事实上视为合法性的变化是可能的……法律仍未改变的期待并不是合法的"。然而,其他案例表明,不稳定的经济并不会削弱投资者的合法期待;更确切地说,尊重这些期待对公平待遇是至关重要的。[④]

近年来,碳排放交易体系才出现,大多数国家仍在构建这些体系。因此,仲裁庭裁定,这些复杂体系的新出现暗示着,投资者不应该没有某种程度的变化和不可预测性地期待这些体系运作。此外,既然这些体系的许可证具有限制期限的,可能投资者不应该对一贯价值有合法的期待;但是,未来几年政府某种分配所提供的银行体系和担保会提高投资者期待的水平,因此,政府会向东道国公布基于这些背景所面临的挑战。能将投资者从国内法中孤立出来的投资条约中的稳定条款,一样会增加投资者的合法期待,并给东道国制造问题。[⑤]

最后,公平待遇调查平衡了投资者的合法期待以抵制东道国国内规制的合法权利。因此,在支持规制东道国时,仲裁庭可能会作出双重裁决:第一,在先的论述暗示着在这些贸易体系中稳定的期待具有可质疑的合法性;第二,仲裁庭也能作出裁决,即东道国的行为进一步刺激了温室气体减排的利益,这利益大于投资者的期待。在这样的案例中,仲裁庭能拒绝裁决违反了公平待遇。

---

① See Waste Mgmt. ,Inc. v. United Mexican States,ICSID Case No. ARB/00/3,Award,p. 98 (April 30,2004),43 I. L. M. 967,986 (2004).

② Tecmed,ICSID Case No. ARB/00/2,p. 154.

③ See Saluka Invs. BV v. Czech Republic,Partial Award,I. I. C. 210,p. 304 (UNCITRAL 2006),http://www. pca-cpa. org/showfile. asp? fil_id = 105,2017 年 12 月 28 日访问。

④ See CMS Gas Transmission Co. v. Argentina,ICSID Case No. ARB/01/8,Award,p. 274 (May 12,2005),44 I. L. M. 1205,1235 (2005).

⑤ See Parkerings-Compagniet AS,Case No. ARB/05/8,p. 332.

除公平待遇的这些本质性的审查外，公平待遇标准也包含一个程序性的、正当程序似的调查。公平待遇需要坚持程序的最低标准。在确定这个最低标准的界限时，仲裁庭有时候会作出裁决，即国家的国内法保护远低于该最低标准，因此，外国投资者有权利享有比其本国国民更好的程序。该程序性的调查不会提出碳排放权所独立的任何问题，因此，东道国在提起碳排放权影响投资的诉求之前，在这里有必要指出东道国不得不负担程序的最低水平。

（四）对被视为投资的碳排放权进行较高或较低的保护

上述部分证明了许多情境，在这些情境中，投资者将面临东道国采取属于碳排放交易体系的监管行动。正如这些部分所显示的那样，在裁定这些争端时，仲裁庭可以采取一系列的方式。一方面，投资者的权利和投资的可预测性是第一位的；另一方面，东道国的监管灵活性是第一位的。如果碳排放权可被视为投资，仲裁庭可以选择是否延伸较高或较低的保护给这些投资者，或者其他的在这两者之间的保护。

在征用的条件中，希望延伸较高投资保护给碳排放权的仲裁庭将不会考虑监管目的，就如 Metalclad 一样，在裁决征用作出之前，只需要显示给投资者造成的低水平伤害。在涉及相对歧视的案例中，选择延伸非歧视原则至建立前阶段，一般对待气候变化规范持怀疑态度，即很有可能是保护主义者的政策。在公平待遇条件中，能采取这种途径，即法律和商业环境的稳定对于满足待遇的最低标准是至关重要的，允许广义理解投资者的“合法期待”。

或者，仲裁庭只能延伸较低投资保护给碳排放权。在征用的条件中，使用 Methanex 方式构建碳市场以应对气候变化时，仲裁庭能慎重考虑公共利益。对相关的歧视来说，在建立后阶段仅仅持续适用这些原则将有助于约束歧视诉求的范围，而仍然允许这些原则谴责东道国贸易保护主义者操控碳市场。最后，在公平待遇条件中，在交易体系构建的初始阶段，通过裁决投资者没有合法期待以及分配特定数量的碳排放权或免费分配碳排放权，仲裁庭能给东道国监管空间以应对碳市场的变化。

三、国际投资法应当如何应对碳排放权的挑战

对碳排放权提供投资保护可以促进企业投资碳排放权，这是国际投资法的一个重要功能。同时，各国调整碳排放的灵活性受对碳排放权提供投资保

护的影响,灵活性丧失可导致世界各国暂缓构建碳排放交易制度。尽管国际社会已达成了具有法律约束力的《巴黎协定》,并在缔约方会议第23次大会德国波恩就促进《巴黎协定》的实施达成了一系列的决议。但由于美国等温室气体排放大国的退出,对气候变化问题,温室气体减排仍是各国国内的自主行动,所以各国构建碳排放交易制度阻碍的减少远大于各国加强投资保护所带来的利益。为了让各国在构建碳排放交易制度时具有更大的灵活性,国际投资法应对碳排放权所带来的挑战可采用以下方式:①

(一)将碳排放权排除在投资定义之外

通过明确免除碳排放权在国际投资协议中的保护,同时为了提供最大监管空间以实施碳交易体系,国家所采取的最极端方式就是将碳排放权完全排除出国家投资体制。美国模式双边投资条约的警告针对这种排除提供了一个起点,但即使这种警告也不能提供足够的监管灵活性。目前的警告需要根据审查东道国国内法关于碳排放权的待遇,碳排放权本身的调查需要仲裁庭大量的解释,其解释在任何给定的东道国国内法中并不是专业的,因此,该调查被证明是非常昂贵的。所以,需要更明确地将碳排放权排除出条约规定的投资定义。此外,这种排除必须系统地包括所有东道国与第三国签订的双边投资条约,以避免最惠国待遇的齿轮效应。

这种方式可能产生潜在问题。然而,因为如果东道国采取极端的方式,那么东道国会因没有审查保护外国投资者的投资保护措施而陷入猖獗的歧视。但是,保护碳排放权所有人不受歧视与碳排放权的投资地位之间并不存在必然的联系。因此,这个问题不是难以应付。例如,构建EU ETS的指令包含其非歧视的内部保证,即使碳排放权不构成投资,其所有人也不会受到歧视待遇。

(二)仲裁庭对碳排放权提供较低的投资保护

对碳排放权提供保护,各国能提供监管灵活性更有利于保护投资者的方法是,依赖仲裁庭仅仅给予碳排放权投资以较低的保护。如上所述,这将使慎重地衡量公共利益成为必要,从而抗辩裁决监管征用,将歧视原则适用于东道国事后的构建行为并且在公平待遇项下仅承认投资者低水平的合法期

---

① See Lisa Bennett, "Are Tradable Carbon Emissions Credits Investments? Characterization and Ramifications under International Investment Law", *New York University Review*, 2010, Vol. 85, pp. 1613 - 1617.

待。这些仲裁庭很有可能考虑气候变化问题的严重性,并且在处理这个问题时,国家试图提供足够监管灵活性以允许某些试验或错误。WTO 仲裁庭的最新发展提供了仲裁庭将采取这种方式的希望。①

"较低权利"框架的问题短期内将不会消除投资者提起诉求的尝试。在国际投资体制中,因为缺乏遵循先例或上诉机构,即使一两个仲裁庭基于较低权利保护理论作出裁决支持东道国,后来的裁决也有可能改弦易辙。因为这种不确定性,至少在短期内,仍然值得投资者提交仲裁诉求。的确,即使东道国对仲裁的功绩尚具有信心,但高昂的辩护成本本身可能会减缓东道国的监管行动。即使在司法管辖阶段或功绩阶段作出有利于东道国的裁决,东道国也必须承担辩护成本。当然,如果仲裁庭在仲裁阶段将碳排放权视为投资,那么在功绩阶段作出有利于东道国的裁决(如作出裁定没有征用投资)。反之,如果仲裁庭碳排放权根本就不构成投资,那么东道国不仅必须承担辩护成本,而且应在司法管辖的较早阶段。因为这些成本,仅依靠仲裁庭提供较低的投资保护不太可能避免监管恐惧问题。

(三)规定的环境例外条款

介于完全不对碳排放权提供投资保护与依靠仲裁庭提供较低保护之间的中间方式是国际投资协议规定的环境例外条款。这种例外条款的最好的模式已经存在于 WTO 体制中,即关贸总协定(GATT)第 20 条。如果这些措施是"保护人类、动物或植物或健康必要的"或"保护有关可用竭的自然资源"的。但是,这些条款对国家来说并不是全权委托。第 20 条的序言允许适用这些环境例外条款,除非该措施不是任意性的或不构成贸易的"变相的限制"。如果这些规范是以非歧视的方式来实施的,那么国家有权使用这些环境例外条款,这样的条款可以对投资者提供足够的保证,并且在东道国监管灵活性之间寻求平衡。

尽管被建议了几次,GATT 这些环境例外条款仍然包括在现行投资协议中。最显著的是投资多边协议草案,最终没有获得足够的支持,该协议包含了环境例外条款。迄今为止,范围最广泛的环境例外条款是可持续发展国际机构建议的投资协议,其目的特别在于在可持续发展中提高投资。虽然与

---

① See Appellate Body Report, "United States—Import Prohibition of Certain Shrimp and Shrimp Products", pp. 153, 159, WT/DS58/AB/R (Oct. 12, 1998), available at http://www.wto.org/english/tratop_e/dispu_e/58abr.pdf, 2017 年 12 月 28 日访问。

GATT 第 20 条的典型理念相去甚远,但在这个方向上有前途的发展是新模式双边投资条约,即 2008 年 1 月挪威草案文本,关于该文本的评论表示了一个目标,即"保护发达国家与发展中国家的调节需要……"如果挪威等国家把这些保护措施和关于环境保护的更具体的条款并入现行双边投资条约,在保护东道国监管空间方面将往前迈进重要的一步。

四、结语

在《华盛顿公约》第 25 条的规定以及具体投资条约中有关投资的定义中,碳排放权可被视为投资。但碳排放权的问题会使投资者对东道国提起仲裁,这在很大程度上将会阻碍各国构建碳排放交易制度。所以,不应对碳排放权提供较高标准的保护。要实现这一目标,可明确将碳排放权排除在投资定义之外,也可使仲裁庭在法律实践中仅对碳排放权投资提供较低保护而不是较高的保护。然而,最重要的方式则是在投资协议中根据 GATT 第 20 条及其序言的规定环境例外条款,从而实现环境保护与投资者利益之间的最佳平衡。

从 1998 年至今,我国已经在一些双边投资条约中全盘接受了 ICSID 仲裁管辖权,这使我国政府将面临诉诸 ICSID 的法律风险随之增加。[①] 目前,我国尚处于碳排放交易制度试点构建阶段,全国碳排放交易制度也将在未来几年逐步构建。在以后的多边投资谈判中,为确保实施过程中政策调整的灵活性,我国应设法将碳排放权排除在国际投资仲裁的管辖范围之外。

第四节　世界贸易组织规则的适用性探讨

2008 年,欧盟通过 2008/101/EC 指令,单方面将航空业纳入 EU ETS 之中,其对国际社会产生了一系列的影响,包括经济的、政治的、环境的和贸易的影响。针对这一指令,国际社会强烈反对并持续关注,并且包括中国和美国在内的许多国家纷纷采取一系列对抗性措施予以抵制。[②] 迫于国际社会的

---

① 参见陈安主编:《国际投资法的新发展与中国双边投资条约的新实践》,复旦大学出版社 2007 年版,第 50 页。

② 2012 年 2 月 21 日至 22 日,32 个 ICAO 非欧盟成员国在莫斯科就欧盟将航空业纳入 EU ETS 之中召开为期两天的磋商会议,起草并签署了《莫斯科会议宣言》,宣言附件中列举了 8 种应对欧盟这一行为的反制措施。

强大压力,2013 年 4 月,欧洲议会和欧盟理事会通过第 377/2013/EU 号决议,作出暂停实施欧盟航空减排指令的决定。① 然而,在通过这一决议的同时,欧盟委员会仍坚持欧盟航空减排指令符合国际法的规定,并援引欧洲法院于 2011 年年底就 C – 366/10 案(又称“ATA 案”)②所作的裁决予以证明。③

2013 年 9 月在加拿大蒙特利尔召开的 ICAO 第 38 届成员国大会通过有关航空业应对气候变化的第 17/2 决议,各成员国同意于 2016 年前通过全球航空碳减排框架方案,并于 2020 年付诸实施。尽管欧盟不得不通过并发布有关航空减排新政的条例,即欧盟航空碳排放交易在 2016 年年底前只适用于欧盟经济区境内航线,但欧盟航空减排指令对全球航空碳排放协议的达成具有十分重要的借鉴意义。

1947 年成立的 GATT 是第二次世界大战后初期调整世界贸易和金融的三大支柱之一,对国际社会的发展起着至关重要的作用。1995 年 1 月 1 日,WTO 正式运作并取代 GATT。作为一个全球性的贸易组织,WTO 是一个以自由贸易为导向的成员驱动组织,不仅直接促进了世界各国经济的繁荣,而且稳定了国际经济秩序乃至政治秩序,并保持了世界的和平。在国际贸易领域,WTO 已形成了一套自成体系的国际法规则,其最独特的地方是有“牙齿”,有争端解决机制,即 WTO 争端解决机制使 WTO 成为“有牙齿的老虎”。④ 正如美国著名教授约翰·杰克逊(John Jackson)所认为的那样,WTO 争端解决机制应当被认为是所有国际司法机构中最为重要和权力最大的司法体制。⑤ 由于国际航空运输包括旅客运输和货物运输,兼具货物贸易和服务贸易的双重属性,而 WTO 不仅可以规制货物贸易和服务贸易,而且其触角已深入航空运输业,目前已形成了以 GATS《关于空运服务的附件》和

---

① See Decision No. 377/2013/EU of the European Parliament and of the Council of 24 April 2013 derogating temporarily from Directive 2003/87/EC establishing a scheme for greenhouse gas emission allowance trading within the Community, [2013] OJ L113/1.

② See Case C – 366/10, Air Transport Association of America and Others (ATA and Others), Judgment of European Court of Justice, 21 December 2011.

③ 参见欧盟委员会官方网, http://ec.europa.eu/clima/policies/transport/aviation/index.en.htm, 2016 年 9 月 6 日访问。

④ 参见和讯网, http://news.hexun.com/2012 – 07 – 06/143294057.html, 2017 年 11 月 17 日访问。

⑤ 参见陈安:《论 WTO 体制下的立法、执法、守法和变法》,载陈安主编:《国际经济法学刊》,北京大学出版社 2000 年版,第 8 页。

GATT 1994《民用航空器服务协议》为核心及其他与航空运输服务有关的WTO基本原则和相关规则构筑的WTO航空法律制度的基本框架雏形。[①]此外,《有关空运服务的附件》还构建了每5年对航空运输服务进行一次定期审查的机制,并且自2002年以后,有关服务贸易谈判的建议、要价和出价等部分都涉及航空运输服务。

鉴于欧洲法院对C—366/10案的合法性判决、目前欧盟的政策和态度及达成全球航空碳排协议的紧迫性,在GATT/WTO框架下寻求争端的解决变得越来越重要。虽然欧洲法院认为,欧盟航空交易指令着重关注的是环境,而不是商品贸易,[②]但由于抵离欧盟境内的航班必须因此付出更高的成本(购买排放配额的费用或罚款),欧盟航空碳排放交易制度必然会从实质上影响WTO成员方与欧盟之间的航空贸易。在GATT/WTO框架下,航空碳排放交易制度的合法性显得尤为重要,因为关系到WTO各成员国的合法权利,以及各成员国诉诸WTO争端解决机制解决各成员国航空公司之间因航空碳排放交易而产生的贸易争端。然而,在政治环境等情况下,即使没有对贸易产生实质性的影响,也有可能诉诸WTO争端解决机制进行救济。如在欧共体香蕉进口、销售和分销体制案(European Communities-Regime for the Importation, Sale and Distribution of Bananas)中,尽管美国既不是香蕉生产大国,又没有出口香蕉到欧盟,但美国仍因欧共体香蕉贸易体制影响其经济利益而决定诉诸WTO争端解决机制并获得胜诉。[③]

一、GATT/WTO协议

根据GATT的相关规定,影响货物贸易的财政措施与其他管理措施之间存在一个基本区别。因此,要确定欧盟航空减排指令是否符合GATT/WTO协议的相关规定,就必须判断该指令从性质上是属于财政措施还是管理措施。

---

① 参见杨万柳:《国际航空碳排放全球治理的多维进路》,吉林大学2014年博士学位论文,第83页。

② See Judgment of 21 Dec. 2011, available at http://curia.europa.eu/juris/document/document.jst?text=&docid=117193&pageindex=0&doclang=EN&mode=lst&dir=first&part=1&cid=8055,2017年11月17日访问。

③ See WTO Appellate Body Report, EC-Bananas Ⅲ, WT/DS27/AB/R, para. 136.

（一）财政措施（fiscal measure）

首先，欧盟航空交易指令能否被视为 GATT 第 3 条第 2 款所指的财政措施。[①] 在“美国航空业协会等诉欧盟航空交易指令案”中，欧洲法院总法律顾问科克特（Juliane Kokott）认为，欧盟航空减排指令不构成税收或费用。[②] 欧洲法院赞同这一观点，认为“欧盟航空交易指令的目的并不是为公共机构增加财政收入，因此，该收入无关燃料消费的关税、税收或其他费用”。[③] 由于航空交易指令会增加欧盟的财政支出，认为这足以证明航空交易指令属于一种财政措施。[④]

由于航空交易指令要求航空公司购买碳排放配额，如航空公司获得可交易的产权作为交换，这与财政措施不同。通常认为，该指令并不构成税收或费用。[⑤] 碳排放配额并不由政府定价，而是取决于市场调控。因该措施获得的财政收入是微不足道的，这很明显是一种监管措施。由于排放配额的价值可以在市场上得到明显提高，[⑥]欧盟航空交易指令不应视为 GATT 第 3 条第 2 款所指的财政措施，财政收入并不是欧盟航空交易指令的根本目的，出售航空碳排放配额应该属于一种管理措施。

（二）数量限制（quantitative restriction）

如果欧盟航空交易指令不属于一种财政措施，而属于一种管理措施，那么就应该考虑其是否构成 GATT 第 11 条第 1 款所指的数量限制。[⑦] WTO 专

---

① GATT 第 3 条第 2 款规定：“任何缔约国领土的产品输入到另一缔约国领土时，不应对它直接或间接征收高于对相同的国产品所直接或间接征收的国内税或其他国内费用。同时，缔约国不应对进口产品或国产品采用其他与本条第 1 款规定的原则有抵触的办法来实施国内税或其他国内费用。”

② See Case C – 366/10, ATAA (AG's Opinion), Air Transport Association of America, American Airlines, Inc., Continental Airlines, Inc, United Airlines, Inc. v. The Secretary of State for Energy and Climate Change, 6 Oct. 2011, paras. 214, 216.

③ Case C – 366/10, ATAA, para. 143.

④ See Joshua Meltzer, “Climate Change and Trade-The EU Aviation Directive and the WTO”, *Journal of International Economic Law*, Vol. 15, No. 1, 2012, p. 131.

⑤ See Vranes, “Climate Change and the WTO: EU Emission Trading and the WTO Disciplines on Trade in Goods, Services and Investment Protection”, *Journal of World Trade: Law, Economics, Public Policy*, Vol. 43, 2009, pp. 717 – 720.

⑥ See Rainhard Quick, “Border Tax Adjustment in the Context of Emission Trading: Climate Protection or 'Naked' Protectionism?” *Global Trade and Customs Journal*, Vol. 3, 2008, p. 166.

⑦ GATT 第 11 条第 1 款规定：“除征收关税或其他税费外，任何缔约国不得设立或维持配额、进口许可证或其他措施以限制或禁止其他缔约国领土的产品的输入，或向其他缔约国领土输出或销售出口产品。”

家组已对“其他措施”进行广义解释,即包括“与进口有关的任何形式的限制”。[①] 在哥伦比亚入境口岸限制措施案(Colombia-Ports of Entry)中,[②]多数专家考虑这个方式是否构成限制进口者入境的措施。专家组裁定,如果措施影响产品从始发港运至销售地的成本;或如果以任意的方式适用措施,从而增加所涉产品进口的私营部门的不确定性,那么该方式就构成限制进口者入境的措施。换句话说,重要的是措施对任何给定产品的限制作用,而不是它是否涉及进口产品的权利。[③] 上诉机构在中国原材料案(China-Raw Materials)中进一步得到明确“其他措施”的判断标准,即“GATT 第 11 条包括的那些限制和阻碍进出口产品的质量和数量的措施”。[④]

欧盟航空交易指令的适用范围包括进口前经由国际航班运输的产品,且具有哥伦比亚入境口岸限制措施案的某些特征。尽管欧洲法院和法律总顾问科客特(Juliane Kokott)都不承认欧盟航空交易指令是一种限制外国航空公司的“具体规则”,[⑤]但对那些遵守该指令的航班来说,很有可能增加运输成本。此外,根据配额的价格,对进口产品的影响不可预知地发生变化。对那些不遵守指令的航空公司来说,除了通常的合规成本外,还须支付每排放单位 100 欧元的费用,这将增加航空公司的运输成本。参照“哥伦比亚入境口岸措施限制案”(Colombia-Ports of Entry)的判决,欧盟航空交易指令将增加进口至欧盟境内产品的空运成本。因此,欧盟航空交易指令构成 GATT 第 11 条第 1 款规定的数量限制措施。

---

① WTO Panel Report, Colombia-Ports of Entry, WT/DS366/R, adopted 20 May 2009, para. 7. 227.

② “哥伦比亚入境口岸措施限制案”基本案情:哥伦比亚海关法允许某些纺织品、服装、鞋类(以下简称案涉货物)从包括波哥大等 11 个口岸入境。然而,哥伦比亚于 2007 年 6 月 22 日实施的第 7373 号决定第 2 条对从原产于或从巴拿马进口的案涉货物,却规定只能从波哥大、巴兰基利亚两个口岸入境。该决定第 4 条规定了不适用限制措施的例外情况,其中之一为“从巴拿马过境的货物经过哥伦比亚转运,以哥伦比亚境外为最终目的地”。另外,该决定还规定自巴拿马运至哥伦比亚的案涉货物的进口商应在商品入境前 15 天至入境前 5 天的时间内申报,并同时缴纳关税。巴拿马认为上述措施违反了 GATT 协议第 5 条第 2 款和第 5 条第 6 款的规定。2007 年 10 月 22 日,WTO 争端解决机构设立专家组应巴拿马请求审理哥伦比亚案涉货物的管理措施的纠纷。2009 年 4 月 27 日,专家组公布最终报告。参见邓丽娟:《GATT 过境自由争端第一案评析——评哥伦比亚入境口岸限制措施案》,载《国际经贸探索》2009 年第 11 期,第 80 页。

③ See WTO Panel Report, Colombia-Ports of Entry, WT/DS366/R, adopted 20 May 2009, paras. 7. 258 – 7. 275.

④ WTO Appellate Body Report, China-Raw Materials, WT/DS394/AB/R, adopted 22 Feb. 2012, para. 320.

⑤ C – 366/10, ATAA, para. 128.

（三）国内措施（internal measure）

如果GATT第11条第1款限制产品的进口，那么第3条第4款规制影响进口产品的措施（不是财政措施）。第3条第4款的适用范围不限于明确规制特定活动的措施。[①] 更确切地说，该条适用于影响国内市场进口产品竞争条件的所有措施。[②] 然而，这不应该掩盖第3条第4款涉及进口后适用于产品的国内措施。还有其他条款，如GATT第11条第1款（数量限制）与第5条（过境）保护进口前外国的产品。因此，除了进口前或在进口中影响产品的措施，第3条第4款应该理解为适用于所有影响进口产品市场竞争条件的国内措施。

当欧盟航空交易指令适用于运输进口产品的航班时，可以适用GATT第3条第4款对其调整，并且该条可以规制运输进口至欧盟产品的欧盟内部航班。然而，该指令涉及的运输尚未进口产品的国际航班应该由第11条第1款所调整。

如果第3条第4款适用于所有航班，那么就要考虑欧盟航空交易指令中进口产品"享受的待遇是否低于"相同国内产品。[③] 不管从正式的还是从所能想象的事实上看，欧盟内部航班的国内产品和进口产品的待遇没有什么差别。的确，欧盟航空交易指令中航空运输享受的待遇低于其他形式的运输，但很难看出这将置进口产品于不利地位。对进口产品来说，在机场入境处卸货，然后经由陆运将产品运输至欧盟最终目的地是完全可能的。在一定程度上，由于该条适用于经由欧盟内部航班运输的非进口产品，[④]因此，欧盟航空交易指令并没有违反GATT第3条第4款的规定。

（四）最惠国待遇（The Most Favored Nation commitment，MFN commitment）

国内措施和对进口产品实施的措施都须遵守GATT第1条第1款规定的

---

① GATT第3条第4款规定："任何缔约国领土的产品进口到另一缔约国领土时，在关于产品的国内销售、兜售、购买、运输、分配或使用的全部法令、条例和规定方面，所享受的待遇应不低于同类国产品所享受的待遇。"

② See GATT Panel Report，Italy-Agricultural Machinery，L/833，adopted 23 Oct. 1958.

③ See Case C-366/10，ATAA（AG's Opinion），pp. 195-201.

④ See Joshua Meltzer，"Climate Change and Trade-The EU Aviation Directive and the WTO"，*Journal of International Economic Law*，Vol. 15，No. 1，2012，p. 135.

最惠国待遇。根据 GATT 第 1 条第 1 款的规定，[①]很难看出欧盟航空交易指令的内部层面（与欧盟内部航班有关）怎样违反该条的规定。但是，只要欧盟航空交易指令影响国际航空并产生消极结果，那么 GATT 第 1 条第 1 款就有可能适用于指令。[②] 然而，作为 GATT“基石”的最惠国待遇适用于经由国际运输的产品吗？这一问题是国际贸易的根本问题，却几乎没有得到解决。

GATT 第 1 条第 1 款将适用的措施描述为“涉及进口的规章手续”。从狭义上看，该术语仅限于规制进口的实际行动规则，如报关单手续。然而，GATT 第 1 条第 1 款应根据第 11 条第 1 款的规定进行理解的观点值得商榷，所以该条适用于与进口有关的任何措施。否则，WTO 成员方可以歧视经由海路抵达的和具有共享陆地边界邻国产品的利益。以下的论述假设 GATT 第 1 条第 1 款适用于国际运输。

如果 GATT 第 1 条第 1 款适用于欧盟航空交易指令，那么就需要考虑欧盟航空交易指令是否符合不同 WTO 成员方“相同”产品的“利益”。[③] 首先，这需要确定争议中的“利益”。当然，这必须根据国内市场受影响的产品之间的竞争条件进行评估。[④] 在目前情况下，欧盟航空交易指令的影响是根据产品经由航空运至欧盟的距离对某些来源的产品征收费用。这些费用有体现产品最终价格的潜力，从而提高竞争力。因此，“利益”应该定义为对运至欧盟的产品施加的最有利的合规成本。

如果这构成“利益”，那么它可以平等地给予所有 WTO 成员方的产品吗？如果产品的来源与经由航空运至欧盟的这种产品的距离有关，并且对以某种其他方式（如船舶）运输的给定产品是不利的，那么就不能给予利益。在这种情况下，某一来源（如香港）的产品不能给予其他来源（如多哈）的产品以同样“利益”。

只要欧盟航空交易指令所产生的影响依赖于私营企业所做的商业决定，与其他情况相比，欧盟航空碳排放交易就当然有差异。有些航空公司将选择

---

① GATT 第 1 条第 1 款规定：“在对进口……有关的规章手续方面，以及根据本协定第 3 条第 2 款及第 4 款的规定，任何缔约国对来自或运往其他国家的产品所给予的利益、优待、特权或豁免，应当立即无条件地给予来自或运往所有其他缔约国的相同产品。”

② GATT 第 3 条第 1 款要求必须以非歧视的方式进行数量限制。See WTO Panel Report, EC-Bananas Ⅲ, WT/DS27/R, adopted as modified by the Appellate Body Report, 25 Sept. 1997, para. 7. 68.

③ See WTO Appellate Body Report, Canada-Automobiles, WT/DS139/AB/R, adopted 19 June 2000, para. 78.

④ 有时这涉及关税税率或不可用的监管程序。

承担遵守航空交易指令的费用,在这种情况下,由这些航空公司运输的产品将不存在利益。这意味着任何不利都能归因于航空公司作出的决定而不是航空交易指令。然而,如上文所提及的,航空公司将或能承担费用是不可能的。即使这些航空公司承担费用,这在法律上也没有什么区别。WTO 项下监管措施给予私营企业以动力并消除影响市场竞争条件的方式是足够的,因此,没有必要强迫私营企业以哪种方式行为。① 在此基础上,欧盟航空交易指令似乎并不能给予所有 WTO 成员方的产品"利益"。② 事实上,虽然这种待遇的效果可能是次要的,甚至是微不足道的,但它的潜在消极影响却是重要的。

这个问题可以通过某些航空公司的选择性豁免得到进一步扩大。欧盟航空交易指令规定,"对那些飞离欧盟境内采取措施以减少航空对气候变化产生影响的第三国应加以区别,并免于适用欧盟航空交易指令"。③ 虽然当前并没有航空公司获得过这种豁免,但如果一旦选择地给予,那么很明显这将违反 GATT 第 1 条第 1 款的规定,即应该"立即无条件地"给予所有 WTO 成员方利益。④ 因此,欧盟航空交易指令并没有给予所有 WTO 成员方的相同产品以相同的待遇,很明显这违反了最惠国待遇原则。

(五)过境自由(freedom of transit)

欧盟航空交易指令涉及通过两种方式转运的产品:第一种是有关欧盟转运的产品,第二种是涉及欧盟作为最终目的地的产品。GATT 第 5 条阐述了与这两种情况有关的义务。

1. 航空运输的排除

在探讨第 5 条的规定之前,有必要适当评论第 5 条第 7 款规定的排除条款。该条规定"本条的规定不适用于过境的航空器运行"。但该条接着规定

① See WTO Appellate Body Report, Korea-Beef, WT/DS161/AB/R, adopted 10 Jan. 2001, para. 146.

② See WTO Panel Report, Indonesia-Automobiles, WT/DS54/R, adopted 23 July 1998, para. 14.145 and WTO Panel Report, Canada-Automobiles, adopted as modified by the Appellate Body report 19 June 2000, paras. 10.24 – 10.26.

③ Directive. 2008/101/EC amending Directive. 2003/87/EC so as to include aviation activities in the scheme for greenhouse gas emission allowance trading within the Community, OJ (2008) L8/3. A consolidated version of Dir. 2003/87/EC (the Directive.) is available at http://eur-lex.europa.eu/LexUriServ/LexUriServ.do?uri=CONSLEG:2003L0087:20090625:EN:PDF,2017 年 11 月 20 日访问。

④ See Joshua Meltzer, "Climate Change and Trade-The EU Aviation Directive and the WTO", *Journal of International Economic Law*, Vol. 15, No. 1, 2012, p. 138.

它“将适用于货物(包括行李)航空运输过境”。因此,航空运输的货物是完全适用该条规定。①

2. 欧盟作为过境地

首先,第5条适用于作为过境地的欧盟。根据第5条第3款的规定,如果欧盟航空交易指令视为运输“费用”,那么它受第5条第4款的约束。② 然而,基于上述原因,不管是否在运输中,都很难将欧盟航空交易指令视为“费用”,最好将其视为对航空公司及其顾客施加合规成本的管理体系。③

其次,欧盟航空交易指令是否构成“不必要的限制”(第5条第3款)或“不合理的条例”(第5条第4款)。这些术语的含义仍有模糊之处,尤其检验措施的“必要性”或“合理性”并没有一个标准,理由是欧盟航空交易指令是实施有关运输和“合理”条例有关的“污染者付费”原则“必要的”。赞同这种方法的学者发现,第3条第4款的第2句允许根据其真正的经济成本对内部运输进行差别收费。如果这样做,欧盟航空交易指令就符合第5条第3款和第4款的规定。

3. 欧盟作为目的地

上述探讨的义务是对由WTO成员方运至(运自)其他WTO成员方的产品施加的。这由第5条第6款进行补充,该条对同类产品提供了一定程度的保护,使其免受最终目的地WTO成员方的管理。由于这些产品是经由另一个WTO成员方过境的,而不是使用其他路线,第5条第6款禁止WTO成员方歧视产品。④ 在哥伦比亚入境口岸限制措施案中,各专家组援引第5条第6款的规定,认为该条为其他国家的相同产品提供了一定程度的保护。⑤ 由此可见,该条只保护经由另一WTO成员方运至欧盟的产品,而没有

---

① See WTO Secretariat,“Air Transport Services-Background Note by the Secretariat”,WTO Doc S/C/W/59,5 Nov. 1998,para. 6.

② GATT 第5条第3款规定:“来自或前往其他缔约国领土的过境运输不应受到不必要的耽误或限制,并免征……所有过境税或有关过境的其他费用,除了运输费用……”GATT 第5条第4款规定:“缔约国对过境运输所征收的费用和所实施的条例……必须合理,并应考虑运输的各种情况。”

③ See Joshua Meltzer,“Climate Change and Trade-The EU Aviation Directive and the WTO”,*Journal of International Economic Law*,Vol. 15,No. 1,2012,p. 139.

④ GATT 第5条第6款规定:“每一缔约国对经由另一缔约国领土过境的产品所给的待遇,不应低于这些产品未经另一缔约国领土过境,而直接从原产地运至目的地时所应给予的待遇。”See WTO Panel Report,Colombia-Ports of Entry,WT/DS366/R,adopted 20 May 2009,para. 7.477.

⑤ See WTO Panel Report,Colombia-Ports of Entry,WT/DS366/R,adopted 20 May 2009,para. 7.475.

包括邻国的产品,或经由公海或非 WTO 成员方(如乌克兰)运至欧盟的产品。然而,该条却涉及经由 WTO 成员方领空(如新加坡)运至欧盟的产品。

对这些产品来说,第 5 条第 5 款规定它们必须给予不低于经由其他路线(不管其他路线是否经由 WTO 成员方)产品的待遇。如果相同来源地的相同产品受较低合规成本的约束,而它们经由另一国家过境,那么欧盟航空交易指令就与该义务不一致。由于欧盟航空交易指令造成 WTO 成员方之间不平等待遇,这显然违反了第 5 条第 6 款的规定。[①]

(六)基于气候变化目标分析欧盟航空交易指令的合法性(GATT 第 20 条)

上述的分析表明,欧盟航空交易指令不符合 GATT 规定的一些义务,主要体现在 GATT 第 11 条第 1 款(只要欧盟航空交易指令适用于非欧盟境内)、第 1 条第 1 款(如果欧盟给予某些航空公司选择性的豁免)和某种程度上的第 5 条第 6 款(取决于航程)。然而,不管任何这种行为如何违反 GATT 的规定,根据 GATT 第 20 条的规定,航空交易指令可能都是合法的。该条允许 WTO 成员方因不同的政策原因与条件采取措施,即一般例外条款。该条中有两个例外条款需要考虑,即第 20 条第 g 款和第 20 条第 b 款。只要这些措施是“与国内产品或消费的限制同时有效地实施”,第 20 条第 g 款就允许 WTO 成员方采取“与保护不可再生自然资源有关的”措施。第 20 条第 b 款规定允许成员国采取必要的措施保护人类或动植物的生命或健康。

1. 不可再生自然资源的保护(GATT 第 20 条第 g 款)

目前所采取措施的目的在于减少航空碳排放量以减缓气候变化,而上诉机构尚未因气候变化减缓措施作为有关自然资源的保护措施而获得合法性。然而,在美国汽油标准案(US-Gasoline)[②]中,上诉机构不容置疑地认可专家组

① See Joshua Meltzer, “Climate Change and Trade-The EU Aviation Directive and the WTO”, *Journal of International Economic Law*, Vol. 15, No. 1, 2012, p. 111.

② “美国汽油标准案”基本案情:1995 年 1 月和 4 月,委内瑞拉、巴西子安后要求与美国磋商。他们认为美国《清洁空气法》的规定,特别是关于汽油质量的“基准”的设定安排违反了 GATT 第 1 条和第 3 条的规定,并最终导致该两国企业受到损失。其根据是 TBT 协议第 14 条第 1 款、《关于争端处理规则和程序的谅解》(DSU)第 4 条。两国认为,美国环保署于 1993 年 12 月 15 日依据 1990 年美国修订的《净化空气法》发布《汽油与汽油添加剂规则——改良汽油与普通汽油标准》,该标准不符合 WTO 相关协议。协商开始于 1995 年 2 月 24 日,未果。同年 3 月,委内瑞拉请求争端解决机构设立专家组,专家组于 4 月成立。澳大利亚、加拿大、欧共体和挪威保留作为第三方加入争议解决的权力。参见王静:《论 WTO 一般例外的使用规则》,中国政法大学 2007 年硕士学位论文,第 5 ~ 6 页。

的裁定,即"清洁空气"是不可再生自然资源。① 虽然大气并不等同于空气,但很多人认为,大气也是一种不可再生自然资源。② 由于欧盟航空交易指令旨在保护由气候变化所影响的生物和非生物资源,因此,其与不可再生自然资源的保护有关。

第 20 条第 g 款的其他条件也容易得到满足。欧盟航空交易指令无疑与各自资源的保护"有关",并且"目的与手段之间存在密切真实的联系"。③ 同时,该指令"与相同国内措施同时实施"。因此,该指令"与限制国内生产或消费一起实施以保护不可再生自然资源"。④

所采取措施的域外层面也不能提出任何问题。在美国海虾案(US-Shrimp)⑤中,上诉机构认为,海龟本质上是一个迁徙物种,能在美国境内对其监管提供一种"司法管辖关系"。⑥ 如果有任何关系的话,那么欧盟旨在保护的"大气"甚至可能与欧盟有更密切的"司法管辖关系"。正如总法律顾问科克特(Kokott)在 C－366/10 案中所认为的那样,"众所周知,空气污染没有边界,不管温室气体排放的地点,它们都导致全球气候变化;它们可能对每一个国家和国家联盟的环境和气候产生影响,包括欧盟"。⑦

综上所述,欧盟航空交易指令在第 20 条第 g 款项下是合法的。

2. 保护人类、动植物的生命或健康所必需的措施(GATT 第 20 条第 b 款)

也有必要考虑欧盟航空交易指令是否构成 GATT 第 20 条第 b 款所指的保护人类、动植物的生命或健康所"必需的"措施。首先,欧盟航空交易指令

---

① WTO Appellate Body Report, US-Gasoline, WT/DS2/AB/R, adopted 20 May 1996, pp. 14－15.

② See Joshua Meltzer, "Climate Change and Trade-The EU Aviation Directive and the WTO", *Journal of International Economic Law*, Vol. 15, No. 1, 2012, pp. 141－142.

③ WTO Appellate Body Report, US-Shrimp, WT/DS58/AB/R, adopted 6 Nov. 1998, para. 136.

④ WTO Appellate Body Report, China-Raw Materials, WT/DS394/AB/R, adopted 22 Feb. 2012, para. 360.

⑤ "美国海虾案"(US-Shrimp)基本案情:海龟是一种古老而珍惜的海洋生物,为了保护海龟,美国研制了"海龟驱赶装置"(TED),并通过《濒危物种法案》修正案,要求使用 TED 以使海龟从捕虾拖网中逃生,并增加第 609 条款要求其他国家采用 TED 技术。而印度、马来西亚、巴基斯坦、泰国等国在拖网捕虾作业中因附带捕捞误杀了大量的海龟。美国根据第 609 条款,禁止从上述四国进口虾及虾制品,磋商无果后,WTO 争端解决机构成立专家组并合并审理此案,认为美国第 609 条款违背了世界自由贸易规则并且不属于 GATT 第 20 条例外之规定,裁定美国败诉,美国提出上诉,上诉机构于 1998 年 10 月,作出了裁决报告,裁定美国做法是合理的,肯定美国国会为了环保而通过的立法的正当性。参见周珂、王权典:《我国入世后环境与贸易问题的法律审视》,载《法学家》2002 年第 5 期,第 42 页。

⑥ WTO Appellate Body Report, US-Shrimp, WT/DS58/AB/R, adopted 6 Nov. 1998, para. 133.

⑦ Case C－366/10, ATAA(AG's Opinion), para. 154.

措施是否对"保护人类、动植物的生命或健康"作出或"容易"作出"重大贡献"。[①] 就这一点而言，根据目前的碳价格和对消费者成本的完全转嫁，认为这并没有影响航空业，因此，不能完全肯定指令将产生预期的效果。然而，正如在巴西翻新轮胎进口措施案（Brazil-Retreaded Tyres）[②]中上诉机构所指出的那样："从某些行为中获得的结果，如减缓全球变暖和气候变化的措施，或在一段时间过后才能表现出来的降低疾病发生率的某些预防性行为，这些结果只能随着时间推移才能进行评价。"[③]从长远来看，欧盟航空交易指令至少"容易"对目标的实现作出重大贡献。因此，该指令符合该条的规定。

除此之外，也需要表明欧盟不能通过替代措施达到同样的目标，与采取的措施相比，该措施是既合理又较少限制的。在抽象意义上这是很难评估的。正如美国赌博服务案（US-Gambling）[④]中上诉机构所说的那样："应诉方不必确定较少限制措施的范围，然后表明那些措施都不能获得预期的目标。WTO 协议不考虑这样一种不切实际甚至不可能的负担。"[⑤]由于国际航班或非欧盟航班获得的排放量太少，因此，排除国际航班或非欧盟航班不会满足欧盟的目标。同时，很难知道是否存在另一种合理可用的措施，通过对贸易的较少限制实现欧盟的目标。因此，欧盟航空交易指令符合该条的规定。

---

① WTO Appellate Body Report, Brazil-Retreaded Tyres, WT/DS332/AB/R, adopted 17 Dec. 2007, pp. 143 – 151.

② "巴西翻新轮胎进口措施案"基本案情：巴西根据 2001 年 9 月 14 日的第 3919 号总统法令，对翻新轮胎的进口征收每单位 400 巴西雷亚尔的罚款；这一措施同样适用于翻新轮胎进口后的销售、运输、储存、保管或以存放或入仓形式的保管，而不适用国内翻新轮胎。巴西南里奥格兰德省对翻新轮胎的进口和市场销售进行了限制，禁止翻新轮胎的进口，并且在满足处置义务后允许旧轮胎的进口。巴西根据 SECEX 2002 年 3 月 8 日发布的第 2 号部长法案，对来自于南方共同体国家的翻新轮胎免除进口限制，并根据其 2003 年 2 月 11 日的第 4592 号总统法令免除上述罚款。欧共体认为上述措施不符合 GATT1994 的第 1 条第 1 款、第 3 条第 4 款、第 11 条第 1 款和第 13 条第 1 款。2005 年 6 月 20 日，欧共体就巴西对欧共体出口的翻新轮胎的措施向巴西政府提出磋商要求。因磋商未果，应欧共体请求 DSB 于 2006 年 1 月 20 日决定成立专家组。专家组于 2007 年 4 月 23 日作出最终报告。参见朱榄叶编著：《世界贸易组织国际贸易纠纷案例评析》（2007 ~ 2009），法律出版社 2010 年版，第 55 ~ 56 页。

③ WTO Appellate Body Report, Brazil-Retreaded Tyres, WT/DS332/AB/R, adopted 17 Dec. 2007, p. 151.

④ "美国赌博服务案"基本案情：2003 年 3 月 13 日，安提瓜和巴布达要求与美国进行磋商，以解决美国针对安提瓜提供的赌博与博彩服务采取的措施问题。由于磋商不成，经安提瓜请求，2003 年 7 月 21 日，DSB 决定成立专家组。2004 年 4 月 30 日，专家组公布专家组报告。美国提出上诉。2005 年 4 月 7 日，上诉机构报告公布。4 月 20 日，DSB 通过上诉机构和专家组报告。参见朱榄叶编著：《世界贸易组织国际贸易纠纷案例评析》（2003 ~ 2006），法律出版社 2008 年版，第 524 ~ 525 页。

⑤ WTO Appellate Body Report, US-Gambling, WT/DS285/AB/R, adopted 20 Apr. 2005, para. 309.

3. GATT 第 20 条序言

一旦欧盟航空交易指令被第 20 条例外条款之一被证明合法，专家组就将审查该措施是否符合第 20 条序言的规定。当美国海虾案（US-Shrimp）确定第 20 条第 g 款项下单边环境措施的可容许度时，由于几乎没有环境措施可以通过该条的检验，序言仍然是一个可怕的障碍并被比作“针眼”。① 根据第 20 条序言的规定，这些适用的环境措施不能构成以下三种情形：其一，在情形相同国家之间构成不合理的歧视；其二，在情形相同的国家之间构成任意的歧视；其三，在情形相同的国家之间构成国际贸易的变相限制。

违反上述三个标准中的任何标准都将丧失该措施在第 20 条项下的合法性资格。② 序言保证，第 20 条例外条款项下视为“合理的”非歧视措施的基本原理是非保护主义。裁定任意或不合理的歧视时，法院将考虑非歧视条款或原理与这项措施的合法目标之间是否具有关系。③

序言规定的第一个标准——任意的歧视，关于该标准的裁定考虑了实行该措施的程序、灵活性与“出口国情况程序的适当性”的程度。④ 在美国海虾案（US-Shrimp）中，上诉机构发现美国的认证程序否定了任何国家的认证，不管替代措施的有效性如何，这些国家都没有采取精确的由美国单边指定的捕获虾方法。如果认证裁定的作出没有经过正式的通知或审查程序，那么，这些标准的机械适用就缺乏程序正当性。上诉机构发现美国认证的僵化性和不灵活性“可以导致成员国权利的否定”，因此，这构成任意的歧视。⑤

序言规定的第二个标准——不合理歧视，关于该标准的裁定考虑了措施适用的实质。在美国海虾案（US-Shrimp）中，上诉机构发现美国的进口禁令构成“不合理的歧视”，其原因如下：第一，上诉机构发现，即使成员国的替代

---

① See Sanford Gaines, “The WTO's Reading of the GATT Article XX Chapeau: A Disguised Restriction on Environmental Measures”, *University of Pennsylvania Journal of International Economic Law*, Vol. 22, 2001, pp. 741 – 773.

② See WTO Appellate Body Report, United States-Import Prohibition of Certain Shrimp Products, WT/DS58/AB/R, Oct. 12, 1998, para. 184.

③ See WTO Appellate Body, Brazil-Measures Affecting Imports of Retreaded Tyres, WT/DS332/AB/E Dec. 3, 2007, paras. 226 – 227.

④ See WTO Panel Report, United States-Import Prohibition of Certain Shrimp and Shrimp Products Recourse to Article 21.5 by Malaysia, WT/DS58/RW, Jun. 15, 2001, para. 5.122.

⑤ See WTO Appellate Body Report, United States-Import Prohibition of Certain Shrimp Products, WT/DS58/AB/R, Oct. 12, 1998, paras. 180 – 181.

程序服务于美国宣称的政策目标,美国也要求国家"从本质上采取相同的规制程序"。这种僵硬和不灵活的标准未能考虑成员国的不同情况,构成不合理歧视。[①] 第二,上诉机构发现,在实施禁令前,美国未能与成员国就出口海虾进行全面谈判以达成多边或双边协议,从而构成不合理的歧视。第三,上诉机构指出美国措施的适用是单边的,强调措施的"破坏性和歧视性影响"并"强调了其不合理性"。[②]

序言规定的第三个标准——不能构成"国际贸易的变相限制"。如果成员国使用 GATT 第 20 条例外条款试图"隐藏贸易限制目标的追求"。[③] 第一,公共性测试要求措施应该公开宣布。第二,那些构成"任意歧视"和"不合理歧视"的措施被解释为导致裁定该措施也是"贸易的变相限制"的措施。第三,措施的"设计、建筑和显示结构"可能揭露保护主义目标。上诉机构已将序言视为一般国际法"诚信"原则的体现,从而禁止例外条款的滥用。[④] 因此,该条有助于寻求 WTO 成员方援引第 20 条例外条款的法律权利与其他 WTO 成员方之间权利的平衡。这种平衡机制被描述为按比例递增规模,并且可以在逐案基础上进行评价,并且用于平衡贸易与环境关注之间的关系时,这种机制已优先考虑多边主义。[⑤]

(1)欧盟航空交易指令在 GATT 第 20 条序言中的适用

在美国海虾案(US-Shrimp)中,上诉机构承认服务 GATT 第 20 条例外条款合法目标之一的单边环境措施,不是"先天的不能证明第 20 条的合理性"。美国汽油标准案(U. S. – Gasoline)体现了上诉机构对 WTO 成员方环境政策的尊重:"WTO 成员方有很大自主权确定自己的环境政策(包括环境与贸易

---

① See WTO Appellate Body Report, United States-Import Prohibition of Certain Shrimp Products, WT/DS58/AB/R, Oct. 12, 1998, paras. 164 – 166.

② See WTO Appellate Body Report, United States-Import Prohibition of Certain Shrimp Products, WT/DS58/AB/R, Oct. 12, 1998, paras. 166, 172.

③ See WTO Panel Report, European Communities-Measures Affecting Asbestos and Asbestos-Containing Products, WT/DS135/R, Sep. 18, 2000, p. 8. 236.

④ See Shabtal Rosenne, "The Perplexities of Modern International Law: General Course on Public International Law", *Collected Course of the Hague Academy of International Law*, Vol. 291, 2001, pp. 336 – 337.

⑤ See John H. Knox, "The Judicial Resolution of Conflicts between Trade and the Environment", *Harvard Environmental Law Review*, Vol. 28, 2004, pp. 56 – 57.

之间的关系)、环境目标和颁布和执行的环境立法。"[①]上诉机构发现该利益只能由 GATT 和其他 WTO 协议的实质性义务所限制。但是,当欧盟航空交易指令在 GATT 第 20 条项下"保护不可再生自然资源"与"保护人类、动植物和健康"的例外条款被证明合法时,欧盟航空交易指令的适用构成序言规定的任意和不合理的歧视。

在欧盟航空交易指令的适用中,有两个情景构成暗含的"任意和不合理的歧视"。第一个情景来自于指令调整航空碳排放的方法。航空碳排放量可以通过监控欧盟与非欧盟国家之间航班全程的燃料消费来计算。[②] 上诉机构发现,即使 WTO 成员方有关歧视措施的合理性与措施不具有合理联系,或与措施阐明的目标背道而驰,该措施也可能符合 GATT 第 20 条例外条款的规定。[③] 根据欧盟监控航空碳排放的措施,如果其中一个航班在欧盟境外中转着陆,正如转机一样,那么两个飞行相同距离的航班可能为不同数量的配额负责。[④] 与飞行更远距离的间接飞行相比,由于在进入欧盟之前曾经中转,这甚至可能导致直飞航班为更多的排放量负责。实际上这破坏了采取的措施与温室气体减排目标之间的关系,构成任意和不合理的歧视,并且甚至可能作为航空公司规避所采取的措施,导致温室气体排放量的净增加。[⑤]

当航空公司选择将遵守欧盟航空交易指令的成本转嫁到货物费率,就会导致飞行更远距离的商品价格的上涨,那么第二个情景就出现了。[⑥] 既然欧盟航空交易指令只考虑货物航空运输中产生的二氧化碳排放量,由于飞行的距离并不代表商品的总体碳足迹,这就构成任意和不合理的歧视。[⑦] 例如,与

---

① WTO Appellate Body Report, United States-Standards for Reformulated and Conventional Gasoline, WT/DS2/AB/R, Apr. 29, 1996, p. 30.

② See Council Directive 2008/101/EC, 2009 O. J. (L 8) (EU), art. 3(b), Annex IV(B).

③ See WTO Appellate Body Report, Brazil-Retreaded Tyres, WT/DS332/AB/R, adopted 17 Dec. 2007, p. 227.

④ See Joshua Meltzer, "Climate Change and Trade-The EU Aviation Directive and the WTO", *Journal of International Economic Law*, Vol. 15, No. 1, 2012, p. 145.

⑤ See Joshua Meltzer, "Climate Change and Trade-The EU Aviation Directive and the WTO", *Journal of International Economic Law*, Vol. 15, No. 1, 2012, p. 146.

⑥ See Joshua Meltzer, "Climate Change and Trade-The EU Aviation Directive and the WTO", *Journal of International Economic Law*, Vol. 15, No. 1, 2012, pp. 144 – 145.

⑦ See Report of the Commission Joint Research Centre on the "Carbon Footprint—what it is and how to measure it", (2007), available at http://lct.jrc.ec.europa.eu/pdf-directory/Carbon-footprint.pdf, 2014 年 11 月 22 日访问。

使用最低碳足迹运输货物飞行更远距离的飞机经营者相比，使用一个相对大的碳足迹运输货物但只飞行了一个短距离的飞机经营者应该为更少的配额负责。① 因此，欧盟航空交易指令忽视了效率的提高，效率的提高能减少产品的生产和加工方法中温室气体的排放量，也有助于减缓气候变化。② 与美国海虾案的裁定相似，欧盟航空交易指令忽视了欧盟减少全球温室气体排放量的目标。

"任意的歧视"的裁定也明确考虑执行该航空交易指令的过程，并且当继续服务措施的政策目标时，他们是否考虑存在于其他国家的情况。③ 一旦措施的适用危及贸易政策，而该贸易政策主张证明其贸易限制效果的合理性，就构成"任意的歧视"。④ 然而，程序和正当程序保障能权衡"任意歧视"的裁定。例如，出口成员国听证的机会要件及通知和审查程序被认为能将灵活性纳入措施并反应其他国家存在的情况。⑤ 欧盟航空交易指令的运行很大部分依赖于航空器营运者的直接参与和信息提供。根据欧盟航空交易指令的规定，航空器营运者提交欧盟授予的免费配额申请，监控其每年的二氧化碳排放量并提交每年的排放量给认证的检验机构。此外，欧盟委员会定期公布由指令涵盖的航空器营运者每年二氧化碳排放量列表。⑥ 航空器营运者在欧盟航空交易指令运行中的直接参与将有助于缓解正当程序和程序正当性的担忧。

为避免"不合理的歧视"裁定，实施单边环境措施的国家必须就多边协定进行全面谈判。⑦ 欧盟是气候变化政策谈判中的主要力量，并且在气候变化

---

① See Joshua Meltzer, "Climate Change and Trade-The EU Aviation Directive and the WTO", *Journal of International Economic Law*, Vol. 15, No. 1, 2012, pp. 144 – 145.

② See Joshua Meltzer, "Climate Change and Trade-The EU Aviation Directive and the WTO", *Journal of International Economic Law*, Vol. 15, No. 1, 2012, p. 146.

③ See WTO Appellate Body Report, United States-Import Prohibition of Certain Shrimp Products, WT/DS58/AB/R, Oct. 12, 1998, para. 177.

④ See WTO Appellate Body Report, United States-Import Prohibition of Certain Shrimp Products, WT/DS58/AB/R, Oct. 12, 1998, para. 165.

⑤ See WTO Appellate Body Report, United States-Import Prohibition of Certain Shrimp Products, WT/DS58/AB/R, Oct. 12, 1998, paras. 177, 180 – 181.

⑥ See Council Directive 2008/101/EC, 2009 O. J. (L 8) (EU), art. 3(e), 15.

⑦ See WTO Appellate Body Report, United States-Import Prohibition of Certain Shrimp Products, WT/DS58/AB/R, Oct. 12, 1998, paras. 165 – 166.

政策领域支持多边合作从而处理这种全球环境问题。[①] 在 UNFCCC 框架内，欧盟在气候政策谈判和其他的多边论坛包括 ICAO(欧盟具有观察员身份)中处于领导地位。在 ICAO 内，欧盟的参与谈判和促进谈判进程的继续努力完成了谈判的要求。[②]

最后，欧盟航空交易指令是否视为"国际贸易的变相限制"，这取决于上诉机构作出裁定所采取的标准。由于欧盟航空交易指令是在欧盟官方杂志上公布的，因此，该规则很有可能不能视为"公共性测试"下贸易的变相限制。如果上诉机构撤销了裁定，即欧盟航空交易指令是否构成"任意和不合理歧视"或"贸易的变相限制"的裁定，上诉裁定就不必要单独审查这个要件。[③] 根据第三个标准，航空交易指令将不能视为"国际贸易的变相限制"。由于欧盟航空交易指令的"设计、建筑和显示结构"将非歧视原则和承诺合并成一种多边解决协议。[④] 因此，如果上诉机构单独考虑这三个标准，那么它将发现航空交易指令并不构成"国际贸易的变相限制"。

虽然欧洲议会和欧盟理事会已通过并发布了有关航空减排新政的第 421/2014 号条例，决定在 2016 年年底前，欧盟航空交易指令只适用于欧洲经济区内部的航线，但是，欧盟航空交易指令将足够的灵活性和敏感性纳入其他国家能否经得起序言的检验仍值得研究。这是因为措施的适用与非欧盟表达的意图影响措施是否将构成任意或不合理的歧视。[⑤] 然而，欧盟将不能避免隐含在指令适用中的"任意和不合理的歧视"。

在美国海虾案(US-Shrimp)中，当上诉机构裁定"僵化和不灵活的"措施构成"任意和不合理的歧视"时，美国可以通过修改指南使措施符合

---

① See Louise Van Schaik & Simon Schunz, "Explaining EU Activism and Impact in Global Climate Politics: Is the Union a Norm-or Interest-Driven Actor?" *Journal of Common Market Studies*, Vol. 50, 2012, pp. 171 – 173.

② See Commission Proposal for a Decision of the European Parliament and of the Council derogating temporarily from Directive 2003/87/EC of the European Parliament and of the Council establishing a scheme for greenhouse gas emission allowance trading within the Community, COM (2012) 697 (Nov. 12, 2012), pp. 4 – 5.

③ See WTO Appellate Body Report, United States-Standards for Reformulated and Conventional Gasoline, WT/DS2/AB/R, Apr. 29, 1996, para. 25.

④ See Council Directive 2008/101/EC, 2009 O. J. (L 8) (EU), art. 25(a).

⑤ See WTO Appellate Body Report, United States-Import Prohibition of Certain Shrimp Products, WT/DS58/AB/R, Oct. 12, 1998, para. 160.

WTO 的规定。[①] 因此，如果欧盟能够修改指令符合“任意和不合理歧视”的构成要件，那么上诉机构很有可能考虑修订的措施符合 GATT 第 20 条的规定。然而即使欧盟航空交易指令在 GATT 第 20 条项下是合法的，在缺少航空碳排放规则的多边协议时，欧盟也应该避免施加该指令强加给非欧盟航空公司。

(2)GATT 第 20 条序言下航空交易指令的合法性

即使这存在歧视，它也不必然是任意的或不合理的。的确，认定歧视的第一个实例根据相关的政策措施很容易被证明合理。基于碳减排政策，对来自香港的产品比来自迪拜的产品承担更高的合规成本事实，以及两者都比欧盟产品承担更高合规成本事实来说，这存在一个合理判断。

然而，同样也不能忽视第二种歧视，即等距离来源产品的直接飞行和间接飞行之间（或两个不同的间接飞行之间），经由间接分行的产品比经由直接飞行的产品相对更简单。这种歧视来自欧盟航空交易指令并不适用于终点站不在欧盟的任何航班。因此，与从（等距离）广州直接飞至欧盟的产品相比，从香港经由迪拜转运的产品将承担更低的合规成本。如前所提及的，这是欧盟委员会从狭义的角度对航空交易指令中“航班”进行定义的结果。[②] 因此，还必须探讨第二种歧视存在的基本原理。

根据欧盟承担的国际义务，欧盟对这些航班没有管辖权，但上诉机构认为，没有提及该措施的目的而采取遵守国际义务的措施等同于任意的歧视。[③] 由于欧洲法院持这样一种观点，即指令完全不受任何这些义务约束的观点，这对欧洲法院案例的判决也没有帮助。正如欧洲法院所说的：“根据主要程序中可以依赖并可以完全适用欧盟法律的习惯国际法，在适用欧盟环境立法的情况下，导致成员国空气、海洋或领土污染的某些事物部分发生在领土外的事实，该事实并非如此质疑。”[④]如果这是正确的，那么欧盟应该能够将该指

---

① See WTO Appellate Body Report, United States-Import Prohibition of Certain Shrimp Products, WT/DS58/AB/R, Oct. 12, 1998, para. 153.

② See Directive 2008/101/EC amending Dir. 2003/87/EC so as to include aviation activities in the scheme for greenhouse gas emission allowance trading within the Community, OJ (2008) L8/3. A consolidated version of Directive 2003/87/EC (the Directive), available at http://eur-lex. europa. eu/LexUriServ/LexUriServ. do? uri = CONSLEG:2003L0087:20090625:EN:PDF, 2017 年 11 月 23 日访问。

③ See WTO Appellate Body Report, Brazil-Retreaded Tyres, WT/DS332/AB/R, adopted 17 Dec. 2007, p. 227.

④ Case C – 366/10, ATAA, para. 129.

令扩展至所有的航班,事实上所有的排放生产活动,说到底就是他们对欧盟产生的"影响"。

但这并不是措施歧视方面的唯一理由:这些方面也有可能基于欧盟不能获得欧盟作为终点的有关航班的数据。理论上,很难评价这种诉求,但美国汽油标准案的诉求并不是积极的。然而,即使歧视的理由正当,欧盟航空交易指令也将面临另一个障碍。在巴西翻新轮胎进口措施案(Brazil-Retreaded Tyres)中,上诉机构认为,巴西所采取的措施是歧视性的,不仅因为这些与措施的目标不相关,而且因为措施的这些方面有恶化公共健康的危险,即对来自乌拉圭翻新轮胎进口的潜在危险增加。① 这存在一种风险,欧盟航空交易指令将对航空碳排放产生消极影响。正如德国汉莎航空公司所指出的,需要较少碳排放量的间接飞行航班实际上可能排放比等距离直接飞行航班排放更多的二氧化碳。② 在这些情况下,欧盟航空交易指令构建了一个创建碳排放量的激励机制。

上述关于欧盟航空交易指令的某些分析比较消极。同时,有关指令这些方面的事实是假设的,或几乎没有实际效果。然而,上述分析可以得出如下结论:欧盟航空交易指令在 GATT 第 20 条项下可以证明合法。

二、TBT 协议

作为欧盟履行《京都议定书》承诺义务的一种方式,欧盟航空交易指令引起了所有利益相关者的诸多争议。欧盟交易指令将其适用于航空业引起国际法的关注。2011 年,欧盟高等法院作出初步裁定,该裁定导致欧盟排放体系推迟一年适用于航空业,其目的在于容许国际社会在 ICAO 框架下形成一种全球解决方案。③ 2013 年,ICAO 第 38 届大会通过 17/2 决议,该决

---

① See WTO Appellate Body Report, Brazil-Retreaded Tyres, WT/DS332/AB/R, adopted 17 Dec. 2007, p. 228.

② 汉莎航空公司预测香港—迪拜—富兰克福航班将产生 296 吨碳排放量,超过 18% 的香港—富兰克福直飞航班:汉莎,"欧盟排放交易:欧洲领先死胡同"政策概要,2009 年 12 月。See http://presse.lufthansa. com/fileadmin/downloads/en/policy-brief/12_2009/LH-Policy-Brief-December-Emissions-trading.pdf,2017 年 11 月 23 日访问。

③ See C – 366/10, Air Transport Association of America, [2011] ECR 1 – 13755; "Stopping the clock of ETS and aviation emissions following last week's International Civil Aviation Organization (ICAO) Coucil", MEMO/12/854, 12 Nov. 2012, available at http://europa. eu/rapid/press-release_MEMO – 12 – 854_en.hem,2017 年 4 月 4 日访问。

议要求，自 2020 年后构建全球性以市场为基础的航空碳排放交易体系。[①] 作为回应，根据该停摆方式，欧盟通过了 421/2014 号条例。该条例规定，欧盟暂停适用航空交易指令直至 2016 年。该条例最相关的方面在于，到 2016 年 12 月 31 日，该条例考虑了 2003/87/EC 指令规定所要满足的条件。然而，全球航空碳排放体系是否达成尚不知晓。如果 ICAO 不能达成该体系，那么该指令制定的体系又将得到适用。因此，如果全球体系未能达成，分析该体系的贸易问题就变得非常重要，并且欧盟航空交易指令将以其最初的形式得到实施。

欧盟航空交易指令提出的其中一个问题是其与 WTO 条款的兼容性。尽管欧盟航空交易指令与 GATT 和 GATS 协议的兼容性已得到诸多学者的论证，[②] 但甚少有学者关注其与《技术性贸易壁垒协议》（TBT 协议）的兼容性。如果 TBT 协议可以适用于欧盟航空交易指令，那么这种分析将是重要的。一方面，有关的法律分析将从该指令与 GATT 第 3 条第 4 款和第 20 条的兼容性转向其与 TBT 协议第 2 条的兼容性；另一方面，TBT 协议第 2 条增加了一个透明度要件（TBT 第 2 条第 5 款）并转移举证责任。既然 TBT 协议附件第 1 条第 1 款项下传统的与产品无关的生产过程和生产方法（Non-Product-Related Process and Production Method，NPR-PPM）并未直接被排除出 TBT 协议的范围，甚至在欧共体沙丁鱼案[③]（EU-Seals）的上诉机构报告作出后，这种分析仍然是相关的。相反，欧共体沙丁鱼案（EU-Seals）的上诉机构报告改进了这一讨论并提出，尽管要求重新定义这些类型从某种意义上已经过时，但与产品

① See ICAO, Assembly Resolution A38 – 18, "Consolidated Statement of Continuing ICAO Policies and Practices Related to Environmental Protection-Climate Change", 2013, available at http://www.icao.int/Meetings/a38/Documents/a38_res_prov_en.pdf, 2017 年 4 月 4 日访问。

② See Lorand Bartels, "The WTO Legality of the Application of the EU's Emission Trading System to Aviation", *European Journal of International Law*, Vol. 23, 2012, p. 423.

③ "欧共体沙丁鱼案"基本案情：欧共体有关灌装沙丁鱼销售的法规（European Communities Regulation，ECR）规定，以"沙丁鱼"名义销售的只能是北大西洋东部沙丁鱼制作的灌装沙丁鱼，然而秘鲁在其沿海捕获制作的灌装沙丁鱼，即秘鲁沙丁鱼，并且该类沙丁鱼向欧共体出口。根据欧共体 ECR 的有关规定，该类沙丁鱼是不能在欧共体境内销售的。但根据联合国粮农组织和世界卫生组织食品规则委员会制定的标准，即 Codex Stan94 则允许该类沙丁鱼在市场上销售的。针对欧共体 ECR 的这一不合理的规定，秘鲁向世界贸易组织争端解决机构提出申诉，声称欧共体的 ECR 这一规定违反了 TBT 协议第 2 条第 4 款的规定，认为有关沙丁鱼的法规应该符合 Codex Stan94 的国际标准。参见吴蕾：《WTO"技术性贸易壁垒协定第一案"之法律透析——欧共体沙丁鱼案》，载《武大国际法评论》2005 年版，第 247 ~ 248 页。

有关的生产过程和生产方法(Product-Related Process and Production Method, PRP-PM)与 NPR-PPM 之间的区别与 TBT 协议订立的目的相关。①

为这一目的,工作组假设欧盟航空交易指令构成技术法规。由于 TBT 协议并不存在相当于 GATT 第 20 条的条款,因此,在适用 TBT 第 2 条时,将不能直接适用 GATT 第 20 条项下采取的分析方法。一旦措施在 TBT 协议项下被宣布为非法,那么无论是中国稀土案(China-Rare Earths)②的上诉机构报告还是美国丁香烟案(US-Clove Cigarette)③的上诉机构报告解释,都不能因 GATT 项下的例外条款而受益。④

如果欧盟航空交易指令最终适用于第三国航班,那么有必要分析该指令是否应归入 TBT 协议的范围。有人认为,只要欧盟航空交易指令可视为影响商品贸易的技术法规,那么 TBT 协议的相关规定可以导致该指令适用于外国航班。为解决这一问题,既然该指令以对商品的部分生产周期施加规制负担

---

① WTO Appellate Body Report, European-Communities-Measures Prohibiting the Importation and Marketing of Seal Product, WT/DS400/AB/R, WT/DS4001/AB/R, circulated to WTO members 22 May 2014; Gabrielle Marceau, "A comment on the Appellate Body Report in EC-Seal Products in the context of the Trade and Environment Debate", *Review of Eurpoean, Comparative & International Environmental Law*, 2014, Vol. 23, p. 327.

② "中国稀土案"基本案情:作为工业现代化的催化剂,稀土资源一直广泛应用于军事、石油化工和医疗等领域,稀土的开发具有极其重要的战略地位。尽管中国拥有丰富的稀土资源,占世界稀土的 36%,但是每年的产量占世界的 90%,常年的过度开发导致了环境污染和破坏,而且这一战略资源的快速流失使中国政府采取了一些必要的管制措施。2012 年初,中国工信部颁布措施,对包括稀土等九种原材料出口进行管制,减少美国、墨西哥、欧盟等国的稀土配额,这也直接导致了这场稀土贸易战的爆发。美国率先寻求 WTO 的协助,推动中国政府解除对稀土出口的配额制度,越发依赖中国稀土出口的欧盟和墨西哥也加入美国,向 WTO 提出诉讼请求。美国等国认为,中国采取了出口配额、出口许可证和出口限价等诸多限制措施,违反了 WTO 规则以及中国加入 WTO 议定书,中国政府应解除对稀土等资源出口的限制措施。参见百度文库,http://wenku.baidu.com/view/c8941b27af45b307e9719706.html,2016 年 4 月 13 日访问。

③ "美国丁香烟案"基本案情:美国《联邦食品、药品和化妆品法案》第 907(a)(1)(A)条规定,香烟不得包含人工和自然香味或香料(不包括烟草和薄荷),包括草莓、葡萄、丁香等烟草产品或烟草烟雾中的特定香味。大部分美国烟民吸普通烟和薄荷烟,大约 1/4 的美国烟民吸薄荷烟,丁香烟在美国的市场份额在 2000 年至 2009 年间只占大约 0.1%,这些丁香烟大多数进口自印度尼西亚。印度尼西亚认为,该条规定使美国从印度尼西亚进口的丁香烟相比美国的同类产品即薄荷烟受到了更低的待遇,因而违反了 TBT 协议第 2 条第 1 款的国民待遇原则。United States-Measures Affecting the Production and Sale of Clove Cigarette, WT/DS406/R, paras. 2.24 – 2.28, para. 7.42, paras, 7.114 – 7.255. 转引自杨淑君:《浅谈 TBT 国民待遇原则——美国丁香烟案解析》,载《世界贸易组织动态与研究》2013 年第 4 期,第 52 ~ 53 页。

④ See WTO Appellate Body Report, China-Measures Related to the Exportation of Rare Earths, Tungsten, and Molybdenum, WT/DS431/AB/R, WT/DS433/AB/R, adopted 29 Aug. 2014, para. 5.56.

的方式影响经由航空运输的商品，就有必要探讨 TBT 协议项下“技术法规”的含义以及该法规包括哪些生产过程和生产方法(PPM)。

欧盟航空交易指令提出很多与 TBT 协议相关的需要处理的重要问题。如果没有详尽的计划或提供一个确切的答案，本部分内容旨在提出并探讨一系列因最近的 WTO 判例而产生争议的问题。第一，PPM 是否以及哪些 PPM 可以归入 TBT 协议的范围。第二，欧盟航空交易指令是否可被定义为影响商品交易的国内措施。第三，欧盟航空交易指令是否的确构成 TBT 协议项下的“技术法规”。同时，“技术法规”提出下列问题：它是否适用于相同产品或产品组，是否规定了产品特征或相关的 PPM 以及它是否具有约束力。同时，也有必要探讨与 TBT 协议的兼容性有关的实际含义以及提交 WTO 争端解决机构面临的假设性挑战。为达到这一目的，该部分重点分析 TBT 协议第 2 条第 1 款和第 2 条第 2 款。一旦对这两款规定进行详细分析，就可以得出初步性的结论。

(一) TBT 协议项下技术法规的含义：NPR-PPM 措施的范围

1. 传统观点

根据欧共体石棉案(EC-Asbestors)①和欧共体沙丁鱼案(EC-Sardines)的上诉机构报告，如果要将任何文件归入 TBT 协议的范围，该文件必须满足三个标准：②这些标准中的第二个标准表明，该文件必须规定产品的本质特征或与产品相关的特征。因此，传统观念认为，NPR-PPM 规范不应归入 TBT 协议的范围。

迄今为止，一些案件的专家组和上诉机构报告已经对该问题有所涉及。欧共体石棉案(EC-Asbestors)和欧共体沙丁鱼案(EC-Sardines)间接提出了该

---

① “欧共体石棉案”基本案情：1997 年 1 月 1 日，法国政府颁布了一项在法国禁止使用石棉的法令，其目的在于保护法国民众的身体健康，该法令禁止在法国使用所有种类的石棉纤维及其产品。该法令给加拿大采矿业和石棉出口业造成了严重的经济损失。该禁令的颁布不仅造成了加拿大向法国出口的经济损失，而且影响了其向欧盟 15 个成员国以及发展中国家的市场收益。1998 年 11 月，加拿大向 WTO 争端解决机构提出申诉，WTO 争端解决机构对此事进行调查的专家组于 2000 年 9 月 18 日公布了此案的最终报告。加拿大和欧盟对该报告不服，提出上诉。2001 年 3 月 12 日，上诉机构提交了裁决报告。European Communities-Measures Affecting Asbestos and Asbestos-Containg Product, Report of the Panel, WT/DS135/R, pp. 5 – 6. 转引自王莹：《石棉案分析：GATT 第 20 条、TBT 协议与公共健康》，吉林大学 2004 年硕士学位论文，第 3 ~ 4 页。

② WTO Appellate Body Report, European Communities-Measures Affecting Asbestos and Asbestos-Containg Product, Report of the Panel, WT/DS135/R, adopted 5 Apr. 2001, DSR 2001: Ⅶ, 3243, para. 67 – 70; WTO Appellate Body Report, European Communities-Trade Description of Sardines, WT/DS231/AB/R, adopted 23 Oct. 2002, DSR 2002: Ⅷ, 3359, para. 176; Condon, “Climate Change and Unresolved Issues in WTO Law”, *Journal of International Economic Law*, 2009, Vol. 12, pp. 895, 920 – 921.

问题,甚至在最近,墨西哥诉美国金枪鱼案(US-Tuna Ⅱ)①直接评估了 NPR-PPM 问题,并且该问题在欧盟海豹案(EU-Seals)②的专家组和上诉机构报告中也是利害攸关的。在 TBT 协议的谈判中,该问题一直是讨论的主题,但对于其内容并未达成共识。③ 由于 PR-PPMs 可以在最终产品中留下痕迹而 NPR-PPMs 不能,④因此,该问题有助于重新定义 PR-PPMs 与 NPR-PPMs 的传统分类。从这方面看,欧盟海豹案(EU-Seals)是特别相关的。正因为参考了 TBT 协议附件 1.1 意义上的“相关 PPMs”,通常将 PR-PPMs 的传统分类归入

---

① “墨西哥诉美国金枪鱼案”基本案情:美国针对东太平洋海域因大型围网捕捞金枪鱼可能造成海豚损伤或死亡而采取了一系列的限制措施,其中包括金枪鱼产品的进口、市场和销售等。在这些措施中,“海豚安全”标签措施是最引发争议的,这一措施导致墨西哥生产的金枪鱼及其产品因无法获得“海豚安全”标签而无法在美国销售。墨西哥以美国这一标签措施违反 TBT 协议的规定向 WTO 争端解决机构提起申诉。2011 年 7 月 8 日,专家组发布最终报告认同了墨西哥的申诉理由并以司法经济原则为由拒绝审查 GATT 1994 第 1.1 条和第 3.4 条的规定。2012 年 1 月 25 日,墨西哥向 WTO 争端解决机构提出上诉,2012 年 5 月 16 日,WTO 公布了该案的上诉机构报告,该报告推翻了专家组有关 TBT 协定第 2.1 条、第 2.2 条和第 2.4 条的裁决,认为美国有关“海豚安全”的措施构成了对墨西哥的不公平待遇,但驳回了墨西哥有关采用替代措施保护海豚的诉请。See WTO Appellate Body Report, United States-Measures Concerning the Importation, Marketing the Sale of Tuna and Tuna Products, WT/DS381/AB/R, adopted 13 Jun. 2012. 转引自黄莉:《墨西哥诉美国金枪鱼案“不必要障碍”判断方法研究》,西南政法大学 2013 年法律硕士学位论文,第 2~3 页。

② “欧盟海豹案”基本案情:2009 年 9 月 16 日和 2010 年 8 月 10 日,欧洲议会和欧盟理事会以及欧盟委员会分别颁布了《关于海豹产品贸易的第 1007/2009 号欧共体条例》和《关于实施第 1007/2009 号欧共体条例的第 737/2010 号欧盟条例》。这两个条例的主要内容可概括为“一条禁令”和“三项例外”。加拿大和挪威认为三项例外不符合 TBT 协定或 GATT 1994 的相关条款,并向 WTO 争端解决机构提起申诉。2013 年 11 月,专家组裁定欧盟海豹产品贸易制度整体上构成了 TBT 协定附件 1.1 意义上的“技术法规”,三项例外符合 GATT 1994 第 11.1 条的规定。2014 年 1 月,争端各方提起上诉。上诉机构裁定欧盟海豹产品贸易制度并不构成 TBT 协定附件 1.1 意义上的“技术法规”,并认为该制度可根据 GATT 第 20 条(a)项公共道德获得临时正当性,但不符合第 20 条序言的各项要求。See WTO Panel Report, European Communities-Measures Prohibiting the Importation and Marketing of Seal Products, WT/DS400/AB/R, WT/DS4001/AB/R, circulated to WTO members 22 May 2014. 转引自胡建国:《多边贸易体制下的动物福利与土著群体生存利益之辩——WTO 上诉机构欧盟海豹案裁决的启示》,载《国际法研究》2015 年第 3 期,第 114~115 页。

③ Committee on Technical Barrier to Trade, “Negotiating History of the Coverage of the Agreement on Technical Barrier to Trade with regard to Labelling Requirements, Voluntary Standards on Process and Production Methods Unrelated to Product Characteristics”, Note by the Secretariat, G/TBT/W11, dated 29 Aug. 1995.

④ See G. Marceau, “A comment on the Appellate Body Report in EC-Seal Products in the Context of the Trade and Envrionment Debate”, *Review of Eurpoean, Comparative & International Environmental Law*, 2014, Vol. 23, p. 326.

技术法规。此外,PR-PPMs 的相似性概念与国民待遇的评价密切相关。①

然而,将 PR-PPMs 纳入 TBT 协议范围的观点似乎被大多数的文献所接受,NPR-PPMs 是否应纳入 TBT 协议的范围仍是学者深度探讨的主题。② 考虑到这一问题,这些文献通常将其分为两个主要流派。有些学者认为,附件 1.1 的文本包括所有的 PPMs。还有些学者赞同狭义理解,认为"相关 PPMs"可以区分不同的 PPMs,以致并不是所有的 PPMs 涵盖在协议的范围内。

2. 相关案例将 NPR-PPMs 纳入 TBT 协议范围

第一,TBT 协议对 PPMs 的适用并不意味着其直接的"合法性"是重要的。反之,与 GATT 协议规定的条件相比,TBT 协议规定的条件更严格,如通知、协调或相互承认。为支持这一观点,批评者认为,如果意图是为了禁止非产品有关的 PPMs 用来区分其他相同产品,那么 TBT 协议不能涵盖某些 PPMs 的事实是一个奇怪的结果。如果 TBT 协议不能调整非产品有关的 PPMs,那么它就不能禁止它们。根据 TBT 协议序言的规定,通过国际贸易公平处理国内标准和法规方面的利益和风险,TBT 协议的目的在于实现 GATT 的目标。③ 与 GATT 协议的非歧视待遇相比,TBT 协议进一步阐明其义务,从而完成该目标。④ 因此,TBT 协议项下解释更不透明的 NPR-PPMs 更便利。

第二,考虑到 NPR-PPMs 直接违反了 GATT 协议规定,这些规定在某些情况下只有在第 20 条项下是允许的。通常认为,它们应该自动被禁止。⑤ 事实在于将它们纳入 TBT 协议的范围,那么他们将有条件得到许可。在 NPR-

---

① See Appleton, The Agreement on Technical Barriers to Trade, in the World Trade Organization: Legal, Economic and Political Analysis Vol. I, pp. 371, 388 – 390. (P. E. J. Macrory, A. E. Appleton & M. G. Plummer eds, Springer 2005). For an analysis of US-Clove Cigarette. See Choi, "How More 'Likeness' in Addressing Technical Regulation?" *SIEL Working Paper Series*, 2012, p. 58.

② See Regan, How to Think about PPMs (and Climate Change), in International Trade Regulation and the Mitigation of Climate Change: World Trade Forum 97 (T. Cottier, O. Nartova & S. Nigdeli eds, Cambridge U. Press, 2009); Charnovitz, "The Law of Environment 'PPMs' in the WTO: Debunking the Myth of Illegality", *Yale Journal of International Law*, Vol. 27, 2002, p. 59.

③ See Preamble to the TBT Agreement, pp. 2 – 5.

④ See E. Vranes, "The WTO and Regulation Freedom: WTO Disciplines on Market Access, Non-Discrimination and Domestic Regulation Relationg to Trade in Goods and Services", *Journal of International Economic Law*, Vol. 12, 2009, pp. 953, 957 – 959.

⑤ See Howse & Regan, "The product/Process Distinction-An Illusory Basis for Discipling 'Unilateralism' in the Trade Policy", *European Journal of International Law*, Vol. 11, 2000, pp. 249 – 251; Low, "Marceau & Reinaud, The Interface between the Trade and Climate Change Regimes: Scoping the Issues", *Journal of World Trade*, Vol. 46, 2012, pp. 485 – 487.

PPMs 的环境下，尤其在美国海虾案（US-Shrimp）上诉机构报告之后，这很难得到维持。①

第三，尽管存在这种强烈的学术争议，但直至墨西哥诉美国金枪鱼案（US-Tuna Ⅱ），该问题并不是都由争端解决机构处理的。利益攸关的措施创建了在金枪鱼产品上使用“海豚安全”标签的要件：以 PPM 为基础的标签要件。在这种情况下，上诉机构报告分析了与标签要件有关的技术规范。② 该报告重申了欧共体石棉案（EC-Asbestors）与欧共体沙丁鱼案（EC-Sardines）的方式并指出，尽管体系的强制性、约束性或可执行性并不能单独决定措施的正当法律性，但必须考虑其附加特征。③ 初步考虑 TBT 协议附件第 1.1 项下“技术法规”含义的解释方式后，上诉机构报告将该推理适用于美国措施，最后发现其构成“技术法规”。④

从这个意义上说，由于墨西哥诉美国金枪鱼案（US-Tuna Ⅱ）提供了采取行动确认给定的措施是否应纳入 TBT 协议附件 1.1 项下“技术法规”的解释指导，因此，该案具有实际意义。既然基于 NPR-PPMs 的标签要件可纳入 TBT 协议的范围，借助于 TBT 协议附件 1.1 的第二句而不是“相关的 PPMs”，那么墨西哥诉美国金枪鱼案（US-Tuna Ⅱ）中的上诉机构报告并不能表明 PPMs 而不是标签要件是否纳入 TBT 协议的范围。⑤ 事实上，专家组明确拒绝就基于 PPM 的标签体系是否纳入 TBT 协议附件第一句话的范围作出判定。⑥

第四，欧共体海豹案（EU-Seals）的专家组和上诉机构报告都提出了加拿

---

① See WTO Appellate Body Report, United States-Import Prohibition of Certain Shrimp and Shrimp Product, WT/DS/58/AB/R, adopted 6 Nov. 1998, DSR 1998: Ⅶ, 2755, para. 121.

② See WTO Appellate Body Report, United States-Measures Concerning the Importation, Marketing and Sale of Tuna and Tuna Products, WT/DS381/AB/R, adopted 13 Jun. 2012, pp. 183 – 187.

③ WTO Appellate Body Report, United States-Measures Concerning the Importation, Marketing and Sale of Tuna and Tuna Products, WT/DS381/AB/R, adopted 13 Jun. 2012, para. 188.

④ WTO Appellate Body Report, United States-Measures Concerning the Importation, Marketing and Sale of Tuna and Tuna Products, WT/DS381/AB/R, adopted 13 Jun. 2012, pp. 192 – 199.

⑤ See Van Den Bossche, *The Law and Policy of the world Trade Organization: Text, Cases and Materials*, Cambridge University Press, 2008, pp. 808 – 809.

⑥ See Anskermit & Lawrence, “The Future of Environmental Labelling: US-Tuna Ⅱ and the Scope of the TBT”, *Legal Issues of Economic Intergation*, Vol. 39, 2012, pp. 136 – 137; GATT Panel Report, United States-Measures Concerning the Importation, Marketing and Sale of Tuna and Tuna Products, WT/DS381/R, para. 7. 79.

大与挪威反对欧共体海豹贸易产品制度的诉求。[①] 既然欧共体海豹产品贸易制度禁止海豹产品的销售，除了那些通过特定类型的猎人或狩猎获得的海豹产品，那么该案例就有机会澄清有关 NPR-PPMs 传统类型的 WTO 实践。[②] 专家组发现那些标准构成海豹产品的"客观可确定性"，这些产品可以投放到欧共体市场并且最终确定产品的独特"特征"。[③] 因此，在这种情况下，根据产品特征的广义解释而不是"相关"PPMs，专家组准备接纳 TBT 协议范围内的欧共体措施。

由于上诉机构首次裁定该措施并不是 TBT 协议项下的技术法规，[④]因此，上诉机构将不再愿意接受 TBT 协议附件 1.1 项下的"技术法规"项下的所有措施，而是逐案审查这些措施。[⑤] 然而，上诉机构的裁定仅限于专家组对"产品特征"的解释。[⑥] 既然原告并不能就欧盟海豹产品制度是否以及为何主张相关的 PPMs 展开论证，为避免结束这种法律分析，上诉机构迄今为止尚未在 WTO 争端中审查该论证，并且专家组也未对此作出任何裁定。[⑦] 但是，上诉机构的确阐述了产品与 PPM 之间存在的"足够联系"要件。[⑧] 初看之下，与 PPMs 的传统类型相比，这个概念更广泛，该传统类型要求 PPM 在产品上留

① The EU seal regime was laid down in regulation (EC) No. 1007/2009 of the European Parliament and of the Council of 16 Sep. 2009 on trade in seal products, [2009], O. J. L 286/36.

② 欧共体所采取的措施可以纳入由 Charnovitz 所描述的产品特征标准。See Charnovitz, "The Law of Environmental 'PPMs' in the WTO: Debunking the Myth of Illegality", *Yale Journal of Interantional Law*, Vol. 27, 2002, p. 83.

③ GATT Panel Report, European Communities-Measures Prohibiting the Importation and Marketing of Seal Products, WT/DS400/R, WT/DS4001/R, circulated to WTO members 22 May 2014, para. 7. 110.

④ See Howse, Langille & Sykes, "Sealing the Deal: The WTO's Appellate Body Report in EC-Seal Products", *ASIL*, Vol. 18, 2014, p. 3.

⑤ WTO Appellate Body Report, European Communities-Measures Prohibiting the Importation and Marketing of Seal Products, WT/AB/DS400/R, WT/AB/DS4001/R, circulated to WTO members 22 May 2014, pp. 5. 12, 5. 58, 5. 70.

⑥ WTO Appellate Body Report, European Communities-Measures Prohibiting the Importation and Marketing of Seal Products, WT/AB/DS400/R, WT/AB/DS4001/R, circulated to WTO members 22 May 2014, p. 5. 60.

⑦ WTO Appellate Body Report, European Communities-Measures Prohibiting the Importation and Marketing of Seal Products, WT/AB/DS400/R, WT/AB/DS4001/R, circulated to WTO members 22 May 2014, pp. 5. 67 – 5. 69.

⑧ WTO Appellate Body Report, European Communities-Measures Prohibiting the Importation and Marketing of Seal Products, WT/AB/DS400/R, WT/AB/DS4001/R, circulated to WTO members 22 May 2014, p. 5. 12.

下物理痕迹。因此,NPR-PPMs 的传统类型是否纳入 TBT 协议的范围仍然是欧共体海豹案(EU-Seals)后尚未回答的问题,并且该问题与"足够联系"概念的解释相联系。① 与 PR-PPMs 仅仅在产品上留下物理痕迹相比,足够联系的概念更广泛。如果这是事实的话,那么 PR-PPMs 与产品特征本身之间就几乎没有区别。② 反之,TBT 协议附件 1.1 项下相关的 PPMs 就要求重新定义至少与 TBT 协议相关的 PR-PPMs 与 NPR-PPMs 的范围,该范围应该比"留下物理痕迹"或"物理上并入产品"更广泛。

3. 相关解释规则将 NPR-PPMs 纳入 TBT 协议范围

根据前面提及的上诉机构和专家组报告,并且使用《维也纳条约法公约》第 31 条规定的条约解释规则,笔者认为,可以勾勒出一个可能的分析结果。的确,从《维也纳公约》第 31 条规定的文义、目的和结合上下文解释的角度,附件 1.1 中包括某些 NPR-PPMs 在内的解释是符合逻辑的。

第一,从文义解释的角度,目前尚不清楚"相关"的通常含义是否仅限于 PR-PPMs 传统类型的解释。欧共体海豹案(EU-Seals)意味着更广泛的解释。

第二,除了文本解释外,目的和一致性解释仍提出了很多有趣的问题。就结合上下文解释来说,应该审查 GATT 协议与 TBT 协议之间的关系。TBT 协议是否实施或违背了 GATT 协议规定的问题必须提出来。如果选择第一个选项,那么就必须评估 TBT 协议是否实施或违背了 GATT 或 GATT 第 3 条第 4 款的附件。如果该协议仅仅影响 GATT 第 3 条第 4 款,那么应该分析 GATT 协议第 3 条第 4 款与 TBT 协议第 2 条第 1 款之间的关系以确定两者的适用范围。此外,如果 GATT 协议与 TBT 协议的上下文解释目的相关,那么应该审查 GATT 项下 NPR-PPMs 的地位。

附件 1A 的一般解释报告创建了特别法规则,该规则用来协调 TBT 协议与 GATT 协议之间的冲突。既然 TBT 协议是《马拉喀什建立世界贸易组织协定》的附件,正如 GATT 协议一样,条约的上下文不仅包括条约的正文而且包

---

① 尽管有不同的上下文,但"足够联系"的概念已在美国海虾案(US-Shrimp)中使用。See Appellate Body Report, United States-Import Prohibition of Certain Shrimp and Shrimp Product, WT/DS/58/AB/R, adopted 6 Nov. 1998, DSR 1998: Ⅶ, 2755, para. 133.

② See Marceau, "A Comment on the Appellate Body Report in EC-Seal Products in the Context of the Trade and Environment Debate", *Review of European, Comparative & International Envrionmental Law*, Vol. 23, 2014, p. 327.

括其序言和附件。① 因此,TBT 协议不仅仅是为了实施 GATT 协议,而是“发展”与“进一步实现 GATT 协议的目标”。② 虽然符合 GATT 协议的解释不是必然的,但两个协议应该以一种连贯一致的方式进行解释。TBT 协议第 2 条的上下文包括整个 TBT 协议以及所有其他附件,其中涉及 GATT 协议及其第 3 条第 4 款。然而,GATT 协议可以构成其上下文的事实,并不意味着 TBT 协议和 GATT 协议的条款必须做同一解释,正如欧共体海豹案(EU-Seals)对相似性的评估或 TBT 协议第 2 条第 1 款与 GATT 第 20 条的分析所看到的那样。③ 基于 TBT 协议与 GATT 协议之间的关系,在 GATT 第 3 条第 4 款项下专家组和上诉机构报告应给予 NPR-PPMs 以适当的位置,④通常认为上下文解释并不反对将 NPR-PPM 纳入 TBT 协议的范围。

探讨 TBT 协议的上下文后,有必要考虑其序言以理解目的解释的结果。首先,TBT 协议的序言涉及进一步实现 GATT 协议的目标。例如,贸易自由化与经济增长以及其他的。其次,采取禁止歧视及不必要的贸易限制的方式,TBT 协议为被限制方取消了规制权。因此,TBT 协议将贸易自由化的目标与管理自主权联系起来(也出现在 GATT 协议第 20 条中),但通过补充其他要件(如透明度、和谐或相互承认)对其进一步限制。

基于 TBT 协议的目标与目的,既然 NPR-PPMs 受制于透明度要件而不是 GATT,如果将他们纳入其范围,那么贸易将进一步自由化。虽然举证责任不同于将 GATT 协议第 20 条适用于 TBT 协议是事实,但在欧共体海豹案(EU-Seals)中,上诉机构坚持认为,市场准入与 TBT 协议序言中规定的成员方权利与 GATT 协议序言阐述的并无明显不同,在 GATT 协议中由第 20 条一般

---

① 《维也纳条约法公约》第 31 条第 2 款规定:“就解释条约而言,上下文除指连同弁言及附件在内之约文外,并应包括:(甲)全体当事国间因缔结条约所订与条约有关之任何协定;(乙)一个以上当事国因缔结条约所订并经其他当事国接受为条约有关文书之任何文书。”参见 360 百科,http://baike. so. com/doc/6078745 - 6291832. html,2016 年 6 月 23 日访问。

② WTO Appellate Body Report, United States-Measures Affecting the Production and Sale of Clove Cigarrette, WT/DS406/AB/R, adopted 24 Apr. 2012, para. 91.

③ See Van Damme, “Treaty Interpretation by the WTO Appellate Body”, *European Journal of International Law*, Vol. 21, 2010, pp. 605 - 648.

④ Regan, How to Think about PPMs (and Climate Change), in International Trade Regulation and the Mitigation of Climate Change: World Trade Forum 97 (T. Cottier, O. Nartova & S. Nigdeli eds, Cambridge U. Press, 2009); Charnovitz, “The Law of Environment ‘PPMs’ in the WTO: Debunking the Myth of Illegality”, *Yale Journal of International Law*, Vol. 27, 2002, p. 120.

例外条款规定的义务就是合格的。[①] 正如上述所指出的那样,TBT 协议试图通过技术法规解决国际贸易中不必要的障碍(第 2 条第 2 款和第 2 条第 3 款),并同时创设国民待遇和最惠国条款(第 2 条第 1 款)并补充其他要件,如透明度要件。因此,从 TBT 协议目的的角度,TBT 协议试图以 NPR-PPMs 的形式阻碍过多国民规则的使用。

从上述考虑可以看出,将传统的 NPR-PPMs 纳入 TBT 协议的主要障碍是文义解释。即使那样,"相关的生产过程与生产方法"的通常含义并不能直接排除所有的 NPR-PPMs。事实上,相关一词是一个广义的概念,并不仅限于"留下物理痕迹"或"物理上并入最终产品"的 PPMs。[②] 然而,通常认为这些分析必须是逐案进行的。因此,并不是所有的 NPR-PPMs 都自动纳入 TBT 协议的范围,而只有那些具有"足够联系"的 NPR-PPMs 才能纳入。[③] 通常认为,与那些将 PR-PPMs 的传统类型定义为在最终产品上留下物理痕迹的概念相比,该概念应该更广泛。[④]

(二)TBT 协议项下 EU ETS 对航空业的适用

1. EU ETS 适用于航空业概述

既然义务的属性是法律地位的决定因素,那么有关 EU ETS 争议的基本要素之一是所承担义务的性质。[⑤] EU ETS 通过限额交易原则运行。排放单位的某些数量被分配给 2003/87/EC 指令附件 1 所列的活动,2008/101/EC 指令对其进行修订。这个附件包括"在条约所适用的成员国境内机场起飞或

---

① WTO Appellate Body Report, European Communities-Measures Prohibiting the Importation and Marketing of Seal Products, WT/AB/DS400/R, WT/AB/DS4001/R, circulated to WTO members 22 May 2014, p. 5. 122, paras. 3. 310 – 5. 312.

② See Marceau, "A Comment on the Appellate Body Report in EC-Seal Products in the Context of the Trade and Environment Debate", *Review of European, Comparative & International Envrionmental Law*, Vol. 23, 2014, pp. 327 – 328.

③ WTO Appellate Body Report, European Communities-Measures Prohibiting the Importation and Marketing of Seal Products, WT/AB/DS400/R, WT/AB/DS4001/R, circulated to WTO members 22 May 2014, para. 5. 12; Howse & Langille, Permitting Pluralism: The Seal Product Dispute and Why the WTO Should Accepted Trade Restrictions Justified by Noninstrmumental Moral Values, *Yale Journal of International Law*, Vol. 37, 2012, pp. 422 – 426.

④ See Marceau, "A Comment on the Appellate Body Report in EC-Seal Products in the Context of the Trade and Environment Debate", *Review of European, Comparative & International Envrionmental Law*, Vol. 23, 2014, p. 328.

⑤ See Hardeman, "A Common Approach to Aviation Emission Trading", *Air & Space Law*, Vol. 32, 2009, p. 12.

降落的航班”。

每个阶段85%的配额是免费分配的。剩下的15%可以通过拍卖购买。为达到这一目的,配额的适用必须提交管理成员国的主管部门。这些配额基于基准可以分发给公司,公司可以根据其需要进行交易。

2003/87/EC指令规制排放许可证,以及分配、签发、转移、放弃与取消的方法。对该体系的遵守也应该是强制性的。因此,如果航空公司不能为其航班的碳排放量提供配额,那么它们将会为每吨未放弃的当量支付100欧元的超额排放罚款,并且必须在下一年补足其差额(第16条)。[①] 从这方面看,2008/101/EC指令第1(14)(c)条规定,如果飞机经营者不能遵守指令规定的条件,其他强制措施已不能保证遵守,那么管理成员国可以要求欧盟委员会向该飞机经营者签发尽职经营的决定。

2008/101/EC指令第18条允许欧盟委员会采取补充方式修正从第三国起飞的航班采取措施减少从该国起飞并抵达欧盟境内的飞机所产生的气候变化影响,这些航班应该排除出附件一所列的飞行活动。因此,存在一种EU ETS规定监管处罚以外的方式。[②] 同时,欧盟将继续试图构建全球协议。这些条款表明,欧盟的义务在于在多边论坛上达成解决方案。虽然2013年ICAO第38届大会通过决议A38-18,但No. 421/2014规则修改了2008/101/EC,对先前的体系进行修订。从这个意义上看,EU ETS将只能影响部分飞越欧盟境内的航班。

2. 与GATT协议有关的EU ETS的性质

在WTO法律领域,旨在减少温室气体排放的措施。例如,EU ETS可以由GATT第2条、第3条和第11条进行评估。这要求分析EU ETS是否以价格为基础的措施,该措施是否构成边境措施,在边境使用的国内措施或进口产品的数量限制。边境措施可以被纳入GATT协议第2条的范围,然而在边境适用的国内措施由GATT协议第3条所制约,以及数量限制由GATT第11条第1款所调整。[③]

---

① See Bartels, “The WTO Legality of the Application of the EU’s Emission Trading System to Aviation”, *European Journal of International Law*, Vol. 23, 2012, pp. 430-431.

② See Scott & Rajamani, “EU Climate Change Unilateralism”, *European Journal of International Law*, Vol. 23, 2012, p. 469.

③ See Patrick Low, Gabrielle Marceau, Julia Reinaud, “The Interface between the Trade and Climate Change Regimes: Scoping the Issues”, *Journal of World Trade*, Vol. 46, 2012, pp. 489-490.

为区分这两种可能性之间的区别，考虑影响汽车零部件进口措施案（China-Auto Parts）①的上诉机构报告是有意义的。在这个报告中，上诉机构区分了由 GATT 第2条调整的边境措施与由 GATT 第3条调整的边境进口产品的国内税费之间的标准。上诉机构认为，给定的费用是否构成“国内税费”的关键指标在于“支付这些费用的义务是否因国内因素而产生……”从这个意义上而言，一旦一个成员国的产品进口到另一个成员国境内后，这种“国内因素”就产生了。②

就 EU ETS 而言，应该得出结论认为，既然它连接国内因素，如经由欧盟机场起飞或降落的进口产品运输，那么 EU ETS 是一种费用，而且是一种国内费用。就这个意义而言，将“费用”视为国内费用也是相关的，通常该费用由运输者负担而不是进口者。③ 因此，支付该“费用”的义务因国内事件而发生，如分配、销售、使用或进口产品的运输。④

由于 GATT 协议第2条已排除边境措施的可能性，本章现在探讨 EU ETS 是否构成 GATT 第3条第2款规定的财政措施。要达到这一目的，它不得不征收国内税或任何种类的费用。在“美国航空业协会等诉欧盟航空交易指令案”（ATA）一案中，有关《芝加哥公约》的问题被提出。就这一点而言，欧洲法院和法律总顾问科克特（Kokott）认为，EU ETS 是一种基于市场的措施，既然 85% 的配额是免费分配的，且剩下的配额通过拍卖获得，那么在该体系里，没有什么条款是获得配额分配的费用。一旦这些配额被分配，它们可以交易且其价格由市场力量所调控。欧洲法院根据《芝加哥公约》第24条解

---

① “影响汽车零部件进口措施案”基本案情：2004年5月、2005年2月和2005年3月，中国分别出台了《汽车产业发展政策》、《构成整车特征的汽车零部件进口管理办法》和《进口汽车零部件构成整车特征核定规则》三部法令。这三部法令对在中国境内制造汽车的进口零部件征收25%的费用。上述规定征收的税率高于之前中国进口零部件10%的税率。欧美汽车大国认为中国上述措施违反了包括国民待遇原则在内的多项 WTO 规则。欧盟、美国和加拿大等国分别请求与中国进行磋商，但上述磋商未果。2006年9月15日，欧盟、美国和加拿大分别请求设立专家组，并于2008年7月18日正式公布专家组报告。2008年9月15日，中国提出上诉。2008年12月15日，上诉机构发布了报告。详细内容参见朱榄叶编著：《世界贸易组织国际贸易纠纷案例评析》（2007～2009），法律出版社2010年版，第25～26页。

② See WTO Appellate Body Reports, China-Measures Affecting Imports of Automobile Parts, WT/DS339/AB/R、WT/DS340/AB/R、WT/DS342/AB/R, adopted 12 Jan. 2009, DSR 2009:1, para. 163.

③ See GATT Panel Reports, China-Measures Affecting Imports of Automobile Parts, WT/DS339/R、WT/DS340/R、WT/DS342/R and Add. 1 and Add. 2, adopted 12 Jan. 2009, para. 7. 207.

④ See WTO Appellate Body Reports, China-Measures Affecting Imports of Automobile Parts, WT/DS339/AB/R、WT/DS340/AB/R、WT/DS342/AB/R, adopted 12 Jan. 2009, DSR 2009:1, para. 162.

决该问题，并且裁定 EU ETS 并未故意给公共机构产生收益，也未提前确定每吨燃油消耗可应付的数量。

Meltzer 认为，EU ETS 有可能符合 GATT 协议第 3 条的规定。他漠视了科克特（Kokott）的观点，认为其仅仅是在《欧美开放天空协议》和《芝加哥公约》项下分析了税或费用的概念。然而，他并未涉及根据市场力量定价的问题。其中，市场力量是决定其法律性质的决定性特征。① 对 Meltzer 推理的另一种理解是，它关注于将 100 欧元的罚款视为税或费用，除非航班放弃足够的配额，否则这些税或费将发生。既然欧盟 100 欧元的罚款只是体系的强制要素，该要素被设计为性质上的例外，那么这似乎是对 EU ETS 的一种颇为人为的理解。在任何情况下，这种处罚体系与美国丁香烟案（US-Clove Cigarette）规定的相似。在美国丁香烟案（US-Clove Cigarette）中，专家组认为，违反国内要件进行的财政处罚必须与国内规定一起分析，因此，不能将其视为国内费用而是强制措施。②

GATT 第 3 条第 2 款设想这样一个情境：抵离欧盟境内的第三方航班的边境税调整情景。然而，通常认为 EU ETS 不同于基于各种理由的边境碳调整。首先，更重要的是，在 EU ETS 这样一种体系里，碳价格根据市场力量波动，而边境税调整（BTA）构建了固定的碳定价。其次，“费用”因航班的进入而不是货物的进入而产生。③

此外，EU ETS 迫使航班获得配额。因此，获得可交易产品作为其支付的回报。这区别于由管理成员国提交的服务支付。从定义上说，该支付是不能交易的。④ 因此，EU ETS 更类似于“摩托车骑手购买头盔的法律”，很明显这好似是一种监管措施。这样一种监管措施“不仅仅是一种是国家销售这些头盔的最初数量”。在这种情境下，仅仅因为这样一个事实，即违反规则实施的制裁是经济制裁，由法律规定的体系等同于国内税费是不合适的。

总之，法律问题应该从 GATT 协议第 3 条第 4 款国内措施转向 GATT 协议第 11 条第 1 款。只要措施对数量或进出口产品的数量产生有限的影响，

---

① See Joshua Meltzer, “Climate Change and Trade-The EU Aviation Directive and the WTO”, *Journal of International Economic Law*, Vol. 15, No. 1, 2012, pp. 128 – 131.

② See GATT Panel Report, US-Tobacco, DS/44/R, adopted 4 Oct. 1994, paras. 80 – 81.

③ See Leal-Arcas, *Climate Change and International Trade*, Edward Elgar, 2013, p. 161.

④ See Bartels, “The WTO Legality of the Application of the EU's Emission Trading System to Aviation”, *European Journal of International Law*, Vol. 23, 2012, p. 439.

它就适用于运输进口产品的国际航班,那么GATT协议第11条第1款就适用于EU ETS。[①] 由于防御必须在GATT协议第20条中寻求,而GATT协议第3条第4款项下必须证明"更优惠待遇",因此,GATT协议第11条第1款的适用就意味着直接禁止。

3. EU ETS作为影响货物交易的国内措施

为了使EU ETS符合TBT协议的规定,EU ETS必须构成TBT附件1.1项下的技术法规,这通常视为一种工作假设。在分析之前,评定EU ETS怎样被归类为影响货物交易的国内措施是相关的。这样一种评定使该体系符合GATT协议第3条第4款的规定。

有关外国航班的EU ETS影响货物交易的国内措施的原因是不言自明的:飞机通常用来运输货物。[②] 既然它是间接影响第三国货物的运输,从而在欧盟境内进行交易,那么它将影响货物的交易。

上述已对措施的国内因素进行陈述。既然该措施适用于抵离欧盟成员国境内的所有航班,包括欧盟成员国的国内航班,那么它可以视为国内措施。[③] 这是一种国内因素,与进口到欧盟境内不同。

由于EU ETS适用于经由国际航班运至欧盟境内的货物,它对贸易有制约作用。从这个意义上看,它类似于哥伦比亚入境口岸限制措施案(Colombia-Ports of Entry)的措施。在该案中,专家组对GATT协议第11条有关的措施进行详细检查。[④] 货物必须经由已获得配额的航班来运输,要么通过免费分配,要么通过拍卖或购买获得。这个措施产生的影响取决于航班是否遵从。对遵从的航班来说,其影响根据配额的价格而改变,但是通常购买的结果是增加产品的价格,该价格是由运输产生的排放量所导致的。对那些非遵从的航班来说,成本增加至每吨排放量100欧元加遵从成本。[⑤] 既然EU ETS提高了欧盟进口货物的成本,那么从先前的考虑可以得出如下结论:EU

---

① See Bartels, "The WTO Legality of the Application of the EU's Emission Trading System to Aviation", *European Journal of International Law*, Vol. 23, 2012, pp. 440 – 441.

② See Bartels, "The WTO Legality of the Application of the EU's Emission Trading System to Aviation", *European Journal of International Law*, Vol. 23, 2012, pp. 460 – 466.

③ 这针对的尚未修订的EU ETS,临时性的修订案适用至2016年年底,第三方的航班被排除在外。

④ See GATT Panel Report, Colombia-Indicative Prices and Restrictions on Ports of Entry, WT/DS366/R and Corr. 1, adopted 20 May 2009, DSR 2009: Ⅵ, 2535, para. 7. 227.

⑤ See Bartels, "The WTO Legality of the Application of the EU's Emission Trading System to Aviation", *European Journal of International Law*, Vol. 23, 2012, p. 440.

ETS是一种对货物的贸易产生限制作用的监管措施。① 不管通过遵从航班还是非遵从航班,这两种价格增长将以增加销售价格的形式转嫁给进口货物的消费者。

虽然EU ETS的确对货物的贸易产生不利的影响,但它并不必然违反了GATT协议第3条第4款规定的国民待遇义务。尽管在EU ETS中航空运输享有不低于陆地运输的待遇,但这并不阻碍进口至欧盟境内与经由陆地运输的产品卸载。欧盟之间的航班同样包含其中,因此,它并不意味着“不低于优惠待遇”应该赋予相同国内产品。②

4. EU ETS作为TBT协议项下的技术法规

既然已经认识到EU ETS可以视为限制货物贸易的监管措施,那么它能否定义为TBT协议附件1.1所理解的“技术法规”,应该对其进行审查。

参照EU ETS的先前描述,当其适用于航空业时,EU ETS属于一种传统的NPR-PPMs。通常认为,适用于外国航班的体系规制货物运输。运输构成生产过程与生产方法。通过影响货物运输,它规制其生产过程和生产方法以及其进口至欧盟的方式。

如果EU ETS适用于外国航班,那么EU ETS是否纳入TBT协议的范围是一个棘手的问题,仍需进一步澄清。基于EU ETS构成影响货物贸易的国内规则这一前提,下面将探讨EU ETS怎样符合TBT协议的规定。

墨西哥诉美国金枪鱼案(US-Tuna Ⅱ)的上诉机构报告认为,“一个特定措施是否构成技术法规必须根据措施的性质以及案例的情况”。③ 欧共体石棉案(EC-Asbestos)上诉机构报告创建的三步测试法将得到适用。④

(1)EU ETS作为适用于相同产品或产品组的措施

欧共体石棉案(EC-Asbestos)上诉机构报告认为,措施是否纳入TBT协

---

① See Joshua Meltzer, “Climate Change and Trade-The EU Aviation Directive and the WTO”, *Journal of International Economic Law*, Vol. 15, No. 1, 2012, p. 135.

② See Bartels, “The WTO Legality of the Application of the EU’s Emission Trading System to Aviation”, *European Journal of International Law*, Vol. 23, 2012, pp. 443 – 444.

③ WTO Appellate Body Report, United States-Measures Concerning the Importation, Marketing the Sale of Tuna and Tuna Products, WT/DS381/AB/R, adopted 13 Jun. 2012, para. 190.

④ See WTO Appellate Body Report, European Communities-Measures Affecting Asbestos and Asbestos-Containg Product, WT/DS135/AB/R, paras. 66 – 70.

议必须将措施作为一个整体进行评估。[①] 在定义争议措施所涉及的产品时，这是尤其重要的，并且争议的措施必须根据国内的规制环境进行考虑。[②] 根据欧共体石棉案（EC-Asbestos）专家组报告的理解，很明显 EU ETS 并不适用于在规则上实际命名的、标识或指定的产品。[③] 不管 EU ETS 对货物贸易的限制影响有多大，确认它是否适用于相同产品或产品组是相关的。

就这一点而言，通常认为，既然 EU ETS 适用于所有经由航班运输至欧盟或从欧盟运出的产品，那么 2008/101/EC 指令规定的体系适用于相同产品组。因此，争议的措施可以根据产品的特征或相关的 PPM 区分产品的种类，下面将对其进行阐述。如果答案是肯定的，那么受 EU ETS 影响适用于外国航班的产品将根据其 PPMs 进行识别。

（2）EU ETS 作为规定产品特征或其相关 PPMs 的措施

EU ETS 提出有关 TBT 协议的关键问题在于其是否规定了 TBT 协议附件 1. 1 项下产品特征或其相关生产过程和生产方法。指令必须规定产品特征，这些特征必须是本质的，或与产品有关的以及以肯定或否定的形式规定。[④] 它也可能包括或专门涉及适用于产品、生产过程或生产方法的专门术语、符号、包装、标志或标签要件。因此，TBT 协议附件 1. 1 的通常理解表明，"相关的"PPM 是与产品特征"有联系的"或"有关系的"。"它们"一词遵循之前的"相关的生产过程和生产方法"，即上述所提及的"产品特征"。

根据欧共体石棉案（EC-Asbestos）提出的案例与欧共体海豹案（EU-Seals）的相关裁定，考虑到 EU ETS 规定了最值得怀疑的产品特征。[⑤] EU ETS 适用于航空领域将被视为规定某种特征的规则，该规则是产品运输必须遵守的。该规则规定了给定 PPM 必须遵循的属性，并以积极的方式对其进行规定。因此，现在问题在于 PPM 是否具有产品的"足够联系"。

---

① See WTO Appellate Body Report, European Communities-Measures Affecting Asbestos and Asbestos-Containg Product, WT/DS135/AB/R, para. 75.

② See Koebele, Art. 1 and Annex 1 TBT, in WTO-Technical Barriers and SPS Measures 178, 188 (R. Wolfrum, P. T. Stoll & A. Seibert-Fohr eds, Martinus Nijhoff 2007).

③ See WTO Panel Report, European Communities-Measures Affecting Asbestos and Asbestos-Containing Products, WT/DS135/R, pp. 8. 36 – 8. 40.

④ See WTO Appellate Body Report, European Communities-Trade Description of Sardines, WT/DS231/AB/R, adopted 23 Oct. 2002, DSR 2002: Ⅷ, 3359, para. 176.

⑤ See WTO Appellate Body Report, European Communities-Measures Affecting Asbestos and Asbestos-Containg Product, WT/DS135/AB/R, para. 67.

这重新回到了 TBT 协议项下有关 PPMs 内涵的争议。由于这个问题缺乏明确的裁决，该问题仍有争议，同时由于欧共体海豹案（EU-Seals）中“足够联系”的概念，在某种程度上取决于哪种 PPM 措施可以纳入 TBT 协议属物理的范围。根据欧共体海豹案（EU-Seals）的上诉机构报告，即使给定的 PPM 被裁定构成“技术法规”，EU ETS 的评估仍然必须根据案例的具体情况逐案进行分析。[①] 正如《维也纳条约法公约》（VCLT）第 31 条所规定的那样，包括“相关的 PPMs”项下 PPMs 在内具有技术性质的最终产品上留下物理痕迹的解释，并未排除目的和上下文解释。通常认为，正如上述所概述的那样，某种 PPMs 不在最终产品，如 EU ETS 上留下物理痕迹的唯一问题在于“相关”一词的“通常含义”。

如果 Marceau（马尔索）所提出的上述观点重新被接受，那么 EU ETS 可以规定相关的 PPMs。就这个意义而言，欧盟体系能规定基于 PPM 的限制，该限制与产品具有“足够的”联系。该规则影响经由飞机运输的产品，其原因在于运输的产品可以通过 PPM 在欧盟市场上进行交易。因此，这不同于对所有从欧盟进口的产品因使用强制劳动力而颁行禁止令的案例。在这个案例中，争议的产品不能使用强制劳动力进行生产，并且其规则指向争议的国家。从原则上说，EU ETS 的确必然对受 PPM 影响的产品产生影响。

（3）EU ETS 的约束性

根据墨西哥诉美国金枪鱼案（US-Tuna Ⅱ）的适用标准，欧盟颁布的指令规定了体系。它是由 WTO 成员方颁布的一部法律或规则。EU ETS 要求航空公司为其航班的碳排放量获得配额。在这种情况下，它规定了一种特定的行为。如果航空公司不能提交配额，那么他们将为每吨碳排放量支付 100 欧元的罚款，而且必须在来年补足差额。此外，该指令还规定，如果飞机经营者不能遵从，飞机经营者的管理成员国可以请求欧盟委员会给非遵从经营者签发禁止令。

如果未能提交必需的配额数量，那么有关航空公司的专门执行机制的存在加强了措施的约束性。正如墨西哥诉美国金枪鱼案（US-Tuna Ⅱ）所说的那样，在违反措施的情况下，EU ETS“陈述积极的监控机制以确保遵从其规

---

① See WTO Appellate Body Report, European Communities-Measures Prohibiting the Importation and Marketing of Seal Products, WT/AB/DS400/R, WT/AB/DS4001/R, circulated to WTO members 22 May 2014, para. 5. 69.

范并实施制裁”。①

（三）EU ETS 与 TBT 协议的兼容性

从上述分析可以得出以下结论：EU ETS 是否符合 TBT 的适用范围很大程度上取决于其是否涉及货物贸易，以及根据欧盟海豹案制定的“足够联系”要件，什么样的 PPMs 属于“相关的 PPMs”。评估两种可能的情景似乎是相关的。第一个可能在于 EU ETS 并不属于 TBT 协议的适用范围。既然它构成影响货物贸易的国内措施，那么就意味着它将受制于 GATT 第 3 条第 4 款的规定。既然它追求实现环境保护的目标，即使它构成对 GATT 第 3 条第 4 款的违反，它很可能得到豁免，正如它可以纳入 GATT 第 20 条第（b）款或 GATT 第 20 条第（g）款所阐述的减损。②

在第二种情景下，有人认为 EU ETS 可纳入 TBT 协议项下“技术法规”的范畴，措施应该符合 TBT 协议规定的更严格要件，尤其是透明度要件。通常认为，既然第二种情景的可能性并未排除，那么在 TBT 协议项下评估航空指令构建体系的兼容性就是相关的。

1. TBT 协议第 2 条第 1 款

TBT 协议第 2 条第 1 款规定了国民待遇与最惠国待遇义务。该条款要求分析 TBT 协议项下外国产品的相似性以及歧视性，这可以用来对 EU ETS 采取行动。

美国丁香烟案（US-Clove Cigarette）上诉机构报告认为，与欧共体石棉案（EC-Asbestos）有关的 GATT 第 3 条相似，竞争关系测试是 TBT 协议项下评估相似性最合适的测试。因此，使用“物理特征、最终用途、消费者品味与习惯以及税则分类”作为标准，除了能够影响消费者喜好的某些潜在监管问题，该标准将监管目的进行了排除。③

一旦将该逻辑适用于 2008/101/EC 指令，分析未经确认产品的“物理特征、最终用途、消费者品味与习惯以及税则分类”显得矫揉造作，尤其考虑到欧盟体系所涉及产品的广义范围。然而，通常认为以旨在规制 PPMs 为基础

---

① WTO Appellate Body Report, United States-Measures Concerning the Importation, Marketing the Sale of Tuna and Tuna Products, WT/DS381/AB/R, adopted 13 Jun. 2012, para. 194.

② See Bartels, “The WTO Legality of the Application of the EU’s Emission Trading System to Aviation”, *European Journal of International Law*, Vol. 23, 2012, pp. 449 – 460.

③ See WTO Appellate Body Report, United States-Measures Affecting the Production and Sale of Clove Cigarette, WT/DS406/AB/R, adopted 24 Apr. 2012, pp. 116 – 120.

的产品是可识别的。因此,在规则项下有关产品的范围涵盖范围广泛的相同国产品。例如,从中国进口的智能手机与从挪威进口的智能手机相同。因此,以产品的"物理特征、最终用途、消费者品味与习惯以及税则分类"为基础,给定的进口产品视为与国内产品相同,或与从不同第三国进口的另一外国产品相同,并不会考虑从较远的距离进口该产品至欧盟。

如果受欧盟航空碳排放交易体系影响的产品可以被视为相同产品,那么就必须构建是否赋予不低于优惠待遇。因此,TBT 协议第 2 条第 1 款并不意味着任何区分本身暗示低于第 2 条第 1 款含义范围内的待遇存在,正如第 2 条第 2 款上下文与 TBT 协议序言所阐述的那样。①

如果考虑到 TBT 协议第 2 条第 1 款出现该术语特定的上下文,那么低于待遇应该如 GATT 第 3 条第 4 款"通过审查措施是否修正了相关市场的竞争条件,从而损害了进口产品"那样进行评估。② 另外,应该确认"对进口产品产生的不利影响是否完全来自一个合法的监管区分而不是反应进口产品组的歧视"。③

就欧盟航空碳排放交易体系来说,即使享有的待遇不存在任何区别,某些第三国也存在事实上的区别。④ 既然政府措施增加了进口至欧盟某些产品的价格,那么应当确认竞争结构受到影响。与从邻国经由航班运输的产品或从相同距离运输但更容易靠近欧盟机场的产品相比,由于较远的航程将耗费更多的碳排放配额,从较远距离运输的产品的价格更高。与来自其他国家的相同产品相比,将这些产品投放欧盟市场成本增加产生的结果,将很有可能意味着这些进口产品价格上涨。既然已构建的临时框架,由于采取"空域方法"只涉及欧盟空域的部分航班,那么就最近采用的规则来看,待遇的这些差别就不会发生。因此,来自较远领土的给定产品对 2016 年 12 月 31 日规定的临时机制不会产生任何影响。

为评估这种不利影响是否等于歧视,有必要考虑根据第 2 条第 2 款所寻

---

① See WTO Appellate Body Report, United States-Measures Concerning the Importation, Marketing the Sale of Tuna and Tuna Products, WT/DS381/AB/R, adopted 13 Jun. 2012, paras. 212 – 213.

② See WTO Appellate Body Report, Korea-Measures Affecting Imports of Fresh, Chilled and Frozen Beef, WT/DS161/AB/R, adopted 10 Jan. 2001, DSR 2001:1, 5, para. 137.

③ WTO Appellate Body Report, United States-Measures Affecting the Production and Sale of Clove Cigarette, WT/DS406/AB/R, adopted 24 Apr. 2012, para. 182.

④ See Bartels, "The WTO Legality of the Application of the EU's Emission Trading System to Aviation", *European Journal of International Law*, Vol. 23, 2012, pp. 443 – 444.

求的合法目标、措施是否是公平的。就 EU ETS 而言，所寻求的目标是环境保护。碳泄漏问题已引起有关任意性歧视的担忧。① 然而，处理碳泄漏问题并不必然意味着保护主义目标。事实上，避免碳泄漏是全球范围内实现环境保护目标的一种公平方式。欧盟航空减排指令第 18 条允许航空碳排放体系有例外的事实表明，既然避免碳泄漏考虑了其他 WTO 成员方实现相同目标的措施，那么该措施就是公平的。②

2. TBT 协议项下第 2 条第 2 款与必要性检测

正如 2008/101/EC 指令所规定的那样，将航空业纳入 2003/87/EC 指令所构建体系的目的在于"减少航空业对气候变化所产生的影响"。③ 然后，2003 年构建的 EU ETS 旨在以成本有效和经济有效的方式促进温室气体减排。这些目标应该符合环境保护的通常目标，并能从 TBT 协议第 2 条第 2 款认可的合法政策目标中获益。尽管巴西翻新轮胎进口措施案(Brazil-Retreated Types)已对其作出裁定，但另一个目标应该符合《京都议定书》有关欧盟义务的规定，国家不能以国际义务作为违反 WTO 项下义务的正当理由。④

为了视为合法，EU ETS 也必须满足 TBT 协议相同条款规定的必要性条件。为了使措施符合必要性测试，EU ETS 必须满足合法性目标。在这种情况下，有必要引用美国汽油标准案(U. S. Gasoline)中的上诉机构报告。该报告指出，WTO 成员方拥有"确定其环境政策的很大自主权"。⑤ 然而，环境问题与经济原因之间存在区别。有些学者认为，旨在构建公平竞争机制的 PPMs 不应在 GATT 第 20 条项下得到保障。⑥ 既然不保障这些措施的论断来

---

① See Joshua Meltzer, "Climate Change and Trade-The EU Aviation Directive and the WTO", *Journal of International Economic Law*, Vol. 15, No. 1, 2012, pp. 135 – 137.

② See Bartels, "The WTO Legality of the Application of the EU's Emission Trading System to Aviation", *European Journal of International Law*, Vol. 23, 2012, pp. 458 – 459.

③ Directive 2008/101/EC of the European Parliament and of the Council of 19 Nov. 2008, amending Directive 2003/87/EC so as to include aviation activities in the scheme for greenhouse gas emission allowance within the Community (Aviation Directive), [2008], O. J. L. 8/3, § 23.

④ See WTO Appellate Body Report, Brazil-Retreaded Tyres, WT/DS332/AB/R, adopted 17 Dec. 2007, para. 30.

⑤ WTO Appellate Body Report, United States-Standards for Reformulated and Conventional Gasoline, WT/DS2/AB/R, Apr. 29, 1996, para. 30.

⑥ See Steve Charnovitz, "Trade and Climate Change: Reviewing Carbon Charges and Free Allowances Under Environmental Law and Principle", *ILSA Journal of International & Comparative Law*, Vol. 16, 2010, p. 106.

自所寻求目标合法性的缺失，就必须在 TBT 协议项下进行相同分析。就欧盟航空碳排放交易体系而言，这带来了先前处理的与碳排放有关问题的担忧。实现合法目标并不意味着目标的完全实现，而是措施在何种程度上“形成文字并予以适用，事实上有助于成员国所寻求合法目标的实现”。[①]

“必要性”评估要求以“技术法规的贸易限制性”为基础进行“关联分析”；贡献的程度有助于合法目标的实现；以及未实现目标所产生的风险。[②]这要求将接受挑战的措施与其他合理可替代措施进行比较，当该措施能对所寻求合法目标产生的相同贡献以及考虑未实现目标所产生的风险时，应当评估拟定的替代措施是否较少限制贸易的措施。[③]

（四）结语

欧盟航空碳排放交易体系的贸易限制性已经得到阐述。该体系将对减少温室气体排放的合法目标产生合理的贡献。未实现的目标意味着更高的温室气体排放量，这与所寻求保护的合法目标背道而驰。可能的替代措施可以在 ICAO 框架内通过全球航空碳排放交易体系。既然在 ICAO 框架内的谈判已受到阻碍，那么在适用欧盟航空减排指令时，这种选择并不是合理可行的。如果该体系仅仅涵盖欧盟境内部分航班而不是所有航班，那么其具有较少贸易限制性。通常认为，从这方面看，No. 421/2014 规则甚至可以产生更少的问题。

有关 PPMs 及其纳入 TBT 协议范畴的学术争论远未结束。尽管墨西哥诉美国金枪鱼案（US-Tuna Ⅱ）上诉机构报告对该问题进行了报告澄清，但这样做仅仅为了以 PPM 为基础的标签。尽管欧盟海豹案（EU-Seals）上诉机构报告推翻了专家组的裁定，认为欧盟海豹产品贸易体制规定了产品特征，但该裁定并未就该问题提供明确的答案，而且拒绝在 TBT 协议项下以逐案方式统一解决 NPR-PPMs 问题。笔者认为，TBT 协议范围内的某些解释不应该排除 TBT 协议序言规定的目标。根据《维也纳条约法公约》（VCLT）第 31 条规定，“词语的通常含义”导致“相关的”解释是否包括 PR-PPMs，欧盟海豹案

① WTO Appellate Body Reports, United States-Certain Country and Origin Labelling (COOL) Requirements, WT/DS384/AB/R, WT/DS386/AB/R, adopted 23 Jul. 2012, para. 373.

② See WTO Appellate Body Reports, United States-Certain Country and Origin Labelling (COOL) Requirements, WT/DS384/AB/R, WT/DS386/AB/R, adopted 23 Jul. 2012, para. 374.

③ See WTO Appellate Body Reports, United States-Certain Country and Origin Labelling (COOL) Requirements, WT/DS384/AB/R, WT/DS386/AB/R, adopted 23 Jul. 2012, para. 378.

(EU-Seals)是不可能的。在欧盟海豹案(EU-Seals)中,"足够联系"的概念并不直接包括 NPR-PPMs。

TBT 协议对 NPR-PPMs 适用范围的澄清,对欧盟航空碳排放交易体系具有实际意义。因而,欧盟航空碳排放交易体系挑战 TBT 协议的可能性很大程度上取决于调整 NPR-PPMs 的规定或该概念的范围。第一个问题的否定答案或 NPR-PPMs 的广义解释将自动意味着在 GATT 条款项下进行评估。例如,GATT 第 3 条第 4 款或第 11 条第 1 款。即使裁定与 GATT 条款不兼容,它可能也会从 GATT 第 20(b)条或第 20(g)条的一般例外中获益。

第二个问题的肯定答案或 NPR-PPMs 的狭义解释,与欧盟海豹案(EU-Seals)中的"足够联系"一致,证实 2008/101/EC 指令可以纳入 TBT 协议附件 1.1 规定的"技术法规"。即使存在这种情况,有关 TBT 协议兼容性的问题也值得怀疑。诚然,机制处理碳泄漏问题仅仅作为实现全球目标的一种方式。尽管其使用不能因欧盟委员会暂停而评估,但该指令的规定符合 TBT 协议第 2 条第 1 款与第 2 条第 2 款的规定。尽管该指令构建了待遇上的事实区别,但是其不利影响来自环境保护的合法目标。如果国际社会在 ICAO 框架下并没有达成协议,那么该指令符合必要性要件,就不存在任何合理可行的替代性。一旦修正的规则得到采用,有关 TBT 协议的兼容性甚至就存在更少的问题。

总之,在平衡贸易自由化与环境保护之间关系方面,PPM 争议尤其是欧盟航空指令在平衡贸易自由与环境保护之间存在明显的困难。航空指令的修订以及在 ICAO 框架内公开谈判的新机会显示从欧盟到这两个目标之间的明确承诺。只有这些摊牌都失败时,欧盟才适用单边主义,从而在全球层面实现其目标。即使不能达成这些谈判,能否听到 WTO 的丧钟也只是时间问题,而欧盟航空碳排放交易制度是否符合 GATT 或 TBT 协议的规定是解释问题。①

三、GATS 协议

欧盟航空交易指令是适用于国内外航空公司,从而影响服务贸易的管理体系。而服务贸易是由 GATS 所调整的。航空公司的服务是所谓的模式 1 所供给的服务,GATS 第 1 条第 2(a)款将其定义为"自一会员境内向其他会员境内提供服务"。

① See Soledad R. Sanchez-Tabernero, "For Whom the Bell Tolls: The EU ETS in Aviation under the TBT Agreement", *Journal of World Trade*, Vol. 49, No. 5, 2015, pp. 781 – 804.

(一)GATS《关于空运服务的附件》

1. GATS《关于空运服务的附件》第1段

尽管欧盟航空交易指令会对国际服务贸易产生影响,但必须首先考虑GATS《关于空运服务的附件》(The Annex on Air Transport Services, AATS)是否将欧盟航空交易指令排除出GATS的规定。

GATS《关于空运服务的附件》第1段①的第一句话是GATS第1条第1款的重复,将协议的范围定义为适用于“影响空运服务贸易的措施”。该段的第2句确定GATS不能减少或影响双边或多边协议下的义务。虽然GATS《关于空运服务的附件》没有解释这些双边或多边协议是什么,但根据GATS《关于空运服务的附件》的背景理解并考虑GATS也不能适用于GATS《关于空运服务的附件》第2段与航空有关措施的清单,指出这些影响空运服务贸易的这些双边或多边协议。涉及航空的关键多边协议是《芝加哥公约》。如前所述,欧盟并不是《芝加哥公约》的缔约方,但欧盟成员国都是缔约方,所以《芝加哥公约》成为GATS《关于空运服务的附件》项下的多边协议。航空运输也由双边空运协议所调整。欧盟和美国之间主要的双边协议是《欧美开放天空协议》。然而,由于GATS《关于空运服务的附件》第1段只适用于“WTO协议生效之前就已经实施”的协议,并且该协议于2007年才生效。因此,GATS《关于空运服务的附件》并没有包括该协议。

2. GATS《关于空运服务的附件》第2段

GATS《关于空运服务的附件》第2段②是GATS关键性的排除条款。虽然GATS《关于空运服务的附件》第1段确定GATS不能减少或影响空运服务协议下的义务和承诺,但第2段仍排除GATS适用于具体的航空事项。第一个问题是,GATS《关于空运服务的附件》第2段是否也限于WTO协定生效之日已实施的双边或多边协议下的交通权和给予的相关服务。很明显,GATS《关于空运服务的附件》第2段适用于双边或多边协议下和通过其他方式给予的交通权。根据这个理解,《欧美开放天空协议》下给予的交通权也应由

① GATS《关于空运服务的附件》第1段规定:“本附件适用于影响定期或不定期空运服务贸易及附属服务的措施,不管其是否列入承诺表或未列入减让表,以及辅助服务。各成员确认在本协定下承担的任何具体承诺或义务不应减少或影响任何成员在WTO协定生效之日已实施的双边或多边协定下的义务。”

② GATS《关于空运服务的附件》第2段规定:“……该协议,包括争端解决程序不应适用于影响:a)以任何形式给予的交通权措施,或b)与行使交通权直接相关的服务,本附件第3段规定的除外。”

GATS《关于空运服务的附件》第 2 段所规定。

欧盟航空交易指令是否“影响交通权的措施”，首先需要确定“交通权”由什么构成。GATS《关于空运服务的附件》将“交通权”定义为“定期或不定期从事来自、前往，限于或越过一成员领土的航班有偿或受雇的运营和/或运载乘客、货物和邮件的权利……包括收取的费用”。虽然构成交通权的清单不是详尽无遗的，但是在这方面，欧盟航空交易指令仍可视为“费用”。因此，问题在于航空交易指令中非欧盟航空公司持有支付二氧化碳排放配额的要件是否影响“交通权”的措施。

对“交通权”含义的深刻理解，除了考虑 GATS《关于空运服务的附件》出台的背景外，还有必要分析《芝加哥公约》和《欧美开放天空协议》，从而进一步弄清楚什么构成 GATS《关于空运服务的附件》第 2 段下的交通权，尤其是航空交易指令是否涉及交通权。

“交通权”是航空业用来指航权的术语。① 这些自由权都涵盖在《芝加哥公约》和双边空运服务协议中，并且包括自由权。例如，航空器不经停从一国飞越另一国的自由和过境自由。航空公司持有支付二氧化碳排放配额的航空交易指令要件大多数都由《芝加哥公约》第 15 条来处理，该条涉及机场的条件。第 15 条第 1 段要求缔约国对其机场和航空设施提供相同的条件。这将不会受到航空交易指令的影响，该指令适用于飞行期间排放的二氧化碳排放量，并且不使用机场或航空设施。根据《芝加哥公约》第 15 条最后一句话的规定，缔约国不能对其他缔约国的航空器或航空器所载人员或财务仅因通过而征收规费、捐税或其他费用。② 欧盟航空交易指令不影响这一义务，理由如下：第一，欧盟航空交易指令不是《芝加哥公约》所规定的“规费、捐税或其他费用”。此外，欧盟航空交易指令不是因使用设施而征收的费用，因此不能构成《芝加哥公约》定义的费用。第二，即使欧盟航空交易指令视为费用，它也不是对航空器进入或离去的权利适用的费用。尽管欧盟航空交易指令适用于进入或离去欧盟成员国领空的航空器，但是这并不能使它成为对航空器进入或离去所征收的费用。的确，它适用于飞行期间排放的二氧化碳排放量。因此，欧盟航空交易指令不构成《芝加哥公约》所定义的交通权。

---

① See Paul Stephen Dempsey, “Air Traffic Rights”, *Institute of Air and Space Law*, 2008.

② 《芝加哥公约》第 15 条最后一句话进一步规定：“任何缔约国对另一缔约国的任何航空器或航空器上所载人员或财物不得仅因给予通过或进入或离去其领土的权利而征收任何规费、捐税或其他费用。”参见赵维田著：《国际航空法》，社会科学文献出版社 2000 年版，第 491 页。

根据 GATS《关于空运服务的附件》和其他相关规定,欧洲法院作出了初步裁定,认为欧盟航空交易指令不符合《欧美开放天空协议》第 11 条的规定。第 11 条规定了"关税和费用"及航空公司的运营方面,如基于互惠,免征"消耗性技术供应、燃料、地面配件、润滑油、零配件的所有限制,房产税和资本征费,关税,消费税和类似收费"。欧盟法院裁定,消耗的燃料与航空交易指令的成本之间没有"直接和紧密的关系",因为后者取决于航空公司需要购买配额的程度、免费给予的配额数量和配额的价格。因此,欧盟航空交易指令不是"航空器运营者对持有或消耗的燃料征收的关税、税收或费用"。这个结论由《欧美开放天空协议》第 15 条有关环境的规定得到加强。除了已提交的不同外,《欧美开放天空协议》要求欧盟和美国合作应对国际航空业对环境的影响并遵守 ICAO 的环境标准。该条确定美国和欧盟保留《欧美开放天空协议》下采取保护环境措施的自由裁量权。因此,航空交易指令不是影响交通权或与交通权的行使直接相关的服务的措施。从这一点可以看出,欧盟航空交易指令不能排除出 GATS 的范围。

3. GATS《关于空运服务的附件》第 4 段

GATS《关于空运服务的附件》第 4 段允许有关成员在用尽双边或多边协定的争端解决程序后引用 WTO 争端解决程序。该段的条件是否达成本身受到 WTO 争端解决程序的约束,包括《芝加哥公约》或其他双边空运服务协议下起诉的 WTO 成员方是否有其他救济方式的追索权。如前所述,由于欧盟航空交易指令不构成交通权,那么欧盟不必遵守《芝加哥公约》和《欧美开放天空协议》的规定。因此,这又产生了一个问题,WTO 专家组是否要求 WTO 成员方根据这些其他协议诉诸争端解决。专家组的裁定就必须考虑该决定的优点和合理性问题。这个角色对 WTO 专家组的支持体现在欧盟香蕉案中。在该案中,上诉机构明确指出,WTO 对《洛美协定》的放弃要求 WTO 解释该协定以确定放弃的范围。[①] 在这种情况下,可以说 GATS《关于空运服务的附件》的范围,包括第 4 段的适用只能通过审查这些其他协议的范围来确定。在这种情况下,航空交易指令不是影响交通权措施的裁定应该为 WTO 专家组开辟道路,从而考虑指令是否符合 GATS 的规定。

如果该分析是正确的,那么即使第 2 段某一个排除条款不能适用,WTO

① See WTO Appellate Body Report, European Communities-Regime for the Importation, Sale and Distribution of Bananas, WT/DS27/AB/R, 25 September 1997, p. 167.

专家组也可能缺乏司法管辖权，该管辖权可以裁定穷尽ICAO救济程序是否存在违反GATS的情况。然而，这并不意味着WTO成员方应该遵守WTO义务，而只能意味着不能适用争端解决程序。因此，如果上述分析是不正确的，那么下面就必须考虑可适用的GATS义务和例外条款。

(二)最惠国待遇义务(GATS第2条第1款)

根据GATT第1条第1款的规定，GATS第2条第1款规定欧盟对任何服务或服务提供者给予的任何"利益"，必须立即且无条件地给予其他WTO成员国相同服务或服务提供者。①

与GATT第1条第1款的规定不同，毫无疑问GATS第2条第1款的规定适用于欧盟航空交易指令。根据GATS第1条第1款的规定，GATS第2条第1款适用于所有对服务有影响的措施。很明显地，航空交易指令尤其适用于在欧盟境外对欧盟消费者提供的服务，如旅游业。这比较明显的是，欧盟航空交易指令对某些国家的服务或服务提供者产生不成比例的影响；巴巴多斯(Barbados)的旅游业将比以色列的旅游业成比例地受到更多的影响。很明显这种情况的原因与服务的来源无关，而与地理因素有关。根据GATT第1条第1款所提及的理由，不能给予"利益"给所有"相同的服务"和"服务提供者"似乎是足够的。因此，如果欧盟航空交易指令的"等效措施"例外条款只适用于某些国家，那么这将违反立即且无条件给予所有WTO成员方利益的要件。

(三)适用于服务部门承诺的义务

与第2条第1款不同，GATS下大多数的其他义务都只适用于WTO成员就这些服务作出的具体承诺。欧盟已在相关旅游业和娱乐服务业的模式2(境外消费)作出了充分的承诺。② 关键在于欧盟航空交易指令是否违反有关服务部门的任何义务。③

首先，可以考虑欧盟航空交易指令是否违反GATS第16条的规定。有关定期航班服务，这禁止GATS第16条第2款所述的措施。贴切地说，这适用于设置供应商的最大数目或服务的各种要素的措施，不管其形式或影

---

① See European Communities and their Member States-Final List of Article Ⅱ (MFN) Exemptions, GATS/EL/31, 15 Apr. 1994.

② See European Communities and their Member States, Schedule of Specific Commitments, GATS/SC/31, 15 Apr. 1994.

③ See Joshua Meltzer, "Climate Change and Trade-The EU Aviation Directive and the WTO", *Journal of International Economic Law*, Vol. 15, No. 1, 2012, pp. 147 - 150.

响如何。[①] 然而,即使欧盟航空交易指令对服务的供应产生限制作用,它也不能设置最大限制。因此,GATS 第 16 条不能适用于欧盟航空交易指令。

其次,欧盟航空交易指令是否违反 GATS 第 17 条第 1 款的规定,并优待这些国内服务和服务提供者。[②] 与其他 WTO 成员方相比,欧盟航空交易指令可能改变有利于欧盟服务和服务提供者的竞争条件。由于票价变得更昂贵,欧盟居民宁愿在家度假。根据 GATS 第 2 条第 1 款与 GATT 第 1 条第 1 款的规定,欧盟航空交易指令的这种不成比例的影响等于为其他服务和服务提供者的"更优惠待遇"。此外,歧视的原因并不是独立于服务或服务提供者来源。[③]

GATS 第 17 条的规定受到脚注 10 规定的约束。[④] 表面上看起来脚注 10 的规定可以保护欧盟航空交易指令。然而,正如加拿大汽车案(Canada-Certain Measures Affecting the Automotive Industry)中专家组所说的,脚注 10 的规定"并不能因服务和服务提供者的外国属性而为处于弱势地位竞争条件的行为提供保护"。[⑤] 在符合模式 2 服务的情况下,脚注 10 的规定保护欧盟免予不得不补贴消费者国际运输的成本。因此,脚注 10 的规定并没有允许欧盟增加这些成本。

(四)环境保护的一般例外条款(GATS 第 14 条第 b 款)

即使欧盟航空交易指令面临着上述法律困境,GATS 项下不合法的条款也可以在 GATS 第 14 条下证明合理。虽然该条并不包括 GATT 第 20 条第 g 款相似的条款,但是,GATS 第 14 条第 b 款与 GATT 第 20 条第 g 款的规定类似。相应地,考虑 GATS 第 14 条第 b 款下欧盟航空交易指令的合法性分析遵循 GATT 第 20 条第 g 款进行的背景,除替代措施外,欧盟航空交易指令应该是合理的。除服务和服务提供者为一个国家外,与欧盟等距离的国家相比,

---

① See WTO Appellate Body Report, US-Gambling, WT/DS285/AB/R, adopted 20 Apr. 2005, para. 232.

② GATS 第 17 条第 1 款规定:"对承诺表上所列之行业,及依照表上所陈述之条件及资格,就有关影响服务供给之所有措施,会员给予其他会员之服务或服务提供者之待遇,不得低于其给予本国类似服务或服务提供者之待遇。"

③ See WTO Appellate Body Report, Dominican Republic-Cigarettes, WT/DS302/AB/R, adopted 19 May 2005, para. 96.

④ 脚注 10 规定:"依本条规定所为之特定承诺,不得解释为要求会员对服务提供者本身或其提供相关服务之特殊性质,所引发之内在竞争劣势予以补偿。"

⑤ WTO Appellate Body Report, Canada-Certain Measures Affectiing the Automotive Industry, WT/DS139/AB/R, WT/DS142/AB/R, adopted on 19 June 2000, para. 8. 59.

直接飞行航班比间接飞行航班更容易符合条件。这意味着可能构成任意的或不合理的歧视,如果巴巴多斯(Barbados)的主要服务直接飞往欧盟,而邻国等距离岛屿的主要服务间接飞往欧盟,因此巴巴多斯的服务和服务提供者将承担比其竞争者更高的监管成本。然而,即使欧盟航空交易指令属于GATS调整的范围,并且是合法的,只要不存在以较少限制方式满足欧盟目标的合理替代措施,该措施在GATS第14条第b款项下就可能是合法的。

上述分析阐明了欧盟航空交易指令在WTO的复杂性,除某些案例外,从环境的角度,措施的任何歧视都有可能是合法的。然而,分析也显示WTO存在一些结构问题,这些问题是气候变化特别相关的。从这些案例分析中发现,在GATT第20条序言和GATS第14条项下,WTO成员方不能基于其遵守国际义务而证明歧视合理。在巴西翻新轮胎案中阐述的规则有一个明显的特点,即阻止WTO成员方通过签订矛盾的国际协议规避其WTO义务。人们不禁要问,是否存在另一种替代解决方案,该方案不仅可以让WTO成员方充分利用WTO协议的一般例外条款,而且仍然遵守其国际义务。

第五节　航空碳排放交易制度与CDM

目前,国际社会主要碳市场有EU ETS(欧盟排放交易体系)、NSW(澳大利亚新南威尔士碳交易所)、CCX(美国芝加哥碳交易所)以及其他国际和国内碳市场,这些市场主要从事碳排放权交易。除了对《京都议定书》规定的碳配额(AAU——分配数量单位、CER——核证减排量、ERU——减少排放单位和RMU——碳汇产生的减排单位)进行交易外,还发展了与其自身相适应的碳排放交易模式。例如,澳洲新南威尔士温室气体减排核证(NSW GHG Abatement Certificates,NGACs)、EU ETS规定的欧盟排放配额(EUAs)、芝加哥CCX的自愿减排量(Voluntary Emission Reducations,VERs)等。

如上所述,尽管欧美澳等发达国家已经初步构建了碳排放交易体系,但尚未形成全球统一的碳排放交易市场。在上述碳排放交易市场中,不同的碳排放交易市场实行不同的交易模式,即主要分为基于配额型的碳排放交易模式和基于项目的碳排放交易模式两种,[①]如图3-1所示。前者采取总量控制

① 参见言彦:《公共资源交易市场——碳排放权交易系统研究》,江南大学2010年硕士学位论文,第13页。

与交易机制,即在总量控制与交易机制下,买卖由政府管理者制定并免费分配(或拍卖)排放配额,如《京都议定书》项下的分配数量单位(AAU)以及 EU ETS 项下的欧盟排放配额(EUA);后者是基于项目的碳排放交易市场,《京都议定书》附件一发达国家可以通过联合履行机制(JI)向其他国家购买减少排放单位(ERU),通过 CDM 产生的核证减排量(CER)和碳汇产生的减排单位(RMU)抵消其温室气体排放量。

因此,总量控制与交易模式与以项目为基础的模式是国际碳交易中以市场为基础的两种主要模式,前者典型的是航空碳排放交易制度,后者典型的是 CDM。尽管这两种交易模式不仅迅速推定并发展了国际碳排放交易市场,而且促进了全球减排市场中国际技术和新资本的流动,即这两种交易模式在国际层面上取得了巨大的成功。然而,与 CDM 相比,航空碳排放交易制度模式在实施效果上更为成功。[①] 正如国家发展和改革委员会冯升波所说的那样,欧盟不仅在全球应对气候变化的行动中扮演着急先锋的作用,不仅在政治上承诺温室气体减排义务,而且在具体行动和政策实践上扮演着领导者的角色。[②] 本部分拟探讨 CDM 与航空碳排放交易制度之间的关系,以更好地厘清航空碳排放交易制度的相关重要问题。

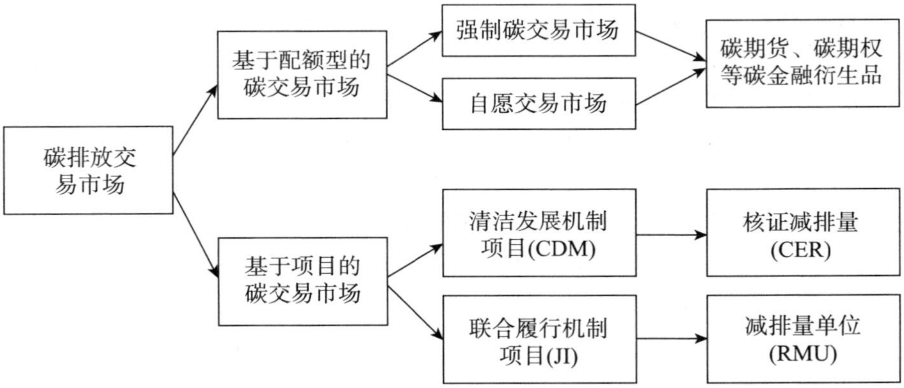

图 3-1　国际碳排放交易市场组成

① See Christopher Carr, Flavia Rosenbuj, "Flexible Mechanisms for Climate Change Compiance: Emission Offset Purchases under the Clean Development Mechanism", *New York University Environmental Law Journal*, Vol. 16, 2008, p. 52

② 参见冯升波:《发达国家应对气候变化的政策措施对我国能源政策的影响研究》,载国家发展和改革委员会能源研究所编著:《能源问题研究文集》,中国环境科学出版社 2009 年版,第 321 页。

一、CDM的主要内容及特点

在UNFCCC的谈判进程中,尽管附件一发达国家承诺率先承担二氧化碳等温室气体的减排义务,但指出,允许发达国家采取基于市场的灵活履约机制来实现其减排承诺,由于灵活履约机制的共同特点就是"境外减排"。因此,灵活履约机制又称为"境外减排机制"。[①] 其中,CDM就被认为是这样一种可以跨国交易和投资的机制。按照这一思想,1997年《京都议定书》确定了三种温室气体减排机制,其中只有CDM与发展中国家相关,"且对发展中国家意义最大"。[②]

(一)CDM的主要内容

根据《京都议定书》第12条规定,CDM的主要内容包括:允许附件一所列国家的企业或个人在非附件一的国家中实施能够减少二氧化碳等温室气体排放的项目,经过一系列的复杂操作程序获得"经核证的减排额度"(CERs),"经核证的减排额度"(CERs)则列入发达国家履行《京都议定书》的承诺。[③]

(二)CDM的特点

1. CDM是碳排放权交易制度的新发展

目前,在解决二氧化碳等温室气体排放问题中,碳排放权交易成为温室气体减排的重要手段。[④] 在经济发展水平或劳动力成本等方面,由于发达国家和发展中国家存在巨大的差异,因此,两者具有不同的温室气体减排边际成本。交易不同地区产生的减排量,以最小的成本实现减排效益的最大化,可以在全球范围内最优配置资源。"CDM项目产生的核证减排量(CERs)运行的经济学基础在于,在满足减排限额的同时最低化减排的总成本。"[⑤]

由于碳排放权交易制度属于基于市场的环境政策工具,该制度的目的在

---

① 参见袁杜娟、朱伟国著:《碳金融:法律理论与实践——低碳经济时代的法律制度选择》,法律出版社2011年版,第28页。

② Paul Curnow, "Supplementarity and the Flexibility Mechanism under the Kyoto Protocol: How Flexiblity is 'Flexible'?" *Asia Pacific Journal of Envionmental Law*, Vol. 6, 2001, p. 167.

③ 参见袁杜娟、朱伟国著:《碳金融:法律理论与实践——低碳经济时代的法律制度选择》,法律出版社2011年版,第34页。

④ 参见新浪网,http://finance.sina.com.cn/roll/20100131/09353204766.shtml,2017年12月17日访问。

⑤ Nieholas Stern, *The Economics of Climate Change: the Stern Review*, Cambrige Universtiy Press, 2007, pp. 19–23.

于鼓励环境主体根据市场行情作出行为决策，不仅可以实现经营者和各参与方的自身利益，而且可以客观上达到减排的目的，而不是为环境主体明确指定减排任务或方法。在CDM项目的合作中，采取控制核证减排量（CERs）在市场交易的方式，该项目所在国或东道国政府资本化项目的排放问题，并将具体的行政管理行为市场化，这不仅可以创造新的资本形式，而且具有较强的市场化程度。由此可见，CDM的本质就是碳排放权交易制度。

但与一般碳排放权交易制度不同，CDM项目下核证减排量（CERs）只能由非附件一国家卖给附件一国家。同时，不仅以国家的名义签署协议，而且以国家的名义计算减排量，项目之间的合作都是国家之间的合作，是全球层面推动节能减排先进技术转移的合作，[①]是碳排放权交易制度的新发展。[②]

2. CDM是附件一国家国内减排的补充手段

作为发达国家履行京都机制项下义务的一部分，CDM允许发达国家在发展中国家开展减排项目来获取减排额度。与第一承诺期规定的减排义务以及CDM给附件一发达国家带来的节能减排的低成本优势相比，CDM更体现了附件一各国国内减排的补充性。

3. CDM是一项双赢性机制

对于发展中国家来说，CDM项目合作可以使其获得发达国家额外的资金和先进的环境技术以促进本国可持续发展；对于发达国家来说，CDM项目合作可以从发展中国家获得全部或部分的核证减排量（CERs），而且其获得的核证减排量（CERs）成本低于其国内减排行动的成本，从而可以大幅降低减排义务的经济成本。[③]

由此可见，CDM合作就是以发达国家以“资金和技术”获取发展中国家的“核证减排量（CERs）”。[④] 作为南北合作关系史上的一个里程碑，CDM项目不仅开辟了《京都议定书》附件一和非附件一缔约国之间合作新的交流渠

---

① 参见王江、赵莉：《中国开展清洁发展机制的理论和实践研究》，载《未来与发展》2009年第1期，第8页。

② 参见陈淑芬著：《国际法视角下的清洁发展机制研究》，武汉大学出版社2011年版，第27页。

③ 参见迟远英：《基于低碳经济视角的中国风电产业发展研究》，吉林大学2008年博士学位论文，第35页。

④ Kevin A. Baumert, Participation of Development Countries in the International Climate Change Regime: Lessons for the Future, *Geroge Washington International Law Review*, Vol. 38, 2006, pp. 383 – 384.

道,而且注入了新的活力给陷入停顿的南北经济合作关系。①

4. CDM 的运行以项目为基础,以市场为导向

根据《京都议定书》第 12 条第 5 款规定,CDM 是基于项目的机制。该项目最终产品核证减排量(CERs)的交易不仅将不能成为物权客体的无形环境容量资源导入拟制市场进行交易,而且其交易价格是根据市场调节以合同约定的方式来确定的。由此可见,CDM 的运行不仅以项目为基础,而且以市场为导向。

5. 发展中国家参与 CDM 项目的自愿性

《京都议定书》不仅并未要求发展中国家必须在国内开展 CDM 项目,而且未要求发展中国家必须利用 CDM 项目获取核证减排量(CERs)以实现其减排义务。由此可见,对于发展中国家来说,其是否开展有关 CDM 的具体实践完全取决于其自己的态度。② 甚至有学者提出,就发展中国家而言,可持续发展是 CDM 项目的首要目标,其次才是协助附件一发达国家完成减排目标。③

二、航空碳排放交易制度对 CDM 项目的挑战

由于 CDM 可以视为碳排放交易制度的新发展,因此,该项目与航空碳排放交易制度具有非常密切的关系,探讨航空碳排放交易制度对 CDM 发展的挑战,首先就必须分析该制度与 CDM 不同的特点。

(一)航空碳排放交易制度的特点

作为迄今为止最成功的航空碳排放交易制度之一,欧盟航空碳排放交易制度无疑是最典型的。因此,与 CDM 相比,探讨欧盟航空碳排放交易制度的特点就更具有意义。

第一,尽管《京都议定书》要求欧盟各成员国在 2008 ~ 2012 年温室气体排放量在 1990 年基础上总体削减 8%。然而,欧洲委员会不仅没有要求各成员国承担相同的减排义务,而且还将履行《京都议定书》作为其内部分配福利

---

① See Lavanya Rajamani, "Renegotiating Kyoto: A Review of the Sixth Conference of Parties to the Framework Converntion on Climate Change", *Colorado Journal of International Environmental Law & Policy*, Vol. 12, 2001, p. 205.

② See Kevin A. Baumert, "Participation of Developing Countries in the International Climate Change Regime: Lessons for the Future", *George Washington International Law Review*, Vol. 38, 2006, p. 390

③ See Jennifer P. Morgan, "Carbon Trading under the Kyoto Protocol: Risks and Opportunities for Investors", *Fordham Environmental Law Review*, Vol. 18, 2006, p. 157.

的一种工具。①

第二,在规定欧盟各成员国的具体减排义务时,《欧洲责任分担协议》在欧盟范围内实践了一次共同但有区别责任原则,在许可分配的过程中充分考虑各成员国的经济发展情况。②

第三,2003/87/EC 指令和 2008/101/EC 指令不仅允许欧盟各成员国在一定条件下增加或退出所涵盖的温室气体、工业部门和排放实体,而且各成员国在一定程度上可以自主制定《国家分配计划》,即具有独有的内部开放性。同时,这两个指令还允许通过"境外减排机制"(如 CDM 和联合履行机制)获得减排额度,从而抵消其本国根据航空碳排放交易制度应承担的减排义务,即具有外部开放性。

第四,2003/87/EC 指令和 2008/101/EC 指令还允许航空碳排放交易制度连接其他《京都议定书》缔约国可兼容的碳排放交易制度。通常认为,只要任何一个国家的排放许可可以直接或间接地在另一个国家的交易机制下履行义务,这两个国家的排放交易制度都能相互连接。③

(二)航空碳排放交易制度对 CDM 项目的具体挑战

与欧盟航空碳排放交易制度相比,尽管 CDM 项目的适用范围更广泛,可以适用于整个国际社会,但是在欧盟成员国境内,CDM 仅仅是该制度的补充机制。航空碳排放交易制度可以灵活地整合资源并统一市场,这在一定程度上挑战了 CDM 项目的发展。

1. 在欧盟境内 CDM 的补充性

尽管 CDM 项目是《京都议定书》确定的以市场为基础的三大温室气体减排机制之一,具有相当的权威性和普遍性,但是,作为附件一的欧盟各成员国认为,在欧盟境内进行的减排行动是主要的,而通过 CDM 项目获得的核证减排量(CERs)只能补充其国内的减排行动,其比例范围要被限制在欧盟减排总指标的 50% 以内。

2008/101/EC 指令允许航空碳排放交易制度内的排放实体利用从 CDM

---

① See Susan J. Kurkowski, "Distributing the Right to Pollute in the European Union: Efficiency, Equity, and the Enviornment", *New York University Envrionmental Law Review*, Vol. 14, 2006, p. 699.

② 参见陈新杰:《欧盟碳排放权交易机制及其对中国的启示》,广东外语外贸大学 2009 年硕士学位论文,第 23 页。

③ See Erik Haites, "Harmonisation between National and International Tradable Permit Scheme", http://www.joanneum.at/climate/linking/Erikhaites2003.pdf,2017 年 12 月 18 日访问。

项目中获得的核证减排量(CERs)作为其履行减排义务的有效补充。这一规定增加了欧盟排放交易的流动性,不仅为参与交易的实体提供了更多的灵活性和确定性,而且降低了各成员国的履约成本和交易配额价格,在一定程度上促进欧盟各成员国热衷于CDM项目。

从表面上看,CDM项目是发达国家对发展中国家进行援助,但从实质上看,该项目是发达国家以更长远的产业发展战略为基础参与碳排放交易。在国际气候谈判中,欧盟一直希望其扮演领导者的角色,其之所以主动大幅提高自身减排承诺并推崇低碳经济利益的原因在于以下两个方面:其一,希望世界未来的发展方向由自己领导并主导建立自己的新游戏规则;其二,由于欧盟各成员国都有自己的清洁技术,低碳经济不仅能给清洁技术带来巨大的发展空间,而且可以给这些技术创造大量的市场空间。

综上所述,在欧盟境内,能推动实质性减排的只能是占主导地位的航空碳排放交易制度,而CDM项目只能作为该制度的一种补充性工具。

2.欧盟政策的一体化提供了更有利的契机促进航空碳排放交易制度的发展

一方面,由于欧盟是世界一体化程度最高的政府间国际组织,因此,各成员国可以利用航空碳排放交易制度获得相应的减排额度,而不必因不协调的国家政策或制度而与非欧盟国家发生冲突。[①] 根据统计,欧盟航空碳排放交易制度覆盖了温室气体排放总量接近欧盟温室气体排放量总量一半的产业。[②] 这份统计数据更坚定了欧盟部分成员国倾向于加强内部减排合作,而不是参与CDM项目进行减排。

另一方面,欧盟各成员国具有可再生能源和温室气体减排技术等方面的优势。利用这些优势,欧盟各成员国在减缓和应对气候变化方面加强国际合作,力图转化减排技术创造条件以进入发展中国家能源环保市场。

3.CDM项目的进程由航空碳排放交易制度的阶段性所控制

按照欧盟法令和国家立法的规定,由于航空碳排放交易制度建立在企业层次上,通常仅限于管理航空业或工业的排放,而《京都议定书》在UNFCCC第三次缔约方大会上通过的,是政府间谈判达成的,对附件一发达国家的排

① See Michae Mehling and Leonardo Massai, "The European Union and Climate Change: Leading the Way towards a Post-2012 Regime?" *Carbon & Climate Law Review*, Vol. 1, 2007, pp. 46-47.

② 参见韩良著:《温室气体排放权交易法律问题研究》,中国法制出版社2009年版,第59页。

放总量设定减排目标。与 CDM 相比,航空碳排放交易制度是相对独立运行的。

在欧盟碳排放权交易计划的第一阶段(2005～2007 年),由于碳排放权交易尚未普遍,在发展中国家,CDM 项目给欧盟各成员国提供了很多低成本的减排机会,因此,在这个阶段,欧盟各成员国不仅 CDM 项目发展迅速,而且项目申请量大量增加。然而,在欧盟排放权交易计划第二阶段(2008～2012 年),通过第一阶段项目合作,由于欧盟很多成员国获得足够的减排额度以减轻本国减排任务,各成员国对 CDM 项目合作的热情降低。① 此外,随着欧盟碳排放交易制度的不断完善,欧盟内部碳排放权交易也吸引了各成员国大量减排热情,这在一定程度上直接影响了该项目在欧盟碳排放权交易计划第二阶段的发展态势。

2008 年 12 月 17 日,欧盟提出了排放权交易制度第三阶段的实施内容。该阶段不仅完善了第一、第二阶段的规则,并以法案的形式在 2009 年 5 月 14 日的欧盟议会上通过,而且要求欧盟各成员国必须在 2012 年 12 月 31 日前颁布相关的法律法规确保第三阶段目标的实现。自此,欧盟碳排放权交易制度不仅扩大了其覆盖范围和提高了减排目标,而且将进一步扩展未来市场规模。②

三、航空碳排放交易制度对 CDM 项目的启示

航空碳排放交易制度是目前欧盟减缓和应对气候变化非常重要的法律和政治支柱,其不仅是适用范围最广的碳排放权交易体系,而且是全球碳排放交易市场最主要和最强大的动力,其交易份额占全球碳排放交易市场的 60%。③

在碳减排交易中,欧盟航空碳排放交易制度和 CDM 项目都具有非常重要的融资功能。其不仅能推动碳交易市场发展和国际碳交易市场资本流通,

---

① See Sharon Long and Ciedre Kaminskaite-Salter, "The EU ETS—Latest Development and the Way Forward", *Carbon & Climate Law Review*, Vol. 1, 2007, pp. 66 - 67.

② 参见周秋玲:《欧盟碳排放权交易先行一步》,载中国新闻网,http://www.chinanews.com.cn/ny/news/2010/02-05/2110973,shtml,2017 年 12 月 18 日访问。

③ See Sharon Long and Ciedre Kaminskaite-Salter, "The EU ETS—Latest Development and the Way Forward", *Carbon & Climate Law Review*, Vol. 1, 2007, p. 64.

而且可以让更多市场主体参与其中。[①] 因此,这不仅充分体现航空碳排放交易制度具有技术转让和处理资金流动等方面的显著优势,而且能证明其具备一定应对气候变化问题有效性等方面的优势。[②]

由此可见,CDM 项目与航空碳排放交易制度,在当前国际碳排放交易的交易模式中,各自具有显著特色与优势。与 CDM 项目在实践中遇到诸多难题相比,航空碳排放交易制度却取得了巨大的成功。因此,航空碳排放交易制度对 CDM 项目的借鉴甚至对我国 CDM 项目的借鉴就具有非常重要的参考意义,为我国乃至全球范围内碳排放交易制度的构建提供了丰富有用的经验。

(一)航空碳排放交易制度对 CDM 项目发展的借鉴

尽管澳大利亚新南威尔碳排放权交易制度是世界上第一个强制性的温室气体排放交易制度,[③]但与欧盟航空碳排放交易制度相比,该制度不仅排放实体数量和覆盖地域远小于或少于欧盟航空碳排放交易制度,而且其运行的复杂和困难程度也比不上欧盟。虽然欧盟各成员国国内的碳排放交易机制受欧洲委员会监管,但各成员国具有较大的自主权可以决定自身的排放交易机制,而且欧盟航空碳排放交易制度能将各成员国国内排放交易机制有机连接起来。从这点来说,欧盟航空碳排放交易制度无疑是成功的。

第一,航空碳排放交易制度具有强大的能源整合能力和统一有序的市场运行体系。这体现在该制度在欧盟各成员国内部所取得的巨大成就和其与外部市场的连接上。该制度与其他碳排放交易机制的连接实践包括欧盟碳排放交易指令许可或承认其他机制(如 CDM 与联合履行机制)和欧盟与其他国家因谈判而促成的碳排放交易机制的连接(如挪威、爱尔兰等国家的碳排放交易机制)。

一方面,该制度的这种独有的开放性可以更好地指导其他非欧盟碳排放

---

① See Christopher Carr, Flavia Rosenbuj, "Flexible Mechanisms for Climate Change Compiance: Emission Offset Purchases under the Clean Development Mechanism", *New York University Environmental Law Journal*, Vol. 16, 2008, p. 60.

② See Christopher Carr, Flavia Rosenbuj, "Flexible Mechanisms for Climate Change Compiance: Emission Offset Purchases under the Clean Development Mechanism", *New York University Environmental Law Journal*, Vol. 16, 2008, p. 61.

③ 参见袁杜娟、朱伟国:《碳金融:法律理论与实践——低碳经济时代的法律制度选择》,法律出版社 2011 年版,第 54 页。

交易机制的改革；[①]另一方面，其与非欧盟碳排放交易机制的连接经验，为全球航空碳排放交易制度的构建提供了一些有益的经验。

第二，采取分阶段运行模式，有利于政策制定者根据实施情况动态调整排放目标和方式。构建该制度的目的在于减排成本最小化。但有些学者认为，该制度并不是一个有效的低成本碳减排机制。[②] 由于该制度并不是真正地将整个经济行业尤其是航空业的排放量成本最小化，而仅适用于航空业和工业核能源领域，这些领域是排放大户。还有学者认为，目前欧盟所减少的碳排放量，更多地应该归功于能源利用率的提高，而不是碳排放交易。[③] 甚至有学者认为，该制度所取得的成功在某种程度上会分散国际社会进行气候制度变革的注意力。[④]

欧盟早就预料到这些质疑之声，在设计该制度时，就明确提出应该将第一交易阶段作为反复试验期。[⑤] 这种分阶段运行模式在很大程度上可以让政策制定者因实施情况而灵活调整排放目标和方式。然而，CDM 项目的实施却不能让政策制定者享有这种自主权。从另一个方面也表明，准确的信息数据不仅可以提高信息的可用性和可靠性，而且可以提供便利给企业并增加政府财政收入。这些宝贵经验可以予以借鉴并应用于 CDM 项目实践中。

（二）航空碳排放交易制度对中国 CDM 项目发展的启示

作为全球最大的温室气体排放国和经认证的减排单位（CERs）一级市场供应国，[⑥]我国环境保护面临着巨大的压力。

笔者认为，欧盟航空碳排放交易制度可以为我国构建基于市场机制的碳排放交易制度提供有益经验。目前，我国已经开始在七市两省试点开始采取

---

① 参见陈新杰：《欧盟排放权交易机制及其对中国的启示》，广东外语外贸大学 2009 年硕士学位论文，第 32 页。

② See Sharon Long and Ciedre Kaminskaite-Salter, “The EU ETS—Latest Development and the Way Forward”, *Carbon & Climate Law Review*, Vol. 1, 2007, p. 72.

③ See Patirck Matschoss, “The Programmatic Approach to CDM: Benefits for Energy Efficiency Projects”, *Carbon & Climate Law Review*, Vol. 1, 2007, p. 128.

④ See Michae Mehling and Leonardo Massai, “The European Union and Climate Change: Leading the Way towards a Post – 2012 Regime?” *Carbon & Climate Law Review*, Vol. 1, 2007, pp. 50 – 52.

⑤ See “International Climate Change Programs: Lessons from the European Union’s Emissions Trading Scheme and the Kyoto Protocol’s Clean Development Mechanism”, *IAC (SM) Newsletter Database (TM)*, December 1, 2008.

⑥ 参见苏蕾、曹玉昆、陈锐：《欧盟碳排放权交易体系现状及启示》，载《世界林业研究》2012 年第 3 期，第 55 页。

总量控制与交易的交易模式配置我国碳排放交易市场,也取得了一定的成功,但还需要借鉴欧盟航空碳排放交易制度的如下经验:

第一,我国应该以行政法规的形式将具有一定二氧化碳等温室气体排放量的企业纳入总量控制与交易体系。该体系初级阶段主要包括的企业为工业企业,所涵盖的温室气体为二氧化碳。

第二,我国政府相关部门应该尽快将纳入总量控制与交易体系的企业规定一个排放限额,构建透明和合理的排放权分配机制。对于那些超标排放的企业,相关机构应该给予惩罚,其超标数量罚款金额大于市场上相同数量配额价格。[①]

第三,CDM 项目企业建立的排放配额交易场所,为我国碳排放交易的配额供求调节提供了市场,我国相关部门应该充分联合与利用。研究认为,在建立我国的气候交易场所时,应该大量借鉴欧盟经验,让有碳交易剩余配额的企业能够在经过国家相关部门鉴定和审核后,将其在气候交易场所出售。与此同时,还应该允许碳排放配额不足企业可以在气候交易场所购买被出售的剩余配额。

本章小结

2012 年 1 月 1 日,欧盟将航空业纳入温室气体排放交易体系,即实行航空碳排放交易制度。尽管这一做法遭到国际社会的强烈反对,但欧盟将航空碳排放指标量化以及改革航空碳排放交易机制的决心值得非欧盟国家甚至国际社会上任何国家学习。本章对航空碳排放交易制度的如下几个重要问题进行分析:第一,航空碳排放交易制度的法律依据:航空碳排放交易合同;第二,航空碳排放交易制度的基础:总量控制与交易体系;第三,航空碳排放交易制度的核心:碳排放权;第四,世界贸易组织规则的适用性探讨;第五,航空碳排放交易制度与清洁发展机制之间的关系。

航空碳排放交易实际上就是航空碳排放权交易,即航空碳排放交易合同的一方为了获得航空碳排放配额而支付另一方报酬的方式来获得碳排放配额。其核心在于通过买入或卖出达到航空碳排放量的总体控制。该合同具有国际性、标的特殊性、交付特殊性、法律适用特殊性以及涉外性。该合同不

---

① 参见刘华、李亚:《欧盟碳交易机制的实践》,载《银行家》2007 年第 9 期,第 107 页。

仅具有国际商事合同的典型特征,还必须遵守国际条约并承担国家责任义务。

总量控制与交易体系又称为"限额交易"体系,是在限制温室气体排放总量的基础上,通过买卖行政许可配额的方式进行排放。总量控制与交易体系是航空碳排放交易制度的基础,并且该体系属于以新生的经济刺激手段来控制温室气体等二氧化碳的排放,是基于市场的一种机制。该体系因公平性受到学术界的广泛争议,本章分析了该体系对行业的公平、对弱势群体的公平和对低收入消费者的公平,并得出结论认为,只要该体系能有效控制二氧化碳等温室气体的排放量,就应该不因其公平性受争议而排除使用。

碳排放权是航空碳排放交易制度的核心。随着各国碳排放交易体系的构建,其能否视为国际投资法中的投资受到各国的关注。根据《华盛顿公约》第 25 条以及具体投资条约中有关投资的定义,碳排放权可被视为投资。但是,投资者因碳排放权的问题将会对东道国提起仲裁,这在很大程度上将会阻碍各国构建碳排放交易制度,因此,不应当对碳排放权提供较高标准的保护。要实现这一目标,要么就明确将碳排放权排除在投资定义之外,要么仲裁庭在法律实践中仅对碳排放权投资提供较低保护而不是较高的保护。然而,最重要的方式则是在投资协议中根据 GATT 第 20 条及其序言的规定环境例外条款,从而实现环境保护与投资者利益之间的最佳平衡。

在国际贸易领域,WTO 已形成了一套自成体系的国际法规则,其最独特的地方是有"牙齿",有争端解决机制,即 WTO 争端解决机制使 WTO 成为"有牙齿的老虎"。由于国际航空运输包括旅客运输和货物运输,兼具货物贸易和服务贸易的双重属性,因此,有必要探讨 WTO 法律体系对航空碳排放交易体系的适用。其中,与航空碳排放交易制度相关的主要有 GATT/WTO 规则、GATS 协议以及 TBT 协议。本章不仅探讨了航空碳排放交易制度的相关规定与这些规则是否相符的问题,而且还以相关的案例对其予以说明,以更好地分析世界贸易组织规则的适用性。

总量控制、交易模式与以项目为基础的模式是国际碳交易中以市场为基础的两种主要模式,前者典型的是航空碳排放交易制度,后者典型的是 CDM。与 CDM 相比,航空碳排放交易模式在实施效果上更为成功。因此,航空碳排放交易制度对 CDM 项目的借鉴甚至对我国 CDM 项目的借鉴就具有非常重要的参考意义,为我国乃至全球范围内航空碳排放交易制度的构建提供了丰富有用的经验。

第四章　欧盟航空碳排放交易制度及其面临的挑战与借鉴

第一节　欧盟航空碳排放交易制度的法律框架

欧盟在《欧盟内部温室气体排放交易绿皮书》(2000 年)中设定了欧盟各成员国内部交易温室气体的排放限额,并要求其总体实现排放量削减比 1990 年少 8%。《在共同体内建立温室气体排放量交易框架的指令》于 2003 年 10 月 25 日通过欧盟理事会决议(2003/87/EC 指令)并开始生效,该指令决定欧盟排放交易机制(EU ETS)于 2005 年 1 月 1 日开始启动。自 2005 年启动以来,EU ETS 已成为全球第一个最大的跨国碳排放交易机制。

2000 年 3 月,欧盟发布了《欧盟内部温室气体排放交易绿皮书》,该绿皮书提出应该设定欧盟各成员国内部交易温室气体的排放限额,从而实现较 1990 年排放量削减 8% 的目标。[①] 2003 年 10 月 25 日,欧盟理事会通过的《在共同体内建立温室气体排放量交易框架的指令》(2003/87/EC 指令)开始生效。该指令决定于 2005 年 1 月 1 日开始启动欧盟排放交易机制(EU ETS)。[②] 自 2005 年启动以来,EU ETS 已成为全球第一个最大的跨国碳排放交易机制。

EU ETS 涵盖欧盟 27 个成员国和欧洲经济区 3 个国家。[③] 其中,纳入 EU

---

① See European Commission (8 March 2000), COM (2000) 87 final: Green Paper on Greenhouse Gas Emissions Trading within the European Union (Brussels).

② See Directive 2003/87/EC, Establishing a Scheme for Greenhouse Gas Allowance Trading Within the Community and Amending Council Directive 96/61/EC, available at http://www.eur.lex.europa.eu/LexUriServ.do?uri=OJ:L:2003:275:0032:0046:EN:PDF,2017 年 11 月 16 日访问。根据《欧洲共同体条约》的规定,2003/87/EC 指令不具有直接适用性,需要成员国予以转化适用。

③ 从 2008 年 1 月 1 日起,欧洲经济区的挪威、冰岛和列支敦士登被纳入 EU ETS。

ETS 的二氧化碳排放量占欧盟总碳排放量的 45%。[①] 基于这一点,欧盟将其作为最重要的气候政策工具及实现《京都议定书》各项目标的重要且关键制度。尽管欧盟不是碳排放交易体系的开创者,但作为欧盟气候变化计划的一部分和最具深远意义的一个根本性环境政策,无论从理论层面还是实践层面,EU ETS 都为国际碳排放交易提供了有益的尝试和经验依据。[②] 从 2004 年至 2009 年,EU ETS 不仅通过 2003/87/EC 指令而建立温室气体排放交易制度,它还经历了四次修改。[③] 其中,2008/101/EC 指令将航空业纳入 EU ETS,2009/29/EC 指令则从根本上修改了配额分配与总量目标设定等问题。因此,从理论上说,航空碳排放交易体系的法律框架结构应该包括以下四个方面关键要素:碳减排目标与总量设定、碳排放配额分配、碳交易市场监管制度以及履约与强制措施。[④]

一、碳排放减排目标与总量设定

欧盟气候法基石是 EU ETS,其最终目的是履行欧盟在《京都议定书》中所作的承诺并应对气候变化,从而运用效益最大化市场手段实现温室气体减排目标。以效益最大化的市场手段实现温室气体减排的目的。其中,航空碳排放交易体系第一个关键要素是碳排放减排目标和总量设定制度。而碳排放减排目标设定对碳排放交易体系中环境目标的实现具有极为重要的影响,并决定着其运行的环境效果,并在很大程度上将决定着 EU ETS 是否能充分有效地实现《京都议定书》目标。

碳减排目标是政策制定者实现专门环境目标的工具,在一定程度上是国际谈判的政治选择。在理论上,航空碳排放交易体系的目标应该以可靠的、优化成本效益的方式予以实现,并反映生态环境的必要性。[⑤] 尽管碳减排目

---

① See UK Department of Energy and Climate Change, A Guide to Using Kyoto Units in the European Union Emissions Trading Scheme (EU ETS), 12 November 2008.

② 参见薛晶:《欧盟排放权交易机制(EU ETS)研究》,载郭锋主编:《金融服务法评论》(第 2 卷),法律出版社 2011 年版,第 242 页。

③ 这四次修改分别通过如下指令:2004/101/EC 指令、2008/101/EC 指令、(EC)219/2009 号规定和 2009/29/EC 指令。参见薛晶:《欧盟排放权交易机制(EU ETS)研究》,载郭锋主编:《金融服务法评论》(第 2 卷)2011 年版,第 247~248 页。

④ 参见陈惠珍:《减排目标与总量设定:欧盟排放交易体系的经验及启示》,载《江苏大学学报》(社会科学版)2013 年第 4 期,第 14~15 页。

⑤ See Gerd Winter, "The Climate is no Commodity: Take Stock of the Emissions Trading System", *Journal of Envionmental Law*, 2010, Vol. 22, No. 1, pp. 1–25.

标与总量设定涉及许多学科，但设定碳减排目标主要是政治谈判的结果。① 因此，有必要探讨碳减排目标与总量设定的模式以及由此产生的权限配置问题。

（一）碳减排目标

为实现 UNFCCC 所规定的碳排放减排目标，《京都议定书》规定要求，较 1990 年而言，附件 B 国家在承诺期内（2008～2012 年）应该实现温室气体排放量至少减少 5% 的目标。② 在 2002 年，欧盟通过 2002/358/EC 号决定批准该议定书，设定要求欧盟承诺实现至少 8% 的碳排放减排目标，同时要求其 15 个欧盟成员国可以根据产业结构、能源结构和经济增长等进行差异性分配（被称为 EU Bubble）。③

2012 年卡塔尔多哈举行的 UNFCCC 缔约方第 18 次会议通过了《京都议定书》第二承诺期修正案。该修正案规定了附件一所列国家第二承诺期（2013～2020 年）的温室气体量化减排指标。与 1990 年相比，该修正案承诺至少减少第二承诺期温室气体全部排放量的 18%。④ 此外，该修正案还建立了进一步提高指标力度机制，并将三氟化氮（NF_3）纳入议定书管控温室气体范围。⑤ 虽然因《京都议定书》第二承诺期参与度和减排力度不够将会严重影响其应对全球气候变化挑战的能力和有效性，且其何时生效尚不得而知，但该修正案仍是多哈会议最重要和最核心的成果。无论从政治层面还是从法律层面，都确保延续了国际社会长期以来应对气候变化的艰苦努力，且其标志着国际社会应对全球气候变化挑战新的里程碑，具有十分重要的历史意义。

2007 年，欧盟国家元首和政府首脑单方面设置了一系列被称为“20－20－

① See David J. Frame, “The Problem of Markets: Science, Norms and the Commodification of Carbon”, *The Geographical Journal*, 2011, Vol. 177, No. 2, pp. 138－148.

② 《京都议定书》第 3 条。参见李静云著：《走向气候文明：后京都时代气候保护国际法律新秩序的构建》，中国环境科学出版社 2010 年版，第 431～433 页。

③ See Council Directive 2002/358/EC of 25 April 2002 concerning the approval, on behalf of the European Community, of the Kyoto Protocol of the United Nations Framework Convention on Climate Change and the joint fulfillment of commitments thereunder. O. J. L. 130, 15/05/2002, pp. 1－3.

④ 参见中华人民共和国常驻联合国代表团官网，http://www.china-un.org/chn/hyyfy/t1161559.htm，2017 年 1 月 7 日访问。

⑤ 参见中国人民外交学会官网，http://cpifa.org/q/listQuarterlyArticle.do? articleId＝180，2017 年 1 月 7 日访问。

20"的气候和能源目标,[①]其四个立法提案于2008年12月11日、12日先后获欧洲理事会通过,并在其一周后获得欧洲议会表决通过。[②] 欧盟主要依靠EU ETS和共同努力决定(Effort Sharing Decision, ESD)两个规制框架实现到2020年温室气体减排总量低于1990年排放水平20%的目标。[③] 同时,为实现2020年温室气体排放量比2005年减少14%的碳减排总体目标,对不同规制框架所辖行业的减排任务进行重新分配,并且在非欧盟国家满足一定条件的情况下,欧盟还考虑将其2020年的减排目标提高至30%。[④]

(二)碳排放总量设定模式

EU ETS总量设定模式在2009/29/EC指令中被根本性地修订,即2013年以后,其总量设定权限从成员国转移至欧盟。[⑤] 因而,碳排放总量设定模式分为分散决策模式和集中决策模式两种。

1. 分散决策模式(2005~2012年)

在前两个交易阶段(2005~2012年),EU ETS采取分散决策模式,除了欧盟委员会的一些决定外,由各成员国保留自主裁量其国家分配计划的权力,并通过其国家分配计划设定其总量目标,[⑥]各成员国的总量目标之和等于EU ETS的整体排放总量。

根据这种决策模式的要求,2003/87/EC指令的第9~11条及附件三对

---

① "20-20-20"的气候和能源目标是指到2020年减少二氧化碳排放20%,减少能源使用20%和可再生能源使用占能源使用总量的20%。

② See European Parliament, "EP seals climate change package", available at http://www.europarl.europa.eu/sides/getDoc.do? language=en& type=IMPRESS&reference=20081208BKG44004,2017年1月7日访问。

③ See Decision No 406/2009/EC of the European Parliament and of the Council of 23 April 2009 on the effort of Member States to reduce their greenhouse gas emissions to meet the Community's greenhouse gas emission reduction commitments up to 2020, OJL 140, 5.6.2009, pp. 136-148.

④ See Communication from the Commission to the European Parliament, the Council, The European Economic and Social Committee and the Committee of the Regions-Analysis of options to move beyond 20% greenhouse gas emission reduction and assessing the risk of carbon leakage, COM(2010)265 final, Brussels, 26.5.2010.

⑤ See Marjan Peeters, Legislative choices and legal values: considerations on the further design of the European greenhouse gas emissions trading scheme from a viewpoint of democratic accountability, Michael Faure & Marjan Peeters, *Climate change and European Emissions Trading: Lessons for Theory and Practice*, Edward Elgar Publishing, 2008, pp. 17-52.

⑥ See Van Zeben, Josephine. A. W., "(De)Centralized Law-making in the revised EU ETS", *Carbon & Climate Law Review*, 2009, Vol. 3, No. 3, pp. 340-356.

有关国家分配计划的内容和程序进行了规定。该指令第9条规定,各成员国应该根据客观、透明和附件三所列的标准制订国家分配计划,并在适当时间内将国家分配计划公示,然后将结果通知欧盟委员会及其他欧盟成员国,最后则由特别委员会进行审议。当国家分配计划与附件三所列标准或第10条规定不相符合时,欧盟委员会则可以全部或部分拒绝国家分配计划,并解释其原因。①

由于,成员国制定NAP的自主裁量权与欧盟委员会对NAP的拒绝权之间存在紧张关系。② 不仅许多NAP被欧盟委员会在实践中评估并拒绝,而且某些成员国尤其是新加入东欧成员国的总量目标,在其决定中也被显著地“削减”了。③ 所以,许多东欧成员国在前两个交易阶段,对欧盟委员会有关NAP的决定向欧洲法院提起诉讼。欧洲法院认为,欧盟委员会作出的关于这些成员国NAP的决定超越了其权限,因此,欧洲法院支持上述成员国的相关诉求。在诉讼结果的影响下,成员国与欧盟委员会在修订EU ETS中转向了集中决策模式。

2. 集中决策模式(2013～2020年)

2009/29/EC号指令决定在第三交易阶段(2013～2020年),由欧盟集中决定其总量目标,即由欧盟确定每年向EU ETS覆盖行业发放排放配额总量。④ 因此,实现EU ETS总体减排目标责任已经由成员国转移至欧盟,并要求EU ETS所辖行业共同行动,继续停留在成员国水平的只有实施EU ETS规则的活动。⑤ 根据这种决策模式,只能由欧盟委员会单独依法设定EU ETS的总量目标,各成员国只能根据欧盟统一的分配方式分配其境内排放装置的配额,不能对其境内装置实施更为严格的总量目标。⑥

---

① 2003/87/EC指令第9条。参见《欧盟排放交易体系规则》,焦小平主译,中国财政经济出版社2010年版,第16页。

② See Van Zeben, J. A. W., “(De) Centralized Law-making in the revised EU ETS”, *Carbon & Climate Law Review*, 2009, 3(3), pp. 340－356.

③ See Convery, F. J., Redmond, “L. Market and Price Developments in the European Union Emissions Trading Scheme”, *Review of Environmental Economics and Policy*, 2007, 1(1), pp. 88－111.

④ 2009/29/EC号指令第9条。

⑤ See Netherlands Environmental Assessment Agency, “Consequences of the European Policy Package on Climate and Energy”, available at http://www.mnp.nl, 2017年1月7日访问。

⑥ See Gerd Winter, The climate is no commodity: Take Stock of the Emissions Trading System, *Journal of Envionmental Law*, 2010, Vol. 22, No. 1, pp. 1－25.

所以,该模式能够区分 EU ETS 在第三交易阶段的总量目标设定程序和分配程序,且规定分别由成员国和欧盟委员会负责。同时,规定欧盟设定的 EU ETS 总量目标必须符合欧盟关于至 2020 年减排为 1990 年排放水平 20%的目标。此外,在新成员国加入欧盟后,欧盟委员会可以根据情况调整 EU ETS 的总量目标。

(三)碳排放总量目标设定的权限配置

与碳排放总量设定的两种模式相对应,在立法演变过程中,欧盟与成员国之间的权限配置也在这两种模式中发生演变。

1. 分散决策模式下总量目标设定的权限配置

在交易的前两个阶段,欧盟碳排放总量目标设定模式主要采取分散决策。根据这种决策模式,由欧盟各成员国拥有自主权制订国家分配计划,并向欧盟委员会国家分配计划结果。如果国家分配计划不符合 2003/87/EC 指令附件三所列的标准或第 10 条规定的理由,在向欧盟委员会通知国家分配计划后的 3 个月内,欧盟委员会可以拒绝国家分配计划。除非欧盟委员会同意国家分配计划及其修正案,否则成员国不能最终决定分配给其境内装置的配额总量。[①] 一般情况下,这种模式赋予欧盟各成员国设定总量目标的自由裁量权,并允许各成员国考虑自身具体国情进行决策,具有很大限度的灵活性。

然而,在分散决策模式下,虽然欧盟委员会和成员国在 EU ETS 中基本区分了各自设定总量目标的权限,但在实施过程中,两者制定国家分配计划的权限分配并不明确。同时,从东欧成员国对欧盟委员会就 NAP 决定(尤其那些直接削减本应由该国自行决定的总量目标决定)的强烈反应及提起的诉讼可以看出,欧盟委员会对 NAP 的拒绝权和各成员国制定 NAP 的自由裁量权之间存在强烈紧张关系。在这些案件中,这些成员国提起诉讼的理由大致相同,即欧盟委员会违反基本程序和法律规制要求和超越评估权力范围等。[②] 此外,在这些案件的判决中,欧洲法院依据立法规定的条款,通常都会进一步重申和明确成员国与欧盟委员会之间总量目标设定的权限配置,即由成员国

---

① 2003/87/EC 指令第 9 条第 a(3)款。参见《欧盟排放交易体系规则》,焦小平主译,中国财政经济出版社 2010 年版,第 17 页。

② See Sepibus,"J. D. Scarcity and Allocation of Allowances in the EU Emissions Trading Scheme-A Legal Analysis", http://phase1. nccr-trade. org/images/stories/publication/IP6/de% 20Sepibus _ EU% 20ETS% 20and% 20allocation. pdf,2017 年 1 月 8 日访问。

制定 NAP，然后最终决定其即将分配的配额总量，而欧盟委员会只能审查 NAP 的合法性，而不能擅自修改各成员国制定的总量目标和配额数量，否则就构成越权行为。①

2. 集中决策模式中的权限配置

在第三交易阶段，EU ETS 总量目标设定主要采取集中决策模式。这两种模式的转变反应了欧盟内部就设定 EU ETS 总量目标的权限配置争论。而这个争论最早始于立法阶段。

在《在欧盟建立温室气体排放交易机制的绿皮书》（2000 年）中，欧盟委员会提出，EU ETS 的总量目标将由欧盟直接决定或通过高度统一的方式确定。② 欧盟委员会提出，鉴于在《京都议定书》中各成员国的承诺目标、欧盟负担分摊协议的份额及各成员国履行承诺的能力和进度不同，EU ETS 的总量目标设定方面，应该保留各成员国具有广泛的自由裁量权。因此，欧盟委员会提议采取分散决策模式设定 EU ETS 的总量目标。③ 但是，欧洲议会和非政府环保组织则更倾向于能提供更多确定性和积极环保效应的 EU ETS。因此，这个提议受到他们的强烈批评。④ 因而，由于欧盟已没有足够的时间建立 EU ETS 履行《京都议定书》的承诺，故采用政治妥协形式，在 2003 年最终通过了以分散决策模式设定总量目标的 EU ETS 指令。⑤

在前两个交易阶段，尽管该模式赋予各成员国决定其总量目标的自主权，事实上，这种模式的确具有很大灵活性。但欧盟委员会认为，由于该模式的决策过程比较持久和烦琐，在实践中暴露出一系列操作复杂、缺乏公平竞争和透明度等问题。⑥ 这主要是因为由成员国决定并经欧盟委员会审查评估

---

① See Van Zeben, J. A. W., "The European Emissions Trading Scheme Case Law", *Review of European Community & International Environmental Law*, 2009, 18(2), pp. 119 – 128.

② See European Commission, "Green Paper on Greenhouse Gas Emissions Trading Within the European Union", COM (2000) 87 final, 8 March, 2000.

③ See Meadows, D. The emissions allowance trading Directive 2003/87/EC explained// Delbeke. J., The EU Greenhouse Gas Emissions Trading Scheme, Hanzeweg 45B, Claeys & Casteels Publishing, 2006, p. 75.

④ See Van Zeben, J. A. W., "(De) Centralized Law-making in the revised EU ETS", *Carbon & Climate Law Review*, 2009, 3(3), pp. 340 – 356.

⑤ See Michael, B., Echard, *R. Climate Change Policy*, Utrecht: Eleven International Publishing, 2005, pp. 103 – 128.

⑥ See Commission Staff Working Document, Accompanying document to the Proposal for a Directive of the European Parliament and of the Council amending Directive 2003/87/EC so as to improve and extend the EU greenhouse gas emission allowance trading system Impact Assessment, COM(2008) 16 final, pp. 90 – 91.

NAP 的过程通常较烦琐和持久，故评估过程产生了长期不确定性，从而限制长期投资发展低碳经济与促进减排。同时，各成员国总量目标的不确定性还会导致配额价格出现异常的波动。① 同时，各成员国就国家分配计划的制定向欧洲法院起诉欧盟委员会也对分散决策模式向集中决策模式的转变起着重要的作用。

为解决分散决策模式引发的问题，欧盟委员会吸取前两个交易阶段的经验教训，在 2009 年修订 EU ETS 指令时采取了集中决策模式，即在第三交易阶段及其后采取由欧盟委员会依法直接设定欧盟总量目标，以及每年即将分配的配额总数，各成员国也不再享有决定其境内参与排放交易行业总量目标的自由裁量权。所以，集中决策模式中的总量目标是由欧盟委员会进行权限配置而不是各成员国。同时，在修改指令的立法过程中，由于各相关行业与成员国都真正意识到，集中决策模式对实现欧盟气候目标具有显著的重要性。因此，各成员国及相关行业都未严重质疑欧盟层面的总量目标和总量目标强度。②

二、碳排放配额分配

如前所述，总量控制与交易（cap-and-trade）模式是 EU ETS 的基础。根据碳排放交易制度的要求，一旦确定了碳减排目标和总量，各成员国就必须确定配额分配的方式。配额是指当排放者设法将其排放维持在其排放限额之下时，排放者可以将其剩余的排放量以排放权的形式出售给需要增加排放量的排放者，这个排放权就被称为“配额”。③ 欧盟关于碳排放交易体系最重要的立法文件是 2003/87/EC 指令。但该指令存在一定的不足，即其回避了排放单位的法律性质问题。该指令规定：“配额规定，一个配额在指定的期间内允许排放一吨二氧化碳当量，应只适用于符合本指令要求的目的，与本指令

① See Point Carbon, “Five of Fifteen Comply With NAP Deadline”, available at http://www.pointcarbon.com/wimages/CME_2_April_2004.pdf，2017 年 11 月 8 日访问。

② See Jon Birger Skjærseth, Jørgen Wettestad, The Origin, “Evolution and Consequences of the EU Emissions Trading System”, *Global Environmental Politics*, 2009, Vol. 9, No. 2, pp. 117 – 118.

③ 参见 Edwin Woerdman, Stefano Clò& Alessandra Arcuri：《欧盟排放交易和污染者付费原则：祖父条款和超额分配的评估》，载［荷］迈克尔·福尔、麦金·皮斯特主编：《气候变化与欧盟排放交易理论与实践》，鞠美庭等译，化学工业出版社 2011 年版，第 77 页。

规定一致时可以转让。"①

纵观目前全球范围内碳交易市场的设计,国际社会关于碳排放配额分配的主要方式包括免费分配、公开拍卖和以政府规定的固定价格购买配额等方式。② 其中,欧盟碳排放配额分配主要采用公开拍卖和免费分配这两种分配方式。

(一)免费分配方式

目前,免费分配方式分为两种:基于企业外生标准的分配和基于产量的分配。根据 EU ETS 的规定,欧盟采取的免费分配方式主要是基于企业外生标准的分配,而基于企业外生标准的分配主要分为祖父制和基准制。如果任一排放权涵盖多个行业,排放总量必须首先在行业之间进行分配,然后才能对这些行业的单位产量排放标准进行确定。③

1. 祖父制

(1)祖父制的含义及相关规定

所谓祖父制分配方式,是指主要根据排放实体的历史排放量,按照一定比例确定的该排放实体可以获得的排放权指标数量。④ 依据 EU ETS 的规定,在第一交易阶段(2005 ~ 2008 年)、第二交易阶段(2008 ~ 2012 年)分别有 95% 和 90% 的免费配额在成员国进行分配。⑤ 这就意味着排放者主要依据其历史排放量获得免费排放权,即免费配额,而不需要通过拍卖来获得配额。

然而,很多经济学家和法学家都普遍认为,祖父制不符合污染者付费原则(Polluter Pays Principle)。索雷尔(Sorrel)认为,免费分配违反了污染者付费原则,并对该问题进行全面分析,得出结论认为:"……祖父条款……违反

---

① The EU Council Directive establishing the EU ETS refers simply to "allowances", Council Directive 2003/87/EC, art. 3 条第(a)段, 2003 O. J. (L 275)32, 34)(EC). 参见《欧盟排放交易体系规则》,焦小平主译,中国财政经济出版社 2010 年版,第 7 页。

② 参见宣晓伟、张浩:《碳排放权配额分配的国际经验及启示》,载《中国人口·资源与环境》2013 年第 12 期,第 10 页。

③ See Catherine Boemare & Philippe Quirion, "Implementing Greenhouse Gas Trading in Europe", Lessons from Economic and International Experiences, *Ecological Economics*, Vol. 43, No. 2 – 3, 2002, p. 213.

④ 参见韩良主著:《国际温室气体排放权交易法律问题研究》,中国法制出版社 2009 年版,第 96 页。

⑤ See Directive 2003/87/EC of the European Parliament and of the Council: Establishing a Scheme for Greenhouse Gas Emission Allowance Trading within the Community and Amending Council Directive 96/61/EC.

了污染者付费的核心……”。该原则最早出现在1972年《经济合作与发展组织理事会关于环境政策国际经济方面指导原则的建议》中，该建议认为，污染者付费原则是指污染者应当对其造成的环境破坏承担污染预防和治理的费用，其政府不得对污染者给予资助。[①] 虽然污染者付费原则在越来越多的国际条约和措施中出现，但迄今为止，仍为形成一个明确且普遍接受的法律定义。为解决这个问题，公平和效率解释已成为解释污染者付费原则的标准。

(2)祖父制的优点及缺点

为建立碳排放交易体系，祖父制成为EU ETS进行免费分配方式的初始依据。根据该制度，排放者获得免费排放权的主要依据是历史排放量。祖父制激励了排放企业参与交易的意愿，刺激了市场主体参与交易的积极性，[②]基于历史排放水平确定排放主体的配额总量，也在一定程度上满足了企业以往生产的需求。

然而，从某种意义上说，祖父制相当于奖励了在基准期排放量大的企业，而惩罚了提前采取减排措施，在基准期排放量较小的企业。即根据这一制度，排放者不但不需要购买配额，而且能将财富转移给排放者，不仅造成市场不公平，而且不可能实现分配效率。[③] 此外，祖父制还会导致政府信息不对称。制定政策依赖排放企业的历史排放量信息。如果要求排放企业披露这些信息，政策制定者就应该给予相应的优惠，如给予相应的补偿措施或减轻措施的执行力度。[④] 这些企业将利用信息的优势地位获得利益，而其后的企业因不存在这些历史排放信息而不能获得利益，很明显这将导致市场不公平。因此，在该制度的发展过程中，航空碳排放交易制度背离了良性发展市场的公平原则，而且这一不公平情况将影响体系的公信力，成为该制度发展的桎梏。[⑤]

---

① 参见Edwin Woerdman, Stefano Clò& Alessandra Arcuri:《欧盟排放交易和污染者付费原则:祖父条款和超额分配的评估》，载[荷]迈克尔·福尔、麦金·皮斯特主编:《气候变化与欧盟排放交易理论与实践》，鞠美庭等译，化学工业出版社2011年版，第78页。

② See Gagelmann F., *The Influence of the Allocation Method on Market Liquidity, Volatility and Firm's Investment Decisions*// Antes R, Hansjurgens B, Letmathe P(eds), *Emission Trading: Institutional Design, Decision Making and Corporate Strategies.* Springer, 2008, p. 69.

③ See Stefan Weishaar, *Towards: The Transformation of the European Greenhouse Gas Emissions Trading System*, Kluwer Law International Press, November 2009, p. 71.

④ See Andrés Jonathan Drew, *Government Failure and the EU ETS: What Prospects for Phase 3?* Stockhdm Network Publications, 2010.

⑤ 参见熊灵、齐绍洲:《欧盟碳排放交易体系的结构缺陷、制度变革及其影响》，载《欧洲研究》2012年第1期，第55页。

2. 基准制

(1)基准制的含义及相关规定

基准制是指根据排放实体的历史产量,按照一定比例确定的该排放实体可以获得的排放权指标数量。[①] 该基准可以设定为生产单位产量、燃烧单位燃料或适用某项技术的温室气体排放量。

在第一和第二交易阶段,欧盟委员会认为,整体实施该制度不切实际或在欧盟范围内适用该制度还不成熟。因此,在欧盟范围内,欧盟并未普遍适用基准法进行免费分配,只是在特定领域内提出该分配方式供欧盟各成员国选择。[②] 其中,在 2003/87/EC 指令中,附件三所列国家分配计划应遵守的标准,有两条标准涉及了基准制:标准三决定每个行业应该分得的配额量,标准 7 规定在设定基准时应考虑提前减排的因素和奖励提前减排的装置。

在航空业和第三交易阶段,基准制开始在欧盟范围内适用,具体体现如下:其一,自航空业纳入 EU ETS 以来,在每个交易阶段,航空器营运者都可以申请获得免费分配的配额。该分配配额的基准是吨公里的配额数,即欧盟委员会决定的待免费分配的配额总数除以航空器营运者提交的吨公里数(飞行公里和排放的二氧化碳公吨数)。[③] 其二,在第三交易阶段至完全拍卖的过渡阶段,欧盟委员会将适用其指定的基准进行免费配额分配,其目的在于鼓励温室气体减排与应用能效技术。

(2)基准制的优点和缺点

尽管基准制将配额分配和温室气体的实际排放量挂钩,一定程度上鼓励企业进行低碳投资并提前进行温室气体减排行为,可以有效地解决配额分配公平问题和刺激低碳投资。[④] 然而,欧盟几个成员国的实践表明,由于政府管理部门很难制定合理的基准,且适用的范围越大,就越难制定统一的基准。因此,对欧盟委员会来说,制定适用于欧盟境内的统一基准将是一个巨大挑战。

尽管免费分配方式对该体系的尽快建立发挥了重要的作用,但该分配方

---

① 参见韩良著:《国际温室气体排放权交易法律问题研究》,中国法制出版社 2009 年版,第 96 页。

② 《2003 国家分配方案的指导意见》第 2.1.3.1 项,第 29 条;《2005 国家分配方案的指导意见》第 3.8 项,第 31 条。

③ 2008/101/EC 指令,第 3 条第 e 款第 3 段,参见《欧盟排放交易体系规则》,焦小平主译,中国财政经济出版社 2010 年版,第 11 页。

④ 参见付璐:《欧盟温室气体交易机制的立法研究》,武汉大学 2010 年博士学位论文,第 70 页。

式对该体系的运行和发展产生了许多负面影响，甚至造成严重的市场扭曲，从而使该体系的效率低下，成为受到学者诟病最多的制度安排之一。[①] 因此，免费分配配额的方式只能作为一种过渡性的措施。一旦该措施的过渡效果逐渐减弱，将极大地降低市场活力，加剧寻租行为和"意外收益"等情况。[②] 此外，还导致碳交易价格处于不断变动中。

（二）公开拍卖方式

1. 公开拍卖方式的含义及其相关规定

与免费分配方式不同，公开拍卖方式属于有偿分配方式。公开拍卖方式主要适用范围是某种单位完全相同，彼此间可以相互替代的特定排放权指标的分配，其排放配额的分配，则属于同质多物品的拍卖。因此，公开拍卖方式包括序贯拍卖和同时拍卖等多种类型。[③] 通过公开拍卖，排放配额属于出价最高的排放企业。

根据 EU ETS 的规定，在第一和第二交易阶段分别有 5% 和 10% 的配额通过公开拍卖方式分配配额。然而，在第一和第二交易阶段，通过拍卖分配的配额分别为不足 0.2% 和 3% 左右。[④] 为实现 2020 年温室气体减排目标，2009/29/EC 号指令规定，从第三交易阶段开始，公开拍卖方式成为排放配额分配的基本方法。具体而言，从 2013 年开始，电力行业和碳捕获、运输和储存行业将通过公开拍卖方式分配全部配额。[⑤] 该指令还规定了公开拍卖方式的例外情况，主要针对碳泄漏所做的规定。

鉴于欧盟各成员国经济发展水平的不均衡，为实现到 2020 年温室气体减排 20% 的目标，2009/29/EC 号指令规定，按照欧盟各成员国温室气体排放量占欧盟温室气体排放总量的比例分配拍卖排放配额总量的 88%；根据照顾低收入国家和经济快速发展国家的原则分配拍卖排放配额总量的 10%，并且规定这两

---

① See Cameron Hepburn, Michael Grubb, Karsten Neuhoff, "Felix Matthes and Maximilien Tse", *Auctioning of the EU ETS Allowance: How and Why?* CWPE 0644 and EPRG 0621, June 2006.

② 参见熊灵、齐绍洲：《欧盟碳排放交易体系的结构缺陷、制度变革及其影响》，载《欧洲研究》2012 年第 1 期，第 54 ~ 55 页。

③ See Paul Klemperer, "Auction theory: A Guide to the Literature", *Journal of Economic Surveys*, Blackwell Publishers Ltd., 1999, pp. 227 – 286.

④ See Directive 2003/87/EC of the European Parliament and of the Council: Establishing a Scheme for Greenhouse Gas Emission Allowance Trading within the Community and Amending Council Directive 96/61/EC.

⑤ 2009/29/EC，第 10 条第 3 款。

类国家分配的比例高于其他国家；到 2005 年，其温室气体减排量低于《京都议定书》规定的基准年至少 20% 的国家分配剩余拍卖排放配额总量的 2% 。①

2. 公开拍卖方式的优点

虽然在前两个交易阶段，欧盟排放配额的分配以免费分配方式为主。但很多学者普遍认为，公开拍卖方式是操作最简单、最具经济效率的分配方式，不仅可以增加排放配额分配过程的透明度，体现公平原则，而且可以刺激企业改进技术，减少排放总量，体现污染者付费原则。同时，也是排放企业合理承担环境保护监管成本的必然要求。② 由于公开拍卖方式要求企业必须为排放配额付费，因此，在开始推行碳排放交易制度时，如果采取公开拍卖方式，那么很有可能不能获得企业对 EU ETS 的支持。

三、碳交易市场监管

2005 年 12 月 16 日，《京都议定书》正式生效。③ 该议定书明确规定了附件一国家温室气体的减排承诺。为履行这些减排承诺，碳交易市场应运而生。碳交易市场是一种人为规定市场。在这个市场上，交易主体以碳排放配额的使用和流转为中心进行交易。与其他实体商品不同，碳排放配额属于虚拟商品。随着碳交易市场的发展，碳排放交易机制天生的缺陷与虚拟商品难以监管的弱点，已经成为影响碳交易市场健康发展的最大障碍。因此，在全球航空碳排放交易体系构建的过程中，应该加强碳交易市场监管。根据欧盟各成员国碳排放交易发展的具体情况，欧盟已探索出了欧盟碳排放交易监管模式。尽管美国等其他发达国家也逐渐探索出各自的碳排放交易监管模式，全球碳排放交易监管机制正在逐渐形成，但该机制仍无法应对不断出现的碳排放交易风险，尤其是全球碳交易市场所发生的碳交易丑闻。因此，完善碳交易市场监管机制已成为国际社会的当务之急。

（一）碳交易市场及其监管的含义

1. 碳交易市场的含义

碳交易市场是指低碳经济模式下以控制温室气体排放为目的的采取的排

---

① 2009/29/EC，第 10 条第 2c 款。

② 参见李爱年、胡春冬：《排污权初始分配的有偿性研究》，载《中国软科学》2003 年第 5 期，第 19 页。

③ 参见新浪网，http://news.sina.com.cn/o/2005-02-16/11165116816s.shtml，2017 年 1 月 13 日访问。

放权制度及其他碳排放指标量化体系。该市场专门控制温室气体排放以实现低碳发展的全新市场，目前主要表现为《京都议定书》框架下以履约为目的的排放交易（ET）、联合履行（JI）和清洁发展机制（CDM）市场（履约碳市场）及全球范围内的民间资源减排量交易市场（自愿碳市场）。[①]

2. 碳交易市场监管的含义

作为新型产品市场，碳交易市场是因各国政府尤其是发展中国家与发达国家利益博弈而产生的市场，其固有的缺陷必然为市场带来很多潜在的风险。因此，与其他类型的市场一样，碳交易市场必须加强监管，并构建完善的碳交易市场监管机制，使其健康发展并服务人类。

碳交易市场监管是指监管主体利用法律、经济、财政等手段，对碳交易市场中准入与退出、排放配额的初始分配、参与者的权利义务、产品交易行为及其他与碳排放交易相关的问题进行监督和管理。

微观监管与宏观监管是碳交易市场的主要监管类型。微观监管主要包括监管市场退出和准入机制、具体分配各国和各地区的排放配额、细化交易监管制度、具体监管资金、相关机构和平台的运营等。宏观监管主要包括制定初始排放配额的分配制度和交易机制、制定国际或区域集团减排目标和政策、监管资金以及监督管理其他与之相关的问题。这两种监督相互配合、交叉进行，共同维持碳交易市场的持续发展。

（二）碳交易市场监管的原则

正确的价值取向和原则可以有效地进行监管并建设监管体系。因此，只有在公平、公正和公开的基础上加强碳交易市场的监管，维护市场参与者的合法权益，这对发展中国家参与者的合法利益更为重要，并构建起合理的国际碳排放交易秩序。

1. 公平、公正和公开原则

“三公原则”是社会持续发展与市场经济健康的基础性原则。公开原则是以实现市场信息的公开化为核心，不仅要求市场具有充分的透明度，而且要求及时、完整、真实和准确地反馈市场信息。公平原则是指平等竞争、机会平等及所有市场参与者都能公平竞争。在碳排放交易中，为让参与者遵守公平原则，碳交易市场的监管机构首先应该制定符合公平原则的法律法规和政策。同时，要根据法律授权，相关监管部门必须公正履行其职责，并依法公正

---

① 参见郭日生、彭斯震主编：《碳市场》，科学出版社2010年版，第1～3页。

对待一切市场参与者，坚决抵制特权凌驾于法律之上的行为。公正原则是公平和公开原则实现的保证。因此，[①]碳交易市场规范化的一个基本要求就是建立公平、公正和公开的市场环境，这是保障碳排放交易参与者合法利益的前提和基础。

2. 保护市场参与者合法权益原则

碳交易市场的基础是市场参与者，碳交易市场参与者合法权益受到保护可以保证碳排放市场健康有序地发展。因此，碳交易市场监管者的监管目标和原则应该是维护与保障市场参与者合法权益。在交易实践中，市场参与者的正当权益，尤其是发展中国家的合法利益容易受到侵害。因此，应该侧重制定保护市场参与者合法权益的法律法规。

3. 实现合理国际碳交易市场秩序原则

合理的国际碳交易市场秩序是进行有效监管的前提和保障。在旧的国际经济秩序下，南北经济发展的差距巨大，不利于发展中国家发展经济，从而不能促进世界经济健康地发展。新兴碳交易市场碳排放配额的主要来源地是发展中国家，其积极性对构建碳交易市场监管机制至关重要。因此，我们应该构建合理的国际碳交易市场秩序，维护世界各国尤其是发展中国家的合法利益，并在该秩序下进行平等的碳排放交易。

(三) 碳交易市场监管模式

碳交易市场监管机制是一套基于《京都议定书》三大履约机制的具体碳排放交易体系上构建的监管机制。2003/87/EC 指令规定，欧盟温室气体排放配额交易制度(EU ETS)自 2005 年 1 月 1 日起开始实施。欧盟碳交易市场监管模式建立基础是强制配额碳交易市场，其在政府或由政府建立的机构主导下，设定分配配额和减排总量，对执行过程进行严格监督核查与基于严密的排放监测和报告制度进行惩罚等，这是一种自上而下具有浓厚政府主导色彩的监管模式，操作性很强，适合处于萌芽阶段的碳交易市场。

1. 碳交易市场监管法律

(1) 欧盟层面的温室气体控制立法

欧盟层面的温室气体控制立法，明确地制定了碳交易市场监管的目标。根据不同领域所具有的不同特点，欧盟先后制定了专业性强的温室气体排放

---

① 参见战颖：《试论证券市场的伦理相关性》，载《河南师范大学学报》(哲学社会科学版) 2008 年第 5 期，第 35 页。

控制法。例如,促进可再生能源的2001/77/EC号指令、旨在提高能源效率立法的95/57/EC号指令和实施温室气体排放权交易的2003/87/EC号指令[①]与《气候行动和可再生能源一揽子计划》等。欧盟层面的温室气体控制立法以"20-20-20"行动[②]为核心内容,设置了欧盟各成员国的减排限额,提出各成员国责任分担,制定了碳捕获和碳封存以及环境补贴的各项新的规则,使监管更具有可操作性。[③] 此外,欧盟还制定碳排放配额分配方式和明确的碳减排目标,以及碳排放交易监管机构等方面法律。

(2)各成员国监管立法

欧盟各成员国有关市场监管的立法为碳交易市场的监管规范化奠定了基础。在分散决策模式下,由各成员国设定减排目标,各成员国政府将减排责任分配给其国内企业,欧盟统一监管其碳排放交易;在集中决策模式下,碳减排目标由欧盟统一制定,将减排责任分配给各成员国,同时由各国政府将减排责任分配给国内各企业。所以,欧盟碳交易市场的监管主要基于各成员国制定的监管法律,这些法律对排放权的取得、交易许可、排放登记和交易等进行规制。[④]

(3)专业化的交易监管立法

①交易平台的监管立法。在EU ETS框架下,各碳排放交易平台都制定了严格的监管机制,碳排放市场交易的商品——碳排放配额由欧盟层面中央管理机构负责监管,在各成员国政府建立的电子注册系统账户中存放,并构建独立的交易日志,由监管者对每一笔交易是否合法进行核查。②碳金融立法。碳交易的发展被金融市场开发的一系列金融工具和产品极大地促进了。通过颁布相关的金融立法,欧盟监管金融部分碳交易市场及其市场行为。例如,运用《金融工具市场指令》[⑤]和《市场滥用指令》,[⑥]以及一些关于场外交易规定对碳交易市场及其行为进行监管。

---

① 参见臧扬扬:《欧盟及其主要国家应对气候变化的政策和立法概述》,载《南京工业大学学报》(社会科学版)2010年第3期,第52~53页。

② "20-20-20"行动是指到2020年减少二氧化碳排放20%,减少能源使用20%和可再生能源使用占能源使用总量的20%。

③ 参见莫神星:《全球气候变暖下的欧盟低碳能源法律政策》,载《华北电力大学学报》(社会科学版)2010年第4期,第4页。

④ 参见曹明德、李玉梅:《德国温室气体排放许可证交易法律制度研究》,载《法学评论》2010年第4期,第107~110页。

⑤ Directive 2006/73/EC, *Official Journal of the European Union*, 2.9.2006, L.241.

⑥ Directive 2003/6/EC, *Official Journal of the European Union*, 12.4.2003, L 96/16.

2. 碳交易市场的监管机制

(1)欧盟碳交易市场监管的目标与原则

欧盟碳交易市场具有两个显著特点:第一,制定碳减排目标时遵守UNFCCC和《京都议定书》所规定的共同但有区别责任原则;[①]第二,欧盟碳交易市场分三个阶段来完成,且根据欧盟及其成员国的现实经济发展水平来制定每个交易阶段的减排目标。因此,欧盟制定了如下碳交易市场监管的目标和原则:

①在第一和第二交易阶段,欧盟实行分散决策模式,因此由各成员国制定碳减排总目标,欧盟监管其具体交易。而在第三交易阶段,欧盟实行集中决策模式,即碳减排总目标由欧盟监管,而具体交易则由各成员国监管。[②]

②为了让碳排放交易分阶段逐步推进并发展,促进欧盟经济发展,要求参与应对气候变化的利益相关方,必须在《京都议定书》框架下,以本国或本地区经济发展为出发点。基于这一基本出发点,欧盟制定了分为三个交易阶段的减排目标,并循序渐进,逐步形成完善、成熟的碳排放交易市场。

③要公平、透明和市场化地进行碳交易市场监管。进行碳排放交易最重要的是及时充分地披露交易信息,从而保证交易的公平和透明;加强碳排放交易监管的市场化,不仅要求欧盟温室气体排放贸易机制的汇报追求商业负担最小化,并要求由具备资质的认证机构负责核证,最终以极大地降低监管成本为目标。[③]

(2)欧盟碳交易的监管机构和制度

①在欧盟委员会通过的《加强欧盟碳交易计划市场监管的框架》(2010年)的规定中,EU ETS 的市场监管机构主要有以下几类:

第一,欧盟委员会。根据2003/87/EC号指令规定,有关碳交易市场监管法规、防止市场滥用、监督市场运作,以及预防导致其他市场价格扭曲的市场违规行为等,由欧盟委员会负责制定。

第二,欧盟独立交易日志(Community Independent Transaction Log,

---

① 参见王伟男:《欧盟排放交易机制及其成效评析》,载《世界经济研究》2009年第7期,第68~69页。

② 参见李布:《欧盟碳排放交易体系的特征、绩效与启示》,载《重庆理工大学学报》(社会科学版)2010年第3期,第2页。

③ 参见王仲辉:《欧盟排放交易机制及其对中国碳排放权交易机制建设的启示》,载《中国发展》2011年第4期,第25页。

CITL)。由欧盟 ETS 注册和欧盟独立交易日志(CITL)构成的登记系统是 EU ETS 的核心,其已于 2005 年 1 月 1 日起正式启用。其中,CITL 负责记录发行、转让和清除指标,并自动检查每笔交易。

第三,金融监管机构。金融市场和能源市场是欧盟碳交易市场的重要组成部分,故金融市场和能源市场监管机构必然对碳交易市场起到重要的监管作用。

第四,各成员国的监管机构。各成员国的环保和金融监管机构通常是各成员国的重要碳交易监管机构。

②除了上述欧盟委员会、金融监管机构等碳交易监管法律和监管机构,欧盟还制定了一系列专门的监管制度。例如,碳身份证明、共同注册制度、利用现货市场的场外市场进行碳交易及碳税的反向征收等。以上制度不仅显著地丰富了欧盟碳交易市场的监管措施与制度,还在完善欧盟碳交易制度等方面具有重要作用。

3.碳交易市场监管机制的评析

欧盟碳交易市场监管机制的初步建立,为全球碳交易市场的发展探索了一条操作性很强的途径,消除了国际社会对 EU ETS 项下监管机制的顾虑。碳交易市场监管机制具有的良好数据交换工具功能和准确数据的积累,奠定了碳交易配额分配坚实的基础。另外,碳交易市场监管机制设立的排放配额分配监管制度也具有很强的操作性,能够对监管过程中的新问题进行及时补救,体现出其监管机制的高效性。

欧盟构建的这些碳排放监管机制自上而下具有浓厚的政府主导色彩,各成员国监管机制之间还不能非常完善地相互衔接,也存在如标准不统一等方面的监管盲区。这也对碳排放配额在国家或区域内的自由流转造成了影响,还对其系统而全面的监测造成隐患。另外,政府也还没有对碳交易价格的完全市场化进行综合、全面和有效的监管,导致碳价格易于暴涨或暴跌,这也给碳交易市场的平衡、快速发展造成了不良影响。[①]

四、履约与强制措施

在任何法律体系的正常运作中,履约与强制措施都起着至关重要的作用,对 EU ETS 来说也是如此。因此,如何设置履约与强制措施在很大程度上

① 参见曹华磊:《欧盟排放交易体系回顾与启示》,载《金融纵横》2010 年第 6 期,第 17 页。

将会直接影响 EU ETS 运作的有效性。如果履约与强制措施设置过于严厉，那么可能会给 EU ETS 带来巨大的经济负担，从而给实施 EU ETS 的欧盟各成员国造成负面效应；如果履约与强制措施设置过于宽松，那么参与 EU ETS 的主体将极有可能铤而走险，不受 EU ETS 约束，从而导致 EU ETS 甚至应对气候变化的努力以失败而告终。由此可见，适当的履约与强制措施可以促进平稳有效地运行法律体系。

（一）履约机制

欧盟履约机制是在总量控制与限额交易模式下进行的。2003/87/EC 指令规定，各成员国必须在每年 4 月 30 日前上缴与上一年度排放量等额的且经核证的配额，即要求各成员国排放企业强制履约。此外，还规定了配额存储、借贷和市场链接等履约灵活机制。

所谓存储机制，是指通过鼓励排放企业减排而节省的排放配额，并将该配额留待未来履行期使用。借贷机制是指如果排放企业当前的配额不能满足当期配额的需求，那么该企业可以借用其将来的配额。2003/87/EC 指令规定，在同一年度内，同一交易阶段以及第二交易阶段和第三交易阶段之间，排放企业可以进行排放配额的存储或借贷。① 所谓市场链接，是指与“基线和信用”（baseline and credit）或“碳抵消”（offset）等市场机制的链接。② 其中，基线与信用机制主要管理国际碳交易中清洁发展机制和联合履行机制；碳抵消是指通过减少某些项目的碳排放，个人或企业自愿帮助抵偿其在某些活动中的碳排放。EU ETS 不仅构建履约灵活机制，还与《京都议定书》中国际碳交易市场建立链接机制，允许少量使用清洁发展机制（CDM）下的核证减排量（CERs）和联合履行机制（JI）下的减少排放单位（ERUs），从而满足当期配额履约的需要。

尽管 EU ETS 规定的存储、借贷以及市场链接等履约灵活机制，不仅可以稳定供给市场排放配额，从而稳定配额价格并控制履约成本，保证欧盟排放企业更加稳定持续地履行减排义务。但是，在第一和第二交易阶段，由于 EU ETS 尚未建立排放配额的政府干预机制。因此，曾因排放配额过多而导致配额价格持续下跌的现象。基于这一点，2013 年 12 月，欧洲议会通过了碳配额

① 由于 EU ETS 的第二交易阶段与《京都议定书》的履行阶段相同，因此，禁止了第一交易阶段和第二交易阶段之间配额的存储和借贷。

② See Stephanie L. Wilson, “Dog Days of Climate Change: Heating the Debate for Federal Cap-and-Trade”, *Journal of Land, Resource, and Environmental Law*, Vol. 28, 2008, p. 172.

(折量拍卖)提案,初步形成了排放配额的政府干预机制。[①]

(二)强制措施

除了规定上述履约灵活机制外,EU ETS 还构建了三大履约监管程序,即"排放许可与登记"、"检测、报告、核查"与"配额上缴、注销及强制执行"程序。首先,排放企业必须申请并获得温室气体排放许可证;其次,根据监测、报告及核查温室气体检验排放企业是否履约;最后,进入配额的上缴、注销与强制执行程序。根据这一履约监管程序的规定,强制执行制度在 EU ETS 正常运行中起着至关重要的作用。

根据 2003/87/EC 指令的规定,欧盟各成员国应当根据该指令制定相应的处罚规则,并采取必要的措施确保这些措施能够顺利实施,即与 EU ETS 的其他机制相同,由欧盟各成员国规制和实施处罚机制。2003/87/EC 指令规定,欧盟各成员国应该根据其相关条款自行制定 EU ETS 处罚机制的相关规定,并将该规定以及以后的修订情况不延迟地通知欧盟委员会。此外,欧盟委员会应当向公众公布由各成员国提交的不上交已排放配额经营者的名单。

根据 2003/87/EC 指令和 2008/101/EC 指令的规定,欧盟各成员国应该确保任何排放企业包括航空器的营运者,在每年的 4 月 30 日之前上交等于上一年度实际排放量的排放配额,未能上交者,应该支付每吨二氧化碳 100 欧元的超额排放罚款。[②] 但支付超额排放罚款并不代表该营运者在下一年度不用上交等于其超额排放的配额,即该营运者在下一年度还必须购买等额配额来弥补上一年度超额排放的二氧化碳当量。2008/101/EC 指令还规定,2013 年 1 月 1 日后所签发配额相关的超额排放罚款应该同欧盟消费指数同比上升。

针对航空器移动性的特点,2008/101/EC 指令第 16 条第 5 款规定,如果航空器营运者不能遵守该指令且其他措施都不能保证其遵守的情况下,那么,航空器营运者的管理成员国就可以要求欧盟委员会向此航空器营运者签发禁止营运令。其中,航空器营运者主管成员国主要包括:第一,颁发航空器经营许可证的成员国;第二,受该航空器排放的航空排放影响最大的成员国。

---

① 参见马晓舫:《欧盟通过碳排放体系改革计划推升碳价上涨》,载碳排放交易网,http://www.tanpaifang.com/tanjiaoyi/2013/0710/22091.html,2017 年 1 月 15 日访问。

② 在第一交易阶段(2005~2008 年),超额排放的罚款为每吨二氧化碳 40 欧元。

第二节　欧盟航空碳排放交易制度面临的挑战

根据ICAO第38届大会决议的要求，全球航空碳排放交易体系的构建迫在眉睫。迄今为止，国际社会对航空碳排放交易制度进行规制最成功的是欧盟。因此，探讨欧盟航空碳排放交易制度面临的挑战，即对管理主体的适格性、内容的合法性、交易模式的合理性问题以及争端解决机制的合理性进行质疑，有助于国际社会借鉴其成功经验，以尽快构建全球航空碳排放交易体系。

一、管理主体的适格性问题

2008/101/EC指令规定，自2012年1月1日起，起降欧盟成员国境内机场的全球4000多家航空公司均须为碳排放支付"天空买路钱"，即实行航空碳排放交易制度。根据该指令的规定，欧盟是管理航空碳排放交易的适格主体。然而，国际社会强烈反对该指令，认为该指令不符合UNFCCC、《巴黎协定》、《京都议定书》和《芝加哥公约》等国际条约关于管理航空碳排放交易主体的规定，欧盟并不能自动成为管理国际航空碳排放交易的适格主体。此外，国际航空运输协会也认为，作为一个全球性问题，温室气体减排和应对气候变化需要国际社会达成一个全球性的解决方案，而ICAO在推进碳减排进程中起着非常重要的作用。[①]

《京都议定书》第2条第2款明确规定，各成员国应当通过ICAO谋求和限制航空燃料产生的《蒙特利尔议定书》未予管制的温室气体排放。目前，ICAO有191个成员国，由其进行法律规制具有广泛的社会基础。因此，ICAO应该是处理国际航空减排问题最适当的国际机构，并且其一直致力于构建国际航空减排机制。

根据《芝加哥公约》第54条规定，ICAO最重要的一个功能就是准立法功能，即制定与航空安全、稳定性、效率和航空器的适航性相关的国际标准与建议措施及程序（SARPs）。自2004年第35届大会开始，ICAO就航空减排达成协议，并提供国际航空碳减排机制的两种模式。2007年，航空环境保护委

---

① See Jeff Mason, Airlines, US Cool to EU Emissions Trading Scheme, Planet Ark, September 30, 2005, available at http://www.planetark.com/dailynewsstory.cfm/newsid/32753/story.htm，2017年1月18日访问。

员会就曾提议在ICAO监管下由各成员国采取排放交易措施实现国际航空减排目标。2010年第37届大会确定了量化的温室气体减排目标,即至2050年实现全球年平均燃料改进2%的目标。2013年第38届大会,ICAO作出决议,决定于2016年第39届大会形成全球航空碳减排方案,并于2020年付诸实施。在2016年第39届大会中,通过了两份重要文件,形成了第一个全球性行业减排市场机制,ICAO气候变化谈判取得积极成果。该届大会为推动国际航空运输绿色发展作出了积极尝试,该决议通过的市场机制决议的目的在于通过碳抵消机制控制国际温室气体排放增长。①

虽然ICAO第38届大会通过的第17/2号决议为ICAO第39届大会通过一个系统的国际航空业减排方案设计了一个路线图,②但是,在这之前通过的ICAO大会决议通常只能作为解决国际航空减排的指导意见,不具有国际法效力。基于这一点,欧洲议会指出,如果ICAO未能在2020年前通过有关国际航空碳减排的协议,③即ICAO未能及时采取措施推进国际航空碳减排,因此,欧盟有权对航空业采取碳减排措施。

尽管ICAO未能及时采取相应措施推进航空碳减排,但欧盟也不能因此成为管理国际航空碳排放交易制度的适格主体,④甚至不能违反ICAO第37届大会决议的要求,未与其他国家进行双边或多边磋商,擅自将非欧盟成员国航空公司纳入欧盟排放交易体制及单边制定和实施基于市场的措施,⑤从而将欧盟的环境政策强加于非欧盟国家和地区。

ICAO第36届大会曾指出,在国际民用航空与气候变化小组(GIACC)起

---

① 参见《国际民航组织第39届大会就国际航空减排市场措施通过决议》,载《国际民航报》2016年10月12日,第1版。

② 参见刘勇:《理想与现实之间的选择:欧盟出台航空碳排放交易新政》,载《21世纪经济报道》2014年6月24日,第22版。

③ See Council Decision 1600/2002, Laying Down the Sixth Community Action Program, Art. 5, O. J. (L. 242) 1 – 15, available at http://eur-lex. europa. eu/smartapi/cgi/sga-doc? smartapi! celexplus! prod! DocNumber&lg = en&type-doc = Decision&an-doc = 2002&nu-doc = 1600,2017年11月19日访问。

④ See Daniel B. Reagan, "Putting International Aviation into the European Union Emissions Trading Scheme: Can Europe Do It Flying Solo?" *Boston College Environmental Affairs Law Review*, Vol. 35, No. 2, 2008, p. 367.

⑤ See "ICAO Assembly Resolution A37 – 19: Consolidated Statement of Continuing ICAO Policies Related to Environmental Protection-Climate Change", 2010, available at Resolution A37 – 19: consolidated statement of continuing ICAO policies and practices related to environmental protection—climate change, available at http://www. icao. int/icao/en/env2010/Index. html,2017年11月20日访问。

草和制定的实施框架下，各成员国可以选择改进技术、改善营运和优化航运管理等措施实现航空碳减排目标。但通过深入细致的研究和调查后，国际民用航空与气候变化小组认为，由各国或各地区通过不同的措施实施基于市场的措施效果并不理想。尽管 ICAO 推行航空减排不力，甚至会被有些利益集团利用延迟履行碳减排义务，但是，ICAO 为发展航空碳排放所取得的这些行动方案已经为构建全球航空碳排放交易体系奠定了基础。因此，构建全球统一的航空碳排放交易体系之路虽然漫长，但仍是全球航空碳减排的必由之路。

二、内容的合法性问题

2008/101/EC 指令所规定的与航空碳排放交易制度有关的内容，被不少学者质疑。他们认为，这些内容可能与以下国际法基本原则相悖：

（一）国家主权原则

《芝加哥公约》第 1 条和第 11 条规定，国家对其领土之上的空气空间享有完全的主权。根据这些规定，国家对航空器在其领土之上的空气空间中所排放的二氧化碳等温室气体具有排他的管辖权。然而，2008/101/EC 指令却规定，对所有起降欧盟成员国境内机场国际航班全程所排放的温室气体排放量进行规制，并没有明确区分欧盟境内、非欧盟国家以及公海上空的航程，不仅侵犯了国家主权原则，而且违反了《芝加哥公约》第 12 条关于公海上空管辖权的规定。

（二）非歧视原则

《芝加哥公约》第 15 条和第 24 条规定，各成员国不能仅基于其他成员国营运人在其领土经停、进入或离去而强行征收任何费用，并且不能对国际航空运输服务征收燃料税或能源税。根据 2008/101/EC 指令的规定，如果任何国家航空公司的实际碳排放量超过了欧盟免费分配的碳排放指标，那么该航空公司必须从市场购买或通过公开竞价拍卖获得碳排放指标，从而抵消其超额碳排放量，否则该航空公司将面临高额罚款甚至被签发禁止经营令。其中，碳排放指标具有交易价值，且其具体价格可能随市场需求而发生浮动，这对航空公司来说意味着施加了其他费用。此外，根据该指令的规定，起降欧盟成员国境内机场的国际航班都必须为其超过限额的碳排放量实行航空碳排放交易制度。因此，该指令违反了《芝加哥公约》第 15 条和第 24 条规定的相关要求。

（三）共同但有区别责任原则

航空碳排放和应对气候变化是全球性问题。然而，鉴于世界各国经济发展水平和历史排放量等因素，有"环境宪章"之称的 UNFCCC 和《京都议定书》确定了各国承担温室气体减排责任的共同但有区别责任原则。其中，UNFCCC 并没有为世界各国规定强制性的温室气体减排责任，《京都议定书》也仅为附件一国家（发达国家）在初期阶段设定了温室气体减排至少 5% 的目标，并规定了不同国家量化的减排义务及实现这些义务所采取的措施。[①] 但并未明确规定这些措施具体的执行及合法性标准。同时，《京都议定书》还规定发展中国家没有承担强制减排的义务。

尽管《京都议定书》只规定发达国家通过 ICAO 限制或减少航空舱载燃料所产生的温室气体排放，但该议定书第 10 条及随后的"巴厘岛路线图"和《哥本哈根协议》都进一步确认和维持了"共同但有区别责任原则"。根据这一原则的要求，世界各国不分国家大小、贫富和能力强弱，都应该对全球气候变化负责，同时各国的责任根据其经济能力、历史上和预计的温室气体排放量分配减排义务而有所不同。[②] 这也就是说，与经济发展水平较低和技术水平落后的国家相比，经济发展水平较高、技术上较先进的国家要承担更多的责任。[③] 欧盟不加区分地对抵离欧盟境内机场的其他国家航空公司征收航空碳排放税，这很显然要求发展中国家航空公司承担超国际法义务，不符合共同但有区别责任原则的要求。

三、交易模式的合理性问题

欧盟将航空业纳入 EU ETS 并采取总量控制与贸易模式（cap-and-trade）。总量控制与贸易模式是指在限制温室气体排放总量的基础上，以买卖行政许可配额的方式排放温室气体。[④] 该模式首先需要政府管理者设定本国或本地

---

① See Zhang Zhong Xiang, "Climate Change Meets Trade in Promoting Green Growth: Potential Conflicts and Synergies", July 15, 2009, p. 4. "East-west Center Working Papers", No. 105, December 2009, available at http://www.eastwestcenter.org/sites/default/files/private/econwp105.pdf, 2017 年 1 月 19 日访问。

② See Benjammin J. Richardson ed., *Climate Law and Developing Countries: Legal and Policy Challenges for the World Economy*, Edward Elgar Publishing, 2009, p. 39.

③ See Gabriella Blum, "On a Differential Law of War", *Harvard International Law Journal*, Vol. 52, No. 1, 2011, p. 194.

④ 参见［美］埃里克·波斯纳、戴维·韦斯巴赫著：《气候变化的正义》，李智、张键译，社会科学文献出版社 2011 年版，第 3 页。

区温室气体的排放总量,并将其作为排放交易机制调控范围内所有企业在规定期间内最大的排放限值。总量设定后,政府管理者可以免费分配或拍卖排放配额给各个企业。企业获得排放配额后,根据市场上配额的价格和本企业减排温室气体的边际成本选择减少还是增加排放量,从而决定是将多余的排放配额出售还是从市场购买额外的排放配额。该模式是一种间接调控手段,是经济刺激手段最重要的并得到广泛运用的形式。与传统的限制温室气体的手段——命令与控制机制相比,该模式不仅能鼓励企业在其排放限额内减少排放以降低其减排费用,而且有利于促进技术革新以选择更绿色和更经济的能源,从而更广泛地适用于大型或小型企业。①

美国航空业代表认为,欧盟将国际航空业纳入 EU ETS 不利于刺激政府提高空中交通管制(Air Traffic Management)效率,至少在短期内或实际上并不能提高燃料效率。因此,美国航空业代表主张适用速度更快捷和价格更低廉的空中交通管制。他们认为,空中交通管制能更合理地规划航班到达时间,且航班到达指定机场可以立即降落,从而减少航空业碳排放量。

笔者赞同美国航空业的这一观点,认为欧盟将航空业纳入 EU ETS 采取的总量控制与贸易模式并不是一种合理的交易模式,其原因如下:

第一,为减少航空公司在欧盟境内的碳排放,如果航空公司使用较新机型的航空器飞越欧盟境内航线,并没有取消旧机型航空器的飞行,而将其飞越其他航线。这样做仅能改变航空器碳排放的区域分布,故并没有真正实现碳减排放。②

第二,通过对航空公司重新安排航线,使航空公司在欧盟境内的碳排放量减少了。但这种采用将远距离直飞航班调整在靠近欧盟成员国国家的其他机场中转,虽然能够大幅降低其在欧盟境内的碳排放量,但该航空公司实际产生的碳排放量不减反增,并不能达到减少航空碳排放量的目的,甚至可能降低航线效率。因此,2008/101/EC 指令仅约束起降欧盟成员国境内机场的国际航班,而不能约束飞越欧盟成员国的国际航班,其交易模式并不合理。

根据 2008/101/EC 指令的规定,如果非欧盟航空公司通过在本国采取各

---

① See Christina K. Harper, "Climate Change and Tax Policy", *Boston College International and Comparative Law*, Vol. 30, No. 2, 2007, p. 423.

② See Madhu Unnikrishnan, "Top U. S. Official Calls EU Emissions Proposal 'Unworkable'", *Aviation Daily*, January 12, 2007, p. 4.

种措施，能够减少其他航线的碳排放量，该航空公司就可以不纳入 EU ETS。但是，该指令不仅并未定义"等量碳排放量"，而且未规定具体的计量方式。因此，非欧盟航空公司的这种豁免方式并不具有实际可操作性。此外，除了二氧化碳外，还有其他的温室气体与全球气候变化密切相关，而该指令仅仅要求航空公司为碳排放量实行航空碳排放交易制度，并未涉及其他温室气体问题。① 从这一点看，该指令的交易模式更不公平合理。

四、争端解决机制的合理性问题

著名 WTO 专家皮特斯曼曾指出，只有通过强制性的争端解决机制才能实现一个更有效的国际法。② 然而，欧盟航空指令不仅没有制定出强制性解决争端的机制，也没有可以明确可适用的实体法。如果一旦发生争议，就必然会产生大量法律适用相关问题。

依据国际私法冲突规范相关规定，一国法院在处理国际民商事案件时，主要依据法院地法识别有关的事实或问题，并解释自己的冲突规范。③ 由此可见，当欧盟航空指令未明确其可适用的实体法时，很可能就适用国内的相关法律制度与规定。但是，如气候变化与温室气体减排这样的全球性问题，适用国内法去解决温室气体减排问题，显然是行不通，也不科学的。而且一旦发生争议后，起诉地本身的确定也成为非常复杂的问题。另外，欧盟法规定，如果一旦发生了争议，当事人只能先向欧盟某个成员国起诉，而不是直接向欧洲法院起诉，然后才由该成员国法院转交至欧洲法院去处理。同时，即使争议当事人可向欧洲法院提起诉讼，但在这个过程中，可能会因为诉讼耗费时间过长等因素，导致该争议最终的判决结果和实际执行的不确定性更加显著。

由此可见，由于该指令缺乏完善的争端解决机制及明确可适用的实体法，不仅不能纠正不当行为，而且也无法有效救济受损害方的利益，且容易导

---

① See Proposal for a Directive of the European Parliament and of the Council Amending Directive 03/87 so as to Include Aviation Activities in the Scheme for Greenhouse Gas Emission Allowance Trading within the Community, Article 14, COM(2006), 818 final(Dec. 20, 2006).

② See Ernst-Ulrich Petersmann, "How to Promote the International Rule of Law? Contributions by the World Trade Organization Appellate Review System", *Journal of International Economic Law*, Vol. 1, 1998, p. 47.

③ 参见詹建军：《国际私法适用冲突规范识别制度》，载詹建军律师网，http://www.nglssl.com/Article/ArticleShow.asp? ArticleID=7737，2017 年 1 月 19 日访问。

致摩擦、权力滥用等方面冲突的进一步升级,甚至恶化。

综上所述,可以得出这样一个结论:从该制度管理主体的适格性、内容的合法性、交易模式的合理性及争端解决机制的合理性来看,欧盟航空碳排放交易制度的设计是存在瑕疵的,不仅不符合国际法律规范的相关规定,而且不能经受实践的检验。

第三节　欧盟航空碳排放交易制度可提供的借鉴

如前所述,尽管欧盟碳排放交易制度并不是世界上第一个碳排放交易机制,但与世界上其他碳排放交易制度相比,该制度的覆盖地域与排放实体数量都远远大于或超过其他交易机制,因而具有更加令人难以想象的运行困难与复杂程度。尽管欧盟各成员国国内也建立了其自身的碳排放交易机制,并且这些碳排放交易机制也都受欧洲委员会监管,但它们仍具有较大灵活性与自主权。同时,欧盟航空碳排放交易制度能将各成员国国内排放交易机制有机连接起来。从这点来说,欧盟航空碳排放交易制度无疑具有成功的经验。因此,其他碳排放交易制度甚至全球航空碳排放交易制度的构建应该借鉴欧盟的成功经验,少走弯路,更好地实现航空业碳减排的目的。

一、碳排放总量目标设定权限的配置

如前所述,2013 年 ICAO 第 38 届大会否决了欧盟单方面征收航空碳排放税的行为,各成员国同意在 2016 年前确定基于市场措施(MBMs)的全球航空减排方案,并于 2020 年付诸实施。① 由此可见,全球航空碳减排协议的达成已经成为当务之急。虽然,许多国家与欧盟各国在经济的发展水平、社会文化习俗和法律法规体系等方面存在较显著的差异,但在碳排放与交易制度方面的设计与实施方面,全球航空碳排放交易制度仍可以借鉴 EU ETS 的许多核心原则和规则。其中,在碳减排目标和总量控制目标的设定上,笔者认为,可对欧盟在立法和实践中的经验教训进行学习、借鉴。

(一)碳减排目标类型的选择

碳减排目标主要分为绝对目标(如总量控制目标)和相对指标(如谈判开放强度)两种类型。发达国家的经济发展水平较高,技术较为先进,它们可以

---

① 参见吴言:《全球航空减排协议达成　ICAO 否决欧盟单边碳税行动》,载《中国民航报》2013 年 10 月 10 日,第 3 版。

采取《京都议定书》和欧盟气候政策法律中规定的绝对数量目标。但是,发展中国家经济发展水平较低,技术比较落后,则可以根据其自身经济发展水平和绿色发展需求作出不同选择:其一,采取绝对目标;其二,先采取相对指标。然后,将相对目标转化为总量控制目标。在总量控制目标中,仍然允许增加碳排放量,以此适应经济增长的需求。由此可见,发展中国家碳减排目标的选择与欧盟绝对总量控制目标及相应的总量控制与交易模式会有所不同。因此,在构建全球航空碳排放交易制度时,ICAO 应该考虑发达国家和发展中国家碳目标类型和配额分配的这些差异,从而更好地实现全球航空碳减排的目的。

(二)碳排放总量目标设定的权限配置

在前两个交易阶段,EU ETS 总量设定采取分散决策模式,而修订后的 2009/29/EC 号指令则规定总量设定采取集中决策模式。欧盟立法者在不同交易阶段采取的不同决策模式,其目的在于寻求欧盟和成员国之间的平衡。

如果从法律角度分析与研究,设计、实施 EU ETS 的关键性问题主要是成员国与欧盟之间碳排放权限配置。在前两个交易阶段,欧盟委员会和成员国就 NAP 的制定产生了强烈的法律冲突。因此,欧洲法院审理这些案件时,成员国与欧盟委员会间权限配置问题必须解决。在 2009/29/EC 号指令的不断修订后,法律冲突的发生在碳排放总量目标设定权限的转移后将极大减少,当然也不能就此断定以后不会出现类似的权限配置问题。

此外,在前两个碳排放交易阶段产生的权限配置冲突问题,也很有可能在其他国家的交易体系中发生。在碳排放总量目标设定时,通常,如成员国和地方政府等较低层级的政府更加关注本地经济发展,对较宽松碳排放总量目标更加关注。而如欧盟委员会和中央政府等较高层级政府,对整体经济和环境目标的实现则更加关注。因此,在不同的权限配置模式中,总量目标设定的权限过程中,如何合理地配置,是各国设计碳排放交易法律制度的最重要挑战。特别是在分散决策模式下,如何防止较低层级政府设置过度宽松的总量目标,进而实现更加严格的总体环境目标,是所有较高级政府面临的严峻且困难的问题。

笔者认为,由于分散决策模式已引发欧盟委员会和成员国之间的法律冲突,而集中决策模式可以极大减少这些冲突的发生。虽然集中决策模式可能导致的权限配置问题目前尚不得而知,但根据欧盟的经验和实践,目前集中决策模式仍是一种适当的权限配置模式。因此,发达国家碳排放总量的权限配置可以参照欧盟的经验，采取集中决策模式设定碳排放总量目标。当然，也可以根据其实际情况，采取分散决策模式设定其碳排放总量目标，但要考虑如何保证较低层次政府设定总量目标的一致性。

目前，自上而下的集中决策模式多被发展中国家采取。并且主要是大量依靠传统的控制与行政命令，以及官员问责制度来设定和分配减排目标。这在很大程度上依赖政府及其主要负责人的考核和问责制度才能实现碳强度目标。[①] 此外，在发展中国家之间及其各地间的经济发展与减排能力存在巨大差异。所以，在设定碳排放的总量目标时，如果采取分散决策模式，如何保证较低层次政府设置总量目标高度一致性，并保证各排放企业间实现公平竞争；如果采取集中决策模式，较高层次政府在直接确定碳排放交易总量控制目标时，应该如何适当考虑较低层次政府的差异性，这些都必须在法律框架中进一步厘清。

综上所述，碳减排目标与碳排放交易总量控制目标设定制度是航空碳排放交易制度法律框架的第一个关键性的重要法律制度。各国应该根据其具体国情特别是政治结构和法律制度选择分散决策模式或集中决策模式。不论各国是采取分散决策模式，还是采取集中决策模式，航空碳排放交易法律制度显然都必须在上下级政府之间合理配置其减排目标和总量目标的设定权限。

二、碳排放配额分配制度

根据欧盟关于排放配额分配方式的规定，在构建全球航空交易制度时，ICAO 可以借鉴 EU ETS 排放配额分配的如下经验：

（一）排放配额分配方式的选择

免费分配方式与公开拍卖方式各有其优点和缺点，都不是完美无缺的最优分配方法。

首先，免费分配方式中的祖父制有利于经济社会的稳定，使碳排放交易体系在政治上可行。但是，该制度在公平和效率方面存在严重缺陷，不符合“污染者付费原则”。不仅奖励了在基准期排放量大的企业，惩罚了提前采取

---

① Sandbag：Turning the Tanker，“China's Changing Economic Imperatives and its Tentative look to Emissions Trading”，available at http://www.sandbag.org.uk/site_media/pdfs/reports/Sandbag_Turning_the_Tanker_Final.pdf，2017 年 11 月 9 日访问。

减排措施和在基准期排放量较小的企业，而且还会引起政府信息的不对称性。[①] 因此，该分配方式并不能发挥有效配置资源的作用。而基准制将排放配额的分配挂钩于温室气体的实际排放量，在某种程度上鼓励排放企业进行低碳投资和提前进行温室气体减排，可以有效解决排放配额分配的公平问题并刺激低碳投资，但制定适用于欧盟境内的统一基准对欧盟委员会是一个巨大的挑战。

其次，公开拍卖方式较为公平和最具经济效率，体现“污染者付费原则”，有利于发挥市场机制有效配置资源的作用。但是，该分配方式要求排放企业有偿购买配额，推行阻力较大，并且容易在排放配额公开拍卖的过程中产生强势行业和企业的垄断行为。

因此，构建全球性航空碳排放交易制度可以采取以下措施：首先，考虑将免费分配方式作为一种过渡性分配方式，从而减少构建该体系中的阻力，逐步增加拍卖比例；其次，逐步完善交易制度，增加纳入强制交易的行业范围和拍卖比例，从而增强监督力度，保障市场正常运行。

（二）制定排放配额分配方式遵循的原则

由于碳排放交易涉及各方主体，利益关系复杂且影响深远。作为航空碳排放交易制度的关键，排放配额分配方式应该由各国主要领导牵头制定排放配额分配的方案，并跳出只关心排放配额分配结果的思维定式，更关注如何达到实现效果的过程。同时，在制定排放配额分配方案时，要遵循以下原则：

1. 专业和科学的原则

由于碳排放配额的分配非常专业，不仅需要理性和谨慎地计算碳排放量及合理的配额总量，而且需要分析不同产业的特点，从而确定不同的配额分配方式。此外，还需要借助相关专家团队开展相关的细致研究，并提出一个尽可能科学合理的方案。

2. 公开、公正和公平原则

制定排放配额分配方案不仅是一个科学问题，还牵扯各方利益的得失，因此，各方利益主体必然会讨价还价进行博弈。在制定排放配额分配方案过程中，如何保证博弈过程的公开、公正和公平也是一个重要的问题。

总之，在构建全球性航空碳排放交易制度的过程中，ICAO 有必要借鉴

---

① 参见熊灵、齐绍洲：《欧盟碳排放交易体系的结构缺陷、制度变革及其影响》，载《欧洲研究》2012 年第 1 期，第 55 页。

EU ETS 关于碳排放配额分配的相关经验制定公平合理的碳排放配额分配方案。同时，各成员国应该结合其本身的实际条件和需要，在遵循全球航空碳排放配额分配的同时，制定适合本国国情的排放配额分配方案，努力做到“政府主导、方法科学、多方参与、过程公正、结果公正”，[①]从而为继续推行全球航空碳排放交易打下坚实的基础。

三、碳交易市场监管制度

欧盟航空碳交易市场建立在强制碳减排的基础上，其完善的碳交易市场监管制度为全球航空碳排放交易制度的构建提供了经验以资借鉴。

（一）立法

在碳交易市场成立之初，欧盟就通过立法构建了一套完善的监管制度。首先，该制度通过立法明确碳排放权的法律性质并合理配置各市场参与主体的权利责任；其次，为参与主体设置市场准入门槛；再次，分配和核实配额以及报告、注册和交易规则；最后，构建交易平台等。同时，通过灵活的市场机制和自愿参与吸引更多的企业和中介参与碳交易，并坚持污染者付费消费者权益保护和公众参与等原则，完美结合市场调节、政府监管和社会参与三者，从各个环境有效地降低监管成本，实现监管制度利益最大化，从而有效地对碳交易市场进行监管。

（二）碳交易市场监管制度的构建

欧盟航空碳交易市场监管制度是多层次、三位一体的。[②] 由于碳交易可能在不同区域或不同国家之间进行，因此，需要不同层次和不同角度的监管机构之间共同完成监管。欧盟碳交易市场就构建了欧盟委员会、独立交易日志、金融监管机构和各成员国监管机构共同构成的政府监管机制，并且构建了共同注册制度和碳身份证明等专业性监管制度，从广度和深度上不断完善欧盟碳交易监管制度。

（三）碳交易市场的政府规制

在碳交易市场的运行中，将会产生很多风险。例如，碳信用额度分配不公、碳金融市场中操纵碳价的投机行为及温室气体监测和报告不实等。因

---

① 宣晓伟、张浩：《碳排放权配额分配的国际经验及启示》，载《中国人口 · 资源与环境》2013 年第 12 期，第 14 页。

② 参见陈鹏：《欧美碳交易市场监管机制比较研究及对我国的启示》，华东政法大学 2010 年硕士学位论文，第 32 页。

此，需要政府对这些风险进行监管，通过成本效益分析及灵活、稳定和透明的公共决策程序控制和司法审查机制将风险成本最小化，实现监管利益最大化，从而构建以风险为中心的碳交易市场的政府规制。①

（四）碳交易监管制度的核心工具

碳交易市场监管制度的核心工具是碳金融创新。欧盟不但拥有全球碳排放交易中心，而且其碳金融的发展已经相当成熟，甚至出现了排放权证券化的衍生金融工具，不仅促进了碳交易的发展，而且为其提供了更透明的机制。通过碳金融市场的创新，不仅涌现了许多与排放权相关的金融衍生品，为碳交易市场带来了巨大挑战，而且通过碳金融体系的博弈机制，不断完善碳交易市场监管。因此，构建金融创新与监管的良好博弈机制，将成为构建全球航空碳排放交易监管制度的必要选择。

四、履约与处罚制度

如上所述，履约与处罚制度对法律制度的正常运作至关重要。因此，在构建全球航空碳排放交易制度时，应该可以借鉴 EU ETS 对该制度构建的经验，其具体表现如下：

（一）履约机制

如前所述，EU ETS 采取市场链接、借贷和配额存储等履约灵活机制，并且该机制在适当的配额总量前提下总是有效的。然而，在该机制的运行中，存在过度发放配额与过高的配额总量问题，并且这些问题容易导致价格波动。因此，全球航空碳排放交易机制可以借鉴 EU ETS 配额存储、借贷和市场链接等履约灵活机制，但同时，应该构建排放配额总量的政府干预机制，让政府对其进行适当干预。

（二）处罚机制

如上所述，EU ETS 处罚机制采取的是缴纳规定罚款的方式。这就可能导致无法足额上缴配额的问题。例如，当市场价格低于被处罚单价，那么排放企业可以通过市场购买排放配额以履约；当市场价格高于被处罚单价，那么排放企业可能出售多余配额，甘愿接受罚款。

所以，对于在构建全球航空碳排放交易制度时，ICAO 除了要借鉴 EU ETS 处罚机制的经验，还应该设计有效的履约监管程序与制度，更应该注重

---

①　参见汤吉军：《市场结构、碳污染与政府规制》，载《产业经济评论》2011 年第 2 期，第 148 页。

履约监管中处罚机制失效的问题。

本章小结

为履行《京都议定书》规定的减排承诺,2003 年 10 月 25 日,欧盟理事会通过了 2003/87/EC 号指令,决定于 2005 年 1 月 1 日开始启动 EU ETS,并通过 2008/101/EC 号指令,自 2012 年 1 月 1 日起将航空业纳入 EU ETS。从理论上说,航空碳排放交易制度的法律框架应该包括四个关键性的法律制度:碳减排目标与总量设定制度、碳排放配额分配制度、碳交易市场监督制度及履约与处罚制度。通过 EU ETS 关于这四个制度的立法和实践,全球航空碳排放交易制度构建可以借鉴 EU ETS 关于这些制度的经验并得到启示。

碳排放交易制度的第一个关键性制度是碳减排目标与总量设定制度。其中,对碳排放交易体系环境目标的实现,受碳减排目标设定的影响。

欧盟碳排放总量设定模式主要分为分散决策模式和集中决策模式。两种决策模式的适用交易阶段和权限配置不同,各有其利弊。因此,构建全球航空碳排放交易制度时,不同的国家可以根据其本国的具体国情采取不同的碳减排类型并进行不同的权限配置。

一旦确定了碳减排目标和总量,欧盟各成员国就必须确定排放配额分配的数量和方式。欧盟碳排放配额分配方式主要采取免费分配方式和公开拍卖方式。其中,免费分配方式包括祖父制和基准制,本章探讨了这些分配方式的优缺点及适用的阶段。最后,分析了这些分配方式的利弊和制定分配方式所遵循的原则,为继续推行全球航空碳排放交易打下基础。

由于碳排放交易制度天生的缺陷和虚拟商品难以监管的弱点,就必须加强碳交易市场监管制度。碳交易市场监管应该遵循公平、公正和公开原则,保护市场参与者尤其是发展中国家合法利益原则以及实现合理国际碳交易市场秩序原则。欧盟采取的是一种自上而下具有浓厚政府主导色彩的监管模式以及多层次和三位一体的监管机制。这些将在立法、监管机制的构建、政府规制以及监管机制的核心工具等方面为全球航空碳排放交易体系提供可借鉴的经验。

履约与处罚制度对 EU ETS 的正常运行至关重要。欧盟采取配额存储、借贷以及市场链接等履约灵活机制可以为全球航空碳排放交易体系的构建提供可借鉴的经验,但应构建排放配额的政府干预机制。另外,履约监管程序以及处罚失效问题，对借鉴欧盟处罚机制也具有重要作用与意义。

此外，从欧盟航空碳排放交易制度管理主体的适格性、内容的合法性、交易模式的合理性及争端解决机制的合理性来看，欧盟航空碳排放交易制度的设计是存在瑕疵的，不仅不符合国际法律规范的相关规定，而且不能经受实践的检验。

第五章　航空碳排放交易制度实施困境的国际法分析

第一节　航空碳排放交易制度在国际法治理上存在局限性

随着世界各国联系的日益密切,由此产生的问题需要各国通过国际法对国际社会产生的问题进行法律规制。在航空碳排放领域也同样如此,需要各国加强与其他国家的合作来治理航空碳排放,而国际法则是各国合作进行航空碳排放治理的“纽带”。同时,国际条约和国际习惯通过给主权国家设定权利和义务规制国际航空碳排放问题,对主权国家产生法律约束力。此外,国际法参与国际航空碳排放也反映了国际社会在国际航空环保领域进行合作的愿望和积极性。

尽管国际法在航空碳排放治理方面发挥着积极作用,国际环境法、国际贸易法和国际航空法在航空碳排放治理方面产生了广泛的影响力,但是根据国际法的基本理论,航空碳排放交易制度在国际法治理上主要存在以下局限性。

一、法律覆盖范围有限

根据传统的国际公法理论,所谓国际法主体,即国际人格者,是指“国际法上的法律关系的当事者,即直接拥有国际法上的权利和义务的法律人格者”。[①] 学术界通常认为,严格意义上的国际法主体包括国家、国际组织、争取独立的民族以及在特殊情况下的交战团体。航空碳排放交易制度的主体主要指航空公司及其指定经营实体,这属于典型的私法主体,而不是传统国际公法意义上的国际法主体。因此,航空碳排放交易制度并不包含在典型的国际法体系之内。

二、法律效力有限

目前,在航空领域已经通过一些关于航空安全和航空制度的国际公约,

① 周忠海主编:《国际法》(第2版),中国政法大学出版社2013年版,第95页。

如1919年《巴黎航空公约》、1944年《芝加哥公约》、1929年《华沙公约》、1944年《国际航空运输协定》等；也存在一些国际法原则，如国际航空主权原则、公海飞行自由原则、公海不受主权管辖原则、共同但有区别责任原则以及航空器登记国对公海航空器享有专属管辖权原则等；国际环境法领域也通过了一些具有造法性条约性质的国际环境公约，如UNFCCC、《巴黎协定》、《京都议定书》以及《联合国海洋法公约》等，也存在一些国际法原则，如共同但有区别责任原则等。然而，国际社会尚不存在专门针对航空环境问题的国际公约。其主要原因在于以下两个方面：其一，国际航空碳排放问题出现较晚，各国尚不能充分研究国际航空业碳排放问题，也不能就解决方法达成一致意见；其二，世界各国的经济政策和国内制度不同，对国际航空业碳排放的态度也很难在短时间内达成统一共识。由此可见，国际社会制定处理未来全球航空碳排放国际公约的道路必然充满艰辛。

此外，与其他法律不同，由于国际社会并不存在一个超越国家主权的强制机构，因此，国际法的效力并不能靠国家机构进行强制实施，而是通过国家的认可。即便是国际公约如果没有得到这个国家的认可，该国际公约就不能对此国产生法律约束力。例如，美国和加拿大先后退出《京都议定书》，[①]美国退出《巴黎协定》，[②]那么，这些国际公约对美国和加拿大等主要工业化国家就不能产生法律约束力。以上事例均说明，当国际法体系无法构建起一个凌驾于国家之上的强制机构，其实施就不可能得到充分的硬性保障，也就会造成个别国家在国际上以自身的经济实力与政治影响力去忽视国际法。

三、“共同但有区别责任”原则具体实施上的分歧

一直以来，发达国家与发展中国家就国际环境保护中“共同但有区别责任原则”的具体实施，具有非常显著的分歧。基于全球发展中国家与发达国家的社会与历史发展的进程，发达国家应该对国际航空碳排放承担更大的责任，在技术和资金上对发展中国家提供支持。然而，发达国家却认为，以中国等为代表的发展中国家的温室气体排放量增长迅速，甚至已经超过了美国和欧洲地区等发达国家的排放量。因此，发达国家要求发展中国家应当承担与

---

① 参见《加拿大环境部长宣布将正式退出〈京都议定书〉》，载中国新闻网，http://www.chinanews.com/gj/2011/12-13/3526767.shtml，2017年12月20日访问。

② 参见《联合国秘书长：美国退出〈巴黎协定〉令人及其失望》，载腾讯新闻网，https://news.qq.com/a/20170805/027779.htm，2017年12月20日访问。

之相同的国际航空碳减排责任,而且不允许例外。目前,正是由于国际社会尚未对发展中国家可以从发达国家获得多少的技术和资金支持与帮助,发展中国家到底应该承担多大程度的国际航空碳减排责任进行明确,这在很大程度上阻碍了国际航空碳排放的国际治理。

四、突出的国家利益倾向性

作为国际政治的延伸,在制定的过程中,国际法具有突出的国家利益倾向性。尽管航空气候变化是典型的全球性问题,但不同国家具体的航空环境利益并不相同。航空业发展比较成熟的发达国家与航空业发展不成熟的发展中国家之间、航空活动量大国与航空活动量小国以及小岛屿国家之间,这些不同的国家集团都具有不同的航空环境利益,这也是为什么现有的全球航空碳减排法律体系让航空碳排放交易制度的实施效果被大打折扣的重要原因。

本章以下各部分,拟将从气候变化国际法的实施效力、国际航空气候谈判的利益格局,以及气候变化国际法适用的不确定性对航空碳排放交易制度规则的影响局限性等方面进行具体而详细的阐述。

第二节　气候变化国际法适用的不确定性

如前所述,航空碳排放尤其是航空高空碳排放会随着航空运输路线的国际延展与气流的运动对全球产生影响,即航空高空排放的二氧化碳等温室气体以及由此引发的全球气候变化问题已经成为国际社会关注的焦点。1999年,联合国政府间气候变化专门委员会(IPCC)曾发布《航空与全球气候》的特别报告,该报告承认航空排放会对全球气候产生影响,但并未涉及飞机卷云、凝结尾气和雾以及氮氧化物和甲烷等对气候的影响。[①]

作为世界上第一个全面控制二氧化碳等温室气体排放的国际公约以及气候变化国际法发展的基石和起点,UNFCCC 并未包含航空排放的相关内容。尽管作为 UNFCCC 补充条款的《京都议定书》为附件一发达国家规定了具体的减排标准,但将航空排放排除在外。欧盟各成员国属于附件一发达国

---

① 参见 IPCC,“Aviation and the Global Atmosphere”,available at http://www. grida. no/publications/other/ipcc_sr/? src = /climate/ipcc/aviation/index. htm,2017 年 12 月 20 日访问。转引自刘萍:《论航空排放的国际法律规制》,载《法学杂志》2011 年第 9 期,第 22 页。

家,为履行《京都议定书》量化的承诺,欧盟先后通过了 2003/87/EC 指令和 2008/101/EC 指令。其中,2008/101/EC 指令将航空业纳入 EU ETS 体系,即实行航空碳排放交易制度。

由此可见,航空碳排放交易制度的产生,从根本上说是国际社会在航空碳排放对全球气候环境变化产生的显著影响等问题的科学而深刻认识基础之上,采取的一种协作应对制度。人类对气候变化问题的认识程度,以及航空碳排放交易制度体系本身具备的效力保障,均对其实施及效果产生强烈的影响与制约作用。同时,目前的航空碳排放交易制度在适用中也还存在一定的不确定性。这些不确定性主要由于气候变化问题本身的复杂性与不确定性,以及适用国际法上的不确定性所造成的。

一、气候变化问题的不确定性

气候变化问题的“不确定”并非“不环保”,气候变化问题研究中的不确定性,通常主要包括了气候变化原因、气候变化影响及气候变化预测等三个方面的不确定性。①

(一)对气候变化问题原因等方面现有认知的不确定性

虽然当前国际社会各界对气候变化问题的原因及其规律等方面问题的科学认知在不断增长,但受限于气候变化问题本身的复杂性、敏感性、多样性、持续性与长期性,造成全球气温变暖的幅度区域差异非常显著。各地区的气候气温与降水量的差异,各地区气候变化的频率和强度也存在较大差异。所以,目前对气候变化问题的研究中,还存在大量的问题与现象没有完全解决,其不确定性和不一致性的问题还较多。由于区域发展不平衡,不同区域的气候监测设备与手段不均衡,不同区域的自然环境系统受人类活动影响的程度也存在显著差异,因而在对气候变化的监测数据与资料文献等存在显著的不平衡性。同时,对于发展中国家,其受到的气候变化研究的技术手段、资金支持等多方面的限制更加突出,其可获取的气候变化问题研究的资料也更少。因此,当前的科学研究对影响气候变化的所有因素及其变化机制并没有完全掌握,也不能完全确认已经造成的气候变化的影响因素与原因,更别提几十年后甚至上百年后的气候变化。

迄今为止,IPCC 已经公布了五期评估报告,分别为 1990/1992 年的第一

① 参见胡大源:《气候变化问题的不确定性》,载腾讯网,http://view.news.qq.com/a/20100320/000026.htm,2017 年 12 月 20 日访问。

次评估报告(FAR)、1995 年的第二次评估报告(SAR)、2001 年的第三次评估报告(TAR)、2007 年的第四次评估报告(AR4)以及 2014 年的第五次评估报告(AR5)。每期报告都包括综合报告、科学基础(第一工作组)、影响、适应性和脆弱性(第二工作组)、减缓(第三工作组)等内容。[①] 但是,以上报告受到科学界的质疑声从未中断过。他们认为这些报告存在以下几方面的缺陷:

其一,由于气候变化问题是一个复杂的非线性系统问题,其涉及众多学科,主要包含了大气化学、气象学、气候学、环境学、社会学、人口学、生物学、经济学、健康学、海洋学、农学和冰川学等学科。如果这些报告的各工作组科学家不能充分沟通,并且进行深入而系统的分析,这些报告分析和预测的结果很有可能过于片面。

其二,由于这些报告所作的科学预测缺乏统一客观的评价体系,评估气候对人类的影响仍然存在很大的障碍,这导致不可能获得科学上明确的答案。

其三,尽管 IPCC 一直以独立的、科学权威的姿态出现在国际社会面前,但该组织先天具有政府背景,其所作出的各类评估报告,以及开展的相关活动不可避免地烙上了大量的政治因素。例如,2010 年 1 月 IPCC 正式承认,它在 2007 年发表的第四次评估报告中存在重大"失误"就是一个典型的例子。[②]

由于人类对全球气候变暖的确存在科学认知上的不确定性,这些缺陷并不是刻意刁难或缺乏根据。IPCC 第五次评估报告指出,有 95% 的把握确认气候变暖是由人类活动造成的,但这一确认度在 2007 年第四次评估报告中仅为 90%,2001 年第三次评估报告中仅为 66%,1995 年第二次评估报告中只有大约 50%。正是由于目前对气候变化系统的运行规律认识与理解非常不足,各项监测、分析资料与数据的记录并不完备,因而还不可能全面地解释气候变化及掌握导致其演变的内在机理,对气候变化未来的预测也具有显著的不确定性。对此,IPCC 采取了非常严谨的态度,坦诚地说明现有研究中的不足之处,通过用"high confidence"、"medium confidence"和"extremely likely"等词汇来表示结果的可信度。

---

① 参见蒋金荷著:《中国碳排放问题和气候变化政策分析》,中国社会科学出版社 2014 年版,第 10 页。

② 这一失误是指 2007 年第四次评估报告中指出:"喜马拉雅冰川将在 2035 年消灭。"该结论仅根据一篇电话采访完成,而且采访对象表示,其"纯属猜测"。由此可见,该结论严重违背事实。

（二）气候变化影响及其预测的不确定性

尽管当前科学技术得到长远的进步与发展，但对气候变化的影响因素及其预测性还存在显著的不确定性，其具体的原因主要有以下几个方面：

1. 大气环境中温室气体浓度的计算或估算存在不确定性

《京都议定书》对附件一中，规定发达国家应该在1990年基础上平均削减5.2%，并要求发达国家对发展中国家应该提供资金或技术援助。在定义发达国家对发展中国家进行技术或资金援助时，需要界定发展中国家基准的碳排放量水平基准线。基准线的类型和确定方法主要有三种：项目级基准线、部门级基准线和国家级基准线。[①] 不同类型的基准线对各个国家的利益产生不同的影响。目前，国际社会对此并未达成共识，但采取的基准线都必须准确计算或估算温室气体排放总量。

未来全球气候变暖的幅度在很大程度上取决于未来大气中二氧化碳的浓度。要想准确弄清楚二氧化碳的浓度，就必须弄清楚碳来源与碳循环过程。碳循环过程是指各种碳的“汇”和“源”，特别是海洋物理过程和生化过程与陆地生态系统，它们到底能吸收、转化了多少二氧化碳。然而，当前国际社会尚不完全了解碳的“汇”和“源”。除此之外，由于各国未来的二氧化碳等温室气体排放量还取决于各国当时的人口、经济和社会情况，因此，很难准确预测未来大气中的温室气体浓度。

同时，现有科学也无法确定二氧化碳浓度的临界点（或安全水平）。根据IPCC的预测，550ppmv[②] 似乎是一个合理的临界点。但如果高于这个临界点，将会致全球气温升高约2℃～5℃，将会产生不堪设想的后果。[③]

2. 气候研究和模拟气候系统资料存在不足

当前，大多与气候系统及其变化有关的观测与研究网络，均是围绕某一科研部门或某一个学科的需要而独立建设和运行的，但这并不能满足气候系统和气候变化研究，以及其变化模拟的要求。

3. 预测未来气候系统变化的模式与系统不够完善

现有的多数气候模式并不能较完善地研究与分析海洋、云层和极地冰盖

---

① 参见杨玉峰、刘滨：《温室气体排放总量计算的不确定性及对清洁发展机制的影响》，载《上海环境科学》2010年第2期，第75页。

② ppmv是指100万体积中含1体积，相当于1立方米气体中含二氧化碳1毫升。

③ 参见世界资源研究所著：《气候保护倡议》，张坤民等译，中国环境科学出版社2000年版，第133～135页。

等引起气候系统变化的物理过程和化学过程,也不能处理好云层与海洋环流的效应,以及对区域降水变化等问题的分析与研究。同时,迄今为止所用的系统模式对预测未来气候变化,并不能准确地构筑未来气候变化的趋势,适合使用的气候模式尚处于发展之中。因此,当前的这些气候模式更不能准确地预测未来50~100年的全球和区域气候变化。

(三)正确认识气候变化问题的不确定性

就目前来看,或者就很长一段时间来看,人类要想正确认识气候变化的不确定性并不可行。目前国际社会对如下问题尚没有确定无疑的答案:2℃升值阙值的科学基础、全球气候变化对温室气体浓度的敏感性、人类对地球气候变暖的适应能力和适应弹性、地球气候系统的自我协调能力、机制与恢复弹性,以及未来的气候变暖趋势等。面对这些不确定性,人类不能采取这两种极端方式:一种方式是在气候变化问题的不确定性被完全解除后才采取行动,另一种方式是没有确认危害程度与后果前采取盲目的行动。

当前,我国国际科学技术研究和政治影响等方面在全球范围内的地位与影响逐渐增加,并取得了较高的政治正确性和话语权,在应对全球变暖上也取得了较好的国际道义制高点。但是,我国对气候变化问题研究的基础还十分薄弱,对不同时间尺度上气候变化原因与机制的研究还存在很大的不足,并存在很大的不确定性和争议。① 从本质上看,适应和减缓气候变化是转变人类经济发展方向的问题。当前国际社会的国家与地区,在适应和减缓气候变化的行动过程中,很大程度上表现为各国经济利益的博弈与基于科学不确定性的政治较量,其原因在于没有坚实的科学基础做支撑。同时,各种不确定因素的综合作用,也会导致国际社会适应和减缓气候变化的合作和法律规定等方面,陷入了不确定性的困境。

二、国际气候变化法律制度的不确定性

国际气候变化制度的不确定性主要体现在以下方面:

(一)法律不确定性

法律不确定性是人类历史发展中的重要部分,法律必须承担着克服不确

① See David W. Childs, "The Unresolved Debates that Scorched Kyoto: An Analytical Framework", *Miami International Law & Comparative Law*, Vol. 13, 2005, p. 240; Anita M. Halvorssen, "Common, but Differentiated Commitments in the Future Climate Change Regime-Amending the Kyoto Protocol to Include Annex C and the Annex C Mitigation Fund", *Colorado Journal of International Envrionmental Law & Policy*, Vol. 18, 2007, pp. 247-248.

定性、保证人类社会生活的连续性、一致性和稳定性的历史重任。因此，法律确定性赋予法律至高无上的权威性、严格的形式理性以及价值的普适性。但法律并不是万能的，其调控社会生活的范围、方式、效果以及实施条件等方面都存在一定的局限性。[①] 这些局限性使法律在某些情况下不可避免地会存在不明确之处。

与法律确定性相对应，所谓法律不确定性是指法律无法为法律纠纷的解决提供一个正确答案，即所有的法律材料能否为法律纠纷提供唯一而正确的答案（包括成文法和判例等）。[②] 法律不确定性的命题是在20世纪五六十年代提出的。在提出此命题之前，法律确定性一直是个公认的命题，即是实行法治排斥人治的内在要求。[③] 法律不确定性表现为如下三个层次的不确定性：

1. 法律概念的不确定性

在法律上对各种事实进行抽象，概括出它们的共同特征而形成的权威性范畴，即所谓的法律概念。[④] 语言文字是法律的载体，法律概念的不确定性很大程度上是由语言本身的不确定性所导致的。即法律规则用语越概括、精练，其不明确性越显著。因而，在法律规范实施过程中，法官的自由裁量权也就越大。[⑤] 因此，法律概念的不确定性不仅表现在概念本身的不确定性，还表现在概念与客观世界的对应上。通常大部分的法律概念都是不确定性的法律概念，其主要分为两种：第一，是内涵不确定，但外延是封闭的；第二，是内涵不确定，但外延是开放的。后者又被称为类型式概念或规范性概念。[⑥]

2. 法律规则的不确定性

法律规则是指国家制定和认可的、逻辑上周全的、具有普遍约束力的行为规则，其规定了社会关系参与者在法律上的权利和义务，并具有国家强制

---

① 参见杜宴林主编：《法理学》，清华大学出版社2014年版，第28～29页。

② 参见邱昭继、许晓燕：《“法律不确定性”：内涵、渊源及启示》，载《理论探索》2007年第6期，第142页。

③ 参见沈敏荣：《法律不确定性及其思想渊源之演进》，载《山西大学学报》（哲学社会科学版）2000年第2期，第9页。

④ 参见孙国华、朱景文主编：《法理学》（第4版），中国人民大学出版社2015年版，第85页。

⑤ 参见［美］E.博登海默著：《法理学——法哲学及其方法》，邓正来、姬敬武译，华夏出版社1987年版，第465页。

⑥ 参见梁慧星著：《民法解释学》，中国政法大学出版社1995年版，第292页。

力作为其实施的保障。[①] 法律规则的不确定性,则是指不确定的规则,也即概括条款。因为这些条款大多数仅仅是原则的概括规定,也只能在具体案件中由法官对其进行公平裁决,其规范作用才能具体体现。[②] 例如,诚实信用原则和权利不得滥用原则等。法律规则的功能在于使法院能适应社会经济和伦理道德价值观念的变迁,发挥法律与时俱进及规范的功能。[③] 因此,法律规则的不确定性归根结底是取决于法律概念的不确定性。

3. 违法确认原则的不确定性

通常因法律概念不能包容纷繁复杂世界中所有事物,导致法律具有不确定性。然而,法律对违法和非法的界定却是清晰的,因而违法构成要件也是确定的。不确定规则(概括条款)的效力高于一般规则,处于原则的地位。因而,修改和补充一般法律规则,并不影响违法的构成要件。在部门法中,违法确认原则的不确定性比较少见,但在反垄断法中却是例外。反垄断法作为一个部门法,其具有法律的共性,但其仍具有自身的一些特性,即违法确认的不确定性。

博登海默提出"真正伟大的法律制度就是将僵硬性和灵活性予以某种具体和反论的结合,在这些法律制度的原则、具体制度和技术中,将稳固的连续性效能同发展变化的利益联系起来,即使在不利的情况下也可以具有长期存在和避免灾难的能力"。[④] 因此,法律的不确定性是由法律本身所固有的特性决定的。因而,只有认识并理解到法律的不确定性,才能消除法律认识上存在的误区,从而对法制的建设与推进产生积极的影响。

(二)国际法在气候变化问题上的不确定性

第一,目前有关气候变化问题的国际法律体系,具有国际法治不健全、国家利益博弈激烈和监督制度不完善的特点。

在有关于气候变化问题的国际法律体系中,由于有较多非理性因素融入国际法的运行体系,从而导致国际法的适用范畴不再局限于传统范畴。在区域经济一体化和经济全球化的发展过程中,世界各国作为多边机构和超国家机构规范制定者的垄断地位都逐渐失去。由于法律世界逐渐变得短期化并

---

① 参见杜宴林主编:《法理学》,清华大学出版社 2014 年版,第 35 页。

② 参见杨仁寿著:《法学方法论》,三民书局 1987 年版,第 170 页。

③ 参见梁慧星:《民法解释学》,中国政法大学出版社 1995 年版,第 298 页。

④ [美]E. 博登海默:《法理学——法哲学及其方法》,邓正来译,中国政法大学出版社 1999 年版,第 293 页。

且更迭频繁,国际社会更加需要弹性而不是长期性的法律,因此,世界各国为了更好地适应变动的社会现实,逐渐转向更具有灵活性的行为模式,不再进行普遍地制定规则,从而确保法律政策的有效性。[①]“作为新兴研究领域,气候变化国际法的法律秩序呈现法律规范高度零散化,缺少体系化和综合的特征,具有浓厚而显著的后现代开放性特征。”[②]因而,气候变化国际法的弹性构造主要表现为软法性文件、框架公约、环境标准和预防原则等。

第二,气候变化影响的不一致性是气候变化国际法不确定性的一个重要因素。

小岛国联盟[③](The Alliance of Small Island States, AOSIS),由于其他们碳排放量小,因而提出的减排目标也最严格,也迫切要求世界各国都积极实施碳减排。[④] 因此,与其他国家相比,这些国家受全球气候变暖的影响最严重。同时,发展中国家经济对农业部门的依赖程度非常高,他们也是气候变化的严重受害者。然而,气候变化对于更多的国家尚未形成无法生存的威胁,所以,他们对温室气体减排犹豫不定。由此可见,并不是温室气体排放量最多的国家受气候变化的不利影响最大。由于气候变化影响和危害程度的不一致性,导致世界各国在参与国际合作、促进温室气体减排等方面的意愿存在显著差异。总之,国际社会因不断深入的全球气候合作而将减排制度和谈判问题越来越复杂化。

第三,后京都机制谈判前途和实施前景不明确是气候变化国际法最大的不确定性。

“后京都时代”各国经济发展水平不一致,这些国家的政治立场和价值观不同,再加上纷繁复杂的经济政治外交背景,几乎每个国家都有其独特的利益诉求。例如,以美国为代表的伞形集团坚持发展中国家也要承担强制减排义务;欧盟国家集团坚持积极的环境政策,并充当发达国家和发展中国家的中间人,努力在国际环境领域中充当领导者;以中国为代表的基础四国却强

---

① See Nicolas de Sadeleer, *Envrionmental Principles: From Political Slogan to Legal Rules*, Oxford University Press, 2002, p. 233.

② Nicolas de Sadeleer, *Envrionmental Principles: From Political Slogan to Legal Rules*, Oxford University Press, 2002, pp. 234 – 261.

③ See "The Alliance of Small Island States (AOSIS)", availabie at http://unfccc.int/parties_and_observers/parties/negotiating_groups/item/2714.php, 2017 年 12 月 22 日访问。

④ 参见庄贵阳、陈迎著:《国际气候制度与和中国》,世界知识产权出版社 2005 年版,第 8 页。

调自主排放,拒绝承担强制减排义务;小岛国联盟对气候变化的减缓和适应的愿望最为强烈;石油输出国组织不赞成发展中国家承担减排义务,并坚持反对在任何关键议题上达成协议等。

一方面,这些国家利益或利益集团都对怎样提供和交换技术援助、如何分配收益、如何建立公平公正的气候变化治理框架,以及怎样承担成本等问题各抒己见;另一方面,这些国家或国家集团害怕其本国利益在国际气候谈判中被牺牲,追求一种彼此平等的制度安排。因此,国际气候谈判往往陷入"囚徒困境"①中。即使经历无数次谈判达成相关国际条约,这些国际条约的实施也值得国际社会担忧。

三、航空碳排放交易制度不确定性的主要表现与影响

(一)航空碳排放交易制度不确定性的主要表现

现有制度的不确定性和未来发展的不确定性是航空碳排放交易制度不确定性的主要体现。

1.现有制度的不确定性

尽管自2012年1月1日起,欧盟正式将航空业纳入EUETS,所有抵离欧盟境内的全球4000多家航空公司都要为超过排放限额的二氧化碳排放量购买排放配额,即实行航空碳排放交易制度。但欧盟的这一举措遭到全球很多国家的强烈反对和质疑。迫于国际社会的多重压力,2012年11月12日,欧盟委员会宣布,在2013年秋季之前暂停对非欧盟国家航空公司实行航空碳排放交易制度。2014年4月16日,欧洲议会和欧盟理事会通过并发布了航空减排新政,即第421/2014号条例,该条例决定在2016年年底之前,航空碳排放交易只适用于欧盟境内航线。

一方面,由于全球很多国家的强烈反对和质疑,航空碳排放交易制度经历诸多波折,这在一定程度上导致了该制度的不确定性;另一方面,解决全球航空碳排放问题的最大障碍是各国气候应对政策之间的持续和重大分歧,并导致国内层面与国际层面上的重叠和不确定,甚至是冲突的气候政策。

---

① "囚徒困境"是1950年美国兰德公司的梅里尔·弗勒德(Merrill Flood)和梅尔文·德雷希尔(Melvin Dresher)提出的相关困境的理论,后来由顾问艾伯特·塔克(Albert Tucker)以囚徒方式阐述,并命名为"囚徒困境",即两个共谋的人被关入监狱,不能互相沟通情况。如果两个人都不揭发对方,则由于证据不确定,每个人都坐牢一年;若一人揭发,而另一人沉默,则揭发者因为立功而立即获释,沉默者因不合作而入狱5年;若相互揭发,则因证据确实,两者都判刑两年。由于囚徒无法信任对方,因此,倾向于相互揭发,而不是同守沉默。最后导致纳什仅落在非合作点的博弈模型。

2. 未来发展的不确定性

其一，航空碳排放交易制度发展的最大不确定性取决于ICAO能否在2020年达成并付诸实施全球航空碳减排协议方案。2016年ICAO第39届大会并未达成全球航空碳减排框架方案，仅形成了第一个全球性行业减排市场机制，该机制提出通过碳抵消机制控制国际航空温室气体排放的增长。尽管我国民用航空局相关负责人建议ICAO及其相关各方，应该去借鉴《巴黎协定》的成功经验。还提出2020年后，在国际航空市场措施谈判中，应该将全球气候变化治理核心理念融入到其中。虽然以上提议得到绝大多数国家的支持，但2020年能否真正实现还留有很大悬念。

其二，航空碳排放交易制度发展的不确定性取决于发达国家能否坚持共同但有区别责任原则。目前，航空业的温室气体排放占全球总排放量的2.5%，整个运输业的13%。[①] 发达国家提出，全球基于市场措施方案应该将2018～2020年这三年全球所有航空公司的平均碳排放量增速作为基准。若超过该基准，则必须根据超出量购买碳抵消。这一提议受到发展中国家的强烈反对，因为发达国家已经过了航空碳排放量最高峰的阶段。其碳排放量可能不仅不会增长，还可能会下降，从而造成无需支付任何碳排放费用。然而，发展中国家却仍在持续增长。因此，该制度的发展在很大程度上取决于发达国家是否坚持并实施共同但有区别责任原则，并对发展中国家提供资金和技术援助。

其三，航空碳排放交易制度发展的不确定性还取决于具有革新意义的新技术以及具备商业价值的生物燃料，尤其是生物燃料的使用。尽管科学技术与材料行业已经有大量技术领域取得进步与突破，但是由于航空业发展的模式较为固化，且技术研发和投资回报周期长，而航空业界持求稳心态的较普遍，因此严重影响了航空业领域的技术突破和推广应用的速度。对于具备商业价值的生物燃料，必须解决两个关键性问题，即不会破坏生物多样性和不会抢占食物资源，才具有更加广泛的推广意义。据北京恒空生物燃料有限公司相关负责人介绍，单独依靠某一种作物是无法解决这两个问题的。

（二）航空碳排放交易制度不确定性的影响

综上所述，航空碳排放量的测算和航空碳排放交易制度方面的不确定性

---

① 参见公欣：《硝烟又起！航空碳减排9月或将通过新方案》，载《中国经济导报》2016年8月26日，第B05版。

必将对航空碳排放交易制度的运行产生重大影响，主要集中在航空碳排放交易制度的公平性和实施效率两个方面。

第一，公平性。基于航空碳排放交易制度是一种合作机制，当各方利益达到均衡时，才能达到最佳的效果。基准线的确定对发达国家和发展中国家至关重要。如果确定的基准线高于实际基准线，意味着发达国家缔约方能够以较少投资或较低投资成本获得相对较多的温室气体排放额度，显然这对发展中国家明显不公平。反之，对发达国家也不公平。因而，航空碳排放交易制度实施公平与否的标志之一是能否准确计算或估算航空温室气体排放总量基准线。①

第二，实施效率。由于在航空温室气体排放总量计算或估算存在很多的不确定性，这对发达国家与发展中国家之间的合作效率将会造成较大程度的影响，并影响全球减缓航空碳排放量的效率。② 目前，航空碳排放交易制度的温室气体类型主要是二氧化碳。因此，只有航空业二氧化碳有相对多的历史记录或监测数据，其排放总量有相对准确的计算或估算方面。其他温室气体的历史数据或记录明显不足，而且计算或估算也很难得到较为准确的结果。这在很大程度上会影响发展中国家缔约方的积极性，从而还因不确定性而影响他们之间直接合作的效率。

第三节　国际气候谈判的多元化利益格局制约

如前所述，航空温室气体排放具有移动性、全球性和行业性的特点，与其他环境问题一样，航空温室气体排放也越来越多地进入到国际政治领域，受到国际政治因素的制约，航空碳排放交易制度的实施自然也不例外。③ 在应对全球气候变化的谈判过程中，虽然已经达成不少共识，但当前全球各主要国家还存在大量分歧，主要有：派别性立场、应对气候变化的基本思路与方法、温室气体减排目标、碳减排活动范围、义务承担方法以及碳减排对象等方面。

---

① 参见杨玉峰、刘滨：《温室气体排放总量计算的不确定性及对清洁发展机制的影响》，载《上海环境科学》2010 年第 2 期，第 77 页。

② 参见杨玉峰、刘滨：《温室气体排放总量计算的不确定性及对清洁发展机制的影响》，载《上海环境科学》2010 年第 2 期，第 76 ~ 77 页。

③ 参见韩良著：《国际温室气体排放权交易制度法律问题研究》，中国法制出版社 2009 年版，第 275 页。

一、气候变化谈判中的多元化利益格局

发达国家和发展中国家,为扩大自身影响并达到自己的目的,在长期多边气候协议的谈判过程中,国际社会分割并形成了两大阵营。这两大阵营又再次细分形成了以美国为首的伞形集团、欧盟及其各成员国、七十七国集团加中国、石油输出国组织和小岛国联盟等不同类型的联盟。①

(一)欧盟及其各成员国

欧盟目前共有28个成员国。② 英国已于2017年3月29日正式启动脱欧程序,其过渡期结束时间不得晚于2020年12月31日。因此,英国并不能算是欧盟成员国。③ 欧盟及其成员国的经济和政治势力比较强,它们所拥有的世界能源环保技术设备市场份额已超过全球的40%,对大气环境保护与研究方面具有较强及较高的水平与能力。故在国际社会,欧盟及其成员国一直担负着全球环保共同发展的领导者与提倡者的角色。此外,欧盟一直致力于积极推动全球尽快全面采取激进的温室气体减排措施,并率先将航空运输纳入欧盟碳排放交易体系(EU ETS)中。同时,由于欧盟的能源构成中,清洁能源占据了很大比例,以及大量使用先进环保技术和具有充足的环境保护资金,欧盟也被国际社会称为"全球气候变化谈判的急先锋"。④

欧盟曾在《京都议定书》谈判之前单方面宣布减排20%,在《京都议定书》谈判达成后,欧盟各成员国均承诺整体碳减排8%。欧盟还根据各成员国的实际温室气体排放情况,分别达成了碳减排量的分担协议。该分担协议具体规定,部分成员国,如法国等国将其减排量维持在1990年的历史碳排放水平,西班牙和希腊等国则可以基于1990年的历史碳排放水平适当增加排放

---

① See Party Groupings, Mainly for Five Regional Groups, European Union, Umbrella Group, Group of 77, Alliance of Island States (AOSIS), OPEC, available at http://unfccc.int/parties_and_observers/parties/negotiating_groups/item/2714.php,2017年12月22日访问。

② 参见欧盟官网,https://europa.eu/european-union/about-eu/countries_en#the_28_member_countries_of_the_eu,2017年12月23日访问。

③ 参见《2017.3.29启动脱欧程序两年后19正式和欧盟"离婚"》,载南方财富网,http://www.southmoney.com/touzilicai/waihui/201703/1179768.html;《欧盟:英国脱欧过渡期结束时间不得晚于2020年12月31日》,载新浪网,http://news.sina.com.cn/o/2017-12-20/doc-ifypxmsq8598895.shtml,2017年12月23日访问。

④ Michae Mehling and Leonardo Massai, "The European Union and Climate Change: Leading the Way towards a Post-2012 Regime?" *Carbon & Climate Law Review*, Vol. 1, 2007, p. 45.

量,而德国等国家必须大幅度减排。[①] 尽管遭受了 1997 年和 2007 年国际金融危机的严重冲击,但欧盟有关气候变化的核心观点并未发生变化。欧盟认为,要谋求长期的经济和环境可持续发展,就必须将温室气体减排与经济复苏有效结合起来。[②] 作为气候谈判的发起者和推动者,欧盟积极进行制度和政策创新,以求实现全球温室气体减排目标。2005 年,率先推行总量控制与交易体系,并构建欧盟温室气体排放权交易体系。并于 2012 年 1 月,正式将航空业纳入碳排放交易体系,这些措施都有力地推动了欧盟和全球碳排放权交易的迅猛发展。

在 2009 年欧盟峰会上,为了显示其政治意愿并起到表率作用,欧盟关于碳减排进一步达成相关决议,即在 2020 年以前,必须基于 1990 年的历史碳排放水平,减少 20% 的温室气体总体排放量。同时提出,如果美国等其他经济体与国家也能作出相应的承诺,那么欧盟碳减排目标可提高至 30%,并要求发展中国家在 2020 年以前脱离其排放基准线的 15% ~30%。为实现这一目标,2007 年欧盟成员国国家元首和政府首脑单方面达成了一系列约束性指标,即“20 - 20 - 20”的气候和能源目标。关于这些目标的四个立法提案于 2008 年 12 月 11 日和 2008 年 12 月 12 日获欧洲理事会通过并在一周后获得欧洲议会表决通过,[③] 主要依靠 EU ETS 和共同努力决定(Effort Sharing Decision, ESD)两个规制框架予以实现。

根据国际能源机构(IEA)公布的《2009 世界能源主要统计》资料数据显示,2009 年,中国的温室气体排放量首次超过美国,成为世界上最大的排放国。这是第一次通过国际机构官方统计确认的。[④] 尽管美国已不是世界上最大的温室气体排放国,但美国、欧盟和中国仍是全球温室气体排放量最大的国家和区域,他们的温室气体排放量占全球排放总量的一半以上(土地利用、

---

① 参见姜冬梅、张孟衡、陆根法主编:《应对气候变化》,中国环境科学出版社 2007 年版,第 72 页。

② See Stewart Smith, “IPCC Report Confirms EU Call For Deep Cuts in Global Greenhouse Gas Emissions”, available at http://engineers.ihs.com/news/eu-en-greenhouse-gases-5-07.htm, 2017 年 12 月 23 日访问。

③ See European Parliament, “EP Seals Climate Change Package”, http://www.europarl.europa.eu/sides/getDoc.do? language=en& type=IMPRESS&reference=20081208BKG44004, 2017 年 11 月 7 日访问。

④ 《中国超过美国成为世界上最大温室气体排放国》,载 360 文库, http://www.360doc.com/content/09/0910/16/20959_5802623.shtml, 2017 年 12 月 23 日访问。

土地利用变化和林业除外）。[①] 因此，对于美国单方面退出《京都议定书》，欧盟认为，美国应当积极承诺《京都议定书》项下的减排义务，并采取措施减少温室气体排放。[②]

综上所述，作为推动全球气候变化谈判最重要的政治力量，欧盟不仅担心全球气候变暖会危及其气候环境，而且其在温室气体减排方面具有天然的优势，如技术管理先进、经济成熟稳定、人口稳中有降以及能源消费需求相对饱和等。所以，欧盟可以利用这些优势，大力推动气候环境变化研究、碳减排等进程，以维持其在国际事务中的主导地位。尽管经过几次扩大，其成员国数量大幅增加，各成员国经济发展水平差异较大，但在德国等大国的协调和领导下，欧盟仍在国际气候谈判中起着领导作用。[③]

（二）伞形集团

伞形集团（Umbrella Grouop），是指在 1997 年《京都议定书》通过后，由非欧盟发达国家组成的气候谈判联盟。[④] 一般认为，该集团由非欧盟工业化国家与挪威及部分经济转轨国家组成，主要成员国包括日本、美国、澳大利亚、加拿大和俄罗斯等国家。尽管集团虽然是一个比较松散的气候联盟，但由于其多个成员国都是温室气体的主要排放国，因而在气候谈判中往往明显地具有举足轻重的作用。

伞形集团在《京都议定书》谈判的过程中形成，其成员的利益交汇点和形成松散气候联盟的基础是以“吸收汇”和“海外减排”代替国内实质性减排行动。但在加拿大、日本、澳大利亚和俄罗斯等国家先后批准加入《京都议定书》后，伞形集团形式趋于瓦解。但在受发展中国家要求发达国家进一步深度碳减排的压力后，伞形集团各主要成员国均不愿作出大幅的减排承诺，而新的共同利益交汇点，导致伞形国家集团再次出现了凝聚的迹象。[⑤] 伞形集团主要成员国在气候谈判中的立场如下：

---

① 参见全球变化研究信息中心：《全球温室气体排放数据》（最新版），载碳排放交易网，http://www.tanpaifang.com/tanjiliang/2017/0508/59289.html，2017 年 12 月 23 日访问。

② See Anthony Giddens, *The Politics of Climate Change*, Polity, 2009, p. 188.

③ See Harro van Asselt, “From UN-ity to Diversity? The UNFCCC, the Asia-Pacific Partnership, and the Future of International Law on Climate Change”, *Carbon & Climate Law Review*, Vol. 1, 2007, p. 18.

④ 参见高小升：《伞形集团国家在后京都气候谈判中的立场评析》，载《国际论坛》2010 年第 4 期，第 24 页。

⑤ 参见李慎明、王逸舟主编：《全球政治与安全报告》（2008），社会科学文献出版社 2007 年版，第 287 页。

1. 在减排问题上的立场

其一,《京都议定书》要求发达国家必须以"共同但有区别责任"原则,去量化碳减排目标。也就是要求发达国家不仅要承担造成气候变化的历史责任,率先开展碳减排,同时还要适当地向发展中国家提供必要的环境治理与保护技术援助和相应的资金,以支持和帮助发展中国家减缓和适应气候变化带来的负面影响。2015 年 11 月召开的第 21 届 UNFCCC 缔约方会议达成了《巴黎协定》。该协定要求发达国家不仅要继续带头进行碳减排,还要继续提供资金和技术援助,以帮助发展中国家进行能源和经济结构的调整和转型。然而,以美国为代表的伞形集团却不愿意考虑全球碳排放的历史过程与现实特征,其各项经济发展与环境政策并没有针对性地采取实质性的行动,去承担应有的责任。他们反而担忧如果采取碳减排行动,会增加其国内经济发展成本,以及削弱他们在国际市场中的竞争力。

目前,美国一直坚持以自己提出的减排目标,作为后京都时代气候谈判的基础,并且全面否认《京都议定书》为其设定的碳减排目标,即提出以 2005 年减排基准年削减 17%。同时,在国际气候谈判中,美国一直反对减排目标和时间规划,认为《京都议定书》对成员国没有强制性的约束力。此外,还认为以巴西、南非、印度和中国基础四国为代表的新兴发展中国家需要承担温室气体减排的义务。

在国际气候谈判中,日本政府坚持所有温室气体排放量较大的国家均要承担量化的碳减排目标。在碳减排目标中,提出应该将发展中国家划分为三类。分别是排放量不大但易受气候变化影响的国家、需要作出减排承诺的国家,以及其他发展中国家。然后,根据不同的发展中国家类别,对其规定与之对应的气候变化责任。① 日本政府还提出,应该采取"自下而上"的"部门方式",以透明和科学的能效水平为衡量基准来制定减排目标。②

澳大利亚的碳排放总量在世界的比重不大,但其人均碳排放量却非常高,在全球范围内位居前列,故碳减排对其国内经济发展具有较大的影响。所以,澳大利亚非常强烈地反对强制性减排目标。虽然澳大利亚政府最终选择批准《京都议定书》,但其国内对该气候政策的争议是持续不断的。

---

① 参见高小升:《伞形集团国家在后京都气候谈判中的立场评析》,载《国际论坛》2010 年第 4 期,第 25 页。

② 参见何一鸣:《国际气候谈判的影响因素与和中国的对策研究》,中国海洋大学 2009 年博士学位论文,第 210 页。

加拿大政府认为,《京都议定书》并没有考虑其经济发展情况。因此,加拿大不仅没有完成《京都议定书》第一阶段的减排任务,其温室气体排放量不降反升。

在2009年,其气候计划发布不久,俄罗斯政府就明确表示不会为了减排而影响其国家经济的发展速度。俄罗斯政府在国际场合的宣称,也只是为了维护其大国形象而开出的空头支票,它自始自终并未有太多改变其国内气候的政策。

其二,坚持发展中国家共同承担减排任务。大多数发达国家始终认为,发展中国家多数处于工业化快速发展阶段,其经济发展模式多为粗放型与资源消耗型,对能源消耗较大,碳排放需求量也较大。因此,要求发展中国家承担同样具有强制性和法律约束力的减排义务,而不应该在减排中无所作为。

2. 在援助问题上的立场

《京都议定书》要求发达国家对发展中国家提供资金和技术援助,但发达国家采取拖延战术,迟迟不愿意履行出资义务。同时,伞形集团国家内部对资金的具体分担方式争议较大,目前尚未形成确切的方案。至于技术援助,发达国家提出,只有完善的知识产权保护制度才能促进技术扩散和转让。

总之,以美国为代表的伞形集团一直抗衡以欧盟为主导的UNFCCC和《京都议定书》机制下的谈判。[①] 有学者认为,只要发展中国家没有参与温室气体减排或作出强制减排承诺,以美国为代表的伞形集团国家就不会返回京都机制模式。对于美国来说,其更愿意在UNFCCC框架外通过大国协商的方式解决问题,从而确保美国在全球气候变化治理方面的领导力。但由于其采取的公约或协议涵盖范围有限,法律约束力不强,实际上只是在某种程度上补充和推动了UNFCCC和《京都议定书》缔约方会议的进程。[②]

(三)七十七国集团和中国

自20世纪80年代末90年代初正式启动国际气候谈判至今,尽管各政治集团经历了多次分化组合,但到目前为止,国际气候政治格局并未发生根本性的变化。国际气候谈判进程一直受到欧盟、伞形集团、七十七国集团加中

① See Harro van Asselt, "From UN-ity to Diversity? The UNFCCC, the Asia-Pacific Partnership, and the Future of International Law on Climate Change", *Carbon & Climate Law Review*, Vol. 1, 2007, p. 18.

② 参见朱虹:《从哥本哈根会议看国际气候政治博弈》,载《红旗文稿》2010年第2期,第34页。

国这三大集团博弈的显著影响。① 因此,此前各集团的分化组合,从根本上说只是大国主导的大集团博弈格局的一种附属物。

七十七国集团成立于1964年,成立最初目的是在联合国框架体系,增强南方国家对所有重大国际问题的发言权,维护其共同利益,增强谈判地位与能力,并推进南南合作。② 因而,该集团的成立更多地是汇集或协调其成员国的观点,以增强和提高发展中国家在国际谈判中的地位与影响。因此,其并不是一个决策机构。七十七国集团从成立时起,与中国一直保持了较良好的互动关系,并在联合国框架内以“七十七国集团加中国”的形式协调立场相互合作。

在国际气候谈判中,以“七十七国集团加中国”的形式取得了如下成就:其一,在1992年联合国环境与发展大会里约热内卢会议上确定了“共同但有区别责任原则”;其二,“巴厘路线图”确定了“双轨制”的协同谈判机制,并基本实现适应、减缓、技术和资金等方面的同步进行;其三,哥本哈根会议上基本保全了“双轨”谈判机制,还提出了一个可预期的资金援助数额。③

尽管由于七十七国集团与和中国相近的发展水平以及共同的发展需求,以“七十七国集团加中国”的形式在国际气候谈判中取得了上述成果,但随着气候谈判的深入以及各成员国在经济发展水平、能源消费和温室气体方面存在巨大的差异,该集团内部分歧越来越大,在很多问题上很难形成共同的对外立场。同时,中国与七十七国集团成员国之间的矛盾和分歧凸显,从而导致“七十七国集团加中国”的合作将会步履维艰。

笔者认为,目前中国具有世界最大的外汇储备国、第一大温室气体排放国及世界第二大经济体等头衔,造成在国际气候谈判中,中国承受了更多的压力。但中国与七十七国集团间建立的气候统一阵线的经济基础——“共同但有区别责任”原则,其存在的基础并未发生实质变化,中国与七十七国集团间国家气候统一阵线的政治需求——国际资金援助的来源、京都模式的去留及南北独立谈判格局的维持等方面需求仍存在。同时,中国与七十七国集团合作领域具有显著的广泛性,这在客观上也有利于维持双方在气候问题上的

---

① 参见严双伍、肖兰兰:《中国与G77在国际气候谈判中的分歧》,载《现代国际关系》2010年第4期,第21页。

② 参见 The Graup of 77:http://www.g77.org/doc/,2017年12月24日访问。

③ See “Copenhagen Accord”, p. 3, available at http://unfccc.int/files/meetings/cop_15/application/pdf/cop15_cph_auv.pdf,2017年12月24日访问。

深入合作。

(四)小岛国联盟

小岛国联盟成立于1991年,是由因海平面上升绵连严重威胁的地势低洼国家和小岛国,成立了小岛国联盟,在国际气候谈判中为了维护小岛国的利益采取集体行动。[①] 目前,小岛国联盟有40个成员国,其中,大部分成员国都是七十七国集团的成员国。[②]

小岛国联盟的各岛国陆地面积较小,自然资源有限,地理位置相对孤立,经济开放程度较低,人口密度高且增长迅速,应对极端灾害方面极其脆弱,对气候变化尤其是海平面上升的适应能力极为薄弱。因此,尽管小岛国联盟人口、经济和国土面积总量较低,但这些国家具有独特地位,受到国际社会的广泛关注。通常国际社会认为小岛国是气候变化最脆弱的地区。[③]

小岛国联盟认为,他们受全球气候变化影响最严重而且最不应该为全球气候变暖负责。因此,在国际气候谈判中,他们迫切要求全球范围内减少温室气体排放,包括发展中国家。同时,在资金技术方面,小岛国联盟要求主要发达国家应该率先采取行动,较大幅度减少温室气体的排放。同时,增加对小岛国家的经济资助和技术援助,以提高小岛国家应对气候变化的能力。在对待发展中大国方面,与欧盟持有相同立场,要求发展中大国参与减排行动,[④]并要求排放量迅速增长的发展中大国承担某种形式的量化减排指标。[⑤]

(五)石油输出国组织

石油输出国组织以石油输出为国民经济发展的主动脉,由于考虑到温室气体减排会限制石油能源生产和消费,也有可能会影响本国经济发展,并减少其国民收入,因此,该组织各国很少提及应对气候变化的国家战略,更少将加强国际气候合作提上国际日程,即对应对气候变化问题采取低调和反对的态度。

石油输出国组织各国都是七十七国集团的成员国。这些国家认为,对于

---

① See Carola Betznold, "'Borrowing' Power to Influence International Negotiations: AOSIS in the Climate Change Regime", 1990 - 1997, *Politics*, 2010, Vol. 3, pp. 131 - 148.

② 参见 UNFCCC 官网, http://unfccc.int/parties_and_observers/parties/negotiating_groups/items/2714.php, 2017年12月24日访问。

③ See Lewis, "J. The Vulnerablity of Small Island States to Sea Level Rise: The Need for Holistic Strategies", *Disaters*, 1990, Vol. 3, pp. 241 - 248.

④ See Zhao Xingshu, "International Cooperation on Climate Change: Fact and Future", *A Change Research*, 2006, Vol. 5, pp. 250 - 253.

⑤ 参见王沛、党琦:《小岛国联盟:关乎生死存亡的应对》,载《瞭望》2010年第14期,第38~39页。

发展中国家来说，经济和社会发展才是其头等大事。对于减排来说，发展暂时处于优先地位。① 因此，石油输出国组织各国不仅不赞成发展中国家承担强制减排义务，而且坚决反对就温室气体减排任何关键性议题上达成协议。

二、多元化格局对气候变化制度的影响

国际气候谈判始于1990年12月联合国大会对UNFCCC谈判的启动，迄今为止已经20余年。在这个过程中，贯穿始终的基本格局是两大阵营和三大集团，即发达国家和发展中国家南北对立的阵营以及欧盟、伞形集团和七十七国集团加中国三大集团。这两大阵营、三股力量相互制衡，矛盾纵横交错。国际气候谈判进程对国际气候变化的合作与协调具有较大的推进作用，特别是在全球瞩目下哥本哈根会议的召开，促使气候变化问题在国际政治领域得到日益重视。但是国际气候政治集团化并非在UNFCCC谈判之前产生形成，而是由于UNFCCC谈判本身需要，以及权力政治相互作用产生的结果。②

2015年12月12日，第21届联合国气候变化大会通过了具有法律约束力的《巴黎协定》，该协定成为2020年之后各国气候变化的纲领性文件和国际法依据。尽管联合国气候变化大会已经通过了《巴黎协定》，但作为框架协议，UNFCCC有“环境宪章”之称，因此，探讨国际气候变化谈判对气候变化制度的影响，仍有必要探讨在气候变化谈判过程中，多方利益主体对谈判进程产生的影响。

在UNFCCC框架机制内，所有缔约方都有发言权，但各方的发言权重是根据其实力进行排序的，因此，各方的发言权显然是不均等的。在UNFCCC框架外，所有国家以及非国家实体、企业以及社会团体都有发言权，其发言权重也是根据实力排序的。由此可见，缔约方不论是否在UNFCCC框架内，主要国家的国际地位在客观上起着主导和决定性的作用，其原因在于这些国家的排放总量大、经济实力强、技术先进、有减排能力、潜力和压力等。在气候变化谈判进程中，这些国家通过UNFCCC内外机制明确其利益诉求，并主导国际气候进程。

（一）发达国家

在气候变化谈判以及各种倡议中，当前发达国家都普遍强调气候问题而

---

① 参见石油输出国组织官网，http://www.opec.org/home/envrionmental20% issues/statement/cop.10.html，2017年12月24日访问。

② 参见张磊：《国际气候政治集团化：功能、演化与前景》，载《新视野》2010年第2期，第94页。

不是发展问题;都强调共同责任而不是区别责任;强调减缓气候变化而不是适应气候变化;强调其他渠道而不是 UNFCCC 和《京都议定书》为主渠道;强调减排的市场机制而不提资金和技术转让的援助。这些行为很明显就是无视发展中国家的现实情况,只是一味地要求发展中国家承担减少温室气体排放的责任,而逃避其自身应该承担的责任。

在发达国家内部,作为国际气候机制的主要谈判方,欧盟和以美国为代表的伞形集团对与发展中国家要求在对气候变化的认识和应对方法,以及国际合作等方面有着相同的立场。[①] 一方面,欧盟和以美国为代表的伞形集团在以下方面具有共同的利益:第一,在碳减排方法上,他们都特别注重技术发展和碳交易体系构建;第二,在碳减排目标上,他们都特别注重发展清洁能源和增强经济竞争能力;第三,在碳减排行为上,他们都开始特别注重法律制度与体系的构建;第四,对发展中大国的具体减排目标方面,他们间具有高度一致性,即要求发展中大国承担具体的减排义务。另一方面,欧盟和以美国为代表的伞形集团对气候变化问题的话语权竞争异常激烈,主要表现如下:欧盟对 IPCC 评估报告的结论表示赞同,并提出全球气候变暖的主要原因是人类活动,倡议将温度的上升控制在 2℃以内,到 2050 年全球温室气体排放量减半,要求全球各国尽快确定其温室气体减排目标,并通过各国量化的承诺指标实现未来全球温室气体稳定在某一个浓度水平,即实现 UNFCCC 的最终目标;然而,美国则把气候变化作为大国外交最重要的一个议题,其主张自主减排,其并不赞成 IPCC 第五次评估报告的结论,认为人类活动未必是全球气候变暖的主要原因,主张通过技术创新来降低能耗并提高能源利用率,并开发使用替代能源,而不鼓励在 UNFCCC 和《京都议定书》框架下为世界各国规定量化的减排指标。

(二)发展中国家

发展中国家对气候变化和国际合作尚存疑虑,他们认为《京都议定书》规定的减排指标分配并不公平,对发达国家规定的减排指标与其对气候造成的影响严重不符。如欧盟虽然积极履行 UNFCCC 和《京都议定书》承诺,但援助方式暗藏乾坤,即欧盟虽提出境内减排目标,但对发展中国家最为关心的资金、技术和能力建设等议题避而不谈;对发展中国家和最不发达国家的气

---

① 参见于宏源、汤伟:《波兹南会议之后的气候变化政治格局》,载《气候变化研究进展》2009 年第 6 期,第 376 ~ 382 页。

候援助和合作并没有在总量上降低全球温室气体减排量，而是通过 CDM 购买发展中国家的碳减排量以抵消其境内的碳排放量，其履约进程更似一场“外交秀”。[①] 此外，以美国为代表的伞形集团援助力度虽然较大，但存在很大的立场不确定性。正是由于以欧盟和以美为代表的伞形集团等发达国家大量影响，导致发展中国家在参与国际碳减排合作过程中缺乏足够的信心。

综上所述，现行国际气候制度的延续、发展和突破都必须经历国际社会各大国的讨论、谈判和妥协的艰难过程，否则，任何气候变化协议都将不完整而在效力上大打折扣。事实上，这些发达国家和发展中新兴大国缔约方左右着气候变化谈判的最终走向。首先，美国是目前世界上最具有政治经济影响力的国家，其温室气体排放量需求也非常巨大，因而在国际气候政治中具有最重要的地位。随着中国经济的快速发展，其在国际中的经济政治地位也日趋提高，而其碳排放需求和潜力也在不断提高，促使中国将成为能与美国在国际气候政治中唯一相抗衡的力量与国家。因此，国际气候变化发展、协作与博弈进程将呈现“中美主导、各方跟进”的基本格局。全球气候变化合作进程的结果，也将在很大程度上取决于中美两国的博弈模式，合作则共赢，竞争则共失。并且可以预料，在这种格局发展趋势下，新出现集团分化除了利益趋近外，将不再具有其他明显的标准和依据。当然，这种利益趋近也可能不仅仅局限于气候领域，而且将涉及国际政治的各个方面，并从根本上取决于各国的战略利益。[②]

第四节　气候变化国际法实施效力对航空碳排放交易制度的局限性

一、气候变化国际法律制度的软法性因素

（一）软法概述

1. 软法概念的起源

作为一个法学概念，“软法”最早起源于国际法，后来被国内法学界所接受。其原本的含义是指不依靠拘束力和惩罚措施来维持运作，但具有某种规

① 参见冯帅：《应对气候变化建设行动的国际进展与中国策略——以前〈巴黎协定〉时期为中心》，载《中国科技论坛》2017 年第 5 期，第 175 页。

② 参见张磊：《国际气候政治集团化：功能、演化与前景》，载《新视野》2010 年第 2 期，第 96 页。

范或实践意义的规范性条纹和治理制度。[①] 目前,对软法的出现和使用众说纷纭,在国际法学界也是莫衷一是。

2. 软法的概念及特征

艾伦·波义耳(Alan Boyle)提出,软法在国际法中的概念具有如下几方面的特征:第一,它不具有约束力或拘束力;第二,是泛化的范式和原则,而不是明确而详尽的规则;第三,不试图通过具有拘束力的争端解决机制去解决问题。[②] 借鉴艾伦·波义耳的总结,笔者试图对国际法中的"软法"进行如下定义,即国际法中的"软法"指那些缺少强制性和明确义务性,不具有强制法律约束力但能对社会产生一定法律效果的规范性文件。[③] 同时,艾伦·波义耳认为,国际软法与国际条约是存在密切联系的,因为任何一项国际条约都具有不同程度的软硬性。国际软法与国际条约间可以相互变通。国际软法在一定程度上可以取代效力过硬的国际条约,在多边条约中可以规范谈判过程和解释条款,以及可以提供条约履行的标准或者充当迈向硬法的一个过渡步骤。因此,软法和硬法在执行机制的"软执行"和"硬执行"是其最主要的区别。即前者交托第三方进行调解,寻求协商一致的解决方法,而不是诉诸诉讼或要求补偿;后者则主要诉诸强制的和具有约束力的争端解决方案来惩罚与补偿。[④]

由此可见,国际法中的软法是对国际公约或其他国际法文件中所包含的原则、规范和标准的记载。尽管其并不是国际法的渊源,但作为参照对象,表明相关问题在法律化的道路上又迈进了一步。[⑤] 同时,不具有法律约束力的软法性文件,提供了各国在国际条约没有正式规定事项的国际合作基础。

3. 软法的影响

国际社会主要是从软法的效果上看其影响的。正是由于主权国家不必

---

① See Anna Di Robilant, "Genealogies of Soft Law", *The American Journal of Comparative Law*, Vol. 54, 2006, pp. 499 - 554.

② 参见王学东、方志操:《全球治理中的"软法"问题——对国际气候机制的解读》,载《国外理论动态》2015 年第 3 期,第 10 页。

③ 参见万霞:《试析软法在国际法中的勃兴》,载《外交评论》(外交学院学报)2011 年第 5 期,第 131 页。

④ Alan E. Boyle, "Some Reflections on the Relationship of Treaties and Soft Law", *The International and Comparatinve Law Quarterly*, Vol. 48, 1999, pp. 901 - 913. 转引自王学东、方志操:《全球治理中的"软法"问题——对国际气候机制的解读》,载《国外理论动态》2015 年第 3 期,第 10 页。

⑤ 参见张小平著:《全球环境治理的法律框架》,法律出版社 2008 年版,第 302 页。

确保其国内立法必须遵守软法文件,因此,主权国家更倾向于没有法律约束力的法律文件。[①] 由于软法规范提供了一种必要的灵活性,该灵活性使国际社会能更好地处理新的与国际合作有关的问题,这是在国际环境法领域甚至气候变化国际法领域大量运用软法规范的主要原因。[②] 甚至在某些情况下,与正式协议相比,软法性文件或不具有法律约束力的文件可能更为适宜。[③]这也是软法形成的根本原因,即与硬法相比,软法适应国际关系错综复杂的情势能力更强,更加容易达成协议与规定,也能促进国家与非国家实体之间、国家之间达成谅解和合作。除此之外,国际社会使用软法文件的具体原因如下:

其一,由于软法文件的法律义务和不遵约的法律后果非常有限,使用软法文件可以让各国同意更加详细和准确的规定;其二,对某些国家来说,由于这些国家可以避开条约的国内批准程序,回避政治责任,因此,更容易遵守非约束性的文件;其三,与条约相比,软法文件更容易修改或替换,一旦条约的效果受到影响,软法文件可以马上提供更多关于国际支持和共识的证据;[④]其四,软法文件的实施也可以解决包含有强制力的规范得以实践。[⑤]

除了上述原因之外,软法的急速发展在很大程度上与国际政治结构中固有的失衡有关。即第二次世界大战后,发展中国家的数量急剧增长,而发达国家的数量并未增加,其主导权面临着被削弱的危险,其参与国际立法过程中容易出现权力转移,所以,发达国家认为有必要使用软法文件来增强自己的意图。[⑥]

(二)气候变化国际法律制度的软法性

迈克尔·雷斯曼教授曾说过,国际立法谈判实质上就是一个团体政治沟

---

① 参见[美]伊迪丝·布朗·韦斯等著:《国际环境法律与政策》(影印本),中信出版社2003年版,第190~191页。

② 参见张小平著:《全球环境治理的法律框架》,法律出版社2008年版,第311页。

③ See Prosper Weil, "Towards Relative Normativity in International Law", *American Journal of International Law*, Vol. 77, 1983, p. 413.

④ 参见张小平著:《全球环境治理的法律框架》,法律出版社2008年版,第312~313页。

⑤ 参见[美]W. 迈克尔·赖斯曼:《当今国际造法过程镇南关的民主化及其适用上的差异》,载万鄂湘、王贵国、冯华健主编:《国际法:领悟与构建——W. 迈克尔·赖斯曼论文集》,马铁男等译,法律出版社2007年版,第392~393页。

⑥ 参见 http://anthonyadmato. law. Northwestern. edu/IELA/Intech05 - 2001 - edited. pdf,2017年12月25日访问;转引自张小平著:《全球环境治理的法律框架》,法律出版社2008年版,第312页。

通的过程，即沟通者将政策内容、权威信号和控制意图传递给目标受众的过程。[①] 由于国际社会不存在终结性和永久性的立法，因此，每项立法最重要的是这个持续的过程。鉴于国际政治体系的本质，软法在国际法体系中是非常重要并且并不可少的。然而，并不是所有的领域都需要软法，但在国际气候领域中，软法起着非常重要的作用，是必不可少的。[②]

全球气候变化问题能否解决，决定和影响着全人类社会持续发展问题。但目前对温室气体减排与气候变化议题上的合作和协调机制上，整个国际社会却充满了众多变数。究其原因有：温室气体减排与社会发展等议题的密切关联、自然界存在巨大的不确定性、新兴中大国的崛起和话语权的争夺，以及大国之间的矛盾和斗争等，这些都是导致国际气候谈判进程举步维艰的重要原因。基于上述原因，国际气候变化制度的软法性就成为必然。[③] 其具体表现如下：

第一，国际气候变化制度的"义务性"。与传统的条约和公约模式相比，国际气候变化制度主要运行规范和框架是 UNFCCC 和《京都议定书》。如果从义务程度剖析，"框架公约 + 议定书 + 补充协定"形式主要是原则性的宣示，其对各国约束力均较低，并且还针对不同国家进行区别对待。从"巴厘岛路线图"到"德班平台"与从 UNFCCC 到《京都议定书》，都是采取政治协商和信息披露方式来试图达成共识。它们对于参与谈判方不遵约的行为，不仅没有非常强有力的惩罚机制，而且还设计了宽松的容许退出机制，如退出 UNFCCC 也等于退出《京都议定书》。《京都议定书》唯一表现具有强制义务性的条款，是其第 26 条要求缔约方不得对议定书任何条款作保留的规定。[④]

第二，国际气候变化制度规则的精确性不高。在国际气候变化制度中被

---

① ［美］W. 迈克尔·赖斯曼：《国际造法：一个沟通的过程——W. 迈克尔·赖斯曼论文集》，载万鄂湘、王贵国、冯华健主编：《国际法：领悟与构建》，马铁男译，法律出版社 2007 年版，第 93 ~ 97 页。

② 参见［美］W. 迈克尔·赖斯曼：《国际政治中软法的概念与作用》，载万鄂湘、王贵国、冯华健主编：《国际法：领悟与构建——W. 迈克尔·赖斯曼论文集》，马铁男译，法律出版社 2007 年版，第 148 页。

③ 有学者将国际气候制度定义为："所有与气候变化问题相关的国际制度规范的总和。"具体指的是：自 1995 年以来，历次缔约方会议先后形成并签署的一系列法律文件，其核心是《京都议定书》即围绕《京都议定书》的履行而形成的一系列计划、宣言、协议及指南等规范性文件。参见庄贵阳、陈迎著：《国际气候制度与中国》，世界知识产权出版社 2005 年版，第 1 ~ 20 页。

④ 《京都议定书》第 26 条的规定。参见欧盟，http://www.un.org/climatechange/zh/，2017 年 12 月 25 日访问。

涉及的有关各方，应该从宽泛的公约框架出发，按照科学研究成果，依据议定书规定逐步细化各方的碳减排承诺，并最终提出相对精确而可行的碳减排目标。然而，UNFCCC 仅仅提出“将大气中温室气体的浓度稳定在防止气候系统受到危险的人为干扰水平上”，作为国际气候合作机制的最终目标，并提出了处理气候变化问题的五项基本原则。但对于如何具体实施这些原则，则提出留待以后召开的缔约方会议后，通过缔结议定书的形式予以解决。

虽然《京都议定书》对 UNFCCC 的相关原则性的规定作了进一步明确，如确定了发达国家在第一承诺期具体的限制排放目标。为实现这一目标，《京都议定书》还允许缔约方通过各种议定书之外的活动来实现碳减排承诺。此外，对于谈判形式和谈判成员种类的规定较翔实，而对于应对气候变化的实际措施则较少，并且许多还是一般性原则，可操作性很差。

第三，气候变化制度的权威来自多方协商而非各方授权。《京都议定书》和 UNFCCC 主要依靠缔约各国的自愿执行和多边协商，还没有要求成立国际机构，因而各国气候变化政策和减排措施并没有受到相应机构的直接监督和管理。即使要缔约国各方授权，采取的是一种“软执行”制度，如 UNFCCC 规定，秘书处是缔约国向各缔约方提供有关帮助和支援其他国家减排措施，提供本国气候减排措施信息的重要通道。① 但是，缔约国秘书处并不具有议定书条文、解释公约，以及强制与监督各国执行减排政策的功能。

综上所述，国际气候变化制度具有的上述三个特征很明显具有软法性，按照艾伯特的理论，应当将其归入软法体系。

二、航空碳排放交易法律制度的软法性体现及其原因

（一）航空碳排放交易法律制度的软法性体现

1. ICAO 大会决议与 ICAO 理事会指导材料

在国际法规则中，对航空碳排放的规制主要是“软法”规范，尤其是 ICAO 针对航空温室气体排放通过的大会决议、指导原则以及政策建议和宣言，ICAO 大会决议与 ICAO 理事会指导材料等，这些规范虽然对各成员国不具有强制法律约束力，符合“软法”的上述特征，属于国际“软法”的范畴，但对航空碳排放交易制度的规制起着非常重要的作用。

---

① See Steven Bernstein, Jutta Brunnee, David G. Duff and Andrew J. Green, “Introduction: A Globally Integrated Climate Policy for Canada”, in Bernstein et al. eds., *A Globally Integrated Climate Policy*, University of Toronto Press, 2008, pp. 3 – 34.

2. UNFCCC

除上述规范之外，规制航空碳排放交易制度的国际法规则还包括一些名为公约，实为“软法”的规范。为应对全球气候变暖并全面控制二氧化碳等温室气体，1992 年 6 月，联合国环境和发展大会通过了 UNFCCC，该公约是国际社会第一个应对气候变暖的国际条约。[①] 作为一个造法性条约，[②]该公约创建了规制气候变化问题的国际法原则、规则和制度，为国际社会构建应对气候变化国际法律体制和确定应对气候变化的国际环境合作奠定了基础，不仅开创了一个新的国际法调整领域，而且成为国际环境法发展史上的一个里程碑。然而，该公约仅仅是一个基本框架，不仅未对任何缔约方规定具体需要承担的义务，而且未规定公约的实施机制。有学者认为，尽管该公约要求发达国家在 2000 年前实现温室气体排放量达到 1990 年的水平，但由于该公约不具有强制性的法律约束力，因此，该公约仅具有象征性。[③] 此外，自 1992 年以来，由于发达国家和发展中国家的温室气体排放量都在不同程度地增加，并未履行该公约规定的义务。因此，国际社会一直诟病 UNFCCC 的软法性质。

（二）国际“硬法”软法化的体现

1.《京都议定书》

国际法规则中的“硬法”是指具有强制法律约束力和明确义务性的国际规则，主要包括国际条约、国际习惯和国际法院判例等。[④] 其中，国际条约是指根据国际法的相关规定，国际法主体之间确立其权利义务的书面协议，该协议对各缔约国都具有法律约束力，能成为国家法院裁判案件的主要判据。根据《国际法院规约》第 38 条“一、（丑）”的规定，[⑤]即使国际习惯也具有强制法律约束力。与国际条约相比，国际习惯法的适用范围更广，其在环境保护领域起着不可替代的作用与影响。《国际法院规约》第 38 条第 1 款规定，即

---

① 参见杨兴：《〈气候变化框架公约〉研究——兼论气候变化问题与国际法》，武汉大学 2005 年博士学位论文，第 48 页。

② 《奥本海国际法》将那些能够创设“一般行为规则”的条约称为造法性条约，将那些“为了任何其他目的”（不是为了创设一般行为规则）的条约称为契约性条约。参见王虎华：《契约性条约问题的理论辩证》，载《法学》2013 年第 12 期，第 54 页。

③ 参见［美］埃里克·波斯纳、戴维·韦斯巴赫著：《气候变化的正义》，李智、张键译，社会科学文献出版社 2011 年版，第 72 页。

④ 参见马波：《论环境法“硬法”和“软法”渊源的沟通和协调》，载《哈尔滨学院学报》2010 年第 1 期，第 52 页。

⑤ 《国际法院规约》第 38 条“一、（丑）”规定：“国际习惯，作为通例之证明而经接受为法律者。”

国际法院判例也可以作为确认法律原则的补助资料，但是必须受到第 59 条的限制，即只能对当事国和本案具有约束力。然而，在国际司法实践中，为了保持司法审判的一贯性，国际法院并不排斥援引以往的判决。例如，在“北海大陆架”案①中，国际法院就援引了“尼加拉瓜诉美国案”②中关于“法律确信”的表达。③

1997 年 12 月，UNFCCC 第三次缔约方会议（COP3）通过了具有里程碑意义的《京都议定书》，首次以法律法规的形式限制温室气体的排放量（其中，2008 年至 2012 年发达国家平均排放量比 1990 年下降 5.2%），并提出帮助其以较低成本实现减排目标的灵活机制，包括清洁发展机制、联合履行机制和排放交易机制。该议定书要求附件一国家（主要是发达国家）承担强制减排义务，并没有要求非附件一国家（主要是发展中国家）承担强制减排义务。但这些国家，如中国和印度等国家经济增长迅速，且排放总量也快速增长，因此，该公约并未从实质上起到全球减排的效果。④

此外，该议定书对未完成减排义务的国家也没有规定任何制裁措施，有关强制减排义务的规定仅仅成为纸面上的“法”，这一点也受到国际社会的诟病。许多学者认为，由于其并没有科学和客观地制定关键问题的政策和目标，而且由于承担强制减排义务国家的含碳产品成本过高，这些国家可能将

---

① “北海大陆架”案基本案情：1966 年 3 月 31 日，丹麦和荷兰签订《关于两国间北海海底大陆架的划界协定》，协定采取等距离原则划定了两国在北海的大陆架界限。丹麦和荷兰认为，根据 1958 年《大陆架公约》第 6 条的规定，在划定大陆架疆界时，若国家无法达成协议，也无特殊情况需要划定界限时，应该坚持等距离原则，并且该原则是划分大陆架界限的固有的国际法原则，已成为习惯国际法和一般国际法的一部分。然而，西德认为，等距离原则并不是一般国际法和习惯国际法的准则，并提出扇形区理论，使其大陆架区域扩展至北海中部一带。双方争执不下，将该争端提交国际法院，要求法院确定适用于这些国家间划分北海大陆架疆界的国际法原则和准则。1969 年 2 月 29 日，国际法院作出判决，否决了丹麦和荷兰关于等距离原则是划分大陆架界限国际法原则的论点，并强调了划分大陆架界限应适用的基本法律原则。参见邵津：《国际法院的北海大陆架案判决与大陆架划界原则》，载《北京大学学报》（哲学社会科学版）1980 年第 2 期，第 28～31 页。

② “尼加拉瓜诉美国”案基本案情：1983 年年底至 1984 年年初，美国派人在尼加拉瓜的布拉夫、科林托和桑提诺等港口布雷，范围包括尼加拉瓜的内水和领海。这种布雷活动严重威胁了尼加拉瓜的安全和航行，并已造成了重大的事故和损失。1984 年 4 月 9 日，尼加拉瓜向国际法院提出请求书，指控美国在其境内对尼加拉瓜采取的军事和准军事行动，请求国际法院判定美国的行动构成非法使用武力和以武力相威胁、干涉尼加拉瓜内政和侵犯尼加拉瓜主权的行为，请求法院责令美国立即停止上述行动并对尼加拉瓜及尼加拉瓜国民所受的损失给予赔偿；并请求国际法院指示临时保全措施。

③ 参见李伟芳：《论国际法渊源的几个问题》，载《法学评论》2005 年第 4 期，第 57 页。

④ 参见胡炜著：《法哲学视角下的碳排放交易制度》，人民出版社 2013 年版，第 49 页。

其产品转移至尚未承担强制减排义务的国家,从而产生“碳泄漏”或竞争力问题。[①] 此外,美国也一直没有签署该议定书,而加拿大于 2011 年德班大会后宣布退出该议定书,所以,该议定书自通过以来,其执行效果并不理想。2013 年,全球二氧化碳增长 2.1%,将达到创纪录的 360 亿吨。[②] 2014 年,由于世界各国逐渐重视碳减排,全球二氧化碳排放量是 359 亿吨,增长缓慢,仅为 0.6%,大大低于过去 10 年全球二氧化碳排放量的平均增速 2.4%。[③] 令人欣喜的是,2015 年全球二氧化碳排放量为 321 亿吨,与前两年基本持平,甚至呈现 0.6% 的下降趋势。[④] 2016 年,全球二氧化碳排放总量为 321 亿吨,与前两年相同,即自 2014 年至 2016 年,全球二氧化碳排放连续三年维稳。[⑤] 然而,2017 年,全球碳排放量增长率为 1.4%,而 2018 年全球碳排放量预计将增长 2.7%,将达到约 371 亿吨,[⑥]主要原因是石油需求的意外提升。[⑦] 因此,尽管《京都议定书》属于国际条约,应该属于国际“硬法”的范畴,但究其本质,该议定书仍应该属于国际“软法”的范畴。

2. 其他公约或条约

除《京都议定书》之外,与航空碳排放交易制度相关的国际条约还包括 1944 年《芝加哥公约》、1958 年《日内瓦公海公约》以及 1982 年《联合国海洋法公约》等。根据上述关于国际法规则中“硬法”的定义,这些条约应该属于国际“硬法”的范畴。

尽管国际社会企图通过许多国际“硬法”规范规制航空碳排放交易制度,但由于航空碳排放的特点,这些“硬法”规范并未起到应有的规制作用,相反还逐渐呈现“软法”的特点。这需要国际社会加强国际合作,尽快在 ICAO 框

---

① 参见韩缨:《气候变化国际法问题研究》,华东政法大学 2011 年博士学位论文,第 29 ~ 30 页。

② 参见《法新社:全球二氧化碳排放量持续增加》,载新华网,http://news.xinhuanet.com/cankao/2013-11/19/c_132901105.htm,2017 年 10 月 21 日访问。

③ 参见《2015 年全球温室气体排放量首次下降:中国立大功》,载快科技网,http://news.mydrivers.com/1/460/460501.htm,2016 年 9 月 8 日访问。

④ 参见高元勋:《我国 2015 年二氧化碳排放量下降 1.5%》,载红沿河公司网,http://www.lhnp.com.cn/n1755/n1756/c1292190/content.html,2017 年 9 月 8 日访问。

⑤ 参见《2016 年全球二氧化碳排放连续三年维稳》,载电缆网,http://news.cableabc.com/gc/20170321246901.html,2017 年 12 月 25 日访问。

⑥ 参见《全球碳排放量预计将在 2018 年达到历史新高》,载搜狐网,http://www.sohu.com/a/279934187_120044497,2019 年 3 月 8 日访问。

⑦ 参见《2018 年全球碳排放量正在加速上升》,载益盟操盘手网,http://news.emoney.cn/guoji/2462759.shtml,2019 年 3 月 8 日访问。

架下构建全球航空碳排放交易体系,以更好地规制航空碳排放。

在许多情形下,虽然部分"软法"规范(如国际标准和建议措施等)已显示出朝向"硬法"的迹象。例如,在航空国际立法和实践中出现的黑名单制度,尽管目前该制度尚停留在政策层面,但如果航空公司不遵守航空安全、航空器适航或飞行和机场标准,即使《芝加哥公约》附件不能强制各国执行,但该制度也可以威慑该航空公司,因而该制度在某种程度上起着"硬法"强制约束力的效果。①

(三)规制航空碳排放交易的国际法规则"软法"性的原因

规制航空碳排放交易的国际法规则多以"软法"规范的形式呈现,究其缘由,主要体现在:

1. 气候变化科学上的不确定性

在气候变化科学领域,由于气候变化涉及人口学、经济学、社会学、健康学、生物学、技术科学、大气化学、海洋学、气象学、冰川学和农学等多种学科,②如果不能充分地分析各学科间的交叉和联系并进行沟通,就很难得出全面的分析和预测。另外,气候对人类的影响作出评估仍存在很多障碍,IPCC第五次评估报告已经确认,人类活动极有可能是20世纪中期以来全球气候变暖的主要原因,且可能性在95%以上。虽然IPCC每次报告,其可能性都在不断增大,但从客观来说,由于气候变化问题本身具有复杂性和科学研究具有有限性,人类对气候变化的质疑从未完全消灭。1999年,IPCC曾发布《航空与全球气候》的特别报告,承认非常了解航空碳排放对全球气候某些方面产生的影响,但并不了解飞机卷云、凝结尾迹和雾等对气候所产生的影响。③

2. 各国航空环境的利益不一致

世界各国的经济、社会和政治发展水平并不完全相同,通常发达国家拥有更加完善的政治、社会和经济制度,而发展中国家和最不发达国家的经济、社会和政治发展则相对落后。虽然规制航空碳排放的国际法规则制定者在制定相关法律规范时,尽可能地考虑大多数国家的实际情况并预见可能出现的情况,但气候变化是一个全球问题,且各国具体的航空环境利益不一致,因此,制定者不可能切实地考虑所有国家的航空环境利益。2008年11月19

① 参见杨万柳:《国际航空碳排放全球治理的多维进路》,吉林大学2014年博士学位论文,第56页。

② 参见韩缨著:《气候变化国际法问题研究》,浙江大学出版社2012年版,第11页。

③ See IPCC,"Aviation and the Global Atmosphere",available at http://www. grida. no/publication/other/ipcc_sr/? src =/climate/ipcc/aviation/index. htm,2017年10月22日访问。

日,欧盟通过2008/101/EC指令,将航空业纳入EU ETS,该指令受到包括美国在内的其他国家及其航空公司的强烈反对。2009年12月16日,美国航空运输协会联合美国的三家航空公司向英格兰和威尔士高等法院起诉,要求这两个法院裁定欧盟航空交易指令无效。① 目前,我国航空业尚处于高速发展阶段,因此,我国应坚决反对该指令,并呼吁欧盟区别发达国家和发展中国家航空公司,而不能一味地对所有国家航空公司实行航空碳排放。②

3. 确定国际航空环境法③的法律基础和基本理念尚需时日

以《芝加哥公约》为基础的国际航空法以非歧视原则为法律基础,要求发达国家和发展中国家一视同仁。以UNFCCC为基础的国际环境法以共同但有区别责任原则为法律基础,对发达国家和发展中国家的温室气体排放量的限制规定不同。因此,如何协调国际航空法和国际环境法之间两种不同的法律基础和基本理念,以哪种法律基础和基本理念优先就成为国际社会亟待解决的问题。此外,国际航空法追求航空增长可预见的持续性,而国际环境法追求环境保护,两者之间的协调和冲突就成为国际航空环境法必须处理的关系,而且必须确定两者之间的优先位序。然而,现有的国际法规则尚未处理好航空可持续发展与环境保护之间的关系。

4. 构建有关航空碳排放的关键领域制度存在严重分歧

因航空器噪声和发动机而产生的地面空气质量问题,国际社会很早就予以关注,目前已经形成了比较完备的"软硬并行"的规范体系。然而,对"航空与气候变化"有关的问题,国际社会却较少关注,目前形成的基本上都是"软法"规范,尤其在通过市场措施减少航空温室气体排放方面。由于其不仅仅是技术规范范畴,涉及航空碳排放的关键领域,如发展各国航空运输业、重塑世界航空运输格局以及调控航空碳排放权交易市场等,甚至涉及争夺敏感性

① See M. Vittoria Giugi Carminati, "Clean Air & Stormy Skies: The EU ETS Imposing Carbon Credit Purchase on United States Airlines", *Syracuse Journal of International Law and Commerce*, Vol. 37, 2010, p. 127.

② 参见陈姗姗:《美航企状告欧盟征碳排放费》,载《第一财经日报》2009年12月22日,第A10版。

③ 国际航空法学家、西北政法大学教授王翰指出,当前中国民航法研究还很薄弱,还未形成争议解决等各项机制;航空法研究还有很多空白需要继续深入研究,如"空中减排"问题,由此引起的飞机抛弃物、排放量对人类环境有着严重的危害,这与环境问题、开放天空问题都有着密切联系,因此推动国际航空环境法势在必行。参见朱羿、孙文娟:《2010年中美航空法论坛在西安举行　专家呼吁出台国际航空环境法》,载《中国社会科学报》2010年11月16日,第6版。

的政治经济利益等,对这些关键领域制度的构建,国际社会存在严重分歧。①

三、气候变化国际法实施效力对航空碳排放交易制度的局限性

气候变化国际法的实施效力对航空碳排放交易制度产生局限性的原因主要体现在以下方面:

(一)共同但有区别责任原则解决航空碳排放问题产生的局限性

在应对全球气候变暖问题上,共同但有区别责任原则发挥了极其重要的作用,但该原则在国际条约中的运用毕竟有限,同时不同国家对该原则的内容和实践也存在异议。

1. 共同但有区别责任原则尚未构成国际习惯法

(1)共同但有区别责任原则的演变进程

如前所述,共同但有区别责任原则的提法,首次出现在1972年第一届斯德哥尔摩人类环境大会上。这次会议通过的《人类环境宣言》正式宣称各国对于环境与自然必须承担的责任和义务,即"共同但有区别责任"原则。② 该原则在产生之初是作为一种概念性宣言和团结世界各国的重要口号而存在。在该原则提出之后的20年内,该原则被反复重申和确认,并在国际环境条约的拟定和实施中进行持续细化和强化。1997年《京都议定书》等环境公约正式承认共同但有区别责任原则为当前环境保护和气候变化控制国际法律规则中的基本原则。③

(2)共同但有区别责任原则尚未构成国际习惯法规则

尽管共同但有区别责任原则已经成为国际环境法的一项基本原则,并且在国际气候协议中处于核心地位,在国际气候制度的谈判和制定中已经发挥了非常重要的作用,但并不表示共同但有区别责任原则是国际习惯法规则。

如前所述,确立为国际习惯法规则,必须具备两个基本要件——法律确信要件与国家实践要件。④ 尽管共同但有区别责任原则在很多国际环境文件中得到强调,但并不是所有的国际环境条约都采纳了该原则。例如,1994年

---

① 参见刘萍:《论航空碳排放的国际法律规制》,载《法学杂志》2011年第9期,第20~23页。

② 参见郭璐:《后哥本哈根时代对国际环境法的影响——共同但有区别责任原则刍议》,载《法制与社会》2013年第23期,第238~239页。

③ 参见黄颖:《全球气候治理与"共同但有区别责任"原则的演进》,载《生态经济》2015年第11期,第138~139页。

④ 参见杨凡:《国际实践中国际习惯法发展趋势研究》,湖南师范大学2012年硕士学位论文,第5页。

通过的《防止荒漠化公约》和1998年通过的《对某些危险化学品和农药采用事先通知知情同意程序的鹿特丹公约》就没有规定该原则。同时,在其他领域,也找不到《京都议定书》模式下的共同但有区别责任原则。因此,通常认为,该原则并不具有足够的国家实践,尤其是要求发达国家承担区别责任的理由仍不充分。此外,该原则尚未被认定为一项具有普遍约束力的规则,再加上大多数国际环境条约仍是软法性规范,该原则虽然是UNFCCC和《京都议定书》确定的一个基本原则,但对各国的约束力仅仅限于UNFCCC项下。

正是因为共同但有区别责任原则尚未成为国际习惯法,这一法律地位不仅导致其在国际法中的尴尬地位,而且为一些发达国家在气候变化问题上拒绝承担有约束力的减排义务提供了理由。然而,该原则在许多国际法文件中频繁引用和实践的事实表明,该原则已经逐渐具备了成为国际习惯法的相当基础。

2. 共同但有区别责任原则的局限性

根据《京都议定书》有关共同但有区别责任原则的要求,发展中国家必须将实现经济增长和消除贫困放在优先考虑的地位,而发达国家由于历史排放的原因应该承担量化减排责任,从而应对气候变化及其不利影响。然而,对于这一点,发达国家和发展中国家却有着不同的认识。

一方面,考虑到自身的利益,发达国家希望发展中国家承担量化的减排承诺。发达国家提出,仅仅要求自己承担减排义务,发展中国家并没有承担相应减排义务,那么很有可能产生"碳泄漏"。此外,认为发达国家并没有在气候环境变化问题上对发展中国家构成历史责任,只是较早使用了大气权利而已。碳排放配额应该根据习惯和传统,以效率原则为基础去发放,通过市场机制对其进行配置,而不是人为干预。①

另一方面,发展中国家却认为,只有发达国家充分实施了减排措施以及承担量化减排承诺时,其才会考虑承担相应的减排责任。同时,由于担心其在排放配额分配以及利益分配受到不公平待遇,发展中国家对于航空碳排放权交易和CDM项目都非常慎重。②

作为国际环境法的一项基本原则,共同但有区别责任原则具有如下局限性:

---

① 参见于宏源、汤伟:《波兹南会议之后的气候变化政治格局》,载《气候变化研究进展》2009年第6期,第377页。

② 参见崔大鹏著:《国际气候合作的政治经济学分析》,商务印书馆2003年版,第104页。

其一，由于区别责任并没有一个可遵循的标准，能够确定的是发达国家承担主要责任，而区别标准的性质很大程度上取决于条约的目的。因此，该原则不可避免地具有法律原则的不足，即笼统并缺乏具体明确的内容。

其二，作为一项新兴原则，如果共同但有区别责任原则要在国际社会上得到更高的肯定和贯彻实施，那么该原则还需要时间和国家实践。由于美国在国际关系中具有非常深远的影响，美国退出《京都议定书》和《巴黎协定》的行为不利于共同但有区别责任原则未来的发展。

其三，根据国家主权原则，每个主权国家有权决定是否加入某一国际公约。如果某个主权国家基于某种考虑（通常是经济利益）而拒绝加入相关国际环境公约，国际社会并不能对其进行惩罚或制裁。例如，尽管国际社会强烈谴责美国以经济利益受损等理由退出《京都议定书》和《巴黎协定》等国际公约，但却没法让美国真正承担国际责任。①

其四，减缓和适应气候变化通常需要先进的科学技术和雄厚的经济实力，UNFCCC和《京都议定书》确立了共同但有区别责任原则，其中要求发达国家对发展中国家进行资金和技术援助，但可操作性不强，援助的具体实施还得依赖于发达国家的自觉，同时，很多条款还对资金和技术转让的规定进行种种限制。因此，正是由于发展中国家尚不具有先进的科学技术和雄厚的经济实力，其无法真正与发达国家平等和充分地谈判。

（二）气候变化国际法缺乏有效的履约保障机制

世界各国温室气体减排的实践表明，基于市场的灵活履约三机制在《京都议定书》进行了设立，即清洁发展机制（CDM）、联合履行机制（JI）和排放贸易机制（ET），这三大机制被称为“京都三机制”。有学者认为，这三大机制的症结不仅在于其制度设计本身，而且在于其缺乏有效的实施保障机制。②主要表现在如下方面：

1. 缺乏相应的国内法保障

（1）航空碳排放交易制度对应的国内法不完善

目前，发展中国家有关航空碳排放的立法不仅起步晚，航空减排监管严重不力，而且法律法规和标准极其不完备。这些法律法规虽然可以对发展中

---

① 参见于宏源、汤伟：《波兹南会议之后的气候变化政治格局》，载《气候变化研究进展》2009年第6期，第377页。

② See Maxine Burkett, “Just Solution to Climate Change: A Climate Justice Proposal for a Domestic Clean Development Mechanism”, *Buffalo Law Review*, Vol. 56, 2008, p. 169.

国家航空碳排放的规制起着重要的作用，但已经不能有效规制这些国家的航空碳排放，不仅不能应对国际社会温室气体减排的发展趋势，而且不能在全球航空碳排放交易制度的构建中占据主导地位。

对于欧美等发达国家来说，尽管美国等国拒绝接受《京都议定书》，但迫于全球气候变化的压力以及航空碳排放在全球温室气体排放中所占比重的日益增大，和欧盟一样，这些国家都纷纷制定了其强制性航空碳排放立法，形成了强制性碳排放交易制度。然而，目前这些国家尚未构建与欧盟航空碳排放交易制度相媲美的航空碳排放交易制度。

综上所述，不管对于发展中国家，还是对于发达国家（欧盟除外）来说，航空碳排放交易制度都缺乏相对应的国内立法。

（2）国际法在国内法的实施效力问题

根据国际法的相关理论，国家没有必须批准本国代表签署的条约的义务，国家是否批准或者何时批准一项条约，完全属于该国国内法规定和主管部门自由裁量权范围内的事项。[①] 根据这一理论，部分国家的法律就明确规定，本国对于已经签署的条约没有批准的义务，而且也没有向相关国家陈述拒绝批准的理由，其中美国就是持这种模式的国家。根据国际法和美国国内立法的这一规定，《京都议定书》在美国被拒绝批准的行为并不违法，也不用承担国际法上的相关违约责任，对美国也不产生法律约束力。[②]

从美国的碳减排实施情况来看，尽管美国拒绝加入《京都议定书》，但美国迫于国际社会压力于 2002 年制定了一个替代方案，即“全球气候变化计划”（GCCI）。该替代方案的核心在于今后 10 年美国将减少温室气体强度 18%，在以后的 5 年内为清洁能源提供 46 亿美元的税收优惠。[③] 该替代方案显示出美国在碳减排上强烈的经济诉求。由此可见，尽管美国拒绝接受《京都议定书》，但该议定书在美国等国还是产生了一定的影响力。导致美国国内企业自觉实施《京都议定书》并采取减排措施限制排放的主要原因在于，美国环境保护中公众的普遍参与及环保非政府组织（NGO）的有力推动。从本质上看，美国采取的一系列减排措施的目的在于回避《京都议定书》要求其承

① 参见周忠海主编：《国际法》（第 2 版），中国政法大学出版社 2013 年版，第 210 页。

② 参见秦天宝：《美国拒绝批准〈京都议定书〉的国际法分析》，载李龙主编：《珞珈法学论坛》（第二卷），武汉大学出版社 2002 年版，第 287 页。

③ 参见彭慧芳、许学工：《部分国家碳减排方案及其基本依据》，载《中国人口 · 资源与环境》2005 年第 5 期，第 83 ~ 87 页。

担的减排责任。[①] 美国并不是作为政治承诺接受国际法的约束进行碳减排，而是试图通过一个市场机制来实现其自愿性减排，这从本质上体现了国际法在制约国内法的效力上的鞭长莫及。[②]

2. 遵约和争议解决机制不完善

"条约必须遵守"是国际习惯法上一条古老的和获得普遍公认的基本原则。在1969年《维也纳条约法公约》第26条"条约必须遵守"中规定："凡有效之条约对其各当事国有拘束力，必须由各该国善意履行。"同时，《维也纳条约法公约》第54条"依条约规定或经当事国同意而终止或退出条约"中也规定："在下列情形下，得终止条约或一当事国得退出条约：(甲)依照条约之规定；或(乙)无论何时经全体当事国于谘商其他各缔约国后表示同意。"

虽然《京都议定书》第27条规定，缔约方在2005年京都议定书生效3年之后，可以无理由退出该议定书。但美国自始至终并没有接受《京都议定书》，即在《京都议定书》生效之前就退出了该机制。

目前，国际条约的遵守更多地依靠缔约国的国内行动，根据国内实际情况出台有利于公约在国内实施的法律和政策。国际法不存在任何超国家机构，缔约国遵守义务的动因在于利益交换和国际声誉等因素，对于气候变化问题尤其如此。尽管履约是行为，遵约是后果，但实质上就是国际利益，即国际实力和国家意愿。同时，国际利益的存在也导致了不同国家履约和遵约方面的差距，[③]这一点也是UNFCCC和《京都议定书》以及其他国际法的共同缺陷。

UNFCCC第14条规定了缔约方之间争端的解决程序，其解决方式有谈判、提交国际法院仲裁、调解和裁决等。《京都议定书》设立了遵约机制，其目的在于确保缔约方履约，减少或杜绝不遵约。然而，针对遵约机制中至关重要的不遵约程序，该议定书只提出了十分有限的原则和要求。《京都议定书》第18条粗略规定了缔约方应该在第一届会议，通过适当且有效的程序和机制，去断定和处理不遵约的情势，同时考虑不遵约的原因、类型、程序和次数，规定应该以修正案的方式通过可引起具有拘束性后果的任何程序和机制等

---

① See Bharathi Pillai, "Moving Forward to 2012: An Envaluation of the Clean Develoopment Mechanism", *New York University Environmental Law Journal*, Vol. 18, 2010, pp. 399-402.

② 参见陈谦磊编著：《清洁发展机制的指南和发展》，经济日报出版社2008年版，第7页。

③ See Peter M. Haas, "Book Review: International Law and Organization: Closing the Compliance Gap", *American Journal of International Law*, Vol. 102, 2008, p. 227.

框架性内容,该内容缺乏可操作性。

3. 京都机制中的资金和技术保障制度的有效实施具有较大难度

当前,发展中国家存在技术存储严重不足和技术应用落后的局面。[①] 以美国为代表的发达国家认为,在市场经济条件下,政府不可能采取强制措施国有化企业技术,因为政府并不是技术的所有者。因此,转让技术必须考虑知识产权和企业的经济效益。发达国家的这个观点忽视了发展中国家资金短缺的现实,高昂的技术转让费用导致发展中国家无缘先进技术,从另一方面也反映了发达国家垄断技术以及主观上不愿意转让技术给发展中国家。[②] 尽管部分发达国家迫于《京都议定书》的压力与发展中国家联合研发了若干技术,但与实际需要相比,这些技术援助只是杯水车薪。

4. 主权国家环境责任不明确以及能力建设不足

现有国际气候变化制度的"权责",其中"权"是指全球气候系统归全人类共有,共同属于发达国家与发展中国家;"责"是指发展中国家与发达国家对全球气候变化的责任不同,其中发达国家应该承担气候应对中的主要责任。目前,全球气候变化系统主权国家环境责任不明确,即"权责不明"。然而,出于自身利益的考虑,发达国家对于全球气候变化问题有时候态度强硬,甚至要求发展中国家承担相同的责任。这种状况导致现有的国际气候治理机制不能在关键时刻有效运转。

尽管现有的国际气候治理机制具有对发展中国家有利的一面,但从根本上说,现有的国际气候治理机制是由发达国家所主导的,对发达国家有利的机制。该机制形成的过程都体现了发达国家的意志,包括会议的发起、条约的订立、主体和内容的安排等。

2015 年 12 月 12 日通过的《巴黎协定》第 11 条形成了专门的"能力建设"条款。对 2001 年 IPCC 第三次评估报告术语表进行了解读,表明能力建设是"在气候变化中,开发发展中国家和经济转型国家的技术技能和机构运转能力,是这些国家参与从各个层面的气候变化适应、减缓和研究并执行京都机制等工作"。[③] 由于《巴黎协定》其实是各方利益博弈后相互妥协的产

① 参见肖明:《联合国报告:碳减排需发达国家技术转让》,载《21 世纪经济报道》2009 年 9 月 5 日。

② 参见于宏源、汤伟:《波兹南会议之后的气候变化政治格局》,载《气候变化研究进展》2009 年第 6 期,第 377 页。

③ 冯帅:《应对气候变化能力建设行动的国际进展与中国策略——以前〈巴黎协定〉时期为中心》,载《中国科技论坛》2017 年第 5 期,第 175 页。

物,因而该协定的能力建设条款的原则性具有非常明显的倾向性。其中,国际社会三大集团的具体表现如下:

其一,欧盟虽然积极履行 UNFCCC 承诺,即要求“附件一国家”缔约方对“非附件一国家”缔约方的能力建设施以援助。虽然欧盟在近年对非洲的援助已涵盖和平、贸易、气候变化和能源等领域,向国际社会表明了欧盟积极减缓和适应气候变化的立场。但欧盟作为首个披露自主贡献预案的缔约方,只提出了其境内减排目标,对发展中国家极为关心的技术、资金和能力建设等方面却避而不谈。这表明,欧盟这些具体行动的目的在于体现其气候领导力。

其二,尽管伞形集团的许多国家对发展中国家的援助力度较大,但是其立场却具有很大的不确定性。例如,基于本国经济利益的考虑,美国拒绝接受《京都议定书》。也正是因为这一点,美国也长期受到国际社会的诟病和质疑。在最近几年,美国对发展中国家的碳减排能力建设给予更多关注,并对中亚国家应对气候变化事项进行大量援助。[①] 在受美国影响与推动作用下,包括日本、澳大利亚等其他伞形集团成员国也逐渐加大了援助发展中国家,以及关注和支持其碳减排能力建设的力度。但这些国家的这一立场具有一定的自愿性。

其三,虽然七十七国集团加中国加大了能力建设中的“自助”比例,但进程非常缓慢。七十七国集团加中国代表的是发展中国家和最不发达国家的利益。受欧盟和伞形集团怠于履约的影响,七十七国集团加中国开始探索并寻找加强自身能力的路径,加大能力建设的“自助”比例。他们都希望借助 CDM 项目,加强合作应对气候变化的能力,但目前仍未获得实质性突破。

综上所述,我们可以得出如下结论,即广大的发展中国家和最不发达国家按照 UNFCCC 和《京都议定书》的规定编制本国温室气体排放情况报告上都存在能力不足的现象。[②]

(三)国际气候变化协议的缔约模式缺陷

1. 公约——议定书缔约模式

在条约法领域,框架公约,又称为框架条约。它是指一项多边条约,与其

---

① 参见李强:《后京都时代美国参与国际气候合作原因的理性解读》,载《理论导刊》2009 年第 3 期,第 101 ~ 103 页。

② 参见 UNFCCC 官网,http://unfccc.int/resource/docs/2002/sbi/16.pdf,2017 年 12 月 26 日访问。

他条约具有相同法律效果。其特殊之处是，此类条约能够为后来更具体的条约（通常称为议定书）规定框架，也能够为细化框架条约中所宣布原则的国内立法规定框架。[①] 框架公约的缔约模式并非国际环境法领域所独有，[②]但该模式在国际环境法领域是最为突出的。例如，王铁崖先生就指出，最近二三十年缔结的国际环境公约，很多都带有框架公约的特点，[③]即先通过框架性的和总括的公约，然后再商讨具体措施。其实质上就是先就原则和程序问题达成一致，避开实体性的权利义务，以结构上的弹性应对科学的不确定性，从而争取最大多数的参与国。[④] 由于环境治理问题充满科学不确定性是一个重要的特点，因而需要尽可能多的国家参与集体行动，而框架公约具有灵活性，对于其及时适应最新科研进展和技术变化是至关重要的。[⑤] 由此可见，环境条约为了确保缔约国的普遍性，需要一个适时增加或更改约定内容的比较灵活的构造，才能适应科学认识过程与解决问题的能力而发展的特征，并最终去适应和接受与环境保护基准和措施相关的更具体的国家意义的变化。[⑥]

采取框架公约这种模式签订国际环境协议，不仅有利于克服因主权产生的矛盾，而且可以提高在现有复杂国际形势下缔结条约的效率，从而尽快地推动国际公约的出台。目前，国际公约——议定书模式还有较明显的、其内在的局限性，更有待于进一步的完善和克服，以解决实际问题。[⑦] 其内在局限性体现在以下几个方面：

其一，这种缔约模式容易导致冗长的谈判过程。在这个过程中，大量国际合作的机会因此流失，从程序上导致国际环境恶化的紧迫感降低。

其二，先行缔结的框架性公约，可以暂时不考虑公约缔结后产生的具体执行问题。所以，这些公约可能会屈从于政治需要而牺牲有价值的科学技术

---

① 参见［英］安托尼·奥斯特著：《现代条约法与实践》，江国青译，中国人民大学出版社 2005 年版，第 95 页。

② 例如，世界卫生组织（WHO）的《烟草控制框架公约》等。

③ 参见王铁崖主编：《国际法》，法律出版社 1995 年版，第 47 页；转引自张小平：《论框架公约——以国际环境条约为例》，载《外交评论》（外交学院学报）2007 年第 4 期，第 90 页。

④ See Alexander Kiss, Dinah Shelton, *International Environmental Law*, Transnational Publishers, Inc., 2000, pp. 39 – 40.

⑤ 参见张小平：《论框架公约——以国际环境条约为例》，载《外交评论》（外交学院学报）2007 年第 4 期，第 91 页。

⑥ 参见［日］松井芳郎等著：《国际法》，辛崇阳译，中国政法大学出版社 2004 年版，第 194 ~ 195 页。

⑦ See Rajendra Ramlogan, *The Developing World and the Environmental*, University Press of America Inc., 2004, p. 247.

信息,或者这些公约内容中所包含的一些要求,后来被证实在技术上是不合乎逻辑或不可行的。[①] 这也就是说,在实践中,为了争取更多国家参与,框架公约这种模式可能会忽视技术合作和客观实际的要求。

其三,在许多框架公约和议定书的谈判中,其议程的发起,大多数都是由处于支配地位的少数发达国家或国际组织所主导的。[②] 在很多情况下,这些议题都无法体现一些中小国家特别是发展中国家或最不发达国家的利益。因此,这些国家可能退出谈判甚至被其他国家边缘化。由此可见,公约——议定书的缔约模式容易被发达国家等少数大国所支配和操纵。

其四,在公约——议定书谈判过程中,谈判各方通常将其需要的不实陈述或夸大其词作为其谈判策略的一部分。当谈判涉及交易参与方的许多问题时,各方利益分享的坦率估量以避免博弈立场,就具有十分重要的意义。[③] 这个过程中可能纵容各国不切实际地表达本国的利益。由此可见,公约——议定书这种缔约模式的实际效能有限。

其五,公约——议定书缔约模式通常采取两个步骤:第一个阶段——起草公约阶段,缔约各国目标主要停留在一个非常宽泛的水平上,促使缔约各方至少能同意,并采取一定的措施来解决问题,即使这些措施并未具体化;第二个阶段——起草议定书阶段,缔约各国目标是寻求缔约各方都能接受的具体规则,以及这些规则并不能强迫任何国家签约。[④] 在这个阶段,缔约各方才真正摆出本国的真实情况和实际需要,无法避免利益冲突。由此可见,公约——议定书缔约模式采取的两个步骤,是无法区分并提出创造性的解决方案,并作出承诺的两项任务。

2. 参与主体

根据以往的国际交往实践,参与国际谈判的过程越漫长,国家数量越多,最终实现国际合作的道路也就越艰巨而复杂。排放权交易最初只是承担减排义务主体之间的直接交易,快速发展的温室气体排放权交易,促使更多私营机构也通过设立碳基金等形式,进入温室气体排放权交易市场。由于发展中国家必须通过 CDM 项目借由各种碳基金和跨国公司等进入国际碳排放交

---

① 参见张小平著:《全球环境治理的法律框架》,法律出版社 2008 年版,第 292 页。

② 参见张小平著:《全球环境治理的法律框架》,法律出版社 2008 年版,第 293 页。

③ 参见张小平著:《全球环境治理的法律框架》,法律出版社 2008 年版,第 293 ~ 294 页。

④ 参见张小平:《论框架公约——以国际环境条约为例》,载《外交评论》(外交学院学报)2007 年第 4 期,第 91 页。

易市场，而不能直接将温室气体减排指标出售给发达国家。这些私营机构存在的主要目的在于通过参与碳排放权交易获利，因此，其关注的是获取最大利益的交易，而不是该交易是否有利于实现京都机制下的最终目标。

（四）公约——议定书框架外机制的影响

在国际层面上，目前，航空碳排放交易制度面临的最尴尬而又最棘手的问题是在减少航空温室气体排放的国家合作上，一些国家表现出低调和反对的太多。这其中不仅有国际利益的正当考虑以及环境资源公共性和环境收益不对称性的考虑，而且有地方保护主义和国际环境保护中单边主义等思想的作祟。①

目前，在各缔约方与国际社会的艰苦而共同的努力下，后京都时代气候变化谈判格局仍在公约——议定书框架下，以“双轨”并行的方式发展并艰难前行。然而，由于在公约——议定书缔约模式下谈判参与方众多，各方的利益难以协调，且交易成本过高，因此，尽管绝大多数国家仍支持基于公约——议定书缔约模式进行谈判，发挥联合国的主导地位，但以欧盟和美国为代表的利益集团试图在公约——议定书缔约模式外寻找新的解决路径。② 近年来，在公约——议定书框架外，双边和多边国际合作机制不断涌现，以气候变化为议题的磋商和对话非常活跃。其中，最有影响力的就是美国地方政府和国家立法机构的一些应对气候变化的动议和行动，直接或间接地影响政府决策，最终影响国际气候进程。③

一直以来，美国联邦政府反对设立减排目标和时间表，认为开发新的洁净能源技术才是应对气候变化的最好途径，而限制二氧化碳等温室气体排放量并不能解决全球气候变化问题。由于美国联邦政府不能积极制定气候变化政策应对气候变化，各州政府纷纷制定各自的气候政策。尽管这些州和地区的行动不能替代协调一致的国家的行动，但这些州政府的政策及其实施不仅是联邦政府制定气候变化政策的参照模式，而且这些州的减排行动本身就是美国温室气体减排的重要组成部分。

---

① 参见浦畔、侯作前：《论环境保护中的单边主义及中国的政策选择》，载《中国法学》2002 年第 4 期，第 141 ~147 页。

② 参见中华网，http://www.china.com/international/txt/2009 -12/content_19049798_13.htm，2017 年 12 月 27 日访问。

③ See Harro van Asselt，“From UN-ity to Diversity? The UNFCCC，the Asia-Pacific Partnership，and the Future of International Law on Climate Change”，*Carbon & Climate Law Review*，Vol. 1，2007，pp. 17 -18.

此外，区域内的合作成为一种必然的趋势。由于区域合作包含了更广泛的地理区域、消除了重复工作以及创造了更统一的管制环境，因此，区域合作比州一级更有效。区域政策不仅是一种有效的降低减排成本的方式，获得真正的减排，而且可以产生规模效应和减低成本，吸引更多的区域参与，从而带来更多的减排成本。总之，从美国国内来说，区域行动和州行动都是应对气候变化更具体和操作性更强的措施。

对于美国联邦政府来说，其通过的最显著的气候变化政策是2009年6月通过的《清洁能源与安全法案》。该法案提出，可以将可再生能源、清洁能源技术和能源效率计划作为补充性减排措施以实现额外的减排。该法案导致的结果是美国碳减排水平相当于2005年的水平，2012年削减3%，2020年削减17%，2030年削减42%，2050年削减83%。[①]

综上所述，磋商平台和多元化的合作机制不仅有可能作为公约——议定书缔约模式的补充，积极推动谈判的进行，而且该机制的确在美国国内取得了一定的成功，这是世界各国有目共睹的。但是，该机制不仅极大地破坏了国际气候合作机制的完整性，给予了美国抵制参与京都机制的最佳理由，而且作为历史上和现在制造二氧化碳等温室气体的主要国家之一，在以后相当长的时间内，美国对全球温室气体排放和航空碳排放交易制度的实施都将带来重大冲击。因此，国际社会应当辩证地分析这种公约——议定书机制外的作用。

当然，这些游离在公约——议定书机制外的合作机制不仅简单易行，决策效率较高，而且只要各方兴趣一致，就可以形成一种协定，阻力较小。但这些合作机制的涵盖范围是非常有限的，其确定的义务也并不具有法律约束力，其执行完全靠各缔约方的自觉，更严重的可能会抛弃公约以涉嫌单边主义，尤其在《亚太清洁发展与气候伙伴计划》成立之初，[②]国际社会担心美国企图替代公约——议定书缔约模式。但随着国际气候政治角逐的不断深入，国际社会发现美国主导的这种公约外机制并未形成实质性的国际协定，而只能

---

① See The American Clean Energy and Security Act 2009 (H. R. 2454), Section 703 (a), original text can be accessed on http://energycommerce. house. gov/Press_111/20090515/hr2454. pdf，2017年12月27日访问。

② 参见万霞：《“后京都时代”与“共同而有区别责任”原则》，载《外交评论》2006年第2期，第94页。

在公约缔约方会议上达成具有国际正义和国际法支持的国际气候治理模式。① 这些公约外机制实质上仅仅起到对公约——议定书缔约模式的助推作用，反而有可能被纳入机制。②

本章小结

随着世界各国联系的日益密切，由此产生的问题需要各国通过国际法对国际社会产生的问题进行法律规制。在航空碳排放领域也同样如此，需要各国加强与其他国家的合作来治理航空碳排放，而国际法则是各国合作进行航空碳排放治理的"纽带"。尽管国际法在航空碳排放治理方面发挥着积极作用，国际环境法、国际贸易法和国际航空法在航空碳排放治理方面产生了广泛的影响力，然而，航空碳排放交易制度国际法治理主要存在法律覆盖范围有限、法律效力有限、"共同但有区别责任"原则具体事实上的分歧以及突出的国家利益倾向性等局限性。

航空碳排放交易制度的产生，从根本上说是国际社会应对航空排放产生的全球气候变化问题的科学认识基础之上，进行协作应对的一种制度。航空碳排放交易制度的实施及其效果不仅取决于人类对气候变化问题的认识程度，也受到该制度本身效力保障的影响。同时，航空碳排放交易制度在适用中也存在许多不确定性，而这种不确定性主要是由于气候变化问题本身具有的不确定性及适用国际法上的不确定性所造成的。

与其他环境问题一样，航空温室气体排放也越来越多地进入国际政治领域，受到国际政治因素的制约，航空碳排放交易制度的实施自然也不例外。在应对气候变化谈判中，贯穿始终的基本格局是两大阵营和三大集团，即发达国家和发展中国家南北对立的阵营以及欧盟、伞形集团和七十七国集团加中国三大集团。这两大阵营、三股力量相互制衡，矛盾纵横交错。在两大阵营和三大集团仍得以维持的运作模式下，国际气候变化将呈现"中美主导、各方跟进"的格局。在这种格局下，全球气候变化合作进程的结果很大程度上取决于中美两国的博弈模式，合作则共赢，竞争则共失。

---

① See Harro van Asselt, "From UN-ity to Diversity? The UNFCCC, the Asia-Pacific Partnership, and the Future of International Law on Climate Change", *Carbon & Climate Law Review*, Vol. 1, 2007, p. 28.

② 参见潘家华等：《2008－2009 年全球应对气候变化形势分析与展望》，载王伟光、郑国光主编：《应对气候变化报告(2009)：通向哥本哈根》，社会科学文献出版社 2009 年版，第 31 页。

在国际法规则中,对航空碳排放的规制主要是“软法”规范,这些规范虽然对各成员国不具有强制法律约束力,符合“软法”的上述特征,属于国际“软法”的范畴,但对航空碳排放交易制度的规制起着非常重要的作用。除了上述规范以外,规制航空碳排放交易制度的国际法规则还包括一些名为公约,实为“软法”的规范,如UNFCCC。除此之外,尽管《京都议定书》属于国际条约,应该属于国际“硬法”的范畴,但究其本质,该议定书仍应该属于国际“软法”的范畴。同时,针对国际航空碳排放领域存在上述“软法”现象产生的原因进行分析,并探讨了气候变化国际法的实施效力对航空碳排放交易制度规则的局限性的表现。

第六章　未来全球航空碳排放交易制度的构建

2013 年 9 月,ICAO 第 38 届大会在加拿大蒙特利尔顺利召开,并通过了航空业应对气候变化的第 17/2 号决议。尽管该决议没有如欧盟所预期的提出一个明确可行的减排方案,[①]但 ICAO 各成员国同意在 2016 年前确定基于市场措施的全球航空减排方案,并于 2020 年付诸实施。[②]

2016 年 10 月,在加拿大蒙特利尔召开的 ICAO 第 39 届大会上,《国际民航组织关于环境保护的持续政策和做法的综合声明——全球市场机制》和《国际民航组织关于环境保护的持续政策和做法的综合声明——气候变化》这两份重要文件被顺利通过。这两份文件形成了第一个全球行业减排市场机制,该市场机制决议通过的目的在于通过碳抵消机制控制国际航空温室气体排放增长,并从 2021 年至 2035 年分三个阶段实施。[③] 然而,该届大会仅仅形成了第一个全球行业减排市场机制,并没有如第 38 届大会所要求的在 2016 年前确定全球航空减排方案。由此可见,全球航空碳排放交易制度的构建已经成为国际社会亟待解决的问题。

尽管具有"气候环境宪章"地位的 UNFCCC 和《京都议定书》为各国规定了具体的减排义务,各国航空碳排放也因纳入各国温室气体排放量之中而受到约束,但是,由于国际航空碳排放的排放源和排放足迹位于不同国家领空及公海上空等,其究竟由哪一个国家管辖及如何分配排放配额就成为现有国际法规则尚无法解决的问题,并且 UNFCCC 和《京都议定书》明确排除了国际航空碳排放。迄今为止,国际社会尚未形成规制航空碳排放并形成有效

① 参见刘勇:《理想与现实之间的选择:欧盟出台航空碳排放交易新政》,载《21 世纪经济报道》2014 年 6 月 24 日,第 22 版。

② 参见吴言:《全球航空减排协议达成 ICAO 否决欧盟单边碳税行动》,载《中国民航报》2013 年 10 月 10 日,第 3 版。

③ See Resolution A39 – 3: Consolidated statement of continuing ICAO policies and practices related to environmental protection—Global Market-based Measure (MBM) Scheme, available at http://www.icao.int/Meetings/a39/Documents/Resolutions/a39_res_prov_en.pdf,2017 年 12 月 27 日访问。

的强制性规则。[①]

为履行《京都议定书》规定的量化减排义务,2003 年 10 月 25 日,欧盟委员会通过了 2003/87/EC 指令,决定自 2005 年 1 月 1 日起启动 EU ETS,将能源、金属制造、矿产和造纸等 12,000 个工业排放实体纳入 EU ETS。2008 年 10 月 19 日,欧洲议会和欧盟委员会通过 2008/101/EC 指令,将航空业纳入 EU ETS。尽管欧盟的这一举措更多地关注国际航空碳排放领域,但是,国际社会认为,欧盟擅自通过该指令,该指令不仅不符合现有国际法基本原则和国际法规则的要求,而且欧盟并不是管理航空碳排放交易的适格主体。因此,以美国、俄罗斯、中国、印度、巴西、南非和日本等为代表的国际社会强烈反对该指令,[②]认为其违反了 UNFCCC、《京都议定书》《巴黎协定》《芝加哥公约》《欧美开放天空协议》等国际条约的规定,并且与共同但有区别责任原则、非歧视原则以及国家领土主权原则等国际习惯法规则相悖。通过欧盟航空碳排放交易体系创设与运行实践中的困境分析,表明迫切要求构建全球航空碳排放交易体系。

第一节　应遵循的国际法基本原则和规则

航空碳排放具有移动性、全球性和行业性,ICAO 第 37 届大会达成了航空碳减排的综合决议和基于市场措施(MBMs)的全球框架协议。这些协议规定到 2050 年实现燃油效率年均提高 2%,并强调航空业占每年全球人为碳排放量的 2%,其中,由国际航班产生的碳排放量大约占 2/3。此外,考虑到全球航空运输量还将以每年约 3% ~4% 的速度增长,航空二氧化碳等温室气体的排放量也将以相同的速度增长。由于欧盟航空交易指令规则的设计存在上述瑕疵,2013 年召开的 ICAO 第 38 届大会明确否决了欧盟单边征收航空碳排放税的行动。同时,根据该届大会决议,ICAO 各成员国同意在 2016 年前确定基于

---

① 参见刘萍:《国际航空碳排放全球机制的构建》,载《法律科学》(西北政法大学学报)2013 年第 4 期,第 148 页。

② See Daniel B. Reagan, "Putting International Aviation into the European Union Emissions Trading Scheme: Can Europe do it Flying Solo?" *Boston College Environmental Affairs Law Review*, Vol. 35, 2008, p. 349.

市场措施的全球航空减排方案，并于2020年付诸实施。[①] ICAO的上述决议表明，当国际社会亟须解决全球航空碳排放交易制度的构建等问题。

根据上述有关国际法基本原则，对航空碳排放交易制度的影响以及国际法规则对航空碳排放制度的规制的分析可知，遵循领空主权原则、非歧视原则和共同但有区别责任原则是构建全球航空碳排放交易制度的国际法基本原则。同时还要遵循UNFCCC、《巴黎协定》《京都议定书》《芝加哥公约》及ICAO大会决议等国际法规则，并分析这些国际法基本原则对航空碳排放交易制度产生的影响以及国际法规则对该制度的规制。

一、应遵循的国际法若干基本原则

根据第二章有关航空碳排放交易制度理论基础的分析，未来全球航空碳排放交易制度的构建应该遵循如下国际法基本原则：

（一）领空主权原则

在构建全球航空碳排放交易制度时，ICAO应该充分尊重各成员国的领空主权。根据《芝加哥公约》第1条和第11条的规定，各成员国应该对其领土之上空气空间的碳排放，享有排他性的管辖权。同时，在构建全球航空碳排放交易制度时，应该明确区分航班在其本国领土境内、其他国家领土境内和公海上空的航程，而不能笼统地根据航空器所属国国籍与起降国的国籍规制国际航班的全程碳排放，这不仅侵犯了其他国家对领土之上空气空间碳排放的排他性管辖权，而且违反了《芝加哥公约》第12条有关公海上空的有关规则。

（二）共同但有区别责任原则

虽然欧盟和以美国为首的伞形集团可能会在全球航空碳排放交易制度的构建中居于主导地位，但以中国为首的发展中国家也会对该制度的构建产生重要影响。与其他行业相同，在过去的数十年间，发达国家航空业已经得到了迅速发展并且可以不受限制向空气空间进行温室气体排放，而发展中国家的航空业直到最近几年才开始快速发展，相应地，航空二氧化碳等温室气体排放量尚处于高速增长期。如果不顾历史排放量及发展中国家的经济发展状况与科学技术水平，要求其与发达国家承担相同的航空减排责任。很明显，这对发展中国家意味着不公平，也不利于全球航空碳排放交易制度的构建。因此，在全球航空碳排放交易制度的构建中，应该坚持“共同但有区别责任原则”，这

---

① 参见吴言：《全球航空减排协议达成 ICAO否决欧盟单边碳税行动》，载《中国民航报》2013年10月10日，第3版。

不仅可以体现“国际环境正义”，而且是维护发展中国家发展权的必然要求。[①]

由于全球航空碳排放交易制度是在 ICAO 框架内构建的，而《芝加哥公约》序言明确规定，各国应该在机会均等的基础上参与航空运输，[②]即《芝加哥公约》与 ICAO 工作的基本原则是非歧视及公平与机会均等原则。这很明显与发展中国家所主张的共同但有区别责任原则不相符，由于包括以我国在内的“基础四国”（其他三个国家是巴西、南非和印度）为代表的新兴经济体和发展中国家的航空业发展迅速，相应地，这些国家的航空温室气体也会因此迅速增加，因此，寄希望于发达国家在区域性或全球性航空碳减排协议中长时间集体豁免这些国家航空公司的碳排放量或给这些国家的航空公司享有差别待遇，那是不可能的事情。因此，发展中国家可以调整思路，将共同但有区别责任原则予以灵活适用：

第一，将该原则的适用标准由国家转变为适格航空公司，只要发展中国家航空公司的年度碳排放量低于一定标准，这些国家都可以享受豁免。

第二，发展中国家航空公司应该有一定的过渡期，并根据这些国家的具体情况，分别给予不同的过渡期，在该期间，发展中国家航空公司可以享受豁免航空减排的义务。

第三，建立航空温室气体减排补偿基金。由发达国家政府提供构建该基金的经费，并用该经费用于补偿发展中国家因履行航空温室气体减排义务而受到的损失，即以政府补偿方式保证这些国家航空公司可以在市场上和统一的交易平台上平等竞争，同时又不违反共同但有区别责任原则。

（三）非歧视原则

非歧视原则不仅是国际航空制度的基础，而且是 WTO 的基本原则。[③] 因此，在构建全球航空碳排放交易体系时，不仅应该考虑其在国家航空制度下的非歧视原则，而且应该考虑在 WTO 框架下的非歧视原则。

第一，根据《芝加哥公约》第 15 条和第 24 条的规定，各成员国不能仅因其他成员国营运人在其领土经停、进入或离去而强行征收任何费用，并且在遵守该国海关规章的条件下，应该准予暂时免纳关税。因此，在构建全球航

---

① 参见刘萍：《国际航空碳排放全球机制的构建》，载《法律科学》（西北政法大学学报）2013 年第 4 期，第 154 页。

② See Ruwantissa Abeyratne, “Trade in Air Transport: Have We Lost Our Way?” *Journal of World Trade: Law, Economics, Public Policy*, Wolters Kluwer Law & Business, 2013, p. 655.

③ WTO 框架下非歧视原则主要包括国民待遇原则和最惠国待遇原则。

空碳排放交易体系时，应该遵守《芝加哥公约》这两条的规定，各成员国不能因经停、进入或离去的航空器征收任何费用，也不能对国际航空运输服务征收燃料税或能源税。

第二，在构建全球航空碳排放交易体系时，还需要遵守WTO框架的国民待遇原则和最惠国待遇原则，即不能区别对待本国和其他国家航空公司，一旦任何国家在航空碳排放方面给予任何其他国家以优惠待遇，就应该立即和无条件地给予其他各成员国。

二、应遵循的国际法规则

根据上述未来全球航空碳排放交易体系的构建应该遵循UNFCCC、《巴黎协定》《京都议定书》《芝加哥公约》及ICAO大会决议等国际法规则的规定。

（一）UNFCCC

尽管UNFCCC只规定了应对气候变化最基本的法律原则，但其并没有涉及缔约方具体而详细的国际义务。先天就欠缺可具体实施的法律规则，但UNFCCC却第一次在国际条约中确定共同但有区别责任原则，并使其成为国际社会应对气候变化的基础。虽然UNFCCC是名为公约，实为"软法"的规则，但由于其没有涉及缔约国的具体义务，得到多数国家的普遍接受和认可，在一定程度上适当地发挥了"软法"规范的硬法作用，即具有一定的强制性法律约束力。

作为联合国下属的处理温室气体排放问题的机构之一，UNFCCC遵循共同但有区别责任原则。虽然UNFCCC在国际航空排放的谈判中一直停滞不前，但作为联合国的一个专门机构，必然会对全球航空碳排放交易制度进行规制并产生影响。首先，提出的碳减排目标必须符合UNFCCC的规定，尽管UNFCCC并没有为发达国家提出明确的减排要求，也没有对发展中国家提供资金技术援助，但该公约作为一个框架公约，规定了应对气候变化最基本的法律原则。因此，全球航空碳排放交易制度设定的碳减排初步目标，还要努力去实现UNFCCC设定的"将大气中温室气体的浓度稳定在防止气候系统受到危险的人为干扰的水平上"的最终目标。

（二）《巴黎协定》

作为《京都议定书》之后全球气候治理领域的又一里程碑，《巴黎协定》是一份覆盖将近200个国家的全球减排协议。[①] 该协定于2015年巴黎召开

① 参见《从〈京都议定书〉到〈巴黎协定〉：中国如何成为全球气候治理领导者》，载经管之家，http://bbs.pinggu.org/k/news/1302175.html，2017年12月12日访问。

的第21次缔约方大会上达成,并具有全面性、均衡性、有力度并有法律约束力。联合国秘书长潘基文在2016年10月5日宣布,因为《巴黎协定》已经达到其生效所需的两个基本门槛,因此其将于2016年11月4日正式生效。2017年11月8日,在德国波恩举行的第23届联合国气候变化大会上,叙利亚宣布将尽快签署加入《巴黎协定》并履行承诺,自此,除美国外,几乎所有的国家都签署加入了该协定。① 其中与航空碳排放交易制度有关的主要内容如下:

第一,该协定明确提出,缔约方应该将全球平均温度升幅控制在前工业时期的水平2℃以内,并努力控制在1.5℃之内。

第二,该协定确定了“覆盖更广”“自上而下”的全球减排新框架,通过了“国家自主贡献”的行动模式,为全球航空碳排放交易制度的构建奠定了一定的基础。

第三,该协定首次确定了以5年为周期的评审机制,并要求各缔约方在同一体系中“衡量、报告和核实”其减缓和资金状况,这些条款甚至被称为“阳光条款”。

第四,该协定仍坚持UNFCCC框架体系内的共同但有区别责任原则,要求发达国家应当加强对发展中国家的协助,并对其减缓和适应气候变化提供资金支持。尽管该协定在某些方面已经弱化了共同但有区别责任原则,但这些规定是构建全球航空碳排放交易制度的趋势所向。

(三)《京都议定书》

作为人类历史上首次以国际法的形式对特定国家的特定污染物排放作出具体法律约束力限时定量控制的国际条约,《京都议定书》对全球航空碳排放交易制度的构建起着非常重要的作用。其中,与之相关的主要规定如下:

第一,尽管《京都议定书》并未对航空排放交易制度进行具体规定,但其在第2条第2款对航空排放做了原则性转致,即认为应该由ICAO确立和协调国际航空业的排放政策和措施。② 此外,根据UNFCCC发布的《京都议定

① 参见《尼加拉瓜宣布签署〈巴黎气候协定〉,只剩美国叙利亚拒绝加入》,载澎湃新闻网,http://www.thepaper.cn/newsDetail_forward_1836879,2017年12月12日访问。

② 《京都议定书》第2条第2款规定:“附件一所列缔约方应分别通过国际民用航空组织和国际海事组织作出努力,谋求限制或减少航空和航海舱载燃料产生的《蒙特利尔议定书》未予管制的温室气体的排放。”参见李静云著:《走向气候文明:后京都时代气候保护国际法律新秩序的构建》,中国环境科学出版社2010年版,第430页。

书的渊源——各条款的制定过程》以及欧盟提交的《京都议定书草案》的规定,制定国际航空碳减排协议应该与 ICAO 进行合作。虽然《京都议定书》第一承诺期已经到期,第二承诺期修正案何时生效尚无法得知,但根据 1997 年《京都议定书》的相关规定以及 ICAO 广泛的社会基础,[①]“通过 ICAO”构建全球航空碳排放交易制度应当是最合适的。

第二,《京都议定书》设立了清洁发展机制、联合履约机制和排放交易机制的灵活履约三机制。通过市场化的手段尽可能地降低缔约国的履约成本,也是其最有突破性的内容之一。全球航空碳排放交易体系具体制度包括碳减排目标与总量设定制度的设计中,ICAO 及世界各国政府应该考虑利用《京都议定书》规定的这三大灵活履约机制,通过市场化的手段降低世界各国的履约成本。

第三,《京都议定书》进一步细化了 UNFCCC 确立的共同但有区别责任原则,明确规定缔约方的减排指标、减排义务和减排目标都应该体现该原则。因此,碳减排目标与总量设定制度应该遵守《京都议定书》的这一规定,要求发达国家“率先”承担具体的减排指标,履行航空温室气体减排义务,而给予发展中国家法律许可的适度排放空间和排放时间,从而实现全球航空碳减排的目标。

(四)《芝加哥公约》与 ICAO 大会决议

《芝加哥公约》被称为国际民用航空领域的“宪法”,该公约第 43 条规定,正式建立 ICAO 并作为各成员国进行国际合作的全球论坛。自 ICAO 第 35 届大会开始,ICAO 开始正式致力于解决国际航空碳减排问题。由此可见,《芝加哥公约》及 ICAO 大会决议与全球航空碳排放交易制度的构建密切相关。

第一,《芝加哥公约》第 1 条明确规定了每个国家对其领土之上的空气空间享有完全的和排他的主权,即领空主权原则。由于该原则符合国际习惯的构成要素,即物质要素或客观要素与心理要素或主观要素,很多学者认为其属于国际习惯法。国际航空排放问题涉及各国领土之上空气空间的管辖权,因此,在构建全球航空碳排放交易制度时,ICAO 不仅应该尊重各国的领空主权,而且应该尊重各国提出的符合 UNFCCC 和《京都议定书》规定的碳减排目标,同时保障各国政府自主决定航空碳排放总量设定的模式及权限配置,排放配额分配方式、碳交易市场监管及履约和强制措施的权利,切实保障各国的国家利益。

第二,《芝加哥公约》第 54 条赋予 ICAO 以准立法功能,即制定与航空安全、稳定性、效率和航空器的适航性有关的国际标准与建议措施及程序

---

① 截至 2018 年,ICAO 共有 191 个成员国,国际航空排放主要依托 ICAO 进行。

(SARPs),并通过附件的形式予以体现。尽管《芝加哥公约》文本并未规定环境问题,但早在1971年,ICAO就通过附件16处理与航空器噪声和航空器发动机排放有关的各种问题。自2004年第35届大会开始,ICAO大会决议就鼓励各成员国构建基于市场的碳排放权交易机制,但要求各成员国构建基于市场的措施时,与其他成员国协商一致。

第三,作为联合国下属的专门成立温室气体的机构,ICAO遵循非歧视原则,采取简单多数的规则。在ICAO框架下,各成员国进行全球航空碳排放交易制度构建的谈判,其谈判速度远快于UNFCCC。然而,在谈判中,要处理好非歧视原则与共同但有区别责任原则之间的关系。因此,在ICAO框架下构建全球航空碳排放交易制度,必然要符合《芝加哥公约》与ICAO大会决议的相关规定。

第二节　管理全球航空碳排放交易的适格主体

ICAO是处理国际航空碳减排问题最适当的机构,因此,管理全球航空碳排放交易的适格主体首先应该包含ICAO。由于国际社会并不存在凌驾于国家之上的"全球政府"或"世界政府",因此,国家仍是管理全球航空碳排放交易最基本和最重要的主体。

一、国际民航组织(ICAO)

在全球航空碳排放交易制度的管理中,ICAO发挥着领导作用,这得到了《京都议定书》、国际航空运输协会、[①]美国[②]和欧盟[③]等各方广泛的认可。结合上述有关ICAO的论述,在规制和控制国际航空碳排放方面,ICAO具有如下优势:

---

① 国际航空运输协会理事长汤彦麟认为,单边的举措不仅扭曲市场,其他国家也会认为其主权受到侵犯。我们将竭尽所能促成解决方案达成。欧洲航空公司可能会面临一些报复行动,部分非欧盟国家航空公司可能不得不在遵守本国法律和欧盟法律之间作出选择。面对这种局面,各国应该相信通过ICAO才是解决之道。参见苏米:《欧盟"松口"ETS减排用错了力?》,载《第一财经日报》2012年2月13日,第B01版。

② 在C-366/10案中,美国国务院发言人维多利亚·努兰表示,对欧洲法院支持欧盟对进出欧盟境内成员国机场航班征收碳排放税的裁决表示失望,并希望能够通过ICAO解决这一问题。See Arshad Mohammed,"Court ruling on EU carbon airline law dismays U. S",available at http://www.reuters.com/article/2011/12/21/us-eu-airlines-usa-idUSTRE7BKION20111221,2015年1月21日访问。

③ 欧盟委员会也表示,应该"竭尽全力"寻求一个全球化的航空碳排放交易协议,尽力平息欧盟碳排放交易体系引起的一系列风波。参见刘冰洋编译:《欧盟委员会全力支持推出全球碳排放解决方案》,载民航资源网,http://news.carnoc.com/list/228/228227.html,2017年11月21日访问。

（一）政治优势

在政治上，ICAO 是制定航空碳减排措施最适当的机构。首先，《芝加哥公约》赋予 ICAO 实现统一国际航空规则的任务。ICAO 已经在环境监管方面扩展了其作用，即从制定技术标准到考虑存在于经济、技术和国际政策领域复杂的、基于市场的措施。因此，在这样一个复杂的监管领域，ICAO 是为成员国一致性服务的合适场所。① 此外，几乎所有国际航班营运者所属国家都是 ICAO 成员国，通过 ICAO 制定减排措施可以增强所有主要国际航空利益相关者的参与积极性。② ICAO 制定的指导原则可以削弱因遵循具有深远影响单边区域行动而带来的剥夺和不满，降低后续发生违规和报复性规则的风险。

（二）技术优势

公平有效的全球航空碳排放交易规则需要航空专业知识和技术背景，作为联合国专门机构，ICAO 是唯一具备该技术背景和专业知识的机构。全球航空碳排放交易规则涉及一系列复杂问题，如新碳排放标准带来的航空安全问题、飞机改良技术和航空器运行变化对经济产生的影响以及由此增加的成本等。与其他的组织相比，ICAO 更能全面考虑航空业的特殊需要，不仅可以理解和把握航空噪声和航空碳排放之间及航空碳排放物与氮排放物之间的平衡，而且能更清楚地知晓调整飞机发动机可能产生的影响，基于确保航空运输系统的持续安全构建平衡有效的全球碳减排方案。③

（三）经验优势

虽然《芝加哥公约》并未考虑航空碳排放乃至航空环境问题，但 ICAO 却一直持续地关注环境问题。早在 1971 年，ICAO 就通过了附件 16，负责处理与航空器噪声和航空器发动机排放有关的各种问题。1977 年，ICAO 成立航空器发动机排放委员会，该委员会于 1981 年制定航空器发动机排放的环保标准，并将其纳入《附件 16》中，经过不断修改和调整，这些标准成为航空器制造获得国际认证的根据。尽管囿于科学认识的局限性，ICAO 早期主要关

---

① See Louise Maillett & Carl Burleson, "Aviation and the Environment: Finding a Balance", *Air Space & Law*, Vol. 18, 2003, p. 5.

② See International Civil Aviation Org., Contracting States, available at http://www.icao.int/cgi/goto_m.pl?cgi/statesDB4.pl?en, 2015 年 1 月 21 日访问。

③ See Daniel B. Reagan. "Putting International Aviation into the European Union Trading Scheme: Can Europe do it Flying Solo?" *Boston College Environmental Affairs Law Review*, Vol. 35, No. 2, 2008, p. 381.

注因航空器发动机排放引起的当地空气质量问题以及航空器一氧化碳、碳氢化合物、烟和原油等有害气体和物质对人体的影响,很少关注因航空器高空飞行而产生的二氧化碳等温室气体排放而产生的全球气候变化问题。然而,随着科学认识的不断提高,自1998年ICAO第32届大会,在欧盟的推动下,ICAO就已对国际航空温室气体排放问题进行正式谈判。2001年ICAO第33届大会第一次明确表示,ICAO已意识到民用航空活动对环境可能造成的损害及承担的责任。经过40多年的努力,在应对国际航空温室气体方面,ICAO已积累了很多有益的经验。

(四)组织系统优势

目前,ICAO共有191个成员国,具有广泛的会员基础。同时,由于ICAO采取简单多数的议事规则,达成国际共识较为高效。因此,在达成公平有效的全球航空碳减排方案方面,ICAO可以迅速地促进国际社会达成航空碳排放政策共识。在某种程度上,这将增加国际航空运输成本并重构未来国际航空运输。因此,ICAO具备的组织系统优势对国际共识的达成至关重要。例如,《芝加哥公约》第54条规定,通过公约附件的形式可以指定国际标准与建议措施及程序,即附件机制,通过该机制可以制定出各种规范,这些规范允许成员国选择规避,但其在实践上的强制规范效果却十分显著。

(五)全面规制优势

与各个国家计划或区域性方法相比,全球机制可以减少单边措施导致的市场扭曲等问题。[①] 因此,在对国际航空碳排放进行法律规制时,通常应该在全球范围内进行全面规制。作为联合国负责民用航空所有方面的一个专门机构,ICAO能够充分考虑各种政策措施对各成员国产生的现实影响,竭尽所能协调这些国家之间的利益分歧,在全球法律框架下促使各成员国统一行动。[②] 与UNFCCC和《京都议定书》仅调整温室气体,《维也纳公约》和《蒙特利尔议定书》[③]仅规制破坏臭氧层物质相比,在规制和处理国际航空碳排放问

---

① See Pablo M. J., Mendes de Leon & Steven A, Mirmina, "Protecting the Environment by use of Fiscal Measures: Legality and Propriety", *Journal of Air and Commerce*, Vol. 62, 1997, p. 817.

② 参见刘萍:《单边抑或多边:航空碳排放法律规制路径分析》,载《暨南学报》(哲学社会科学版)2012年第3期,第36~37页。

③ 为使人类避免因臭氧层破坏而带来的不利影响,并在国际间采取适当的合作与行动措施,1985年3月,联合国环境规划署召开"保护臭氧层外交大会"并通过了《保护臭氧层维也纳公约》,该公约于1989年9月生效;为配合《保护臭氧层维也纳公约》采取实质性的控制措施保护臭氧层,1987年,联合国环境规划署形成了《蒙特利尔议定书》,该议定书于1989年1月开始生效。

题时,ICAO 更具有全面规制的优势。ICAO 不仅可以更全面地衡量、考虑和分析不同航空碳排放污染物间相关性与依存度,以及航空噪声与航空碳排放间关系,并可以尽量地考虑兼容调整不同的航空碳排放交易政策措施。

二、国家

尽管构建的是全球航空碳排放交易体系,但由于国际社会并不存在凌驾于国家之上的"全球政府"或"世界政府",因此,在经济全球化时代,虽然学术界已经开始流行"全球治理"的观点,[①]但国际社会仍没有进入"没有政府的治理"阶段。如上所述,作为全球航空碳排放交易管理主体之一,ICAO 不仅为国际气候谈判提供平台和创造对话空间,而且还积极推进国际社会立法。此外,ICAO 大会决议和协定最终都体现了多数成员国的集体意愿。[②] 基于以上所述,国家仍是管理全球航空碳排放交易最基本和最重要的主体,全球航空碳排放交易体系的构建在很大程度上取决于不同国家利益集团之间的博弈。

(一)欧盟及其各成员国

欧盟是全球气候变化政策的急先锋。2003 年,欧洲议会和欧盟理事会通过 2003/87/EC 指令,决定自 2005 年开始启动欧盟温室气体交易体系(EU ETS)以来,经过十多年的探索和发展,EU ETS 不仅成为第一个有效对二氧化碳排放量进行碳定价的总量控制与交易体系,而且是世界上规模最大和最成功的排放交易市场。2008/101/EC 指令修订和扩展了 2008/101/EC 指令,将航空业纳入 EU ETS。欧盟认可 ICAO 管理全球航空碳排放交易制度的领导地位。由此可见,虽然欧盟并不是 ICAO 的成员方,但欧盟各成员国都是 ICAO 的成员国。作为排放交易体系的领导者及气候变化法治进程的领跑者,欧盟不仅不反对,反而"全力支持"国际社会尽快达成全球航空碳减排方案,从而构建全球航空碳排放交易体系。因此,欧盟对全球航空碳排放交易体系的构建有着"特别高"的期许,希望国际社会借鉴欧盟航空碳排放交易体系创设与运行实践的相关经验,构建全球航空碳排放交易体系,从而将欧盟航空交易指令全球化。

---

① See Oran R. Yong(ed.),*Global Governance Drawing insights from the Environmental Experience*, MIT Press,1997,pp. 273 – 300.

② 参见何志鹏:《国际法治:一个概念的界定》,载《政法论坛》2009 年第 4 期,第 68 页。

（二）“伞形集团”国家

根据UNFCCC秘书处的定义，“伞形集团”（Umbrella Group）是指1997年《京都议定书》通过后由非欧盟发达国家组成的气候谈判联盟。① 通常认为，该集团由欧盟以外的工业化国家与部分经济转型国家组成，主要包括美国、日本、加拿大、澳大利亚和俄罗斯等国家。

“伞形集团”国家明确反对“欧盟体系”或“欧盟标准”，不仅反对欧盟将航空业纳入EU ETS，而且还罕见地与中国、印度和巴西等发展中国家站在一起，形成了非欧盟国家阵营。在促进欧盟各成员国与ICAO合作和寻求多边途径解决国际航空碳排放交易问题，以及取消或推迟欧盟航空交易指令等方面，“伞形集团”国家与发展中国家达成了一定的共识。然而，两者在具体国际航空碳排放法律制度的构建方面却存在严重分歧。美国一直不批准《京都议定书》的主要原因是，该议定书有具体的目标和时间限制，但并没有将工业化国家与对待发展中国家同等对待。② 然而，这却是《京都议定书》中共同但有区别责任原则最为有效的体现，也是发展中国家接受该议定书的主要原因。由此可见，尽管欧盟单边实施航空碳排放交易政策受到以美国为首的“伞形集团”国家的强烈反对，不希望全球航空碳减排协议成为EU ETS的翻版。但与欧盟国家相比，该集团国家更强烈反对“区别责任”，更强硬地漠视发展中国家航空业的发展权和否认发达国家航空业的历史排放责任。

（三）发展中国家

根据《京都议定书》的规定，非附件一国家（主要是发展中国家）不需要承担强制性减排承诺。此外，根据《京都议定书》第2条第2款的规定，附件一所列国家有义务通过ICAO谋求限制或减少航空温室气体的排放，而发展中国家不是附件一所列国家。因此，在构建全球航空碳排放交易制度时，按照共同但有区别责任原则的要求，发展中国家不承担通过ICAO减少航空温室气体排放的义务。

然而，随着发展中国家温室气体排放量的迅速增长，以及越来越大的舆论与政治压力，共同但有区别责任原则正经受突出的巨大考验，主要表现在以下几方面：

---

① 参见高小升：《伞形集团国家在后京都气候谈判中的立场评析》，载《国际论坛》2010年第4期，第24页。

② 参见［荷］迈克尔·福尔、麦金·皮特斯主编：《气候变化与欧洲排放交易：理论与实践》，鞠美庭等译，化学工业出版社2011年版，第668页。

第一，在过往的国际气候谈判中，欧盟各成员国一直采取比较灵活的态度对待共同但有区别责任原则，但这个态度已逐渐改变。与 2003/87/EC 指令相比，2008/101/EC 指令最大的一个转变在于欧盟的权力配置从分散决策模式转向集中决策模式，从国家转向企业的排放配额的分配。[①] 航空业也被纳入该制度性转变，这样欧盟不需要按照国家分配航空碳排放配额，而是直接将航空碳排放配额分配给各航空公司。这样较好地绕开了各个国家之间的利益纠纷，也可以使欧盟更有效地管理航空碳排放。但是欧盟将发展中国家航空公司与发达国家都纳入 EU ETS，要求所有的这些国家航空企业都去承担相同的航空减排责任。

如英国气候变化大使艾士诚（John Ashton）所提到的，"发展中国家"的说法在国际社会中虽然存在，但"发展中国家航空公司"的概念却并不存在。[②] 因而，欧盟不仅可以绕开共同但有区别责任原则，而且还要求发达国家航空公司只承担与发展中国家航空公司相同的航空碳减排责任。

第二，尽管 ICAO 具有构建全球航空碳排放交易制度的政治、技术、经验、组织系统和全面规制等方面的优势，但 ICAO 基于《芝加哥公约》而建立的，遵循非歧视原则，要求各缔约国给予各航空公司"公平和均等的机会"。航空运输属于服务贸易，服务贸易主体享有平等地位是公平竞争的前提，如果遵循共同但有区别责任原则，那么极有可能违反"公平竞争"和"平等待遇"，与"平等和非歧视"的基本理念相违背。因此，全球航空碳排放交易制度如何协调"平等和非歧视"的基本理念和共同但有区别责任原则将是国际社会面临的一大挑战。

第三，在发展中国家阵营中，由于各国利益不同，不同发展中国家应对气候变化的诉求已发生了改变，甚至已分裂甚至完全独立。例如，在 2011 年德班气候变化大会上，很多发展中小国、小岛国联盟等最不发达国家提出要求以中国为代表的发展中国家承担强制性减排义务，他们的立场已经与发达国家相同。[③] 由此可见，在构建全球航空碳排放交易制度的过程中，由于发展中

---

① 参见［荷］迈克尔·福尔、麦金·皮特斯主编：《气候变化与欧洲排放交易：理论与实践》，鞠美庭等译，化学工业出版社 2011 年版，第 19 页。

② 参见陆振华：《英国气候变化大使：航空碳排放争端不是不可解决》，载 21 世纪网，http://www.21cbh.com/HTML/2012-5-3/zNMDY5XzQyNzNw.html，2017 年 1 月 22 日访问。

③ 参见于宏源：《试析全球气候变化谈判格局的新变化》，载《现代国际关系》2012 年第 6 期，第 13 页。

小国航空业发展能力和需求空间有限,加上发达国家的拉拢,发展中国家阵营也可能发生分裂,这些都将导致共同但有区别责任原则经受巨大考验。

第三节　基于市场的解决全球航空碳减排的措施方案

自 2007 年 ICAO 第 36 届大会开始,航空减排议题就成为国际社会关注的焦点。2010 年 9 月至 10 月,在加拿大蒙特利尔召开的 ICAO 第 37 届大会作出决议,决议包括要求理事会在各成员国支持下开展工作,并为制定一个基于市场措施的国际航空碳排放框架而制定了时间表等。① 在 2013 年 9 月至 10 月,在加拿大蒙特利尔召开的第 38 届大会 ICAO 决定制定用于国际航空的全球基于市场的措施计划,并要求该措施计划的提出必须考虑各成员国特别是发展中国家的特殊情况及其具体情况,必要的时候可以给予微量豁免或允许发展中国家分阶段实施基于市场的措施等。ICAO 第 39 届大会在 2016 年 10 月 6 日通过了《国际民航组织关于环境保护的持续政策和做法的综合声明——全球市场措施机制》与《国际民航组织关于环境保护的持续政策和做法的综合声明——气候变化》,这两份重要文件也形成了第一个全球性行业减排市场机制。该机制的目的在于通过碳抵消机制控制国际航空温室气体排放增长,并从 2021 年至 2035 年分三个阶段实施。

综上所述,为应对国际航空碳排放所引起的全球气候变化,ICAO 已经就基于市场的措施达成了诸多共识。由此可见,全球性"基于市场的措施"方案是解决航空碳排放的一种切实可行的措施方案。

一、全球性"基于市场的措施"提出的背景

在全球经济和社会发展的过程中,国际航空业不仅发挥着非常重要而关键性的作用,还提供了 5700 万个就业机会,更能贡献约 2.2 亿美元 GDP 产值。② 但是,目前航空业对环境的影响也日益严重。根据 IPCC 的研究结果显示,航空业温室气体排放占全球总排放量的 2.5%,整个运输业的 13%,是全

---

① See "CAO newsroom: ICAO Member States Agree to Historic Agreement on Aviation and Climate Change", October 8, 2010, available at http://www2. icao. int/en/Assembly37newsroom-public/Site20% assets/NewsReleases. aspx,2017 年 12 月 28 日访问。

② 参见杨绪彪、朱丽萍:《基于市场的解决全球航空碳减排的措施方案:困境与前景》,载《宏观经济研究》2015 年第 1 期,第 128 页。

球十大排放源之一。目前国际社会已经对航空业确立了短期、中期和长期减排目标，即 2009～2020 年，以平均每年 1.5% 的速度提高燃油效率；从 2020 年开始，稳定碳排放达到碳中和目标；到 2050 年，二氧化碳等温室气体排放量将比 2005 年减少 50%，[①]如图 6－1 所示。

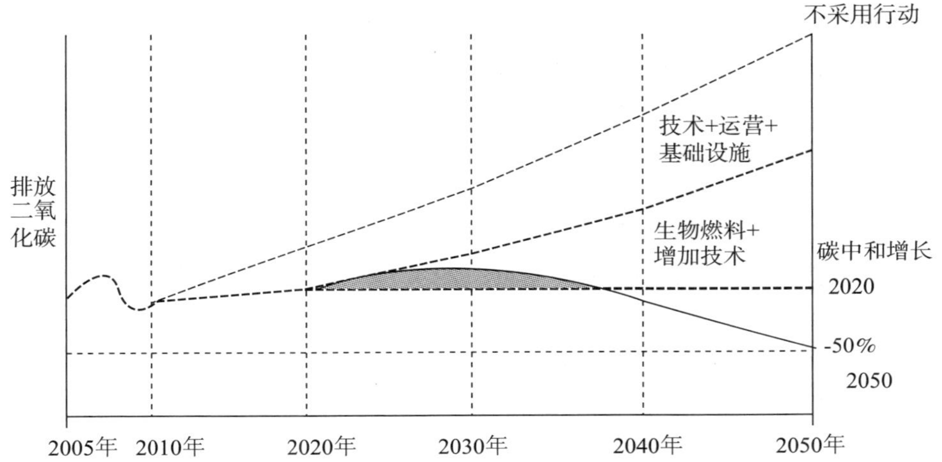

图 6－1　国际航空运输二氧化碳排放量中和增长目标

为实现这些目标，包括政府间国际组织和非政府组织在内的所有利益攸关方必须恪守承诺，通力合作，主要采取四大减排策略——改进技术、提高航空运营效率、改善基础设施和全球性“基于市场的措施”来填补存在的排放差距。其中，改善基础设施、提高航空运营效率和改进技术等方面可为航空业可持续增长而提供长期解决方案。同时，国际航空业界也得到共识，以上三种战略手段还无法实现碳中和增长的目标，其“排放缺口”必然在一定时期内存在（如图 6－1 中的阴影）。

实施全球“基于市场的措施”对缩小排放差距具有非常重要的作用，应作为解决航空业碳排放问题整体措施的一部分，而不应该将解决措施专注于航空旅行需求或提高行业总体收费上。[②]

① 参见公欣：《硝烟又起！航空业碳减排 9 月或将通过新方案》，载《中国经济导报》2016 年 8 月 26 日，第 B05 版。

② 参见安德烈·哈德曼：《国际航空应对全球碳排放的措施》，载《中国民用航空》2014 年第 6 期，第 27 页。

二、全球性"基于市场的措施"方案的内容

全球性"基于市场的措施",包括措施框架(包括指导原则)、措施方案和最低门槛等方面。

(一)全球性"基于市场的措施"的主要内容

以 ICAO 第 37 届大会 A37/19 号决议第 18 段的要求为依据,被国家和国际组织提名的基于市场措施专家审查了全球性"基于市场的措施"。在 2012 年 6 月的第 196 届大会期间,该措施的方案减少到三个,主要是全球性排放权交易计划、辅以创收机制的全球强制性抵消和全球强制性抵消。

1. 全球强制性抵消(global mandatory offsetting)

根据世界资源研究所提出,"碳抵消"主要是指在避免和减少二氧化碳排放方面作出贡献,从而弥补在其他方面的碳排放。① 而强制碳抵消则是相对于最初的自愿碳排放抵消概念所提出。如果企业或者个人没有受到外部压力而出于自己的意愿,为抵消其生产或生活过程中所产生的二氧化碳等温室气体自愿购买抵消量的行为,即自愿减排。②

全球强制性抵消要求参与者购买排放单位,以抵消高于所商定基线的国际航空排放量。全球强制性抵消方案的关键设计是采取国际公认的科学方法确定国际航空排放的基线,以及在参与者之间进行核证、检测和分配等。因而,为保证碳排放单位的质量,还应该制定国际统一标准去评估抵消单位的来源。目前,现有"碳抵消信用"包括碳汇获得、分配数量单位和核证减排量的减排单位等京都单位、其他国家和地区的减排信用,以及自愿减排信用,但该机制通常不会产生收入。

2. 辅以创收机制的全球强制性抵消(global mandatory offsetting with revenue)

这个方案与全球强制性抵消方案作用基本相同,但它们间的关键与主要区别除了抵消外,还通过对每吨碳加收一笔费用。而这笔费用主要用于商定的目的,如减缓环境影响、气候变化,以及支持发展中国家减少温室气体排放等。

---

① See R. C. N. Wit, B. H. Boon, (André) van Velzen, "Giving Wings to Emission Trading: Inclusion of Aviation Under the European Emission Trading System", *Report of the European Commission*, 2008.

② See Alice Bows, Kevin Anderson, "A Bottom-up Analysis of Including Aviation Within the EU's Emisions Trading Scheme", *Tydall Center for Climate Change Research*, 2008.

3. 全球性排放权交易计划(global emission trading)

它与欧盟碳排放交易体系(EU ETS)的概念相类似。全球性排放权交易计划使用总量控制与交易做法,是将某一规定遵约期内的国际航空排放合计的总量设定在所商定的水平。通常是根据排放总量来为所有碳排放制定航空容许量,其方案设计是要求参与人交出足够的航空容许量或其他排放单位。例如,将来自其他部门的抵消量涵盖该时期所产生的全部排放来满足其承诺的减排义务。因此,航空容许量不仅可以通过免费获取,而且可以通过拍卖方式获得。

(二)全球性“基于市场的措施”框架

在 ICAO 第 37 届大会 A37/19 号决议中,理事会被要求制定一个全球性“基于市场的措施”的框架,并要求深入阐述附件中所列的指导原则。其中,设计全球计划方案制定的功能和指导原则是全球性“基于市场的措施”框架的基础。理事会在 2012 年 6 月审议并界定该框架的目的和作用的一项概念性文件,并在同年 11 月向理事会介绍了相关的设计要素。ICAO 第 38 届大会 A38/18 号决议第 16 段 a)小段规定,国家在为国际航空实施现有的基于市场措施和设计新的基于市场的措施时,应该与其他国家进行建设性双边或多边磋商和协商,以便达成相关协议。为了这一目的,国家应该遵循 16 项基本原则。[①] 其中,第 16 条原则,即应考虑不歧视及平等和公平机会原则、特殊情况和各自能力原则,以及共同但有区别责任及各自能力原则等,是 ICAO 第 38 届大会新增的内容,这些也被视为发展中国家,尤其是最不发达国家在有关国际航空减排责任争议中的一次获胜。

(三)全球性“基于市场的措施”的最低门限(de minimis)

在 ICAO 第 38 届大会 A38/18 决议第 16 段 b)小段所作出的规定,国家在实施现有的基于市场的措施时,在全球制度全面实施前,承诺对往返于所占国际民用航空活动的份额,低于国际民用航空活动收费吨公里总数 1% 门

---

① 其他 15 条指导原则是指:(1)应支持国际航空部门的可持续发展;(2)应支持减缓国际温室气体排放;(3)应有助于全球理想目标的实现;(4)应透明且行政上简易;(5)应具有成本效益;(6)不应重复并且国际航空二氧化碳排放量只应计入一次;(7)应尽量减少碳泄漏和市场扭曲;(8)与其他部门相比,应公平地对待国际航空部门;(9)在航空燃油效率方面以及在减少航空排放的其他措施方面,应认识到过去和未来的成就与投资;(10)不应对国际航空施加不适当的经济负担;(11)应便利对所有碳市场的适当准入;(12)应酌情根据以二氧化碳减排量或避免排放量所衡量的绩效,相当于其他措施来评估;(13)应包括微量豁免规定;(14)强烈建议将产生的收入优先用于减缓航空器发动机排放对环境的影响,包括减缓和适应,以及援助和支持发展中国家;(15)实现的减排应在各国的排放报告中列明。

槛值的发展中国家航线上,免予适用基于市场的措施。

在指导原则第6条中,体现了全球性"基于市场的措施"的最低门槛。基于世界各国的具体情况与对国际航空业和市场的潜在影响的考虑,ICAO大会要求理事会依据各项指导原则去审查微量豁免门槛值,并提交到2016年ICAO第39届大会去审议。

三、全球性"基于市场的措施"方案面临的困难

全球性"基于市场的措施"达成了一项划时代意义的协议,在ICAO第38届大会在各成员国之间,第一次在航空运输业达成了"基于市场的措施"协议。正如罗伯特·高贝·刚萨雷斯所说,航空运输和多边主义应对气候变化挑战的一个历史性里程碑是基于市场的措施协议。[①] 尽管全球性"基于市场的措施"达成协议令人欣慰,但发展全球性"基于市场的措施"还面临着诸多挑战与困难。

(一)原则冲突问题

发达国家在《京都议定书》中被要求承担强制性减排义务,从2005年开始,通过采取基于市场的履约三机制限制温室气体排放,并承担减排义务。发展中国家从2012年开始,承担不具有强制性法律约束力的减排义务,这就是各自能力及共同但有区别责任原则。依据《芝加哥公约》的规定,ICAO对"每一缔约国均有经营国际空运企业的机会"和"避免缔约各国之间的差别待遇"这两大基本准则必须坚持,也即平等和公平机会与不歧视原则。

共同但有区别责任原则与不歧视及平等和公平机会原则间,存在明显差别。在最不发达国家等发展中国家争取下,这两个原则在ICAO第38届大会决议中,均被列入全球性"基于市场的措施"的指导原则之中。这对于发展中国家确实是一次艰难的胜利,且该指导原则的确立在很大程度上还会影响全球单一基于市场措施方案的形成。目前,发达国家始终认为,发展中国家近几年的航空业发展迅速,其航空温室气体排放水平增长也非常迅速,将与发达国家持平甚至超过发达国家。因而,发展中国家也应该承担相同的减排责任。[②] 但发展中国家也坚称,当前由国际航空碳排放所引起的全球气候变化,

---

① 参见杨绪彪、朱丽萍:《基于市场的解决全球航空碳减排的措施方案:困境与前景》,载《宏观经济研究》2015年第1期,第130页。

② See Andrew Light, "An Equity Hurdle in International Climate Negotiations", *Philosophy & Public Policy Quarterly*, 2014, Vol. 1, pp. 28 – 29.

根本原因是发达国家航空业历史累计排放，所以，发达国家应该承担更多的减排责任。就目前而言，这种争议在短期内并不会停止。

（二）市场失灵问题

碳泄漏问题与市场扭曲，是全球性"基于市场的措施"因市场失灵所产生的主要问题。

1. 市场扭曲

在 ICAO 第 37 届大会 A37－19 号决议第 15 段中规定，符合附件各项指导原则的总吨公里收益的 1% 的国际航空活动的最低门槛值，在应用于基于市场措施时，对低于门槛值以下的国家商业航空器运营人，其国家、地区和全球各级设立的基于市场措施，均有资格免除。对于其他非常小的航空器运营人，对其实施基于市场措施的也可以考虑豁免。通常，处于最低门槛值之内的运营人约占所有运营人的 20%。分析可知，不受基于市场措施制约的运营人与受基于市场措施制约的商业航空器运营人之间，存在显著的市场扭曲。因而，对其进行定量分析与研究可以得到，所有基于市场的措施都可能导致市场扭曲和成效下降。此外，最低门槛还可能刺激航空公司采用分割所有权、解体或建立子公司等方式，以避免采取基于市场的措施，而承运人则可能会避免兼并或整合，以避免丧失最低限度的待遇。①

2. 碳泄漏

实施严格环境政策（履行减排责任）的国家，在减少温室气体排放的同时，导致其他未实行环境政策国家的温室气体不合意增加的一种现象，即所谓的碳泄漏。② 通过这个定义可以看出，环境政策的差异是导致碳泄漏最主要的原因。根据 ICAO 大会决议，在有关基于市场措施方案中共同但有区别的指导原则和最低门槛的规定，对国际航空活动水平低的特定航线或市场，特别是为发展中国家服务的航线或市场，可以给予微量豁免或分阶段实施，从而照顾发展中国家的特殊情况和各自能力。这种"歧视性"的环境政策和减排责任，可能会导致碳泄漏。

---

① See International Civil Aviation Orginazation, *Report of the Assessment of Market-based Measures*, 2013, pp. 1－7.

② Sander de Bruyn, Dagmar Nelissen, Marnix Koopman, "Carbon leakage and the future of EU ETS market-impact of recent developments in the EU ETS on the list of sectors deemed to be exposed to carbon leakage", available at http://www.cedelft.eu/art/upholds/CE_7917_carbon_leakage_future_EU_ETS_market_final.pdf，2017 年 12 月 29 日访问。

（三）政策执行效力问题

ICAO 本身的特性以及实施全球性“基于市场的措施”方案具有显著的复杂性。目前，ICAO 所提出的全球性“基于市场的措施”方案执行力还面临着诸多挑战。ICAO 是缔约国在民航领域开展合作的媒介和交流平台，但其并不是执法机构，其决议也就不具有法律约束力，所以，其执行效力影响是非常有限的。同时，各缔约国达成全球单一基于市场措施方案的过程是非常复杂的，而且其方案执行过程中的监督、报告和核证以及产生收入的使用都很复杂。因此，全球性“基于市场的措施”方案不仅仅是一个经济缔约问题，而且更多的是国际政治问题，即全球性“基于市场的措施”方案的执行效果在很大程度上由缔约国各方的政治意愿所决定。

（四）方案本身的问题

如前所述，ICAO 大会确定了三种基于市场措施的方案，这三种方案各有其优劣。根据 ICAO 进行的一项基于市场措施的报告，[①]认为这三种方案虽然在技术上可行且能实现 ICAO 确认的环境目标。但由于这些方案需要管理航空排放容许量，相对于抵消方案来说，全球碳排放权交易计划不仅更为复杂，还需要更高的预付成本。尽管抵消方案具有管理方便、操作简单的特点，但该方案不能实现国际航空二氧化碳等温室气体的减排。总之，全球性“基于市场的措施”方案，其本身具有的特性给国际航空业界发展在发展全球单一基于市场的措施方案时，面对不少的争议和困扰。同时，随着科学技术的发展与进步，以及基础设施的不断改善和运行效率的提高，总量控制规定或航空排放基线就会失去减缓二氧化碳等温室气体排放的作用。而当 EU ETS 排放配额过多时，就会致使各参与人出现配额“过剩”，最后就必须去降低配额和制定更严格的排放水平。因此，EU ETS 最初的运行经验为调整和重新确认排放基线或上限的标准提供了很好的借鉴作用。

四、全球性“基于市场的措施”方案的实施前景

为应对全球气候变化，发展全球性“基于市场的措施”方案，在 ICAO 第 38 届大会上达成了共识。由于该方案的某些内容还存在较大的争议，所以缔约各方均同意进一步磋商和评估全球性“基于市场的措施”方案，包括完善有关基于市场措施影响的定量分析、讨论全球性“基于市场的措施”适用的地理

① See ICAO, Report of the assessment of market-based measures, International Civil Aviation Organization, 2013.

范围，以及进一步评估全球性“基于市场的措施”方案的可行性等。以上论述说明，建立全球单一的基于市场的措施方案去应对全球气候变化是可行的，但这必须要相关组织及ICAO各成员国的共同努力。因而，全球单一基于市场的措施方案的设计和实施，需要从以下几方面开展：

（一）管理全球单一基于市场的措施方案的适格主体——超主权机构

由于航空碳排放具有“国际性”，只依靠国家或区域的减排机制去实现航空碳减排目标是非常困难的。因此，ICAO主要基于上述考虑就发展全球单一基于市场的措施方案达成协议。这也是全球性“基于市场的措施”方案需要一个超主权机构来管理的一个理由。

然而，根据国际法的相关理论，国际法上不存在一个超主权的国家机构存在，国际法的强制力只能主要依靠各个国家本身单独的和集体的行动。① 因此，本节所说的超主权机构的存在并不是真的成立一个超越国家主权的机构，而是由ICAO各成员国让渡部分主权给经过磋商确定的机构，由其行使管理全球性“基于市场的措施”方案的职能。

2016年ICAO第39届大会通过的两份重要文件，形成了第一个全球范围内行业市场减排机制。该届大会的成果体现了国际航空业向二氧化碳等温室气体减排迈出了第一步，该机制的全称为国际航空碳抵消和减排计划，其最终的目标主要是为了实现ICAO确定的2020年碳中性增长目标。② 同时，实施全球单一基于市场的措施，需要监测、报告和核证各参与人（或各国）的航空碳排放量，需要处理和协调实施基于市场的措施过程中出现的争议和纠纷，需要明确基于市场的措施过程中产生的收入使用用途并对其进行分配，以及需要管理排放单位（或排放容许量）和分配等。这些都需要一个超主权机构来管理全球性“基于市场的措施”方案。但是，这些超主权机构是委托新的机构管理，还是通过现有的国际机构来实施管理，都需要ICAO各成员国及相关组织进一步深入磋商。

（二）需要有差别地实施全球性“基于市场的措施”方案

由于ICAO各成员国之间，对全球性“基于市场的措施”方案的最低门槛和指导原则存在较大分歧，因此比较现实的选择是采用全球单一基于市场的

---

① 参见周忠海主编：《国际法》（第2版），中国政法大学出版社2013年版，第4页。

② 参见顾阿伦：《国际航空市场减排机制对中国碳市场的影响和意义》，载《中国经贸导刊》2017年第2期，第47页。

措施的有差别实施。WTO 中有关贸易的"多哈回合谈判",并最终达成全球协议,为实施和发展全球单一基于市场的措施方案提供了很好的借鉴。根据共同但有区别责任与各自能力原则和最低门槛的规定,给予发展中国家或低于最低门槛运营人,基于市场的措施方案有差别的实施一定的"优惠"。即要求高于最低门槛的航空器运营人或发达国家优先实施全球性"基于市场的措施"方案,低于最低门槛的航空器运营人或发展中国家给予一定的缓冲期。其具体过程是,首先免除或部分免除航空碳排放减排责任,再增加其国际航空减排义务,然后无差别实施实现其全球性"基于市场的措施"减排责任。

(三)积极推动发达国家对发展中国家的合作、交流和援助

发展中国家在基础设施、管理、航空市场成熟度和技术等都远不如发达国家,所以通过实施全球单一基于市场的措施以应对全球气候变化,很可能无法达到满意的效果。因此,发展中国家应该受到发达国家基于市场措施的实施进行能力建设、技术转让和财务援助等。同时,要真正较快速地、全面地提高发展中国家的国际航空减排的能力,以及有效地实现国际航空减排目标,应该努力推动并要求发达国家对发展中国家展开大量的合作、交流和援助。

第四节　全球航空碳排放交易制度的具体设计

2013 年 ICAO 第 38 届大会将 2016 年前确定以市场为基础的(MBMs)的全球航空碳减排方案作为大会决议之一。① 虽然与欧盟各成员国相比,在经济发展、法律体系和社会文化等方面,非欧盟国家存在较大差异,未来全球航空碳排放交易制度可以借鉴欧盟航空碳排放交易体系的许多核心原则和规则。借鉴欧盟航空碳排放交易具体制度设计的相关经验,本节将对全球航空碳排放交易的碳减排目标与总量设定、碳排放配额分配、碳排放交易模式与碳交易市场监管四个具体制度提出若干构想与建议。

一、碳减排目标与总量设定

(一)碳减排目标类型的选择

碳减排目标主要分为绝对目标(如总量控制目标)和相对指标(如谈判开

① 参见吴言:《全球航空减排协议达成　ICAO 否决欧盟单边碳税行动》,载《中国民航报》2013 年 10 月 10 日,第 3 版。

放强度）两种类型。由于发达国家的经济发展水平较高，技术较为先进，因此，发达国家可以借鉴《京都议定书》和欧盟气候政策法律中采取的绝对数量目标。然而，发展中国家经济发展水平较低，技术比较落后，则可以根据其自身经济发展水平和绿色发展需求作出不同选择：一是采取绝对目标；二是先采取相对指标，再转化为总量控制目标。由此可见，发展中国家碳减排目标的选择与欧盟绝对总量控制目标及相应的总量控制与交易模式会有所不同。因此，在构建全球航空碳排放交易制度时，ICAO 应该考虑发达国家和发展中国家碳目标类型和排放配额分配的这些差异，从而更好地实现全球航空碳减排的目的。

（二）碳排放总量目标设定的权限配置

在前两个交易阶段，EU ETS 总量设定采取分散决策模式，而修订后的 2009/29/EC 号指令则规定总量设定采取集中决策模式。欧盟立法者在不同交易阶段采取的不同决策模式，其目的在于寻求欧盟和成员国之间的平衡。

由于分散决策模式已引发欧盟委员会和成员国之间的法律冲突，而集中决策模式可以极大减少这些冲突的发生。虽然集中决策模式可能导致的权限配置问题目前尚不得而知，但根据欧盟的经验和实践，目前集中决策模式仍是一种适当的权限配置模式。因此，发达国家碳排放总量的权限配置可以参照欧盟的经验，采取集中决策模式设定碳排放总量目标。当然，也可以根据其实际情况，采取分散决策模式设定其碳排放总量目标，但要考虑如何保证较低层次政府设定总量目标的一致性。

在设定碳排放总量目标时，如果发展中国家采取分散决策模式，如何保证较低层次政府设置碳排放总量目标的一致性，从而保证各排放企业在公平的基础上进行竞争；如果发展中国家采取集中决策模式，那么在直接确定碳排放总量控制目标时，较高政策应该如何适当考虑较低层次政府的差异性，这些都必须在法律框架中进一步厘清。

全球航空碳排放碳减排目标与总量设定，应该根据其具体国情特别是政治结构和法律制度选择分散决策模式或集中决策模式。不管发达国家和发展中国家采取分散决策模式还是集中决策模式，各国都必须合理配置上下级政府之间减排目标和总量目标的设定权限。

二、碳排放配额分配

（一）排放配额分配方式的选择

免费分配方式与公开拍卖方式各有其优点和缺点，都不是完美无缺的最优分配方法。

首先,免费分配方式中的祖父制有利于经济社会的稳定,使碳排放交易体系在政治上可行。但是,该制度在公平和效率方面存在严重缺陷,不符合"污染者付费原则"。不仅奖励了在基准期排放量大的企业,惩罚了提前采取减排措施和在基准期排放量较小的企业,而且还会引起政府信息的不对称性。[①] 因此,该分配方式并不能发挥有效配置资源的作用。而基准制将排放配额的分配挂钩于温室气体的实际排放量,在某种程度上鼓励排放企业进行低碳投资和提前进行温室气体减排,可以有效解决排放配额分配的公平问题并刺激低碳投资,但制定适用于欧盟境内的统一基准对欧盟委员会是一个巨大的挑战。

其次,公开拍卖方式较为公平和最具经济效率,体现"污染者付费原则",有利于发挥市场机制有效配置资源的作用。但是,该分配方式要求排放企业有偿购买配额,推行阻力较大,并且容易在排放配额公开拍卖的过程中产生强势行业和企业的垄断行为。

因此,全球航空碳排放配额分配可以采取以下措施:首先,考虑将免费分配方式作为一种过渡性分配方式,从而减少构建该制度中的阻力,逐步增加拍卖比例;然后,逐步完善交易制度,增加纳入强制交易的行业范围和拍卖比例,从而增强监督力度,保障市场正常运行。

(二)制定排放配额分配方式应遵循的原则

碳排放交易涉及各方主体,利益关系复杂且影响深远。作为航空碳排放交易制度的关键,排放配额分配方式应该由各国主要领导牵头制定排放配额分配的方案,并跳出只关心排放配额分配结果的思维定式,更关注如何达到实现结果的过程。同时,在制定排放配额分配方案时,应该遵循以下原则:

1. 专业和科学的原则

由于碳排放配额的分配非常专业,不仅需要理性谨慎地计算碳排放量及配额总量,而且需要分析不同产业的特点,从而确定不同的配额分配方式。此外,还需要借助相关专家团队开展相关的细致研究,并提出一个尽可能科学合理的方案。

2. 公开、公正和公平原则

制定排放配额分配方案不仅是一个科学问题,还牵扯各方利益的得失,

---

① 参见熊灵、齐绍洲:《欧盟碳排放交易体系的结构缺陷、制度变革及其影响》,载《欧洲研究》2012年第1期,第55页。

因此,各方利益主体必然会讨价还价进行博弈,在制定排放配额分配方案过程中,如何保证博弈过程的公开、公正和公平也是一个重要的问题。

全球航空碳排放交易制度有必要借鉴欧盟碳排放配额分配的相关经验,制定公平合理的碳排放配额分配方案。同时,各成员国应该结合其本身的实际条件和需要,在遵循全球航空碳排放配额分配的同时,制定适合本国国情的排放配额分配方案,努力做到"政府主导、方法科学、多方参与、过程公正、结果公正",[①]从而为全球航空碳排放交易体系的构建奠定坚实的基础。

三、碳排放交易模式

纵观国际社会关于碳排放交易模式的实践,全球航空碳排放的交易模式主要有以下四种:总量控制与贸易机制、清洁发展机制、排放基线信用交易模式和空中交通管制。

(一)总量控制与贸易模式

欧盟航空碳排放交易制度采取总量控制与贸易模式。所谓总量控制与贸易模式,是指在限制温室气体排放总量的基础上,以买卖行政许可配额的方式排放温室气体。[②]

限制二氧化碳排放的传统手段主要是命令与控制机制(command and control)。该机制本质上是一种强制管理调整方法,政策制定权由政府掌握,容易造成政府失灵。此外,由于不同排放源的减排量不同,用"一刀切"的办法会增加减排成本,不能激励排放主体减排的积极性。[③] 与该机制相比,总量控制与交易模式是一种经济刺激手段,其本质上是一种间接调控手段,具有如下优势:不仅可以鼓励企业在其排放配额范围内减排从而降低减排费用,而且可以促进技术革新从而选择更绿色和更经济的能源。因此,该模式可以广泛地适用于大型或小型企业。[④]

第 35 届 ICAO 大会决议首次提出制定针对航空器温室气体的排放基于

---

① 宣晓伟、张浩:《碳排放权配额分配的国际经验及启示》,载《中国人口 · 资源与环境》2013 年第 12 期,第 14 页。

② 参见[美]埃里克 · 波斯纳、戴维 · 韦斯巴赫:《气候变化的正义》,李智、张键译,社会科学文献出版社 2011 年版,第 3 页。

③ 参见周小光:《环境保护经济刺激手段的缺失与重构——以法律经济学为分析理路》,载《环境法治与建设和谐社会——2007 年全国环境资源法学研讨会(年会)论文集》(第四册)2007 年版,第 1390 页。

④ See Christina K. Harper, "Climate Change and Tax Policy", *Boston College International and Comparative Law Review*, Vol. 30, 2007, p. 423.

市场的措施,确认了进一步构建开放性国际航空碳排放交易制度的目标。第38届ICAO大会决定在国际航空领域形成一个全球性基于市场的措施计划。在"美国航空运输协会"案中,美国航空业代表认为,该交易模式不利于激励政府提高空中交通管制效率,至少在短期内或实际上并不能提高航空燃料的效率。因此,美国航空公司认为,总量控制与贸易模式并不是一种合理的交易模式。

(二)清洁发展机制

和总量控制与交易机制相同,该机制也是强制减排体系所采取的一种交易模式。清洁发展机制是《京都议定书》中附件一缔约国与非附件一缔约国的减排合作机制。清洁发展机制是指根据《京都议定书》第12条的规定,承担温室气体减排义务的附件一缔约国,可以通过在非附件一缔约国投资温室气体减排项目,而去获得"可核证的减排量"(CER),以此抵消其所应该承担的温室气体减排义务。这也就是说,通过在非附件一国家(发展中国家)实施清洁发展机制项目,减排成本较高的附件一国家(主要是发达国家)可以以较低的减排成本履行一定数量的减排义务。①

由此可见,对发达国家和发展中国家来说,清洁发展机制具有双赢的效果,该机制既可以因发达国家帮助发展中国家分解二氧化碳而使发展中国家实现可持续发展,又可以使发达国家获得二氧化碳排放权而帮助发达国家实现减排承诺。②

(三)排放基线信用交易模式

与总量控制与贸易机制不同,排放基线信用交易机制并不规定一国碳减排总量,而是由减排主管机构确定排放的基准。经过核查,如果实际减排量低于基准排放量,则可以出售作为减排信用量的剩余配额。该机制的基线通常是以排放率的形式规定的,如每单位产出可排放多少千克污染物,同时要求参与者必须在交易之前"赚取"信用。国际碳交易中清洁发展机制和联合履行机制主要由排放基线与信用机制进行管理。与碳排放总量控制和贸易机制不同,排放基线信用交易机制是自愿减排体系所采取的交易模式,而且

---

① 参见李静云著:《走向气候文明:后京都时代气候保护国际法律新秩序的构建》,中国环境科学出版社2010年版,第125页。

② 参见张志勋:《论我国碳排放权交易体系的构建》,载《企业经济》2012年第6期,第178~179页。

不存在交易额度的分配问题。[①] 该机制是《京都议定书》框架外各国国内自愿承担的减排体系，如美国、澳大利亚等国，其典型的代表是美国芝加哥气候交易所（Chicago Climate Exchange，CCX）。

（四）空中交通管制

美国航空公司认为，适用空中交通规制方式速度更快捷、价格更低廉。空中交通管制，是指由在地面的空中交通管制员协调和指导空域或机场内不同航空器的航行路线和飞航模式以防止飞航器在地面或空中发生意外和确保他们均可以运作通畅，达到最大效率。采取空中交通管制方式，可以更加安全、高效和合理地利用空域资源、最大限度地发挥空中交通管理潜能从而满足空域用户不断增长的需求。

根据全球航空碳排放交易的发展趋势，强制减排将成为发展的主流。然而，全球航空碳排放交易体系应该坚持共同但有区别责任原则，区分不同情况，采取不同的交易模式。

首先，《京都议定书》框架内承担强制减排义务的发达国家，可以采取总量控制与贸易模式，从而更好地采取市场化的手段以最低的减排成本实现强制减排义务。

其次，《京都议定书》框架外的发达国家应该大规模推广其自愿减排模式，在条件具备的情况下，要求他们采取总量控制与贸易模式，从而真正实现强制减排义务。

最后，广大发展中国家可以构建以总量控制与贸易模式为主，空中交通管制方式为辅，清洁发展机制为有效补充，自愿减排机制为过渡的全球航空碳排放交易制度。总量控制与贸易模式的形成必须存在一个总量控制，然而，根据《京都议定书》的规定，广大发展中国家尚不需要承担强制减排义务，因此，在现阶段，该模式并不适宜作为全球航空碳排放交易制度的交易模式。但随着发展中国家逐渐公开承诺碳减排指标的不断增多，该交易模式将成为发展中国家航空碳排放交易体系构建的最终交易模式。此外，采取空中交通管制方式不仅可以更合理地规制国际航班到达的时间，而且可以使国际航班到达指定机场立即降落，从而减少航空业碳排放量。

---

① 参见尹敬东、周兵：《碳交易机制与中国碳交易模式的思考》，载《南京财经大学学报》2010 年第 2 期，第 7 页。

四、碳交易市场监管

借鉴欧盟航空碳排放交易体系创设与运行实践的相关经验，应该在立法、碳交易市场监管机制的构建、碳交易市场的政府规制与碳交易市场的核心工具等方面加强航空碳交易市场监管，以构建全球航空碳排放交易制度。

（一）立法

对全球航空碳交易市场进行监管时，全球航空碳排放交易制度可以借鉴其立法方面的如下经验：首先，通过立法明确碳排放权的法律性质并合理配置各市场参与主体的权利责任；其次，为参与主体设置市场准入门槛；再次，分配和核实配额以及报告、注册和交易规则；最后，构建交易平台等。同时，通过灵活的市场机制和自愿参与吸引更多的企业和中介参与碳交易，并坚持污染者付费原则、消费者权益保护和公众参与等原则，完美结合市场调节、政府监管和社会参与三者，从各个环境有效地降低监管成本，实现监管制度利益最大化，从而有效地对碳交易市场进行监管。

（二）碳交易市场监管机制的构建

欧盟碳交易市场监管机制是多层次、三维一体的。[①] 欧盟碳交易市场构建了欧盟委员会、独立交易日志、金融监管机构和各成员国监管机构共同构成的政府监管机制，并且构建了共同注册制度和碳身份证明等专业性监管制度，从广度和深度上不断完善欧盟碳交易监管机制。

全球航空碳交易市场监管机制的构建，可以借鉴欧盟碳交易市场监管的如下经验：由于碳交易可能在不同区域或不同国家之间进行，因此，需要不同层次和不同角度的监管机构之间共同完成监管。

（三）碳交易市场的政府规制

在碳交易市场的运行中，将会产生很多风险，如碳信用额度分配不公等。因此，全球航空碳交易市场监管需要政府监管这些风险，通过成本效益分析及灵活、稳定和透明的公共决策程序控制和司法审查机制将风险成本最小化，实现监管利益最大化，从而构建以风险为中心的碳交易市场的政府规制。[②]

---

① 参见陈鹏：《欧美碳交易市场监管机制比较研究及对我国的启示》，华东政法大学 2012 年硕士学位论文，第 32 页。

② 参见汤吉军：《市场结构、碳污染与政府规制》，载《产业经济评论》2011 年第 2 期，第 148 页。

(四)碳交易市场监管机制的核心工具

碳金融创新是碳交易市场监管机制的核心工具。通过碳金融市场的创新,不仅涌现了许多与排放权相关的金融衍生品,为碳交易市场带来了巨大挑战,而且通过碳金融体系的博弈机制,不断完善碳交易市场监管,因此,在进行全球航空碳交易市场监管时,构建金融创新与监管的良好博弈机制就成为该制度的必然选择。

本章小结

根据2013年ICAO第38届大会的决议,全球航空碳排放交易体系的构建已经成为国际社会亟待解决的问题。然而,不仅具有“气候环境宪章”地位的UNFCCC和《京都议定书》,而且国际社会都尚未对国际航空碳排放形成有效的强制性规则。

从全球航空碳排放交易制度的构建应遵循的国际法基本原则以及规则、管理全球航空碳排放交易的适格主体、全球性“基于市场的措施”方案作为解决全球航空碳排放的一种切实可行方案以及具体制度设计方面初步构建了未来全球航空碳排放交易制度的基本原则和规则。

首先,全球航空碳排放交易制度的构建应该遵循领空主权原则、共同但有区别责任原则、非歧视原则和领空主权原则。同时,应该遵循UNFCCC、《京都议定书》《巴黎协定》《芝加哥公约》与ICAO大会决议的相关国际法规则。

其次,ICAO当然是管理全球航空碳排放交易的主体,由于国际社会不存在凌驾于国家之上的“全球政府”和“世界政府”,因此,国家是其最基本和最重要的主体。

再次,ICAO第37届大会决定实施的全球性“基于市场的措施”方案是解决全球航空碳排放的一种切实可行的方案。ICAO第38届大会决定制定用于国际航空的全球基于市场的措施计划。该措施的方案包括全球强制性抵消、辅以创收机制的全球强制性抵消和全球性排放权交易计划,这三种方案各有优劣,但在实施过程中,存在原则冲突、市场失灵、政策执行效力以及方案本身的问题,这需要ICAO确定全球单一基于市场的措施方案的超主权机构、有差别实施全球性“基于市场措施的”方案以及积极推动发达国家对发展中国家的援助、交流和合作。

最后，分别从碳减排目标与总量设定、碳排放配额分配、交易模式以及市场监管四个方面对全球航空碳排放交易的具体制度进行设计。同时，针对发达国家和发展中国家的具体情况，分别采取不同的交易模式，尽管总量控制与交易模式有其不合理的因素，但该模式显然是航空碳排放交易制度构建的最终目标。

但是，构建全球航空碳排放交易制度的过程是各主权国家利益不断博弈的过程，不可能一朝一夕形成，必将是一个漫长的过程，任重而道远。

第七章　我国相关法律实践及航空碳排放交易制度的构建

根据IPCC第五次评估报告中第一工作组报告《气候变化2013：自然物理基础》及其决策摘要中规定所提出，全球气候变暖已成为毋庸置疑的事实。其中，人类活动极有可能是导致全球气候变暖的主要原因，且可能性在95%以上。① 国际社会真正关注气候变化及其影响始于1972年召开的联合国人类环境会议。1992年6月，联合国环境与发展大会开放签署了UNFCCC，并于1994年3月正式生效，标志着气候变化正式纳入国际法的调整领域。为了使UNFCCC的承诺具体化，1997年12月《京都议定书》正式通过并于2005年正式生效，该议定书确定削减包括二氧化碳在内的六种温室气体。其中，二氧化碳对全球气候变化的贡献最大。

为履行《京都议定书》量化的具体承诺，2003年10月，欧洲议会和欧盟理事会正式通过2003/87/EC指令，并于2005年1月1日正式启动EU ETS。2008年11月19日，欧盟理事会正式批准2008/101/EC指令，决定自2012年1月1日起，将航空业纳入EU ETS。尽管欧盟航空交易指令受到国际社会的强烈反对，引起诸多法律争议，但在欧盟航空交易指令的推动下，ICAO第38届大会通过决议，决定于2016年前通过全球航空碳减排方案，并于2020年付诸实施，也就是说，全球航空碳减排协议的达成已经提上日程。2016年10月，ICAO第39届大会通过了两份重要文件，形成了第一个全球性行业减排市场机制。

自2007年开始，我国已经成为世界温室气体排放第一大国，面临着越来越大的国际减排压力。② 自2017年开始，广东省将民航与造纸业纳入碳排放

---

① 参见新华网，http://news.xinhuanet.com/yzyd/local/20130929/c_117561268.htm，2017年11月25日访问。

② 参见刘慧等：《中国碳排放态势与绿色经济展望》，载《中国人口·资源与环境》2011年第S1期，第151页。

权交易试点管理,这是广东省碳市场实现与全国碳市场有效对接的重要举措。① 由此可见,航空碳排放在我国已经逐渐纳入碳市场交易试点管理。虽然我国作为发展中国家,根据《京都议定书》的规定,我国不需要承担强制性减排义务,但《京都议定书》第一承诺期期限已至,同时,全球航空碳排放交易制度的构建已成为大势所趋。因此,我国应该积极主动参与全球航空碳减排协议的谈判并促进其尽快出台,这不仅可以彰显我国在后《京都议定书》时代温室气体减排的良好形象,而且在开展新的航空运输协定谈判时,积极采取应对全球航空碳排放交易制度的措施,从而进一步维护我国的航空业。

第一节　我国航空碳排放交易制度的法律实践

根据我国"十二五"规划的相关要求,到 2017 年,国内单位 GDP 二氧化碳排放量将下降 17%。此外,中国政府郑重承诺,单位国内生产总值二氧化碳排放比 2005 年下降 60% ~65%。② 目前我国仍处于经济快速发展阶段,在未来一段时间内,碳排放绝对总量仍会快速增长,在短期内不会出现排放量峰值。迫于日益严峻的资源环境形势和国际气候谈判压力,要实现上述减排目标并非易事。作为一项基于市场的减排机制,碳排放交易无疑具有广阔的发展空间。

国家发展和改革委员会于 2011 年 10 月,发布了《关于开展碳排放交易试点工作的通知》,正式批准广东、湖北、天津、北京、上海、重庆和深圳"两省五市"在 2013 年至 2015 年间开展碳排放权交易试点工作。该通知具有重要的里程碑意义,标志着我国开始实质性探索逐步建立碳排放权交易机制。目前,我国的碳排放权交易发展路径大约分为三个阶段,如图 7 - 1 所示。第一阶段:2013 ~ 2015 年试点地区探索阶段;第二阶段:2016 ~ 2020 年全国性碳市场建设阶段;2020 年后同国际碳排放交易机制接轨阶段。如前所述,碳排放交易分为基于项目的碳排放交易和基于配额的碳排放交易。

---

① 参见谢庆裕:《民航与造纸业纳入碳交易管理》,载《南方日报》《绿色周刊》2017 年 1 月 11 日,第 A21 版。

② 参见廖振良编著:《碳排放交易理论与实践》,同济大学出版社 2016 年版,第 66 页。

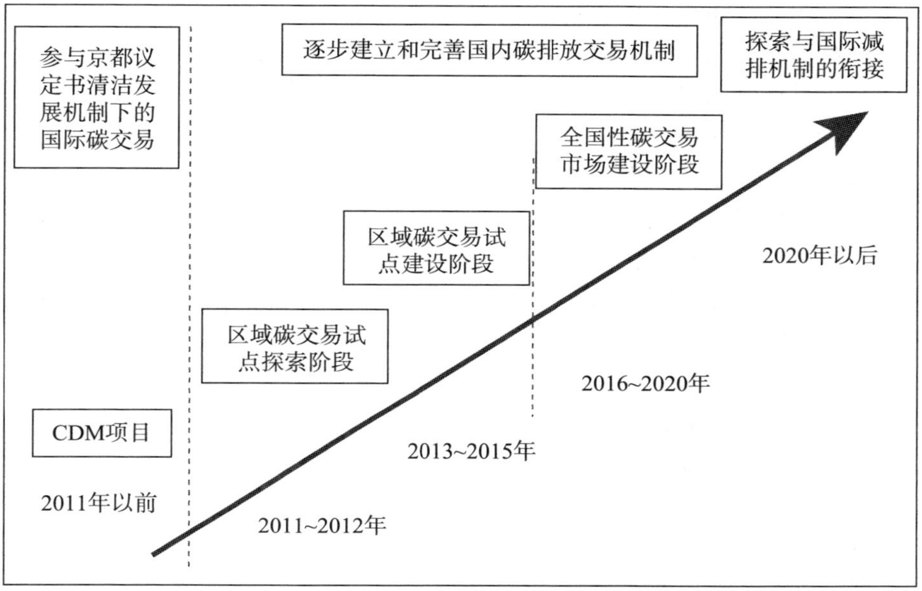

图 7－1　国内碳排放交易机制发展路径示意

一、基于项目的碳排放交易法律实践

所谓基于项目的碳排放交易，是指以温室气体减排项目产生的经核证的减排量为交易对象的碳排放交易类型。[①] 在我国，基于项目的碳排放交易主要包括基于 CDM 项目产生的碳排放交易以及温室气体自愿减排交易。

（一）基于 CDM 项目的碳排放交易

因 CDM 项目而产生的碳排放交易属于国际碳排放交易，即《京都议定书》附件一国家在我国投资温室气体减排项目或碳汇等 CDM 项目，该项目所产生的 CERs（核证减排量）可用于附件一缔约方履行其在《京都议定书》项下所规定的温室气体减排义务。《京都议定书》规定的 CDM 是一种双赢机制，不仅为发达国家履行温室气体减排义务提供了一种灵活而又低成本的方式，而且可以为我国实施 CDM 项目获得资金和技术方面的支持，有利于我国低碳经济的发展。

① 参见曹明德、刘明明、崔金星著：《中国碳排放交易法律制度研究》，中国政法大学出版社 2016 年版，第 217 页。

1. CDM 项目的管理体制

作为 CDM 项目的东道国，为规范和促进 CDM 项目的有效有序进行，维护国家气候系统资源利益以及 CDM 实施方的利益，我国制定了《中国清洁发展机制基金有偿使用管理办法》、《清洁发展机制项目运行管理办法》和《中国清洁发展机制基金赠款项目管理办法》等部门规章，并成立了 CDM 项目管理机构。目前，我国 CDM 项目管理机构主要包括 CDM 项目审核理事会、CDM 项目合作主管机构、CDM 项目管理中心以及 CDM 基金管理机构。

2. CDM 项目的管理机制

根据《清洁发展机制项目运行管理办法》、《中国清洁发展机制基金有偿使用管理办法》、《中国清洁发展机制基金赠款项目管理办法》和《中国清洁发展机制基金管理办法》的规定，我国 CDM 项目的管理机制主要包括程序机制、基金机制、权利义务机制和责任机制。

（二）温室气体自愿减排交易

温室气体自愿减排交易，是指以《温室气体自愿减排交易管理暂行办法》的规定为依据，进行国内碳排放交易，其交易标的为“核证自愿减排量”（CVER）。在《温室气体自愿减排交易管理暂行办法》中，自愿减排量的核证由自愿减排项目产生，自愿减排项目首先在国家发改委备案，经备案的自愿减排项目产生减排量并经有资质的机构核证后在国家发改委进行减排量备案，经备案的减排量就成为可以在法定交易机构交易的核证自愿减排量。[①] 国内外机构、企业、团体和个人都可以在国家发改委备案的交易机构内参与温室气体自愿减排量交易。

国家发改委于 2012 年 6 月，颁布了《温室气体自愿减排交易管理暂行办法》，这也是我国有关碳排放交易的首个部门规章。其要实现的两个目标如下：第一，鼓励和引导实施温室气体自愿减排项目，从而促进企事业单位、机构和个人积极开展温室气体减排项目，努力减缓气候变化；第二，规范和管理实施温室气体自愿减排项目，确保温室气体自愿减排的真实性和额外性，从而为将来自愿减排量进入碳排放配额交易市场做好准备。

1.《温室气体自愿减排交易管理暂行办法》的适用范围和基本原则

《温室气体自愿减排交易管理暂行办法》的适用范围包括在中国境内注

---

① 参见曹明德、刘明明、崔金星著：《中国碳排放交易法律制度研究》，中国政法大学出版社 2016 年版，第 217 页。

册的企业范围针对《京都议定书》所规定的六种温室气体所开展的自愿减排项目，该六种温室气体包括氧化亚氮（N_2O）、甲烷（CH_4）、二氧化碳（CO_2）、全氟化物（PFC_S）、氢氟碳化物（HFC_S）和六氟化硫（SF_6）。在中国境内的温室气体自愿减排交易应该遵循公开、公平、公正和诚信原则。

2. 管理主体和参与主体

温室气体自愿减排交易的国家主管部门是国家发展和改革委员会，省、自治区和直辖市的发改委协助国家发展和改革委员会管理温室气体自愿减排交易活动。国家发改委对温室气体自愿减排交易项目的管理主要体现在项目管理、减排量管理、审定与核证机构管理和减排量交易管理四个方面。省、自治区和直辖市的国家发展和改革委员会主要在自愿减排项目的备案申报方面协助国家发展和改革委员会的管理工作。

温室气体自愿减排量交易的参与主体包括国内外机构、企业、团体和个人。但值得注意的是，所有实施温室气体自愿减排项目，并获取核证自愿减排量的必须是在中国境内注册的企业法人。

3. 备案和登记管理

国家发展和改革委员会建立国家自愿减排交易登记簿，并对温室气体自愿减排交易采取备案和登记管理。备案和登记管理包括自愿减排项目、减排量和核证自愿减排量交易的备案和登记三个方面。

4. 审定和核证管理

《温室气体自愿减排交易管理暂行办法》对审定与核证机构实行备案管理。审定和核证机构的备案条件包括具有规范的管理制度、在审定和核证领域具有良好的业绩、具有一定数量的审核员、审核员在其审核领域具有丰富的从业经验且从未出现任何不良记录，业绩具备一定的经济偿付能力等。①

5. 温室气体自愿减排交易的实践

（1）温室气体自愿减排项目的实施情况

自 2012 年 6 月以来，为了引导和规范温室气体自愿减排交易活动，国家发展和改革委员会颁布了《温室气体自愿减排项目审定和核证指南》《温室气体自愿减排交易管理暂行办法》等指导性文件，“两省五市”在其各自的碳排放交易管理暂行办法中也规定了核证自愿减排量的交易机制，目前我国已经

① 《温室气体自愿减排交易管理暂行办法》第 28 条规定。

基本形成了温室气体自愿减排交易的政策法规支撑体系。

(2)抵消机制与温室气体自愿减排交易

自2013年6月以来,“两省五市”7个碳排放交易试点相继开启了碳排放交易市场。各试点都规定了核证自愿减排量的抵消机制,即纳入碳排放交易的单位可以通过购买国家核证自愿减排量抵消其超额温室气体排放。抵消机制的设计进一步扩张了碳排放交易市场对国家核证自愿减排量的需求,进而激励了温室气体自愿减排项目的实施。

二、基于配额的碳排放交易法律实践

在我国,基于配额的碳排放交易尚处于探索建立阶段。自2013年6月以来,相继开启了“两省五市”的7个试点碳排放交易市场,在各试点均出台了与本行政区域相适应的碳排放交易管理办法,也对配额分配和管理、配额清缴义务、碳排放核查和碳排放总量控制等核心问题进行详细规定。国家发改委在总结碳排放交易试点的地方性立法经验基础上,于2014年12月又颁布了《温室气体自愿减排交易管理暂行办法》。该办法主要对全国碳排放交易的配额管理、管理体制、核查和清缴,以及排放交易等事项作出了规定。

截至2017年,我国的碳排放交易累计配额成交量,已经达到40.18亿吨二氧化碳当量,其累计成交金额约为1647亿元人民币。[①] 随着我国碳交易市场的启动,规模将超过欧盟(2017年欧盟碳市场交易规模为19.39亿吨二氧化碳当量),我国碳排放交易市场将超过欧盟成为全球最大碳市场。[②]

(一)管理体制

各地方碳排放交易管理采取主管和分管相结合的管理体制,各地方都规定碳排放交易的主管机关由发展改革部门负责碳排放交易的组织实施和统一协调。各试点碳排放交易立法都规定由财政、金融、城乡建设、国有资产、质量监督、物价、统计、经济和信息化、交通和商务等部门按照各自责任做好与碳排放交易相关的管理工作,即这些部门成为碳排放交易的分

① 参见《全国碳交易市场将于12月19日启动,百亿碳资产管理市场将启》,载碳排放交易网,http://www.tanpaifang.com/tanjiaoyi/2017/1215/61068.html,2017年12月31日访问。

② 参见《全球碳交易市场或将于12月19日正式启动》,载碳排放交易网,http://www.tanpaifang.com/tanjiaoyi/2017/1218/61092.html;《中国碳市场规模居全球之首》,载搜狐网,http://www.sohu.com/a/210358441_357198,2018年12月31日访问。

管部门。

（二）管控范围

1. 目标温室气体的确定

除重庆将六种温室气体都作为碳排放交易的目标气体外，其他试点颁布的碳排放交易的地方性法规都只将碳排放交易限于二氧化碳。与各试点的管理办法相比，《碳排放权交易管理暂行办法》将纳入碳排放交易的温室气体扩张为七类，除了《京都议定书》规定的六类国际公认的应当受到管制的温室气体外，还包括三氟化氮（NF_3）。

2. 获得配额并承担提交与实际排放等量配额义务主体的确定

有资格获得配额并承担提交与实际排放等量配额义务的主体不仅包括企业，还包括政府和事业单位。被纳入碳排放交易体系部门或行业的范围主要包括工业、交通、建筑和服务业，但各试点对于碳排放交易覆盖的行业范围以及行业内的具体领域有所不同。《碳排放权交易管理暂行办法》原则性规定了纳入碳排放交易体系单位的确定方法，即首先重点排放单位的确定标准由国家发展和改革委员会公布，各省市纳入碳排放交易体系的重点单位名单，则由省级发改委根据此标准确定，并报国家发改委批准和公布。

（三）配额管理

配额管理是指碳排放交易主管部门就排放配额总量的确定、配额的初始分配、登记、交易以及清缴等行为开展的一系列管理活动。

1. 配额总量的确定

（1）配额总量的确定方法

根据各排放交易试点的实施方案和管理办法的规定，国家对试点地区控制温室气体排放的约束性指标是碳排放总量控制考量因素的核心，地区经济发展规划和目标以及碳减排义务主体的历史排放情况和减排潜力要服务于控制温室气体排放的约束性指标。

《碳排放权交易管理暂行办法》原则性地统一规定了全国和各省、自治区和直辖市碳排放配额的确定方法，即由国家发改委综合考虑国家、各省、自治区和直辖市的经济增长、温室气体排放情况、能源结构、重点排放单位纳入情况，以及产业结构等因素，来确定国家、各省、自治区和直辖市的排放配额总量。①

① 《温室气体自愿减排交易管理暂行办法》第8条规定。

(2)配额总量的结构

根据各试点配额分配方案的规定,配额总量的构成主要考虑三个要素:其一,纳入碳排放交易体系单位的配额初始分配问题;其二,新增企业或设备的配额需求问题;其三,政府调控碳排放交易市场的配额需求问题。尽管各试点的配额分配方案不同,但都注意到不能一次性将全部配额分给纳入碳排放交易体系的单位,而是为新进企业或设备以及市场调控预留余额。

《碳排放权交易管理暂行办法》规定,国家发展和改革委员会负责制定全国碳排放配额的分配方案。国家碳排放配额总量的结构包括省、自治区和直辖市免费分配的排放配额以及国家预留的排放配额两个部分。省、自治区和直辖市的碳排放配额总量结构由有偿分配配额与无偿分配配额两个部分共同构成。另外还规定,由国家预留配额,省、自治区和直辖市不预留配额,国家预留的配额用于有偿分配,市场调节或重大项目建设。

2. 配额的初始分配

碳排放交易主管部门通过法定方式,将排放配额分配给负有温室气体减排义务的主体,即配额的初始分配。其对碳排放交易体系的有效运行具有非常重要的作用与影响,它涉及配额的分配方法、政府对碳排放交易市场的宏观调控、新进企业或设备的公平竞争、取得方式以及早期减排者公平待遇等。

(1)取得方式

有偿分配和无偿分配这两种配额分配,是依据控排单位取得排放配额是否支付对价。结合我国各试点配额分配的方案与实践,对天津、深圳和广东采取无偿分配为主,以有偿分配为辅的初始分配方式。另外,除北京还未公布分配方案外,其他试点城市都采取了无偿分配方式。

(2)分配方法

无偿分配和有偿分配是初始分配方式的两种主要形式。① 根据不同的分配参照标准,目前无偿分配方式可分为基于"祖父法则的分配"和基于"标杆法则的分配"两种;有偿分配主要分为拍卖和政府定价两种。

3. 配额登记

所谓配额登记,是指登记管理机构通过登记簿对取得、转让、变更、清缴和注销等行为以及与此相关的事项进行记载和统一管理。配额登记是配额

① See Markus Aihman, Lars Zetterberg, "Options for Emission Allowance Allocation under the EU ETS Trading Directive", *Mitigation and Adaptation Strategies for Global Change*, Vol. 10, 2005, pp. 597 – 645.

权利的公示方式,登记簿是配额权属的根据。自登记之日起,配额的分配、持有、转让、变更、清缴和注销等行为发生效力;不经登记,不发生效力。作为无形资产,碳排放配额的取得、转让和变更等行为都通过电子系统实现。

根据各试点关于配额登记的相关规定,配额登记主要分为初始登记、变更登记和注销登记三类。

4. 交易管理

交易管理是指为了实现碳减排目标和促进碳减排交易市场的有序和健康发展,碳排放交易主管机关管理和调控碳排放交易行为的活动。根据目前各试点地区颁布的碳排放交易相关规定,交易管理主要涉及价格干预机制、配额交易限制和风险管理机制三个方面。

5. 配额清缴

配额清缴是指在碳排放交易主管部门确定的义务履行期限届满时,将纳入碳排放交易体系的碳减排义务主体提交足够的配额或者符合一定比例要求的核证自愿减排量以抵消在该期间内的温室气体排放的行为。配额清缴主要涉及核证自愿减排量的使用、企业变更对清缴义务的影响以及违反清缴义务的法律责任问题。

三、我国碳排放交易法律实践的成就、问题及应对策略

综上所述,我国碳排放交易实践经历了由单纯的项目交易到配额交易与项目交易相结合的发展过程。随着 ICAO 第 39 届大会国际航空业市场机制的确立,全球航空碳排放减排协议的达成将不可避免,《京都议定书》确立的清洁发展机制前景渺茫,后京都时代我国基于清洁发展机制的碳排放交易活动的发展尚未可知。为了促进后京都时代我国基于项目的碳排放交易的发展,2012 年国家发展和改革委员会颁布了《温室气体自愿减排交易管理暂行办法》。该暂行办法对激励国内自愿减排行动和碳排放交易起到了积极作用,但由于我国未对碳排放交易实行强制性约束,所以,自愿减排交易的内生动力不足,交易量惨淡。自 2013 年以来,随着我国"两省五市"逐渐推行总量控制型碳排放交易,配额交易开始在我国得到发展,并且基于项目的碳排放交易也因核证减排量抵消机制而得到进一步激励,我国碳排放交易总体发展势头良好。目前,我国碳排放交易市场取得成就如下:

(一)我国碳排放交易法律实践的成就

综上所述,近年来,我国对碳排放交易的探索和实践不仅取得了较显著

成效,还为我国以后全国碳排放交易市场建设提供了宝贵经验。其具体表现如下:

1. 碳排放交易的规范体系基本形成

目前,在我国地方层面,“两省五市”7 个碳排放交易试点都颁布了各自的碳排放交易暂行管理办法以及相关配套规定;在我国中央层面,国家发改委先后出台了《清洁发展机制项目运行管理办法》《温室气体自愿减排交易管理暂行办法》《碳排放权交易管理暂行办法》以及相关配套规定。由此可见,目前我国碳排放交易规范体系主要由部门规章和“两省五市”地方性法规及地方规章组成,内容涉及了管理体制、总量控制、配额管理和交易、排放监测以及报告和核证等排放交易制度的核心要素,这为我国将来进行全国碳排放交易立法和创建全国碳排放交易市场奠定了坚实的基础。

2. 自愿碳排放交易与总量控制型碳排放交易相结合的模式

我国碳排放交易从最初单一的基于清洁发展机制项目的碳交易到国内自愿减排交易再到“两省五市”7 个碳排放交易试点的配额交易,逐步形成了总量控制型碳交易与自愿碳交易相结合的交易模式。

3. 碳排放交易能力得到明显提升

碳排放交易能力包括管理能力、技术能力和服务能力。

(1)管理能力包括行政管理能力和交易平台管理能力。根据《温室气体自愿减排交易管理暂行办法》与《碳排放权交易管理暂行办法》,以及各碳排放交易试点的管理办法,碳排放交易的主管部门是国家发展和改革委员会和各省、自治区和直辖市的国家发展和改革委员会。我国碳排放交易行政管理体制是由发展改革部门作为主管部门,金融、统计和环保等部门为协管部门的主管与分管相结合的管理体制,各部门之间的职责划分比较明确。目前我国尚未建立国家碳排放交易机构,但各试点都建立了各自的碳排放交易机构,且各交易机构都开始了实质性的碳排放交易,这为我国构建统一的碳排放交易市场奠定了基础。

(2)在碳排放交易试点期间,各试点都制定了大量的碳排放交易技术规范,成立了交易所并建立了交易系统,各方面的意识和能力都大幅提高,这为各地制定气候变化政策和减排措施提供了有力的技术支撑。

(3)随着我国碳排放交易规模的不断扩大,碳资产管理机构和碳排放监测、报告以及核证机构也从无到有并且队伍不断扩大,这些服务机构的壮大为碳排放交易的顺利推广奠定了基础。

4. 积累了确定配额总量与初始分配的经验

我国各碳排放交易试点省市推行的都是总量控制型碳排放交易体系。在碳排放总量控制方面，各试点省市基本都是根据温室气体减排目标、经济和社会发展的实际情况、能源消费总量及增量目标、纳入碳排放交易体系单位的减排能力，以及能源强度目标等因素，确定本行政区域的碳排放配额总量。然而，各试点省市的碳排放配额总量有所不同。

在排放配额的初始分配方面，各试点省市通过自下而上收集碳排放数据和自上而下确定年度排放配额总量，制定了现有企业配额、新增产能配额和调控配额构成的年度排放配额总量。各试点省市关于排放配额初始分配方案的不同做法不仅对碳排放交易制度的成效具有重要作用，而且提供了多种探索，对于总结经验并形成适合我国国情的碳排放配额初始分配方式具有重要作用。

5. 碳排放交易逐步扩宽，出现碳价格

碳排放交易的其中一个目的在于对碳排放权进行定价，其中配额价格主要通过公开竞价和协议转让完成。各试点省市都建立了碳排放交易平台，主要通过场内交易完成碳排放权的定价。除了配额交易，各试点省市还探索利用核证自愿减排量抵消碳排放的抵消机制，该机制不仅打开了核证自愿减排量进入碳排放配额交易市场的通道，而且对于发现碳排放配额的价格起到了引导作用，这对推动我国碳排放交易市场的建设具有十分重要的作用。

6. 设立履约机制确保达成碳减排目标

履约是指被纳入碳排放交易体系的单位向碳排放交易主管部门按时提交排放配额以抵消其碳排放的义务。被纳入碳排放交易体系的单位能否履约关系着碳排放总量控制目标的实现。健全的履约机制不仅是被纳入碳排放交易体系的单位能够完全履约的保障，而且对我国将来制定全国统一的碳排放交易立法具有重要的作用。

（二）我国碳排放交易存在的问题

尽管我国碳排放交易的实践取得了一定的成就，为将来建立全国碳排放交易市场奠定了一定的基础。然而，各试点省市碳排放交易市场也暴露出许多问题，其具体表现如下：

1. 现行碳排放交易立法位阶过低

目前，我国有关碳排放交易的规范体系中，国家发展和改革委员会颁布的中央层面部门规章是《温室气体自愿减排交易管理暂行办法》和《碳排放权交易管理暂行办法》;地方层面,除了北京和深圳是由地方人大通过的碳排放交易管理规定,其他试点省市则是由地方人民政府颁布的碳排放交易管理办法。

然而,根据我国新修订的《立法法》第 80 条第 2 款①的规定,作为一种增加被纳入碳排放交易体系单位义务的行为,碳排放交易至少应当由行政法规、命令或决定作出。因此,我国目前有关碳排放交易规范体系分别属于部门规章、地方性法规和地方性规章,很明显违反了《立法法》的规定。此外,立法位阶过低容易导致交易规范的权威性、稳定性和透明性不足,不利于推行和发展碳排放交易。

2. 碳排放交易一级市场法制不统一

碳排放交易一级市场是整个碳排放交易市场创建和有效运行的基石,该市场法制主要包括碳排放配额总量控制制度和碳排放配额的初始分配制度两个方面。

(1)碳排放配额总量控制制度

目前我国各试点省市缺乏碳排放基础数据以及总量控制理论方法和能力的支撑,导致确定当前和未来碳排放量、制定碳排放交易总量控制目标和确定行业覆盖范围等关键性问题存在不确定性。同时,自上而下和自下而上的碳排放数据不一致、电力排放的重复计算、缺乏总量控制目标对经济和社会发展的影响评估以及行业企业减排潜力和成本分析等问题,导致当前碳排放总量控制目标的设定存在比较大的缺陷。因此,需要提高总量控制的科学性和准确性,从而设定全国碳排放总量控制目标。

(2)碳排放配额的初始分配制度

各试点省市碳排放配额分配的方法和标准不统一,这对将来全国碳排放市场的建立提出了非常大的挑战。除此之外,碳排放配额初始分配的公平性有待提高。

3. 碳排放交易二级市场的规制不足

碳排放交易二级市场是指碳排放配额或排放信用的供需双方进行配额或信用交易的场所和相关交易行为的总称。碳排放交易二级市场是实现碳

---

① 我国《立法法》第 80 条第 2 款规定:“部门规章规定的事项应当属于执行法律或者国务院的行政法规、决定和命令的事项。没有法律或者国务院的行政法规、决定和命令的依据,部门规章……不得增加本部门的权力或者减少本部门的法定职责。”

排放交易制度设计目标——以最低成本实现碳减排的关键所在，即碳排放交易制度的成败直接受到碳排放交易二级市场法律规制的有效性影响。我国各试点省市有关碳排放交易市场的规范性文件侧重于碳排放交易一级市场的法制建设，而忽视了碳排放交易二级市场的规范问题。我国碳排放交易二级市场存在碳排放配额或核证自愿减排量的法律属性界定不清、配额垄断和价格形成机制不健全等问题。

4.碳排放交易调控和监管机制不健全

与普通商品市场相比，碳排放交易市场具有非常强的国家干预色彩，其创建和运行都离不开政府的调控和监管。目前，我国碳排放交易市场调控和监管仍存在管理体制不健全，不同部门之间存在冲突；价格干预机制不健全，企业履约成本具有不确定性；履约机制力度不足，企业违约成本低；政府对碳排放交易市场的监管不仅仅涉及碳排放交易主体和交易行为，还涉及对碳排放交易服务主体的监管以及碳泄漏监管不力等诸多问题。

(三)应对我国碳排放交易存在问题的策略

如前所述，我国碳排放交易存在上述问题，本部分拟从宏观层面探讨我国碳排放交易市场上述问题的应对策略，具体策略如下：

其一，制定碳排放交易管理条例及其配套规定，完善碳排放交易管理法律法规体系。由于碳排放交易涉及碳排放权的设定、分配与交易，而碳排放权的设定与分配实际上为被纳入碳排放交易体系的企业设定了履约义务，即碳排放权的权利主体实际上也是碳减排义务的履约主体。根据我国《立法法》的规定，由于碳减排义务对企业意味着负担，而增加企业负担的行为应该由法律或行政法规对其进行规定。从立法位阶来看，碳排放交易立法应当是气候变化应对法的下位法。作为一项综合性立法，气候变化应对法应当采取相应的法律形式。当其采取法律的形式，应当原则性地规定碳排放交易法律制度，然后通过行政法规的形式制定碳排放交易管理条例。除此之外，还应当制定温室气体排放监测、报告和核证等方面的技术规范。

其二，完善碳排放交易一级市场法制，建立健全碳排放总量控制制度和碳排放配额初始分配制度。碳排放总量控制目标的设定不仅要符合温室气体减排的要求，而且要在经济和社会条件允许的范围内实施总量控制。此外，碳排放配额初始分配要兼顾公平性和效率性的统一。

其三，建立健全碳排放交易二级市场法制，促进碳排放交易体系良性高速运转。完善碳排放交易二级市场需要做好以下工作：一是在碳排放交易管理条例中明确规定碳排放配额和核证自愿减排量的法律属性；二是制定碳排放配额和核证自愿减排量交易的反不正当竞争及反垄断规则，促进碳排放交易的有序性和流动性；三是完善碳排放配额和核证自愿减排量的价格发现机制，促进碳排放配额和核证减排量的同质化。

其四，完善碳排放交易的调控和监管机制，保障碳交易目标的实现。一是理顺碳排放交易管理体制，明确碳排放交易主管部门及其职责分工；二是建立健全碳排放配额的价格干预机制；三是建立严格的履约机制，提高企业的违约成本，保障实现总量控制目标；四是完善第三方机构的监管机制，确保碳排放监测、报告和核证的真实性；五是建立碳泄漏监测和预防机制，确保碳排放交易体系的减排效果。

其五，规范碳排放交易平台的管理、注册登记制度、温室气体排放核算和报告方法、第三方核证规则、碳金融服务机构的管理等事项。

第二节　我国的相关立法及与发达国家立法的差距

根据 ICAO 理事会年度报告的统计，2012 年我国航空业客运量和货运量（包括国际和国内航班）达 60, 566 百万吨公里，已跃居世界第二，仅次于美国。[①] 2016 年，我国航空业客运量和货运量（包括国际和国内航班）达 96, 065 百万吨公里，稳居世界第二。[②] 2012 ~ 2016 年，我国航空业客运量和货运量（包括国际和国内航班）年平均增长率为 12. 223% 。此外，根据我国学者的估计，2015 年我国航空业排放量达到 8530 万吨二氧化碳当量，年均增速将达到 15. 4% 。[③]

然而，我国有关航空碳排放的立法不仅起步晚，航空减排监管严重不力，而且法律法规和标准极其不完备。目前唯一直接规制航空碳排放的法律文件是 2002 年我国民用航空总局局务会议通过的《涡轮发动机飞机燃油排泄和排气排出物规定》，该规定属于部门规章，规定了航空器适航的标准以及航空器排放达标的排放要求。除该规定外，我国其他相关法律文件基本上是间

① See ICAO, Annual Report of Council：2012, pp. 88 – 90, available at http://www. icao. int/publications/Docoments/10001_en. pdf，2017 年 12 月 28 日访问。

② See ICAO, Annual Report of Council：2016, pp. 5 – 6, available at https://www. icao. int/annual-report – 2016/Pages/ZH/the-world-of-air-transport-in – 2016 – statistical-results. aspx，2017 年 12 月 28 日访问。

③ 参见陈波著：《碳排放权交易市场的设计原理和实践研究》，中国经济出版社 2014 年版，第 125 页。

接规制航空碳排放交易制度,虽然这些法律、法规对我国航空碳排放的规制起着重要的作用,但已不能有效地规制我国航空碳排放,不仅不能应对国际社会温室气体减排的发展趋势,而且不能在全球航空碳排放交易体系的构建中占据主导地位。

一、我国现有航空碳排放的相关立法

目前我国直接或间接规制国际航空碳排放的立法,主要包括《大气污染防治法》、《节约能源法》、《环境保护法》与《涡轮发动机飞机燃油排泄和排气排出物规定》。除了上述法律、法规外,我国还以政府指令的形式发布了许多指导意见、通知和规划等。

(一)《环境保护法》

《环境保护法》于2014年4月24日正式通过,在2015年1月1日起开始施行。新修订的《环境保护法》共7章70条。其中,与航空碳排放交易制度有关的内容主要包括:其一,适用范围:该法第2条明确指出大气属于其规制范围,并在第42条规定应该防治的污染或其他公害,包括废气、恶臭气体及噪声等;其二,该法不仅完善了环境监测制度和跨行政区污染防治制度,而且补充了重点污染物排放总量控制制度,同时还明确规定环境公益诉讼制度。这些法律规定对规制我国国际航空碳排放交易制度具有十分重要的作用。

(二)《大气污染防治法》

《大气污染防治法》于2000年4月29日正式通过,并于2000年9月1日起施行。该法共7章66条,明确规定了大气污染防治的监督管理、防治燃煤产生的大气污染、防治机动车船排放污染及防治废气、尘和恶臭污染的主要措施和法律责任。同时,还规定了大气污染物排放总量控制与许可证制度、污染物排放超标违法制度和排污收费制度三大制度,这些规定在一定程度上有利于我国规制国际航空碳排放。

(三)《清洁生产促进法》与《固体废物污染防治法》

为了实现我国从传统的末端治理向污染预防和过程控制的巨大转变,2002年6月,我国出台了《清洁生产促进法》,在其第16条中规定,各级人民政府应当优先采购废物节能、节水和再生利用等有利于环境与资源保护的产品。[①] 2004年,我国修订了《固体废物污染环境防治法》,根据该法第43条的

① 参见《中华人民共和国清洁生产促进法》,载人民网,http://www.people.com.cn/GB/jinji/31/179/20020629/764312.html,2017年12月24日访问。

规定，城市人民政府应当有计划地改进燃料结构，发展城市煤气、天然气、液化气和其他清洁能源等。[①]《大气污染防治法》构建的三大制度主要规定的是发展清洁能源的禁止性条款，而这两部法律主要对发展清洁能源进行正面引导，这些规定对我国航空碳排放的规制都起着重要的作用。

（四）《节约能源法》

《节约能源法》于2007年10月28日正式通过，并于2008年4月1日起施行。该法共7章87条，虽然该法规定了工业、建筑、交通运输、公共机构和重点用能单位的节能减排，对我国实现节能降耗提供了法律保障，但该法并没有规定航空部门的节能减排。

（五）《涡轮发动机飞机燃油排泄和排气排出物规定》

2002年3月20日，中国民用航空总局局务会议通过了《涡轮发动机飞机燃油排泄和排气排出物规定》，并于2002年4月19日起施行。该法是目前我国唯一一部规制航空碳排放的法律文件。该规定是根据《民用航空法》第3条[②]的授权制定的，其具体内容主要参考了《芝加哥公约》附件16第Ⅱ卷《航空发动机排出物》（1993年7月第2版）和美国联邦航空条例第34部第一次发布至34－3修正案。同时，为了与ICAO接轨，该规定规定了TSS类发动机。[③]

（六）指导意见、通知和规划等

由于《民用航空法》并未规定航空碳排放问题，《涡轮发动机飞机燃油排泄和排气排出物规定》仅对我国航空碳排放提出排污要求，这已经不能适应国际航空碳排放发展的要求。

为规制我国航空碳排放并适应国际航空碳排放发展的要求，国务院、国家发展和改革委员会和国务院相继通过了一系列指导意见、规划和通知，具体如下：

其一，2011年3月20日，我国民航总局发布《关于加快推进行业节能减

① 参见《中华人民共和国固体废物污染环境防治法》，载中国人民政府网，http://www.gov.cn/flfg/2005－06/21/content_8289.htm，2017年12月24日访问。

② 《中华人民共和国民用航空法》第3条规定："国务院民用航空主管部门对全国民用航空活动实施统一监督管理……"参见中央人民政府网，http://www.gov.cn/banshi/2005－08/23/content_25581.htm，2017年12月24日访问。

③ 我国目前尚未有TSS发动机。TSS发动机是指用在超音速航空器上的所有航空燃气涡轮发动机。

排工作的指导意见》。该意见具体规定了我国航空减排的目标，并分三个阶段予以实现，基于《民航行业节能减排规划》的基本框架，该意见成为我国未来一段时期内指导民航业节能减排的纲领性文件。

其二，国务院于2014年5月通过了《2014－2015年节能减排低碳发展行动方案》，并要求积极推行市场化节能减排机制。由此可见，由于基于市场的措施环境治理成本较低，该措施实质上已成为我国应对气候变化和减少温室气体排放的重要政策工具。①

其三，2017年中国民航总局发布的《中国民用航空发展第十三个五年规划（2016－2020年）》是“十三五”时期推动行业节能减排与应对气候变化工作的纲领性文件。该规划提出，“十三五”期间我国民航业面临的资源环境约束将日益明显。

从国家层面看，为实现我国到2020年碳强度降低40%～45%的约束性目标以及2030年左右二氧化碳排放达到峰值、努力早日达峰的目标，国家生态文明制度体系建设将迈向新高度，环境保护与节能减排领域的硬约束将不断强化。

从国际范围看，国际气候治理进入政治协定的落实阶段，围绕气候变化和经济发展的博弈更加激烈。一方面，国际多边机制下标准与规则制定进程快速推进，发达国家凭借技术优势已占有先机；另一方面，全球范围内绿色经济和低碳发展被广泛认同，主要经济体不断地支持低碳技术、新能源和节能环保等领域创新发展，增加投入，以积极抢占未来发展制高点。

同时，提出应该坚持节能环保原则并积极参与“国际航空与气候变化”谈判和磋商，加强研究航空碳排放等问题，不断提高我国民航业应对全球气候变化的能力。

上述指导意见、规划和通知对我国航空碳排放的规制起到了重要的作用。但这些指导意见、规划和通知由国务院办公厅、国家发展和改革委员会、民航总局发布或通过的，属于部门规章。其立法层级较低，对我国航空碳排放的规制作用有限，不能适应国际航空碳排放发展的要求。

二、我国国内立法与美澳等发达国家相关立法的差距

尽管美国等国并未加入《京都议定书》，但迫于全球气候变化的压力以及

---

① 参见朱瑜、刘勇：《欧盟碳排放交易新政、国际航空减排谈判与中国对策研究》，载《国际论坛》2014年第6期，第11页。

国际航空碳排放在全球温室气体排放中所占比重的日益增大，这些国家也纷纷制定了其强制性排放立法，形成了强制性碳排放交易制度。因上文已经探讨欧盟航空碳排放税相关的立法，为避免与上文内容重复，下文着重探讨与美国和澳大利亚有关的航空碳排放的立法。

（一）美澳等发达国家有关航空碳排放的立法

1. 美国

早在20世纪70年代，美国在《清洁空气法》第二篇B部就规定了航空污染的相关立法，并在该法中规定了联邦环境保护总署（EPA）和美国联邦航空局（FAA）规制国际航空碳排放的权力界限。

（1）美国政府"自愿减排计划"、《美国气候安全法》与《能源独立和安全法案》

尽管2001年，为保证美国国内经济发展，美国政府拒绝签署《京都议定书》并质疑全球气候变暖的真实性，但迫于国内国际舆论压力，美国政府于2002年提出了温室气体"自愿减排"计划，要求降低温室气体排放量与经济总量的比值。《美国气候安全法》于2007年12月，被美国参议院环境与公共工程委员会正式通过。法案中通过设立强制性减排机制以限制温室气体排放，①要求美国政府根据总量控制与贸易机制设定二氧化碳等温室气体的总量限额，这明显违背了美国政府一直主张的自愿减排原则。2007年12月，美国参议院通过了《能源独立与安全法案》，该法案降低了美国对外国原油供应的依赖性并缩减了温室气体的排放，②标志着美国从汽车油耗标准和生物燃料方面拉开能源改革的序幕。

（2）2009年《清洁能源与安全法案》与2010年《美国能源法草案》

为应对2009年年底召开的哥本哈根会议，美国众议院通过了2009年《清洁能源与安全法案》。在该法案中，为美国制定了明确的碳减排目标、详细的碳排放总量控制与贸易机制，并确定了具有约束力的总量限额。③ 美国国际气候谈判中的核心政策就是要求发展中的排放大国承担绝对量化减排义务，不仅《美国气候安全法》提出对未采取绝对量化减排政策的国家征收碳

① 参见http://www.thomas.loc.gov/cgi-bin/bdquery/z? d110:s.02191，2017年12月22日访问。

② 参见白宫，http://www.whitehouse.gov/news/releases/2007/12/20071219－1.html，2017年12月23日访问。

③ 参见杨泽伟：《〈2009年美国清洁能源与安全法〉及其对中国的启示》，载《中国石油大学学报》（社会科学版）2010年第1期，第2～5页。

关税,而且2009年《清洁能源与安全法案》延续了这一政策。该政策的实质是以气候变化的名义实施贸易保护主义。①

2010年5月,美国参议院高调推出了2010年《美国能源法草案》。虽然该法案在形式上将气候变化立法向前推进了一步,但其设定的目标更保守、粗陋并缺乏实质意义。

(3)美国减少航空碳排放物的努力

为有效减少航空碳排放物并提高航空系统的效率,美国联邦政府部署了两个主要行动:第一,《新一代航空运输系统计划》(Next Generation Air Transportation System Implementation,以下简称"NGATS"计划,并于2006年正式更名为"NextGen"计划);第二,减少飞机排放物的研发项目部署。②

由此可见,美国规制航空碳排放的立法起步早,且发展迅速,尤其推出的《新一代航空运输系统计划》对推动我国国际航空减排提供了很好的指引。

2. 澳大利亚

尽管澳大利亚在2007年前并未加入《京都议定书》,但这并不妨碍其形成该国独特的排放权交易体系。③ 2003年1月1日,以新南威尔士温室气体减排交易体系为主体的澳大利亚排放权交易体系正式启动,并已在全球应对气候变化领域发挥重要作用。④ 该体系是世界上第一个强制性温室气体排放交易体系,也是目前世界上唯一一个正在发挥作用的成功的地方政府体系。⑤ 该体系的参与主体主要是电力行业,其目的在于削减和抵消与电力生产使用有关的温室气体排放。该体系规定新南威尔士州的排放份额,并通过碳交易市场购买减排认证来补偿额外的排放。⑥ 由此可见,虽然澳大利亚在国际政

---

① 参见张焕波著:《中国、美国和欧盟气候政策分析》,社会科学文献出版社2010年版,第45~46页。

② 参见李小燕:《美国减少航空碳排放物及其影响》,载《中国民航报》2008年7月22日,第5版。

③ 2007年,澳大利亚承认了《京都议定书》。为实现其温室气体减排目标,澳大利亚政府制定了"澳大利亚国家减排措施与建立碳交易体系"报告,但该议案并未获得参议院通过,澳大利亚总理决定全国性碳减排交易将推迟至2011年7月实施。

④ 参见李国栋、郑宽:《澳大利亚温室气体减排与能效目标计划》,载《电力需求侧管理》2009年第6期,第77页。See Rob Passey, Iain MacGill, Hugh Outhred, *The NSW Greenhouse Gas Reduction Scheme: An analysis of the NGAC Registry for the* 2003, 2004, *and* 2005 *Compliance Periods*, CEEM discussion paper: DP_070822, Vol. 7, 2007, p. 3.

⑤ 参见袁杜娟、朱伟国著:《碳金融:法律理论与实践——低碳经济时代的法律制度选择》,法律出版社2011年版,第55页。

⑥ 参见李艳君:《世界低碳经济发展趋势和影响》,载《国际经济合作》2010年第2期,第31页。

治舞台上的影响力不如美国、欧盟和日本等国，但在应对气候变化问题上还是具有自身特点的，其成效在全球居于领先地位。

(二)我国航空碳排放立法存在的差距

根据上述有关美澳等国航空碳排放有关法律规定的探讨，与美澳等国相比，我国航空碳排放的相关立法存在差距。

1. 相关法律法规的缺乏

作为《京都议定书》项下唯一涵盖发展中国家的灵活履约机制，目前我国碳排放交易大多数都是清洁发展机制的实施。然而，我国大多数的清洁发展机制交易都是在行政权力的介入下进行的，我国关于清洁发展机制的规定，主要是2005年发布的《清洁发展机制运行管理办法》。该办法由国家发展和改革委员会、外交部、科技部和财政部等联合发布，属于部门规章，目前尚未有法律层级的规范性文件规范清洁发展机制。

除了清洁发展机制外，我国于2012年颁布了《温室气体自愿减排交易管理暂行办法》。该暂行办法对促进国内自愿减排和碳排放交易起到了积极作用，但交易量惨淡。2013年，根据《碳排放权交易管理暂行办法》的规定，我国碳排放交易7个试点省市逐步推行总量控制型碳排放交易。这说明我国已经逐步推行基于配额的碳排放交易。但我国现行碳排放交易立法属于部门规章和地方性规章，立法位阶过低，不符合我国《立法法》的相关规定。

2. 现有法律法规的缺陷

我国有关航空碳排放的法律法规主要存在以下几个方面的缺陷：

(1)具体法律制度的缺陷

尽管我国在环境、能源和气候变化方面形成了一些有利于航空碳减排的规则，并且针对清洁发展机制项目出台了相关的部门规章，但我国目前的法律制度存在如下缺陷：第一，我国目前的排污许可制度尚未得到基本法律层级规范性文件的确认；第二，我国有关清洁发展机制的规章制度不完善；第三，缺乏碳排放交易规则、碳排放权登记结算规则、碳减排责任机制规则以及与碳排放交易有关的配套法律。

(2)现有法律法规缺乏可操作性

《大气污染防治法》确立的总量控制和排放许可证制度规则，目前尚处于构建阶段，相关规定过于原则性并偏向政策性陈述，缺乏具体的执行措施和执行细则。

(3)缺乏设置碳排放交易执行机构

完善的碳排放交易机制的构建必须依法设置相关执行机构。尽管目前我国碳排放交易执行机构的设置和指南正在逐渐形成,但仍需进一步协调控制,并在专门的碳排放交易法律制度中确定。

综上所述,与美澳等国相比,我国航空碳排放立法尚存在较大差距。因此,在构建全球航空碳排放交易制度时,我国应该借鉴这些国家的成功经验,并加强与ICAO及其他国家的合作,根据国际法基本原则和国际法规则中有关航空碳排放的相关规定,构建具有我国特色的航空碳排放交易制度,从而使我国有关航空碳排放问题得到有效解决。

第三节　我国航空碳排放交易制度的构建

2016年,我国民航业主要运输各项指标继续平稳而快速的增长。全年旅客吞吐量突破10亿人次,达到101,635.7万人次,同比增长11.1%。其中,国内航线完成了91,401.7万人次,比上年增长10.3%(内地至台湾、澳门和香港地区航线完成了2764.5万人次,比上年下降1.4%);国际航线则首次突破1亿人次,完成了10,234.0万人次,比上年增长19.3%;①运输总量已连续9年排名世界第二。② 并且,国内281个机场在2016年完成旅客运输量达10.16亿人次,首次突破10亿大关。因此,近年来,随着我国民航业国际国内航空运输的不断发展,由此产生的航空碳排放量也将因此而增加。

根据《京都议定书》的规定,目前作为发展中国家的我国尚不需要承担强制性减排义务,我国航空业也尚未对航空碳排放进行规制。随着航空碳排放在全球温室气体排放中所占的比重的迅速增加,我国应该尽快完善有关航空碳排放的相关立法,我国航空公司也应该未雨绸缪。③

一、我国航空碳排放交易制度构建应采取的立场

我国是世界上人口最多的国家,并自2007年起已成为全球温室气体排

① 参见《2016年民航行业发展统计公报》,载民航政府官网,http://www.caac.gov.cn/XXGK/XXGK/TJSJ/201702/t20170224_42760.html,2017年12月28日访问。

② 参见新浪网,http://finance.sina.com.cn/roll/2017-05-23/doc-ifyfkkme0271583.shtml,2017年12月28日访问。

③ 参见《碳排放我国航空业下一个关注目标》,载中国商务部网,http://newspaper.mofcom.gov.cn/aarticle/guojsb/200907/20090706411444.html,2016年9月8日访问。

放最多的国家。近年来,尽管我国经济高速发展,已经成为“世界工厂”,外汇储备雄踞世界第一,且在全球金融危机中屡屡充当“灭火队员”,但我国的贫困人口大约占世界贫困人口的10%,仅次于印度。在可以预见的未来数十年里,我国经济社会发展的任务以及减缓和适应气候变化的形势仍将非常严峻。前国家主席胡锦涛曾说过,我国应承担与发展中国家地位相适应的碳减排责任,并积极参与应对气候变化的国际合作,还应该努力帮助发展中国家提高其应对气候变化的能力,为应对全球气候变化作出应有的贡献。[①] 所以,有关气候变化应对立法不仅是我国的事而且是全世界的事。为应对全球航空碳排放交易制度的构建,我国有关航空碳排放交易制度的立法应采取如下立场:

(一)坚决维护我国主权利益

与其他政治一样,国际政治也是追逐权力和利益的斗争。作为发展中国家的我国,在应对国际国内航空碳排放时,必然要加强与其他国家的国际合作。而在进行国际合作时,必然涉及我国的国家利益。基于这一点,我国有关航空碳排放交易制度的立法应该坚决维护我国的国家利益。由于航空碳排放国内立法更多要考虑我国航空业利益,并与我国在国际航空碳排放立法体制中的地位相协调,因此,我国应该在以下两个方面从立法上保护我国利益:第一,重点强调适应国际航空碳排放,而对减缓我国航空碳排放应当极其谨慎;第二,在航空碳排放立法中,为我国政府参与国际航空碳排放谈判设置承诺底线。

(二)政策先行,稳健立法

气候变化成为国际热点至今已有20余载,几乎所有国家都参与到国际气候谈判中来。然而,由于航空碳排放涉及不同国家的利益和诉求,仅《京都议定书》第2条第2款对航空碳排放进行原则性转致规定,尚不存在关于航空碳排放的具体法律规定,因此,航空碳排放被称为“三不管”排放。目前,我国尚未将航空业纳入碳排放,但应该未雨绸缪。我国可以借鉴其他国家有关气候变化立法的相关经验,考虑到航空碳排放立法的复杂性和敏感性,采取更为灵活的政策措施。该政策措施尽管保守,但绝不冒进。

---

① 参见胡锦涛:《统一思想 明确任务 坚定信念 扎实工作,进一步做好应对气候变化各项工作》,载《人民日报》2010年2月24日,第1版。

（三）协调好与其他立法的关系

由于法律调整对象的范围不同，航空碳排放立法交易与其他立法可能会出现冲突，因此，在准确定位航空碳排放的同时，应该考虑航空碳排放交易立法与其他法律以及整个法律体系的协调性，使航空碳排放交易立法可以落到实处，发挥其应有的效用。

（四）重视地方行动

我国是单一制国家，在航空碳排放交易制度立法中，容许、鼓励有条件的地方先行一步。我国可以借鉴国家发展改革委办公厅于2011年10月发布的《关于开展碳排放权交易试点工作的通知》的相关规定，鼓励有条件的航空公司率先实施有关航空碳排放交易的立法试点，并根据这些城市试点的相关经验，在全国范围内实施有关航空碳排放交易制度的法律法规。

二、我国航空碳排放交易制度的法制构建

如前所述，我国的碳排放交易法律实践经历了从最初的基于CDM项目的碳排放交易到温室气体自愿减排交易再到试点省市总量控制型碳排放交易的发展过程。尽管《京都议定书》第二承诺期于2011年11月28日至12月9日在南非德班召开的UNFCCC第17次缔约方会议达成一致并于2013年正式生效。但由于美国从未加入《京都议定书》，而日本、加拿大、新西兰和俄罗斯等国家退出《京都议定书》，因此，《京都议定书》第二承诺期只涉及全球温室气体排放的15%。[①] 由此可见，在后京都时代，《京都议定书》所确立的CDM项目发展前景渺茫，我国有关CDM的碳排放交易的发展也基本处于停滞状态。

为了促进后京都时代我国基于项目的碳排放交易发展，《温室气体自愿减排交易管理暂行办法》（2012年）由国家发改委正式颁布。尽管该办法的确对激励国内自愿减排行动和碳排放交易起到了积极作用，但由于我国尚未承担强制性减排义务，自愿减排交易的动力不足，交易量惨淡。自2013年“五市两省”试点省市逐步推行总量控制型碳排放交易，配额交易开始在我国得到发展，并且项目交易也因核证减排量抵消机制得到进一步激励。总体来说，我国碳排放交易发展势头良好。根据上述有关我国碳排放交易法律实践的分析，我国目前试点省市碳排放交易在规范体系、交易模式、能力建设、配额分配、排放交易和履约机制六个方面为我国碳排放交易市场的构建积累了

① 参见《〈京都议定书〉第二期明年实施　被批“软弱无力”》，载搜狐网，http://green.sohu.com/20121209/n359887707.shtml，2017年12月29日访问。

宝贵的制度经验。然而,这些试点碳排放交易市场也暴露出现行碳排放交易立法位阶过低、碳排放交易一级市场法制不统一、碳排放交易二级市场规制不足、碳排放交易调控和监控机制不健全以及碳排放交易系统和登记结算制度不统一等方面的问题。

根据《京都议定书》第一承诺期和第二承诺期的规定,我国目前尚不需要承担强制性减排义务。虽然广东省试点碳排放交易将民航业纳入碳排放交易体系,但我国目前并未构建起全国性碳排放交易体系,甚至也未构建起全国航空碳排放交易体系。因而,我国目前也尚未对航空碳排放进行法律规制,但随着 ICAO 第 39 届大会两份重要文件的通过,国际航空业市场机制已经形成,全球航空碳排放交易体系的构建也已提上日程。因此,我国应该构建适合我国国情的航空碳排放交易制度,从而以更加积极的态度应对全球航空碳排放交易制度的构建,进一步维护我国的航空业。

(一)航空碳排放交易一级市场的法制构建

航空碳排放交易一级市场主要涉及碳排放总量控制制度和碳排放配额初始分配制度。碳排放总量控制制度可以确定纳入碳排放交易制度温室气体的种类,设定科学合理的温室气体减排目标,以及明确碳排放交易体系所覆盖的排放单位和行业范围。碳排放配额的初始分配制度可以明确纳入碳排放交易体系的排放单位,以及获得碳排放配额的方式。

1. 碳排放总量控制制度

(1)碳减排目标类型的选择

目前,碳减排目标主要有以下两种类型:一种是如总量控制目标的绝对目标,另一种是如碳排放强度的相对指标。2014 年 11 月,我国与美国达成《中美气候变化联合声明》。根据该声明的规定,我国计划早日将碳排放总量达到峰值,并计划至 2030 年,让非化石能源占一次性能源消费比重提高到 20% 左右。[①] 由此可见,2030 年前,我国的二氧化碳排放量都可能处于上升阶段。因此,目前我国设置一个总量控制目标并不现实和可行。我国在哥本哈根联合国气候变化大会上作出如下承诺:与 2005 年相比,至 2020 年我国单位 GDP 碳排放下降 40% ~45%。有专家认为,可以根据该公开承诺的碳强度指标计算出我国的总量控制目标。但也有学者认为,将碳强度指标转化

① 参见《中美气候变化联合声明》,载新华网,http://news. xinhuanet. com/2014 - 11/12/c_1113221744. htm,2017 年 12 月 24 日访问。

为总量控制目标需要多重经济参数估计与准确的预测，而排放从总量预测出现严重失误的可能性极大，存在高度的系统性风险。因此，并不主张采取总量控制目标。① 目前，我国尚不具备采取碳强度目标、设置总量控制目标的条件，但总量控制目标是碳排放交易制度构建的最终目标。因此，只要我国具备总量控制目标的条件，就应将碳强度目标转化为总量控制目标。同时，在转化的过程中，将经济发展需求作为重要考虑要素。

(2)总量目标设定的权限配置

我国在“十二五”规划中，全国性碳强度指标已经被明确制定，而且将其层层分解至地方政府。这是大量依靠传统的官员问责及行政控制与命令等方式来实现的，一种自上而下的集中决策模式。同时，这种分配碳强度指标的过程也是国家发改委及其主要负责人员的考核、问责制度的重要形式之一。② 但是，航空碳排放交易体系不能仅仅依靠行政控制命令来实施运作，因为它还是一种基于市场措施的机制。航空碳排放交易体系中总量目标设定的权限配置需要平衡中央政府与地方政府的权限配置，并在法律框架中进行合理配置。

2. 碳排放配额的初始分配

在我国，目前采取公开拍卖方式作为分配航空碳排放配额(尤其在航空碳排放交易体系构建的初期)的初始分配方式并不可行。主要原因在于：首先，拍卖会大大损伤航空公司对航空碳排放交易制度的接受程度与参与的主动性；其次，在现阶段，由于我国大部分的航空公司对减排费用的承受能力还较低，航空公司为排放所额外付出的成本将包括拍卖所带来的航空碳排放配额成本，然后通过逐级传递方式，积累到公司的服务或产品成本中，从而影响到最终消费者和全社会价格水平；最后，由于我国正处于经济和社会发展、工业化和温室气体排放的上升时期，新增排放需求量相当大，如果仅仅对新增排放配额进行拍卖，就很有可能产生市场现有和新增企业之间的不公平和歧视现象，也可能抑制新的投资、新的生产能力和新的发展，会对我国人民的基本发展权造成损失。

当前，我国处于航空碳排放交易体系创建初期，实施碳排放交易计划会给

① 参见王毅刚、葛兴安等著：《碳排放交易制度的中国道路：国际实践与中国应用》，经济管理出版社 2011 年版，第 302 页。

② See Sandbag, “Turning the Tanker, China’s Changing Economic Imperatives and its Tentative Look to Emissions Trading”, available at http://www.sandbag.org.uk/site_media/pdfs/reports/Sandbag_Turning_the_Tanker_Final.pdf, 2017 年 12 月 24 日访问。

纳入该计划的企业带来温室气体减排的压力。通过免费分配配额的方式,可降低这些企业的抵触情绪,并有利于降低政府推行碳排放交易的政治阻力。

因此,在我国航空碳排放交易体系创建的初期,通常只能采取航空碳排放配额免费分配方式。免费分配配额的方式可分为祖父法则和标杆法则。通常采取基于部门产出的标杆法则进行排放配额的初始分配,然后通过设备产量虚报责任追究机制,去弥补标杆法则所具有的缺陷。同时,在条件成熟时,我国应该适时采取公开拍卖方式,即采取有偿分配方式,真正实现"污染者付费"原则。

(二)航空碳排放交易二级市场的法制构建

航空碳排放交易二级市场主要涉及碳排放配额和核证自愿减排量的法律属性、碳排放交易市场主体的多元化以及规范碳排放交易合同和流程等方面的问题。

1. 明确核证自愿减排量和碳排放配额的法律属性

《碳排放交易管理暂行办法》和各试点省市的规定都将碳排放权视为一种权利,但并没有明确碳排放权的权利性质。然而,碳排放权的权利属性对碳排放配额或核证自愿减排量的持有者及其对碳排放配额或核证自愿减排量的处分以及交易的稳定性或可预期性都具有重要的影响。学术界建议我国碳排放法律制度应该将碳排放权定性为一种新型的财产权,碳排放配额和核证自愿减排量作为财产权的载体或标的物。从以下两个方面对其进行论证:

(1)管制性财产的视角

从政府监管的层面来看,碳排放权是政府为了控制温室气体排放而创设的权利,该权利是权利主体享有向大气排放温室气体的一种资格和能力。从表面上看,碳排放权可以定性为一种行政许可而非财产权,但政府创设碳排放权的目的在于通过碳排放交易市场以最小成本实现温室气体减排目标。而碳排放配额和核证自愿减排量的可交易性和自由流通性已突破了行政许可的特许性和专属性,并且其价格机制也说明其属于具有价值的可交换商品。因此,从实质上看,碳排放权属于因温室气体排放管制而生的财产权——管制型财产权。

(2)生态系统服务的视角

罗伯特·康世坦等人首次在《自然》(Nature)上发表论文,提出并研究了生态服务系统和自然资本的价值,并通过计算公式测算出全球生态系统服务功能,分析出其每年的总价值大约是 16 万亿元到 54 万亿元。联合国在《千年生态系统评估报告》中对生态系统服务功能进行了定义，即人类从生态系统中所获得的供给、调节、文化和支持功能等各种效益。①

气候生态系统吸收和容纳温室气体的能力就是其为人类提供的生态系统服务。然而，其吸收和容纳温室气体的量是有限的，具有稀缺性、排他性和流通性（可交易性），政府创设的碳排放配额和核证自愿减排量就具备排他性和流通性，在碳排放交易市场中，应该被视为商品，其所承载的碳排放也就是一种新的环境财产权。

2. 碳排放交易主体的多元化

碳排放交易二级市场的交易主体主要包括履约交易主体和自愿交易主体。目前，我国碳排放交易各试点省市规定可以参与碳排放交易二级市场的主体不尽相同。在我国碳排放交易初期，其碳排放交易二级市场的参与主体不够多元化，这不利于我国碳排放交易市场形成和维护竞争秩序以及提高交易效率。为了充分发挥碳排放交易市场机制的成本有效性，全国碳排放交易市场的创设和运行要充分认识到二级市场对碳排放交易机制的关键作用，降低社会组织、企业和个人参与碳排放交易二级市场的准入门槛，促进多元化交易主体的不断形成。

3. 碳排放交易合同

碳排放交易合同规定了碳市场供需双方之间的权利义务，使得温室气体排放单位的转让得以开展并顺利进行，体现了意思自治原则，是促进碳市场良性运转的基本法律文件。碳排放配额交易合同的主要内容包括陈述与保证、配额的移转、价格及付款、不可抗力和中止事件、税款；核证减排量交易合同的主要内容包括合同义务、陈述与保证、合同的终止。

4. 碳排放交易的流程

全国碳排放交易的流程设计为以下三个步骤：第一，卖方（合格排放配额或信用的持有者）和买方均在碳排放交易平台注册账户；第二，买卖双方在交易系统内达成碳排放交易合同；第三，碳排放交易平台负责后续交割工作，包括将碳排放配额或碳信用从卖方账户移转至碳排放交易平台结算账户。同时，买方将购买配额或信用的价款转入碳排放交易平台结算账户，碳排放交易平台结算账户收到待转让的配额或信用以及相应价款后，将配额或信用移转至买方账户，

① 参见曹明德、刘明明、崔金星著：《中国碳排放交易法律制度研究》，中国政法大学出版社 2016 年版，第 284 页。

一旦移转登录确认后,进行交割动作,并将同时发出移转成功通知。

(三)航空碳排放交易市场监管的法制构建

目前,我国碳排放管理制度与交易市场存在着监管体制、第三方机构的监督管理、履约机制、碳泄漏和价格干预等方面的问题。我国应该从监管主体、碳排放监测、报告和核证制度,碳排放交易中的权利运行规则与法律责任,碳泄漏问题的法律应对以及价格干预机制五个方面,构建我国航空碳排放交易市场监管法制。

1. 碳排放交易监管的主体

目前,我国航空碳排放交易监管体制可以借鉴英国、德国和荷兰设立专门碳排放交易管理机构的经验,从以下两个方面进行设置:一方面,国家发改委应对气候变化司下设碳排放交易管理处,专门负责碳排放交易总量控制、碳排放许可、碳排放配额的初始分配、碳排放交易合同履行监管和执法、碳排放交易登记、制定和执行核证减排量与配额的使用规则、新设企业的配额储备、碳排放配额的存储和借贷、碳排放交易的信息公开;另一方面,环境保护部环境监测司下设碳排放监测处负责碳排放的监测、统计、报告和核证管理。

2. 碳监测、报告和核证制度的构建

碳监测制度是政府有效监管碳排放监测、报告和核证机构以及保证排放数据真实性的重要保障。在国内气候法层面,碳监测制度的运行主要涉及两个层面,即碳排放交易层面和温室气体自愿减排层面。在碳排放交易层面,碳监测制度体现为一国通过系统性的立法所确立的温室气体申报与许可制度、配额申请与分配制度、温室气体减排额核实与核证制度、温室气体配额登记和管理制度、温室气体配额交易注册及结转制度等;在温室气体自愿减排项目层面,碳监测制度表现为使得温室气体自愿减排项目运行产生的减排量获得公信力的一系列机制与程序的综合。

3. 碳排放交易中的法律责任与权利运行规则

碳排放交易体系的成败在于纳入碳排放交易体系的主体是否完全履约,这关系到碳排放交易体系的成败。目前,我国碳排放交易试点对碳排放交易主体的履约主要依靠法律责任加以保障。但是,除了法律责任外,还应当设计良好的碳排放权运行规则,通过法律的明确规定赋予碳排放权主体行使权利的自由以及确立权利消灭的法定情形。由此可见,明确碳排放权的运行规则,不仅有助于碳排放权主体充分利用碳排放权降低履约成本,而且有利于碳排放权主体履约。

4.碳泄漏问题的法律规制

如前所述,我国正在进行五市两省碳排放交易的试点,由于这是一种区域碳减排管制的试点,这必然会导致碳泄漏现象。解决碳泄漏问题不仅可以保护碳排放管制区域内企业的经济竞争力,而且能保护目前监管区域之外以及未来全国性与全球性碳减排制度之外的地区。我国碳排放交易市场可以借鉴美国东部地区“区域温室气体减排计划”(RGGI)防止碳泄漏进行探索的有关经验,即削减碳减排制度给企业带来的附加成本来解决碳泄漏。同时,注重运用成本控制措施如安全阀机制和早期减排信用机制防止碳泄漏问题的发生。

5.碳排放交易的价格规制

我国碳排放交易体系不仅包括CDM项目,还包括基于配额的碳排放交易和温室气体自愿减排项目等多种形式。在碳排放交易体系建设初期,应当借鉴国外经验,构建碳排放配额价格的国家干预机制,通过设定碳排放配额的价格上限,降低纳入碳排放交易体系排放主体的减排成本、保护企业的竞争力、减少碳泄漏风险和推行碳排放交易体系的政治阻力;通过设定碳排放配额的下限为纳入碳排放交易体系的排放主体和温室气体自愿减排项目的投资者提供稳定的激励。

(四)碳排放交易登记结算的法制构建

目前,为了契合碳排放交易市场的发展规律和道路选择,我国构建适合国情的碳排放交易登记结算系统和法律制度,应该基于建构国际和国内碳排放交易登记结算系统的相关经验。该系统和法律制度构建的目标不仅要适应强制配额市场登记结算的需要,而且要留下自愿碳排放交易与强制性碳排放交易融合的接口;两个登记交易结算体系,既要相对独立,又要保持一定的联系,在技术和基础设施允许的条件下,采用共通的数据交换标准和技术、功能指标。我国碳排放交易登记系统制度构建的最终目标在于建立全国统一的、各区域各行业共同适用的交易登记平台和结算系统,并采用全国各区域和各行业共同采用的数据统计指标和数据交换标准。

(五)适当履约与强制措施的法制构建

在任何法律制度的正常实施中,履行与强制措施都起着至关重要的作用。在全球航空碳排放制度构建中,我国可以借鉴欧盟配额存储、借贷和市场链接等履约灵活机制,加强政府对排放配额适当干预机制。同时,不仅要设计行之有效的履约监管程序和制度,而且要注重履约监管中强制措施失效的问题。

三、我国航空碳排放交易制度构建的具体设计

目前,国际社会尚不存在关于航空碳排放的具体法律规定,除了《京都议定书》第2条第2款规定"通过ICAO"解决因国际航空而产生的温室气体排放问题外,在公约的谈判中,绿色气候基金通常也涉及民用航空业,尤其在哥本哈根大会后,包括气候变化基金高级顾问团在内的许多基金组织,都提出应该将航空作为绿色气候基金的一个主要来源。[①] 尽管作为发展中国家的我国在2020年前尚不需要承担强制性的量化减排义务,但在哥本哈根气候大会上,我国提出,与2005年相比,到2020年我国单位国民生产总值能源消耗强度和单位国民生产总值二氧化碳排放强度下降40%~45%的自愿减排目标。

因此,在应对全球气候变化的立法中,应该借鉴欧、美、澳等发达国家所构建航空碳排放交易制度的成功经验,从而构建起我国的航空碳排放交易制度,并采取相应的措施应对欧美等国有关航空碳排放交易的立法,在促进我国航空业持续快速健康发展的同时,实现航空碳减排。

由于我国有关规制航空碳排放交易的立法起步较晚,对航空减排的监管不够,并且尚未制定航空碳排放交易有关的法律、法规和标准,不仅不能适应民用航空减排的需要,而且不能适应国际航空碳排放交易制度发展的要求。因此,为应对全球航空碳排放交易制度的构建,我国应该从以下几个主要方面构建航空碳排放交易制度:

(一)构建我国航空碳排放交易制度应遵循的基本原则

通过借鉴欧盟航空碳排放制度的创设与运行实践的相关经验,在我国航空碳排放交易制度的构建中,笔者认为,我国应该坚持如下基本原则:

1.坚持领空主权原则

航空碳排放涉及我国的领空主权,根据《芝加哥公约》第1条的规定,我国对领土之上的空间享有完全的和排他的主权,即领空主权原则。第一次世界大战后,该原则逐渐被各国国内法和国际条约所接受并视为国际习惯。此外,根据《芝加哥公约》第11条的规定,我国对其领土内一切航空器享有属地管辖权。因此,在航空碳排放制度构建中,我国应该坚持领空主权原则,凡涉及国内航空碳排放的,坚决要求由我国对航空碳排放进行管辖;凡涉及国际航空碳排放的,航空器飞越我国领土部分产生的航空碳排放由我国对其进行

① 参见赵凤彩:《中国民航业面临的节能减排形势与挑战》,载《中国民用航空》2012年第1期,第34页。

管辖,而不能一味地按照航空器所属国国籍以及起降国国籍规制国际航空碳排放全程。

2. 坚持非歧视原则

我国已于2001年11月10日正式加入WTO,因此,在构建我国航空碳排放交易制度时,不仅要考虑国家航空制度项下的非歧视原则,而且应该考虑WTO项下的非歧视原则,即国民待遇原则和最惠国待遇原则,具体表现如下:

第一,在构建我国航空碳排放交易制度时,要遵循《芝加哥公约》第15条和第24条的规定,我国不能对经停、进入或离去我国境内的航空器征收任何费用,也不能对国际航空运输服务征收燃料税或能源税;

第二,在构建我国碳排放交易制度时,还要遵守WTO项下的国民待遇和最惠国待遇原则。不仅不能区别对待本国和任何其他国家的航空公司,而且一旦我国给予任何国家以航空碳排放方面的优惠,就应该立即和无条件地给予任何其他WTO成员方。

3. 共同但有区别责任原则

在ICAO气候谈判中,我国赞同采取基于市场的措施来应对气候变化并减少温室气体的排放,且将其作为航空减排的重要政策工具。作为发展中国家,我国要求发达国家率先减排,并要求发达国家给予我国航空业一定的排放增长空间,即主张遵循共同但有区别责任原则。然而,发达国家却以《芝加哥公约》中所确立的非歧视原则,要求我国承担的航空减排义务与发达国家相同,并认为航空减排不受共同但有区别责任原则的约束。

鉴于我国航空业的经济规模和航空碳排放量,我国不能期望发达国家可以长时间集体豁免我国航空碳排放量或对我国航空碳排放量采取差别待遇。因此,我国可以调整思路,灵活运用共同但有区别责任原则:一方面,可以将"国家身份"的适用标准转变为"适格的航空公司",从而豁免年度排放量低于一定标准的航空公司;另一方面,要求发达国家给予我国航空公司一定的过渡期,并建立航空减排补偿基金。

(二)管理我国航空碳排放交易的主体

航空碳排放的排放源不固定。目前,我国社会主义市场经济体制尚未完全建立,且我国民用航空业尚属于垄断行业。我国应该由政府行政力量推动航空减排,且根据我国《行政许可法》的规定,政府应该依法行政。因此,目前我国应该由民航主管部门主导航空减排。随着我国社会主义市场经济体制的完善,未来我国应该将基于市场的措施作为应对气候变化和减少温室气体排放的主要政策工具,而推动基于市场的措施,必然要从法律上确定不同主体的排放所有权、使用权、收益权和处分权。除此之外,还要在全国范围内甚至民用航空领域确定将温室气体作为资源和产权有关制度安排的法律法规。

(三)我国航空碳排放的交易模式

目前我国碳排放交易的主要模式是清洁发展机制。尽管清洁发展机制是《京都议定书》规定的市场化手段之一,但《京都议定书》第一承诺期已经到期,而《京都议定书》第二承诺期的承诺目标已经于 2013 年开始生效,但由于日本、俄罗斯和新西兰等温室气体排放大国退出《京都议定书》第二承诺期,而美国根本就不接受《京都议定书》第二承诺期。因此,以清洁发展机制作为我国航空碳排放权交易的模式并不恰当。通常认为,可以将其作为我国航空碳排放权交易体系的有效补充。

尽管我国航空公司自愿减排需求很小,且现有的自愿减排机制尚存在许多问题,但作为我国民航碳排放交易市场过渡时期的产物,可以为我国未来航空碳排放权交易制度的构建提供宝贵的经验。

我国在 2020 年前尚不需要承担强制性碳减排义务,但在哥本哈根气候大会上,我国已承诺要在 2005 年基础上,2020 年的单位国民生产总值二氧化碳排放强度必须下降 40% ~45% 的自愿减排目标。基于该公开承诺的碳强度指标,我国构建总量控制与贸易机制具有一定的可行性。因此,我国可以采取合适的方式将该指标分解到我国航空公司中,通过政策指引和碳强度指标的市场流通,从而构建总量控制与交易模式,并将其作为我国航空碳排放权交易制度构建的最终目标。

我国应该构建以总量控制与交易模式为主,以清洁发展机制为有效补充,以自愿减排机制为过渡的交易模式,并根据该交易模式构建全球航空碳排放交易制度。

(四)我国航空碳排放交易的争端解决方式

著名 WTO 专家皮特斯曼(Petersmann)认为,一套适用于解释规则的和平争端解决的规则和程序是所有文明社会的共同特征。① 国际争端,是指两个

---

① 参见秦建荣:《WTO 与 NAFTA 争端解决机制之差异性比较研究——兼论对 CAFTA 争端解决机制的借鉴意义》,载《广西政法管理干部学院学报》2007 年第 2 期,第 58 页。

国际法主体之间关于法律或事实论点的分歧。① 在我国学理界和国际实践中，通常将国际争端分为政治争端和法律争端。② 从该分类来看，国际社会似乎存在纯法律性质的国际争端，但事实上，国际社会所发生的所有国际争端都带有一定的政治色彩，往往不能截然分开政治争端和法律争端。

根据《联合国宪章》第33条的规定，③和平解决国际争端的方法通常被划分为两类：政治手段和法律手段。政治手段包括谈判和协商，斡旋和调停，调查和和解。法律手段包括仲裁和司法裁决。我国学理界也采取上述分类，但在我国的国际实践中，很大程度上政治手段包括谈判和协商，而不包括其他政治手段。

尽管从表面上看，不同国家因航空器所排放的温室气体排放量所征收的航空碳排放交易而产生的争端似乎与政治无关，但该争端涉及航空器所属国的管辖权，与国家的政治利益密切相关，也就是说，因航空碳排放交易而产生的争端既涉及法律争端又涉及政治争端。因此，我国应对航空碳排放交易的争端解决方式既包括政治手段的谈判和协商，又包括法律手段的国际仲裁和司法判决。此外，还包括在ICAO体系内进行申诉及诉诸WTO争端解决机构解决等。

1. 谈判

谈判是国际社会最基本的争端解决方式。穆尔法官（Moore）在"希腊诉英国——马弗罗玛提斯巴勒斯坦特许权案"④中认为，在国际范围内，政府通

---

① 参见徐弘艳：《论国际争端解决方法新的发展趋势》，载《西安政治学院学报》2006年第5期，第70页。

② 由政治利益冲突而引起的争端，称为"政治性争端"；由法律权利冲突而引起的争端，称为"法律性争端"。参见端木正主编：《国际法》，北京大学出版社1998年版，第955～973页。

③ 《联合国宪章》第33条规定，和平解决国际争端的方法包括谈判、调查、调停、和解、公断、司法解决、区域机关或区域办法的利用以及该国自行选择的其他方法。参见张乃根：《论WTO争端解决机制的几个主要国际法问题》，载《法学评论》2001年第5期，第53页。

④ "希腊诉英国——马弗罗玛提斯巴勒斯坦特许权案"基本案情：1914年，希腊国民马弗罗玛提斯与奥斯曼当局签订了两项有关在巴基斯坦从事某些公共事业的特许权合同。1920年，国际联盟批准英国委托统治巴基斯坦。1921年，马弗罗玛提斯写信给巴基斯坦政府，询问他是否可实施特许权合同，遭到英国的拒绝，并且英国早已将其中一部分特许权给予了鲁登伯格。马弗罗玛提斯与英国当局进行谈判未果，将该问题提交希腊驻伦敦使馆，两国政府间对该问题的谈判仍未解决问题，希腊政府于1924年5月13日代表马弗罗玛提斯向常设国际法院对英国政府提起诉讼。1924年8月8日，法院就本案管辖权问题作出判决，确定其有管辖权。1925年3月26日，法院对本案实质问题作出判决。法院接受了英国就亚法特许权提出的初步反对意见，驳回了有关耶鲁撒冷特许权的初步反对意见。参见百度文库，http://wenku.baidu.com/view/2db1d08271fe910ef12df8df.html，2016年9月8日访问。

过法律和有序的行政程序，行使它们毫无争议的权力，调节与其他政府的关系，调整、解决和讨论它们之间的分歧，就是国际法上的谈判。① 根据这一定义，作为政治手段的谈判也具有法律性，即必须在一般国际法律框架下进行谈判，这样才能使谈判运行并发挥作用。由此可见，在谈判过程中，需要法律规则对其进行调整。② 同时，争端方对法律依据的不同认识不仅会影响谈判结果，而且会影响争端方选择其他争端解决方式。③

在国际实践中，谈判通常是与其他争端解决方式结合起来使用的。例如，在ICAO理事会争端解决实践中，谈判手段与法律手段结合起来形成"法庭协商"，即在审理过程中，仲裁庭或法庭通过谈判协商的方式积极引导争端方解决它们的争端，这实际上促使谈判成为《芝加哥公约》第18章规定的法律手段的组成部分，而不是补充手段。事实上，这种手段的结合可以促进协商谈判在仲裁和司法审判中发挥更多的作用。④

2. 协商

协商是指争议双方在自愿互谅的基础上，本着友好消除对抗情绪、平衡利益的原则，直接进行磋商，自行解决争议，不需要任何第三方介入的争议解决方式。⑤ 和谈判相比，协商更倾向于避免或预防可能出现的争端，即某种情势和潜在的矛盾，而不是现实的争端。虽然在实践中，两者经常互换使用，但在理论上，这两个概念是不同的。

2008/101/EC指令第25(a)条第1款第4段规定："如条件允许，欧盟委员会也可按照《建立欧共体条约》附件300(1)向欧盟委员会提出建议，要求与采取措施降低起降欧盟成员国境内机场航空器的温室气体排放量的第三国谈判并签订协议。"即欧盟航空交易制度采取谈判这一最古老的解决和防止争端的重要手段，并用该手段来解决不同国家航空器碳排放量所产生的国际争端。此外，UNFCCC也规定了谈判为其争端解决方式之一。因此，全球

---

① See The Marommatis Palestine Concessions case (Judgment) PCIJ series A. No. 2, 1924, pp. 62 - 63.

② See Charles Manga Fombad, " Consultation and Negotiation in the Pacific Settlement of International Disputes", *African Journal of International and Comparative Law*, 1989, pp. 707 - 724.

③ See John Cllieer and Vaughan Lowe, *The Settlement of Disputes in International Law: Institutions and Procedures*, Oxford University Press, 1999, p. 8

④ 参见潘俊武：《解析国际争端解决机制及其发展前景》，载《法律科学》(西北政法大学学报)2009年第4期，第116页。

⑤ 参见周亚成、周旋编著：《碳减排交易法律问题和风险防范》，中国环境科学出版社2010年版，第142页。

航空碳排放交易制度应该借鉴欧盟航空交易指令的这一有益经验，将谈判作为一种争端解决方式纳入该体系的规定中。

为应对全球航空碳排放交易所带来的影响，我国可以采取谈判和协商这两种争端解决手段。这样不仅可以利用谈判程序上的灵活性解决任何争端，①而且可以在谈判过程中，最大限度地控制争端的过程和结果，以更好地维护我国航空公司的利益，促进我国航空业的发展。

3. 国际仲裁

根据1899年《海牙和平公约》第15条的规定，国际仲裁是指在尊重法律的基础上由各国自己选择仲裁员解决各国之间纠纷的一种争端解决手段。与谈判和协商不同，国际仲裁是由争端方在愿意接受仲裁裁决约束力的情况下，将裁决权交由第三方裁决争端事宜的一种争端解决手段。② 国际仲裁条款具有强制性，体现了现代国际法从"权力取向"转向"规则取向"的发展趋势。③

2014年8月28日，在上海，上海国际仲裁中心、国际航空运输协会和中国航空运输协会共同签署"国际航空仲裁战略合作协议"，并且，上海国际航空仲裁院正式揭牌。自此，中国正式引入"国际航空仲裁"，首创仲裁国际合作模式。④ 这不仅有助于提升我国在国际市场上的话语权，推动我国由航空大国向航空强国转型，而且意味着国际航空仲裁已经成为我国解决国际民用航空争端的一种手段。

中国作为全球航空业发展最迅速的国家之一，从2007年开始，民航运输总周转量已跃居世界第二，并且连续12年稳居世界第二。⑤ 到2016年，中国航空运输总周转量为962.51亿吨公里，占全球航空运输总周转量的11%；中国机场（不含港澳台地区机场）旅客吞吐量达10.16亿人次，约占全球机场旅客吞吐量的13%；航空货邮吞吐量达1510.4亿吨，约占全球机场货邮吞吐量

---

① See SirH. Waldock, *International Disputes*: *The Legal Aspects*, Europe Publication, 1972, p. 36.

② 参见潘俊武：《解析国际争端解决机制及其发展前景》，载《法律科学》（西北政法大学学报）2009年第4期，第117页。

③ 参见徐弘艳：《论国际争端解决方法新的发展趋势》，载《西安政治学院学报》2006年第5期，第73页。

④ 参见陈静：《中国引入国际航空仲裁　首创仲裁国际合作模式》，载《中国航空报》2014年8月30日，第4版。

⑤ 参见《我国航空运输总周转量排名上升至世界第二》，载新华网，http://news.xinhuanet.com/fortune/2007-03/26/content_5898412.htm，2017年9月8日访问。

的14%。[①] 随着全球航空碳排放交易体系的构建,可以通过国际航空仲裁,解决我国因航空碳排放交易所产生的国际争端。

4. 司法判决

司法判决是指将争端提交给常设国际法院,寻求具有法律约束力的判决。根据《联合国宪章》的规定,联合国的主要司法机关是国际法院。争端当事国双方把争端提交给国际法院裁判,国际法院就可以受理其所提交的包括政治、经济和军事等案件在内的一切案件。由此可见,只要当事国同意,且当事国是《联合国宪章》的成员国,那么国际法院对其所提交的争端就有管辖权。根据《国际法院规约》第36条的规定,同意的方式包括特别同意、现行条约或公约中特定的事项、强制性管辖和常设国际法院管辖权的继承等。[②]

此外,《芝加哥公约》第84条至第86条规定,缔约国对ICAO理事会的裁决不服的,可以向争端当事国同意的特设仲裁法庭或常设国际法院提起上诉。[③] 该条的规定符合"常设国际法院管辖权继承"这一条件,但该同意方式仅限于争端当事国对ICAO理事会的裁决不服而提起的上诉。因此,除非我国就航空碳排放交易这一问题提交常设国际法院特别同意,否则,常设国际法院并不能就航空碳排放交易所产生的国际争端行使管辖权。

5. 在ICAO框架内进行申诉

目前,ICAO已经拥有191个成员国,世界上绝大部分国家都是ICAO的成员国和《芝加哥公约》的缔约国,因此,争端当事国可以诉诸ICAO框架内申诉这种争端解决方式解决因航空碳排放交易而产生的国际争端。

《芝加哥公约》第18章"争端和违约"规定,如两个或两个以上缔约国因该公约及其附件的解释或适用而发生争议,通过协商不能解决的,经任何与争议有关的一国申请,应该提交ICAO理事会进行裁决。[④] 在2012年2月通过的《莫斯科联合宣言》中,参与签署宣言的23个国家也将在ICAO框架内

---

① 参见《"人民对美好生活的追求"与民航的新担当》,载中国民航网,http://www.caacnews.com.cn/zk/zj/liyanhua/201712/t20171228_1237402.html,2017年12月29日访问。

② 《国际法院规约》第36条,载新华网,http://news.xinhuanet.com/ziliao/2003-06/26/content_939426.htm,2017年12月26日访问。

③ 《芝加哥公约》第84条至第86条,参见赵维田著:《国际航空法》,社会科学文献出版社2000年版,第512~513页。

④ 《芝加哥公约》第84条规定:"如两个或两个以上缔约国对本公约及其附件的解释或适用发生争议,而不能协调解决时,经任何与争议有关的一国申请,应由理事会裁决……"参见赵维田著:《国际航空法》,社会科学文献出版社2000年版,第512页。

申诉作为对欧盟航空碳排放交易进行保护的一种措施。① 此外,对 ICAO 理事会裁决不服的,可以向争端当事国同意的特设仲裁法庭或常设国际法院进行上诉,且其所做的裁决为最终裁决并具有法律约束力。②

中华民国政府于 1944 年 11 月 9 日签署《芝加哥公约》,成为国际民航组织的创始成员国。1971 年 11 月,ICAO 通过决议承认中华人民共和国为中国唯一合法代表。1974 年 2 月,中华人民共和国开始行使其在 ICAO 的代表权,承认《芝加哥公约》并参与 ICAO 的行动。③ 由此可见,作为 ICAO 的成员国,我国可以根据《芝加哥公约》第 84 条至第 86 条规定的争端解决方式,在 ICAO 框架内通过申诉解决因全球航空碳排放交易而产生的国际争端与问题。

第四节 我国对构建未来全球航空碳排放交易制度应持有的基本立场

2013 年 10 月,在加拿大蒙特利尔召开的 ICAO 第 38 届大会形成了航空业应对气候变化的第 17/2 号决议,ICAO 各成员国同意于 2016 年前形成全球航空碳减排方案,并于 2020 年付诸实施。2016 年 10 月 6 日,ICAO 第 39 届大会通过了 A39 - 2 号决议,即《国际民航组织关于环境保护的持续政策和做法的综合声明——气候变化》和 A39 - 3 号决议,即《国际民航组织关于环境保护的持续政策和做法的综合声明——全球市场措施机制》两份重要文件。这两份文件形成了第一个全球范围内的行业市场减排机制。④

《芝加哥公约》并未对 17/2 号决议、A39 - 2 号决议和 A39 - 3 号决议的法律性质进行明确规定,但是学术界通常将此类决议认定为"准立法",通过适当的程序可能成为真正的法律,或通过 ICAO 的工作机制执行。⑤ 尽管第

① 参见《欧盟航空碳税争议升级 或将引发世界航空贸易战》,载金融界网,http://finance.jrj.com.cn/2012/03/02152612393917.shtml,2017 年 11 月 27 日访问。

② 《芝加哥公约》第 84 条至第 86 条,参见赵维田著:《国际航空法》,社会科学文献出版社 2000 年版,第 512 ~ 513 页。

③ 参见好搜百科,http://baike.haosou.com/doc/5773275.html,2017 年 11 月 27 日访问。

④ 参见国际民航组织网,http://www.icao.int/Meetings/a39/Documents/Resolutions/a39_res_prov_en.pdf,2017 年 12 月 28 日访问。

⑤ See Jiefang Huang, *Aviation Safety through the Rule of Law: ICAO's Mechanism and Practices*, Wolters Kluwer, 2009, pp. 191 - 193.

17/2 号决议属于国际“软法”，不具有强制约束力，但该决议的内容表达了国际社会应对航空碳排放的共同愿望，也体现了各成员国期望在 ICAO 框架下通过全球航空碳减排方案应对欧盟航空交易制度的决心。

作为发展中国家，以我国、巴西、南非和印度为代表的“基础四国”的新兴经济体的航空业发展速度最快。在未来全球航空碳排放交易的协议谈判中，在某些情况下，出于策略的考虑，我国确实需要持观望的态度。但作为世界上最大的发展中国家，我国应该在明确自己的主张和立场的前提下，尤其在各方争论不休并处于僵局的情况下，旗帜鲜明地表明我国的立场，推动全球航空碳排放交易体系的构建。

针对国际社会争议的主要问题，在航空碳排放交易制度的构建中，我国应该坚持共同但有区别责任、领空主权、引入市场机制、国际气候合作及可持续发展等原则。因领空主权原则和共同但有区别责任原则已在“我国航空碳排放交易制度构建的具体设计”部分进行阐述，为避免重复，本节着重探讨引入市场机制原则、可持续发展原则和国际气候合作原则。

一、引入市场机制原则

根据 ICAO 第 39 届大会决议的要求，国际航空碳抵消和减排计划（Carbon Offsetting and Reduction Scheme for International Aviation, CORSIA）分阶段实施，截至 2017 年 8 月 23 日，共有 72 个国家表示自愿加入该计划，这代表了国际航空碳排放的 87.7%。[①] 由此可见，“基于市场的措施”已成为国际航空业针对国际航空的“一揽子”减排措施，其目的在于减少国际航空温室气体等二氧化碳的排放。

如前所述，基于市场的措施是航空业温室气体减排手段之一，[②]该措施的低成本和有效性已经得到国际社会的广泛认可。《京都议定书》设立了灵活履约三机制，运用市场化手段降低各缔约国的履约成本。目前，我国在应对气候变化和减少温室气体排放过程中，许多基于市场的措施已经成为非常重要的政策工具。

而且我国国务院发布的《2014－2015 年节能减排低碳发展行动方案》已

---

① 参见国际民航组织网，https://www.icao.int/environmental-protection/Pages/market-based-measures.aspx，2017 年 12 月 29 日访问。

② 从理论上说，航空业温室气体减排手段主要包括四种：改进发动机技术、提高机场以及航班的运营效率、使用清洁燃料与基于市场的措施。

经明确提出“积极推行市场化节能减排机制”。因此,在谈判中,我国可以坚持引入市场机制原则,明确要求历史排放量达到议程标准的航空公司都已经纳入碳排放交易机制,从而实现以较低成本促进全球航空碳减排的目标。

二、可持续发展原则

“可持续发展”由世界环境和发展委员会主席挪威前首相布伦特郎夫人,在1987年《我们共同的未来》一书中提出。1992年,《21世纪议程》在巴西里约热内卢召开的联合国环境与发展大会上通过。该议程被称为“世界范围内可持续发展行动计划”,为全球范围内的联合国组织、各国政府、发展机构、独立团体和非政府组织采取措施保障人类共同的未来提供了行为准则。①

1994年3月,我国根据《21世纪议程》制定的《中国21世纪议程》正式通过。该文件是我国政府制定国民经济与社会的中长期计划、实现可持续发展等方面的重要指导性文件。其中,保护好人类赖以生存的海洋、大气、淡水、土地及森林等自然资源和环境的同时,更加注重人类及其子孙后代的安居乐业和永续发展,是可持续发展的核心。②

可持续发展原则是国际环境法的基本原则。确切地说,可持续发展并不是一个法律概念,是一个糅合了政治、社会、经济,甚至道德意义的原则。③ 航空业也涉及温室气体排放,在ICAO框架下进行全球航空碳排放交易协议谈判,其目的就是促进全球航空温室气体减排以保护人类共同生活的环境。《我们共同的未来》中明确指出,可持续发展的定义是指既满足当代人的需要,又不对后代人满足其需要的能力构成危害的发展。④ 由定义可知,可持续发展主要体现的是环境与发展之间的关系,根本实质就是人类与自然之间的关系。

尽管我国航空业货运量和客运量已跃居世界第二,且我国航空业发展迅速,但与发达国家相比,我国航空业仍有不小的差距。因此,在全球航空碳排放交易协议的谈判中,我国应该坚持可持续发展原则,既要促进我国航空业温室气体减排以保护人类共同生活的环境,又要求发达国家给予我国航空业

---

① 参见刘伟:《中国碳排放权交易制度的法律问题研究》,兰州大学2011年硕士学位论文,第13页。

② 参见郭冬梅著:《中国碳排放权交易制度构建的法律问题研究》,群众出版社2015年版,第27页。

③ See Duncan French, *International Law and Policy of Sustainable Development*, Juris Publishing, 2005, p. 35.

④ 参见王曦编著:《国际环境法》,法律出版社1998年版,第101页。

一定的排放空间，从而促进我国航空业的发展，而不能一味地承担与发达国家相同的航空温室气体减排责任。

三、国际气候合作原则

为应对全球气候变化，越来越多的国家意识到加强国际合作，就国际航空温室气体减排达成一致，已经成为解决全球气候变暖的一种有效方法。作为现代国际法的一项基本原则，国际合作原则要求每个国家应当与其他国家合作以解决国际社会存在的共同问题。虽然《京都议定书》并没有要求发展中国家承担强制减排义务，但各国采取措施避免全球气候变暖以保护共同生活的地球已成为世界各国应当履行的国际义务。

由于国际航空碳排放具有移动性、行业性和全球性，因此，在全球航空碳排放交易协议谈判中，我国应该加强国际合作，争取主动、积极参与国际航空碳减排协议谈判，从而促使其尽快出台并付诸实施。总之，为了确保我国航空业的可持续发展，在全球航空碳减排协议谈判中，我国应该摒弃“以邻为壑”的成见和短视，积极寻求与其他国家进行国际合作的途径。

本章小结

IPCC 第五次评估报告指出，20 世纪以来全球气候变化的主要原因极有可能是人类活动，且可能性在 95% 以上。为应对全球气候变化，自 1972 年召开的联合国人类环境会议开始，先后通过并正式生效了 UNFCCC 和《京都议定书》等国际条约。为履行《京都议定书》量化的具体承诺，欧盟先后通过了 2003/87/EC 和 2008/101/EC 指令，正式启动 EU ETS，并将航空业纳入 EU ETS。作为发展中国家，我国不仅应该在 ICAO 框架内积极参与全球航空碳排放交易制度的构建，而且应该构建我国航空碳排放交易制度，并在全球航空碳排放交易制度的构建中持有基本立场，从而更好地维护我国航空业。

自 2007 年起，我国已取代美国，成为第一大温室气体排放国。除了基于项目的碳排放交易外，我国已逐步启动碳排放交易试点工作，即逐渐形成基于配额的碳排放交易。目前，我国碳排放交易法律实践已经在规范体系、交易模式、能力建设、配额分配、排放交易和履约机制六个方面取得了显著的成效，但仍存在现行碳排放交易一级市场法制不统一、碳排放交易二级市场的规制不足、碳排放交易立法位阶过低、碳排放交易调控和监管机制不健全以及碳泄漏等问题,这需要我国应采取相应的策略予以应对。

根据ICAO理事会的统计,尽管我国航空业客运量和货运量已跃居世界第二,但我国有关航空碳排放的立法不仅起步晚,航空碳减排监管严重不力,而且法律法规及标准极其不完备。目前,我国唯一直接规制航空碳排放的法律文件是《涡轮发动机飞机燃油排泄和排气排出物规定》,远远不能适应我国航空碳排放发展的要求。通过分析美澳等国有关航空碳排放交易的相关法律规定,然后研究我国有关航空碳排放交易立法存在的缺陷,可以更好地构建我国航空碳排放交易制度。

根据《京都议定书》第一承诺期和第二承诺期的规定,我国目前尚不需要承担强制性减排义务。目前,我国还未构建完善的全国碳排放交易制度,甚至还未构建起全国航空碳排放交易制度。但随着ICAO第39届大会两份重要文件的通过,国际航空业市场机制已经形成,全球航空碳排放交易制度的构建也已提上日程。因此,我国应该构建适合我国国情的航空碳排放交易制度,从而以更加积极的态度应对全球航空碳排放交易制度的构建。碳排放交易市场监管的法制构建、碳排放交易一级市场与二级市场的法制构建、适当的履约和强制措施的法制构建,以及碳排放交易登记结算的法制构建等,是我国航空碳排放交易制度构建的最主要的五个方面。因此,我国应该尽快构建以民航主管部门为管理主体,以总量控制与交易模式为主,清洁发展机制为有效补充、自愿减排机制为过渡的交易模式,并以谈判、协商、国际仲裁与在ICAO框架内进行申诉为争端解决方式的航空碳排放交易制度。

因此,在未来全球航空碳排放交易制度的构建体系中,我国应该坚持领土主权、引入市场机制、共同但有区别责任、国际气候合作以及可持续发展等方面的原则。

结　论

据不完全统计,目前航空碳排放量占全球碳排放总量的 2.4%。随着航空业的迅速发展和其他碳密集行业碳排放量的日益控制,航空碳排放量在全球碳排放总量的比重将会越来越大。为应对全球气候变暖并履行《京都议定书》量化的具体承诺,欧盟决定自 2012 年 1 月 1 日起,正式将航空业纳入 EU ETS,抵离欧盟成员国境内机场的全球 4000 多家航空公司都将为其排放的二氧化碳支付巨额的"天空过路费",即对所有航班实行碳排放限额管理。然而,欧盟的这一举措遭到许多非欧盟国家的强烈反对和严重质疑。迫于欧盟的压力,2013 年 ICAO 第 38 届大会作出决议,各成员国同意于 2016 年前达成全球航空碳减排方案,并于 2020 年付诸实施。

由此可见,全球航空碳排放协议的达成已经成为国际社会的当务之急。迄今对航空碳排放交易体系进行规制最成功的当属欧盟,虽然迫于国际社会的压力,欧盟航空碳排放交易只适用于欧盟境内航线,但借鉴欧盟航空碳排放交易体系创设与运行实践的相关经验,从国际法的视角来探讨航空碳排放交易制度,仍具有十分重要的意义。从国际法的视野来考察问题,本书首先,分析了航空碳排放交易制度出台的背景;其次,航空碳排放交易制度的国际法基础进行探讨并分析了航空碳排放交易制度的若干重要问题;再次,对航空碳排放交易制度实施的国际法困境进行分析,同时,探讨了欧盟航空碳排放交易制度的法律框架,并分析了其提供的借鉴以及面临的挑战;最后,初步为未来全球航空碳排放交易体系的构建提供了若干建议和设想,并结合我国碳排放交易的相关法律实践,对我国航空碳排放交易制度的构建提出了建议。

第一章,航空碳排放交易制度概述。自 20 世纪中期以来,气候变化加速全球变暖。为应对全球气候变暖,UNFCCC、《京都议定书》和《巴黎协定》等应对气候变化相关国际立法与排放交易机制等相继出现,在这些背景下,航空碳排放交易制度开始形成。航空碳排放交易制度的核心在于碳排放的界定,我国学者通常将其视为碳排放权。庇古的外部性理论、哈丁的"公有地悲剧”理论以及科斯定理是航空碳排放交易制度的经济学理论基础,法律价值、环境权、法经济学和公共信托理论则构成了航空碳排放交易制度的法学理论基础。因航空碳排放具有全球性、负外部性、时空不平衡性以及全球航空碳减排方案的迫切需要性,因此,有必要探讨在国际法视野下探讨航空碳排放交易制度。

第二章,航空碳排放交易制度的国际法基础。针对欧盟对抵离欧盟成员国境内机场的所有航班实行航空碳排放交易制度,国际公约在全球和区域层面通常采取直接规制和间接规制相结合的方式对航空碳排放交易制度进行规制,虽然效果并不明显,但具有很大的发展潜力。前者主要包括《芝加哥公约》、UNFCCC、《京都议定书》、《巴黎协定》以及 ICAO 大会决议,后者最典型的主要是 2003/87/EC 指令和 2008/101/EC 指令以及《欧美开放天空协议》的相关规定,即对航空碳排放交易制度进行规制最恰当的方式。同时,在航空碳排放交易制度法律规制的过程中,国际社会逐渐形成了国际气候合作原则、共同但有区别责任原则、非歧视原则和领空主权原则等。在这些原则中,国际气候合作原则是应对气候变化的基本原则;共同但有区别责任原则是国际环境法的一项基本原则,在国际气候协议中处于核心地位;非歧视原则是国际航空制度的基础,对航空碳排放交易制度的规制起着非常重要的作用;《芝加哥公约》彻底确立的领空主权原则,满足国际习惯法的两大构成要件——国家实践要件和法律确信要件,被视为国际习惯法。这些原则与国际公约共同构成航空碳排放交易制度的国际法基础。

第三章,航空碳排放交易制度的若干重要问题。其一,航空碳排放交易实际上就是航空碳排放权交易,其核心在于通过买入或卖出达到航空碳排放量的总体控制。该合同不仅具有国际商事合同的典型特征,还必须遵守国际条约并承担国家责任义务。其二,总量控制与交易体系是航空碳排放交易制度的基础。并且该体系属于以新生的经济刺激手段来控制二氧化碳等温室气体的排放,是基于市场的一种机制。并由此得出结论认为,只要该体系能有效控制二氧化碳等温室气体的排放量,就应该不因其公平性受争议而排除使用。其三,碳排放权是航空碳排放交易制度的核心。根据《华盛顿公约》第 25 条以及具体投资条约中有关投资的定义,碳排放权可被视为投资。但是,投资者因碳排放权的问题将会对东道国提起仲裁,这将会在很大程度上阻碍各国构建碳排放交易制度。因此,不应当对碳排放权提供较高标准的保护。要实现这一目标,最重要的方式则是在投资协议中根据 GATT 第 20 条及其序言的规定环境例外条款,从而实现环境保护与投资者利益之间的最佳平衡。其四,由于国际航空运输包括旅客运输和货物运输,兼具货物贸易和服务贸易的双重属性,因此,有必要探讨世界贸易组织规则对航空碳排放交易制度的适用性。其中,与航空碳排放交易制度相关的主要有GATT/WTO规则、GATS协议以及TBT协议。其五,与CDM相比,航空碳排放交易模式在实施效果上更为成功。因此,航空碳排放交易制度不仅对CDM项目的借鉴甚至对我国CDM项目的借鉴具有非常重要的参考意义,而且为我国乃至全球范围内航空碳排放交易制度的构建提供了丰富有用的经验。

第四章,欧盟航空碳排放交易制度及其面临的挑战与借鉴。从理论上说,航空碳排放交易制度的法律框架应该包括四个关键性的法律制度:碳减排目标与总量设定制度、碳排放配额分配制度、碳交易市场监督制度及履约与处罚制度。通过EU ETS的立法和实践,全球航空碳排放交易制度构建可以借鉴这些经验并得到启示。从欧盟航空碳排放交易制度管理主体的适格性、内容的合法性、交易模式的合理性及争端解决机制的合理性来看,欧盟航空碳排放交易制度的设计是存在瑕疵的,不仅不符合国际法律规范的相关规定,而且经受不住实践的检验。

第五章,航空碳排放交易制度实施困境的国际法分析。随着世界各国联系的日益密切,由此产生的问题需要各国通过国际法对国际社会产生的问题进行法律规制。尽管国际法在航空碳排放治理方面发挥着积极作用,但是,航空碳排放交易制度国际法治理主要存在法律覆盖范围有限、法律效力有限、"共同但有区别责任原则"具体事实上的分歧以及突出的国家利益倾向性等局限性。基于这些局限性并结合航空碳排放交易制度的实践,本章从气候变化国际法适用的不确定性、国际航空气候谈判的利益格局以及气候变化国际法的实施效力对航空碳排放交易制度规则的局限性等方面阐述了航空碳排放交易制度的实施困境。

第六章,未来全球航空碳排放交易制度的构建。基于上述国际法视野下航空碳排放交易制度的分析,本章初步为未来全球航空碳排放交易体系的构建提出了若干建议和设想,即从全球航空碳排放交易制度构建应遵循的若干国际法基本原则和规则、管理全球航空碳排放交易的适格主体、全球性"基于市场的措施"方案作为解决全球航空碳排放的一种切实可行方案与具体制度设计方面初步构建未来全球航空碳排放交易制度。全球航空碳排放交易制度并不能一朝一夕形成,必将是一个漫长的过程,任重而道远。

第七章,我国相关法律实践及航空碳排放交易制度的构建。自2007年起,我国已取代美国,成为第一大温室气体排放国。除了基于项目的碳排放交易外,我国已逐步启动碳排放交易试点工作,即逐渐形成基于配额的碳排放交易。目前,我国碳排放交易法律实践已经在规范体系、交易模式、能力建设、配额分配、排放交易和履约机制六个方面取得了显著的成效,但仍存在现行碳排放交易立法位阶过低、碳排放交易一级市场法制不统一、碳排放交易二级市场的规制不足、碳排放交易调控和监管机制不健全以及碳泄漏等问题,这需要我国采取相应的对策予以应对。

随着我国航空业客运量和货运量的不断增长,其航空碳排放量也随之增加。目前我国尚未对航空业实行碳排放限额管理,并根据相关国际公约的规定,我国在2020年前尚不需要承担强制性减排义务。但随着ICAO第39届大会两份重要文件的通过,国际航空业市场机制已经形成,全球航空碳排放交易制度的构建也已提上日程。因此,我国应该构建适合我国国情的航空碳排放交易制度,从而以更加积极的态度应对全球航空碳排放交易制度。

我国航空碳排放交易制度的法制构建应该包括碳排放交易一级市场的法制构建、碳排放交易二级市场的法制构建、碳排放交易市场监管的法制构建、碳排放交易登记结算的法制构建以及适当的履约和强制措施的法制构建五个方面。因此,我国应该尽快构建以民航主管部门为管理主体,以总量控制与交易模式为主,清洁发展机制为有效补充、自愿减排机制为过渡的交易模式,并以谈判、协商、国际仲裁与在ICAO框架内进行申诉为争端解决方式的航空碳排放交易制度。

最后,在未来全球航空碳排放交易制度的构建中,我国应该坚持领土主权原则、共同但有区别责任原则、引入市场机制原则、可持续发展原则以及国际气候合作原则等。

研究结果与结论不仅可以提高我国在基于市场措施的未来全球性航空碳排放交易制度构建中的话语权,促进我国航空业发展,完善我国乃至未来全球航空碳排放交易制度的构建,而且对于促进我国航空碳排放制度与未来全球航空碳排放交易制度接轨,为航空碳排放交易制度的实施奠定坚实的基础,以及促进全球环境改善与人类社会可持续发展等方面具有非常重要的理论与现实意义。

参考文献

一、中文类

（一）编著、译著类

[1][德]卡尔·拉伦茨著:《德国民法通论》(上册),王晓晔等译,法律出版社2003年版。

[2][法]亚历山大·基斯著:《国际环境法》,张若思编译,法律出版社2000年版。

[3][荷]迈克尔·福尔、麦金·皮特斯主编:《气候变化与欧洲排放交易:理论与实践》,鞠美庭等译,化学工业出版社2011年版。

[4][美]E.博登海默著:《法理学:法律哲学与法律方法》,邓正来译,中国政法大学出版社2004年版。

[5][美]埃里克·波斯纳、戴维·韦斯巴赫著:《气候变化的正义》,李智、张键译,社会科学文献出版社2011年版。

[6][美]保罗·萨缪尔森、威廉·诺德豪斯著:《经济学》(第16版),萧琛等译,华夏出版社1999年版。

[7][美]E.博登海默著:《法理学——法哲学及其方法》,邓正来、姬敬武译,华夏出版社1987年版。

[8][美]康芒斯著:《制度经济学》(上册),于树生译,商务印书馆2009年版。

[9][美]理查德·A.波斯纳著:《正义/司法的经济学》,苏力译,中国政法大学出版社2002年版。

[10][美]罗纳德·哈里·科斯著:《企业、市场与法律》,盛洪、陈郁等译校,上海三联书店1990年版。

[11][美]伊迪丝·布朗·韦斯等著:《国际环境法律与政策》(影印本),中信出版社2003年版。

[12][日]大须贺明著:《生存权论》,林浩译,法律出版社2001年版。

[13][日]松井芳郎等著:《国际法》,辛崇阳译,中国政法大学出版社2004年版。

[14][英]安托尼·奥斯特著:《现代条约法与实践》,江国青译,中国人民大学出版社2005年版。

[15][英]马尔科姆·N.肖著:《国际法》,白桂梅等译,北京大学出版社2011年版。

[16][英]郑斌著:《国际航空运输法》,徐克继译,中国民航出版社1996年版。

[17][美]R.科斯、A.阿尔钦、D.诺斯等著:《财产权利与制度变迁——产权学派与新制度学派译文集》,上海三联书店1991年版,第271页。

[18]The World Bank著:《国际贸易与气候变化——经济、法律和制度分析》,廖玫主译,高等教育出版社2010年版。

[19]曹明德、刘明明、崔金星等著:《中国碳排放交易法律制度研究》,中国政法大学出版社2016年版。

[20]陈卫东著:《WTO例外条款解读》,对外经济贸易大学出版社2002年版。

[21]陈安主编:《国际投资法的新发展与中国双边投资条约的新实践》,复旦大学出版社2007年版。

[22]陈波著:《碳排放权交易市场的设计原理和实践研究》,中国经济出版社2014年版。

[23]陈惠珍著:《中国碳排放权交易监管法律制度研究》,社会科学文献出版社2017年版。

[24]陈健鹏著:《温室气体减排:国际经验与政策选择》,中国发展出版社2011年版。

[25]陈金钊主编:《法理学》,北京大学出版社2002年版。

[26]陈谦磊编著:《清洁发展机制的指南和发展》,经济日报出版社2008年版。

[27]陈淑芬著:《国际法视角下的清洁发展机制研究》,武汉大学出版社2011年版。

[28]程卫东、李靖堃译:《欧洲联盟基础条约:经〈里斯本条约〉修订》,社会科学文献出版社2010年版。

[29]程正康著:《环境法概要》,光明日报出版社1986年版。

[30]崔大鹏著:《国际气候合作的政治经济学分析》,商务印书馆2003年版。

[31][英]丹尼·埃勒曼、弗兰克·肯沃瑞、克里斯琴·普萨斯著:《碳定价:欧盟排放交易体系》,中国人民银行乌鲁木齐中心支行译,中国金融出版社、剑桥大学出版社2011年版。

[32]丁冰主编:《现代西方经济学说》,中国经济出版社1995年版。

[33]董云虎、刘武萍编著:《世界人权约法总览》,四川人民出版社1990年版。

[34]杜宴林主编:《法理学》,清华大学出版社2014年版。

[35]端木正主编:《国际法》,北京大学出版社1998年版。

[36]付子堂主编:《法理学进阶》,法律出版社2005年版。

[37]葛全胜、方修琦等编著:《中国碳排放的历史与现状》,气象出版社2011年版。

[38]公丕祥主编:《法理学》(第3版),复旦大学出版社2016年版。

[39]郭冬梅著:《应对气候变化法律制度研究》,法律出版社2010年版。

[40]郭冬梅著:《中国碳排放权交易制度构建的法律问题研究》,群众出版社2015年版。

[41]郭锋主编:《金融服务法评论》(第二卷),法律出版社2011年版。

[42]郭锦鹏著:《应对全球气候变化:共同但有区别的责任原则》,首都经济贸易大学出版社2014年版。

[43]郭日生、彭斯震主编:《碳市场》,科学出版社2010年版。

[44]国家发展和改革委员会能源研究所编著:《能源问题研究文集》,中国环境科学出版社2009年版。

[45]韩德培主编:《国际私法新论》,武汉大学出版社1997年版。

[46]韩良著:《国际温室气体排放权交易法律问题研究》,中国法制出版社2009年版。

[47]韩松编著:《民法总论》,法律出版社2006年版。

[48]韩缨著:《气候变化国际法问题研究》,浙江大学出版社2012年版。

[49]郝海青著:《欧美碳排放权交易法律制度研究》,中国海洋大学出版社2011年版。

[50]胡炜著:《法哲学视角下的碳排放交易制度》,人民出版社2013年版。

[51]黄居正著:《国际航空法的理论与实践》,新学林出版股份有限公司

2006 年版。

[52]黄小喜著:《国际碳交易法律问题研究》,知识产权出版社 2012 年版。

[53]姜冬梅、张孟衡、陆根法主编:《应对气候变化》,中国环境科学出版社 2007 年版。

[54]蒋金荷著:《中国碳排放问题和气候变化政策分析》,中国社会科学出版社 2014 年版。

[55]《欧盟排放交易体系规则》,焦小平主译,中国财政经济出版社 2010 年版。

[56][澳]杰弗里·托马斯等著:《航空发展的历程和真相》,陈迎春、刘洪译,上海交通大学出版社 2010 年版。

[57]金瑞林主编:《环境法学》,北京大学出版社 1999 年版。

[58]科学技术部社会发展科技司、中国 21 世纪议程管理中心编著:《应对气候变化国家研究进展报告》,科学出版社 2013 年版。

[59]克尔·雷斯曼著:《国际政治中软法的概念与作用》,载万鄂湘、王贵国、冯华健主编:《国际法:领悟与构建》,马铁男等译,法律出版社 2007 年版。

[60]李广民、欧斌主编:《国际法》,清华大学出版社 2006 年版。

[61]李浩培著:《条约法概论》,法律出版社 2003 年版。

[62]李静云著:《走向气候文明:后京都时代气候保护国际法律新秩序的构建》,中国环境科学出版社 2010 年版。

[63]李慎明、王逸舟主编:《全球政治与安全报告》(2008),社会科学文献出版社 2007 年版。

[64]李威著:《气候与贸易的国际法进程研究——以议题交叉与体系协调为视角》,法律出版社 2013 年版。

[65]李先波著:《英美合同解除制度研究》,北京大学出版社 2008 年版。

[66]李耀芳著:《国际环境法缘起》,中山大学出版社 2002 年版。

[67]厉以宁、章铮著:《环境经济学》,中国计划出版社 1995 年版。

[68]梁慧星著:《民法解释学》,中国政法大学出版社 1995 年版。

[69]廖振良编著:《碳排放交易理论与实践》,同济大学出版社 2016 年版。

[70]刘婧著:《我国节能和低碳的交易市场机制研究》,复旦大学出版社

2010 年版。

[71]刘明明著:《温室气体控制排放法律制度研究》,法律出版社 2012 年版。

[72]刘笋著:《WTO 法律规则体系对国际投资法的影响》,中国法制出版社 2001 年版。

[73]刘卫东等著:《我国低碳经济发展框架和科学基础——实现 2020 年单位 GDP 碳排放降低 40% -45% 的路径研究》,商务印书馆 2010 年版。

[74]龙卫球著:《民法总论》,中国法制出版社 2001 年版。

[75]罗豪才等著:《软法与公共治理》,北京大学出版社 2006 年版。

[76]吕江著:《英国新能源法律和政策研究》,武汉大学出版社 2012 年版。

[77]米歇尔·波特、埃卡德·雷宾德著:《作为法律和政策问题的气候变化:国际气候变化制度及其在欧洲的实施》,付璐、秦天宝译,上海交通大学出版社 2008 年版。

[78]倪晓宁著:《低碳经济下的国际贸易问题研究》,中国经济出版社 2012 年版。

[79]欧洲联盟官方出版局编:《欧洲联盟基础法》,苏明忠译,国际文化出版公司 2009 年版。

[80]潘家华、陈洪波、禹湘主编:《低碳融资的机制与政策》,社会科学文献出版社 2011 年版。

[81]戚道孟编著:《国际环境法概论》,中国环境科学出版社 1994 年版。

[82]秦天宝著:《美国拒绝批准〈京都议定书〉的国际法分析》,载李龙主编:《珞珈法学论坛》(第二卷),武汉大学出版社 2002 年版。

[83]屈广清主编:《海洋法》,中国人民大学出版社 2005 年版。

[84]邵沙平主编:《国际法》(第 3 版),中国人民大学出版社 2015 年版。

[85]沈宗灵主编:《法理学》(第 4 版),北京大学出版社 2014 年版。

[86]史学瀛、李树成、潘晓滨:《碳排放交易市场与制度设计》,南开大学出版社 2014 年版。

[87]世界银行著:《碳金融十年》,广州东润发环境资源有限公司译,石油工业出版社 2011 年版。

[88]世界资源研究所:《气候保护倡议》,张坤民等译,中国环境科学出版社 2000 年版。

[89]苏明、傅志华著:《中国开征碳税:理论与政策》,中国环境科学出版社2011年版。

[90]孙国华、朱景文主编:《法理学》(第4版),中国人民大学出版社2015年版。

[91]唐方方主编:《气候变化和碳交易》,北京大学出版社2012年版。

[92]万鄂湘、王贵国、冯华健主编:《国际法:领悟与构建》,马铁男等译,法律出版社2007年版。

[93]王传丽主编:《国际贸易法》,中国政法大学出版社1995年版。

[94]王贵国著:《国际贸易法》,北京大学出版社2004年版。

[95]王铁崖、田如萱编:《国际法资料选编》,法律出版社1982年版。

[96]王铁崖主编:《国际法》,法律出版社1995年版。

[97]王伟光、郑国光主编:《应对气候变化报告(2009):通向哥本哈根》,社会科学文献出版社2009年版。

[98]王伟男著:《应对气候变化:欧盟的经验》,中国环境科学出版社2011年版。

[99]王曦编著:《国际环境法》,法律出版社1998年版。

[100]王小龙著:《排污权交易研究:一个环境法学的视角》,法律出版社2008年版。

[101]王燕、张磊著:《碳排放交易法律保障机制的本土化研究》,法律出版社2016年版。

[102]王燕、张磊著:《碳排放交易市场化法律保障机制的探索》,复旦大学出版社2015年版。

[103]王遥著:《碳金融:全球视野与中国布局》,中国经济出版社2010年版。

[104]王毅刚、葛兴安、邵诗洋、李亚冬著:《碳排放交易制度的中国道路——国际实践与中国应用》,经济管理出版社2011年版。

[105]王毅刚著:《中国碳排放权交易体系设计研究》,经济管理出版社2011年版。

[106]吴健著:《排放权交易》,中国人民大学出版社2005年版。

[107]夏梓耀著:《碳排放权研究》,中国法制出版社2016年版。

[108]徐祥民主编:《环境法学》,北京大学出版社2005年版。

[109]许健著:《国际环境法学》,中国环境科学出版社2004年版。

[110]许小峰、王守荣、任国玉等编著:《气候变化应对战略研究》,气象出版社2006年版。

[111]鄢德春著:《中国碳市场建设:融合碳期货和碳基金的行动体系》,经济科学出版社2010年版。

[112]杨仁寿著:《法学方法论》,台北,三民书局1987年版。

[113]杨姝影、蔡博峰、曹淑艳编著:《国际碳税研究》,化学工业出版社2011年版。

[114]杨兴著:《〈气候变化框架公约〉研究——国际法与比较法的视角》,中国法制出版社2007年版。

[115]杨泽伟著:《国际法析论:21世纪法学研究生参考书系列》,中国人民大学出版社2012年版。

[116][英]伊恩·布朗利著:《国际公法原理》,曾令良、余敏友等译,法律出版社2003年版。

[117]袁杜娟、朱伟国著:《碳金融:法律理论与实践——低碳经济时代的法律制度选择》,法律出版社2012年版。

[118][英]奥本海著:《奥本海国际法》(第一卷·第一分册),王铁崖等译,中国大百科全书出版社1995年版。

[119]张焕波著:《中国、美国和欧盟气候政策分析》,社会科学文献出版社2010年版。

[120]张建伟、蒋小翼、何娟著:《气候变化应对法律问题研究》,中国环境科学出版社2010年版。

[121]张乃根著:《国际法原理》(第2版),复旦大学出版社2012年版。

[122]张文显著:《二十世纪西方法哲学思潮研究》,法律出版社1996年版。

[123]张小平著:《全球环境治理的法律框架》,法律出版社2008年版。

[124]张运书著:《碳金融监管法律制度研究》,法律出版社2015年版。

[125]赵晋平著:《低碳贸易:节能目标约束下的贸易结构调整》,中国发展出版社2011年版。

[126]赵爽著:《能源法律制度生态化研究》,法律出版社2010年版。

[127]赵维田、刘敬东编著:《WTO:解释条约的习惯规则》,湖南科学技术出版社2006年版。

[128]赵维田著:《国际航空法》,社会科学文献出版社2000年版。

[129]赵维田著:《世贸组织(WTO)的法律制度》,吉林人民出版社 2000 年版。

[130]郑玉波著:《民法总则》,中国政法大学出版社 2003 年版。

[131]中国清洁发展机制基金管理中心、大连商品交易所:《碳配额管理和交易》,经济科学出版社 2010 年版。

[132]周亚成、周旋编著:《碳减排交易法律问题和风险防范》,中国环境科学出版社 2011 年版。

[133]周忠海主编:《国际法》(第 2 版),中国政法大学出版社 2013 年版。

[134]朱家贤著:《环境金融法研究》,法律出版社 2009 年版。

[135]世纪贸易组织法律事务部编:《WTO 争端解决案例概要》(1995 - 2007),朱榄叶译,法律出版社 2009 年版。

[136]朱榄叶编著:《世界贸易组织国际贸易纠纷案例评析》(2003 ~ 2006),法律出版社 2008 年版。

[137]朱榄叶编著:《世界贸易组织国际贸易纠纷案例评析》(2007 ~ 2009),法律出版社 2010 年版。

[138]朱榄叶编著:《世界贸易组织国际贸易纠纷案例评析》,法律出版社 2000 年版。

[139]朱文奇著:《现代国际法》,商务印书馆 2013 年版。

[140]庄贵阳、陈迎著:《国际气候制度与中国》,世界知识产权出版社 2005 年版。

(二)学位论文

[1]曾带玲:《欧盟航空碳关税的合法性分析》,湖南师范大学 2014 年硕士学位论文。

[2]陈鹏:《欧美碳交易市场监管机制比较研究及对我国的启示》,华东政法大学 2012 年硕士学位论文。

[3]陈新杰:《欧盟排放权交易机制及其对中国的启示》,广东外语外贸大学 2009 年硕士学位论文。

[4]陈奕彤:《国际法视角下气候变化西方语境与中国因应》,中国海洋大学 2011 年硕士学位论文。

[5]程伟:《论 WTO 体制下我国绿色贸易壁垒制度的完善》,中南民族大学 2013 年硕士学位论文。

[6]迟远英:《基于低碳经济视角的中国风电产业发展研究》,吉林大学2008年博士学位论文。

[7]段一帆:《欧盟航空碳排放交易机制的法律分析》,湘潭大学2013年硕士学位论文。

[8]付璐:《欧盟温室气体交易机制的立法研究》,武汉大学2010年博士学位论文。

[9]傅聪:《欧盟应对气候变化治理研究》,中国社会科学院研究生院2010年博士学位论文。

[10]韩缨:《气候变化国际法问题研究》,华东政法大学2011年博士学位论文。

[11]郝海青:《欧美碳排放权法律制度研究——兼论我国碳排放权交易制度的构建》,中国海洋大学2012年博士学位论文。

[12]何一鸣:《国际气候谈判影响因素与中国的对策研究》,中国海洋大学2012年博士学位论文。

[13]胡靓:《增值税法律制度研究》,华东政法大学2008年硕士学位论文。

[14]黄莉:《墨西哥诉美国金枪鱼案"不必要障碍"判断方法研究》,西南政法大学2013年法律硕士学位论文。

[15]黄维娜:《论排污权交易制度及其法律构建》,广西师范大学2008年硕士学位论文。

[16]黄文旭:《国际法视野下的碳关税问题研究》,华东政法大学2011年博士学位论文。

[17]黄小喜:《国际碳交易法律问题研究》,湖南师范大学2012年博士学位论文。

[18]蒋婷:《论"共同但有区别责任原则"面临的新挑战及其应对》,湘潭大学2012年硕士学位论文。

[19]李冰强:《公共信托理论批判》,中国海洋大学2012年博士学位论文。

[20]李泓辉:《欧盟航空碳关税法律分析及我国应对措施研究》,华东政法大学2012年硕士学位论文。

[21]李军:《WTO框架下的非关税贸易壁垒法律研究》,西北大学2003年硕士学位论文。

[22]李沁璇:《论“碳关税”贸易措施》,湘潭大学 2011 年硕士学位论文。

[23]林云华:《国际气候合作与排放权交易制度研究》,华中科技大学 2006 年博士学位论文。

[24]刘佳:《论环境保护的国际合作原则》,中国海洋大学 2006 年硕士学位论文。

[25]刘轩昊:《我国碳税立法研究》,中南大学 2011 年硕士学位论文。

[26]甯荣霞:《碳关税合法性问题及应对策略分析》,昆明理工大学 2013 年硕士学位论文。

[27]宋俊荣:《应对气候变化的贸易措施与 WTO 规则:冲突和协调》,华东政法大学 2010 年博士学位论文。

[28]宋云霞:《国家海上管辖权研究》,大连海事大学 2007 年博士学位论文。

[29]孙成成:《多边法律体制下碳关税的法律分析及应对思考》,南京财经大学 2012 年硕士学位论文。

[30]田甜:《航空碳税法律问题研究——以欧盟航空碳税对我国国际航空运输业的影响为视角》,烟台大学 2013 年硕士学位论文。

[31]王静:《论 WTO 一般例外的使用规则》,中国政法大学 2007 年硕士学位论文。

[32]王曼力:《碳关税的合法性问题研究》,辽宁大学 2012 年硕士学位论文。

[33]王馨:《雄县地热供暖工程及 CDM 机制应用研究》,天津大学 2007 年硕士学位论文。

[34]王莹:《石棉案分析:GATT 第 20 条、TBT 协议与公共健康》,吉林大学 2004 年硕士学位论文。

[35]言彦:《公共资源交易市场——碳排放权交易系统研究》,江南大学 2010 年硕士学位论文。

[36]杨凡:《国际实践中国际习惯法发展趋势研究》,湖南师范大学 2012 年硕士学位论文。

[37]杨洁茹:《WTO 体制下碳关税法律问题研究——兼评欧盟民航碳关税问题》,外交学院 2012 年硕士学位论文。

[38]杨万柳:《国际航空碳排放交易制度全球治理的多维进路》,吉林大学 2014 年博士学位论文。

[39]杨兴:《〈气候变化框架公约〉研究——兼论气候变化问题与国际法》,武汉大学2005年博士学位论文。

[40]杨亚辉:《构建我国碳税法律制度研究》,郑州大学2013年硕士学位论文。

[41]易琦:《WTO体制下"碳关税"的法律问题研究》,华东政法大学2012年硕士学位论文。

[42]张玮儒:《欧盟的气候治理:以排放交易决策为例》,台湾大学2009年社会科学院政治系硕士学位论文。

[43]张志慧:《欧盟航空碳排放交易指令的挑战及其对策》,大连海事大学2013年硕士学位论文。

[44]赵枫:《论欧盟航空碳管制的法律问题》,华东政法大学2012年硕士学位论文。

[45]赵文静:《论碳税措施及其对国际贸易法的影响》,中国政法大学2011年硕士学位论文。

[46]周思明:《应对气候变化措施与WTO规则的冲突与协调》,河北经贸大学2012年硕士学位论文。

[47]何一鸣:《国际气候谈判的影响因素与中国的对策研究》,中国海洋大学2009年博士学位论文。

(三)期刊论文

[1]安德烈·哈德曼:《国际航空应对全球碳排放的措施》,载《中国民用航空》2014年第6期。

[2]蔡守秋、张建伟:《论排污权交易的法律问题》,载《河南大学学报》(社会科学版)2003年第5期。

[3]蔡守秋:《论环境权》,载《金陵法律评论》2012年第1期。

[4]曹华磊:《欧盟排放交易体系回顾与启示》,载《金融纵横》2010年第6期。

[5]曾令良著:《WTO:一种自成体系的国际法治模式》,载《国际经济法学刊》2010年第4期。

[6]曹明德、李玉梅:《德国温室气体排放许可证交易法律制度研究》,载《法学评论》2010年第4期。

[7]曹明德:《中国参与国际气候治理的法律立场和策略——以气候争议为视角》,载《中国法学》2016年第1期。

[8]曾文革、冯帅:《巴黎协定能力建设条款:成就、不足与展望》,载《环境保护》2015 年第 24 期。

[9]陈安:《论 WTO 体制下的立法、执法、守法和变法》,载《国际经济法学刊》2010 年第 4 期。

[10]陈惠珍:《减排目标与总量设定:欧盟排放交易体系的经验及启示》,载《江苏大学学报》(社会科学版)2013 年第 4 期。

[11]陈静:《中国引入国际航空仲裁　首创仲裁国际合作模式》,载《中国航空报》2014 年 8 月 30 日,第 4 版。

[12]陈历辛:《法律规范逻辑结构问题新探——以现代西方法理学中“法律规范”与“法律规则”的不同内涵为背景》,载《社会科学》2010 年第 3 期。

[13]陈姗姗:《美航企状告欧盟征碳排放费》,载《第一财经日报》2009 年 12 月 22 日,第 A10 版。

[14]陈新岗:《“公地悲剧”与“反公地悲剧”理论在中国的应用研究》,载《山东社会科学》2005 年第 3 期。

[15]陈贻健:《共同但有区别责任原则的演变及我国的应对——以后京都进程为视角》,载《法商研究》2013 年第 4 期。

[16]陈志敏:《国际关系中的环境问题及其解决机制》,载《复旦学报》(社会科学版)1998 年第 5 期。

[17]邓璟:《应对气候变化的钱由谁来出?——专访哥本哈根气候大会主席康妮・赫泽高》,载《世界博览》2009 年第 23 期。

[18]邓丽娟:《GATT 过境自由争端第一案评析——评哥伦比亚入境口岸限制措施案》,载《国际经贸探索》2009 年第 11 期。

[19]丁丁、潘方方:《论碳排放权的法律属性》,载《法学杂志》2012 年第 9 期。

[20]段居琦、徐新武、高清竹:《IPCC 第五次评估报告关于适应气候变化与可持续发展的新认知》,载《气候变化研究进展》2014 年第 3 期。

[21]范婕:《论环境保护的第三种机制》,载《税收与企业》2003 年第 S1 期。

[22]冯帅:《应对气候变化建设行动的国际进展与中国策略——以前〈巴黎协定〉时期为中心》,载《中国科技论坛》2017 年第 5 期。

[23]高丽娜、董学敏:《欧盟航空碳排放交易体系在东京和芝加哥受阻:多方治理体系中的单方法律主导》,载《中国政法大学学报》2013 年第 3 期。

[24]高小升:《伞形集团国家在后京都气候谈判中的立场评析》,载《国际论坛》2010 年第 4 期。

[25]公欣:《硝烟又起! 航空碳减排 9 月或将通过新方案》,载《中国经济导报》《生态文明周刊》2016 年 8 月 26 日,第 B05 版。

[26]龚微:《气候变化国际合作中的差别待遇初探》,载《法学评论》2010 年第 4 期。

[27]龚宇:《欧盟航空减排新规:法律辨析与应对》,载《国际经济法学刊》2011 年第 4 期。

[28]顾阿伦:《国际航空市场减排机制对中国碳市场的影响和意义》,载《中国经贸导刊》2017 年第 2 期。

[29]郭璐:《后哥本哈根时代对国际环境法的影响——共同但有区别责任原则刍议》,载《法制与社会》2013 年第 23 期。

[30]郭兆晖、李普、廉桂萍:《对欧盟民航业碳排放收费问题的透视》,载《内蒙古大学学报》(哲学社会科学版)2010 年第 3 期。

[31]国务院发展研究中心课题组:《全球温室气体减排:理论框架和解决方案》,载《经济研究》2009 年第 3 期。

[32]韩一元、姚琨、付宇:《〈巴黎协定〉评析》,载《国际研究参考》2016 年第 1 期。

[33]何铁军:《国际法上的管辖权制度刍议——以"荷花号案"为视角》,载《齐齐哈尔大学学报》(哲学社会科学版)2008 年第 4 期。

[34]何志鹏:《国际法治:一个概念的界定》,载《政法论坛》2009 年第 4 期。

[35]贺富永:《民用航空器国籍的法理透视》,载《江苏航空》2003 年第 2 期。

[36]胡大源:《气候变化问题的不确定性》,载《上海商报》2010 年 3 月 20 日。

[37]胡建国:《多边贸易体制下的动物福利与土著群体生存利益之辩——WTO 上诉机构欧盟海豹案裁决的启示》,载《国际法研究》2015 年第 3 期。

[38]胡锦涛:《统一思想　明确任务　坚定信念　扎实工作,进一步做好应对气候变化各项工作》,载《人民日报》2010 年 2 月 24 日,第 1 版。

[39]胡立法:《产权理论:马克思与科斯的比较中需要厘清的几个问

题》,载《毛泽东邓小平理论研究》2009 年第 2 期。

[40]胡吕银:《股权客体研究及其意义》,载《法学论坛》2003 年第 4 期。

[41]胡晓红:《欧盟航空碳排放交易制度及其启示》,载《法商研究》2011 年第 5 期。

[42]黄蔚:《欧盟排放交易体系(EU ETS)航空融资及租赁的影响》,载《中国民用航空》2010 年第 8 期。

[43]黄文旭:《国际投资法视野下的碳排放权》,载《国际经贸探索》2011 年第 9 期。

[44]黄颖:《全球气候治理与"共同但有区别责任"原则的演进》,载《生态经济》2015 年第 11 期。

[45]黄越、姚昌金:《欧盟排放交易体系在国际航空法下的合法性分析》,载杨惠、郝秀辉主编:《航空法评论》(第 1 辑),法律出版社 2011 年版。

[46]黄志雄:《国际贸易新课题:边境碳调节措施与中国的对策》,载《中国软科学》2010 年第 1 期。

[47]江海平:《国际习惯法规范构成机制》,载《厦门大学法律评论》2006 年第 2 期。

[48]蒋超翊:《GATT 第 20 条序言的案例法——兼论碳相关边境调节措施的正当性》,载《WTO 法与中国论丛》2012 年卷。

[49]蒋红莲:《国际投资与环境保护法律机制》,载《学术界》2008 年第 4 期。

[50]金萍:《促进清洁发展机制项目合作的问题与对策》,载《国际经济合作》2008 年第 4 期。

[51]晋海、颜士鹏:《欧盟航空碳排放权交易机制评析及中国的应对》,载《江苏大学学报》(社会科学版)2012 年第 5 期。

[52]寇丽:《共同但有区别责任原则:演进、属性与功能》,载《法律科学》(西北政法大学学报)2013 年第 4 期。

[53]李爱年、胡春冬:《排污权初始分配的有偿性研究》,载《中国软科学》2003 年第 5 期。

[54]李布:《欧盟碳排放交易体系的特征、绩效与启示》,载《重庆理工大学学报》(社会科学版)2010 年第 3 期。

[55]李国栋、郑宽:《澳大利亚温室气体减排与能效目标计划》,载《电力需求侧管理》2009 年第 6 期。

[56]李平、李淑云、沈得芳:《碳关税问题研究:背景、征收标准及应对措施》,载《国际金融研究》2010 年第 9 期。

[57]李琦、张宝佳:《国际民航组织航空碳排放权交易使用指南介绍》,载杨惠、郝秀辉主编:《航空法评论》(第 1 辑),法律出版社 2011 年版。

[58]李强:《后京都时代美国参与国际气候合作原因的理性解读》,载《理论导刊》2009 年第 3 期。

[59]李伟芳:《航空业纳入欧盟碳排放交易体系之合法性分析》,载《政治与法律》2012 年第 10 期。

[60]李伟芳:《论国际法渊源的几个问题》,载《法学评论》2005 年第 4 期。

[61]李小燕:《美国减少航空碳排放物及其影响》,载《中国民航报》2008 年 7 月 22 日,第 5 版。

[62]李艳君:《世界低碳经济发展趋势和影响》,载《国际经济合作》2010 年第 2 期。

[63]李懿:《福利经济学的基础理论和近年的演变》,载《经济研究》1987 年第 4 期。

[64]梁咏、叶波:《欧盟航空业碳减排规则的国际法分析》,载《欧洲研究》2012 年第 1 期。

[65]梁咏:《欧盟碳减排的国际法规制——以航空业为例》,载《法学》2011 年第 12 期。

[66]林鹏:《欧盟航空 ETS 争端日趋白热化》,载《中国民用航空》2011 年第 10 期。

[67]林旭霞:《林业碳汇权利客体研究》,载《中国法学》2013 年第 2 期。

[68]刘冰、杨阿丽:《国际气候法框架下碳关税的合法性质疑——以共同但有区别责任原则为视角》,载《海峡法学》2013 年第 2 期。

[69]刘衡:《论欧盟关于后 2020 全球气候协议的基本设计》,载《欧洲研究》2013 年第 4 期。

[70]刘华、李亚:《欧盟碳交易机制的实践》,载《银行家》2007 年第 9 期。

[71]刘慧、樊杰、Guillaume Giroir:《中国碳排放态势与绿色经济展望》,载《中国人口·资源与环境》2011 年第 S1 期。

[72]刘纪显、郑尚:《CDM 对我国新能源产业的影响》,载《华南师范大学学报》(社会科学版)2010 年第 5 期。

[73]刘萍:《单边抑或多边:航空碳排放法律规制路径分析》,载《暨南学报》(哲学社会科学版)2012 年第 3 期。

[74]刘萍:《国际航空环境法的演进与发展》,载《北京理工大学学报》(社会科学版)2012 年第 6 期。

[75]刘萍:《国际航空碳排放全球机制的构建》,载《法律科学》(西北政法大学学报)2013 年第 4 期。

[76]刘萍:《论航空排放的国际法律规制》,载《法学杂志》2011 年第 9 期。

[77]刘笋:《国际法的人本化趋势与国际投资法的革新》,载《法学研究》2011 年第 4 期。

[78]刘勇:《理想和现实之间的选择:欧盟出台航空碳排放交易新政》,载《21 世纪经济报道》2014 年 6 月 24 日,第 22 版。

[79]卢秋帆:《国际贸易法律文本中但书条款浅议》,载《河南司法警官学院学报》2012 年第 3 期。

[80]罗成:《从法理角度和政治角度看中美撞机事件》,载《国际关系学院学报》2001 年第 3 期。

[81]罗豪才、宋功德:《认真对待软法——公域软法的一般理论及其中国实践》,载《中国法学》2006 年第 2 期。

[82]吕晨光、周珂:《英国环境保护:命令控制与经济激励的综合运用》,载《法学杂志》2004 年第 6 期。

[83]吕晓杰:《WTO 规则在欧盟法律体系中的新发展——统一解释原则的确定与适用》,载《现代法学》2008 年第 1 期。

[84]吕忠梅:《论公民环境权》,载《法学研究》1995 年第 6 期。

[85]马波:《论环境法"硬法"和"软法"渊源的沟通和协调》,载《哈尔滨学院学报》2010 年第 1 期。

[86]孟庆芬、李琦:《欧盟航空碳排放政策的发展及其影响》,载《中国民用航空》2007 年第 2 期。

[87]莫神星:《全球气候变暖下的欧盟低碳能源法律政策》,载《华北电力大学学报》(社会科学版)2010 年第 4 期。

[88]潘俊武:《解析国际争端解决机制及其发展前景》,载《法律科学》(西北政法大学学报)2009 年第 4 期。

[89]彭光明:《碳关税的博弈与环境贸易措施的新趋向》,载《前沿》2010

年第19期。

[90]彭慧芳、许学工:《部分国家碳减排方案及其基本依据》,载《中国人口·资源与环境》2005年第5期。

[91]彭梅芳:《国际碳交易合同法律问题研究》,载《品牌研究》2015年第3期。

[92]彭岳:《免费排放权配额补贴构成论》,载《南京大学法律评论》2013年第1期。

[93]浦晔、侯作前:《论环境保护中的单边主义及中国的政策选择》,载《中国法学》2002年第4期。

[94]秦建荣:《WTO与NAFTA争端解决机制之差异性比较研究——兼论对CAFTA争端解决机制的借鉴意义》,载《广西政法管理干部学院学报》2007年第2期。

[95]邱昭继、许晓燕:《"法律不确定性":内涵、渊源及启示》,载《理论探索》2007年第6期。

[96]曲振涛:《论法经济学的发展、逻辑基础及其基本理论》,载《经济研究》2005年第9期。

[97]任际、曹荞:《识别制度的独立及识别方法理论的探索》,载《法学》2014年第8期。

[98]邵津:《国际法院的北海大陆架案判决与大陆架划界原则》,载《北京大学学报》(哲学社会科学版)1980年第2期。

[99]沈满洪、何灵巧:《外部性的分类及外部性理论的演化》,载《浙江大学学报》(人文社会科学版)2002年第1期。

[100]沈敏荣:《法律不确定性及其思想渊源之演进》,载《山西大学学报》(哲学社会科学版)2000年第2期。

[101]施文真:《能源税与碳税之边境税调整措施——以GATT/WTO之合致性为主要讨论对象》,载《贸易政策论丛》2009年第17期。

[102]史玉:《国际航空排放全球共同治理机制构建》,载《国际论坛》2012年第3期。

[103]宋锡祥:《欧盟强征航空碳排放机制及我国的法律应对策略》,载《东方法学》2013年第6期。

[104]苏蕾、曹玉昆、陈锐:《国际碳排放交易体系现状及发展趋势分析》,载《生态经济》2012年第11期。

[105]苏蕾、曹玉昆、陈锐:《欧盟碳排放权交易体系现状及启示》,载《世界林业研究》2012 年第 3 期。

[106]苏米:《欧盟“松口”　ETS 减排用错了力?》,载《第一财经日报》2012 年 2 月 13 日,第 B01 版。

[107]覃华平:《欧盟航空减排交易机制(EU ETS)探析——兼论国际航空减排路径》,载《比较法研究》2011 年第 6 期。

[108]汤吉军:《市场结构、碳污染与政府规制》,载《产业经济评论》2011 年第 2 期。

[109]万霞:《“后京都时代”与“共同而有区别责任”原则》,载《外交评论》2006 年第 2 期。

[110]万霞:《试析软法在国际法中的勃兴》,载《外交评论》(外交学院学报)2011 年第 5 期。

[111]王尔德:《航空业达成首个全球减排框架协议》,载《21 世纪经济报道》2010 年 10 月 19 日,第 21 版。

[112]王虎华:《契约性条约问题的理论辩证》,载《法学》2013 年第 12 期。

[113]王慧:《国际法视角下碳排放许可证免费分配的法律问题——以澳大利亚 EAP 立法为例》,载《中国政法大学学报》2012 年第 3 期。

[114]王慧:《航空碳关税第一案的是与非》,载《环境经济》2012 年第 5 期。

[115]王江、赵莉:《中国开展清洁发展机制的理论和实践研究》,载《未来与发展》2009 年第 1 期。

[116]王明远:《论碳排放权的准物权和发展权属性》,载《中国法学》2010 年第 6 期。

[117]王沛、党琦:《小岛国联盟:关乎生死存亡的应对》,载《瞭望》2010 年第 14 期。

[118]王舒扬:《二氧化碳的总量管制与排放交易在中国的前景分析》,载《长春金融高等专科学校学报》2011 年第 3 期。

[119]王伟、刘海裕、汪筱苏:《论欧盟征收航空碳排放税的不合法性》,载《法制博览》2012 年第 4 期。

[120]王伟男:《欧盟排放交易机制及其成效评析》,载《世界经济研究》2009 年第 7 期。

[121]王学东、方志操:《全球治理中的“软法”问题——对国际气候机制的解读》,载《国外理论动态》2015 年第 3 期。

[122]王燕、张磊:《相同碳关税抑或区别碳关税:WTO 框架下的选择——以“同类产品”的认定标准为视角》,载《西部法学评论》2012 年第 5 期。

[123]王育红:《科学发展观视角下论我国排污权交易法律制度》,载《河北法学》2009 年第 11 期。

[124]王仲辉:《欧盟排放交易机制及其对中国碳排放权交易机制建设的启示》,载《中国发展》2011 年第 4 期。

[125]吴建端:《论欧盟将国际航空活动纳入其排放交易机制的非法性》,载《航空法评论》2011 年第 1 期。

[126]吴蕾:《WTO“技术性贸易壁垒协定第一案”之法律透析——欧共体沙丁鱼案》,载《武大国际法评论》2005 年版。

[127]吴言:《全球航空减排协议达成　ICAO 否决欧盟单边碳税行动》,载《中国民航报》2013 年 10 月 10 日,第 3 版。

[128]奚晓明:《关于 WTO 规则中的非歧视原则在争端解决中的具体运用》,载《法律适用》(国家法官学院学报)2001 年第 S1 期。

[129]肖冰:《论国际法规制的共有属性及个性体现——以技术性贸易壁垒国际法规制之个性为例》,载《法学家》2007 年第 4 期。

[130]肖峰、郑煜:《论欧盟航空碳排放交易规则下的管辖权冲突——从欧盟法院航空碳税案说起》,载《北京理工大学学报》(社会科学版)2013 年第 4 期。

[131]陈安:《论 WTO 体制下的立法、执法、守法和变法》,载陈安主编:《国际经济法学刊》北京大学出版社 2010 年版。

[132]谢庆裕:《民航与造纸业纳入碳交易管理》,载《南方日报》《绿色周刊》2017 年 1 月 11 日,第 A21 版。

[133]熊灵、齐绍洲:《欧盟碳排放交易体系的结构缺陷、制度变革及其影响》,载《欧洲研究》2012 年第 1 期。

[134]徐崇利:《跨政府组织网络与国际经济软法》,载《环球法律评论》2006 年第 4 期。

[135]徐弘艳:《论国际争端解决方法新的发展趋势》,载《西安政治学院学报》2006 年第 5 期。

[136]徐京西:《国际经济外交中的争端解决机制研究》,载《人民论坛》2014年第14期。

[137]徐长春:《国际气候合作原则及合作前景》,载《国际经济合作》2010年第10期。

[138]许葳:《试论福利经济学的发展轨迹与演变》,载《国际经贸探索》2009年第12期。

[139]宣晓伟、张浩:《碳排放权配额分配的国际经验及启示》,载《中国人口·资源与环境》2013年第12期。

[140]宣增益:《航空减排路径之探讨——兼评欧盟航空减排交易指令》,载《中国政法大学学报》2011年第1期。

[141]薛晶:《欧盟排放权交易机制(EU ETS)研究》,载《金融服务法评论》2011年第1期。

[142]严双伍、肖兰兰:《中国与G77在国际气候谈判中的分歧》,载《现代国际关系》2010年第4期。

[143]杨淑君:《浅谈TBT国民待遇原则——美国丁香烟案解析》,载《世界贸易组织动态与研究》2013年第4期。

[144]杨绪彪、朱丽萍:《基于市场的解决全球航空碳减排的措施方案:困境与前景》,载《宏观经济研究》2015年第1期。

[145]杨玉峰、刘滨:《温室气体排放总量计算的不确定性及对清洁发展机制的影响》,载《上海环境科学》2010年第2期。

[146]杨泽伟:《〈2009年美国清洁能源与安全法〉及其对中国的启示》,载《中国石油大学学报》(社会科学版)2010年第1期。

[147]杨泽伟:《碳排放权:一种新的发展权》,载《浙江大学学报》(人文社会科学版)2011年第3期。

[148]姚俊颖:《国际环境法中的非歧视原则——一项正在形成的基本原则》,载《法制博览》2013年第1期。

[149]尹敬东、周兵:《碳交易机制与中国碳交易模式的思考》,载《南京财经大学学报》2010年第2期。

[150]于宏源、汤伟:《波兹南会议之后的气候变化政治格局》,载《气候变化研究进展》2009年第6期。

[151]于宏源:《试析全球气候变化谈判格局的新变化》,载《现代国际关系》2012年第6期。

[152]余丽:《欧洲法院关于欧盟航空碳排放交易指令的合法性初裁》,载《北京理工大学学报》(社会科学版)2013 年第 1 期。

[153]臧扬扬:《欧盟及其主要国家应对气候变化的政策和立法概述》,载《南京工业大学学报》(社会科学版)2010 年第 3 期。

[154]战颖:《试论证券市场的伦理相关性》,载《河南师范大学学报》(哲学社会科学版)2008 年第 5 期。

[155]张华:《论"欧盟航空减排指令"的域外管辖问题及中国的对策》,载《国际论坛》2012 年第 5 期。

[156]张华:《论"欧盟航空减排指令"与国际法的冲突问题——欧洲法院司法审查的悖论》,载《德国研究》2013 年第 2 期。

[157]张华:《欧盟法与国际法的冲突和协调——基于欧洲法院近期典型判例的诠释》,载《欧洲研究》2013 年第 5 期。

[158]张磊、王燕、杨解君:《中国碳交易的立法思路:基于欧美碳交易的立法检讨及其启示》,载《南京工业大学学报》(社会科学版)2013 年第 3 期。

[159]张磊:《国际气候政治集团化:功能、演化与前景》,载《新视野》2010 年第 2 期。

[160]张丽英:《欧盟强征航空碳排放费的法律问题》,载《中国入市第二个十年:新起点与新挑战——WTO 法与中国论丛》(2013 年卷)2012 年。

[161]张乃根:《论 WTO 争端解决机制的几个主要国际法问题》,载《法学评论》2001 年第 5 期。

[162]张佩颖:《"碳排放"将成国际重要战略资源》,载《中国企业报》2008 年 11 月 12 日,第 7 版。

[163]张琪:《ICAO 达成全球航空碳排协议》,载《中国能源报》2013 年 10 月 14 日,第 7 版。

[164]张小平:《论框架公约——以国际环境条约为例》,载《外交评论》(外交学院学报)2007 年第 4 期。

[165]张昕宇:《"碳关税"的性质界定研究》,载《求索》2010 年第 9 期。

[166]张永来:《对环境外部性规制的若干思考》,载《兰州学刊》2005 年第 6 期。

[167]张志良:《承前启后　继往开来——记国际民航组织第 32 届大会》,载《民航经济与技术》1998 年第 10 期。

[168]张志勋:《论我国碳排放权交易体系的构建》,载《企业经济》2012

年第6期。

[169]张梓太:《关于我国碳税立法的几点思考》,载《法学杂志》2010年第2期。

[170]赵凤彩:《中国民航业面临的节能减排形势与挑战》,载《中国民用航空》2012年第1期。

[171]赵建文:《海洋法公约对国家管辖权的界定和发展》,载《中国法学》1996年第2期。

[172]赵俊:《我国应对气候变化立法的基本原则研究》,载《政治与法律》2015年第7期。

[173]周珂、王权典:《我国入世后环境与贸易问题的法律审视》,载《法学家》2002年第5期。

[174]周茂荣、谭秀杰:《欧盟碳排放交易体系第三期改革研究》,载《武汉大学学报》(哲学社会科学版)2013年第5期。

[175]周小光:《环境保护经济刺激手段的缺失与重构——以法律经济学为分析理路》,载《环境法治与建设和谐社会——2007年全国环境资源法学研讨会(年会)论文集》(第四册)2007年版。

[176]朱虹:《从哥本哈根会议看国际气候政治博弈》,载《红旗文稿》2010年第2期。

[177]朱彤彤、顾然:《建立我国排污权交易法律制度的设想——从经济法理念与法经济学角度分析》,载《安徽警官职业学院学报》2009年第1期。

[178]朱晓勤、王均:《对美英航空碳税案判决的几点质疑——兼及中国的应对策略》,载《江苏大学学报》(社会科学版)2012年第5期。

[179]朱延福:《科斯的交易费用理论与马克思的流通费用理论比较研究》,载《中南财经大学学报》1996年第3期。

[180]朱羿、孙文娟:《2010年中美航空法论坛在西安举行——专家呼吁出台国际航空环境法》,载《中国社会科学报》2010年11月16日,第6版。

[181]朱瑜、刘勇:《欧盟碳排放交易新政、国际航空减排谈判与中国对策研究》,载《国际论坛》2014年第6期。

[182]朱兆敏:《论欧盟航空碳税与WTO规则》,载《WTO法与中国论丛》(2012年卷)2011年。

[183]刘衡:《WTO证据法论纲》,载陈安主编:《国际经济法学刊》(第2期),北京大学出版社2010年版。

[184]左海聪:《论 GATT/WTO 争端解决机制的性质》,载《法学家》2004 年第 5 期。

二、英文类

(一)著作类

[1]Alexandre Kiss and Dinah Shelton, *International Environmental Law* (3rd ed.), Transnational Publishers, 2004.

[2]Alexandre Kiss, Dinah Shelton and Kanami Ishibashi, *Economic Globalization and Compliance with International Environmental Agreements*, Kluwer Law International, 2003.

[3] Andrés Jonathan Drew, *Government Failure and the EU ETS: What Prospects for Phase* 3? Stockhdm Network Publications, 2010.

[4]Axel Michaalowa, *Carbon Markets or Climate Finance*? Taylor & Francis Group, 2009.

[5]Axel Michaelowa & Sanja Butzengeiger, *Climate Policy: The EU Emissions Trading Scheme*, Earthscan, 2005.

[6]Benjammin J. Richardson ed., *Climate Law and Developing Countries: Legal and Policy Challenges for the World Economy*, Edward Elgar Publishing, 2009.

[7] Bernd Hansjürgens, *Emission Trading for Climate Policy: US and European Perspective*, Cambridge University Press, 2005.

[8] Cedric Ryngaert, *Jurisdiction in International Law*, Oxford University Press, 2008.

[9]David Freestions & Charlotts Streck, *Legal Aspects of Carbon Trading*, Oxford University Press, 2009.

[10]David Unterhalter, *The Burden of Proof in WTO Dispute Settlement, M. E. Janow, V. Donalolson and A. Yanovich: The WTO: Governance, Dispute Settlement and Developing Countries*, Juris Publishing Inc, 2008.

[11]Denny Ellerman, Barbara K. Buchner & Carlo Cararo, *Allocation in the European Emissions Trading Scheme: Rights, Rents and Fairness*, Cambridge University Press, 2011.

[12]Denny Ellerman, Henry D. Jacoby & Annelene Decaux, *The Effects on*

Developing Countries of the Kyoto Protocol and CO_2 Emissions Trading, World Bank, 1998.

[13] Ejan Mackaay, *History of Law and Economics*, (*ed.*) *Boundewijn Bouckaert and Gerrit De Geest*, Edward, Cheltenham, UK. Northampton, MA, USA.

[14] Ernesto Zedillo ed., *Global Warming-Looking Beyond Kyoto*, *Center for the Study of Globalization*, Brookigs Institution Press, 2008.

[15] Ernesto Zedillo, *Global Warming-Looking Beyond Kyoto*, *Center for the Study of Globalization*, Brookigs Institution Press, 2008.

[16] Ernst-Ulrich Petersmann, *The GATT/WTO Dispute Settlement System*, Kluwer, 1997.

[17] Ervin Nagy and Gisella Varga, *Emissions Trading*: *Lessons Learned from the European Union and Kyoto Protocol Climate Change Programs*, nova Science Publishers Inc., 2009.

[18] Federico Casolari, *Giving Indirect Effect to International Law within the EU Legal Order*: *The Doctrine of Consistent Interpretation*, Enzo Cannizzaro., *International Law as Law of the European Union*, Martinus Nijhoof Publishers, 2012.

[19] Frederic L. Kirgis, Specialized Law Making Process, Chistopher. C. Joyner., *The United Nations and International Law*, Cambridge University Press, 1997.

[20] Gagelmann F, The Influence of the Allocation Method on Market Liquidity, Volatility and Firm's Investment Decisions// Antes R, Hansjurgens B, Letmathe P (eds), Emission Trading: Institutional Design, Decision Making and Corporate Strategies, Springer, 2008.

[21] Giorgio Sacerdoti, *Bilateral Treaties and Multilateral Instruments on Investment Protection*, 269 Recueil des Cours 251, 307 (1997).

[22] Grainne de Brurca & Joanne Scott eds, *Law and New Governance in the EU and the US*, Hart Publishing, 2006.

[23] H. Van Hasselt, *The EU ETS in the European Climate Change Policy Mix*: *Past*, Present and Future, Vrije University Amsterdam, 2009.

[24] Hahn, Robert W. & Robert N. Stavins, *What has the Kyoto Protocol*

Wrought? The Real Architecture of International Tradable Permit Markets, The AEI Press, 1999.

[25] IPCC, *Aviation and the Global Atmosphere: Summary for Policy Makers*, 1999.

[26] J. P. Tammes. Soft Law, T. M. C. Asser Institute, *Essays on International and Comparative Law in Honor of Judge Erades*, Matinus Nijhoff publishers, 1983.

[27] Jagdish Bhagwati. Economic Perspective on Trade in Professional Services, in John H. Jackson, William J. Davey and Alan O. Sykes, *Legal Problems of International Economic Relations: Cases, Materials and Text on the National and International Regulation of Transnational Economic (American Casebook Series)*, West Publishing Co. 1995.

[28] James K. R. Watson, *The WTO and the Environment*, Routledge, 2013.

[29] Jiefang Huang, *Aviation Safety through the Rule of Law: ICAO's Mechanism and Practices*, Wolters Kluwer, 2009.

[30] John Alder & David Wilkinson, *Environmental Law and Ethics*, Palgrave Macmillan, 1999.

[31] John Cllieer and Vaughan Lowe, *The Settlement of Disputes in International Law: Institutions and Procedures*, Oxford University Press, 1999.

[32] Jutta Brunnee, Stephen J. Toope, *Legitimacy and Legality in International Law: An International Account*, Cambridge University Press, 2010.

[33] Karan Singh, *Aviation and Environmental Pollution: International Attempts for Cleaner and Quieter Skies*, Lanbert Academic Publishing, 2010.

[34] M. Lee, *EU Environmental Law: Challenges*, Change and Decision-Making, Hart Publishing, 2005.

[35] Marjan Peeters, Legislative Choices and Legal Values: Considerations on the Further Design of the European Greenhouse Gas Emissions Trading Scheme from a Viewpoint of Democratic Accountability, Michael Faure & Marjan Peeters, Climate Change and European Emissions Trading: Lessons for Theory and Practice, Edward Elgar Publishing, 2008.

[36] Marjan Peeters, Legislative Choices and Legal Values: Considerations on the Further Design of the European Greenhouse Gas Emissions Trading Scheme

from a Viewpoint of Democratic Accountability, Michael Faure & Marjan Peeters, Climate change and European Emissions Trading: Lessons for Theory and Practice, Edward Elgar Publishing, 2008.

[37] Matthew Paterson, *Global Warming and Global Politics*, Routledge, 1996.

[38] Maxwell T Boykoff, *The politics of Climate Change: A Survey*, Routledge Press, 2010.

[39] Meadows, D. The Emissions Allowance Trading Directive 2003/87/EC explained// Delbeke. J, The EU Greenhouse Gas Emissions Trading Scheme, Hanzeweg 45B, Claeys & Casteels Publishing, 2006.

[40] Michael, B., Echard, R., *Climate Change Policy*, Utrecht: Eleven International Publishing, 2005.

[41] Nelson E. Burney, *Carbon Tax and Cap-and-Trade Tools: Market-based Approaches for Controlling Greenhouse Gases*, Nova Science Publishers, 2010.

[42] Nicolas de Sadeleer, *Envrionmental Principles: From Political Slogan to Legal Rules*, Oxford University Press, 2002.

[43] Nieholas Stern, *The Economics of Climate Change: The Stern Review*, Cambrige Universtiy Press, 2007.

[44] Oran R. Yong (ed.), *Global Governance Drawing insights from the Environmental Experience*, MIT Press, 1997.

[45] Pamela S. Chasek, *Earth Negotiation-Malyzing Thirty Years of Environmental Diplamacy*, United National University Press, 2001.

[46] Paul G. Harris, International Norms of Responsibility and U. S. Climate Change Policy. // Paul G. Harris ed., Climate Change and American Foreign Policy, St. Martin's Press, 2000.

[47] Paul G. Harris, International Norms of Responsibility and U. S. Climate Change Policy, Paul G. Harris ed., Climate Change and American Foreign Policy, St. Martin's Press, 2000.

[48] Paul Klemperer, Auction theory: A Guide to the Literature, Journal of Economic Surveys, Blackwell Publishers Ltd, 1999.

[49] Peter D Cameron, History of Climate Change Law and Policy, Paul Q

Watchman, *Climate Change: A Guide to Carbon Law and Practice*, Global Business Publishing Ltd. ,2008.

[50] Peter Forsyth, David W. Gilen, Otto G. Mayer, *Competition Versus Predation in Aviation Markets: A Survey of Experiece in North America*, Europe and Australia, Ashgate, 2005.

[51] Philippe Sands, *Principles of International Environmental Law* (3rd. ed.), Cambridge University Press, 2012.

[52] Rajendra Ramlogan, *The Developing World and the Environmental*, University Press of America Inc. ,2004.

[53] Regan, How to Think about PPMs (and Climate Change), in *International Trade Regulation and the Mitigation of Climate Change: World Trade Forum* 97 (T. Cottier, O. Nartova & S. Nigdeli eds, Cambridge U. Press, 2009).

[54] Ronald J. Rychalak and David W. Case, *Environmental Law*, Oceana, 2010.

[55] Rose Rayfuse and Shirley v. Scott, *International Law in the Era of Climate Change*, Elgar Edward Publishing, 2012.

[56] Rüdiger Wolfrum, Peter-Tobias Stoll & Karan Kaiser eds. , *WTO-Institutions and Dispute Settlement*, Martinus Nijhoff Publishers, 2006.

[57] Sanja Bogojevic, *Emission Trading Schemes: Markets, States and Law*, Hart Publishing Limited, 2013.

[58] Shaif Bhuiyan, *National Law in WTO Law-Effectiveness and Good Governance in the World Trading System*, Cambridge University Press, 2007.

[59] SirH. Waldock, *International Disputes: the Legal Aspects*, Europe Publication, 1972.

[60] Stefan Weishaar, *Towards Auctioning: The Transformation of the European Greenhouse Gas Emissions Trading System: Present and Future Challenges to Competition Law*, Wolters Kluwer Law & Business, 2009.

[61] Stefan Weishaar, *Towards: The Transformation of the European Greenhouse Gas Emissions Trading System*, Kluwer Law International Press, November 2009.

[62] Stefan Weishaar, *Towards: The Transformation of the European*

Greenhouse Gas Emissions Trading System, Kluwer Law International Press, November, 2009.

[63] Steven Bernstein, Jutta Brunnee, David G. Duff and Andrew J. Green, Introduction: A Globally Integrated Climate Policy for Canada, in Bernstein et al. eds., A Globally Integrated Climate Policy, University of Toronto Press, 2008.

[64] Tom Tietenberg, Michael Grubb & Axel Michaelowa, Byron Swift, *International Rules for Greenhouse Gas Emissions Trading*, United Nations New York and Geneva, 1999.

[65] Tony Professor, *Law and Regulation*, Claredon Press Oxford, 1997.

[66] Trevor Hartley, *The Foundation of European Community Law* (Sixth Edition), Oxford University Press, 2007.

[67] Tullio Treves, Lauva Pineschi, Attila Tanzi, Cesare Pitea, *Non-compliance Procedure and Mechanism and the Effectiveness of International Environmental Agreements*, T. M. C Asser Press, 2009.

[68] Tuula Honkonen, *The Common but Differentiated Responsibility in Multilateral Environmental Agreement: Regulatory and Policy Aspects*, Wolters Kluwer international, 2009.

[69] Ulrich Steppler & Angela Klingmuller, *The EU Emission Trading Scheme and Aviation*, Eleven International Publishing, 2010.

[70] Van Den Bossche, *The Law and Policy of the world Trade Organization: Text, Cases and Materials*, Cambridge University Press, 2008.

[71] William R. Cline, *Carbon Abatement Costs and Climate Change Finance*, Peterson Institute for International Economics, 2011.

[72] Yiming Wei, Lancui Liu, Gang Wu, Lele Zou, *Energy Economics: CO_2 Emissions in China*, Science Press, 2010.

[73] Oran R. Yong (ed.), *Global Governance Drawing insights from the Environmental Experience*, *MIT Press*, 1997.

(二)论文类

[1] Alan E. Boyle, "Some Reflections on the Relationship of Treaties and Soft Law", *The International and Comparatinve Law Quarterly*, Vol. 48, 1999.

[2] Alice Kaswan, "Greening the Grid and Climate Justice", *Environmental Law*, 2009, Vol. 39.

[3] Andras Vamos-Goldman, "The Stagnation of Economic Regulation under Public International Air Law: Examining its Contribution to the Woeful State of the Airline Industry", *Transportation Law Journal*, Vol. 23, 1996.

[4] Andrés Jonathan Drew, "Government Failure and the EU ETS: What Prospects for Phase 3?" *Stockhdm Network Publications*, 2010.

[5] Andrew Green, "Trade Rules and Climate Change Subsidies", *World Trade Review*, Vol. 5, No. 3 2006.

[6] Andrew Guzman, "The Design of International Agreements", *European Journal of International Law*, 2005.

[7] Andrew Light, "An Equity Hurdle in International Climate Negotiations", *Philosophy & Public Policy Quarterly*, 2014, Vol. 1.

[8] Anger, Pentelow and Scott, "Aviation's Inclusion in International Climate Policy Regimes: Implications for the Caribbean Tourism Industry", *Journal of Air Transport Management*, Vol. 17, 2011.

[9] Anita M. Halvorssen, "Common, but Differentiated Commitments in the Future Climate Change Regime-Amending the Kyoto Protocol to Include Annex C and the Annex C Mitigation Fund", *Colorado Journal of International Envrionmental Law & Policy*, Vol. 18, 2007.

[10] Anna Di Robilant, "Genealogies of Soft Law", *The American Journal of Comparative Law*, Vol. 54, 2006.

[11] Annie Petsonk, "The Kyoto Protocol and the WTO: Integrating Greenhouse Gas Emissions Allowance Trading into the Global Marketplace", *Duke Environmental Law and Policy Forum*, 1999.

[12] Anskermit & Lawrence, "The Future of Environmental Labelling: US-Tuna II and the Scope of the TBT", *Legal Issues of Economic Intergation*, Vol. 39, 2012.

[13] Appleton, "The Agreement on Technical Barriers to Trade", *in the World Trade Organization: Legal, Economic and Political Analysis*, Vol. I, 2005.

[14] Bartels, "The WTO Legality of the Application of the EU's Emission Trading System to Aviation", *European Journal of International Law*, Vol. 23, 2012.

[15] Beatriz Pérez de las Heras, "The European Union, the United States,

and China Dialogue on Climate Change: Respective Policies and Mutual Synergies for a World Climate Order", *Gergetown International Environmental Law Review*, Vol. 26, 2013.

[16] Bharathi Pillai, "Moving Forward to 2012: An Envaluation of the Clean Develoopment Mechanism", *New York University Environmental Law Journal*, Vol. 18, 2010.

[17] Bradford S. Gentry & Jennifer J. Ronk, "International Investment Agreements and Investments in Renewable Energy", *Barriers to Opportunities: Renewable Energy Issues in Law and Policy*, Vol. 11, (2006 - 2007).

[18] Bram Delvaux, K. U. Leuven, "The EU Greenhouse Gas Emission Allowance Trading Directive", *Environmental Law Review*, Vol. 7, No. 1, 2005.

[19] Brian F. Havel, John Q. Mulligan, "The Triumph of Politics: Reflections on the Judgment of the Court of Justice of the European Union Validating the Inclusion of Non-EU Airlines in the Emission Trading Scheme", *Air and Space Law*, Vol. 37, No. 1, 2012.

[20] Bruce Wilson, "Compliance by WTO Members with Adverse WTO Dispute Settlement Rulings: The Record to Date", *Journal of International Economic Law*, Vol. 10, 2007.

[21] Cameron Hepburn, Michael Grubb, Karsten Neuhoff, "Felix Matthes and Maximilien Tse. Auctioning of the EU ETS Allowance: How and Why?" *CWPE* 0644 *and EPRG* 0621, June, 2006.

[22] Carola Betznold, "'Borrowing' Power to Influence International Negotiations: AOSIS in the Climate Change Regime, 1990 - 1997", *Politics*, 2010, Vol. 3.

[23] Carolyn Fischer, Alan K. Fox, "Comparing Policies to Combat Emissions Leakage: Border Carbon Adjustments Versus Rebates", *Journal of Environmental Economics and Management*, Vol. 64, 2012.

[24] Catherine Boemare & Philippe Quirion, Implementing Greenhouse Gas Trading in Europe, "Lessons from Economic and International Experiences", *Ecological Economics*, Vol. 43, No. 2 - 3, 2002, p. 213.

[25] Catherine Boemare & Philippe Quirion, "Implementing Greenhouse Gas Trading in Europe, Lessons from Economic and International Experiences",

Ecological Economics, Vol. 43, No. 2 – 3, 2002.

[26] Celeste M. Black, "Approaches to the Taxation Treatment of Carbon Emission Allowances and Liabilities: Comparing the United Kingdom and Australia", *British Tax Review*, Vol. 3, 2013.

[27] Charles E. McLure, Jr., "The GATT-Legality of Border Adjustments for Carbon Taxes and the Cost of Emissions Permits: A Riddle", Wrapped in a Mystery, inside an Enigma, *Florida Tax Review*, 2011.

[28] Charles Manga Fombad, "Consultation and Negotiation in the Pacific Settlement of International Disputes", *African Journal of International and Comparative Law*, 1989.

[29] Charles Manga Fombad, "Consultation and Negotiation in the Pacific Settlement of International Disputes", *African Journal of International and Comparative Law*, 1989.

[30] Charnovitz, "The Law of Environment 'PPMs' in the WTO: Debunking the Myth of Illegality", *Yale Journal of International Law*, Vol. 27, 2002.

[31] Christian Egenhofer, "The making of the EU Emissions Trading Scheme: Status, Prospects and Implications for Business", *European Management Journal*, Vol. 25, No. 6, 2007.

[32] Christina K. Harper, "Climate Change and Tax Policy", *Boston College International and Comparative Law Review*, Vol. 30, 2007.

[33] Christopher Carr, Flavia Rosenbuj, "Flexible Mechanisms for Climate Change Compiance: Emission Offset Purchases under the Clean Development Mechanism", *New York University Environmental Law Journal*, Vol. 16, 2008.

[34] Christopher L. Weber, Glen P. Peters, "Climate Change Policy and International Trade: Policy Considerations in the US", *Energy Policy*, Vol. 37, 2009.

[35] Condon, "Climate Change and Unresolved Issues in WTO Law", *Journal of International Economic Law*, 2009, Vol. 12.

[36] Convery, F. J., Redmond, L., "Market and Price Developments in the European Union Emissions Trading Scheme", *Review of Environmental Economics and Policy*, 2007, 1(1).

[37] Dana H. Freyer and David Herlihy, "Most-Favored-Nation Treatment and Dispute Settlement in Investment Arbitration: Just How 'Favored' is 'Most-Favored'?" *ICSID Review-Foreign Inverstment Law Journal*, Vol. 20, 2005.

[38] Daniel A. Farber, "Carbon Leakage Versus Policy Diffusion: The Perils and Promise of Subglobal Climate Action", *Chicago Journal of International Law*, Vol. 13, No. 2, 2013.

[39] Daniel B. Reagan, "Putting International Aviation into the European Union Emissions Trading Scheme: Can Europe Do It Flying Solo?" *Boston College Environmental Affairs Law Review*, Vol. 35, No. 2, 2008.

[40] Daniel B. Reagan, "Putting International Aviation into the European Union Emissions Trading Scheme: Can Europe do it Flying Solo?" *Boston College Environmental Affairs Law Review*, Vol. 35, 2008.

[41] Danielle Goodwin, Aviation, "Climate Change and the European Union's Emissions Trading Scheme", *Journal of Planning & Environmental Law*, Vol. 6, 2008.

[42] David Harrison Jr., Per Klevnas, Albert L. Nichols & Daniel Radov, "Using Emissions Trading to Combat Climate Change: Programs and Key Issues", *Environmental Law Report*, Vol. 38, 2008.

[43] David J Frame, "The Problem of Markets: Science, Norms and the Commodification of Carbon", *The Geographical Journal*, Vol. 177, No. 2, 2011.

[44] David W. Childs, "The Unresolved Debates that Scorched Kyoto: An Analytical Framework", *Miami International Law & Comparative Law*, Vol. 13, 2005.

[45] Debra P. Steger, "The Future of the WTO: The Case for Institutional Reform", *Journal of International Economic Law*, Vol. 12, No. 4, 2009.

[46] Deepa Badrinarayana, "The Kyoto Protocol's Emissions Trading Scheme: Realistic or Unjust Solution for Potential Developing Nation Signatories?" *Environmental Law Reporter News & Analysis*, 2012.

[47] Directive 2003/87/EC of the European Parliament and of the Council: Establishing a Scheme for Greenhouse Gas Emission Allowance Trading within the Community and Amending Council Directive 96/61/EC.

[48] Dr. Jean Carroz, "International Legislation on Air Navigation Over the

High Seas", *Journal of Air Law and Commerce*, Vol. 26, 1959.

[49] Duncan French and Lavanya Rajamani, "Climate Change and International Environmental Law: Musings on a Journey to Somewhere", *Journal of Environmental Law*, Vol. 25, No. 3, 2013.

[50] E Vranes, "The WTO and Regulation Freedom: WTO Disciplines on Market Access, Non-Discrimination and Domestic Regulation Relationg to Trade in Goods and Services", *Journal of International Economic Law*, Vol. 12, 2009.

[51] Eckersley, "The Politics of Carbon Leakage and the Fairness of Border Measures", *Ethics and International Affairs*, Vol. 24, 2010.

[52] Eileeen Denza, "International Aviation and the EU Carbon Trading Scheme: Comment on the Air Transport Association of America Case", *European Law Review*, Vol. 37, No. 3, 2012.

[53] Eileen Claussen and Lisa McNeilly, "Equility and Global Climate Change: The Complex Elements of Global Fairness", *Pew Center on Global Climate Change*, Ocotober 29, 1998.

[54] Elaine Fahey, "The EU Emissions Trading Schemes and the Court of Justice: The 'High Politics' of Indirectly Promoting Global Standard", *German Law Journal*, 2012.

[55] Elias Leake Quinn, Comment, "The Solitary Attempt: International Trade Law and the Insulation of Domestic Greenhouse Gas Trading Schemes from Foreign Emissions Credit Markets", *University of Colorado Law Review*, Vol. 80, 2009.

[56] Ernst & Young, Inclusion of Aviation in the EU ETS: Cases for Carbon Leakage, 31 Oct. 2008.

[57] Ernst-Ulrich Petersmann, "How to Promote the International Rule of Law? Contributions by the World Trade Organization Appellate Review System", *Journal of International Economic Law*, Vol. 1, 1998.

[58] Ernst-Ulrich Petersmann, "Judging Judges: From Principal-Agent Theory to Constitutional Justice in Multilateral Judicial Governance of Economic Cooperation Among Citizens", *Journal of International Economic Law*, Vol. 11, No. 4, 2008.

[59] "EU Directive 2008/101/EC of the European parliament and of the

council of 19 November 2008", *Official Journal of the European Union*, Vol. 1, 2009.

[60] European Parliament and the Council, "Directive 2008/101/EC Amending Directive 2003/87/EC so as to Include Aviation Activities in the Scheme for Greenhouse Gas Emission Allowance Trading within the Community", *Official Journal* L8, 19 November 2008.

[61] Eva Barrett, "Through the Looking Glass: Greenhouse Gas Regulation in the EU and the US—Blood Brothers Separated at Birth Both Facing the Heat", *Journal of Energy & Natural Resources Law*, 2013.

[62] Evo Kocher, "Private Standards between Soft Law and Hard Law: The German Case", *International Law of Journal of Comparative Labor Law and Industrial Relations*, Vol. 18, 2002.

[63] Frieder Frasch, "Transaction Costs of the EU Emissions Trading Scheme in Germany Companies", *Sustainable Development Law & Policy*, 2007.

[64] G Marceau, "A comment on the Appellate Body Report in EC-Seal Products in the Context of the Trade and Envrionment Debate", *Review of Eurpoean, Comparative & International Environmental Law*, 2014, Vol. 23.

[65] Gabriella Blum, "On a Differential Law of War", *Harvard International Law Journal*, Vol. 52, No. 1, 2011.

[66] Gagelmann F, The Influence of the Allocation Method on Market Liquidity, Volatility and Firm's Investment Decisions// Antes R, Hansjurgens B, Letmathe P(eds.), Emission Trading: Institutional Design, Decision Making and Corporate Strategies, Springer, 2008.

[67] Georges R. Delaume, "ICSID and the Transnational Financial Community", *ICSID Review-Foreign Investment Law Journal*, Vol. 1, 1986.

[68] Gerd Winter, "The Climate is no Commodity: Take Stock of the Emissions Trading System", *Journal of Envionmental Law*, Vol. 22, No. 1, 2010.

[69] Grit Groeke, Dustin Klaudt, Eoin Lee, Tobias Track, Stefany Wayte, "The Inclusion of Aviation into the European Union's Emission Trading Scheme: Motivations, Economic and Legal Implications, and the Turbulent Journey Ahead", *University College Dublin Law Review*, Vol. 13, 2013.

[70] Guri Bang, "Camilla Bretteville Froyn", *The United States and*

International Climate Cooperation: *International "pull" Versus Domestic "push"*, *Energy Policy*, Feb, Vol. 35, 2007.

[71] Hardeman, "A Common Approach to Aviation Emission Trading", *Air & Space Law*, Vol. 32, 2009.

[72] Harro van Asselt, "From UN-ity to Diversity? The UNFCCC, the Asia-Pacific Partnership, and the Future of International Law on Climate Change", *Carbon & Climate Law Review*, Vol. 1, 2007.

[73] Heather L. Miller, "Civil Aircraft Emissions and International Treaty Law", *Journal of Air Law and Commerce*, Vol. 63, 1998.

[74] Heather L. Miller, "Civil Aircraft Emissions and International Treaty Law", *Journal of Air Law and Commerce*, 1998.

[75] Hendrik A. Strydom, "International Law and Institutions-Legal Principal Relating to Climate Change", *University of Johannesburg*, 2012.

[76] Henry Van Geen, "Emission allowance trading in the European Union", *International Energy Law & Taxation Review*, Vol. 11, 2003.

[77] Howse & Langille, "Permitting Pluralism: The Seal Product Dispute and Why the WTO Should Accepted Trade Restrictions Justified by Noninstrmumental Moral Values", *Yale Journal of International Law*, Vol. 37, 2012.

[78] Howse & Regan, "The product/Process Distinction-An Illusory Basis for Discipling 'Unilateralism' in the Trade Policy", *European Journal of International Law*, Vol. 11, 2000.

[79] Howse & Regan, "The product/Process Distinction-An Illusory Basis for Discipling 'Unilateralism' in the Trade Policy", *European Journal of International Law*, Vol. 11, 2000.

[80] Howse, Langille & Sykes, "Sealing the Deal: The WTO's Appellate Body Report in EC-Seal Products", *ASIL*, Vol. 18, 2014.

[81] Hua Lan, "Comments on EU Aviation ETS Directive and EU-China Aviation Emission Dispute", *Revue juridique Thémis*, Vol. 45, 2011.

[82] Ian H. Rowlands, "The Kyoto Protocol's Clean Development Mechanism: A Sustainablity Assessment", *Third World Quarterly*, Vol. 22, 2001.

[83] Jacob Werksman et al., "Will International Investment Rules Obstruct Climate Protection Policies?: An Examination of the Clean Development

Mechanism, International Environmental Agreement: Politics", *Law and Economics*, Vol. 3, 2008.

[84] James W. Coleman, "Unilateral Climate Regulation", *Harvard Environmental Law Review*, 2014.

[85] Jan Klabbers, "The Redundancy of Soft Law", *Nordic Journal of International Law*, 1996.

[86] Janelle Veno, "Flying the Unfriendly Skies: The European Union's New Proposal to Include Aviation in their Emissions Trading Scheme", *Journal of Air and Commerce*, Vol. 72, 2007.

[87] Janina Scheelhaase, Wolfgang Grimme, Martin Schaefer, "The Inclusion of Aviation into the EU Emission Scheme-Impacts on Competition Between European and non-European Network Airlines", *Transportation Research Part* D 15, 2010.

[88] Jasper Faber and Brinke, "The Inclusion of Aviation in the EU Emissions Trading Scheme: An Economic and Environmental Assessment", *ICTSD Global Platform on Climate Change*, *Trade and Sustainable Energy*, Issue Paper No. 5, 2011.

[89] Javier de Cendra de Larragan, "From the EU ETS to a Global Carbon Market: An Analysis and Suggestions for the Way Forward", *European Energy and Environmental Law Review*, 2010.

[90] Javier de Cendra, "Can Emission Trading Schemes be Coupled with Border Tax Adjustments?" *An Analysis vis-à-vis WTO Law*, Reliel Vol. 15, No. 2, 2006.

[91] Jeff Mason, Airlines, "US Cool to EU Emissions Trading Scheme", *Planet Ark*, September 30, 2005.

[92] Jennifer P. Morgan, "Carbon Trading under the Kyoto Protocol: Risks and Opportunities for Investors", *Fordham Environmental Law Review*, Vol. 18, 2006.

[93] Joanna Depledge, "Tracing the Origins of the Kyoto Protocol: An Article-by-article Textual History", FCCC/TP/2000/2, 25 November, 2000.

[94] Joanne Scott & Lavanya Rajamani, "EU Climate Change Unilateralism", *European Journal of International Law*, 2012.

[95] John H. Knox, "The Judicial Resolution of Conflicts between Trade and the Environment", *Harvard Environmental Law Review*, Vol. 28, 2004.

[96] Jon Birger Skjaerseth & Jórgen Wettestad, Directive 2009/29/EC, "The New Climate Policies of the European Union", *International Legislation and Climate Diplomacy*, 2010.

[97] Jon Birger Skjærseth, Jørgen Wettestad, The Origin, "Evolution and Consequences of the EU Emissions Trading System", *Global Environmental Politics*, Vol. 9, No. 2, 2009.

[98] Jon Truby, "Extraterritoriality or an illegal tax? A Challenge to the Inclusion of Aviation in the EU Emissions Trading Scheme", *Environmental Law Review*, Vol. 14, No. 4, 2012.

[99] Joost Pauwlyn, "Evidence, Proof and Persuasion in WTO Dispute Settlement: Who Bears the Burden", *Journal of International Economic Law*, Vol. 1, 1998.

[100] Joshua Meltzer, "Climate Change and Trade-The EU Aviation Directive and the WTO", *Journal of International Economic Law*, Vol. 15, No. 1, 2012.

[101] Juscelino F. Colares, "The Dynamics and Global Implications of Subglobal Carbon-restricting Regimes", *Georgetown International Environmental Law Review*, 2013.

[102] Juscelino F. Colares, "The Emerging Supply-side Case for Global Carbon Restrictions", *U. C. Davis Journal of International Law and Policy*, 2013.

[103] Katelyn E. Ciolino, "Up in the Air: the Conflict Surrounding the European Union's Aviation Directive and the Implication of a Judicial Resolution", *Brooklyn Journal of International Law*, 2013.

[104] Kathryn M. Merritt-Thrasher, "Tracing the Steps of Norway's Carbon Footprint: Lessons Learned From Norway and the European Union Concerning the Regulation of Carbon Emissions", *Indiana International & Comparative Law Review*, Vol. 21, No. 2, 2011.

[105] Kati Kulovesi, "'Make Your Own Special Song, Ever if Nobody Else Sings Along': International Aviation Emissions and the European Union Emissions Trading Scheme", *Climate Law*, Vol. 2, No. 4, 2011.

[106] Katrarina Buhr, "The Inclusion of Aviation in the EU Emissions Trading Scheme: Temporal Conditions for Institutional Entrepreneurship", *Organization Studies*, Vol. 33, No. 11, 2012.

[107] Kenneth W, Abbott & Duncan Snidal, "Hard and Soft Law in International Governance", *International Organization*, 2000.

[108] Keren Halverson Cross, "Arbitration as a Means of Resolving Sovereign Debt Disputes", *American Review of International Arbitration*, Vol. 17, 2006.

[109] Kevin A. Baumert, "Participation of Developing Countries in the International Climate Change Regime: Lessons for the Future", *George Washington International Law Review*, Vol. 38, 2006.

[110] Khalid Ahmed and Wei Long, "Climate Change and Trade Policy from Legal Complications to Time Factor", *Journal of International Trade Law and Policy*, 2013.

[111] Klemperer, "Auction theory: A Guide to the Literature", *Journal of Economic Surveys*, Blackwell Publishers Ltd., 1999.

[112] Laura Macgregor, "Tony Professor and Charlotte Villiers", *Regulation and Markets*, University of Glasgow, 2000.

[113] Lauren Henschke, "Going it Alone on Climate Change: A New Challenge to WTO Subsidies Disciplines: are Subsidies in Support of Emissions Reductions Schemes Permissible Under the WTO", *World Trade Review*, Vol. 11, No. 1, 2012.

[114] Lavanya Rajamani, "EU climate Change Unilateralism", *European Journal of International Law*, Vol. 23, No. 2, 2012.

[115] Lavanya Rajamani, "Renegotiating Kyoto: A Review of the Sixth Conference of Parties to the Framework Converntion on Climate Change", *Colorado Journal of International Environmental Law & Policy*, Vol. 12, 2001.

[116] Lewis, J. "The Vulnerablity of Small Island States to Sea Level Rise: The Need for Holistic Strategies", *Disaters*, 1990, Vol. 3.

[117] Li Jing, "Carbon Trading in Pipeline", *China Daily*, 2010 - 7 - 22.

[118] Lisa Bennett, "Are Tradable Carbon Emissions Credits Investments? Characterization and Ramifications under International Investment Law", *New York*

University Review, Vol. 85, 2010.

[119] Lisa Heinzerling, "Selling Pollution, Forcing Democracy", *Stanford Environmental Law Journal*, 1995, Vol. 14.

[120] Lorand Bartels, "The WTO Legality of the Application of the EU's Emission Trading System to Aviation", *European Journal of International Law*, Vol. 23, 2012.

[121] Louise Maillett & Carl Burleson, "Aviation and the Environment: Finding a Balance", *Air Space & Law*, Vol. 18, 2003.

[122] Louise Van Schaik & Simon Schunz, "Explaining EU Activism and Impact in Global Climate Politics: Is the Union a Norm-or Interest-Driven Actor?" *Journal of Common Market Studies*, Vol. 50, 2012.

[123] Low, Marceau & Reinaud, "The Interface between the Trade and Climate Change Regimes: Scoping the Issues", *Journal of World Trade*, Vol. 46, 2012.

[124] M. J. Mace, "The Legal Nature of Emission Reductions and EU Allowances: Issues Addressed in an International Workshop", *Journal of European Envrionmental & Planning Law*, Vol. 2, 2005.

[125] M. Vittoria Giugi Carminati, "Clean Air & Stormy Skies: The EU ETS Imposing Carbon Credit Purchase on United States Airlines", *Syracuse Journal of International Law and Commerce*, Vol. 37, 2010.

[126] Madhu Unnikrishnan, European Union, "ATA Offer Wildly Differing Views on ETS Costs", *Aviation Daily*, Oct. 31, 2011.

[127] Madhu Unnikrishnan, "Top U. S. Official Calls EU Emissions Proposal 'Unworkable'", *Aviation Daily*, January 12, 2007.

[128] Marceau, "A Comment on the Appellate Body Report in EC-Seal Products in the Context of the Trade and Environment Debate, Review of European", *Comparative & International Envrionmental Law*, Vol. 23, 2014.

[129] Marina Cazorla and Michael Toman, "International Equlity and Change Policy: Resources for the Future", *Climate Issue*, December 2000.

[130] Mark Pilling & Jackie Thompson, Carbonstorm, Airline Business, Jan, 22, 2007.

[131] Markus Aihman, Lars Zetterberg, "Options for Emission Allowance

Allocation under the EU ETS Trading Directive", *Mitigation and Adaptation Strategies for Global Change*, Vol. 10, 2005.

[132] Mattew Hale, "De Jure Maris", quoted in Robert Hall, *the Right of the Crown and the Privileges of the Subject in the Sea Shores of the Realm*, Stevens &Haynes.

[133] Matthew D. Kasper, "The Air Transport Association's Challenge to the European Union's Extension of Its Emission Trading Scheme to International Aviation: A Legal Analysis", *Issues in Aviation Law and Policy*, Vol. 10, No. 1, 2011.

[134] Matthew Paterson, "Global Warming and Global Politics", *Routledge*, 1996.

[135] Maxine Burkett, "Just Solution to Climate Change: A Climate Justice Proposal for a Domestic Clean Development Mechanism", *Buffalo Law Review*, Vol. 56, 2008.

[136] Michae Mehling and Leonardo Massai, "The European Union and Climate Change: Leading the Way towards a Post - 2012 Regime?" *Carbon & Climate Law Review*, Vol. 1, 2007.

[137] Michael L. Buenger, "The EU's ETS and Global Aviation: Why 'Local Rules' Still Matter and May Matter even more in the Future", *Denver Journal of International Law and Policy*, 2013.

[138] Michael Waibel, "Opening Pandora's Box: Sovereign Bonds in International Arbitration", *American Journal fo International Law*, Vol. 101, 2007.

[139] Neil Peretz, "Carbon Leakage Under the European Union Emissions Trading Scheme: Is ITA Major Policy Concern?" *Tulane Environmental Law Journal*, 2009.

[140] "Non-Discrimination and Domestic Regulation Relationg to Trade in Goods and Services", *Journal of International Economic Law*, Vol. 12, 2009.

[141] Pablo M. J. Mendes de Leon& Steven A. Mirmina, "Protecting the Environment by use of Fiscal Measures: Legality and Propriety", *Journal of Air and Commerce*, Vol. 62, 1997.

[142] Patirck Matschoss, "The Programmatic Approach to CDM: Benefits for Energy Efficiency Projects", *Carbon & Climate Law Review*, Vol. 1, 2007.

[143] Patrick Low, Gabrielle Marceau, Julia Reinaud, "The Interface between the Trade and Climate Change Regimes: Scoping the Issues", *Journal of World Trade*, Vol. 46, 2012.

[144] Paul Curnow, "Supplementarity and the Flexibility Mechanism under the Kyoto Protocol: How Flexiblity is 'Flexible'?" *Asia Pacific Journal of Envionmental Law*, Vol. 6, 2001.

[145] Paul G. Harris, "Common but Differentiated Responsibility: The Kyoto Protocol and United States Policy", *New York University Environmental Law Journal*, Vol. 7, 1999.

[146] Peter M. Haas, "Book Review: International Law and Organization: Closing the Compliance Gap", *American Journal of International Law*, Vol. 102, 2008.

[147] Prosper Weil, "Towards Relative Normativity in International Law", *American Journal of International Law*, Vol. 77, 1983.

[148] R. C. N. Wit, B. H. Boon, (André) van Velzen, "Giving Wings to Emission Trading: Inclusion of Aviation Under the European Emission Trading System", *Report of the European Commission*, 2008.

[149] Rachel F. Rosenfeld, "The European Union Aviation Directive and U. S. Resistance: A Dead lock on Aviation Emissions Control", *Georgetown International Environmental Law Review*, Vol. 25, 2013.

[150] Rainhard Quick, "Border Tax Adjustment in the Context of Emission Trading: Climate Protection or 'Naked' Protectionism?" *Global Trade and Customs Journal*, Vol. 3, 2008.

[151] Rajamani, "The Durban Platform & the Future of the Climate Regime", *International and Comparative Law Quartly*, Vol. 61, 2012.

[152] Rajamani, "The Reach and Limits of the Principle of Common but Differentiated Responsibilities and Respective Capabilities in the Climate Change Regime", *Handbook of Climate Change and India: Development, Politics and Governance*, 2011.

[153] Richard B. Stewart, Michael Oppenheimer, "Bryce Rudyk, Building Blocks for Global Climate Protection", *Stanford Environmental Law Journal*, 2013.

[154] Richard Toshiyuki Drury et al., "Pollution Trading and Environmental Injustice: Los Angeles' Failed Experiment in Air Quality Policy", *Duke Environmental Law and Policy Forum*, Vol. 9, 1999.

[155] Rob Passey, Iain MacGill, Hugh Outhred, "The NSW Greenhouse Gas Reduction Scheme: An analysis of the NGAC Registry for the 2003, 2004, and 2005 Compliance Periods", *CEEM discussion paper*: DP_070822, Vol. 7, 2007.

[156] Ronald Coase, "The Problem of Social Cost", *the Journal of Law and Economics*, Vol. 3, 1960.

[157] RosInvest Co. UK, Ltd. v. Russian Fed'n, Jurisdiction, Case No. V079/2005, I. I. C. 315, p. 131 (SCC 2007).

[158] Rowena Maguire, "Foundations of International Climate Law: Objectives, Principles and Methods", *IUS Gentium*, Vol. 21, 2013.

[159] Ruwantissa Abeyratne, "Trade in Air Transport: Have We Lost Our Way?" *Journal of World Trade*: *Law*, *Economics*, *Public Policy*, Wolters Kluwer Law & Business, 2013.

[160] Sanford Gaines, "The WTO's Reading of the GATT Article XX Chapeau: A Disguised Restriction on Environmental Measures", *University of Pennsylvania Journal of International Economic Law*, Vol. 22, 2001.

[161] Sanja Bogojevic, "EU Climate Change Litigation, the Role of the European Courts, and the Importance of Legal Culture", *Law & Space*, Vol. 35, No. 3, 2013.

[162] Sanja Bogojevic, "Legalising Environmental Leadership: A Comment on the CJEU's Ruling in C-366/10 on the Inclusion of Aviation in the EU Emissions Trading Scheme", *Journal of Environmental Law*, Vol. 24, No. 2, 2012.

[163] Scott & Rajamani, "EU Climate Change Unilateralism", *European Journal of International Law*, Vol. 23, 2012.

[164] Shabtal Rosenne, "The Perplexities of Modern International Law: General Course on Public International Law", *Collected Course of the Hague Academy of International Law*, Vol. 291, 2001.

[165] Sharon Long and Ciedre Kaminskaite-Salter, "The EU ETS—Latest Development and the Way Forward", *Carbon & Climate Law Review*, Vol. 1, 2007.

[166] Soledad R. Sanchez-Tabernero, "For Whom the Bell Tolls: The EU ETS in Aviation under the TBT Agreement", *Journal of World Trade*, Vol. 49, No. 5, 2015.

[167] Stephanie Koh, "The Case against Extending the EU Emissions Trading Scheme to International Aviation", *Singapore Law Review*, 2012.

[168] Stephanie L. Wilson, "Dog Days of Climate Change: Heating the Debate for Federal Cap-and-Trade", *Journal of Land, Resource, and Environmental Law*, Vol. 28, 2008.

[169] Stephanie Switzer, "Aviation and Emissions Trading in the European Union: Pie in the Sky or Compatible with International Law?" *Ecology Law Currents*, Vol. 39, No. 1, 2012.

[170] Stephen Sewalk, "A Carbon Tax with Reinvestment is WTO Compatible", *Fordham Environmental Law Review*, 2014.

[171] Steve Charnovitz, "Trade and Climate Change: Reviewing Carbon Charges and Free Allowances Under Environmental Law and Principle", *ILSA Journal of International & Comparative Law*, Vol. 16, 2010.

[172] Steven Nathaniel Zane, "Leveling the Playing Field: The International Legality of Carbon Tariffs in the EU", *Boston College International and Comparative Law Review*, 2011.

[173] Steven Truxal, "At the Sidelines of Implementing the EU ETS: Objections to 'validity'", *International Trade Law & Regulation*, Vol. 16, No. 4, 2010.

[174] Steven Truxal, "Competitive Distortions, Carbon Emissions Efficiencies, or the Green Ultimatum?" *International Trade Law & Regulation*, Vol. 14, No. 4, 2008.

[175] Steven Truxal, "EU Transport Emissions Compliance Catch-up", *International Trade Law & Regulation*, Vol. 14, No. 6, 2008.

[176] Steven Truxual, "The ICAO Assembly Resolutions on International Aviation and Climate Change: An Historic Agreement, a Breakthrough Deal, and the Cancun Effect", *Air and Space Law*, Vol. 36, No. 3, 2011.

[177] Surya Gablin Gunasekara, "Environmental Overreach: The EU's Carbon Tax on International Aviation", *Washington and Lee Journal of Energy*,

Climate, and the Environment, 2013.

[178] Susan Biniaz, "Common but Differentiated Responsibility: Remarks", *American Society of International Law Proceedings*, Vol. 96, 2002.

[179] Susan J. Kurkowski, "Distributing the Right to Pollute in the European Union: Efficiency, Equity, and the Enviornment", *New York University Envrionmental Law Review*, Vol. 14, 2006.

[180] Tate L. Hemingson, "Comment: Why Airlines Should Be Afraid: The Potential Impact of Cap and Trade and Other Carbon Emissions Reduction Proposals on the Airline Industry", *Journal of Air Law & Commerce*, Vol. 75. 2010.

[181] Teshager Worku Dagne, "The Debate on Environmentally Motivated Unilateral Trade Measures in the World Trade Organization: The Way Forward", *Washington University Global Law Review*, Vol. 3, 2010.

[182] Thomas C. Schelling, "Climate Change: The Certainties, the Uncertainties, and What They Imply About Action", *The Economist's Voice*, Vol. 4, 2007.

[183] Timothy Swanson, "Negotiating Effective International Environmental Agreements: Is an Objective Approach to Differential Treatment Possible", *International Environmental Agreements: Politics, Law and Economics*, Vol. 1, 2001.

[184] Tuula Honkonen, "The Common but Differentiated Responsibility Principle in Multilateral Environmental Agreements: Regulatory and Policy Aspects", *Kluwer Law International*, 2009.

[185] Ulrich Steppler & Angela Klingmuller, "EU Emission Trading Scheme and Aviation: Quo Vadis?" *Air and Space Law*, Vol. 34, 2009.

[186] Van Damme, "Treaty Interpretation by the WTO Appellate Body", *European Journal of International Law*, Vol. 21, 2010.

[187] Van Zeben, Josephine. A. W. "(De) Centralized Law-making in the revised EU ETS", *Carbon & Climate Law Review*, Vol. 3, No. 3, 2009.

[188] Vidhi R. Shah, "The Allocation of Free Emissions Allowances by Germany to its Steel Industry: A Possible Subsidy Claim Under the WTO Agreement on Subsides and Countervailing Measures", *American University*

International Law Review, Vol. 22, No. 3, 2007.

[189] Vranes, "Climate Change and the WTO: EU Emission Trading and the WTO Disciplines on Trade in Goods, Services and Investment Protection", *Journal of World Trade: Law, Economics, Public Policy*, Vol. 43, 2009.

[190] Waste Mgmt., Inc. v. United Mexican States, ICSID Case No. ARB/00/3, Award, p. 98 (April 30, 2004), 43 I. L. M. 967, 986 (2004).

[191] Winfried Lang, "UN-Principles and International Environmental Law", *Max Planck Yearbook of United Nations Law*, Vol. 3, 1999.

[192] Zhang ZhongXiang, "Climate Change Meets Trade in Promoting Green Growth: Potential Conflicts and Synergies", July 15, 2009.

[193] Zhao Xingshu, "International Cooperation on Climate Change: Fact and Future", *A Change Research*, Vol. 5, 2006.

[194] Appleton, "The Agreement on Technical Barriers to Trade", *in the World Trade Organization: Legal, Economic and Political Analysis*, Vol. I, p. 371, pp. 388 – 390.

(三)报告类

[1]《2016 年民航行业发展统计公报》,载中国民用航空网,http://www.caac.gov.cn/XXGK/XXGK/TJSJ/201702/t20170224_42760.html。

[2]《IPCC 的第五次评估报告》,载腾讯天气网,http://weather.news.qq.com/a/20131028/011835.htm。

[3]《京都议定书》第 12 条第 5 款的规定。

[4]《联合国海洋法公约》第 1 条第 1 款第 4 项,载欧盟网,http://www.un.org/zh/law/sea/los/article1.shtml。

[5]《欧盟航空碳税争议升级　或将引发世界航空贸易战》,载金融界网,http://finance.jrj.com.cn/2012/03/02152612393917.shtml。

[6]《欧盟批准欧美"开放天空"航空协定》,载搜狐网,http://travel.sohu.com/20080226/n255371827.shtml。

[7]《碳排放权交易管理暂行办法》,国家发展和改革委员会令第 17 号,第 47 条。

[8]《温室气体自愿减排交易管理暂行办法》第 28 条规定。

[9]《温室气体自愿减排交易管理暂行办法》第 8 条规定。

[10]《2003 年国家分配方案的指导意见》,第 2.1、3.1 项,第 29 条;

《2005 年国家分配方案的指导意见》,第 3.8 项,第 31 条。

[11]《国际民航组织第 39 届大会就国际航空减排市场措施通过决议》,载《国际民航报》2016 年 10 月 12 日,第 1 版。

[12]《欧美开放天空"风云变色"》,载 http://editor.caacnews.com.cn/mhb/html/2013-06/10/content_120023.htm。

[13]《中华人民共和国固体废物污染环境防治法》,载中央人民政府网,http://www.gov.cn/flfg/2005-06/21/content_8289.htm。

[14]《中华人民共和国民用航空法》第 3 条规定,载中央人民政府网,http://www.gov.cn/banshi/2005-08/23/content_25581.htm。

[15]《京都议定书》,载新华网,http://news.xinhuanet.com/ziliao/2002-09/03/content_548525.htm。

[16]《中华人民共和国清洁生产促进法》,载人民网,http://www.people.com.cn/GB/jinji/31/179/20020629/764312.html。

[17] American Clean Energy and Security Act of 2009, H. R. 2454, 111th Cong.

[18] WTO Appellate Body Report, China-Measures Related to the Exportation of Rare Earths, Tungsten, and Molybdenum, WT/DS431/AB/R, WT/DS433/AB/R, adopted 29 Aug. 2014.

[19] WTO Appellate Body Report, European Communities-Measures Affecting Asbestos and Asbestos-Containg Product, Report of the Panel, WT/DS135/R, adopted 5 Apr. 2001, DSR 2001: Ⅶ, 3243.

[20] WTO Appellate Body Report, European Communities-Measures Prohibiting the Importation and Marketing of Seal Products, WT/AB/DS400/R, WT/AB/DS4001/R, circulated to WTO members 22 May 2014, p. 5. 70.

[21] WTO Appellate Body Report, European Communities-Trade Description of Sardines, WT/DS231/AB/R, adopted 23 Oct. 2002, DSR 2002: Ⅷ, 3359.

[22] WTO Appellate Body Report, Korea-Measures Affecting Imports of Fresh, Chilled and Frozen Beef, WT/DS161/AB/R, adopted 10 Jan. 2001, DSR 2001: 1, 5.

[23] WTO Appellate Body Report, United States-Import Prohibition of Certain Shrimp and Shrimp Product, WT/DS/58/AB/R, adopted 6 Nov. 1998, DSR 1998: Ⅶ, 2755.

[24] WTO Appellate Body Report, United States-Measures Affecting the Production and Sale of Clove Cigarrette, WT/DS406/AB/R, adopted 24 Apr. 2012.

[25] WTO Appellate Body Report, United States-Measures Concerning the Importation, Marketing and Sale of Tuna and Tuna Products, WT/DS381/AB/R, adopted 13 Jun. 2012.

[26] WTO Appellate Body Reports, China-Measures Affecting Imports of Automobile Parts, WT/DS339/AB/R、WT/DS340/AB/R、WT/DS342/AB/R, adopted 12 Jan. 2009, DSR 2009:1.

[27] WTO Appellate Body Reports, United States-Certain Country and Origin Labelling (COOL) Requirements, WT/DS384/AB/R, WT/DS386/AB/R, adopted 23 Jul. 2012.

[28] C－366/10, Air Transport Association of America, American Airlines, Inc., Continental Airlines, Inc., United Airlines, Inc v. The Secrectary of State for energy and Climate Change, 6 Oct. 2011.

[29] Case 215/88, Casa Fleischhandel v. Bundesanstalt für Landwirtschaftliche Marktordung [1989] ECR 2789.

[30] Case 48/69 ICI v. Commission (Dyestuffs) [1972] ECR 619.

[31] Case C－162/97, Criminal proceedings against Gunnar Nilsson, Per Olov Hagelgren and Solweig Arrborn [1998] ECR I－07477.

[32] Case C－188/07 Commune de Mesquer [2008] ECR 1－4501.

[33] Case C－286/90 Poulsen and Diva Navigation Corp [1992] ECR 1－6019.

[34] Case C－366/10, Air Transport Association of America and Others (ATA and Others), Judgment of European Court of Justice, 21 December 2011.

[35] Case C382/08 Neukirchinger [2011] ECR 10000.

[36] Case C－61/94 Commission V. Germany. [1996] ECR I－3989.

[37] Commission (EC), Proposal for a Directive of the European Parliament and of the Council Establishing a Scheme for Greenhouse Gas Emission Allowance Trading within the Community and Amending Council Directive 96/61/EC, COM, 2001.

[38] Commission of the Council, the European Parliament, the European

Economic and Social Committee & the Committee of the Regions, Limiting Global Climate Change to 2 Degrees Celsius: The Way Ahead for 2020 and Beyond, p. 6, COM (2007) 2 final (Jan. 10, 2007).

[39] Commission of the European Communities, Impact Assessment of the inclusion of aviation activities in the scheme for greenhouse gas emission allowance trading within the Community, SEC(2006)1684, 2006.

[40] Commission Proposal for a Decision of the European Parliament and of the Council derogating temporarily from Directive 2003/87/EC of the European Parliament and of the Council establishing a scheme for greenhouse gas emission allowance trading within the Community, COM (2012) 697 (Nov. 12, 2012).

[41] Commission Staff Working Document, Accompanying document to the Proposal for a Directive of the European Parliament and of the Council amending Directive 2003/87/EC so as to improve and extend the EU greenhouse gas emission allowance trading system Impact Assessment, COM(2008) 16 final.

[42] Commission Staff Working Document, Annex to the Communication from the Commission Reducing the Climate Change Impact of Aviation, Impact Assessment, SEC(2005)1184, 2009.

[43] Committee on Technical Barrier to Trade, "Negotiating History of the Coverage of the Agreement on Technical Barrier to Trade with regard to Labelling Requirements, Voluntary Standards on Process and Production Methods Unrelated to Product Characteristics", Note by the Secretariat, G/TBT/W11, dated 29 Aug. 1995.

[44] Communication from the Commission to the Council and the European Parliament, Climate Chang-Towards an EU Post-Kyoto Strategy, COM, 1998.

[45] Communication from the Commission to the European Parliament, the Council, The European Economic and Social Committee and the Committee of the Regions-Analysis of options to move beyond 20% greenhouse gas emission reduction and assessing the risk of carbon leakage, COM (2010) 265 final, Brussels, 26. 5. 2010.

[46] European Communities-Conditions for the Granting of Tariff Preferences to Developing Countries, Report of the Appellate Body, AB - 2004 - 1, WT/DS246/AB/R, 2004.

[47] GATT Panel Report, Italy-Agricultural Machinery, L/833, adopted 23 Oct. 1958.

[48] ICAO, Report of the assessment of market-based measures, International Civil Aviation Organization, 2013.

[49] International Civil Aviation Orginazation, Report of the assessment of Market-based measures, 2013.

[50] Military and Paramilitary Activities in and against Nicaragua (Nicaragua v. United States of America), Merits, Judgment. I. C. J. Reports 1986.

[51] GATT Panel Report, Colombia-Indicative Prices and Restrictions on Ports of Entry, WT/DS366/R and Corr. 1, adopted 20 May 2009, DSR 2009: Ⅵ, 2535.

[52] WTO Panel Report, European Communities-Measures Affecting Asbestos and Asbestos-Containing Products, WT/DS135/R.

[53] GATT Panel Report, European Communities-Measures Prohibiting the Importation and Marketing of Seal Products, WT/DS400/R, WT/DS4001/R, circulated to WTO members 22 May 2014.

[54] GATT Panel Report, United States-Measures Concerning the Importation, Marketing and Sale of Tuna and Tuna Products, WT/DS381/R.

[55] GATT Panel Report, US-Tobacco, DS/44/R, adopted 4 Oct. 1994.

[56] GATT Panel Reports, China-Measures Affecting Imports of Automobile Parts, WT/DS339/R、WT/DS340/R、WT/DS342/R and Add. 1 and Add. 2, adopted 12 Jan. 2009.

[57] The Secretary of State for Energy and Climate Change, 6 Oct. 2011.

[58] UN Report《联合国报告:碳减排需发达国家技术转让》, September 5, 2009, available at http://money. 163. com/09/0905/5INNIAC300252G50. html.

[59] World Bank, World Development Report, 1992.

[60] WTO Appellate Body Report, Brazil-Retreaded Tyres, WT/DS332/AB/R, adopted 17 Dec. 2007.

[61] WTO Appellate Body Report, Canada-Certain Measures Affectiing the Automotive Industry, WT/DS139/AB/R, WT/DS142/AB/R, adopted on 19

June 2000.

[62] WTO Appellate Body Report, China-Raw Materials, WT/DS394/AB/R, adopted 22 Feb. 2012.

[63] WTO Appellate Body Report, Dominican Republic-Cigarettes, WT/DS302/AB/R, adopted 19 May 2005.

[64] WTO Appellate Body Report, EC-Bananas III, WT/DS27/AB/R.

[65] WTO Appellate Body Report, European Communities-Regime for the Importation, Sale and Distribution of Bananas, WT/DS27/AB/R, 25 September 1997.

[66] WTO Appellate Body Report, Korea-Beef, WT/DS161/AB/R, adopted 10 Jan. 2001.

[67] WTO Appellate Body Report, United States-Import Prohibition of Certain Shrimp Products, WT/DS58/AB/R, Oct. 12, 1998.

[68] WTO Appellate Body Report, United States-Standards for Reformulated and Conventional Gasoline, WT/DS2/AB/R, Apr. 29, 1996.

[69] WTO Appellate Body Report, US-Gambling, WT/DS285/AB/R, adopted 20 Apr. 2005.

[70] WTO Appellate Body Report, US-Gasoline, WT/DS2/AB/R, adopted 20 May 1996.

[71] WTO Appellate Body, Brazil-Measures Affecting Imports of Retreaded Tyres, WT/DS332/AB/E Dec. 3, 2007.

[72] GATT Panel Report, Colombia-Ports of Entry, WT/DS366/R, adopted 20 May 2009.

[73] GATT Panel Report, EC-Bananas Ⅲ, WT/DS27/R, adopted as modified by the Appellate Body Report, 25 Sept. 1997.

[74] WTO Panel Report, European Communities-Measures Affecting Asbestos and Asbestos-Containing Products, WT/DS135/R, Sep. 18, 2000.

[75] WTO Panel Report, Indonesia-Automobiles, WT/DS54/R, adopted 23 July 1998, p. 14. 145 WTO Panel Report, Canada-Automobiles, adopted as modified by the Appellate Body report 19 June 2000.

[76] WTO Panel Report, United States-Import Prohibition of Certain Shrimp and Shrimp Products Recourse to Article 21. 5 by Malaysia, WT/DS58/RW, Jun.

15,2001.

[77] WTO Secretariat, Air Transport Services-Background Note by the Secretariat, WTO Doc S/C/W/59, 5 Nov. 1998.

(四)网络资源

[1] http://www. reuters. com/article/2011/12/21/us-eu-airlines-usa-idUSTRE7BKION20111221.

[2] Council Decision 1600/2002, Laying Down the Sixth Community Action Program, Art. 5, O. J. (L. 242) 1 - 15, http://eur-lex. europa. eu/smartapi/cgi/sga-doc? smarttapi! celexplus! prod! DocNumber&lg = en&type-doc = Decision&an-doc = 2002&nu-doc = 1600.

[3] East-west Center Working Papers, No. 105, December 2009, http://www. eastwestcenter. org/sites/default/files/private/econwp105. pdf.

[4] Erik Haites, Harmonisation between National and International Tradable Permit Scheme, http://www. joanneum. at/climate/linking/Erikhaites2003. pdf.

[5] http:// www. eturbonews. com/28426/minister-says-suspend-eu-ets-two-years.

[6] http:// www. icao. int/cgi/goto_m. pl? cgi/statesDB4. pl? en.

[7] http://anthonyadmato. law. Northwestern. edu/IELA/Intech05 - 2001 - edited. pdf.

[8] http://atwonline. com/channels/eco-aviation.

[9] http://baike. haosou. com/doc/5773275. html.

[10] http://baike. so. com/doc/6078745 - 6291832. html.

[11] http://bbs. pinggu. org/k/news/1302175. html.

[12] http://cpifa. org/q/listQuarterlyArticle. do? articleId = 180.

[13] http://curia. europa. eu/juris/document/document, jst? text = &docid = 117193&pageindex = 0&doclang = EN&mode = lst&dir = first&part = 1&cid = 8055.

[14] http://engineers. ihs. com/news/eu-en-greenhouse-gases - 5 - 07. htm.

[15] http://eur-lex. europa. eu/LexUriServ/LexUriServ. do? uri = CONSLEG:2003L0087:20090625:EN:PDF.

[16] http://eur-lex. europa. eu/LexUriServ/site/en/com/2000/com2000_0087en01. pdf.

[17] http://europa. eu./rapid/pressReleaseAciton. do? reference = MEMO/05/84&format = HTML&aged = 1&language = EN&guilanguage = en.

[18] http://europa. eu/rapid/press-release_MEMO - 12 - 854_en. hem.

[19] http://field. 10jqka. com. cn/20170606/c598789134. shtml.

[20] http://finance. ifeng. com/a/20160921/14894592_0. shtml.

[21] http://finance. qq. com/a/20101019/000411. htm.

[22] http://finance. sina. com. cn/roll/20100131/09353204766. shtml.

[23] http://finance. sina. com. cn/roll/2017 - 05 - 23/doc - ifyfkkme0271583. shtml.

[24] http://lct. jrc. ec. europa. eu/pdf-directory/Carbon-footprint. pdf.

[25] http://legacy. icao. int/icao/en/atb/epm/ecp/EssentialServicesStudy_en. pdf.

[26] http://legacy. icao. int/icao/en/atb/meetings/GIACC/2009/Giacc_3/Docs/Giacc3_ip01_en. pdf.

[27] http://news. 163. com/17/1108/21/D2OIUEUQ00018AOQ. html? baike.

[28] http://news. 163. com/air/13/1122/14/9E9S4DJL00014P42_all. html.

[29] http://news. bjx. com. cn/html/20121210/406955. shtml.

[30] http://news. cableabc. com/gc/20170321246901. html.

[31] http://news. carnoc. com/list/228/228227. html.

[32] http://news. hexun. com/2012 - 07 - 06/143294057. html.

[33] http://news. mydrivers. com/1/460/460501. htm.

[34] http://news. sina. com. cn/o/2005 - 02 - 16/11165116816s. shtml.

[35] http://news. sina. com. cn/o/2017 - 12 - 20/doc - ifypxmsq8598895. shtml.

[36] http://news. xinhuanet. com/cankao/2013 - 11/19/c_132901105. htm.

[37] http://news. xinhuanet. com/fortune/2007 - 03/26/content_5898412. htm.

[38] http://newspaper. mofcom. gov. cn/aarticle/guojsb/200907/20090706411444. html.

[39] http://phase1. nccr-trade. org/images/stories/publication/IP6/de%20Sepibus_EU%20ETS%20and%20allocation. pdf.

[40] http://presse. lufthansa. com/fileadmin/downloads/en/policy-brief/12_2009/LH-Policy-Brief-December-Emissions-trading. pdf.

[41] http://sh. qihoo. com/pc/2s1cn8wbr1x? sign =360_e39369d1.

[42] http://sil. cupl. edu. cn/info/1042/1670. htm.

[43] http://unfccc. int/2860. php.

[44] http://unfccc. int/kyoto_protocol/status_of_ratification/items/2613. php.

[45] http://unfccc. int/parties_and_observers/parties/negotiating_groups/item/2714. php.

[46] http://wenku. baidu. com/link? url = bFs5isU3yjn9m2PFBNIZAcYp85WmXEGgW _ chKIOAOLK9CPYVOJxYAaNqjnmTAH1CSf7vRpt6tBAv5ZIDzxhqSyYtKVfeEoLpXjXRHNd229m.

[47] http://wenku. baidu. com/view/2db1d08271fe910ef12df8df. html.

[48] http://www. 21cbh. com/HTML/2012 -5 -3/zNMDY5XzQ yNzNw. html.

[49] http://www. askci. com/news/chanye/20170331/10593794750. shtml.

[50] http://www. cedelft. eu/art/upholds/CE_7917_carbon_leakage_future_EU_ETS_market_final. pdf.

[51] http://www. china. com/international /txt/2009 - 12/content_19049798_13. htm.

[52] http://www. chinadaily. com. cn/business/2012 - 06/13/content_15497338. htm.

[53] http://www. chinanews. com. cn/ny/news/2010/02 -05/2110973, shtml.

[54] http://www. china-un. org/chn/hyyfy/t1161559. htm.

[55] http://www. curia. europa. eu/juris/document/document. jsf? text = &docid = 117193&pageindex = 0&doclang = EN&mode = doc&dir = first&part = 1&cid = 132274.

[56] http://www. eur. lex. europa. eu/LexUriServ. do? uri = OJ:L:2003:275:0032:0046:EN:PDF.

[57] http://www.europarl.europa.eu/sides/getDoc.do? language = en&type = IMPRESS&reference = 20081208BKG44004.

[58] http://www.europarl.europa.eu/sides/getDoc.do? language = en&type = IMPRESS&reference = 20081208BKG44004.

[59] http://www.fmprc.gov.cn/mfa_chn/ziliao_611306/tytj_611312/t83909.shtml.

[60] http://www.g77.org/doc/.

[61] http://www.gov.cn/xinwen/2016-10/07/content_5115589.htm.

[62] http://www.grida.no/publication/other/ipcc_sr/? src =/climate/ipcc/aviation/index.htm.

[63] http://www.hebcdm.gov.cn/shownews.asp? id = 545.

[64] http://www.icao.int/about-icao/Pages/default.aspx.

[65] http://www.icao.int/icao/en/env2010/Pubs/EnvReport10.htm.

[66] http://www.icao.int/Meetings/a38/Documents/a38_res_prov_en.pdf.

[67] http://www.icao.int/Meetings/a39/Pages/resolutions.aspx.

[68] http://www.icao.int/Meetings/AMC/ArchivedAssembly/en/A01/index.html.

[69] http://www.icao.int/Meetings/AMC/Assembly37/Documents/ProvisionalEdition/a37_res_prov_en.pdf.

[70] http://www.icao.int/Meetings/AMC/MA/Assembly%2032nd%20Session/resolutions.pdf.

[71] http://www.icao.int/publications/Docoments/10001_en.pdf.

[72] http://www.lhnp.com.cn/n1755/n1756/c1292190/content.html.

[73] http://www.opec.org/home/envrionmental20%issues/statement/cop.10.html.

[74] http://www.planetark.com/dailynewsstory.cfm/newsid/32753/story.htm.

[75] http://www.pointcarbon.com/wimages/CME_2_April_2004.pdf.

[76] http://www.ruaviation.com/docs/1/2012/2/22/50.

[77] http://www.sandbag.org.uk/site_media/pdfs/reports/Sandbag_Turning_the_Tanker_Final.pdf.

[78] http://www.shlawyer.org./Artical/Class02/Sclass02/Artical_947.htm.

[79] http://www.sohu.com/a/134965582_719184.

[80] http://www.southmoney.com/touzilicai/waihui/201703/1179768.html.

[81] http://www.tanpaifang.com/tanjiaoyi/2013/0710/22091.html.

[82] http://www.tanpaifang.com/tanjiaoyi/2015/1026/48331.html.

[83] http://www.thepaper.cn/newsDetail_forward_1836879.

[84] http://www.thepaper.cn/newsDetail_forward_1836879.

[85] http://www.thomas.loc.gov/cgi-bin/bdquery/z? d110:s.02191.

[86] http://www.un.org/climatechange/zh/.

[87] http://www.unfccc.de/resource/beginner.html.

[88] http://www.ustr.gov/sites/default/files/U.S.%20model%20BIT.pdf.

[89] http://www.whitehouse.gov/news/releases/2007/12/20071219-1.html.

[90] http://www.wmo.int/wcc3/documents/FAQWCC3_PUBLIC_flyer_ZH.pdf.

[91] http://www.wto.org/english/tratop_e/dispu_e/58abr.pdf.

[92] http://www.yale.edu/emvironment/publications/.

[93] http://www2.icao.int/en/Assembly37newsroom-public/Site20%assets/NewsReleases.aspx.

[94] http://www2.icao.int/en/Assembly37newsroom-public/Site20%assets/NewsReleases.aspx.

[95] https://cop23.unfccc.int/info-a-z.

[96] https://europa.eu/european-union/about-eu/countries_en#the_28_member_countries_of_the_eu.

[97] https://news.qq.com/a/20170805/027779.htm.

[98] https://www.icao.int/annual-report-2016/Pages/ZH/the-world-of-air-transport-in-2016-statistical-results.aspx.

[99] ICAO, ICAO's Policies on Charges for Airports and Air Navigation Services, p. 2, ICAO Doc. 9082/7, http://www.icao.int/icaonet/dcs/9082/

9082_7ed_en. pdf.

[100] IPCC, Aviation and the Global http://www. grida. no/publications/other/ipcc_sr/? src =/climate/ipcc/aviation/index. htm.

[101] Saluka Invs. BV v. Czech Republic, Partial Award, I. I. C. 210, p. 304 (UNCITRAL 2006), http://www. pca-cpa. org/showfile. asp? fil_id = 105.

[102] The Alliance of Small Island States (AOSIS), http://unfccc. int/parties_and_observers/parties/negotiating_groups/item/2714. php.

[103] The American Clean Energy and Security Act 2009 (H. R. 2454), Section 703(a), original text can be accessed on http://energycommerce. house. gov/Press_111/20090515/hr2454. pdf.

[104] Van Zeben, J. A. W. The European emissions trading scheme case law, Review of European Resolution A37 - 19: consolidated statement of continuing ICAO policies and practices related to environmental protection—climate change, http://www. icao. int/icao/en/env2010/Index. html.

[105] www. asd-europe. org/site/fileadmin/user_upload/news/EU_news_150711a. pdf.

[106] www. business-green. com/bg/news/1802048/cbi-calls-carbon-credit-cash-ring-fenced.

[107] www. environmental-finance. com/download. php? files/pdf/4d663c478efb8/Airline¨Carbon¨Costs¨takeÖff. pdf.

[108] www. euractive. com/en/climate-environment/eu-sees-aviation-deal-green-light-emissions-trading-news -498688.

[109] www. greenaironline. com/news. php? viewStory =450.

[110] www. greenpeace. org/india/Global/india/report/2007/11/hiding-behind-the-poor. pdf.

[111] www. icao. int/env/MarketBasedMeasures. htm.

[112] www. icao. int/icao/en/assembl/a37/wp/wp402_en. pdf.

[113] www. imers. org/docs/rebateKey. pdf.

[114] www. oxfordclimatepolicy. org/publications/documents/DifferentiatingResponsibility. pdf.

[115] www. parliament. uk/briefing-papers/SN05533. pdf.

[116] www. un. org/ wcm/ content/ site/ climatechange/ pages/ financeadvisorygroup.

(五)法律与法规

[1] Cameron Hepburn, Michael Grubb, Karsten Neuhoff, Felix Matthes and Maximilien Tse, Auctioning of the EU ETS Allowance: How and Why? CWPE 0644 and EPRG 0621, June 2006.

[2] CMS Gas Transmission Co. v. Argentina, ICSID Case No. ARB/01/8, Award, p. 274 (May 12, 2005), 44 I. L. M. 1205, 1235 (2005).

[3] Convention Relating to the Regulation of Aerial Navigation (which was signed in Paris on 13 October 1919 and entered into force in 1922, United Nations Treaty Collection, Series XI [1922]).

[4] Council Directive 2002/358/EC of 25 April 2002 concerning the approval, on behalf of the European Community, of the Kyoto Protocol of the United Nations Framework Convention on Climate Change and the joint fulfillment of commitments thereunder, O J L 130, 15/05/2002.

[5] Dec. 3/CP. 17, Launching the Green Climate Fund, UNFCCC/CP/2011/9/Add. 1 (15 Mar. 2012).

[6] Decision No 377/2013/EU of the European Parliament and of the Council of 24 April 2013 derogating temporarily from Directive 2003/87/EC establishing a scheme for greenhouse gas emission allowance trading within the Community, [2013] OJ L113/1.

[7] Decision No 406/2009/EC of the European Parliament and of the Council of 23 April 2009 on the effort of Member States to reduce their greenhouse gas emissions to meet the Community's greenhouse gas emission reduction commitments up to 2020, OJL 140, 5. 6. 2009.

[8] Directive 2003/6/EC. Official Journal of the European Union. 12. 4. 2003, L 96/16.

[9] Directive 2004/101/EC of the European Parliament and of the Council of 27 October 2004 Amending Directive 2003/87/EC Establishing a Scheme for Greenhouse Gas Emission Allowance.

[10] Directive 2006/73/EC. Official Journal of the European Union. 2. 9. 2006, L. 241.

[11] Directive 2008/101/EC of the European Parliament and of the Council

Establishing a scheme for greenhouse gas emissions allowance trading within the Community and amending Council Directive 96/61/EC(c), OJL 275/32, Oct. 2003.

[12] Directive 2008/101/EC of the European Parliament and of the Council of 19 Nov. 2008, amending Directive 2003/87/EC so as to include aviation activities in the scheme for greenhouse gas emission allowance within the Community(Aviation Directive), [2008], O. J. L8/3, § 23.

[13] Directive 2008/101/EC, AppendixI, art. 6.

[14] Directive 2009/29/EC of the European Parliament and of the Council of 23 Apr. 2009 amending Directive 2003/87/EC so as to improve and extend the greenhouse gas emission allowance trading scheme of the Community, OJL 140/63, 23 Apr. 2009.

[15] Ethyl Corp. v. Canada, Jurisdiction Award, 38 I. L. M. 708 (NAFTA Arb. Trib. 1998).

[16] European Commission (8 March 2000), COM (2000) 87 final: Green Paper on Greenhouse Gas Emissions Trading within the European Union (Brussels).

[17] European Communities and their Member States-Final List of Article II (MFN) Exemptions, GATS/EL/31, 15 Apr. 1994.

[18] European Parliament, Resolution on Climate Change, OJC 287 E/344, 29 Nov. 2007.

[19] Fedax N. V. v. Republic of Venezuela, ICSID Case No. ARB/96/3, Jurisdiction, pp. 42 - 43, (July 11, 1997), 37 I. L. M. pp. 1378 - 1387 (1998).

[20] Fedax—Jurisdiction, ICSID Case No. ARB/96/3, p. 42, 37 I. L. M.

[21] Geoffrey Thomas. EU snubs ICAO CO_2 agreement, will move forward with ETS.

[22] ICAO, Agreement between the United Nations and the International Civil Aviation Organization, ICAO Doc. 7970, art. 1, May 10, 1948.

[23] ICAO, Assembly Resolution A37 - 19, Consolidated Statement of continuing ICAO Policies and Practices Related to Environmental Protection—Climate Change, p. 24(m).

[24] ICAO, Participants of ICAO Environmental Meeting Agree on Guidance

for Aviation Emissions Trading, Feb. 16, 2007.

[25] International Civil Aviation Organization, Council—194th Session Summary Minutes of the Second Meeting on 2 Nov. 2011, p. 107, C-MIN 194/2, Nov. 18, 2011, available at http://ec.europa.eu/clima/policies/transport/aviation/docs/minutes_icao_en.pdf.

[26] International Climate Change Programs: Lessons from the European Union's Emissions Trading Scheme and the Kyoto Protocol's Clean Development Mechanism, IAC(SM) Newsletter Database(TM), December 1, 2008.

[27] Joined Cases 21 to 24/72, International Fruit Company v. Produktschap voor Groenten en Fruit, [1972] ECR 1219, pp. 10-18.

[28] Joined Cases 89, 104, 114, 116, 117&125 to 129/85 A. Ahlström Oskeyhtiö and Others v. Commission (Woodpulp) [1988] ECR 5193, pp. 15-18.

[29] Joy Mining Mach. Ltd., ICSID Case No. ARB/03/11, p. 50, 44 I. L. M. p. 80.

[30] Li Jing, Carbon Trading in Pipeline, China Daily, 2010-07-22.

[31] Madhu Unnikrishnan, European Union, ATA Offer Wildly Differing Views on ETS Costs, Aviation Daily, Oct. 31, 2011, p. 3.

[32] Madhu Unnikrishnan, Top U. S. Official Calls EU Emissions Proposal "Unworkable", Aviation Daily, January 12, 2007, p. 4.

[33] Malaysian Historical Salvors Sdn, Bhd, ICSID Case No. ARB/05/10.

[34] Metalclad Corp. v. United Mexican States, ICSID Case No. ARB(AF)/97/1, p. 104. Award (Aug. 30, 2000), 40 I. L. M. 36, (2001).

[35] Methanex Corp. v. United States, Final Award on Jurisdiction and Merits, 44 I. L. M. 1345, 1456-57 (2005).

[36] MTD Equity Sdn. Bhd. & MTD Chile S. A. v. Republic of Chile, ICSID Case No. ARB/01/7, Award, pp. 100-104, 197-206 (May 25, 2004), 44 I. L. M. 91 (2005).

[37] North American Free Trade Agreement, art. 1139, U. S. - Can. - Mex., Dec. 17, 1992, 32 I. L. M. 605 (1993).

[38] Parkerings-Compagniet AS v. Lithuania, Award, Case No. ARB/05/8, p. 335, 392 (2007), http://icsid.worldbank.org/ICSID/FrontServlet?.

[39] Parkerings-Compagniet AS, Case No. ARB/05/8 P 332.

[40] Proposal for a Directive of the European Parliament and of the Council Amending Directive 03/87 so as to Include Aviation Activities in the Scheme for Greenhouse Gas Emission Allowance Trading within the Community, Article 14, COM(2006),818 final(Dec. 20,2006).

[41] Proposed Danish CO2 Tax Reductions Conditionally Approved, EU Focus 2009.

[42] Rajamani, The Reach and Limits of the Principle of Common but Differentiated Responsibilities and Respective Capabilities in the Climate Change Regime, Handbook of Climate Change and India: Development, Politics and Governance, 2011.

[43] Rudolf Dolzer & Margrete Stevens, Bilateral Investment Treaties 98 – 99 (1995).

[44] S. S. Lotus(France v. Turkey), 1927 P. C. I. J. (Ser. A.) No. 10.

[45] Tecmed, ICSID Case No. ARB/00/2, p. 154.

[46] Tecnicas Medioambientales Tecmed S. A. v. Mexico, ICSID Case No. ARB (AF)/00/2, pp. 122, 151, Award (May 29, 2003), 43 I. L. M. 133, 164, 173 (2004).

[47] The Commissioner's reference here is to Directive 2008/101/EC of the European Parliament and of the Council of 19 Nov. 2008 amending Directive 2003/87/EC so as to include aviation activities in the scheme for greenhouse gas emission allowance trading within the Community, OJL 8/3, 31 Jan. 2009.

[48] The Council of the European Communities, Regulation (EEC) No 3094/86 Laying down certain technical measures for the conservation of fishery resources, CELEX-EUR Official Journal L288, 7 Ocotober 1986.

[49] The EU seal regime was laid down in regulation (EC) No. 1007/2009 of the European Parliament and of the Council of 16 Sep. 2009 on trade in seal products, [2009], O. J. L 286/36.

[50] The Institute of Justinian bk 2, pts. 1 – 6, p. 65. "By natural law, these things are common property of all: air, running water, the sea, and with the shores of the sea."

[51] The Marommatis Palestine Concessions case (Judgment) PCIJ series A. No. 2, 1924.

[52] Thomas Pollan, Legal Framework for the Admission of FDI 2006.

[53] Trading Within the Community, in Respect of the Kyoto Protocol's Project Mechanisms, O. J. (L338), 2004.

[54] U. S. v. Timken Roller Bearing Co., 87 F. Supp. 284 (1949), aff'd 341 U. S. 593 (1951).

[55] UK Department of Energy and Climate Change, A Guide to Using Kyoto Units in the European Union Emissions Trading Scheme (EU ETS), 12 November 2008.

[56] United National Environment Program, World Meteorol Organization, and International Council of Scientific Unions: Report of the International Conference on the Assessment of the Role of CO_2 and Other Greenhouse Gases in Climate Change and Associated Impacts, WMO, 1986.

[57] United States v. Aluminum Co. of America et al., Circuit Court of Appeals, Second Circuit, March 12, 1945, 148 F. 2d 416.

图书在版编目(CIP)数据

国际法视野下航空碳排放交易制度研究 / 贺银花著
. -- 北京 : 法律出版社, 2019
ISBN 978-7-5197-3698-9

Ⅰ. ①国… Ⅱ. ①贺… Ⅲ. ①航空-二氧化碳-排污交易-国际环境法学-研究 Ⅳ. ①D996.9

中国版本图书馆CIP数据核字(2019)第160416号

国际法视野下航空碳排放交易制度研究
GUOJIFA SHIYE XIA HANGKONG TAN PAIFANG JIAOYI ZHIDU YANJIU

贺银花 著

策划编辑 郑 导
责任编辑 郑 导
装帧设计 汪奇峰

出版 法律出版社
总发行 中国法律图书有限公司
经销 新华书店
印刷 永清县金鑫印刷有限公司
责任校对 胡媛卿 周合芝
责任印制 张建伟

编辑统筹 独立项目策划部
开本 710毫米×1000毫米 1/16
印张 29
字数 427千
版本 2019年7月第1版
印次 2019年7月第1次印刷

法律出版社/北京市丰台区莲花池西里7号(100073)
网址/www.lawpress.com.cn
投稿邮箱/info@lawpress.com.cn
举报维权邮箱/jbwq@lawpress.com.cn
销售热线/400-660-8393
咨询电话/010-63939796

中国法律图书有限公司/北京市丰台区莲花池西里7号(100073)
全国各地中法图分、子公司销售电话:
统一销售客服/400-660-8393/6393
第一法律书店/010-83938432/8433
西安分公司/029-85330678
重庆分公司/023-67453036
上海分公司/021-62071639/1636
深圳分公司/0755-83072995

书号:ISBN 978-7-5197-3698-9
定价:98.00元